中華古籍保護計劃
ZHONG HUA GU JI BAO HU JI HUA CHENG GUO

·成果·

厦門大學圖書館古籍普查登記目録

全國古籍普查登記目録

國家圖書館出版社
National Library of China Publishing House

全國古籍普查登記目録

圖書在版編目(CIP)數據

廈門大學圖書館古籍普查登記目録/《廈門大學圖書館古籍普查登記目録》編委會編. —北京:國家圖書館出版社,2020.12

(全國古籍普查登記目録)

ISBN 978 – 7 – 5013 – 7205 – 8

Ⅰ.①廈…　Ⅱ.①廈…　Ⅲ.①廈門大學—古籍—圖書館目録　Ⅳ.①Z838

中國版本圖書館 CIP 數據核字(2020)第 255397 號

書　　名	廈門大學圖書館古籍普查登記目録	
著　　者	《廈門大學圖書館古籍普查登記目録》編委會　編	
責任編輯	趙　嫄	

出版發行　國家圖書館出版社(北京市西城區文津街 7 號　100034)
　　　　　　(原書目文獻出版社 北京圖書館出版社)
　　　　　　010 – 66114536　63802249　nlcpress@ nlc.cn(郵購)

網　　址	http://www.nlcpress.com	
排　　版	京荷(北京)科技有限公司	
印　　裝	河北三河弘翰印務有限公司	
版次印次	2020 年 12 月第 1 版　2020 年 12 月第 1 次印刷	

開　　本	787×1092　1/16	
印　　張	25	
字　　數	480 千字	
書　　號	ISBN 978 – 7 – 5013 – 7205 – 8	
定　　價	260.00 圓	

《全國古籍普查登記目録》

工作委員會

主　任：周和平

副主任：張永新　詹福瑞　劉小琴　李致忠　張志清

委　員（按姓氏筆畫排序）：

于立仁	王水喬	王　沛	王紅蕾	王筱雯
方自今	尹壽松	包菊香	任　競	全　勤
李西寧	李　彤	李忠昊	李春來	李　培
李曉秋	吳建中	宋志英	努　木	林世田
易向軍	周建文	洪　琰	倪曉建	徐欣禄
徐　蜀	高文華	郭向東	陳荔京	陳紅彦
張　勇	湯旭岩	楊　揚	賈貴榮	趙　嬿
鄭智明	劉洪輝	歷　力	鮑盛華	韓　彬
魏存慶	鍾海珍	謝冬榮	謝　林	應長興

《全國古籍普查登記目録》

序　言

　　全國古籍普查登記工作是"中華古籍保護計劃"的首要任務,是全面開展古籍搶救、保護和利用工作的基礎,也是有史以來第一次由政府組織、參加收藏單位最多的全國性古籍普查登記工作。

　　2007年國務院辦公廳發布《關於進一步加强古籍保護工作的意見》(國辦發[2007]6號),明確了古籍保護工作的首要任務是對全國公共圖書館、博物館和教育、宗教、民族、文物等系統的古籍收藏和保護狀况進行全面普查,建立中華古籍聯合目録和古籍數字資源庫。2011年12月,文化部下發《文化部辦公廳關於加快推進全國古籍普查登記工作的通知》(文辦發[2011]518號),進一步落實了全國古籍普查登記工作。根據文化部2011年518號文件精神,國家古籍保護中心擬訂了《全國古籍普查登記工作方案》,進一步規範了古籍普查登記工作的範圍、内容、原則、步驟、辦法、成果和經費。目前進行的全國古籍普查登記工作的中心任務是通過每部古籍的身份證——"古籍普查登記編號"和相關信息,建立古籍總臺賬,全面瞭解全國古籍存藏情况,開展全國古籍保護的基礎性工作,加强各級政府對古籍的管理、保護和利用。

　　《全國古籍普查登記工作方案》規定了全國古籍普查登記工作的三個主要步驟:一、開展古籍普查登記工作;二、在古籍普查登記基礎上,編纂出版館藏古籍普查登記目録,形成《全國古籍普查登記目録》;三、在古籍普查登記工作基本完成的前提下,由省級古籍保護中心負責編纂出版本省古籍分類聯合目録《中華古籍總目》分省卷,由國家古籍保護中心負責編纂出版《中華古籍總目》統編卷。

　　在黨和政府領導下,在各地區、各有關部門和全社會共同努力下,古籍普查登記工作得以扎實推進。古籍普查已在除臺、港、澳之外的全國各省級行政區域開展,普查内容除漢文古籍外,還包括各少數民族文字古籍,特別是於2010年分別啓動了新疆古籍保護和西藏古籍保護專項,因地制宜,開展古籍普查登記工作;國家古籍保護中心研製的"全國古籍普查登記平臺"已覆蓋到全國各省級古籍保護中心,并進一步研發了"中華古籍索引庫",爲及時展現古籍普查成果提供有力支持;截至目前,已有11375部古籍進入《國家珍貴古籍名録》,浙江、江蘇、山東、河北等省公布了省級《珍貴古籍名録》，古籍分級保護機制初步形成。

　　《全國古籍普查登記目録》是古籍普查工作的階段性成果，旨在摸清家底，揭示館藏，反映古籍的基本信息。原則上每申報單位獨立成册，館藏量少不能獨立成册者，則在本省範圍内幾個館目合并成册。無論獨立成册還是合并成册，均編製獨立的書名筆畫索引附於書後。著録的必填基本項目有：古籍普查登記編號、索書號、題名卷數、著者（含著作方式）、版本、册數及存缺卷數。其他擴展項目有：分類、批校題跋、版式、裝幀形式、叢書子目、書影、破損狀況等。有條件的收藏單位多著録的一些擴展項目，也反映在《全國古籍普查登記目録》上。目録編排按古籍普查登記編號排序，内在順序給予各古籍收藏單位較大自由度，可按分類排列古籍普查登記編號，也可按排架號、按同書名等排列古籍普查登記編號，以反映各館特色。

　　此次全國古籍普查登記工作，克服了古籍數量多、普查人員少、普查難度大等各種困難，也得到了全國古籍保護工作者的極大支持。在古籍普查登記過程中，國家古籍保護中心、各省古籍保護中心爲此舉辦了多期古籍普查、古籍鑒定、古籍普查目録審校等培訓班，全國共1600餘家單位參加了培訓，爲古籍普查登記工作培養了大量人才。同時在古籍普查登記工作中，也鍛煉了普查員的實踐能力，爲將來古籍保護事業發展奠定了良好的基礎。

　　《全國古籍普查登記目録》的出版，將摸清我國古籍家底，爲古籍保護和利用工作提供依據，也將是古籍保護長期工作的一個里程碑。

國家古籍保護中心

2013 年 10 月

《全國古籍普查登記目錄》

編纂凡例

一、收録範圍爲我國境内各收藏機構或個人所藏,産生於 1912 年以前,具有文物價值、學術價值和藝術價值的文獻典籍,包括漢文古籍和少數民族文字古籍以及甲骨、簡帛、敦煌遺書、碑帖拓本、古地圖等文獻。其中,部分文獻的收録年限適當延伸。

二、以各收藏機構爲分册依據,篇幅較小者,適當合并出版。

三、一部古籍一條款目,複本亦單獨著録。

四、著録基本要求爲客觀登記、規範描述。

五、著録款目包括古籍普查登記編號、索書號、題名卷數、著者、版本、册數、存缺卷等。古籍普查登記編號的組成方式是:省級行政區劃代碼—單位代碼—古籍普查登記順序號。

六、以古籍普查登記編號順序排序。

1

《厦門大學圖書館古籍普查登記目録》

前　言

　　厦門大學由著名愛國華僑陳嘉庚先生捐資創辦,1921 年 4 月 6 日正式成立,1937 年由私立改爲國立。厦大師生稟承"自强不息,止於至善"校訓,學校向有"南方之强"之美譽。1949 年以降,厦門大學進入新的發展階段,是國家重點建設的高水平大學。在近百年的學校發展中,我館的圖書文獻與資源建設也在逐步充實壯大。

　　厦門大學起先設立圖書課,主任爲鄭天挺先生,隸屬總務處。1921 年 9 月改爲圖書館,由校長直接領導。在裴開明、馮漢驥等館長與同仁的努力下,我館的圖書采訪、編目等工作走上正軌,館藏建設逐步推進。

　　我館的綫裝古籍最初由校撥經費采購,此後陸續通過私人捐贈、機構調撥等方式不斷充實豐富。其中,華僑黃奕住先生的捐款購書是本館古籍采訪史上的一樁盛舉。1927 年黃先生慷慨捐助圖書費國幣三萬元,我館陸續購買重要圖書 7900 餘册。其中中文圖書 121 部(包括 15 部古籍善本)6865 册。當時采進的《秦漢印統》八卷,係明萬曆三十六年(1608)新安吳氏樹滋堂刻朱印本,2009 年入選第二批《國家珍貴古籍名録》。不幸的是,抗戰時期及稍後,古籍等圖書資料輾轉遷移,未能完璧歸趙,有的至今仍流失境外。20 世紀 50 年代,幸有厦門私立海疆學術資料館、福建省研究院社會科學研究所并入厦門大學,兩家單位的大批圖書資料跟隨入藏,館藏古籍在質、量方面均有新的提升。此後,我館開拓渠道,捐贈與采購并舉,進一步擴充了綫裝古籍收藏。近百年來,經過幾代圖書館人的苦心經營、精心保護,我館現藏古籍文獻已逾 13 萬册,經、史、子、集、類叢各部皆備。其中,史部、集部和叢書類較多;注重搜集保存閩臺地方文獻,是古籍館藏的一大特色,閩臺方志、閩人著述的收藏尤爲豐富。

　　我館注重館藏古籍目録的編製,圖書分類采用"杜威十進圖書分類法",具體類目的設置根據館藏情況有所調整,曾先後編製過《厦門大學圖書館藏方志目録》《厦門大學圖書館藏善本目録》。在此基礎上,我館於 20 世紀末編製了《厦門大學圖書館古籍目録》,建設完成館藏古籍書目數據庫。期間,前輩古籍編目人員積極參與《中國古籍善本書目》《中國地方志聯合目録》等大型書目編纂,積纍了豐富經驗,其成果心得體現在這些内部發行的館藏書目之中,并爲後續古籍編目奠定了良好基礎。但由於各方面的原因,我館的古籍目録存在着著録體系不一、分類交叉重疊等不足,加之後來多批古籍入藏，原有目錄已不能全面反映館藏古籍全貌，亟需編纂一部新的館藏古籍目錄，摸清家底，以便更好地爲讀者服務，且與國家的古籍保護計劃相適應。

2007年，國務院辦公廳印發《關於進一步加强古籍保護工作的意見》，拉開了“中華古籍保護計劃”的序幕。我館積極響應號召，在國家古籍保護中心、福建省古籍保護中心的支持和指導下，申報“全國古籍重點保護單位”，2009年6月成功入選。以此爲契機，我館的古籍保護與普查工作全面展開。

古籍普查登記是古籍保護工作的基礎。2010年3月以來，我館組織專人，按照《全國古籍普查登記手册》的具體要求，在全國古籍普查登記平臺上進行規範化著錄。依據“目驗原書，逐册清點”原則，對館藏已編、未編古籍進行核查和整理，使館藏古籍得到了一次較爲全面、細緻的梳理，爲下一階段的保護工作打下了良好基礎。這些工作計有：對已編目的古籍數據進行修訂，使書目信息更加準確；對未編目的古籍數據進行增補，使登記書目數量和品種更加完備；發掘館藏珍善本，積極向國家古籍保護中心申報，先後有14部古籍分别入選第二至第五批《國家珍貴古籍名録》；與廈門大學出版社合作，2010—2012年連續推出兩輯《中國稀見史料·廈門大學圖書館藏稀見史料》，共甄選31部稀見的明清以來的文集、政書等地方文獻，撰寫提要，影印出版。在與讀者分享館藏稀見史料、解决藏用矛盾的同時，也推動了我館的古籍整理與保護，培養了專業人才，提高了館員的專業能力和研究水平。

經過幾年的不懈努力，我館將館藏綫裝古籍的普查數據全部録入全國古籍普查登記平臺，順利完成了古籍普查登記工作。爲了更全面地展示廈門大學的古籍存藏現狀，我館又對本校南洋研究院資料室所藏古籍進行了普查登記。此後我館利用全國古籍普查登記平臺的數據導出功能，批量導出數據進行逐一審校。首先，删除了不屬於本次古籍普查登記範圍的數據，如部分民國書籍、域外抄寫和印製的中國古籍等。其次，嚴格按照《全國古籍普查登記目録審校要求》中的細則和《古籍普查登記表格整理規範》的具體要求進行逐條審校，儘量做到登記數據的客觀準確、簡要明晰。

《廈門大學圖書館古籍普查登記目録》共收録廈門大學圖書館、南洋研究院資料室（後者在索書號後注明“/N”標記）所藏刊印、抄寫於1912年以前的古籍，凡5479部72452册。數據基本按照“杜威十進圖書分類法”分類編排。遵照《全國古籍普查登記手册》要求，每條數據著録款目包括：古籍普查登記編號、索書號、題名卷數、著者、版本、册數、存缺卷數諸項。本目録的完成與出版，是我館幾代圖書館人共同努力的結果，是我館古籍普查登記工作的直接成果，可以説，是迄今爲止我館第一部公開發行、收録數據最爲完備的館藏古籍目録。本目録在展示圖書館古籍收藏的同時，也爲讀者提供一種便利、實用的檢索工具。

需要説明的是,古籍普查登記難度大、任務重,加之編者水平有限、經驗不足,本目録疏漏之處在所難免,祈請方家不吝指正。

國家古籍保護中心、福建省古籍保護中心和國家圖書館出版社的領導同仁,對本書的編輯、出版給予了大力支持與幫助,謹此表示衷心的謝意!

廈門大學圖書館

2020 年 12 月

目　　録

1

350000－2042－0000001　011.8/314

江刻書目三種　（清）江標輯　清光緒元和江氏刻本　四冊

350000－2042－0000002　011.8/314－1

江刻書目三種　（清）江標輯　清光緒元和江氏刻本　四冊

350000－2042－0000003　011.8/442

觀古堂書目叢刻十五種　葉德輝輯　清光緒二十八年至民國十年（1902－1921）湘潭葉德輝觀古堂刻本　十六冊

350000－2042－0000004　014.4/352

清代禁燬書目四種　（清）姚覲元輯　清杭州抱經堂書局石印咫進齋叢書本　四冊

350000－2042－0000005　014.4/449

禁燬書目撰人姓字韻編不分卷　（清）□□撰　清末至民國初年徐行可知論物齋抄本　一冊

350000－2042－0000006　014.6/104

三才圖會一百六卷　（明）王圻纂集　（明）王思義校正　明末刻本　十六冊　存二十二卷（天文一至二,地理一、四至九、十二至十三,人物十三至十四,宮室一至二,器用七至八,人事一至二,鳥獸六,文史三至四）

350000－2042－0000007　014.6/170

彙刻書目二十卷　（清）顧修輯　清光緒十二年（1886）上海福瀛書局刻本　二十冊

350000－2042－0000008　014.6/252

行素草堂目睹書錄十編　（清）朱記榮輯訂　清光緒十年（1884）吳縣朱氏槐廬刻本　十冊

350000－2042－0000009　015.04/003

隋經籍志考證十三卷　（清）章宗源撰　清光緒元年（1875）湖北崇文書局刻崇文書局彙刻書本　四冊

350000－2042－0000010　015.06/834

元史藝文志四卷　（清）錢大昕補　清末江蘇書局刻二十四史本　一冊

350000－2042－0000011　015.08/250

國朝未刊遺書志略一卷　（清）朱記榮輯　清光緒十八年（1892）刻觀自得齋叢書本　一冊

350000－2042－0000012　015/114

八史經籍志十種　（日本）□□輯　清光緒九年（1883）鎮海張壽榮刻本　二十冊

350000－2042－0000013　015/114－1

八史經籍志十種　（日本）□□輯　清光緒九年（1883）鎮海張壽榮刻本　二十冊

350000－2042－0000014　015/200

國史經籍志六卷　（明）焦竑撰　明徐象橒曼山館刻本　二十冊

350000－2042－0000015　015/313

經籍訪古志六卷補遺一卷　（日本）澀江全善（日本）森立之撰　清光緒十一年（1885）姚氏鉛印本　四冊

350000－2042－0000016　015/313.01

經籍訪古志六卷補遺一卷　（日本）澀江全善（日本）森立之撰　清光緒十一年（1885）姚氏鉛印本　八冊

350000－2042－0000017　016.181/252

經義考三百卷　（清）朱彝尊錄　（清）李濤校　總目二卷　（清）盧見曾編　清康熙刻乾隆二十年（1755）盧見曾增補四十二年（1777）汪汝瑮重印本（卷二百九十九至三百原缺）　四十八冊　存二百九十九卷（一至二百八十五、二百八十七至二百九十八,總目二卷）

350000－2042－0000018　016.181/252.01

經義考三百卷　（清）朱彝尊錄　（清）李濤校　總目二卷　（清）盧見曾編　清光緒二十三年（1897）浙江書局刻本（卷二百九十九至三百原缺）　五十冊

350000－2042－0000019　016.4/043

小學考五十卷　（清）謝啓昆輯　清光緒十四年（1888）浙江書局刻本　十九冊

350000－2042－0000020　016.4/043.01

小學考五十卷　（清）謝啓昆輯　清光緒十五年（1889）上海書局石印本　二冊

350000－2042－0000021　016.4/043－1

小學考五十卷 （清）謝啓昆輯　清光緒十四年(1888)浙江書局刻本　十九冊

350000－2042－0000022　017.18/100

學古堂捐藏書目一卷藏書目五卷 （□)□□撰　清光緒刻本　一冊

350000－2042－0000023　017.18/100－1

學古堂捐藏書目一卷藏書目五卷 （□)□□撰　清光緒刻本　一冊

350000－2042－0000024　017.18/108

欽定天祿琳琅書目十卷 （清）于敏中編　**續編二十卷** （清）彭元瑞編　清光緒十年(1884)長沙王氏刻本　二冊

350000－2042－0000025　017.18/108.01

欽定天祿琳琅書目十卷 （清）于敏中編　清嘉慶抄本　十冊

350000－2042－0000026　017.18/108.1

欽定四庫全書簡明目錄二十卷 （清）紀昀等編　清光緒十年(1884)上海同文書局石印本　一冊

350000－2042－0000027　017.18/276

欽定四庫全書總目二百卷首一卷 （清）紀昀等編　清同治七年(1868)廣東書局刻本　三十冊

350000－2042－0000028　017.18/276.01

欽定四庫全書總目二百卷首一卷 （清）紀昀等編　清同治七年(1868)廣東書局刻本　一百八冊

350000－2042－0000029　017.18/276.01－1

欽定四庫全書總目二百卷首一卷 （清）紀昀等編　清同治七年(1868)廣東書局刻本　一百八冊

350000－2042－0000030　017.18/276.1

欽定四庫全書簡明目錄二十卷 （清）紀昀等編　清同治七年(1868)廣東書局刻本　十六冊

350000－2042－0000031　017.18/276.11

欽定四庫全書簡明目錄二十卷 （清）紀昀等編　清同治七年(1868)廣東書局刻本　十六冊

350000－2042－0000032　017.18/276.111

欽定四庫全書簡明目錄二十卷 （清）紀昀等編　清刻本　十二冊

350000－2042－0000033　017.18/276.13

欽定四庫全書總目二百卷首一卷 （清）紀昀等編　清同治七年(1868)廣東書局刻本　一百二十冊

350000－2042－0000034　017.18/276.13－1

欽定四庫全書總目二百卷首一卷 （清）紀昀等編　清同治七年(1868)廣東書局刻本　一百二十冊

350000－2042－0000035　017.18/276.14

欽定四庫全書總目二百卷首一卷 （清）紀昀等編　清刻本　一百二十二冊

350000－2042－0000036　017.18/276.15

欽定四庫全書簡明目錄二十卷 （清）紀昀等編　清抄本　八冊

350000－2042－0000037　017.18/276.16

欽定四庫全書總目二百卷首一卷 （清）紀昀等編　清刻本　一百十二冊

350000－2042－0000038　017.18/276.17

欽定四庫全書總目二百卷首一卷 （清）紀昀等編　清刻本　一百十二冊

350000－2042－0000039　017.18/554

四庫書目略二十卷首一卷附錄一卷 （清）費莫文良纂　清同治九年(1870)滿洲費莫文良刻本　十二冊

350000－2042－0000040　017.19/003

文瀾閣志二卷首一卷附錄一卷 孫樹禮　孫峻撰　清光緒二十四年(1898)武林丁氏刻武林掌故叢編本　三冊

350000－2042－0000041　017.19/235

畿輔學堂藏書目錄一卷 （清）□□撰　清刻本　一冊

350000－2042－0000042　017.85/608

昭德先生郡齋讀書志二十卷　（宋）晁公武撰
　　（宋）姚應績編　**附志二卷**　（宋）趙希弁撰
　　攷證一卷校補一卷二本四卷攷異一卷　王
先謙撰　清光緒十年(1884)王先謙刻本　十
冊

350000－2042－0000043　017.85/608－1

昭德先生郡齋讀書志二十卷　（宋）晁公武撰
　　（宋）姚應績編　**附志二卷**　（宋）趙希弁撰
　　攷證一卷校補一卷二本四卷攷異一卷　王
先謙撰　清光緒十年(1884)王先謙刻本　十
冊

350000－2042－0000044　017.85/755

直齋書錄解題二十二卷　（宋）陳振孫撰　清
光緒九年(1883)江蘇書局刻本　六冊

350000－2042－0000045　017.85/755.01

直齋書錄解題二十二卷　（宋）陳振孫撰　清
刻本　十二冊

350000－2042－0000046　017.85/755－1

直齋書錄解題二十二卷　（宋）陳振孫撰　清
光緒九年(1883)江蘇書局刻本　六冊

350000－2042－0000047　017.88/101

善本書室藏書志四十卷附錄一卷　（清）丁丙
輯　清光緒二十七年(1901)錢塘丁丙刻本
十六冊

350000－2042－0000048　017.88/101－1

善本書室藏書志四十卷附錄一卷　（清）丁丙
輯　清光緒二十七年(1901)錢塘丁丙刻本
四冊

350000－2042－0000049　017.88/118

愛日精廬藏書志三十六卷續志四卷　（清）張
金吾撰　清光緒十三年(1887)吳縣靈芬閣徐
氏木活字印本(卷一至四補配清道光七年張
氏愛日精廬刻本)　十二冊

350000－2042－0000050　017.88/118.01

愛日精廬藏書志三十六卷續志四卷　（清）張
金吾撰　清道光七年(1827)張氏愛日精廬刻
本　八冊

350000－2042－0000051　017.88/205

延令宋板書目(季滄葦藏書目)一卷　（清）季
振宜藏　清抄本　一冊

350000－2042－0000052　017.88/252

**開有益齋讀書志六卷續志一卷金石文字記一
卷**　（清）朱緒曾撰　清光緒六年(1880)金陵
翁氏茹古閣刻本　四冊

350000－2042－0000053　017.88/261

揚州吳氏測海樓藏書目錄十二卷　（清）吳引
孫藏並編　清宣統二年(1910)揚州吳引孫刻
本　六冊

350000－2042－0000054　017.88/276

皕宋樓藏書源流考一卷　（日本）島田翰撰
清末抄本　一冊

350000－2042－0000055　017.88/310

百宋一廛賦一卷　（清）顧廣圻撰　（清）黃丕
烈註　清嘉慶十年(1805)吳郡黃丕烈士禮居
刻本　一冊

350000－2042－0000056　017.88/444

天一閣書目四卷　（明）范欽藏　（清）范邦甸
等編　**碑目一卷補遺一卷**　（明）范欽藏
（清）范懋敏編　清嘉慶十三年(1808)揚州阮
元文選樓刻本　十冊

350000－2042－0000057　017.88/462

楹書隅錄五卷續編四卷　（清）楊紹和撰　清
光緒二十年(1894)聊城楊氏海源閣刻宣統三
年(1911)武進董康補修本　八冊

350000－2042－0000058　017.88/462－1

楹書隅錄五卷續編四卷　（清）楊紹和撰　清
光緒二十年(1894)聊城楊氏海源閣刻宣統三
年(1911)武進董康補修本　八冊

350000－2042－0000059　017.88/668

鐵琴銅劍樓藏書目錄二十四卷　（清）瞿鏞藏
並編　清光緒二十四年(1898)常熟瞿啓甲刻
本　四冊

350000－2042－0000060　017.88/668－1

鐵琴銅劍樓藏書目錄二十四卷　（清）瞿鏞藏

並編　清光緒二十四年(1898)常熟瞿啓甲刻
本　四冊

350000－2042－0000061　017.88/668－2
鐵琴銅劍樓藏書目錄二十四卷　(清)瞿鏞藏
並編　清光緒二十四年(1898)常熟瞿啓甲刻
本　十冊

350000－2042－0000062　017.88/668－3
鐵琴銅劍樓藏書目錄二十四卷　(清)瞿鏞藏
並編　清光緒二十四年(1898)常熟瞿啓甲刻
本　六冊

350000－2042－0000063　017.89/274
藝風堂彙刻十六種　繆荃孫撰　清光緒至民
國刻本　十一冊　存三種三十卷(遼文存六
卷,藝風藏書記八卷、續記八卷、藝風堂文集
七卷、外篇一卷)

350000－2042－0000064　018/836
申報館書目一卷　蔡爾康編　清光緒三年
(1877)上海申報館鉛印本　一冊

350000－2042－0000065　018/836.1
申報館書目續集一卷　蔡爾康編　清光緒五
年(1879)上海申報館鉛印本　一冊

350000－2042－0000066　019.5/174
四庫簡明目錄標注二十卷附錄一卷　(清)邵
懿辰撰　清宣統三年(1911)仁和邵氏家祠刻
本　六冊

350000－2042－0000067　019.5/174－1
四庫簡明目錄標注二十卷附錄一卷　(清)邵
懿辰撰　清宣統三年(1911)仁和邵氏家祠刻
本　六冊

350000－2042－0000068　019.6/104
漁洋書籍跋尾二卷　(清)王士禎撰　清光緒
四年(1878)仁和葛氏嘯園刻本　一冊

350000－2042－0000069　019.6/441.1
士禮居藏書題跋記六卷　(清)黃丕烈撰　清
光緒十年(1884)潘氏滂喜齋刻本　四冊

350000－2042－0000070　019.6/441.1－1
士禮居藏書題跋記六卷　(清)黃丕烈撰　清

光緒十年(1884)潘氏滂喜齋刻本　四冊

350000－2042－0000071　019.6/444－1
宋元舊本書經眼錄三卷附錄二卷　(清)莫友
芝撰　清同治十二年(1873)刻影山草堂六種
本　二冊

350000－2042－0000072　019.6/444－2
宋元舊本書經眼錄三卷附錄二卷　(清)莫友
芝撰　清同治十二年(1873)刻影山草堂六種
本　一冊

350000－2042－0000073　019.6/835
曝書雜記三卷　(清)錢泰吉撰　清同治七年
(1868)嘉興錢氏刻本　一冊

350000－2042－0000074　019.8/210.01
群書拾補初編三十九種　(清)盧文弨校補
清光緒十三年(1887)上海蜚英館影印本　八
冊

350000－2042－0000075　019/007
校讎通義三卷　(清)章學誠撰　清道光十三
年(1833)章華紱大梁刻章氏遺書本　一冊

350000－2042－0000076　027.1/276
皕宋樓藏書源流考一卷　(日本)島田翰撰
清光緒三十三年(1907)武進董康京師刻本
一冊

350000－2042－0000077　027.1/446
藏書紀事詩六卷　葉昌熾撰　清光緒二十三
年(1897)長沙學使署刻本　八冊

350000－2042－0000078　029.4/045
讀書筆記一卷　(清)□□錄　清末抄本　一
冊

350000－2042－0000079　029.6/108.01
讀書雜誌八十二卷餘編二卷　(清)王念孫撰
　清道光十二年(1832)刻本　二十四冊

350000－2042－0000080　029.6/108.01－1
讀書雜誌八十二卷餘編二卷　(清)王念孫撰
　清道光十二年(1832)刻本　二十冊

350000－2042－0000081　029.6/120
札迻十二卷　(清)孫詒讓撰　清光緒二十一

年(1895)重修刻本　四冊

350000－2042－0000082　029.6/120－1
札迻十二卷　（清）孫詒讓撰　清光緒二十一
年(1895)重修刻本　四冊

350000－2042－0000083　029.6/219
義門讀書記五十八卷　（清）何焯撰　（清）蔣
維鈞編　清刻本　十二冊

350000－2042－0000084　029.6/994
讀書雜識十二卷　（清）勞格著　（清）丁寶書
述　清光緒四年(1878)茗溪丁氏刻月河精舍
叢鈔本　五冊

350000－2042－0000085　030/424
山堂肆考二百四十卷　（明）彭大翼纂　（明）
張幼學編輯　明萬曆二十三年(1595)金陵書
林周顯刻四十七年(1619)重修本　六十冊

350000－2042－0000086　030/424－2
山堂肆考二百四十卷　（明）彭大翼纂　（明）
張幼學編輯　明萬曆二十三年(1595)金陵書
林周顯刻四十七年(1619)重修本　五十六冊

350000－2042－0000087　030/441
西學列表二卷　（比利時）赫師慎爾瞻撰　清
光緒二十九年(1903)鴻寶齋石印本　二冊

350000－2042－0000088　031.5/263
廣事類賦四十卷　（清）華希閔撰　（清）鄒兆
升參　清刻本　八冊

350000－2042－0000089　031.5/263.1
事類賦三十卷　（宋）吳淑撰　（明）華麟祥校
刊　清刻本　四冊

350000－2042－0000090　031.8/002
通雅五十二卷首三卷　（清）方以智撰　清光
緒六年(1880)桐城方氏刻本　十冊

350000－2042－0000091　031.8/121
文苑彙集二十四卷　（明）孫丕顯彙纂　（明）
屠隆參定　（明）劉朝箴校閱　明萬曆三十六
年(1608)刻本　八冊

350000－2042－0000092　031.8/343
古今萬姓統譜一百四十卷　（明）凌迪知輯

（明）凌述知校　歷代帝王姓系統譜六卷氏族
博攷十四卷　（明）凌迪知輯　（明）吳京校
明萬曆刻本　二十四冊

350000－2042－0000093　031.8/404
增訂二三場羣書備考四卷　（明）袁黃撰
（明）袁儼注　（明）沈昌世增　（明）徐行敏
訂　明崇禎五年(1632)刻本　四冊

350000－2042－0000094　031.9/002
文獻通考纂二十二卷　（元）馬端臨撰　（清）
郎星等定　清刻本　十八冊

350000－2042－0000095　031.9/102
映雪齋丁未新增憲政改良官商便覽一卷
（清）王作霖編輯　清光緒三十二年(1906)映
雪齋石印本　一冊

350000－2042－0000096　031.9/111
子史精華三十卷　（清）張廷玉等編　清光緒
九年(1883)上海點石齋石印本　二冊

350000－2042－0000097　031.9/111.01
子史精華一百六十卷　（清）張廷玉等編　清
光緒二十三年(1897)上海順成書局石印本
八冊

350000－2042－0000098　031.9/114
淵鑑類函四百五十卷　（清）張英等纂　清光
緒二十三年(1897)上海點石齋石印本　十冊

350000－2042－0000099　031.9/114.01
淵鑑類函四百五十卷目錄四卷　（清）張英
（清）王士禎等輯　清康熙四十九年(1710)內
府刻本　一百四十冊

350000－2042－0000100　031.9/114.01－1
淵鑑類函四百五十卷目錄四卷　（清）張英
（清）王士禎等輯　清康熙四十九年(1710)內
府刻本　一百十五冊　存二百五十一卷(二
十六至四十三、五十至六十五、六十八至七十
三、七十六至七十九、八十至八十五、九十二
至九十五、一百至一百一、一百三十一至一百
三十二、一百三十四、一百三十九至一百四十
一、一百五十四至一百五十五、一百六十至一
百六十三、一百七十至一百七十七、一百八十

一至一百八十二、一百八十四至一百九十一、一百九十七至二百二、二百七至二百一十四、二百二十五至二百二十六、二百三十至二百三十四、二百四十一至二百七十五、二百七十八至三百十四、三百十八至三百二十二、三百二十五至三百二十六、三百三十四至三百三十九、三百四十三至三百四十五、三百四十九至三百五十九、三百六十二至三百六十五、三百六十八至三百七十一、三百七十四至三百七十七、三百九十一至三百九十六、四百至四百八、四百一十二至四百一十四、四百一十七至四百一十九、四百二十六至四百二十七、四百三十二至四百三十三、四百三十六至四百三十九,目錄四卷)

350000－2042－0000101　031.9/114.01－2
淵鑑類函四百五十卷目錄四卷　(清)張英(清)王士禎等輯　清康熙四十九年(1710)內府刻本　二冊　存四卷(一百八十七至一百八十八、一百九十一至一百九十二)

350000－2042－0000102　031.9/114.03
淵鑑類函四百五十卷目錄四卷　(清)張英等纂　清光緒十年(1884)上海同文書局石印本　四十八冊

350000－2042－0000103　031.9/114.04
淵鑑類函四百五十卷目錄四卷　(清)張英等纂　清光緒十八年(1892)上海同文書局石印本　四十七冊　存四百四十卷(一至一百三十六、一百五十一至四百五十,目錄四卷)

350000－2042－0000104　031.9/114.05
淵鑑類函四百五十卷　(清)張英等纂　清光緒九年(1883)上海點石齋石印本　十冊

350000－2042－0000105　031.9/118
較正官音仕途必需雅俗便覽三卷首一卷　(清)張錫捷撰　清同治三年(1864)味根齋刻本　一冊

350000－2042－0000106　031.9/212
省軒考古類編十二卷　(清)柴紹炳纂　(清)姚廷謙評　清雍正四年(1726)澹成堂刻本　二冊

350000－2042－0000107　031.9/213
經濟文府一百卷　(清)鴻寶齋編　清光緒二十八年(1902)石印本　四十冊

350000－2042－0000108　031.9/240
續文獻通考纂二十二卷　(明)王圻撰　(清)郎星等纂定　(清)金之堅等參校　清刻三通考纂要本　九冊

350000－2042－0000109　031.9/240.11
欽定續文獻通考二百五十卷　(清)嵇璜等纂　清光緒二十八年(1902)上海鴻寶書局石印九通本　五冊

350000－2042－0000110　031.9/244
壬寅全年新時務通攷四卷　(清)儲桂山編輯　(清)許樹枌校正　清光緒二十九年(1903)富強齋石印本　八冊

350000－2042－0000111　031.9/260
子史精華一百六十卷　(清)張廷玉等編　清刻本　七冊　存二十四卷(一至三、十五至二十二、一百十一至一百十六、一百三十六至一百四十二)

350000－2042－0000112　031.9/264.1
皇朝續文獻通考三百二十卷　(清)劉錦藻纂　清光緒三十一年(1905)堅匏盦鉛印本　八十八冊

350000－2042－0000113　031.9/277
二十四史九通政典類要合編三百二十卷　(清)黃書霖輯　清光緒二十八年(1902)約雅堂石印本　六十冊

350000－2042－0000114　031.9/314
中外政藝通考全書二種　(清)江標編　清光緒二十三年(1897)石印本　八冊

350000－2042－0000115　031.9/318
九通分類總纂二十二類二百四十卷　(清)汪鍾霖纂校　清光緒二十八年(1902)上海文瀾書局石印本　八十冊

350000－2042－0000116　031.9/318－1
九通分類總纂二十二類二百四十卷　(清)汪

鍾霖纂校　清光緒二十八年（1902）上海文瀾書局石印本　八十冊　存二百三十八卷（一至一百三十三、一百三十六至二百四十）

350000－2042－0000117　031.9/318－2
九通分類總纂二十二類二百四十卷　（清）汪鍾霖纂校　清光緒二十八年（1902）上海文瀾書局石印本　一冊　存四卷（二百二十一至二百二十四）

350000－2042－0000118　031.9/364
三通考輯要七十六卷　湯壽潛輯　清光緒二十五年（1899）圖書集成局鉛印本　三十冊

350000－2042－0000119　031.9/364－1
三通考輯要七十六卷　湯壽潛輯　清光緒二十五年（1899）圖書集成局鉛印本　十五冊

350000－2042－0000120　031.9/364－2
三通考輯要七十六卷　湯壽潛輯　清光緒二十五年（1899）圖書集成局鉛印本　二十冊　存二種五十卷（文獻通考輯要二十四卷、欽定續文獻通考輯要二十六卷）

350000－2042－0000121　031.9/375.01/N
通典二百卷附考證　（唐）杜佑纂　清光緒二十七年（1901）上海圖書集成局石印本　十五冊

350000－2042－0000122　031.9/403
九通全書　（清）□□輯　清光緒二十八年（1902）貫吾齋石印本　一百二十八冊

350000－2042－0000123　031.9/403.01
九通全書　（清）□□編　清光緒二十七年（1901）上海圖書集成局鉛印本　二百二十四冊　存七種一千四百一十三卷（文獻通考三百四十八卷、欽定續文獻通考二百五十卷、欽定續通志一百三十九卷、欽定續通典一百五十卷、皇朝通志一百二十六卷、皇朝通典一百卷、皇朝文獻通考三百卷）

350000－2042－0000124　031.9/403.02
九通　（清）□□輯　清光緒二十八年（1902）上海鴻寶書局石印本　一百三十二冊　存八種二千七十一卷（通典二百卷、附考證一卷，

欽定續通典一百五十卷，皇朝通典一百卷，通志二百卷、附考證三卷，欽定續通志六百四十卷，皇朝通志一百二十六卷，文獻通考三百四十八卷、附考證三卷，皇朝文獻通考三百卷）

350000－2042－0000125　031.9/403.02－1/N
九通　（清）□□輯　清光緒二十八年（1902）上海鴻寶書局石印本　一百八冊　存八種二千一百十九卷（欽定續通典一百五十卷，皇朝通典一百卷，通志二百卷、附考證三卷，欽定續通志六百四十卷，皇朝通志一百二十六卷，文獻通考三百四十八卷、附考證三卷，欽定續文獻通考一至二百四十九，皇朝文獻通考三百卷）

350000－2042－0000126　031.9/403.03
九通　（清）□□輯　清光緒浙江書局刻本　二百十冊

350000－2042－0000127　031.9/403－1
九通全書　（清）□□輯　清光緒二十八年（1902）貫吾齋石印本　五十四冊　存三種八百七十卷（文獻通考十三至三百四十八、欽定續文獻通考十七至二百五十、皇朝文獻通考三百卷）

350000－2042－0000128　031.9/444
增補事類統編九十三卷首一卷　（清）黃葆真輯　清光緒十二年（1886）同文書局石印本　六冊

350000－2042－0000129　031.9/444.1
增補事類統編九十三卷首一卷　（清）黃葆真輯　清光緒十四年（1888）上海積山書局石印本　十一冊　存八十六卷（一至五十八、六十七至九十三，首一卷）

350000－2042－0000130　031.9/444.1－1
增補事類統編九十三卷首一卷　（清）黃葆真輯　清光緒十四年（1888）上海積山書局石印本　七冊　存五十五卷（一至二十二、二十八至四十二、五十一至五十八、六十七至七十五，首一卷）

350000－2042－0000131　031.9/472

時務通考三十一卷　題(清)杞廬主人撰　清光緒二十三年(1897)點石齋石印本　二十四冊

350000－2042－0000132　031.9/502
新輯各國政治藝學全書五十三種　題(清)東山主人編　清光緒二十八年(1902)上海鴻寶書局石印本　三十二冊

350000－2042－0000133　031.9/874
通志二百卷考證三卷　(宋)鄭樵撰　清光緒二十七年(1901)上海圖書集成局鉛印本　六十冊

350000－2042－0000134　031.9/953
精選策學四百卷金石續編二十一卷首一卷　(清)陸耀遹纂　清光緒二十年(1894)上海文盛堂石印本　三十六冊

350000－2042－0000135　031/009
唐類函二百卷目錄二卷　(明)俞安期彙纂　(明)徐顯卿校訂　明萬曆三十一年(1603)俞氏刻本　四十冊

350000－2042－0000136　031/009－2
唐類函二百卷目錄二卷　(明)俞安期彙纂　(明)徐顯卿校訂　明萬曆三十一年(1603)俞氏刻本　四十冊

350000－2042－0000137　031/016
博聞錄不分卷　(清)譚鼎新纂　(清)譚位坤校　清抄本　八冊

350000－2042－0000138　031/103.2
玉海二百卷附辭學指南四卷詩攷一卷詩地理攷六卷漢藝文志攷證十卷通鑑地理通釋十四卷漢制攷四卷踐阼篇集解一卷急就篇補注四卷姓氏急就篇二卷小學紺珠十卷六經天文編二卷周易鄭康成注一卷周書王會補注一卷通鑑答問五卷　(宋)王應麟撰　(清)浙江書局校　王深寧先生[應麟]年譜一卷　(清)張大昌輯　校補玉海瑣記二卷　(清)張大昌撰　清光緒九年(1883)浙江書局刻本　二十六冊　缺二十一卷(玉海一百五十五至一百七十五)

350000－2042－0000139　031/103.2－1
玉海二百卷附辭學指南四卷詩攷一卷詩地理攷六卷漢藝文志攷證十卷通鑑地理通釋十四卷漢制攷四卷踐阼篇集解一卷急就篇補注四卷姓氏急就篇二卷小學紺珠十卷六經天文編二卷周易鄭康成注一卷周書王會補注一卷通鑑答問五卷　(宋)王應麟撰　(清)浙江書局校　王深寧先生[應麟]年譜一卷　(清)張大昌輯　校補玉海瑣記二卷　(清)張大昌撰　清光緒九年(1883)浙江書局刻本　四冊　存二十四卷(漢藝文志攷證十卷、通鑑地理通釋十四卷)

350000－2042－0000140　031/114
淵鑑類函四百五十卷目錄四卷　(清)張英等纂　清光緒十三年(1887)上海同文書局石印本　四十八冊　存四百二十四卷(一至五十四、八十五至四百五十,目錄四卷)

350000－2042－0000141　031/119
北堂書鈔一百六十卷首一卷　(唐)虞世南撰　(清)孔廣陶校注　清光緒十四年(1888)南海孔氏三十有三萬卷堂刻本　二十冊

350000－2042－0000142　031/261
唐宋白孔六帖一百卷目錄二卷　(唐)白居易　(宋)孔傳輯　明刻本　一百冊

350000－2042－0000143　031/262
壹是紀始二十二卷補遺一卷　(清)魏崧撰　清光緒十四年(1888)刻本　十冊

350000－2042－0000144　031/262.01
壹是紀始二十二卷補遺一卷　(清)魏崧輯　清道光十四年(1834)刻本　八冊

350000－2042－0000145　031/262－1
壹是紀始二十二卷補遺一卷　(清)魏崧撰　清光緒十四年(1888)刻本　八冊

350000－2042－0000146　031/263
重訂事類賦三十卷　(宋)吳淑撰　(明)華麟祥校刊　清道光七年(1827)刻本　四冊

350000－2042－0000147　031/263.01
事類賦三十卷　(宋)吳淑撰　清刻本　四冊

350000－2042－0000148　031/263.1

重訂廣事類賦四十卷　（清）華希閔撰　（清）華希閔重訂　清道光七年(1827)刻本　八冊

350000－2042－0000149　031/270

佩文韻府一百六卷　（清）張玉書等編　**韻府拾遺一百六卷**　（清）張廷玉等校勘　清光緒十三年(1887)上海點石齋石印本　六十冊

350000－2042－0000150　031/270.1

佩文韻府一百六卷　（清）張玉書等編　**韻府拾遺一百六卷**　（清）張廷玉等校勘　清光緒十二年(1886)上海同文書局石印本　二十六冊　存五十一卷(佩文韻府一至十三、十七至二十六、三十一至五十四、六十至六十三)

350000－2042－0000151　031/270.11

佩文韻府一百六卷　（清）張玉書等編　**韻府拾遺一百六卷**　（清）張廷玉等校勘　清光緒十八年(1892)上海同文書局石印本　一百九十六冊　缺四卷(佩文韻府一至二、四十四至四十五)

350000－2042－0000152　031/270.12

佩文韻府一百六卷　（清）張玉書等編　**韻府拾遺一百六卷**　（清）張廷玉等校勘　清刻本　九冊　存八卷(佩文韻府二十上、二十二、二十九至三十、六十一至六十二、九十七至九十八)

350000－2042－0000153　031/271

物理小識十二卷首一卷　（清）方以智集（清）于藻重訂　清康熙三年(1664)于氏刻本　四冊

350000－2042－0000154　031/401

太平御覽一千卷目錄十五卷　（宋）李昉等纂　清嘉慶歙縣鮑氏刻光緒十八年(1892)學海堂增補本　一百冊

350000－2042－0000155　031/401.01/N

太平御覽一千卷目錄十五卷　（宋）李昉等纂　清嘉慶十二年至十七年(1807－1812)歙縣鮑氏刻本　三十五冊

350000－2042－0000156　031/401－1

太平御覽一千卷目錄十五卷　（宋）李昉等撰　清光緒十八年(1892)南海李氏刻本　三十二冊　存二百六十四卷(四十三至五十、一百三至一百二十三、一百八十二至一百九十、二百十一至二百三十八、二百七十三至二百七十九、二百九十至二百九十九、三百十至三百六十五、六百十六至六百三十二、六百六十一至七百三、八百二十九至八百四十二、八百五十八至八百七十五、九百六至九百二十一、九百二十九至九百四十五)

350000－2042－0000157　031/408.01

古今圖書集成一萬卷目錄四十卷　（清）蔣廷錫等纂　清光緒十年(1884)上海圖書集成鉛版印書局鉛印本　一千六百二十七冊

350000－2042－0000158　031/408.01－1

古今圖書集成一萬卷目錄四十卷　（清）蔣廷錫等纂　清光緒十年(1884)上海圖書集成鉛版印書局鉛印本　二百二十二冊　存一千五百二十七卷(方輿彙編職方典四百三十四至一千五百四十四、山川典一至三百二十、邊裔典一至九十六)

350000－2042－0000159　031/408.01－2

古今圖書集成一萬卷目錄四十卷　（清）蔣廷錫等纂　清光緒十年(1884)上海圖書集成鉛版印書局鉛印本　五十八冊　存三百五十八卷(方輿彙編職方典一千一百八十九至一千一百九十五、邊裔典十三至十九、四十一至五十八、七十一至七十六；明倫彙編宮闈典八十九至九十五、三百四十至三百四十六；經濟彙編禮儀典二百三十五至三百四十八、樂律典一至一百三十六，戎政典一至五十六)

350000－2042－0000160　031/408.1

新編古今事文類聚前集六十卷後集五十卷續集二十八卷別集三十二卷　（宋）祝穆編集　**新集三十六卷外集十五卷**　（元）富大用編集　明萬曆三十五年(1607)書林安正堂劉雙松刻本　三十冊

350000－2042－0000161　031/424

類腋五十五卷　（清）姚培謙集　清乾隆三十

年(1765)清妙軒刻本　二十四冊

350000－2042－0000162　031/432
四書五經類典集成三十四卷　（清）戴兆春撰
清光緒十四年(1888)同文書局石印本　二
十四冊

350000－2042－0000163　031/440
藝文類聚一百卷　（唐）歐陽詢撰　明嘉靖二
十八年(1549)平陽府張松刻本　二十四冊

350000－2042－0000164　031/440.01
藝文類聚一百卷　（唐）歐陽詢撰　明萬曆十
五年(1587)王元貞刻本　五十冊

350000－2042－0000165　031/440.05
廣治平略三十六卷　（清）蔡方炳撰　清刻本
八冊

350000－2042－0000166　031/440.1
廣治平略三十六卷　（清）蔡方炳撰　清刻本
六冊

350000－2042－0000167　031/440.11
廣治平略三十六卷續集八卷　（清）蔡方炳撰
清光緒十四年(1888)上海點石齋石印本
五冊　存三十七卷（廣治平略一至二十一、二
十九至三十六,續集八卷）

350000－2042－0000168　031/461
增修埤雅廣要四十二卷　（宋）陸佃撰　（明）
牛衷增修　（明）吳從政音釋　明萬曆孫弘範
刻本　七冊

350000－2042－0000169　031/471
格致鏡原一百卷　（清）陳元龍撰　清康熙五
十六年(1717)刻本　十六冊

350000－2042－0000170　031/471－1
格致鏡原一百卷　（清）陳元龍撰　清康熙五
十六年(1717)刻本　十二冊　存七十卷（一
至六、二十一至三十二、三十七至六十九、八
十二至一百）

350000－2042－0000171　031/472
書言故事大全十二卷　（宋）胡繼宗集　（明）
陳玩直解　明萬曆十七年(1589)吳懷保刻本

六冊

350000－2042－0000172　031/726
策府統宗六十五卷目錄一卷　（清）劉昌齡輯
清光緒十七年(1891)同文書局石印本　二
十六冊

350000－2042－0000173　031/726.01
策府統宗六十五卷目錄一卷　（清）劉昌齡輯
清光緒二十三年(1897)慎記莊石印本　二
十六冊

350000－2042－0000174　031/756
天中記六十卷　（明）陳耀文纂　（明）屠隆
（明）陳龍光校　明萬曆刻本　六十冊

350000－2042－0000175　031/756－1
天中記六十卷　（明）陳耀文纂　（明）屠隆
（明）陳龍光校　明萬曆刻本　六冊　存十一
卷（二十三、三十七至三十八、四十五至五十
二）

350000－2042－0000176　031/770.1
冊府元龜一千卷目錄十卷　（宋）王欽若等輯
（明）李嗣京訂正　（明）胡維霖參閱
（明）黃國琦校釋　明崇禎十五年(1642)黃國
琦刻本（卷一千補配抄本）　三百六十冊

350000－2042－0000177　031/783
御定駢字類編二百四十卷　（清）張廷玉等纂
清光緒十三年(1887)上海同文書局石印本
四十八冊

350000－2042－0000178　031/783－1
御定駢字類編二百四十卷　（清）張廷玉等纂
清光緒十三年(1887)上海同文書局石印本
四十八冊

350000－2042－0000179　040/002
新刊唐荆川先生稗編一百二十卷目錄三卷
（明）唐順之輯　明萬曆九年(1581)茅一相文
霞閣刻本　四十八冊

350000－2042－0000180　040/003
洋務經濟通考十六卷　應祖錫纂　清光緒二
十八年(1902)鴻寶齋石印本　十二冊

350000－2042－0000181　040/003.1

經濟通考續集十六卷　應祖錫纂　清光緒二十九年(1903)上海鴻寶書局石印本　十二冊

350000－2042－0000182　040/003－1

洋務經濟通考十六卷　應祖錫纂　清光緒二十八年(1902)鴻寶齋石印本　十二冊

350000－2042－0000183　040/027

新民叢報彙編(甲辰)　梁啓超編　清光緒三十二年(1906)文會書社石印本　八冊

350000－2042－0000184　040/083

歷代人物論海一百卷歷代政治論海四十四卷中外掌故論海十四卷歷代時勢論海十四卷　(清)蔡和鏻輯　(清)李思浩定　清光緒二十八年(1902)石印本　四十八冊　存一百卷(歷代人物論海一百卷)

350000－2042－0000185　040/753

中外政治藝學策論六卷　(清)陳熾撰　清光緒二十八年(1902)滬上書局石印本　六冊

350000－2042－0000186　041.08/605

國學叢刊不分卷　(清)國學研究會編　清宣統三年(1911)石印本　三冊

350000－2042－0000187　050.9/403

南洋官報(清光緒三十三年正月二十九日)　(清)南洋官報局編　清光緒三十三年(1907)南洋官報局鉛印本　一冊

350000－2042－0000188　050/314

滙報□□期　(清)滙報館編　清光緒二十八年(1902)鉛印本　四冊　存四十七期(二百九十六至三百二十、三百五十一至三百七十二)

350000－2042－0000189　050/641

時務報三十期坿書八種　(清)時務報館編　清光緒二十二年至二十三年(1896－1897)上海石印本　六冊

350000－2042－0000190　050/641.21

時務報館譯編不分卷附蒙學公會公啟一卷會報敍一卷　(清)時務報館編輯　清光緒石印本　一冊

350000－2042－0000191　050/641－1

時務報□□期　(清)時務報館編　清光緒二十二年至二十四年(1896－1898)上海石印暨鉛印本　三十一冊　存四十五期(一至三十三、三十五至四十六)

350000－2042－0000192　050/641－2

時務報三十期坿書八種　(清)時務報館編輯　清光緒二十二年至二十三年(1896－1897)上海石印本　三冊　存坿書五種五卷(倫敦鐵路公司章程一卷、奧斯馬加國商辦鐵路條例一卷、揚子江籌防芻議一卷、查閱沿江砲臺稟一卷、時務館文編一卷)

350000－2042－0000193　050/641－3

時務報□□期　(清)時務報館編　清光緒二十二年至二十三年(1896－1897)上海石印暨鉛印本　十四冊　存四十八期(一至二、六至五十一)

350000－2042－0000194　050/641－4

時務報□□期　(清)時務報館編　清光緒二十二年至二十四年(1896－1898)上海石印暨鉛印本　四冊　存二十期(三十一至五十)

350000－2042－0000195　071/311/N

福建教育官報□□期　(清)福建提學使署編　清宣統元年(1909)鉛印本　一冊　存一期(十三)

350000－2042－0000196　071/343/N

[福建教育官報譯述欄彙輯]尼泊爾誌一卷　(清)沈宗元　(清)黃枝欣譯　清宣統元年(1909)鉛印本　一冊

350000－2042－0000197　071/441/N

調查南洋學務報告不分卷　薩君陸撰　清宣統二年(1910)鉛印本　一冊

350000－2042－0000198　080/006

桐城方氏七代遺書二十種　(清)方昌翰撰　清光緒十四年(1888)桐城方氏刻本　九冊

350000－2042－0000199　080/007

廣雅書局叢書一百五十七種 （清）廣雅書局輯 （清）徐紹棨編 清光緒廣雅書局刻民國九年(1920)番禺徐紹棨彙編重印本 五百九十六冊 缺一種十四卷(輶軒使者絕代語釋別國方言箋疏十三卷、附校勘記一卷)

350000－2042－0000200 080/007－1
廣雅書局叢書一百五十七種 （清）廣雅書局輯 （清）徐紹棨編 清光緒廣雅書局刻民國九年(1920)番禺徐紹棨彙編重印本 四百六十九冊 存九十六種一千七百五十八卷(史記索隱三十卷，史記志疑三十六卷、附錄三卷，史記三書正譌三卷，史記月表正譌一卷，史表功比說一卷，史記注補正一卷，史記毛本正誤一卷，史漢駢枝一卷，漢書辨疑二十二卷，漢書注校補五十六卷，漢志水道疏證四卷，漢書西域傳補注二卷，人表攷九卷、補一卷、附錄一卷，漢書人表攷校補一卷，後漢書補注二十四卷，後漢書辨疑十一卷，續漢書辨疑九卷，後漢書注補正八卷，後漢書注又補一卷，後漢書補注續一卷，前漢書注攷證一卷，後漢書注攷證一卷，後漢郡國令長攷一卷，三國志辨疑三卷，三國志攷證八卷，三國志旁證三十卷，三國志補注續一卷，三國志注證遺四卷、補四卷，晉書地理志新補正五卷，新校晉書地理志一卷，晉書校勘記五卷，晉書校勘記三卷，晉宋書故一卷，宋州郡志校勘記一卷，魏書校勘記一卷，新舊唐書互證二十卷，宋遼金元四史朔閏攷二卷，遼史拾遺二十四卷、附遼史拾遺補五卷，金史詳校十卷、末一卷，金史譯文證補一至六、九至十二、十四至十五、十八、二十二至二十四、二十六至二十七、二十九至三十，史記天官書補目一卷，楚漢諸侯疆域志三卷，後漢書補表八卷，後漢書三公年表一卷，補後漢書藝文志四卷，補續漢書藝文志一卷，補三國藝文志四卷，補三國疆域志二卷，三國職官表三卷，三國紀年表一卷，補晉兵志一卷，補晉書藝文志四卷、補遺一卷、附錄一卷、附刊誤一卷，東晉疆域志四卷，十六國疆域志十六卷，東晉南北朝興地表一至十二，補梁疆域志四卷，補宋書刑法志一卷，補宋書食貨志一卷，南北史年表一卷，南北史世

系表五卷，南北史帝王世系表一卷，補五代史藝文志一卷，宋史藝文志補一卷，補遼金元藝文志一卷，補三史藝文志一卷，補元史藝文志四卷，元史氏族表三卷，十七史商榷一百卷，廿二史攷異一百卷，廿二史劄記三十六卷、補遺一卷，諸史考異十八卷、附讀書叢錄七卷，歷代史表五十九卷，欽定歷代職官表七十二卷，歷代地理沿革表四十七卷，廿一史四譜五十四卷，九史同姓名略七十二卷、補遺四卷，三史同名錄四十卷，西魏書二十四卷、附錄一卷，續唐書七十卷，晉書輯本十種四十三卷，晉紀輯本七種七卷，晉陽秋輯本二種五卷，漢晉春秋輯本二種四卷，三十國春秋輯本十八種十八卷，晉書地道記一卷，晉太康三年地記一卷，十六國春秋輯補一百卷、年表一卷，十六國春秋纂錄校本十卷、附校勘記一卷，太常因革禮一至五十、六十八至一百，大金集禮四十卷、附校刊識語一卷、校勘記一卷，中興小紀四十卷，建炎以來繫年要錄二百卷，國語翼解六卷，戰國策釋地二卷，吉林外記十卷，黑龍江外記八卷)

350000－2042－0000201 080/007－2
廣雅書局叢書一百五十七種 （清）廣雅書局輯 （清）徐紹棨編 清光緒廣雅書局刻民國九年(1920)番禺徐紹棨彙編重印本 五十七冊 存十五種一百七十五卷(學詁齋文集二卷；廣經室文鈔一卷；孟子趙注補正六卷；十六國疆域志十六卷；中興小紀四十卷；象數論六卷；說文引經證例二十四卷；劉氏遺書八卷；陳司業遺書三卷；白田草堂存藁八卷；無邪堂答問五卷；東塾遺書九卷；補三國疆域志二卷；詩藪內編六卷、外編四卷；欽定歷代職官表一至七、三十至四十八、六十五至七十二，首一卷)

350000－2042－0000202 080/007－3
廣雅書局叢書一百五十七種 （清）廣雅書局輯 （清）徐紹棨編 清光緒廣雅書局刻民國九年(1920)番禺徐紹棨彙編重印本 十六冊 存三種九十六卷(中興小紀四十卷、劉氏遺書八卷、少室山房筆叢四十八卷)

350000－2042－0000203　080/015

龍威秘書十集一百六十九種　（清）馬俊良輯
清乾隆五十九年至嘉慶元年（1794－1796）
石門馬氏大酉山房刻本　八十冊

350000－2042－0000204　080/045

讀畫齋叢書八集四十六種　（清）顧修編　清
嘉慶桐川顧氏刻本　六十四冊

350000－2042－0000205　080/045－1

讀畫齋叢書八集四十六種　（清）顧修編　清
嘉慶桐川顧氏刻本　六十四冊

350000－2042－0000206　080/045－2

讀畫齋叢書八集四十六種　（清）顧修編　清
嘉慶桐川顧氏刻本　二冊　存二種十三卷
（清波小志二卷、補一卷,泊宅編十卷）

350000－2042－0000207　080/079

望炊樓叢書五種附二種　（清）謝家福輯　清
光緒吳縣謝氏刻民國十三年（1924）蘇州文學
山房印本　八冊

350000－2042－0000208　080/100

正誼堂全書六十八種　（清）張伯行輯　（清）
楊濬重輯　清同治五年（1866）福州正誼書局
刻八年至九年（1869－1870）正誼書院增補光
緒十三年（1887）續增補本　二百冊

350000－2042－0000209　080/100.1

正誼齋叢書十種　（清）汪昌序輯　清道光二
十年（1840）儀徵汪氏刻本　六十五冊

350000－2042－0000210　080/100.2

漢魏遺書鈔一百四種　（清）王謨輯　清嘉慶
三年（1798）金溪王氏刻本　二十四冊

350000－2042－0000211　080/100－1

正誼堂全書六十八種　（清）張伯行輯　（清）
楊濬重輯　清同治五年（1866）福州正誼書局
刻八年至九年（1869－1870）正誼書院增補光
緒十三年（1887）續增補本　七冊　存四種二
十一卷（讀朱隨筆四卷,黃勉齋先生文集八
卷,吳朝宗先生聞過齋集四卷,唐陸宣公集四
卷、首一卷）

350000－2042－0000212　080/101

**玉函山房輯佚書三編三十三類五百七十三種
補遺二編八類二十種**　（清）馬國翰輯　**附目
耕帖三十一卷**　（清）馬國翰撰　清光緒九年
（1883）長沙嫏嬛館刻本　一百冊

350000－2042－0000213　080/101.01

**玉函山房輯佚書三編三十三類五百七十三種
補遺二編八類二十種**　（清）馬國翰輯　清光
緒十年（1884）楚南湘遠堂刻本　八十冊

350000－2042－0000214　080/101.4

二酉堂叢書二十一種　（清）張澍撰　清道光
元年（1821）武威張氏二酉堂刻本　六冊

350000－2042－0000215　080/101.4－1

二酉堂叢書二十一種　（清）張澍撰　清道光
元年（1821）武威張氏二酉堂刻本　一冊　存
三種四卷（司馬法一卷、子夏易傳一卷、世本
一至二）

350000－2042－0000216　080/102.2

雲自在龕叢書五集十九種　繆荃孫輯　清光
緒江陰繆氏刻本　三十二冊

350000－2042－0000217　080/102.2－1

雲自在龕叢書五集十九種　繆荃孫輯　清光
緒江陰繆氏刻本　五冊　存四種十七卷（立
山詞一卷、柳下詞一卷、齊物論齋詞一卷、舊
德集十四卷）

350000－2042－0000218　080/103

平津館叢書十集三十八種　（清）孫星衍輯
清光緒十一年（1885）吳縣朱氏槐廬家塾刻本
五十冊

350000－2042－0000219　080/103.01

平津館叢書十集四十二種　（清）孫星衍輯
清嘉慶蘭陵孫氏刻本　六十四冊

350000－2042－0000220　080/103.1

畿輔叢書一百二十六種　（清）王灝輯　清光
緒五年（1879）定州王氏謙德堂刻本　二十二
冊　存七種七十六卷（閑閑老人淰水文集二
十卷、補遺一卷、附一卷,認真草十六卷,萬善
花室文稿七卷,臺海使槎錄八卷,重斠唐韻攷

五卷，花王閣賸藁一卷，笥河文集十六卷、首一卷）

350000－2042－0000221　080/103.1－1
畿輔叢書一百二十六種　（清）王灝輯　清光緒五年（1879）定州王氏謙德堂刻本　十册　存二種三十九卷（閑閑老人滏水文集二十卷、補遺一卷、附一卷，笥河文集十六卷、首一卷）

350000－2042－0000222　080/103.7
學古堂日記四十四種　（清）雷浚　（清）汪之昌輯　清光緒十六年（1890）刻二十年至二十二年（1894－1896）續修本　十五册

350000－2042－0000223　080/103－1
平津館叢書十集三十八種　（清）孫星衍輯　清光緒十一年（1885）吳縣朱氏槐廬家塾刻本　五十册

350000－2042－0000224　080/104
天壤閣叢書二十種附六種　（清）王懿榮輯　清同治至光緒福山王氏刻本　三十三册

350000－2042－0000225　080/104.2
滇南四種　姚文棟撰　清光緒刻本　四册　存三種六卷（雲南勘界籌邊記二卷、偵探記二卷、集思廣益編二卷）

350000－2042－0000226　080/107
正覺樓叢刻二十九種　（清）崇文書局輯　清光緒崇文書局刻本　三十六册

350000－2042－0000227　080/107.4
三長物齋叢書二十六種　（清）黄本驥輯　清道光湘陰蔣瓌刻光緒四年（1878）古香書閣印本　八十册

350000－2042－0000228　080/108
玉簡齋叢書十四種二集八種　羅振玉輯　清宣統二年（1910）上虞羅氏刻本　二十册

350000－2042－0000229　080/108.7
靈鶼閣叢書六集五十六種　（清）江標輯　清光緒元和江氏湖南使院刻本　四十八册

350000－2042－0000230　080/108.7－1
靈鶼閣叢書六集五十六種　（清）江標輯　清光緒元和江氏湖南使院刻本　四十八册

350000－2042－0000231　080/108.7－2
靈鶼閣叢書六集五十六種　（清）江標輯　清光緒元和江氏湖南使院刻本　三册　存二種四卷（士禮居藏書題跋記續二卷、前塵夢影錄二卷）

350000－2042－0000232　080/109.7
三怡堂叢書十七種　張鳳臺輯　清光緒至民國河南官書局刻本　三十五册

350000－2042－0000233　080/114
麗廔叢書九種　葉德輝輯　清光緒長沙葉氏刻本　八册

350000－2042－0000234　080/114（1）
南嶽總勝集三卷　（清）□□撰　清光緒三十二年（1906）刻麗廔叢書本　三册

350000－2042－0000235　080/114.1
花雨樓叢鈔十一種續十一種附一種　（清）張壽榮輯　清光緒蛟川張氏花雨樓刻本　四十八册

350000－2042－0000236　080/114－1
麗廔叢書九種　葉德輝輯　清光緒長沙葉氏刻本　八册

350000－2042－0000237　080/118
張氏適園叢書初集七種　張鈞衡輯　清宣統三年（1911）上海國學扶輪社鉛印本　八册

350000－2042－0000238　080/124
玲瓏山館叢書（益雅堂全集）六十六種　（清）□□輯　清光緒十五年（1889）文選樓刻本　四十册

350000－2042－0000239　080/134
武英殿聚珍版書一百四十八種　（清）□□輯　清光緒二十五年（1899）廣雅書局刻本　八百十册

350000－2042－0000240　080/134（1）
牧庵集三十六卷　（元）姚燧撰　**牧庵年譜一卷**　（元）劉致撰　清光緒二十五年（1899）廣雅書局刻武英殿聚珍版書本　七册

350000－2042－0000241　080/134(2)

吳園周易解九卷附錄一卷　（宋）張根撰　清刻武英殿聚珍版書本　三冊

350000－2042－0000242　080/134(3)

春秋考十六卷　（宋）葉夢得撰　清刻武英殿聚珍版書本　四冊

350000－2042－0000243　080/134.01

武英殿聚珍版書一百四十八種　（清）□□輯　清乾隆四十二年(1777)福建刻道光、同治遞修光緒二十一年(1895)增刻本　二百八十一冊

350000－2042－0000244　080/134.02

武英殿聚珍版書一百四十八種　（清）□□輯　清乾隆武英殿木活字印本　六冊　存三種三十二卷(農書二十二卷,麟臺故事五卷、首一卷、末一卷,鄭志三卷)

350000－2042－0000245　080/134.1

易緯八種　（漢）鄭玄注　清刻本　二冊　存六種九卷(易緯乾坤鑿度二卷、易緯乾鑿度二卷、易緯通卦驗二卷、易緯辨終備一卷、易緯乾元序制記一卷、易緯是類謀一卷)

350000－2042－0000246　080/141

琳琅秘室叢書(秘笈彙編)四集三十種　（清）胡珽輯　清光緒十四年(1888)會稽董氏取斯堂木活字印本　二十四冊

350000－2042－0000247　080/142

功順堂叢書十八種　（清）潘祖蔭輯　清光緒吳縣潘氏刻本　三十二冊

350000－2042－0000248　080/142.01

功順堂叢書十八種　（清）潘祖蔭輯　清光緒吳縣潘氏刻本　二十四冊

350000－2042－0000249　080/171

邵武徐氏叢書二集二十二種　（清）徐榦輯　清光緒刻本　四十冊

350000－2042－0000250　080/171.4

棣香齋叢書(婁東雜著)五十六種　（清）邵廷烈輯　清道光十三年(1833)太倉東陵氏刻本

八冊

350000－2042－0000251　080/171－1

邵武徐氏叢書二集二十二種　（清）徐榦輯　清光緒刻本　六冊　存五種十二卷(文章緣起一卷,東觀餘論二卷、附錄一卷,西崑酬唱集二卷,韻補五卷,韻補正一卷)

350000－2042－0000252　080/177

聚學軒叢書五集六十種　劉世珩輯　清光緒貴池劉氏刻本　一百冊

350000－2042－0000253　080/177(1)

清白士集校補四卷　（清）蔡雲撰　清光緒貴池劉氏刻聚學軒叢書本　一冊

350000－2042－0000254　080/201

宋名家詞六十一種　（明）毛晉輯　明末毛氏汲古閣刻本　一冊　存三種三卷(洺水詞一卷、歸愚詞一卷、龍洲詞一卷)

350000－2042－0000255　080/203

香海盦叢書九種　（清）徐琪輯　清光緒仁和徐氏刻光緒二十年(1894)彙印本　四冊

350000－2042－0000256　080/204

雙楳景闇叢書十六種　葉德輝輯　清光緒至宣統長沙葉氏郋園刻本　四冊　存十一種二十一卷(青樓集一卷,板橋雜記三卷,吳門畫舫錄一卷,燕蘭小譜五卷,海漚小譜一卷,觀劇絕句三卷,木皮散人鼓詞一卷、萬古愁曲一卷,乾嘉詩壇點將錄一卷,東林點將錄一卷、附考一卷,足本乾嘉詩壇點將錄一卷,秦雲擷英小譜一卷)

350000－2042－0000257　080/206

重思齋叢書四種　（清）王家枚輯　清光緒江陰王氏重思齋刻本　四冊

350000－2042－0000258　080/210

經訓堂叢書二十一種　（清）畢沅輯　清乾隆鎮洋畢氏刻本　三十二冊

350000－2042－0000259　080/212.1

廣漢魏叢書七十六種　（明）何允中輯　明萬曆二十年(1592)刻本　二十三冊　存二十九

種一百六十一卷(說苑十三至二十、論衡三十卷、搜神記八卷、神異經一卷、海內十洲記一卷、述異記二卷、續齊諧記一卷、別國洞冥記四卷、西京雜記六卷、拾遺記十卷、博物志十卷、古今注三卷、風俗通義十卷、人物志三卷、文心雕龍十卷、詩品三卷、書品一卷、顏氏家訓二卷、鹽鐵論十二卷、三輔黃圖六卷、華陽國志十四卷、伽藍記五卷、水經二卷、星經二卷、荊楚歲時記一卷、南方草木狀三卷、竹譜一卷、古今刀劍錄一卷、鼎錄一卷)

350000－2042－0000260　080/227
山陽叢書二十五種　(清)□□輯　清光緒二十一年(1895)鉛印本　五十冊

350000－2042－0000261　080/235.1
秘書廿一種　(清)汪士漢編　清乾隆七年(1742)刻本　二十冊

350000－2042－0000262　080/236
貸園叢書初集十二種　(清)周永年輯　清乾隆青州李文藻刻乾隆五十四年(1789)歷城周永年竹西書屋重印本　十六冊

350000－2042－0000263　080/241
結一廬朱氏賸餘叢書四種　(清)朱澂輯　清光緒三十一年(1905)仁和朱氏刻本　十四冊

350000－2042－0000264　080/241(1)
張說之文集二十五卷補遺五卷　(唐)張說撰　清光緒三十一年(1905)仁和朱氏刻結一廬朱氏賸餘叢書本　四冊

350000－2042－0000265　080/241－1
結一廬朱氏賸餘叢書四種　(清)朱澂輯　清光緒三十一年(1905)仁和朱氏刻本　十冊　存三種八十卷(張說之文集二十五卷、補遺五卷、劉賓客文集三十卷、外集十卷,司空表聖文集十卷)

350000－2042－0000266　080/250
凌氏傳經堂叢書三十種　(清)凌堃撰　清道光吳興凌氏刻本　二十冊

350000－2042－0000267　080/250.1
朱文端公藏書十三種　(清)朱軾校輯　清光

緒二十三年(1897)高安朱衡刻本　八十冊

350000－2042－0000268　080/250.2
槐廬叢書五編四十六種　(清)朱記榮輯　清光緒吳縣朱氏槐廬家塾刻本　八十冊

350000－2042－0000269　080/251
學詩津逮八卷　(清)朱琰輯　清刻本　二冊

350000－2042－0000270　080/254.1
春雨樓叢書六種　(清)朱士端撰　清同治寶應朱氏刻本　六冊

350000－2042－0000271　080/257
積學齋叢書二十種　徐乃昌輯　清光緒南陵徐氏刻本　十六冊

350000－2042－0000272　080/257(1)
管子義證八卷　(清)洪頤煊撰　清光緒十五年(1889)南陵徐氏刻積學齋叢書本　二冊

350000－2042－0000273　080/257－1
積學齋叢書二十種　徐乃昌輯　清光緒南陵徐氏刻本　二十冊

350000－2042－0000274　080/267
粵雅堂叢書三編三十集一百八十六種　(清)伍崇曜輯　清道光至光緒南海伍氏刻本　一百九十三冊　缺九種六十卷(南雷文定詩歷四卷,程侍郎遺集十卷,李元賓集六卷,呂衡州集十卷,西崑酬唱集二卷,鄂州小集六卷,樂府雅詞六卷、拾遺二卷,陽春白雪集八卷、外集一卷,掌經室詩錄五卷)

350000－2042－0000275　080/267(2)
飲水詩集一卷詞集一卷　(清)納蘭性德撰　清咸豐元年(1851)刻粵雅堂叢書本　一冊

350000－2042－0000276　080/267.1
得月簃叢書初刻十種次刻十種　(清)榮譽輯　清道光長白榮氏刻本　三十三冊

350000－2042－0000277　080/267－1
粵雅堂叢書三編三十集一百八十六種　(清)伍崇曜輯　清道光至光緒南海伍氏刻本　三百九十九冊　缺三種十六卷(韓柳年譜八卷、疑年錄四卷、續疑年錄四卷)

350000－2042－0000278　080/267－2

粵雅堂叢書三編三十集一百八十六種　（清）伍崇曜輯　清道光至光緒南海伍氏刻本　十一冊　存五種二十五卷(朱子年譜一至三、四上,考異四卷,附錄二卷;韓柳年譜八卷;顧亭林先生年譜三至四;秋園雜佩一卷;倪文正公年譜四卷)

350000－2042－0000279　080/287

積學齋叢書二十種　徐乃昌輯　清光緒南陵徐氏刻本　六冊　存四種十六卷(孟子七篇諸國年表一卷、說一卷,爾雅注疏本正誤五卷,南陵縣建置沿革表一卷,水經釋地八卷)

350000－2042－0000280　080/287(1)

皖詞紀勝一卷　徐乃昌纂輯　清光緒南陵徐氏小檀欒室刻本　一冊

350000－2042－0000281　080/287(2)

鄦齋叢書二十種　徐乃昌輯　清光緒二十六年(1900)南陵徐氏刻本　一冊　存二種三卷(續方言又補二卷、續後漢儒林傳補逸一卷)

350000－2042－0000282　080/294

峭帆樓叢書十八種　趙詒琛輯　清宣統三年至民國八年(1911－1919)趙氏刻本　二十冊

350000－2042－0000283　080/294－1

峭帆樓叢書十八種　趙詒琛輯　清宣統三年至民國八年(1911－1919)趙氏刻本　二十冊

350000－2042－0000284　080/294－2

峭帆樓叢書十八種　趙詒琛輯　清宣統三年至民國八年(1911－1919)趙氏刻本　二十冊

350000－2042－0000285　080/302.2

宜稼堂叢書七種　（清）郁松年輯　清道光上海郁氏刻本　六十四冊

350000－2042－0000286　080/302.2－1

宜稼堂叢書七種　（清）郁松年輯　清道光上海郁氏刻本　六十四冊

350000－2042－0000287　080/302.3

房山山房叢書十種　陳洙輯　清宣統至民國江浦陳氏刻民國九年(1920)彙印本　三冊

350000－2042－0000288　080/304

滂喜齋叢書四函五十種　（清）潘祖蔭輯　清同治至光緒吳縣潘氏京師刻本　三十二冊

350000－2042－0000289　080/304(1)

橋西雜記一卷　（清）葉名灃撰　清同治十年(1871)吳縣潘氏刻滂喜齋叢書本　一冊

350000－2042－0000290　080/304－1

滂喜齋叢書四函五十種　（清）潘祖蔭輯　清同治至光緒吳縣潘氏京師刻本　三十二冊

350000－2042－0000291　080/304－2

滂喜齋叢書四函五十種　（清）潘祖蔭輯　清同治至光緒吳縣潘氏京師刻本　三十二冊

350000－2042－0000292　080/313

馮少墟集二十二卷續集五卷　（明）馮從吾撰　清康熙十二年(1673)刻光緒二十二年(1896)補刻本　十八冊

350000－2042－0000293　080/313　1

翠琅玕館叢書四集五十一種　（清）馮兆年輯　清光緒羊城馮氏刻本　四十冊

350000－2042－0000294　080/313.2

賜硯堂叢書新編四集四十種　（清）顧沅輯　清道光十年(1830)長洲顧氏刻本　八冊

350000－2042－0000295　080/314.1

江南製造局譯書彙刻□□種　（清）江南製造局編譯　清光緒刻本　十六冊　存十五種四十二卷(列國陸軍制一卷、測候叢談四卷、開煤要法十二卷、冶金錄三卷、克虜伯礮彈造法二卷、餅藥造法一卷、克虜伯礮準心法一卷、爆藥記要六卷、攻守礮法一卷、克虜伯腰箍礮說一卷、克虜伯船礮操法一卷、克虜伯螺繩礮架說一卷、克虜伯礮架說之十五桑的船礮一卷、克虜伯礮架說之十五桑的堡礮一卷、爆藥記要六卷)

350000－2042－0000296　080/316

潛園總集十七種　（清）陸心源撰　清同治至光緒刻本　二百冊

350000－2042－0000297　080/316－1

潛園總集十七種　（清）陸心源撰　清同治至
光緒刻本　七十二冊　存六種二百四十二卷
（穰梨館過眼錄四十卷、續錄十六卷，皕宋樓
藏書志一百二十卷、續志四卷，千甓亭磚錄六
卷、續錄四卷，千甓亭古磚圖釋二十卷，儀顧
堂續跋十六卷，儀顧堂集十六卷）

350000－2042－0000298　080/318

汗筠齋叢書第一集四種　（清）秦鑑輯　清嘉
慶三年至四年（1798－1799）嘉定秦氏刻本
十冊

350000－2042－0000299　080/320

潘刻五種　（清）恩壽輯　清光緒二十九年
（1903）北京翰文齋重編彙印吳縣潘氏刻本
六冊

350000－2042－0000300　080/320（1）

思補齋筆記八卷　（清）潘世恩撰　清末吳縣
潘氏刻潘刻五種本　四冊

350000－2042－0000301　080/322

希鄭堂叢書七種　潘任撰　清光緒二十年
（1894）木活字印本　二冊

350000－2042－0000302　080/328

遜敏堂叢書三十二種　（清）黃秩模輯　清道
光至咸豐宜黃黃氏木活字印本　六冊

350000－2042－0000303　080/333

南菁札記十四種　（清）溥良輯　清光緒二十
年（1894）江陰使署刻本　六冊

350000－2042－0000304　080/338

心矩齋叢書七種　（清）蔣鳳藻編輯　清光緒
長洲蔣氏刻民國十四年（1925）蘇州文學山房
重印本　二十八冊

350000－2042－0000305　080/340

洪刻五種　（清）張伯行編訂　（清）洪錫謙刊
清道光二十七年（1847）歙縣洪氏至德堂刻
本　十冊

350000－2042－0000306　080/341

對雨樓叢書五種　繆荃孫輯　清光緒江陰繆
氏刻本　四冊

350000－2042－0000307　080/342.01

增訂漢魏叢書九十種　（清）王謨輯　清光緒
六年（1880）練江三餘堂刻本　六十冊

350000－2042－0000308　080/342.02

易傳三卷　（漢）京房撰　（明）程榮編　明萬
曆二十年（1592）程榮刻漢魏叢書本　一冊

350000－2042－0000309　080/342.1

西學時務總纂大成九十一卷　題（清）求志齋
主人纂輯　清光緒二十三年（1897）上海鴻文
書局石印本　二十四冊

350000－2042－0000310　080/353

津逮秘書十五集一百四十一種　（明）毛晉輯
明崇禎虞山毛氏汲古閣刻本　一百六十冊

350000－2042－0000311　080/353.1

津河廣仁堂所刻書六十二種　（清）□□編
清光緒津河廣仁堂刻本　十冊　存十種二十
七卷（明賢蒙正錄二卷，程氏性理字訓一卷，
先喆格言一卷，靈峽學則一卷，程氏家塾讀書
分年日程三卷，小學六卷，訓子語二卷，鄉塾
正誤二卷，教諭語四卷，補一卷，四禮翼四卷）

350000－2042－0000312　080/353－1

津逮秘書十五集一百四十一種　（明）毛晉輯
明崇禎虞山毛氏汲古閣刻本　二十五冊
存七種三十八卷（益公題跋一至十、放翁題跋
六卷、揮塵三錄三卷、通鑑地理通釋十四卷、
通鑑問疑一卷、避暑錄話二卷、五色線二卷）

350000－2042－0000313　080/358

連筠簃叢書十五種　（清）楊尚文輯　清道光
二十八年（1848）靈石楊氏刻本　三十二冊

350000－2042－0000314　080/370

二十五子彙函　（清）鴻文書局輯　清光緒十
九年（1893）鴻文書局石印本　三冊　存五種
七十六卷（管子二十四卷，春秋繁露十七卷、
附錄一卷，揚子法言十三卷、附音義一卷，新
書十卷，文中子中說十卷）

350000－2042－0000315　080/373

湖海樓叢書十二種　（清）陳春輯　清嘉慶蕭
山陳氏刻本　三十二冊

350000 - 2042 - 0000316　080/373(1)

厄林十卷補遺一卷 （明）周嬰撰　清嘉慶二
十年(1815)蕭山陳氏湖海樓刻湖海樓叢書本
五冊

350000 - 2042 - 0000317　080/373.1

西政叢書三十二種　梁啓超輯　清光緒二十
三年(1897)上海慎記書莊石印本　三十二冊

350000 - 2042 - 0000318　080/382

海山仙館叢書五十六種 （清）潘仕成輯　清
道光至咸豐番禺潘氏刻光緒補修本　一百二
十冊

350000 - 2042 - 0000319　080/382(5)

古史輯要六卷首一卷 （清）□□撰　清道光
二十五年(1845)刻海山仙館叢書本　三冊

350000 - 2042 - 0000320　080/382.1

海嶽軒叢刻九種 （清）杜俞撰　清光緒三十
三年(1907)蘇省刷印總局鉛印本　八冊

350000 - 2042 - 0000321　080/382.1 - 1

海嶽軒叢刻九種 （清）杜俞撰　清光緒三十
三年(1907)蘇省刷印總局鉛印本　八冊

350000 - 2042 - 0000322　080/383.1

海源閣叢書六種 （清）楊以增輯　清咸豐聊
城楊氏海源閣刻本　七冊　存四種二十八卷
（蔡中郎集十卷、外紀一卷、外集四卷、列傳一
卷、年表一卷,六藝綱目二卷、附錄二卷,助字
辨略五卷,九水山房文存二卷）

350000 - 2042 - 0000323　080/400

大亭山館叢書十三種 （清）楊葆彝輯　清光
緒陽湖楊氏刻本　十二冊

350000 - 2042 - 0000324　080/400(1)

毘陵楊氏詩存五種附編三種 （清）楊保彝輯
清光緒六年(1880)陽湖楊氏刻大亭山館叢
書本　一冊

350000 - 2042 - 0000325　080/400 - 1

大亭山館叢書十六種 （清）楊葆彝輯　清光
緒陽湖楊氏刻本　六冊

350000 - 2042 - 0000326　080/401.1

350000 - 2042 - 0000326　080/401.1

函海四十函一百五十種 （清）李調元輯　清
乾隆綿州李氏萬卷樓刻嘉慶十四年(1809)李
鼎元重校道光五年(1825)李朝夔補修本　一
百五十冊

350000 - 2042 - 0000327　080/401.1(1)

小倉選集八卷 （清）袁枚撰　清乾隆綿州李
氏萬卷樓刻嘉慶十四年(1809)李鼎元重校道
光五年(1825)李朝夔補修函海本　一冊

350000 - 2042 - 0000328　080/401.11

函海四十函一百五十種 （清）李調元輯　清
乾隆綿州李氏萬卷樓刻嘉慶十四年(1809)李
鼎元重校本　九冊　存十八種一百七卷(升
菴經說十四卷,秋林伐山二十卷,哲匠金桴五
卷,古今風謠一卷,古今諺一卷,異魚圖贊四
卷,金石古文十四卷,石鼓文音釋三卷,山海
經補注一卷,莊子闕誤一卷,丹鉛雜錄十卷,
謝華啓秀八卷,均藻四卷,奇字韻五卷,希姓
錄　卷,詞品六卷,拾遺一卷,詩話補遺二卷,
轉注古音略五卷、後語一卷）

350000 - 2042 - 0000329　080/401.11 - 1/N

函海四十函一百五十種 （清）李調元編　清
乾隆綿州李氏萬卷樓刻嘉慶十四年(1809)李
鼎元重校本　一冊　存九種十一卷(滇載記
一卷,雲南山川志一卷,俗言一卷,玉名詁一
卷,醒園錄二卷,麗情集一卷、床麗情集一卷,
墐戶錄一卷,世說舊注一卷,古文韻語一卷）

350000 - 2042 - 0000330　080/402

校經山房叢書二十七種 （清）朱記榮輯　清
光緒三十年(1904)孫谿朱氏槐廬刻本　三十
二冊

350000 - 2042 - 0000331　080/402.1

十種古逸書 （清）茆泮林輯　清道光十四年
(1834)梅瑞軒刻本　八冊

350000 - 2042 - 0000332　080/402.2

富強齋叢書續一百二十五種 （清）袁俊德輯
清光緒二十七年(1901)小倉山房石印本
六十四冊

350000 - 2042 - 0000333　080/403

古逸叢書二十六種 （清）黎庶昌輯　清光緒十年（1884）遵義黎氏日本東京使署影刻本　四十七冊

350000－2042－0000334　080/403（1）

姓解三卷 （宋）邵思輯　清光緒遵義黎氏日本東京使署刻本　一冊

350000－2042－0000335　080/403（2）

楚辭集注八卷辯證二卷後語六卷 （宋）朱熹撰　清光緒遵義黎氏日本東京使署影刻古逸叢書本　二冊　存十二卷（楚辭集注五至八、辯證二卷、後語六卷）

350000－2042－0000336　080/403.11

玉篇殘四卷 （南朝梁）顧野王撰　清光緒遵義黎氏日本東京使署刻本　二冊

350000－2042－0000337　080/404

十萬卷樓叢書三編五十一種 （清）陸心源輯　清光緒歸安陸氏刻本　一百十二冊

350000－2042－0000338　080/404（2）－1

續考古圖五卷 （宋）□□輯　**附釋文一卷**（宋）趙九成撰　清光緒十三年（1887）歸安陸氏刻十萬卷樓叢書本　六冊

350000－2042－0000339　080/404.5

南菁書院叢書八集四十一種 王先謙　繆荃孫輯　清光緒十四年（1888）江陰南菁書院刻本　三十八冊

350000－2042－0000340　080/404－1

十萬卷樓叢書三編五十一種 （清）陸心源輯　清光緒歸安陸氏刻本　三冊　存四種十卷（可書一卷，東原錄一卷，地理葬書集注一卷，附葬書問對一卷，續考古圖五卷，附釋文一卷）

350000－2042－0000341　080/407

木犀軒叢書二十七種 李盛鐸輯　清光緒德化李氏木犀軒刻本　四十冊

350000－2042－0000342　080/407.1

檀几叢書初集五十種二集五十種餘集四十七種附政十種 （清）王晫輯　清康熙三十四年至三十六年（1695－1697）新安張氏霞擧堂刻本　十冊　缺十種十卷（紀草堂十六宜一卷、課婢約一卷、報謁例言一卷、諂卦一卷、書本草一卷、貧卦一卷、花草春秋一卷、補花底拾遺一卷、玩月約一卷、飲中八仙令一卷）

350000－2042－0000343　080/409

守約篇叢書六十三種 （清）李光廷輯　清同治十三年（1874）刻本　四十八冊

350000－2042－0000344　080/430

式訓堂叢書三集四十一種 （清）章壽康輯　清光緒會稽章氏刻本　三十二冊　存二集（初集、二集）

350000－2042－0000345　080/430（1）

[乾道]臨安志十五卷首一卷札記一卷 （宋）周淙撰　清光緒四年（1878）會稽章氏刻式訓堂叢書本（卷四至十五原缺）　二冊

350000－2042－0000346　080/434

榕村全書三十二種附十種 （清）李光地撰（清）李維迪校輯　清道光九年（1829）李維迪刻本　一百八冊

350000－2042－0000347　080/434（2）－2

榕村語錄三十卷 （清）李光地撰　清道光九年（1829）李維迪刻榕村全書本　五冊

350000－2042－0000348　080/434（2）－3

榕村語錄三十卷 （清）李光地撰　清道光九年（1829）李維迪刻榕村全書本　十二冊

350000－2042－0000349　080/434－1

榕村全書三十二種附十種 （清）李光地撰（清）李維迪校輯　清道光九年（1829）李維迪刻本　五十五冊　存十四種一百二十三卷（周易通論四卷，周易觀象十二卷，周易觀象大指二卷，洪範說二卷，古樂經傳五卷，韓子粹言一卷，二程子遺書纂下、外書纂一卷，朱子語類四纂五卷，朱子禮纂五卷，榕村詩選八卷、首一卷，榕村語錄三十卷，榕村全集四十卷，榕村制義初集一卷、二集一卷、三集一卷、四集一卷，榕村譜錄合考二卷）

350000－2042－0000350　080/434－2

榕村全書三十二種附十種　（清）李光地撰
（清）李維迪校輯　清道光九年(1829)李維迪
刻本　十八冊　存四種七十七卷(周易觀象
大指二卷、朱子禮纂五卷、榕村語錄三十卷、
榕村全集四十卷)

350000－2042－0000351　080/436

榕園叢書三集六十二種續刻三種　（清）張丙
炎輯　（清）張允頤重輯　清同治真州張氏廣
東刻民國二年(1913)重修本　六十冊

350000－2042－0000352　080/442

藕香零拾三十九種　繆荃孫輯　清光緒至宣
統刻本　三十二冊

350000－2042－0000353　080/442.2

荔牆叢刻十三種　（清）汪曰楨輯　清同治至
光緒烏程汪氏刻本　二十冊

350000－2042－0000354　080/442.4

春暉堂叢書十二種　（清）徐渭仁輯　清道光
至咸豐上海徐氏刻同治補刻本　十二冊

350000－2042－0000355　080/442.4(1)

來齋金石刻考略三卷　（清）林侗撰　清道光
二十一年(1841)上海徐氏刻春暉堂叢書本
一冊

350000－2042－0000356　080/442.41

脩本堂叢書十種　（清）林伯桐撰　清道光二
十四年(1844)林世懋刻本　十三冊

350000－2042－0000357　080/442.6

佚存叢書六帙十六種　（日本）林衡輯　清光
緒八年(1882)滬上黃潤生木活字印本　三十
二冊

350000－2042－0000358　080/442－1

藕香零拾三十九種　繆荃孫輯　清光緒至宣
統刻本　三十二冊

350000－2042－0000359　080/442－2

藕香零拾三十九種　繆荃孫輯　清光緒至宣
統刻本　三十二冊

350000－2042－0000360　080/443

藝海珠塵八集一百六十四種　（清）吳省蘭輯

清嘉慶南匯吳氏聽彝堂刻本　六十四冊

350000－2042－0000361　080/443(1)

續方言二卷　（清）杭世駿纂　補正二卷
（清）程際盛纂　清嘉慶南匯吳氏聽彝堂刻藝
海珠塵本　一冊

350000－2042－0000362　080/443.3

珍執宧遺書十一種　（清）莊述祖撰　清嘉慶
至道光武進莊氏脊令舫刻本　八冊　缺五卷
(夏時明堂陰陽經一卷、夏時說義二卷、夏小
正等例文句音義一至二)

350000－2042－0000363　080/443.4

書六卷　（宋）蔡沈集傳　清刻本　四冊

350000－2042－0000364　080/447.1

三餘書屋叢書第二集□□種　（清）蔡學蘇輯
　清光緒三年(1877)盱南上塘蔡氏刻本　四
冊　存四種九卷(聖諭廣訓直解十六條一卷、
六書辨訛輯要三卷、四書章次串聯三卷、養春
齋詩鈔二卷)

350000－2042－0000365　080/450

新編錄鬼簿二卷　（元）鍾嗣成編　清康熙四
十五年(1706)揚州使院刻棟亭藏書本　一冊

350000－2042－0000366　080/462

觀自得齋叢書二十三種別集六種　（清）徐士
愷輯　清光緒石埭徐氏觀自得齋刻本　二十
四冊

350000－2042－0000367　080/462－1

觀自得齋叢書二十三種別集六種　（清）徐士
愷輯　清光緒石埭徐氏觀自得齋刻本　二十
四冊

350000－2042－0000368　080/462－2

觀自得齋叢書二十三種別集六種　（清）徐士
愷輯　清光緒石埭徐氏觀自得齋刻本　四冊
　存三種八卷(黑龍江述略六卷、國朝未刊遺
書志略一卷、馬戲圖譜一卷)

350000－2042－0000369　080/463

鄰蘇老人地理叢書十種　楊守敬撰　清光緒
二十五年至宣統元年(1899－1909)宜都楊氏

刻本　六十四册　存六種一百一卷(歷代輿地圖一卷,三國郡縣表補正八卷,隋書地理志攷證九卷、補遺一卷,水經注圖一卷,水經注疏要刪四十卷、補遺一卷,水經注疏要刪補遺并續編四十卷)

350000－2042－0000370　080/463.1
鄰蘇老人目錄叢書三種　楊守敬編　清光緒宜都楊氏刻本　二十册　存二種二十九卷(日本訪書志十六卷、補遺一卷,留真譜初編十二卷)

350000－2042－0000371　080/463.1－1
鄰蘇老人目錄叢書三種　楊守敬編　清光緒宜都楊氏刻本　二十册　存二種二十九卷(日本訪書志十六卷、補遺一卷,留真譜初編十二卷)

350000－2042－0000372　080/463－1
鄰蘇老人地理叢書十種　楊守敬撰　清光緒二十五年至宣統元年(1899－1909)宜都楊氏刻本　五十四册　存四種五十三卷(歷代輿地圖一卷,隋書地理志攷證九卷、補遺一卷,水經注圖一卷,水經注疏要刪四十卷、補遺一卷)

350000－2042－0000373　080/464
觀古堂彙刻書二集二十一種　葉德輝輯　清光緒二十八年(1902)湘潭葉氏刻民國八年(1919)重編印本　十六册

350000－2042－0000374　080/464－1
觀古堂彙刻書二集二十一種　葉德輝輯　清光緒二十八年(1902)湘潭葉氏刻民國八年(1919)重編印本　二十册

350000－2042－0000375　080/486
榆園叢刻十五種附一種　(清)許增輯　清同治至光緒刻民國九年(1920)補修本　九册存四種二十五卷(白石道人詩集二卷、集外詩一卷、詩說一卷、附錄一卷、附錄補遺一卷,納蘭詞五卷、補遺一卷,憶雲詞甲稿一卷、乙稿一卷、丙稿一卷、丁稿一卷、刪存一卷,縵雅堂駢體文八卷)

350000－2042－0000376　080/486(1)－1
娛園叢刻十種　(清)許增輯　清光緒十五年(1889)仁和許氏刻榆園叢刻本　三册

350000－2042－0000377　080/486(1)－2
娛園叢刻十種　(清)許增輯　清光緒十五年(1889)仁和許氏刻榆園叢刻本　一册

350000－2042－0000378　080/486.1
榆園叢刻十五種附一種　(清)許增輯　清同治至光緒刻民國九年(1920)補修本　十六册

350000－2042－0000379　080/486.1－1
榆園叢刻十五種附一種　(清)許增輯　清同治至光緒刻民國九年(1920)補修本　二十一册

350000－2042－0000380　080/486.1－2
榆園叢刻十五種附一種　(清)許增輯　清同治至光緒刻民國九年(1920)補修本　四册存二種十五卷(白石道人詩集二卷、集外詩一卷、詩說一卷、附錄一卷、附錄補遺一卷,白石道人歌曲四卷、歌曲別集一卷、附詩詞評論一卷、詩詞評論補遺一卷、白石道人逸事一卷、逸事補遺一卷)

350000－2042－0000381　080/493
仰視千七百二十九鶴齋叢書六集四十種(清)趙之謙輯　清光緒會稽趙氏刻本　三十六册

350000－2042－0000382　080/494
味檗齋遺書十六種　(明)趙南星撰　清光緒高邑趙氏刻本　十五册　存十四種二十卷(大學正說一卷,中庸正說二卷,孝經一卷,正心會前漢書抄二卷,正心會後漢書抄一卷,離騷經訂註一卷,目前集二卷,夢白先生集三卷,芳茹園樂府一卷,嘉祐集選一卷,趙忠毅公閒居擇言一卷,味檗齋遺筆一卷,笑贊一卷,先君趙冢宰忠毅公行述一卷、附鐵如意考一卷)

350000－2042－0000383　080/504.1
申報館叢書正集五十七種附錄三種　題(清)尊聞閣主輯　續集六十六種餘集七十六種

冊　存一百十六種(屑玉叢譚初集六卷,屑玉
叢譚二集六卷,屑玉叢譚三集六卷,屑玉叢譚
四集六卷,臺灣外記三十卷,結水滸全傳七十
卷、末一卷,鏡花緣一百回,宮閨聯名譜二十
二卷,曾文正公書札三十三卷,螢窗異草初編
四卷、二編四卷、三編四卷,綏寇紀略十二卷、
補遺三卷,續編綏寇紀略五卷,第五才子書水
滸傳七十回、續四十八回,夜雨秋燈錄八卷、
續錄八卷,讀史探驪錄五卷,重訂西青散記八
卷,揚州畫舫錄十八卷,醒睡錄初集十卷,遜
窟讕言十二卷,硯雲甲編八種十六卷,硯雲乙
編八種三十四卷,歷代宗廟附考八卷,東藩紀
要十二卷、補錄一卷,野記四卷,紀載彙編十
種十卷,篤素堂文集四卷,景船齋雜記二卷,
笑笑錄六卷,秦淮畫舫錄二卷、畫舫餘譚一
卷、三十六春小譜一卷,淞南夢影錄四卷,薑
露庵雜記六卷,在園雜志四卷,蜀碧四卷,小
豆棚十六卷,儒林外史五十六回,靈檀碎金六
十八卷、附錄一卷,訂譌雜錄十卷,歷下志遊
四卷、外編四卷,漫遊紀略四卷,國朝閨秀香
咳集十卷、附錄一卷,香草集四卷,零金碎玉
四卷,談古偶錄二卷,三異筆談四卷,粉墨叢
談二卷,澄懷園語四卷,吳門畫舫錄二卷,吳
門畫舫續錄三卷,畫舫續錄投贈三卷,女才子
十二卷,海上群芳譜四卷,異書四種存二種仙
壇花雨一卷、碧落雜誌一卷,續異書四種存二
種妒律一卷、閨律一卷,藝林伐山二十卷,獨
悟庵叢鈔四種存三種浮生六記四卷、天山清
辨一卷、聞見雜錄五卷,文海披沙八卷,鋤經
書舍零墨四卷,勝朝越郡忠節名賢尺牘一卷,
草廬經略十二卷,薈蕞編二十卷,兩漢博聞十
二卷,翰海十二卷,學史四十八卷,霆軍紀略
十六卷,紅樓夢補四十八回,筆生花三十二
回,分類尺牘備覽三十卷,山東軍興紀略二十
二卷,歷代陵寢備考五十卷,萬國史記二十
卷,西事類編十六卷,蟲鳴漫錄二卷,耳郵四
卷,壺天錄三卷,紅樓復夢一百回,兒女英雄
傳四十回、首一回,癡說四種四卷,淮軍平捻
記十二卷,三借廬贅譚十二卷,點勘記二卷,
附省堂筆記一卷,曾侯日記一卷,嘯亭雜錄十

卷、續錄三卷,曾文正公大事記四卷,詳注筆
耕齋尺牘二卷,十三日備嘗記一卷、事畧附記
一卷,中東合約一卷、附中英南京舊約一卷,
東池草堂尺牘四卷,吳中平寇記八卷,影談四
卷,尺牘集錦三種三卷,語新二卷,鴻雪軒紀
艷四種四卷,桯史十五卷、附錄一卷,雲間據
目抄五卷,甕牖餘談八卷,東槎紀略五卷,東
征集六卷,勝國文徵四卷,澆愁集八卷,和約
彙抄六卷、首一卷,有正味齋尺牘二卷,東廂
記四卷,增注知愧軒尺牘十六卷,綱鑑望知錄
四卷,印雪軒隨筆四卷,昔柳摭談四卷,解醒
語四卷,思益堂日札五卷,茶餘談薈二卷,鸝
砭軒質言四卷,三岡識略十卷、續識略一卷、
附蓴鄉贅客自述,航海述奇四卷,閩雜記十二
卷,笑史四卷,快心編初集十回、二集十回、三
集十二回,柳南隨筆六卷、續筆四卷,夢園叢
說內篇八卷,妙香室叢話十四卷,青樓夢六十
四回)

350000-2042-0000304　080/504.1(120)-1/N
閩雜記十二卷　(清)施鴻保輯　清光緒四年
(1878)鉛印申報館叢書本　一冊　存四卷
(一至四)

350000-2042-0000385　080/504.1-1
申報館叢書正集五十七種附錄三種　題(清)
尊聞閣主輯　續集六十六種餘集七十六種
蔡爾康編　清光緒申報館鉛印本　一百五十
六冊　存五十一種(屑玉叢譚初集六卷,屑玉
叢譚二集六卷,屑玉叢譚三集六卷,屑玉叢譚
四集六卷,宮閨聯名譜二十二卷,螢窗異草初
編四卷、三編四卷,揚州畫舫錄十八卷,歷代
宗廟附考八卷,東藩紀要十二卷、補錄一卷,
野記四卷,紀載彙編十種十卷,篤素堂文集一
至三,秦淮畫舫錄二卷、畫舫餘譚一卷、三十
六春小譜一卷,淞南夢影錄四卷,薑露庵雜記
六卷,蜀碧四卷,小豆棚十六卷,儒林外史五
十六回,靈檀碎金六十八卷、附錄一卷,歷下
志游四卷、外編四卷,漫遊紀略四卷,零金碎
玉四卷,三異筆談四卷,澄懷園語四卷,女才
子十二卷,獨悟庵叢鈔四種十一卷,文海披沙
八卷,鋤經書舍零墨四卷,薈蕞編二十卷,翰
海十二卷,學史四十八卷,紅樓夢補四十八

回,西事類編十六卷,語新二卷,印雪軒隨筆三至四,續異書四種六卷)

350000－2042－0000386　080/504.1－2
申報館叢書正集五十七種附錄三種　題(清)尊聞閣主輯　**續集六十六種餘集七十六種**　蔡爾康編　清光緒申報館鉛印本　十六冊　存四種七十一卷(屑玉叢譚三集如是觀園記一卷,園居錄詩鑑一卷,餞月樓詩鈔一卷,淞南夢影錄四卷,小豆棚十六卷,學史四十八卷)

350000－2042－0000387　080/512
振綺堂叢書初集十種二集十二種　(清)汪康年輯　清光緒至宣統泉唐汪氏鉛印暨刻本　八冊　存十二種二十三卷(中興政要一卷,克復諒山大略一卷,烈女傳一卷,明史分稿殘編二卷,己庚編二卷,西藏紀述一卷,章谷屯志畧一卷,萬象一原九卷、首一卷,埃及碑釋一卷,木剌夷補傳稿一卷,轉徙餘生記一卷,奉使英倫記一卷)

350000－2042－0000388　080/512－1
振綺堂叢書初集十種二集十二種　(清)汪康年輯　清光緒至宣統泉唐汪氏鉛印暨刻本　三冊　存七種八卷(韓南溪四種五卷、澳門公牘錄存一卷、轉徙餘生記一卷、奉使英倫記一卷)

350000－2042－0000389　080/512－2
振綺堂叢書初集十種二集十二種　(清)汪康年輯　清光緒至宣統泉唐汪氏鉛印暨刻本　三冊　存七種八卷(韓南溪四種五卷、澳門公牘錄存一卷、轉徙餘生記一卷、奉使英倫記一卷)

350000－2042－0000390　080/572
抱經堂叢書十七種　(清)盧文弨輯　清乾隆至嘉慶餘姚盧氏刻本　三冊　存二種九卷(白虎通四卷、附校勘補遺一卷、攷一卷、闕文一卷,西京雜記二卷)

350000－2042－0000391　080/572.1
新書十卷　(漢)賈誼撰　(清)夏獻雲校刊　清末刻本　八冊

350000－2042－0000392　080/600.4
財政叢書二十一種　(清)昌言報館編輯　清光緒二十九年(1903)上海會文學社石印本　四冊　存二種六卷(富國策三卷、中國新舊債表三卷)

350000－2042－0000393　080/605
四書古註群義彙解九種　(清)□□編　清光緒十四年(1888)上海點石齋石印本　四冊　存七種四十二卷(論語集解義疏十卷、論語正義二十四卷、大學古本說一卷、中庸章段一卷、中庸餘論一卷、論語札記三卷、孟子札記二卷)

350000－2042－0000394　080/607.1
晨風閣叢書二十二種　沈宗畸輯　清宣統元年(1909)番禺沈宗畸晨風閣刻本　十六冊

350000－2042－0000395　080/607.1－1
晨風閣叢書二十二種　沈宗畸輯　清宣統元年(1909)番禺沈宗畸晨風閣刻本　十六冊

350000－2042－0000396　080/609
國粹叢書三集四十九種　(清)國學保存會輯　清光緒至宣統國學保存會鉛印本　二十三冊　存十四種二百十四卷(續甬上耆舊詩集一百四十卷,行朝錄六卷,李恕谷先生年譜五卷,明季復社紀略四卷、附復社紀事一卷,劫灰錄一卷,歸元恭先生文續鈔七卷、附錄一卷,戴褐夫集一卷、補遺一卷、續補遺一卷、附紀行一卷、紀略一卷、年譜一卷、戴刻戴褐夫集目錄一卷,張蒼水全集十二卷、補遺一卷、附錄四卷、題詠二卷、冰槎集題中人物攷略一卷、傳略補一卷,葉天寥自撰年譜一卷、續一卷、附天寥年譜別記一卷、附錄一卷,湖隱外史一卷,吾汶藁十卷、補遺一卷,投筆集二卷,留都見聞錄二卷,伯牙琴一卷)

350000－2042－0000397　080/656
嘯園叢書五十七種　(清)葛元煦輯　清光緒九年(1883)仁和葛氏刻本　三十二冊

350000－2042－0000398　080/656(1)
黃嬭餘話八卷　(清)陳錫路撰　清光緒二年(1876)仁和葛氏刻嘯園叢書本　四冊

350000－2042－0000399　080/656（2）

詞林正韻三卷　（清）戈載輯　清光緒三年（1877）仁和葛氏嘯園刻嘯園叢書本　一冊

350000－2042－0000400　080/656－1

嘯園叢書五十七種　（清）葛元熙輯　清光緒九年（1883）仁和葛氏刻本　三十六冊

350000－2042－0000401　080/656－2

嘯園叢書五十七種　（清）葛元熙輯　清光緒九年（1883）仁和葛氏刻本　十二冊

350000－2042－0000402　080/672

昭代叢書十集四百九十九種別集六十種附一種　（清）張潮　（清）張漸　（清）楊復吉輯　（清）沈楙德續輯　清道光吳江沈氏世楷堂刻光緒印本　一百六十冊

350000－2042－0000403　080/672.01

昭代叢書甲集五十種乙集四十種　（清）張潮輯　（清）王嗣槐校　清康熙刻本　十二冊

350000－2042－0000404　080/701

雅雨堂藏書十二種　（清）盧見曾輯　清乾隆二十一年（1756）德州盧氏刻本　四十三冊

350000－2042－0000405　080/701.1

國朝山左詩鈔六十卷　（清）盧見曾纂　清乾隆二十三年（1758）雅雨堂刻本　十六冊

350000－2042－0000406　080/701.1－1

國朝山左詩鈔六十卷　（清）盧見曾纂　清乾隆二十三年（1758）雅雨堂刻本　八冊　存二十七卷（一至二十七）

350000－2042－0000407　080/701－2

雅雨堂藏書十二種　（清）盧見曾輯　清乾隆二十一年（1756）德州盧氏刻本　十一冊　存六種九十三卷（戰國策三十三卷,匡謬正俗八卷,摭言十五卷,北夢瑣言二十卷,封氏聞見記十卷,文昌雜錄六卷、補遺一卷）

350000－2042－0000408　080/701－3

雅雨堂藏書十二種　（清）盧見曾輯　清乾隆二十一年（1756）德州盧氏刻本　十六冊　存十種一百三十五卷（李氏易傳十七卷、附周易音義一卷、鄭氏周易三卷,鄭司農集一卷,尚書大傳四卷,補遺一卷、續補遺一卷、考異一卷,大戴禮記十三卷,戰國策三十三卷,匡謬正俗八卷,摭言十五卷,北夢瑣言二十卷,封氏聞見記十卷,文昌雜錄六卷、補遺一卷）

350000－2042－0000409　080/701－4

雅雨堂藏書十二種　（清）盧見曾輯　清乾隆二十一年（1756）德州盧氏刻本　十二冊　存四種五十六卷（李氏易傳十七卷、附周易音義一卷、鄭氏周易三卷,尚書大傳四卷、附補遺一卷、續補遺一卷、考異一卷,大戴禮記十三卷,摭言十五卷）

350000－2042－0000410　080/714

頤志齋叢書二十二種　（清）丁晏撰　清咸豐至同治山陽丁氏六藝堂刻同治元年（1862）彙印本　二十冊

350000－2042－0000411　080/714－1

頤志齋叢書二十二種　（清）丁晏撰　清咸豐至同治山陽丁氏六藝堂刻同治元年（1862）彙印本　二十冊

350000－2042－0000412　080/716

長恩書室叢書甲集十種乙集十種　（清）莊肇麟輯　清咸豐四年至五年（1854－1855）新昌莊氏過客軒刻本　二冊　存十種三十四卷（守城錄四卷,歷代兵制八卷,六韜六卷、逸文一卷,九邊圖論一卷,海防圖論一卷,魏武帝注孫子三卷,吳子二卷,司馬法三卷,州縣提綱四卷,捕蝗考一卷）

350000－2042－0000413　080/740

隨盦徐氏叢書十種續編十種　徐乃昌輯　清光緒至民國南陵徐氏刻本　二十四冊

350000－2042－0000414　080/740－1

隨盦徐氏叢書十種續編十種　徐乃昌輯　清光緒至民國南陵徐氏刻本　十冊　存八種三十六卷（蒼崖先生金石例十卷、附札記一卷,唐女郎魚玄機詩一卷,篋中集一卷、附札記一卷,樂府新編陽春白雪前編五卷、後編五卷,吳越春秋七至九、附札記一卷、逸文一卷,白虎通德論六至十,忘憂清樂集一卷,詞林韻釋

一卷）

350000－2042－0000415　080/740－2

隨盦徐氏叢書十種續編十種　徐乃昌輯　清光緒至民國南陵徐氏刻本　十五冊　存十四種六十九卷（吳越春秋十卷、附札記一卷、逸文一卷，中朝故事一卷，雲仙散錄十卷、附札記一卷，述異記二卷，離騷集傳一卷，呂氏鄉約一卷，劉涓子鬼遺方五卷，廣成先生玉函經一卷，三曆撮要一卷，酒經三卷，白虎通德論一至五，風俗通義十卷，續幽怪錄四卷、附札記一卷、佚文一卷，樂府新編陽春白雪前集五卷、後集五卷）

350000－2042－0000416　080/749

奇晉齋叢書十六種　（清）陸烜輯　清乾隆平湖陸氏刻本（雲南山川志補配民國元年冰雪山房石印本）　四冊

350000－2042－0000417　080/752

寶顏堂祕笈六集二百三十種　（明）陳繼儒輯　明萬曆刻本　七冊　存四種十八卷（娑羅館逸稿二卷、續娑羅館清言一卷、靖康緗素雜記十卷、寶顏堂後集武林舊事五卷）

350000－2042－0000418　080/763

咫進齋叢書三集三十七種　（清）姚覲元輯　清光緒九年（1883）歸安姚氏刻本　二十四冊

350000－2042－0000419　080/763(6)

咫進齋叢書三集三十七種　（清）姚覲元輯　清光緒九年（1883）歸安姚氏刻本　二冊　存四種四卷（禁書總目一卷、全燬書目一卷、抽燬書目一卷、違礙書目一卷）

350000－2042－0000420　080/763.1

姚氏叢刻三種（姚刻三韻）　（清）姚覲元輯　清光緒二年（1876）川東官舍刻本　三十五冊　存二種十五卷（集韻十卷、附釋文互注禮部韻略五卷）

350000－2042－0000421　080/771

風雨樓叢書二十三種　鄧實輯　清宣統二年至三年（1910－1911）順德鄧氏鉛印本　五十三冊

350000－2042－0000422　080/771－1

風雨樓叢書二十三種　鄧實輯　清宣統二年至三年（1910－1911）順德鄧氏鉛印本　二十四冊　存十種九十三卷（帶經堂書目四卷、附錄一卷，松圓浪淘集十八卷，偈庵集二卷，清暉贈言十卷，清暉閣贈貽尺牘二卷，東莊吟稿七卷，書畫題跋記十二卷，天遊閣集五卷、詩補一卷，乙卯劄記一卷、丙辰劄記一卷，庚子銷夏記八卷、閑者軒帖考一卷，梅村文集二十卷）

350000－2042－0000423　080/771－2

風雨樓叢書二十三種　鄧實輯　清宣統二年至三年（1910－1911）順德鄧氏鉛印本　八冊　存三種四十卷（帶經堂書目四卷、附錄一卷，松圓浪淘集十八卷，偈庵集二卷，梅村文集六至二十）

350000－2042－0000424　080/773.01

學津討原二十集一百七十三種　（清）張海鵬輯　清嘉慶虞山張氏照曠閣刻本　三冊　存四種二十卷（綏寇紀略十二卷，補遺三卷，香譜二卷，茶經二卷，糖霜譜一卷）

350000－2042－0000425　080/773.9

月河精舍叢鈔五種　（清）丁寶書輯　清光緒六年（1880）苕溪丁氏刻本　十冊　存四種十九卷（安定言行錄二卷，風水袪惑一卷，唐御史臺精舍題名考三卷、附一卷，讀書雜識十二卷）

350000－2042－0000426　080/773.9－1

月河精舍叢鈔五種　（清）丁寶書輯　清光緒六年（1880）苕溪丁氏刻本　六冊　存四種十九卷（安定言行錄二卷，風水袪惑一卷，唐御史臺精舍題名考三卷、附一卷，讀書雜識十二卷）

350000－2042－0000427　080/834

鐵華館叢書（鐵華仙館叢書）六種　（清）蔣鳳藻輯　清光緒長洲蔣氏刻本　六冊

350000－2042－0000428　080/834.1

小萬卷樓叢書十七種　（清）錢培名輯　清光緒四年（1878）金山錢氏刻本　十六冊

350000－2042－0000429　080/834－1

鐵華館叢書(鐵華仙館叢書)六種　(清)蔣鳳
藻輯　清光緒長洲蔣氏刻本　六冊

350000－2042－0000430　080/861

知不足齋叢書三十集一百九十六種附十一種
　(清)鮑廷博輯　(清)鮑志祖續輯　清乾隆
至道光長塘鮑氏刻同治十一年(1872)補修本
　二百四十冊

350000－2042－0000431　080/861.1

後知不足齋叢書四十七種　(清)鮑廷爵輯
清光緒常熟鮑廷爵刻本　三十二冊

350000－2042－0000432　080/861.1(1)－1

說文楬原二卷　(清)張行孚撰　清光緒十一
年(1885)刻後知不足齋叢書本　一冊

350000－2042－0000433　080/861.1－1

後知不足齋叢書四十七種　(清)鮑廷爵輯
清光緒常熟鮑廷爵刻本　十九冊　存八種二
十七卷(說文楬原二卷,九邊圖論一卷,海防
圖論一卷,許氏說文解字雙聲疊韻譜一卷,說
文發疑六卷,駢雅訓纂七卷、首一卷,班馬字
類二卷,吉金待問錄五卷、補遺一卷)

350000－2042－0000434　080/861.2(1)

物原一卷　(明)羅頎輯撰　清渤海高氏刻續
知不足齋叢書本　一冊

350000－2042－0000435　080/861－1

知不足齋叢書三十集一百九十六種附十一種
　(清)鮑廷博輯　(清)鮑志祖續輯　清乾隆
至道光長塘鮑氏刻同治十一年(1872)補修本
　十冊　存四種二十一卷(顏氏家訓七卷,石
墨鐫華八卷,榕城詩話三卷,猗覺寮雜記二
卷、附錄一卷)

350000－2042－0000436　080/870

鄦齋叢書二十種　徐乃昌輯　清光緒二十六
年(1900)南陵徐氏刻本　十六冊

350000－2042－0000437　080/870.01

鄦齋叢書二十種　徐乃昌輯　清光緒二十六
年(1900)南陵徐氏刻揚州古舊書店補刻本
二十四冊

350000－2042－0000438　080/870.01－1

鄦齋叢書二十種　徐乃昌輯　清光緒二十六
年(1900)南陵徐氏刻揚州古舊書店補刻本
二十四冊

350000－2042－0000439　080/870－1

鄦齋叢書二十種　徐乃昌輯　清光緒二十六
年(1900)南陵徐氏刻本　十六冊

350000－2042－0000440　080/901

小石山房叢書三十八種　(清)顧湘輯　清同
治十三年(1874)虞山顧氏刻本　十六冊

350000－2042－0000441　080/901－1

小石山房叢書三十八種　(清)顧湘輯　清同
治十三年(1874)虞山顧氏刻本　六冊

350000－2042－0000442　080/901－2

小石山房叢書三十八種　(清)顧湘輯　清同
治十三年(1874)虞山顧氏刻本　四冊

350000　2042　0000443　080/901－3

小石山房叢書三十八種　(清)顧湘輯　清同
治十三年(1874)虞山顧氏刻本　四冊

350000－2042－0000444　080/902

懷豳雜俎十二種　徐乃昌輯　清光緒至宣統
南陵徐氏刻本　八冊

350000－2042－0000445　080/902.01

懷豳雜俎十二種　徐乃昌輯　清光緒至宣統
南陵徐氏刻本　十冊

350000－2042－0000446　080/907

半厂叢書初編十種　(清)譚獻輯　清光緒仁
和譚氏刻本　二十冊

350000－2042－0000447　080/907－1

半厂叢書初編十種　(清)譚獻輯　清光緒仁
和譚氏刻本　十二冊　存三種二十六卷(篋
中詞六卷、續四卷,復堂類集文四卷、詩一至
九,詞一至二,待堂文一卷)

350000－2042－0000448　080/907(1)

復堂類集四種　(清)譚獻撰　清光緒仁和譚
氏刻半厂叢書初編本　六冊

350000－2042－0000449　080/907.1

當歸草堂叢書八種 （清）丁丙輯 清同治錢塘丁氏刻本 八冊

350000－2042－0000450 080/944

慎始基齋叢書十一種 盧靖輯 清光緒沔陽盧氏刻民國十二年（1923）彙印本 八冊

350000－2042－0000451 080/947

惜陰軒叢書三十四種續編一種 （清）李錫齡輯 清道光二十六年（1846）宏道書院刻咸豐八年（1858）增修本 一百二十七冊

350000－2042－0000452 080/947－1

惜陰軒叢書三十四種續編一種 （清）李錫齡輯 清道光二十六年（1846）宏道書院刻咸豐八年（1858）增修本 二十冊 存二種三十一卷（事物紀原十卷、呂涇野經說二十一卷）

350000－2042－0000453 081.4/222

熊勿軒公全集十卷 （宋）熊禾撰 清乾隆三十一年（1766）書林熊氏刻本 二冊

350000－2042－0000454 081.4/222.1/N

熊勿軒先生文集八卷附錄一卷 （宋）熊禾撰 題（清）鰲峰後人編 清抄本 三冊

350000－2042－0000455 081.4/460

楊居士遺書四種 （清）楊文會撰 清光緒刻本 一冊

350000－2042－0000456 081.7/221/N

海上見聞錄二卷 題（清）鷺島道人夢莽輯 清宣統三年（1911）上海商務印書館鉛印本 一冊 存一卷（一）

350000－2042－0000457 081.7/221－1/N

海上見聞錄二卷 題（清）鷺島道人夢莽輯 清宣統三年（1911）上海商務印書館鉛印本 一冊

350000－2042－0000458 081/007.7

章氏遺書二種 （清）章學誠著 清道光十二年至十三年（1832－1833）章華紱刻本 一冊

350000－2042－0000459 081/040

賭棋山莊全集八種 （清）謝章鋌撰 清光緒至民國刻本 三十三冊

350000－2042－0000460 081/040－1

賭棋山莊全集八種 （清）謝章鋌撰 清光緒至民國刻本 三十二冊 存十種七十七卷（賭棋山莊集文七卷、文續二卷、文又續二卷、詩十四卷、酒邊詞八卷，賭棋山莊餘集文三卷、詩一卷、詞一卷，說文閩音通一卷、附錄一卷，賭棋山莊詞話十二卷、續五卷，賭棋山莊筆記四種十五卷，東嵐謝氏明詩畧四卷，賭棋山莊八十壽言一卷）

350000－2042－0000461 081/101

富陽夏氏叢刻七種 夏震武 夏鼎武撰 清光緒富陽夏氏刻本 三冊 缺一種六卷（悔言六卷）

350000－2042－0000462 081/102

船山遺書五十六種 （清）王夫之撰 校勘記二卷 （清）劉毓崧等撰 清同治四年（1865）湘鄉曾國荃金陵刻本 一百冊

350000－2042－0000463 081/102－1

船山遺書五十六種 （清）王夫之撰 校勘記二卷 （清）劉毓崧等撰 清同治四年（1865）湘鄉曾國荃金陵刻本 一百十七冊

350000－2042－0000464 081/102－2

船山遺書五十六種 （清）王夫之撰 校勘記二卷 （清）劉毓崧等撰 清同治四年（1865）湘鄉曾國荃金陵刻本 九十七冊

350000－2042－0000465 081/103

西河合集經集四十九種文集六十九種首一卷 （清）毛奇齡撰 清康熙刻本 一百四冊

350000－2042－0000466 081/104

石林遺書十三種 （宋）葉夢得撰 清光緒至宣統長沙葉氏觀古堂刻本 十四冊

350000－2042－0000467 081/119

薆園叢書七種 張慎儀撰 清光緒至民國刻本 十冊

350000－2042－0000468 081/120

顨軒孔氏所著書七種 （清）孔廣森撰 清嘉慶二十二年（1817）曲阜孔氏儀鄭堂刻本 十四冊

350000－2042－0000469　081/202

焦氏叢書十種　（清）焦循撰　附先府君[焦循]事畧一卷　（清）焦廷琥撰　詩品一卷（唐）司空圖撰　清光緒二年(1876)衡陽魏氏刻本　四十八冊

350000－2042－0000470　081/224.01

山右石刻叢編四十卷目錄一卷　（清）胡聘之撰　清光緒二十五年至二十七年（1899－1901）刻本　二十四冊

350000－2042－0000471　081/224.01－1

山右石刻叢編四十卷目錄一卷　（清）胡聘之撰　清光緒二十五年至二十七年（1899－1901）刻本　二十四冊

350000－2042－0000472　081/224.01－2

山右石刻叢編四十卷目錄一卷　（清）胡聘之撰　清光緒二十五年至二十七年（1899－1901）刻木　二十四冊

350000－2042－0000473　081/241

結一盧朱氏賸餘叢書四種　（清）朱澂輯　清光緒三十一年(1905)仁和朱氏刻本　二十冊

350000－2042－0000474　081/257

朱氏群書六種　（清）朱駿聲撰　清光緒八年(1882)臨嘯閣刻本　八冊

350000－2042－0000475　081/272

鄒徵君遺書八種附刻二種　（清）鄒伯奇撰　清同治十三年(1874)鄒達泉拾芥園刻本　六冊　存十二種十六卷(學計一得二卷,小爾雅釋度量衡一卷,格術補一卷,對數尺記一卷,乘方捷算三卷,鄒徵君存稿一卷;附夏氏算學四種少廣縋鑿一卷、洞方術圖解二卷、致曲術一卷、致曲圖解一卷,徐氏算學三種存二種造各表簡法一卷、截球解義一卷)

350000－2042－0000476　081/273.1

鄒叔子遺書七種　（清）鄒漢勳撰　清光緒刻本　十四冊

350000－2042－0000477　081/274

安吳四種　（清）包世臣撰　清同治十一年(1872)刻光緒十四年(1888)印本　十六冊

350000－2042－0000478　081/280

徐位山六種　（清）徐文靖撰　清光緒二年(1876)刻本　二十四冊

350000－2042－0000479　081/280－1

徐位山六種　（清）徐文靖撰　清光緒二年(1876)刻本　十八冊　存三種五十九卷（天下山河兩戒考十四卷、圖一卷,竹書紀年統箋十二卷、前編一卷、雜述一卷,管城碩記三十卷）

350000－2042－0000480　081/310

平湖顧氏遺書五種　（清）顧廣譽撰　清光緒三年(1877)顧鴻昇刻本　十四冊

350000－2042－0000481　081/311

嘉定錢氏潛研堂全書二十一種　（清）錢大昕撰　清乾隆至嘉慶刻道光二十年(1840)錢師光重修印本　七十二冊　存十一種二百四十四卷(廿二史攷異一百卷,三史拾遺五卷,諸史拾遺五卷,通鑑注辨正二卷,洪文惠公年譜一卷,陸放翁先生年譜一卷,潛研堂金石文字目錄八卷,潛研堂金石文跋尾六卷、續七卷、又續六卷、三續六卷,十駕齋養新錄二十卷、餘錄三卷,三統術衍三卷、鈐一卷,潛研堂文集五十卷、詩集十卷、詩續集十卷)

350000－2042－0000482　081/312

汪雙池先生叢書十九種　（清）汪紱撰　雙池先生年譜四卷　（清）余龍光撰　清道光至光緒刻光緒二十三年(1897)長安趙舒翹等彙印本　一百五十八冊

350000－2042－0000483　081/312.1

涇川叢書四十四種續七種　（清）趙紹祖（清）趙繩祖輯　清嘉慶涇縣趙氏古墨齋刻本　十冊

350000－2042－0000484　081/312.1－1

涇川叢書四十四種續七種　（清）趙紹祖（清）趙繩祖輯　清嘉慶涇縣趙氏古墨齋刻本　六十四冊

350000－2042－0000485　081/318

叢睦汪氏遺書十九種　（清）汪簹輯　清光緒

十二年(1886)錢塘汪氏長沙刻本　三十二冊

350000－2042－0000486　081/319

顧亭林先生遺書十種　(清)顧炎武撰　清蓬瀛閣刻吳縣朱記榮增刻光緒三十二年(1906)彙印本　十二冊

350000－2042－0000487　081/341

洪北江全集二十一種　(清)洪亮吉撰　清光緒陽湖洪用懃授經堂刻本　八十四冊

350000－2042－0000488　081/341－1

洪北江全集二十一種　(清)洪亮吉撰　清光緒陽湖洪用懃授經堂刻本　七十二冊　存十三種二百四卷(更生齋文甲集四卷、乙集四卷、續集二卷、詩八卷、續集十卷、附鮚軒詩八卷、北江詩話六卷、曉讀書齋初錄二卷、二錄二卷、三錄二卷、四錄二卷,弟子職箋釋一卷,擬兩晉南北史樂府二卷、附鮚軒外集唐宋小樂府一卷,春秋左傳詁二十卷,六書轉注錄十卷,比雅十卷,卷施閣文甲集十卷、乙集八卷、詩二十卷,乾隆府廳州縣圖志五十卷,十六國疆域志十六卷,東晉疆域志四卷,補三國疆域志二卷)

350000－2042－0000489　081/346

蜚雲閣淩氏叢書六種　(清)淩曙撰　清嘉慶至道光江都淩氏蜚雲閣刻本　八冊

350000－2042－0000490　081/362

湘綺樓全書十九種　王闓運撰　清光緒至宣統刻本　八十六冊

350000－2042－0000491　081/367

湘學報類編(西政叢鈔六種)不分卷　(清)湘督學使署編　清光緒二十八年(1902)石印本　六冊

350000－2042－0000492　081/367.01

湘學報類編不分卷　(清)湘督學使署編　清光緒二十四年(1898)湘督學使署刻本　十二冊

350000－2042－0000493　081/403

大鶴山房全書十種附一種　鄭文焯撰　清光緒至民國刻民國九年(1920)蘇州交通圖書館

彙印本　八冊

350000－2042－0000494　081/404

杭大宗七種叢書　(清)杭世駿撰　清乾隆杭賓仁羊城刻本　八冊

350000－2042－0000495　081/404.1

隨園三十六種　(清)袁枚撰　清光緒三十四年(1908)上海集成圖書公司鉛印本　五十冊

350000－2042－0000496　081/442

萬物炊累室類稿甲編二種乙編二種外編一種　沈同芳撰　清宣統三年(1911)中國圖書公司鉛印本　六冊

350000－2042－0000497　081/444

影山草堂六種　(清)莫友芝撰　清咸豐至光緒刻本　七冊

350000－2042－0000498　081/445

竹柏山房十五種附刻四種　(清)林春溥撰　清嘉慶至咸豐刻本　四十冊　缺四種十二卷(宜略識字二卷、識字續編一卷、論世約編七卷、閒居雜錄二卷)

350000－2042－0000499　081/448

范白舫所刊書十五種　(清)范鍇輯　清道光烏程范氏刻本　十六冊

350000－2042－0000500　081/462

觀象廬叢書二十八種　(清)呂調陽撰　清光緒十四年(1888)葉長高刻本　三十冊　存二十五種八十八卷(易一貫六卷,六書十二聲傳十二卷,解字贅言一卷,古律呂攷一卷,周商彝器釋銘六卷,志學編八種九卷,釋地三種十卷,五藏山經傳五卷、海內經附傳一卷,逸經釋一卷,論孟疑義一卷,穆天子傳釋一卷,漢地理志詳釋四卷,日若編七卷,史表號名通釋三卷,齊民要術十卷,重訂越南圖說六卷,詩序義四卷)

350000－2042－0000501　081/462(1)

商周彝器釋銘六卷　(清)呂調陽撰　清光緒十四年(1888)葉長高刻觀象廬叢書本　三冊

350000－2042－0000502　081/464

觀古堂所著書二集十七種　葉德輝撰　清光緒湘潭葉氏刻民國八年(1919)重編印本　十六冊

350000－2042－0000503　081/464－1

觀古堂所著書二集十七種　葉德輝撰　清光緒湘潭葉氏刻民國八年(1919)重編印本　十六冊

350000－2042－0000504　081/504

春在堂全書三十四種　(清)俞樾撰　清光緒二十五年(1899)德清俞氏刻本　三十五冊

350000－2042－0000505　081/504－1

春在堂全書三十四種　(清)俞樾撰　清光緒二十五年(1899)德清俞氏刻本　十二冊　存四種三十七卷(九九銷夏錄十四卷,右台仙館筆記十六卷,楹聯錄存五卷、附錄一卷,春在堂輓言一卷)

350000－2042－0000506　081/529

授堂遺書八種　(清)武億撰　清道光二十三年(1843)偃師武氏刻本　十五冊

350000－2042－0000507　081/529(1)

授堂金石文字續跋十四卷　(清)武億撰　清嘉慶元年(1796)刻授堂遺書本　四冊

350000－2042－0000508　081/529－1

授堂遺書八種　(清)武億撰　清道光二十三年(1843)偃師武氏刻本　十五冊

350000－2042－0000509　081/723

槐軒全書二十一種附九種　(清)劉沅撰　清咸豐至民國刻本　一百七冊

350000－2042－0000510　081/723－1

槐軒全書二十一種附九種　(清)劉沅撰　清咸豐至民國刻本　一百二十二冊　缺一卷(感應篇注釋一)

350000－2042－0000511　081/723－2

槐軒全書二十一種附九種　(清)劉沅撰　清咸豐至民國刻本　八十三冊　存二十八種一百六十四卷(詩經恒解六卷,書經恒解六卷、書序辨正一卷,周官恆解六卷,禮記恆解四十

九卷,儀禮恆解十六卷、首一卷,春秋恆解八卷,史存三十卷,孝經直解一卷,明良志略一卷,大學古本質言一卷,正譌八卷,子問二卷、又問一卷,拾餘四種四卷,槐軒雜著一卷,槐軒約言一卷,槐軒俗言一卷,槐軒蒙訓一卷,莊子約解四卷、附錄一卷,遺訓存略二卷,性理吟一卷、續性理吟一卷、後性理吟一卷,村學究語一卷,醒迷錄一卷、附一卷,戒淫寶訓一卷、附刻色戒錄一卷,感應篇注釋一至二、四,易知錄一卷)

350000－2042－0000512　081/723－3

槐軒全書二十一種附九種　(清)劉沅撰　清咸豐至民國刻本　五十七冊　存十七種一百三十二卷(詩經恒解六卷,周官恆解一至二、五至六、禮記恆解四十九卷,儀禮恆解十六卷、首一卷,春秋恆解八卷,史存三十卷,孝經直解一卷,明良志略一卷,大學古本質言一卷,正譌八卷,又問一卷,拾餘四種四卷,槐軒約言一卷,槐軒俗言一卷)

350000－2042－0000513　081/723－4

槐軒全書二十一種附九種　(清)劉沅撰　清咸豐至民國刻本　八冊　存五種十卷(史存二十五至三十、拾餘四種四卷)

350000－2042－0000514　081/727.1

古桐書屋六種續刻三種　(清)劉熙載撰　清同治至光緒刻本　十冊　存六種二十三卷(四音定切四卷、首一卷,說文雙聲二卷,說文疊韻二卷、首一卷、續編一卷,昨非集四卷,持志塾言二卷,藝槩六卷)

350000－2042－0000515　081/753

番禺陳氏東塾叢書五種　(清)陳澧撰　清咸豐至光緒刻本　九冊

350000－2042－0000516　081/755

江都陳氏叢書三種　(清)陳本禮箋注　(清)陳逢衡校讀　清嘉慶至道光刻本　九冊

350000－2042－0000517　081/771

經韻樓叢書八種　(清)段玉裁撰　清乾隆至道光金壇段玉裁刻本　八冊　存四種三十八卷(春秋左氏古經十二卷、五十凡一卷,聲韻

考四卷,周禮漢讀考六卷,毛詩故訓傳定本小
箋十六至三十)

350000－2042－0000518　081/877

鄭氏佚書二十三種　(漢)鄭玄撰　(清)袁鈞
輯　清光緒十四年(1888)浙江書局刻本　十
冊

350000－2042－0000519　088/134

武林掌故叢編二十六集一百九十一種　(清)
丁丙輯　清光緒錢塘丁氏嘉惠堂刻本　二百
八冊

350000－2042－0000520　088/134.2

武林往哲遺著六十六種　(清)丁丙輯　清光
緒錢塘丁丙嘉惠堂刻本　九十六冊

350000－2042－0000521　088/134－1

武林掌故叢編二十六集一百九十一種　(清)
丁丙輯　清光緒錢塘丁氏嘉惠堂刻本　十七
冊　存三種六十七卷(龍井見聞錄十卷、附宋
僧元淨外傳二卷、西湖遊覽志二十四卷、志餘
二十六卷,武林藏書錄三卷、首一卷、末一卷)

350000－2042－0000522　088/224

嶺南遺書六集五十九種　(清)伍元薇　(清)
伍崇曜輯　清道光至同治南海伍氏粵雅堂文
字歡娛室刻本　二十二冊

350000－2042－0000523　088/277

紹興先正遺書四集十五種　(清)徐友蘭輯
清光緒會稽徐氏鑄學齋刻本　四十八冊

350000－2042－0000524　088/304

永嘉叢書十四種　(清)孫衣言輯　清同治至
光緒瑞安孫氏詒善祠塾刻本　六十七冊

350000－2042－0000525　088/371

湖北叢書三十種　(清)趙尚輔輯　清光緒十
七年(1891)三餘草堂刻本　一百冊

350000－2042－0000526　088/371(1)

平書八卷　(清)秦篤輝撰　清光緒十七年
(1891)三餘草堂刻湖北叢書本　三冊

350000－2042－0000527　088/373

湖州叢書十二種　(清)陸心源輯　清光緒湖

城義塾刻本　二十四冊

350000－2042－0000528　088/373(1)

柯家山館遺詩六卷詞三卷　(清)嚴元照撰
清光緒湖城義塾刻湖州叢書本　三冊

350000－2042－0000529　088/404

檇李遺書二十六種　(清)孫福清輯　清光緒
四年(1878)秀水孫氏望雲仙館刻本　六冊

350000－2042－0000530　088/804

增修東萊書說三十五卷首一卷　(宋)呂祖謙
撰　(宋)時瀾修定　清同治八年(1869)永康
胡氏退補齋刻金華叢書本　八冊

350000－2042－0000531　088/804.01

金華叢書六十九種　(清)胡鳳丹輯　清同治
至光緒永康胡鳳丹退補齋刻本　八十一冊

350000－2042－0000532　088/903

常州先哲遺書第一集四十四種　盛宣懷輯
清光緒武進盛氏刻本　六十四冊

350000－2042－0000533　090/002

定陵注略十卷　(明)文秉撰　清抄本　二冊

350000－2042－0000534　090/310

肇域志不分卷　(清)顧炎武撰　清抄本　十
三冊

350000－2042－0000535　133.3/494

七緯三十八卷　(清)趙在翰纂　清嘉慶九年
(1804)侯官趙氏小積石山房刻本　五冊　存
十六卷(一至十六)

350000－2042－0000536　133.5/407

奇門遁甲元靈經二十四卷　題(清)隱溪居士
輯　清光緒九年(1883)甬上朱氏刻本　一冊
存十五卷(三至十一、十九至二十四)

350000－2042－0000537　133.6/264

百二漢鏡齋秘書四種　(清)程芝雲輯　清道
光四年(1824)湖邊程氏百二漢鏡齋刻本　四
冊

350000－2042－0000538　133.8/082

賴公葬法一卷　(清)許得榮輯　清同治刻地
理四真全書本　一冊

350000－2042－0000539　170.4/014

迪吉錄八卷首一卷　（明）顏茂猷編輯　清光緒八年（1882）刻本　八冊

350000－2042－0000540　170/003.2

畜德錄二十卷　（清）席啓圖纂輯　清康熙繩武堂刻本　十冊

350000－2042－0000541　170/043

教諭語一卷　（清）謝金鑾撰　清同治七年（1868）福州刻本　一冊

350000－2042－0000542　170/112

小學集解六卷輯說一卷　（清）張伯行纂輯　（清）李蘭汀校訂　清同治六年（1867）刻本　四冊

350000－2042－0000543　170/179

尋常語一卷　（清）□□輯　清同治八年（1869）刻本　一冊

350000－2042－0000544　170/217

四益因緣一卷　題（清）僵蠶子撰　清刻本　一冊

350000－2042－0000545　170/448.1

譚訓十卷　（宋）蘇象先編　清光緒十八年（1892）陳國仕、邱茂才抄本　一冊

350000－2042－0000546　170/449.8

慮得集四卷附錄二卷　（明）華惇韡撰　清同治十一年（1872）刻本　一冊

350000－2042－0000547　170/602.1

困勉齋默證錄不分卷　（□）□□撰　清抄本　四冊

350000－2042－0000548　170/723.5

戒條合解一卷　（清）劉沅撰　**劉芸圃先生婦訓一卷**　（清）劉芬撰　清光緒二十六年（1900）刻本　一冊

350000－2042－0000549　170/822

相在爾室邇言八卷　（清）鍾傳益撰　清同治八年（1869）閩汀刻鍾氏二種本　一冊

350000－2042－0000550　172/552

官幕同舟錄三卷附急救應驗良方一卷　（清）費山壽輯　清光緒十二年（1886）刻本　四冊

350000－2042－0000551　173/013

顏氏家訓二卷　（北齊）顏之推撰　（清）余寅止校　清刻本　二冊

350000－2042－0000552　173/104

閑家編八卷　（清）王士俊輯　清雍正十二年（1734）刻本　四冊

350000－2042－0000553　173/446

女學六卷　（清）藍鼎元編　清光緒二十三年（1897）刻本　二冊

350000－2042－0000554　177/503

荊園小語集證四卷　（清）申涵光撰　（清）張子覺輯　（清）董元度參訂　清咸豐七年（1857）刻本　二冊

350000－2042－0000555　180.9/124

理學宗傳二十六卷　（清）孫奇逢輯　（清）魏鼇　（清）孫立雅編　清光緒六年（1880）浙江書局刻本　三冊

350000－2042－0000556　181.1/202

群經宮室圖二卷　（清）焦循撰　清光緒十一年（1885）朱氏刻本　二冊

350000－2042－0000557　181.1/314.1

經解入門八卷　（清）江藩纂　清光緒十六年（1890）上海凌雲閣石印本　一冊

350000－2042－0000558　181.1/408

皮氏經學叢書九種　（清）皮錫瑞撰　清光緒思賢書局刻本　三冊

350000－2042－0000559　181.1/408－1

皮氏經學叢書九種　（清）皮錫瑞撰　清光緒思賢書局刻本　三冊

350000－2042－0000560　181.1/820

古經解彙函十六種附小學彙函十四種　（清）鍾謙鈞等輯　清同治十二年（1873）粵東書局刻本　二十一冊

350000－2042－0000561　181.1/820.01

古經解彙函十六種附小學彙函十四種續附十種　（清）鍾謙鈞等輯　清光緒十四年（1888）

上海蜚英館石印本 二十冊

350000－2042－0000562 181.1/820.02

古經解彙函十六種附小學彙函十四種 （清）
鍾謙鈞等輯 清同治十二年(1873)粵東書局
刻本 六十四冊

350000－2042－0000563 181.12/272

六經圖定本六卷 （宋）楊甲撰 （清）王皞校
錄 清乾隆五年(1740)向山堂刻本 六冊

350000－2042－0000564 181.12/466

六經圖考六卷 （宋）楊甲撰 清康熙六十一
年(1722)禮耕堂刻本 十一冊

350000－2042－0000565 181.12/873

六經圖十二卷 （清）鄭之僑編輯 清乾隆八
年(1743)述堂刻本 六冊

350000－2042－0000566 181.14/472

九經圖 （清）楊魁植輯 （清）楊文源增訂
清乾隆三十七年(1772)信芳書房刻本 十冊

350000－2042－0000567 181.15/466

十一經音訓 （清）楊國楨撰 清道光十一年
(1831)大梁書院刻本 二十六冊

350000－2042－0000568 181.16/401.01

十三經注疏 （□）□□輯 清嘉慶三年
(1798)金閶書業堂刻本 一百二十冊

350000－2042－0000569 181.16/401.1

十三經注疏附考證 （□）□□輯 清同治十
年(1871)廣東書局刻本 九十冊 存十種二
百六十三卷(周易注疏十三卷、附周易略例一
卷,尚書注疏十九卷,毛詩注疏三十卷,儀禮
注疏十七卷,禮記注疏六十三卷,春秋左傳注
疏六十卷,春秋穀梁注疏二十卷,論語注疏二
十卷,孝經注疏九卷,爾雅注疏十一卷)

350000－2042－0000570 181.16/401.1－1

十三經注疏附考證 （□）□□輯 清同治十
年(1871)刻本 一百五十冊 缺二十一卷
(周易注疏一、尚書注疏二至十九、孟子注疏
六至七)

350000－2042－0000571 181.16/711

宋本十三經注疏 （□）□□撰 **校勘記**
(清)阮元撰 （清）盧宣旬摘錄 清光緒十三
年(1887)上海脈望仙館石印本 三十二冊

350000－2042－0000572 181.16/711.2

宋本十三經注疏併經典釋文校勘記 （清）阮
元撰 清光緒二十四年(1898)蘇州官書坊刻
本 十四冊

350000－2042－0000573 181.16/711.6

重刊宋本十三經注疏 （□）□□撰 **校勘記**
（清）阮元撰 （清）盧宣旬摘錄 清光緒十
八年(1892)湖南寶慶務本書局刻本 十冊
存二種十七卷(附釋音尚書注疏十八至二十、
附釋音毛詩注疏一至十四)

350000－2042－0000574 181.16/711－1

宋本十三經注疏 （□）□□撰 **校勘記**
(清)阮元撰 （清）盧宣旬摘錄 清光緒十三
年(1887)上海脈望仙館石印本 三十二冊

350000－2042－0000575 181.16/711－2

宋本十三經注疏 （□）□□撰 **校勘記**
(清)阮元撰 （清）盧宣旬摘錄 清光緒十三
年(1887)上海脈望仙館石印本 三十二冊

350000－2042－0000576 181.16/805

十三經古注 （明）金蟠編 （明）葛鼐校 清
同治八年(1869)浙江書局刻本 四十八冊

350000－2042－0000577 181.17/421

石經考文提要十三卷 （清）彭元瑞撰 清嘉
慶四年(1799)刻本 一冊

350000－2042－0000578 181.17/601

蜀石經殘字一卷 （清）陳宗彝輯 清道光六
年(1826)刻本 一冊

350000－2042－0000579 181.17/661

唐石經校文十卷 （清）嚴可均纂 清嘉慶九
年(1804)元尚居刻四錄堂類集本 二冊

350000－2042－0000580 181.17/753

熹平石經殘字一卷 （清）陳宗彝輯 清道光
三年(1823)刻本 一冊

350000－2042－0000581 181.18/089.01

五經異義疏證三卷 （漢）許慎撰 （漢）鄭玄
駁 （清）陳壽祺疏證 清嘉慶十八年(1813)
仙游王捷南刻左海全集本 三冊

350000－2042－0000582 181.18/101

經義述聞三十二卷 （清）王引之撰 清道光
七年(1827)京師西江米巷壽藤書屋刻本 二
十四冊

350000－2042－0000583 181.18/214

新鐫經苑二十五種 （清）錢儀吉輯 清道光
至咸豐大梁書院刻同治七年(1868)印本 七
十七冊

350000－2042－0000584 181.18/263

經義圖說八卷 （清）吳寶謨輯 清嘉慶二十
四年(1819)裛露軒刻本 十六冊

350000－2042－0000585 181.18/770

五經合纂大成四十四卷首五卷 （清）同文書
局輯 清光緒十一年(1885)上海同文書局石
印本 十冊

350000－2042－0000586 181.2/112

周易審義四卷 （清）張惠言撰 清咸豐七年
(1857)文選樓刻本 四冊

350000－2042－0000587 181.2/126

孫氏周易集解十一卷 （清）孫星衍撰 清光
緒二年(1876)廣陵雙梧書屋刻本 六冊

350000－2042－0000588 181.2/214.1

古周易訂詁十六卷附解經處答客問一卷
(明)何楷撰 清乾隆十六年(1751)郭文焌刻
朱墨套印本 八冊

350000－2042－0000589 181.2/243

周易補注十一卷 （清）德沛輯 清乾隆六年
(1741)刻本 八冊

350000－2042－0000590 181.2/256

易義針度補八卷附近科易藝選一卷 （清）朱
昌壽撰 （清）楊浚校補 清咸豐五年(1855)
侯官楊氏冠悔堂刻本 五冊

350000－2042－0000591 181.2/263

易冒十卷 （清）程良玉撰 （清）胡介定 清

康熙三年(1664)刻本 七冊

350000－2042－0000592 181.2/273

吉祥錄一卷 （清）鄔寶珍纂 鄔慶時等校
清宣統元年(1909)刻鄔家初集本 一冊

350000－2042－0000593 181.2/319

易經詮義十四卷首一卷 （清）汪烜集 （清）
李承超重訂 清同治十二年(1873)曲水書局
木活字印重訂汪子遺書本 十五冊

350000－2042－0000594 181.2/378

易解醒豁二卷 （清）梁欽辰撰 清光緒刻本
二冊

350000－2042－0000595 181.2/408

新刻來瞿唐先生易註十五卷首一卷末一卷圖
像一卷圖像補遺一卷 （明）來知德撰 （清）
淩夫惇圈點 （清）高喬映校讎 清末至民國
初上海江東茂記書局石印本 六冊 存十五
卷(一至六、十至十五、首一卷，圖像一卷，圖
像補遺一卷)

350000－2042－0000596 181.2/409

御纂周易折中二十二卷首一卷 （清）李光地
等纂 清刻本 十三冊

350000－2042－0000597 181.2/409.01

御纂周易折中二十二卷首一卷 （清）李光地
等纂 清同治六年(1867)浙江馬新貽刻本
十冊

350000－2042－0000598 181.2/443

生生篇七卷 （明）蘇濬撰 清道光二十二年
(1842)蘇廷玉刻本 四冊

350000－2042－0000599 181.2/443.1

重刻解元會魁紫溪蘇先生心傳周易兒說四卷
圖說一卷 （明）蘇濬撰 清康熙二十六年
(1687)刻本 五冊 存四卷(重刻解元會魁
紫溪蘇先生心傳周易兒說四卷)

350000－2042－0000600 181.2/444

易義闡四卷易學啟蒙一卷附錄一卷 （清）韓
松纂輯 清乾隆五十四年(1789)刻本 八冊

350000－2042－0000601 181.2/445

周易八卷　(宋)蘇軾傳　附王輔嗣論易一卷
(三國魏)王弼撰　明閔齊伋刻朱墨套印本
四冊

350000 – 2042 – 0000602　181.2/446

易蔡十卷　(明)蔡鼎纂注　(明)曹學佺點評
(清)錢謙益校訂　清宣統元年(1909)泉郡
益文齋時務書局石印本　三冊

350000 – 2042 – 0000603　181.2/474

易研八卷圖一卷首一卷　(清)胡翹元撰　清
乾隆五十七年(1792)刻本　八冊

350000 – 2042 – 0000604　181.2/476

周易函書約存十五卷首三卷約注十八卷別集
十六卷卜法詳考四卷　(清)胡煦撰　清乾隆
五十九年(1794)葆璞堂刻本　三十冊

350000 – 2042 – 0000605　181.2/502

周易口訣義六卷補一卷備考一卷　(唐)史徵
撰　(清)孫星衍校　清同治元年(1862)刻本
六冊

350000 – 2042 – 0000606　181.2/504

半農先生漢易說六卷　(清)惠士奇撰　(清)
吳泰來　(清)惠棟校　清刻本　四冊

350000 – 2042 – 0000607　181.2/554

易隱八卷首一卷　(清)曹九錫輯　(清)曹璿
演　清光緒十一年(1885)祥麟書屋刻本　九
冊

350000 – 2042 – 0000608　181.2/721

周易闡真四卷首一卷　(清)劉一明述注
(清)張陽全校閱　清嘉慶刻本　六冊

350000 – 2042 – 0000609　181.2/751

陳紫峰先生周易淺說五卷　(明)陳琛撰　清
乾隆五十四年(1789)刻光緒十九年(1893)重
印本　五冊

350000 – 2042 – 0000610　181.2/754

知非齋易注三卷首一卷末一卷易釋三卷
(清)陳懋侯撰　清光緒十四年(1888)刻本
四冊

350000 – 2042 – 0000611　181.2/754.01

知非齋易注三卷首一卷末一卷易釋三卷
(清)陳懋侯撰　清光緒十四年(1888)刻本
一冊　存三卷(易釋三卷)

350000 – 2042 – 0000612　181.2/754.1

周易廓二十四卷　(清)陳世鎔撰　清咸豐元
年(1851)獨秀山莊刻本　六冊

350000 – 2042 – 0000613　181.3/101

欽定書經傳說彙纂二十一卷首二卷書序一卷
(清)王頊齡纂　清雍正八年(1730)內府刻
御纂七經本　十二冊

350000 – 2042 – 0000614　181.3/102

尚書孔傳參正三十六卷　王先謙撰　清光緒
三十年(1904)虛受堂刻本　六冊

350000 – 2042 – 0000615　181.3/114

書經衷論四卷　(清)張英撰　清光緒二十三
年(1897)刻張文端集本　一冊

350000 – 2042 – 0000616　181.3/122

尚書注疏二十卷　(漢)孔安國傳　(唐)孔穎
達疏　(唐)陸德明音義　明崇禎五年(1632)
毛氏汲古閣刻十三經注疏本　四冊

350000 – 2042 – 0000617　181.3/123.1

欽定書經圖說五十卷　(清)孫家鼐等纂輯
(清)詹秀林　(清)詹步魁繪　清光緒三十一
年(1905)石印本　十六冊

350000 – 2042 – 0000618　181.3/123.1 – 1

欽定書經圖說五十卷　(清)孫家鼐等纂輯
(清)詹秀林　(清)詹步魁繪　清光緒三十一
年(1905)石印本　十六冊

350000 – 2042 – 0000619　181.3/263

寫定尚書不分卷　(清)吳汝綸校疏　清光緒
十八年(1892)桐城吳氏家塾石印本　一冊

350000 – 2042 – 0000620　181.3/443.3

書經增訂旁訓四卷　(宋)蔡沈集傳　清光緒
八年(1882)留真堂刻本　二冊

350000 – 2042 – 0000621　181.3/443.5

書六卷　(宋)蔡沈集傳　清光緒四年(1878)
金陵奎壁齋刻本　六冊

350000－2042－0000622　181.3/444

書經精華六卷　（清）薛嘉穎撰　清光緒元年(1875)光霽堂刻本　三冊

350000－2042－0000623　181.3/444.01

書經精華十卷　（清）王巨源編　清刻本　一冊　存五卷(六至十)

350000－2042－0000624　181.3/884

尚書集注述疏三十二卷首一卷末二卷　簡朝亮撰　答問一卷　簡朝亮撰　張子沂編　清光緒三十三年(1907)刻讀書堂叢刻本　十八冊

350000－2042－0000625　181.4/042

詩經融註大全體要八卷　（清）高朝瓔定（清）沈世楷輯　詩經集傳八卷　（宋）朱熹撰　清嘉慶十七年(1812)刻本　四冊

350000－2042－0000626　181.4/104

尚詩徵名二卷附覺華龕詩存一卷　（清）王蔭祜撰　清光緒三十四年(1908)刻本　一冊

350000－2042－0000627　181.4/239

御纂詩義折中二十卷　（清）傅恒　（清）來保（清）孫嘉淦等纂　清光緒刻本　六冊

350000－2042－0000628　181.4/239.01

御纂詩義折中二十卷　（清）傅恒　（清）來保（清）孫嘉淦等纂　清乾隆二十年(1755)刻本　十冊

350000－2042－0000629　181.4/254

詩經體註說約大全合參六卷　（清）黃文煥輯（清）范翔重訂　詩經集傳八卷　（宋）朱熹撰　清康熙二十五年(1686)刻本　四冊

350000－2042－0000630　181.4/254.01

詩經八卷附詩序辨說一卷　（宋）朱熹撰　清光緒二十二年(1896)金陵書局刻本　五冊

350000－2042－0000631　181.4/254.011

詩經八卷　（宋）朱熹集傳　清光緒十一年(1885)刻本　四冊

350000－2042－0000632　181.4/254.05

詩經集傳音釋二十卷詩序一卷詩圖一卷詩傳綱領一卷　（宋）朱熹集傳　（元）許謙音釋（元）羅復纂輯　校刻詩集傳音釋札記一卷（清）蔣光煦撰　清光緒十五年(1889)江南書局刻本　三冊　存十六卷(一至二,十至二十,詩序一卷,詩圖一卷,詩傳綱領一卷)

350000－2042－0000633　181.4/254.06

詩經八卷　（宋）朱熹集傳　清刻本　一冊存二卷(四至五)

350000－2042－0000634　181.4/254.08

監本詩經全文四卷　（宋）朱熹集傳　清輔仁堂刻本　一冊　存一卷(二)

350000－2042－0000635　181.4/254.09

詩經八卷　（宋）朱熹集傳　清刻本　一冊存二卷(四至五)

350000－2042－0000636　181.4/254.1

詩經通義十二卷首一卷　（清）朱鶴齡輯　清光緒刻碧琳琅館叢書本　二冊　存六卷(七至十二)

350000－2042－0000637　181.4/262

毛詩音韻攷四卷略言一卷　（清）程以恬撰清道光四年(1824)研經堂刻本　四冊

350000－2042－0000638　181.4/266

詩古微上編三卷中編十卷下編二卷首一卷（清）魏源撰　清光緒十三年(1887)梁谿浦氏刻本　十二冊

350000－2042－0000639　181.4/281

詩經廣詁三十卷　（清）徐璈輯錄　清道光十年(1830)刻本　八冊

350000－2042－0000640　181.4/324

詩經說鈴十二卷　（清）潘克溥撰　（清）潘滋榎　（清）潘滋椿　（清）潘滋楸校　清同治元年(1862)刻本　六冊

350000－2042－0000641　181.4/343

詩逆不分卷詩攷不分卷　（明）凌濛初輯著（明）凌瑞森　（明）凌琛參訂　明天啓二年(1622)椒雨齋刻朱墨套印本　二冊

350000－2042－0000642　181.4/444

詩經精華十卷 （清）薛嘉穎纂 清光緒十三年(1887)廈門會文堂刻本 二冊

350000－2042－0000643 181.4/444.01

詩經精華十卷 （清）薛嘉穎撰 清道光五年(1825)光霽堂刻本 五冊

350000－2042－0000644 181.4/444.04

詩經精華十卷 （清）薛嘉穎纂 清光緒十四年(1888)大文堂刻本 四冊

350000－2042－0000645 181.4/470

詩傳大全二十卷附綱領一卷圖一卷 （明）胡廣等輯 詩序辨說一卷 （宋）朱熹撰 明內府刻本 十二冊

350000－2042－0000646 181.4/470－2

詩傳大全二十卷附綱領一卷圖一卷 （明）胡廣編 明內府刻本 十二冊

350000－2042－0000647 181.4/494

詩辨說一卷 （宋）趙惠編 清光緒十三年(1887)別下齋校刻本 一冊

350000－2042－0000648 181.4/753

毛詩稽古編三十卷 （清）陳啓源撰 附攷一卷 （清）費雲倬輯 清光緒九年(1883)上海同文書局石印本 八冊

350000－2042－0000649 181.4/754

齊詩遺說攷四卷敍錄一卷 （清）陳壽祺(清)陳喬樅撰 清道光至同治刻左海續集本 四冊

350000－2042－0000650 181.4/758

毛詩古音攷四卷 （明）陳第編輯 （明）焦竑訂正 （清）徐時作重訂 清乾隆二十七年(1762)刻本 一冊 存二卷(一至二)

350000－2042－0000651 181.4/758.01

毛詩古音攷四卷 （明）陳第編輯 （明）焦竑訂正 明萬曆刻本 一冊 存一卷(二)

350000－2042－0000652 181.5/102

新定三禮圖二十卷 （宋）聶崇義集注 清康熙刻本 四冊

350000－2042－0000653 181.5/102.1

三禮圖二十卷 （宋）聶崇義集注 清光緒上海同文書局石印本 二冊

350000－2042－0000654 181.5/223

任氏遺書八種 （清）任啓運撰 清光緒十四年(1888)荊溪任氏家塾刻本 二冊 存三種五卷(天子肆獻祼饋食禮纂三卷、朝廟宮室考並圖一卷、田賦考一卷)

350000－2042－0000655 181.5/404

禮記述注二十八卷 （清）李光坡撰 清乾隆三十二年(1767)清白堂刻三禮述注本 十冊

350000－2042－0000656 181.5/404.1

續禮記集說一百卷 （清）杭世駿撰 清光緒二十一年至三十年(1895－1904)浙江書局刻本 四十冊

350000－2042－0000657 181.5/409

禮記述注二十八卷 （清）李光坡撰 清乾隆三十二年(1767)清白堂刻三禮述注本 十冊

350000－2042－0000658 181.5/504

五禮通考二百六十二卷首四卷總目二卷 (清)秦蕙田撰 （清）方觀承等訂 清乾隆味經窩刻本 八十四冊

350000－2042－0000659 181.51/120

周禮正義八十六卷 （清）孫詒讓撰 清光緒三十一年(1905)鉛印本 四冊

350000－2042－0000660 181.51/120.1

周禮政要二卷 （清）孫詒讓撰 清光緒二十八年(1902)瑞安普通學堂刻本 一冊

350000－2042－0000661 181.51/120－1

周禮正義八十六卷 （清）孫詒讓撰 清光緒三十一年(1905)鉛印本 二十冊

350000－2042－0000662 181.51/408

周禮纂訓二十一卷 （清）李鍾倫纂輯 （清）李清植等校 清乾隆成雲山房刻本 二冊 存十八卷(一至十八)

350000－2042－0000663 181.53/103

夏小正戴氏傳訓解四卷考異一卷通論一卷 （清）王寶仁撰 清同治十三年(1874)舊香居

刻本　一冊

350000－2042－0000664　181.53/223

夏小正四卷　（清）任兆麟注　清乾隆五十一年(1786)忠敏家塾刻心齋十種本　一冊

350000－2042－0000665　181.53/314.1

禮記節本十卷　（清）汪基抄撰　（清）江永校
　　清宣統二年(1910)上海文盛堂石印本　四冊

350000－2042－0000666　181.54/284

讀禮通考一百二十卷　（清）徐乾學撰　清康熙刻本　二十九冊

350000－2042－0000667　181.54/442

禮書通故五十卷　（清）黃以周撰　清光緒十九年(1893)黃氏試館刻本　七冊

350000－2042－0000668　181.55/003

直省釋奠禮樂記六卷首一卷末一卷　（清）應寶時編　清同治十二年(1873)刻本　四冊

350000－2042－0000669　181.55/113

家禮會通四卷　（清）張汝誠輯　清雍正十二年(1734)刻本　一冊

350000－2042－0000670　181.55/254

文公家禮儀節八卷　（宋）朱熹編　（明）楊慎輯　清咸豐六年(1856)刻本　三冊

350000－2042－0000671　181.55/330

稱謂錄三十二卷　（清）梁章鉅撰　（清）梁恭辰校刊　清光緒十年(1884)杭州賈景文齋刻本　八冊

350000－2042－0000672　181.55/330.01

稱謂錄三十二卷　（清）梁章鉅撰　（清）梁恭辰校刊　清光緒十年(1884)杭州賈景文齋刻本　八冊

350000－2042－0000673　181.6/102

春秋例表三十八篇　（清）王代豐述　（清）廖震等編次　清光緒三十四年(1908)東州刻本　二冊

350000－2042－0000674　181.6/108

春秋書法彙鈔四卷　（清）王念修編　清宣統二年(1910)南安陳國仕抄本　一冊

350000－2042－0000675　181.6/127

春秋經解十五卷　（宋）孫覺撰　清刻本　二冊

350000－2042－0000676　181.6/158

欽定春秋傳說彙纂三十八卷首二卷　（清）王掞纂　清刻本　二十冊

350000－2042－0000677　181.6/424

春秋左傳杜注三十卷首一卷　（清）姚培謙撰　清刻本　二冊　存五卷(二至四、二十七至二十八)

350000－2042－0000678　181.6/441

春秋左傳註疏六十卷　（晉）杜預注　（唐）陸德明釋文　（唐）孔穎達疏　明嘉靖李元陽刻十三經註疏本　二十二冊

350000－2042－0000679　181.6/441.12

春秋左傳五十卷　（晉）杜預　（宋）林堯叟注釋　（唐）陸德明音義　（明）鍾惺　（明）韓范批點　清以文居刻本　三冊　存九卷(三十六至三十八、四十五至五十)

350000－2042－0000680　181.6/441.2

春秋左傳五十卷　（晉）杜預　（宋）林堯叟注釋　（唐）陸德明音義　清以文居刻本　四冊　存十二卷(十五至十七、二十一至二十三、二十七至三十二)

350000－2042－0000681　181.6/444.01

春秋左傳讞六卷　（宋）葉夢得撰　清抄本　二冊

350000－2042－0000682　181.6/444.3

點評春秋綱目左傳句解彙雋六卷　（清）韓菼重訂　清末上海掃葉山房石印本　一冊　存一卷(六)

350000－2042－0000683　181.6/444.31

點評春秋綱目左傳句解彙雋六卷　（清）韓菼重訂　清末石印本　五冊　存五卷(二至六)

350000－2042－0000684　181.6/473

春秋胡傳三十卷　（宋）胡安國撰　綱領一卷

提要一卷　（□）□□撰　列國東坡圖說一卷　（宋）蘇軾撰　諸國興廢說一卷　（□）□□撰　明崇禎十四年（1641）毛氏汲古閣刻本　八冊

350000－2042－0000685　181.6/502.1

春秋集解十二卷　（宋）蘇轍撰　清抄本　六冊

350000－2042－0000686　181.61/083

左粹類纂十二卷　（明）施仁輯　明嘉靖安國弘仁堂刻本　十六冊

350000－2042－0000687　181.61/314

春秋經傳集解三十卷　（晉）杜預撰　（宋）林堯叟附注　（唐）陸德明音釋　（清）馮李驊增訂　左繡三十卷首一卷　（清）馮李驊　（清）陸浩評輯　（清）范允斌等參評　（清）馮張孫等校輯　清華川書屋刻本　十六冊　存六十卷（春秋經傳集解三十卷、左繡三十卷）

350000－2042－0000688　181.61/441

附釋音春秋左傳注疏六十卷　（晉）杜預注　（唐）孔穎達疏　（唐）陸德明釋文　清嘉慶二十年（1815）江西南昌府學刻本　六冊

350000－2042－0000689　181.63/443

監本附音春秋穀梁注疏二十卷　（晉）范甯集解　（唐）楊士勛疏　清光緒十三年（1887）點石齋石印本　一冊　存四卷（一至四）

350000－2042－0000690　181.7/440

孝經衍義一百卷首二卷　（清）葉方藹　（清）張英　（清）韓菼纂　清康熙三十年（1691）刻本　二十四冊

350000－2042－0000691　181.7/448

孝經輯註便覽一卷　（明）陳仁錫註　（清）林學曾訂　（清）蔣敏生輯　清乾隆五十一年（1786）輔仁堂刻本　一冊

350000－2042－0000692　181.8/104

來復堂全書二種　（清）丁大椿撰　清道光二十年（1840）刻本　十冊

350000－2042－0000693　181.8/104.2

繪圖四書速成新體讀本二十卷　王有宗　施崇恩校訂　清光緒三十一年（1905）上海彪蒙書室石印本　一冊　存三卷（大學一卷、中庸二卷）

350000－2042－0000694　181.8/174

新訂四書補註備旨十卷　（明）鄧林撰　（清）杜定基增訂　清光緒十二年（1886）上海點石齋石印本　五冊

350000－2042－0000695　181.8/204

四書改錯二十二卷首一卷　（清）毛奇齡稿　（清）陳元龍　（清）張希良校　清末至民國初石印本　二冊

350000－2042－0000696　181.8/254

四書集注十九卷　（宋）朱熹集注　清末金陵狀元閣刻本　六冊

350000－2042－0000697　181.8/254.01

四書集註十九卷　（宋）朱熹集註　清道光愷元堂刻朱墨套印本　六冊

350000－2042－0000698　181.8/254.1

四書或問三十九卷　（宋）朱熹撰　考異一卷　（清）劉啓發撰　清同治十二年（1873）霍山劉氏五忠堂刻本　六冊

350000－2042－0000699　181.8/264

八銘約選初集一卷二集一卷附闈試總論一卷　（清）吳懋政輯　清刻本　一冊

350000－2042－0000700　181.8/266

四書經註集證十九卷　（清）吳昌宗輯　清嘉慶三年（1798）江都汪氏刻本　十六冊

350000－2042－0000701　181.8/266.01

四書經註集證十九卷　（清）吳昌宗輯　清嘉慶三年（1798）江都汪氏刻本　七冊

350000－2042－0000702　181.8/266.1

國初文正譌集五卷　（清）吳鼎科編次　清刻本　六冊

350000－2042－0000703　181.8/406

四書反身錄八卷首一卷　（清）李顒撰　清光緒二十六年（1900）湖南荷花池刻二曲全集本

四冊

350000－2042－0000704　181.8/409

四書解義七卷　（清）李光地撰　清康熙六十一年(1722)刻本　二冊

350000－2042－0000705　181.8/440

增補四書精繡圖像人物備考十二卷　（明）薛應旂輯　（明）陳仁錫增定　清乾隆九年(1744)古吳世德堂刻本　六冊

350000－2042－0000706　181.8/470

四書大全十九卷　（明）胡廣　（明）楊榮（明）金幼孜纂修　**附論語考異一卷**　（宋）王應麟撰　明刻本　三十五冊

350000－2042－0000707　181.8/771

四書釋地一卷續一卷又續一卷三續一卷附孟子生卒年月考一卷　（清）閻若璩撰　清乾隆五十二年(1787)東湑王氏刻本　四冊

350000－2042－0000708　181.8/774

四書典故辨正二十卷附錄一卷　（清）周柄中撰　清刻本　二冊

350000－2042－0000709　181.81/254

小學六卷　（宋）朱熹撰　清光緒二十年(1894)吳橋官廨刻本　二冊

350000－2042－0000710　181.81/310

鄉黨圖考十卷　（清）江永編　清乾隆四十一年(1776)刻本　五冊

350000－2042－0000711　181.81/752

論語古訓十卷附一卷　（清）陳鱣撰　清光緒九年(1883)浙江書局刻本　一冊

350000－2042－0000712　181.81/884

論語集注補正述疏十卷首一卷　（宋）朱熹集注　簡朝亮述疏　**附讀書堂答問一卷**　簡朝亮述　清光緒至民國刻讀書堂叢刻本　十八冊

350000－2042－0000713　181.81/884－1

論語集注補正述疏十卷首一卷　（宋）朱熹集注　簡朝亮述疏　**附讀書堂答問一卷**　簡朝亮述　清光緒至民國刻讀書堂叢刻本　十七

350000－2042－0000714　181.82/072

大學章句質疑一卷中庸章句質疑二卷　（清）郭嵩燾撰　清光緒十六年(1890)思賢講舍刻本　一冊

350000－2042－0000715　181.82/254

大學或問一卷　（宋）朱熹撰　（清）李日煜輯　清康熙刻本　一冊

350000－2042－0000716　181.83/864

瀟益中庸直指一卷　（明）釋智旭撰　清刻本　一冊

350000－2042－0000717　181.84/492.01

孟子注疏解經十四卷　（漢）趙岐注　（宋）孫奭疏　清光緒十三年(1887)脈望仙館石印宋本十三經注疏本　一冊

350000－2042－0000718　181/001

今古學考二卷　廖平撰　清光緒十二年(1886)刻本　一冊

350000－2042－0000719　181/003.1

柏堂遺書八種　（清）方宗誠撰　**毅齋遺集五卷**　（清）方培潛撰　清光緒桐城方氏刻本　五十冊

350000－2042－0000720　181/003.1－1

柏堂遺書八種　（清）方宗誠撰　**毅齋遺集五卷**　（清）方培潛撰　清光緒桐城方氏刻本　四冊　存四種五十卷(柏堂經說三十二卷,讀易筆記二卷,讀論孟筆記三卷、補記二卷,志學錄八卷、續錄三卷)

350000－2042－0000721　181/101

醉經窩雜記三卷　（清）王廷俊輯　**般若波羅密多心經箋一卷**　（清）王昌衢撰　清光緒二十一年(1895)刻本　一冊

350000－2042－0000722　181/101.1

仿宋相臺五經附考證　（宋）岳珂編　清乾隆四十八年(1783)武英殿刻本　三十九冊

350000－2042－0000723　181/102

皇清經解續編二百九種　王先謙輯　清光緒

十四年(1888)南菁書院刻本　三百二十一冊

350000－2042－0000724　181/104

王船山先生經史論八種 （清）王夫之撰　清光緒二十五年(1899)石印本　十六冊

350000－2042－0000725　181/122

惕齋經說四卷 （清）孫經世撰　清刻本　二冊

350000－2042－0000726　181/213

何氏學四卷 （清）何治運撰　清嘉慶二十四年(1819)愛日軒刻本　二冊

350000－2042－0000727　181/244

通志堂經解一百四十種 （清）納蘭性德編撰　清同治十二年(1873)粤東書局刻本　四百九十一冊

350000－2042－0000728　181/244.1

通志堂經解一百四十種 （清）納蘭性德編撰　清康熙十九年(1680)通志堂刻本　二十二冊　存四種七十卷（春秋集傳十五卷、春秋或問十卷、春秋屬辭十五卷、經典釋文三十卷）

350000－2042－0000729　181/314

雪樵經解三十三卷首一卷 （清）馮世瀛輯　清光緒十二年(1886)上海點石齋石印本　四冊　存二十七卷（一至十一、十九至三十三，首一卷）

350000－2042－0000730　181/332

經學文鈔十五卷首三卷 梁鼎芬撰集　曹元弼校補　清光緒三十四年(1908)江蘇存古堂木活字印本　三十冊

350000－2042－0000731　181/507

璜川吳氏經學叢書十五種 （清）吳志忠等輯　清嘉慶至道光璜川吳氏刻本　一冊　存二種五卷（詩說三卷、附錄一卷，大學說一卷）

350000－2042－0000732　181/603

傳經表二卷通經表二卷 （清）畢沅撰　清光緒五年(1879)授經堂刻本　二冊

350000－2042－0000733　181/711

皇清經解一百八十三種首一卷 （清）阮元輯

清道光九年(1829)刻咸豐十一年(1861)補修本　三百二十冊

350000－2042－0000734　181/711－1

皇清經解一百八十三種首一卷 （清）阮元輯　清道光九年(1829)刻咸豐十一年(1861)補修本　三百六十冊

350000－2042－0000735　181/721

仿宋相臺五經附考證 （宋）岳珂編　清光緒二年(1876)江南書局刻本　三十二冊

350000－2042－0000736　182/101.2

新鐫分類評註文武合編百子金丹十卷 （清）郭偉選註　（清）王星聚校訂　（清）郭中吉編次　清刻本　六冊

350000－2042－0000737　182/104

二十二子全書 （清）浙江書局輯　清光緒浙江書局刻本　十七冊　存四種七十一卷（莊子十卷，揚子法言十三卷、附音義一卷，韓非子二十卷、附識誤三卷，管子二十四卷）

350000－2042－0000738　182/267

桐城吳先生點勘諸子七種 （清）吳汝綸點勘　清宣統二年(1910)衍星社鉛印本　十一冊

350000－2042－0000739　183.3/005

漢學商兌贅言四卷 （清）方東樹撰　清光緒十四年(1888)刻本　四冊

350000－2042－0000740　183.3/112

學規類編二十七卷 （清）張伯行纂　清康熙四十六年(1707)刻正誼堂全書本　一冊　存十二卷（一至十二）

350000－2042－0000741　183.3/251

無邪堂答問五卷 （清）朱一新撰　清光緒二十二年(1896)上海鴻寶齋石印本　五冊

350000－2042－0000742　183.3/254(1)

近思錄集解十四卷 （宋）葉采集解　清刻本　三冊

350000－2042－0000743　183.3/254(2)

近思續錄十四卷 （宋）蔡模集編　清光緒元年(1875)正誼書院刻西京清麓叢書本　一冊

350000－2042－0000744　183.3/254.2

近思錄十四卷　（宋）朱熹　（宋）呂祖謙輯
（清）江永集注　清光緒二十五年(1899)浙江
官書局刻本　一冊

350000－2042－0000745　183.3/262

改良幼學瓊林羣芳句解四卷首一卷　（明）程
登吉撰　（清）周達用增訂　清末刻本　一冊

350000－2042－0000746　183.3/289

徐氏筆精八卷　（明）徐𤊻纂輯　（明）邵捷春
訂定　（明）黃居中參次　明崇禎五年(1632)
邵捷春、黃居中刻本　八冊

350000－2042－0000747　183.3/360

潛菴先生志學會約一卷困學錄一卷　（清）湯
斌撰　清光緒四年(1878)江蘇督學使林天齡
刻本　一冊

350000－2042－0000748　183.3/402

大學衍義四十三卷　（宋）真德秀彙輯　（明）
陳仁錫評閱　清刻本　五冊

350000－2042－0000749　183.3/404

小學稽業五卷　（清）李塨纂　清宣統二年
(1910)江楚編譯書局刻本　一冊

350000－2042－0000750　183.3/446

學宮景仰編八卷　（清）黃見三輯　清光緒刻
本　四冊

350000－2042－0000751　183.3/834

十駕齋養新錄二十卷餘錄三卷　（清）錢大昕
撰　清嘉慶九年至十一年(1804－1806)刻本
四冊

350000－2042－0000752　183.31/016

孔志四卷　（清）龔景瀚編　（清）林昌彝補箋
清光緒二十七年(1901)閩縣龔鴻義大通樓
刻本　二冊

350000－2042－0000753　183.31/105

家語不分卷　（三國魏）王肅注　明末刻本
六冊

350000－2042－0000754　183.31/105.01

孔氏家語十卷　（三國魏）王肅注　明末毛氏

汲古閣刻本　六冊

350000－2042－0000755　183.31/491

孔孟編年三種　（清）狄子奇輯　清光緒十三
年(1887)浙江書局刻本　二冊　存二種八卷
(孔子編年四卷、孟子編年四卷)

350000－2042－0000756　183.31/491－1

孔孟編年三種　（清）狄子奇輯　清光緒十三
年(1887)浙江書局刻本　一冊　存二種八卷
(孔子編年四卷、孟子編年四卷)

350000－2042－0000757　183.33/442

子思子七卷　（漢）鄭玄注　（清）黃以周輯解
清光緒二十二年(1896)南菁書院刻本　一
冊

350000－2042－0000758　183.4/200

老子翼八卷首一卷　（明）焦竑輯　（明）王元
貞校　清光緒二十一年(1895)刻漸西村舍彙
刊本　四冊

350000－2042－0000759　183.4/378

法言會纂五十卷　（清）劉沅撰　清道光二十
四年(1844)虛受齋刻本　五冊

350000－2042－0000760　183.44/441.3

莊子因六卷　（清）林雲銘評述　清光緒六年
(1880)刻本　四冊

350000－2042－0000761　183.4/723

經懺集成性命微言一卷雜問一卷　（清）劉沅
輯　清同治十一年(1872)刻本　六冊

350000－2042－0000762　183.41/401

道德經釋義二卷　題（唐）純陽真人釋義
（清）牟目源訂　**轉語二卷**　（元）陳觀吾著
古今本考正二卷　（□）□□撰　**常清靜經一
卷**　（清）牟目源訂　**金玉經一卷**　題（唐）純
陽真人著　（清）牟目源訂　清嘉慶十四年
(1809)羊城汗簡齋刻本　二冊　存四卷(道
德經釋義二卷、常清靜經一卷、金玉經一卷)

350000－2042－0000763　183.41/444

老子章義二卷　（清）姚鼐撰　清同治九年
(1870)桐城吳氏刻本　一冊

350000－2042－0000764　183.44/072.01

莊子郭注十卷　（晉）郭象撰　（唐）陸德明音義　明萬曆三十三年（1605）鄒之嶧刻本（卷三補配抄本）　十冊

350000－2042－0000765　183.44/072.02

南華真經評註十卷　（晉）郭象輯註　（明）歸有光批閱　（明）文震孟訂正　明天啟四年（1624）刻本　三冊

350000－2042－0000766　183.44/102

莊子集解八卷　王先謙撰　清宣統元年（1909）刻本　三冊

350000－2042－0000767　183.44/200

莊子翼八卷　（明）焦竑編訂　（明）王元貞校閱　明萬曆十六年（1588）王元貞刻本　四冊

350000－2042－0000768　183.44/302

南華真經解三卷　（清）宣穎撰　（清）王暉吉校　清經綸堂刻本　三冊

350000－2042－0000769　183.44/441.11

莊子南華真經十卷　（戰國）莊周撰　（晉）郭象注　（唐）陸德明音義　明萬曆刻本　四冊

350000－2042－0000770　183.44/441.31

莊子因六卷　（清）林雲銘評述　清乾隆四十五年（1780）刻本　六冊

350000－2042－0000771　183.44/447.2

南華真經解三卷　（清）宣穎撰　（清）王暉吉校　清康熙六十年（1721）啓元堂刻本　二冊

350000－2042－0000772　183.44/744

莊子雪三卷　（清）陸樹芝輯注　清光緒刻本　六冊

350000－2042－0000773　183.51/120.02

墨子閒詁十五卷目錄一卷附錄一卷後語二卷　（清）孫詒讓撰　清刻本　六冊　存十五卷（一至三、七至十三、十五,目錄一卷,附錄一卷,後語二卷）

350000－2042－0000774　183.61/300

管子二十四卷　（唐）房玄齡注釋　（明）劉績增注　（明）朱長春通演　（明）沈鼎新

（明）朱養純參評　（明）朱養和輯訂　明天啟五年（1625）西湖沈氏花齋刻本　四冊

350000－2042－0000775　183.61/300.01

管子二十四卷　（唐）房玄齡注　清光緒五年（1879）影宋刻本　四冊

350000－2042－0000776　183.67/215

韓子迂評二十卷　（元）何犿校　（明）門無子訂　附錄一卷　（明）□□輯　明萬曆六年（1578）刻本　十冊

350000－2042－0000777　183.67/441.1

韓非子二十卷　（戰國）韓非撰　識誤三卷　（清）顧廣圻撰　清嘉慶二十三年（1818）全椒吳氏刻本　六冊

350000－2042－0000778　183.72/310

晏子春秋八卷　（清）顧廣圻校　清嘉慶二十一年（1816）全椒吳氏刻本　四冊

350000－2042－0000779　183/175

子書百家一百一種　（清）崇文書局輯　清光緒元年（1875）湖北崇文書局刻本　一百十冊

350000－2042－0000780　183/175－1

子書百家一百一種　（清）崇文書局輯　清光緒元年（1875）湖北崇文書局刻本　一百八冊　缺十一卷（管子六至十一、商子一至五）

350000－2042－0000781　183/175－2

子書百家一百一種　（清）崇文書局輯　清光緒元年（1875）湖北崇文書局刻本　十三冊　存七種五十卷（白虎通德論四卷、風俗通義十卷、論衡三十卷、莊子南華真經三卷、莊子闕誤一卷、山海經圖讚一卷、山海經補注一卷）

350000－2042－0000782　183/315

六子書　（明）顧春輯　明嘉靖十二年（1533）吳郡顧春世德堂刻本　十九冊　存五種五十八卷（南華真經十卷、沖虛至德真經八卷、荀子二十卷、新纂門目五臣音註揚子法言十卷、中說十卷）

350000－2042－0000783　183/469

古雋八卷　（明）楊慎輯　（清）李調元校　清

刻本　一册　存四卷(一至四)

350000 - 2042 - 0000784　183/472.01

十子全書　（清）王子興輯　清嘉慶九年
(1804)姑蘇王氏聚文堂刻本　二十七册　存
八種一百十二卷(南華真經二至十,荀子二十
卷,附校勘補遺一卷,沖虛至德真經八卷,管
子二十四卷,韓非子五至二十,淮南子二十一
卷,中說十卷,鶡冠子三卷)

350000 - 2042 - 0000785　183/472.01 - 1

十子全書　（清）王子興輯　清嘉慶九年
(1804)姑蘇王氏聚文堂刻本　九册　存二種
三十卷(南華真經十卷、韓非子評注二十卷)

350000 - 2042 - 0000786　184.1/122

孔叢子三卷　（漢）孔鮒撰　（明）孔胤植校
明崇禎六年(1633)刻本　二册

350000 - 2042 - 0000787　184.1/722.1

說苑二十卷　（漢）劉向撰　清刻木　四册

350000 - 2042 - 0000788　184.1/750

白虎通疏證十二卷　（清）陳立撰　（清）楊鐸
校　清光緒元年(1875)淮南書局刻本　四册

350000 - 2042 - 0000789　184.1/750 - 1

白虎通疏證十二卷　（清）陳立撰　（清）楊鐸
校　清光緒元年(1875)淮南書局刻本　四册

350000 - 2042 - 0000790　184/448

春秋繁露十七卷附錄一卷　（漢）董仲舒撰
(明)孫鑛評　（明）沈鼎新　（明）朱養純參
評　（明）朱養和訂　明天啓五年(1625)西湖
沈氏花齋刻本　二册

350000 - 2042 - 0000791　184/725

淮南鴻烈解十七卷附總評一卷　（漢）劉安撰
（清）黃錫禧校　清刻本　六册

350000 - 2042 - 0000792　185.2/260

程氏家塾讀書分年日程三卷綱領一卷　（元）
程端禮編　清嘉慶二十一年(1816)經正堂刻
本　三册

350000 - 2042 - 0000793　185.2/260.1

程氏家塾讀書分年日程三卷綱領一卷　（元）
程端禮撰　清同治七年(1868)湖北崇文書局
刻本　二册

350000 - 2042 - 0000794　185.2/266

河南程氏全書(二程全書)六種　（宋）程顥
(宋)程頤撰　（宋）朱熹輯　清同治十年
(1871)六安涂氏求我齋刻洪氏唐石經館叢書
本　十六册

350000 - 2042 - 0000795　185.3/104.1

朱子[熹]年譜四卷考異四卷論學切要語二卷
（清）王懋竑纂訂　清乾隆十七年(1752)白
田草堂刻光緒浙江書局補刻本　四册

350000 - 2042 - 0000796　185.3/104.1 - 1

朱子[熹]年譜四卷考異四卷論學切要語二卷
（清）王懋竑纂訂　清乾隆十七年(1752)白
田草堂刻光緒浙江書局補刻本　一册

350000 - 2042 - 0000797　185.3/213

朱子學的二卷　（明）邱濬編　（清）翁方綱校
刊　清乾隆三十六年(1771)石洲草堂刻本
二册

350000 - 2042 - 0000798　185.3/222

大學衍義四十三卷　（宋）真德秀撰　（明）楊
鶚重刊　（明）丁辛重校　清乾隆二年(1737)
刻本　十册

350000 - 2042 - 0000799　185.3/222.01

大學衍義四十三卷　（宋）真德秀撰　清同治
十三年(1874)金陵書局刻本　八册

350000 - 2042 - 0000800　185.3/254

朱子語類一百四十卷　（宋）朱熹撰　（宋）黎
靖德編　清同治十一年(1872)應元書院刻本
四十八册

350000 - 2042 - 0000801　185.3/254.1

[太極圖通書合抄]不分卷　（宋）朱熹撰　周
子遺文不分卷　（宋）周敦頤撰　清抄本　一
册

350000 - 2042 - 0000802　185.3/402

西山先生真文忠公讀書記四十卷　（宋）真德
秀撰　清同治三年(1864)刻本　三十册

350000－2042－0000803　185.3/402.01

西山先生真文忠公讀書記四十卷　（宋）真德秀撰　清乾隆四年（1739）真氏刻本　二十冊

350000－2042－0000804　185.3/408

朱子實紀十二卷　（明）戴銑輯　明正德八年（1513）鮑雄刻本　三冊

350000－2042－0000805　185.3/441

慈溪黃氏日鈔分類九十七卷　（宋）黃震輯（清）張壽榮校訂　（清）馮祖憲參校　清末耕餘樓刻本　十八冊

350000－2042－0000806　185.3/747

讀朱隨筆四卷　（清）陸隴其輯　（清）張伯行訂　清同治五年（1866）福州正誼書局刻正誼堂全書本　二冊

350000－2042－0000807　185.3/753

北溪字義二卷附補遺一卷嚴陵講義一卷（宋）陳淳撰　（清）朱錫穀重校　清咸豐六年（1856）刻本　一冊

350000－2042－0000808　185.5/604

呂語集粹四卷　（明）呂坤撰　（清）陳弘謀評　清宣統三年（1911）鉛印本　一冊

350000－2042－0000809　185.6/441

薛文清公讀書全錄類編二十卷　（明）薛瑄撰（明）侯鶴齡編　（明）侯封參閱　明萬曆二十七年（1599）刻本　十冊

350000－2042－0000810　185.6/441.01

讀書錄十一卷續錄十二卷　（明）薛瑄撰　清天蓋樓刻本　五冊

350000－2042－0000811　185.6/441.02

讀書錄十一卷續錄十二卷　（明）薛瑄撰　清乾隆十一年（1746）刻本　八冊

350000－2042－0000812　185.7/103

王文成公全書七種　（明）王守仁撰　清刻本　二十四冊

350000－2042－0000813　185.7/103.3

陽明先生文集十六卷目錄二卷　（明）王守仁撰　清道光六年（1826）湘潭王文德刻本　十

六冊

350000－2042－0000814　185.7/107

明儒王心齋先生遺集五卷首一卷　（明）王艮撰　明儒王一庵先生遺集一卷　（明）王棟撰　明儒王東厓先生遺集二卷首一卷　（明）王襞撰　明儒王東塾東隅東日天真先生殘稿一卷王心齋先生弟子師承表一卷　袁承業輯　清宣統二年（1910）鉛印本　一冊

350000－2042－0000815　185.7/443

榕壇問業十八卷　（明）黃道周撰　（清）郭文篨重刊　黃子年譜一卷　（清）洪思撰　（清）曾省　（清）林廣邁校刊　清乾隆十五年（1750）海澄郭文篨刻本（黃子年譜爲清道光二十二年刻本）　六冊　存十六卷（榕壇問業四至十八、黃子年譜一卷）

350000－2042－0000816　185.8/105

重刻添補傳家寶俚言新本初集八卷首一卷二集八卷三集八卷四集八卷　（清）石成金撰　清乾隆四年（1739）刻本　十六冊　存十七卷（重刻添補傳家寶俚言新本初集八卷、首一卷、二集八卷）

350000－2042－0000817　185.8/105.01

重刻添補傳家寶俚言新本初集八卷首一卷二集八卷三集八卷四集八卷　（清）石成金撰　清乾隆刻本　三十二冊

350000－2042－0000818　185.8/441

草木子四卷　（明）葉子奇撰　清光緒元年（1875）刻本　二冊

350000－2042－0000819　185.8/744

思辨錄輯要三十五卷　（清）陸世儀撰　清光緒三年（1877）江蘇書局刻本　六冊

350000－2042－0000820　185.8/871

六藝綱目二卷附發原一卷字原一卷　（元）舒天民撰　（元）舒恭注　（明）趙宜中附注　重刊六藝綱目札記一卷　（清）管禮耕校錄　清道光二十八年（1848）劉喜海嘉蔭簃刻本　五冊

350000－2042－0000821　185/103

至遊子二卷 （□）□□撰 明嘉靖四十五年(1566)姚汝循刻本 二冊

350000－2042－0000822 185/211

餘冬錄六十一卷 （明）何孟春輯 清光緒二年(1876)刻本 十六冊

350000－2042－0000823 185/434

榕村講授三編 （清）李光地輯 清刻本 二冊 存二編(上、下)

350000－2042－0000824 185/441

蔡氏九儒書九卷首一卷 （明）蔡有鵾輯 清光緒十三年(1887)刻本 九冊

350000－2042－0000825 185/443

宋元學案一百卷首一卷 （清）黃宗羲撰 （清）黃百家纂輯 （清）全祖望修定 清光緒五年(1879)長沙寄廬刻本 三十二冊

350000－2042－0000826 185/443.1

宋元學案一百卷首一卷 （清）黃宗羲原本 （清）黃百家纂輯 清末上海文瑞樓石印本 三十二冊

350000－2042－0000827 185/443.1－1

宋元學案一百卷首一卷 （清）黃宗羲原本 （清）黃百家纂輯 清末上海文瑞樓石印本 十七冊 存七十三卷(一至七十三)

350000－2042－0000828 185/443.62

艾庵密箴一卷太極圖說一卷河洛私見一卷附從祀題本一卷 （明）蔡清撰 （清）徐居敬編校 清雍正三年(1725)晉江徐氏遜敏齋刻本 一冊

350000－2042－0000829 185/870

昨非錄十二卷 （明）鄭誼明撰 （清）王楨手鈔 清光緒十一年(1885)石印本 二冊

350000－2042－0000830 186/004

西漚全集十卷外集八卷 （清）李惺撰 （清）童槭 （清）宋寶槭編輯 （清）劉鴻典 （清）李茲蠦校刊 清同治七年(1868)眉州劉鴻典等刻本 四冊 存四卷(外集一至四)

350000－2042－0000831 186/005

漢學商兌四卷 （清）方東樹撰 清光緒二十六年(1900)浙江書局刻本 一冊

350000－2042－0000832 186/008.6

國朝學案小識十四卷首一卷末一卷 （清）唐鑑撰 清光緒十年(1884)刻本 十二冊

350000－2042－0000833 186/008.6－1

國朝學案小識十四卷首一卷末一卷 （清）唐鑑撰 清光緒十年(1884)刻本 一冊

350000－2042－0000834 186/016

谷盈子十二篇 （清）龔易圖撰 清光緒五年(1879)刻本 一冊

350000－2042－0000835 186/047

約書十二卷 （清）謝階樹撰 清道光二十四年(1844)刻本 四冊

350000－2042－0000836 186/104

探本錄二十三卷 （清）雲茂琦撰 清同治七年(1868)刻本 二冊

350000－2042－0000837 186/112

瘦樵子一卷 （清）張繩武撰 清光緒潮城西府巷王存樓刻本 一冊

350000－2042－0000838 186/218

甀峯先生遺稿二卷 （清）何輝寧撰 清嘉慶二十年(1815)刻本 一冊

350000－2042－0000839 186/250

朱慎甫先生遺集四種 （清）朱文烁撰 清光緒十五年(1889)甘肅藩署刻本 四冊

350000－2042－0000840 186/263

書古微十二卷首一卷 （清）魏源撰 清光緒四年(1878)淮南書局刻本 四冊

350000－2042－0000841 186/269

起黃二卷質顧一卷廣王二卷 （清）吳光耀撰 清宣統元年(1909)刻本 五冊

350000－2042－0000842 186/312

理學逢源十二卷 （清）汪紱集 （清）汪嗣佳參訂 清道光十八年(1838)敬業堂刻本 十四冊

350000 – 2042 – 0000843　186/330

月山遺書五種首一卷末一卷　（清）梁玭撰
清同治十二年（1873）刻本　二冊

350000 – 2042 – 0000844　186/341

濼源問答十二卷　（清）沈可培撰　清嘉慶二
十年（1815）雪浪齋刻道光七年（1827）重印本
四冊

350000 – 2042 – 0000845　186/406.03

二曲集四十六卷　（清）李顒撰　清光緒三年
（1877）信述堂刻本　十六冊

350000 – 2042 – 0000846　186/442

止齋遺書十六卷　（清）黃俊苑撰　清光緒元
年（1875）福州刻本　八冊

350000 – 2042 – 0000847　186/446.1

硯耕緒錄十六卷　（清）林昌彝撰　清同治五
年（1866）廣州刻本　七冊　存十四卷（一至
十四）

350000 – 2042 – 0000848　186/724

思辨錄疑義一卷　（清）劉蓉撰　清光緒十五
年（1889）思賢講舍刻本　一冊

350000 – 2042 – 0000849　186/747

陸子全書十八種　（清）陸隴其撰　清光緒十
六年（1890）宗培等刻本　八冊

350000 – 2042 – 0000850　187/048

西川尤先生要語一卷　（明）尤時熙撰　**教諭
語四卷**　（清）謝金鑾撰　（清）謝章鋌編　清
嘉慶刻本　一冊

350000 – 2042 – 0000851　187/405

民教冤獄解續篇補遺一卷　（清）李春生編
清光緒三十二年（1906）福州美華書局鉛印本
一冊

350000 – 2042 – 0000852　188.3/723

大學衍義補一百六十卷首一卷　（明）丘濬撰
（明）陳仁錫評閱　清刻本　三十二冊

350000 – 2042 – 0000853　200/443

林子三教正宗統論一百二十卷　（明）林兆恩
撰　（明）盧文輝校正　清同治元年（1862）刻

宣統元年（1909）重修本　三十六冊

350000 – 2042 – 0000854　200/728

天方性理圖傳五卷首一卷　（清）劉智纂述
清道光二年（1822）刻本　五冊　存五卷（二
至五、首一卷）

350000 – 2042 – 0000855　220/502

新刻黃掌綸先生評訂神仙鑑二十二卷　（清）
徐衢撰　清康熙刻本　二十四冊

350000 – 2042 – 0000856　231/200

重訂敬竈章經驗靈應記一卷　（□）□□撰
清光緒十三年（1887）刻本　一冊

350000 – 2042 – 0000857　231/603

呂祖師降諭遵信玉歷鈔傳閻王經一卷　（□）
□□撰　清光緒二十二年（1896）刻本　一冊

350000 – 2042 – 0000858　235/723

法言會纂五十卷　（清）劉沅撰　清刻本　五
冊　存二十二卷（二十五至四十六）

350000 – 2042 – 0000859　243/261/N

泉郡萬緣普度一卷　（清）泉郡延禧局編　清
光緒二十三年（1897）刻本　一冊

350000 – 2042 – 0000860　243/463/N

四神志略四種附仿宋本玉麻一卷　（清）楊浚
輯　清光緒十三年至十五年（1887 – 1889）冠
悔堂刻本　六冊

350000 – 2042 – 0000861　250/071

阿育王山志畧二卷　（明）郭子章撰　明天啓
四年（1624）陸基志刻本　一冊

350000 – 2042 – 0000862　250/071.01

明州阿育王山志十卷續志六卷　（明）郭子章
撰　（清）釋晼荃續輯　明萬曆四十五年
（1617）刻清乾隆增修本　六冊

350000 – 2042 – 0000863　250/071.01 – 1

明州阿育王山志十卷續志六卷　（明）郭子章
撰　（清）釋晼荃續輯　明萬曆四十五年
（1617）刻清乾隆增修本　四冊　存十二卷
（明州阿育王山志一至九、續志四至六）

350000 – 2042 – 0000864　250/071.01 – 2

明州阿育王山志十卷續志六卷　（明）郭子章撰　（清）釋畹荃續輯　明萬曆四十五年(1617)刻清乾隆增修本　六冊

350000－2042－0000865　250/104.2

博山和尚參禪警語一卷壽昌和尚普說一卷蕅益大師曹溪行呈博山和尚并序一卷　（明）釋元來說　（明）釋成正集　清光緒三十四年(1908)鎮江金山江天寺刻本　一冊

350000－2042－0000866　250/114

誌公讚頌一卷寶誌公行實一卷附永嘉證道歌一卷　（南朝梁）釋寶誌撰　清光緒二十八年(1902)刻本　一冊

350000－2042－0000867　250/175.01

折疑論集註二卷　（元）釋子成撰　（元）釋師子註　清光緒十三年(1887)西湖慧空經房刻本　二冊

350000－2042－0000868　251/260.6

摩訶般若波羅蜜多心經一卷　（唐）釋玄奘譯　（明）何無垢註　清刻本　一冊

350000－2042－0000869　250/261

萬善同歸集三卷　（宋）釋延壽撰　清同治十一年(1872)金陵刻經處刻本　三冊

350000－2042－0000870　250/262.2

淨土警語一卷起一心精進念佛七期規式一卷　（清）釋行策撰　清光緒六年(1880)常熟刻經處蔡文藝齋刻本　一冊　存一卷(淨土警語一卷)

350000－2042－0000871　250/264.002

西歸行儀一卷　（清）釋古崑錄集　清同治十三年(1874)刻本　一冊

350000－2042－0000872　250/264.2

重訂教乘法數十二卷　（清）釋超海　（清）釋通理校定　清光緒三十四年(1908)常州天寧寺刻本　六冊

350000－2042－0000873　250/264.3

觀楞伽阿跋多羅寶經記二卷　（南朝宋）釋求那跋陀羅譯　（明）釋德清筆記　略科一卷

（明）釋德清訂　清刻本　二冊

350000－2042－0000874　250/264.4

佛說無量清淨平等覺經三卷　（漢）釋支婁迦讖譯　清同治十年(1871)金陵刻經處刻本　一冊

350000－2042－0000875　250/264.5

楞伽阿跋多羅寶經註解四卷　（南朝宋）釋求那跋陀羅譯　（明）釋宗泐　（明）釋如玘註　清光緒四年(1878)長沙刻經處刻本　一冊　存二卷(三至四)

350000－2042－0000876　250/264.6

勝鬘獅子吼一乘大方便方廣經一卷　（南朝宋）釋求那跋陀羅譯　清光緒二十二年(1896)金陵刻經處刻本　一冊

350000－2042－0000877　250/266

菩薩戒本經箋要一卷　（北涼）釋曇無讖譯　（明）釋智旭箋釋　清光緒六年(1880)金陵刻經處刻本　一冊

350000－2042－0000878　250/275

五燈會元二十卷首一卷目錄二卷　（宋）釋普濟撰　明萬曆三十八年至四十年(1610－1612)刻本　十六冊

350000－2042－0000879　250/324

大方廣佛華嚴經疏鈔懸談二十八卷首一卷　（唐）釋澄觀撰　清光緒三十三年(1907)金陵刻經處刻本　八冊

350000－2042－0000880　250/342

法化老和尚貪瞋癡註一卷淨土直說一卷山居知足歌一卷序疏一卷　（清）釋法化撰　清光緒元年(1875)杭州昭慶寺慧空經房刻本　一冊　存一卷(法化老和尚貪瞋癡註一卷)

350000－2042－0000881　250/353

雲棲法彙□□種　（明）釋祩宏編　清光緒二十三年(1897)金陵刻經處刻本　七冊　存四種二十二卷(梵網經心地品菩薩戒義疏發隱五卷、附戒疏發隱事義一卷、菩薩戒問辯一卷，僧訓日記一卷，禪關策進三卷，楞嚴摸象記十卷、附諸經一卷)

350000－2042－0000882　250/406.2

毘尼日用錄一卷　（清）釋性祇撰　清康熙十年(1671)刻本　一冊

350000－2042－0000883　250/427

省庵法師語錄二卷　（清）釋實賢撰　（清）彭際清重訂　**西方發願文注一卷**　（清）釋蓮池大師作　（清）釋實賢注　**東海若解一卷**（唐）柳宗元撰　（清）釋實賢解　清乾隆五十一年(1786)刻本　一冊

350000－2042－0000884　250/427.1

淨土聖賢錄九卷　（清）彭際清撰　**續編四卷**　題（清）蓮歸居士輯　**種蓮集一卷**　（清）陳本仁輯　清道光三十年(1850)刻本　三冊　存七卷(淨土聖賢錄三至四、八至九,續編三至四,種蓮集一卷)

350000－2042－0000885　250/446

華嚴念佛三昧論一卷　（清）彭際清述　清刻本　一冊

350000－2042－0000886　250/470.1

發菩提心論二卷　（後秦）釋鳩摩羅什譯　清光緒十四年(1888)江北刻經處刻本　一冊

350000－2042－0000887　250/501

三朝聖諭一卷　（清）聖祖玄燁等撰　清刻本　一冊

350000－2042－0000888　250/604

經律異相二卷　（南朝梁）釋僧旻　（南朝梁）釋寶唱等撰　（清）釋古崑摘錄　清同治十三年(1874)昭慶經房刻本　一冊

350000－2042－0000889　250/609

惕廬集句四卷續四卷　題（清）純陽子撰　（清）趙覺惠校　清抄本　四冊

350000－2042－0000890　250/720

儒釋道平心論二卷　（宋）劉謐撰　清同治二年(1863)磚橋法藏寺經房刻本　一冊

350000－2042－0000891　250/776

西方確指一卷　題（□）覺明妙行菩薩降筆　（清）釋常攝集　清乾隆三十八年(1773)杭州昭慶寺慧空經房刻本　一冊

350000－2042－0000892　250/804

摩訶般若波羅蜜多心經一卷　（唐）釋玄奘譯　（明）何無垢註　（清）吳瀾　（清）王政脩全校字　**無垢子心經解諸經摘要一卷**　（明）何無垢註　清咸豐十年(1860)安瀾會館刻本　一冊　存一卷(無垢子心經解諸經摘要一卷)

350000－2042－0000893　250/804.2

穿珠集二卷　（清）乞士通吉筆談　清光緒三十年(1904)上海著易堂書局鉛印本　一冊　存一卷(上)

350000－2042－0000894　250/862

請觀音經疏一卷　（隋）釋智顗說　（隋）釋灌頂記　清光緒十年(1884)錢唐許靈虛刻本　一冊

350000－2042－0000895　250/864

大乘起信論裂網疏六卷　（明）釋智旭撰　清光緒金陵書局刻大乘起信論疏解彙集本　一冊

350000－2042－0000896　250/864－1

大乘起信論裂網疏六卷　（明）釋智旭撰　清光緒金陵書局刻大乘起信論疏解彙集本　一冊

350000－2042－0000897　250/886

報恩大覺普濟能仁國師玉琳琇和尚工夫說一卷　（清）釋敏曦閱　**家寶禪宗直指一卷**（清）金天基撰　**小楊山祖源禪師著一卷**　**行腳求師開示序一卷**　（清）□□撰　清同治五年(1866)刻本　一冊

350000－2042－0000898　251.1/307.2

大方廣佛華嚴經八十卷　（唐）釋實叉難陀譯　**入不思議解脫境界普賢行願品一卷**　（唐）釋般若譯　清光緒十八年(1892)寧波天童寺刻本　二十六冊　存七十七卷(一至二十一、二十五至八十)

350000－2042－0000899　251.1/307.4

地藏菩薩本願經三卷　（唐）釋實叉難陀譯

清光緒八年(1882)南海普陀山法雨禪寺刻本
一冊

350000－2042－0000900　251.1/307.4－1
地藏菩薩本願經三卷　(唐)釋實叉難陀譯
清光緒八年(1882)南海普陀山法雨禪寺刻本
一冊

350000－2042－0000901　251.1/307.505
地藏菩薩本願經三卷　(唐)釋實叉難陀譯
清蘇州瑪瑙經房刻本　一冊

350000－2042－0000902　251.1/308
大方廣佛華嚴經疏鈔會本二百二十卷　(唐)
釋實叉難陀譯　(唐)釋澄觀撰　清光緒常昭
刻經處等合刻本　六十冊

350000－2042－0000903　251.1/308.01
大方廣佛華嚴經疏鈔會本二百二十卷　(唐)
釋實叉難陀譯　(唐)釋澄觀撰　清刻本　一
冊　存四卷(五十五至五十八)

350000－2042－0000904　251.1/308－1
大方廣佛華嚴經疏鈔會本二百二十卷　(唐)
釋實叉難陀譯　(唐)釋澄觀撰　清光緒常昭
刻經處等合刻本　二十七冊　存九十卷(四
至三十二、三十七至三十九、五十一至五十
四、一百二十二至一百二十八、一百三十六至
一百四十二、一百四十七至一百五十八、一百
六十二至一百八十五、一百九十至一百九十
三)

350000－2042－0000905　251.2/268
**大佛頂如來密因修證了義諸菩薩萬行首楞嚴
經玄義二卷**　(明)釋智旭撰　(明)釋道昉參
訂　清刻本　一冊

350000－2042－0000906　251.2/275
**大佛頂如來密因修證了義諸菩薩萬行首楞嚴
經十卷**　(唐)釋般剌密諦譯　(明)釋真界纂
注　清光緒三十四年(1908)金陵刻經處刻本
四冊　存八卷(三至十)

350000－2042－0000907　251.2/275.1
**大佛頂如來密因修證了義諸菩薩萬行首楞嚴
經十卷**　(唐)釋般剌密諦譯　(明)釋智旭文

句　(明)釋道昉參訂　清光緒元年(1875)刻
本　九冊

350000－2042－0000908　251.4/800
廬山蓮宗寶鑑十卷　(元)釋普度編　清光緒
五年(1879)杭州瑪瑙經房刻本　三冊

350000－2042－0000909　251.4/864
占察善惡業報經玄義一卷疏二卷行法一卷
(明)釋智旭撰　清同治七年(1868)刻本　一
冊　存二卷(占察善惡業報經玄義一卷、疏
上)

350000－2042－0000910　251.5/261
大寶廣博樓閣善住祕密陀羅尼經一卷　(唐)
釋不空譯　清同治六年(1867)昭慶經房刻本
一冊

350000－2042－0000911　251.5/387
顯密圓通成佛心要集二卷　(宋)釋道殿集
清同治十一年(1872)金陵刻經處刻本　一冊

350000－2042－0000912　251.5/387－1
顯密圓通成佛心要集二卷　(宋)釋道殿集
清同治十一年(1872)金陵刻經處刻本　一冊

350000－2042－0000913　251.6/284
**金剛般若波羅蜜經二卷般若波羅蜜多心經一
卷**　(清)徐槐廷輯　清咸豐八年(1858)刻本
一冊

350000－2042－0000914　251.6/304
實相般若波羅蜜經一卷　(唐)釋流志譯　摩
訶般若波羅蜜大明呪經一卷　(後秦)釋鳩摩
羅什譯　般若波羅蜜多心經一卷　(唐)釋玄
奘譯　**文殊師利所說般若波羅蜜經一卷**
(南朝梁)釋僧伽婆羅譯　清光緒十五年
(1889)江北刻經處刻本　一冊

350000－2042－0000915　251.6/470
金剛般若波羅蜜經一卷　(後秦)釋鳩摩羅什
譯　清光緒十六年(1890)孫智敏抄本　一冊

350000－2042－0000916　251.6/522
大乘般若出三界要集經一卷　(清)釋靜參集
清光緒二十七年(1901)刻本　一冊

350000－2042－0000917　251.6/807

金剛般若波羅蜜經六譯　（清）金陵刻經處編
清同治八年至十一年（1869－1872）金陵刻
經處刻本　一冊

350000－2042－0000918　251.7/264

妙法蓮華經七卷首一卷　（後秦）釋鳩摩羅什
譯　清光緒二十二年（1896）鉛印本　一冊

350000－2042－0000919　251.7/266

大般涅槃經四十卷　（北涼）釋曇無讖譯　**後
分二卷**　（唐）釋若那跋陀羅　（唐）釋會甯譯
清刻本　七冊　存二十八卷（一至十六、二
十九至四十）

350000－2042－0000920　251.7/268

釋摩訶般若波羅密經覺意三昧一卷　（隋）釋
智顗說　（隋）釋灌頂記　清光緒六年（1880）
姑蘇刻經處刻本　一冊

350000－2042－0000921　251.7/341.2

玅法蓮華經文句纂要七卷　（隋）釋智顗說
（隋）釋灌頂結集　（唐）釋湛然述記　（清）
釋道霈纂要　清康熙三十六年（1697）鼓山湧
泉寺刻民國上海佛學書局重印本　十四冊

350000－2042－0000922　251.7/470.21

妙法蓮華經七卷　（後秦）釋鳩摩羅什譯　清
刻本　一冊　存二卷（三至四）

350000－2042－0000923　251.7/862

妙法蓮華經性理會解□□卷　（隋）釋智顗釋
清光緒二十九年（1903）刻本　三冊　存三
卷（一至二、七）

350000－2042－0000924　251.7/864

**妙法蓮華經台宗會義十六卷附妙法蓮華經綸
貫一卷**　（明）釋智旭撰　清光緒十九年
（1893）江北刻經處刻本　八冊

350000－2042－0000925　251.9/261

唯心五種　（□）□□輯　清刻本　一冊　存
四種四卷（唯心訣一卷、永明智覺禪師定慧相
資歌一卷、警世一卷、高麗國普照禪師修心訣
一卷）

350000－2042－0000926　251.9/470

佛說梵網經二卷　（後秦）釋鳩摩羅什譯　清
光緒二十年（1894）刻本　一冊

350000－2042－0000927　251/001

解深密經五卷　（唐）釋玄奘譯　清同治十年
（1871）金陵刻經處刻本　一冊

350000－2042－0000928　251/001－1

解深密經五卷　（唐）釋玄奘譯　清同治十年
（1871）金陵刻經處刻本　一冊

350000－2042－0000929　251/103

佛說觀無量壽佛經一卷附圖頌　（南朝宋）釋
畺良耶舍譯　清末刻本　一冊

350000－2042－0000930　251/124

註心賦四卷　（宋）釋延壽撰　清光緒三年
（1877）南京金陵刻經處刻本　四冊

350000－2042－0000931　251/128

金剛經心經註彙纂二種　（清）孫念劬纂　清
光緒二十二年（1896）刻本　二冊

350000－2042－0000932　251/212.1

心經註解一卷　（明）何無垢註　清抄本　一
冊

350000－2042－0000933　251/263

翻譯名義集二十卷　（宋）釋法雲編　清光緒
四年（1878）南京金陵刻經處刻本　六冊

350000－2042－0000934　251/263.2

大方廣圓覺經大疏十六卷　（唐）釋宗密撰
清刻本　三冊　存十二卷（一至十二）

350000－2042－0000935　251/263－1

翻譯名義集二十卷　（宋）釋法雲編　清光緒
四年（1878）南京金陵刻經處刻本　三冊　存
十卷（四至十三）

350000－2042－0000936　251/264.201

**千手千眼觀世音菩薩廣大圓滿無礙大悲心陀
羅尼經一卷**　（唐）釋伽梵達摩譯　清光緒二
十九年（1903）刻本　一冊

350000－2042－0000937　251/431

觀楞伽阿跋多羅寶經記四卷　（南朝宋）釋求

那跋陀羅譯 （明）釋德清筆記 清道光八年
(1828)刻本 一冊 存一卷(四)

350000－2042－0000938 251/431.1

過去現在因果經四卷 （南朝宋）釋求那跋陀
羅譯 清光緒十年(1884)江北刻經處刻本
一冊

350000－2042－0000939 251/431.1－1

過去現在因果經四卷 （南朝宋）釋求那跋陀
羅譯 清光緒十年(1884)江北刻經處刻本
一冊

350000－2042－0000940 251/462

大藏輯要□□種 （清）楊文會編 清末至民
國金陵刻經處刻本 四冊 存十三種十六卷
(十不二門指要鈔科一卷、修懺要旨增科一
卷,科金剛錍一卷、始終心要一卷、妙法蓮華
經優波提舍一卷,遺教經論一卷,涅槃經云何
得長壽偈論一卷,陰符經發隱一卷,沖虛經發
隱一卷,道德經發隱一卷,南華經發隱一卷,
大乘百法明門論本地分中略錄名數解一卷,
大乘百法明門論本地分中略錄名數疏二卷,
大乘五蘊論一卷,大乘廣五蘊論一卷)

350000－2042－0000941 251/470.7

維摩詰所說經註八卷 （後秦）釋鳩摩羅什譯
（後秦）釋僧肇註 清光緒十三年(1887)金
陵刻經處刻本 二冊

350000－2042－0000942 251/473

萬法歸心錄三卷 （清）釋祖源撰 （清）釋明
貫錄 清光緒三十四年(1908)揚州流通處刻
本 一冊

350000－2042－0000943 251/536

受持佛說阿彌陀經行願儀一卷 （清）釋成時
輯 （清）彭際清訂 清同治九年(1870)如皋
刻經處刻本 一冊

350000－2042－0000944 251/536－1

受持佛說阿彌陀經行願儀一卷 （清）釋成時
輯 （清）彭際清訂 清同治九年(1870)如皋
刻經處刻本 一冊

350000－2042－0000945 251/771

佛本行集經六十卷 （隋）釋闍那崛多譯 清
光緒三十年(1904)江西南昌刻經處刻本 二
十四冊

350000－2042－0000946 251/807

金屑一撮一卷 （清）□□撰 清宣統三年
(1911)常州天寧寺刻本 一冊

350000－2042－0000947 251/864

佛說四十二章經解一卷 （五代）釋竺法蘭譯
（明）釋智旭解 **佛遺教經解一卷** （後秦）
釋鳩摩羅什譯 （明）釋智旭解 **八大人覺經
略解一卷** （漢）釋安士高譯 （明）釋智旭解
清光緒十一年(1885)金陵刻經處刻本 一
冊

350000－2042－0000948 251/877

蓮邦消息一卷 （清）鄭學川撰 清刻樓閣叢
書本 一冊

350000－2042－0000949 251/877.01

念佛十鏡一卷 （清）鄭學川撰 清刻樓閣叢
書本 一冊

350000－2042－0000950 251/883

永嘉真覺大師證道歌一卷 （元）釋竺源
(元)釋法惠注頌 （元）釋德弘編 清光緒三
十四年(1908)南京金陵刻經處刻本 一冊

350000－2042－0000951 253/243

肇論略注六卷 （明）釋德清撰 清光緒十四
年(1888)南京金陵刻經處刻本 一冊 存三
卷(四至六)

350000－2042－0000952 253/265

頓悟入道要門論二卷 （唐）釋慧海撰 **方聚
成禪師語錄禪淨合要參禪第一百八偈** （清）
釋悟成撰 清宣統二年(1910)常州天寗寺刻
經處刻本 一冊

350000－2042－0000953 253/344

大方廣佛華嚴經著述集要□□種 （□）□□
輯 清同治九年至民國六年(1870－1917)刻
本 二冊 存四種四卷(大方廣佛華嚴經要
解一卷、華嚴經旨歸一卷、修華嚴奧旨妄盡還
源觀一卷、華嚴經義海百門一卷)

350000－2042－0000954　253/448

秘藏指南二卷　（明）釋蕅益說　（清）趙鉽編
清同治八年(1869)刻本　一冊

350000－2042－0000955　253/556

大乘止觀法門四卷　（南朝陳）釋慧思撰　清
光緒六年(1880)長沙刻經處石印本　一冊

350000－2042－0000956　253/864

相宗八要直解八卷　（明）釋智旭撰　清同治
九年(1870)南京金陵刻經處刻本　二冊

350000－2042－0000957　254/225

樂邦寶筏一卷　題(清)白衣寬慧編　清光緒
二十年(1894)杭州鉛印本　一冊

350000－2042－0000958　254/600

日課一卷　（□）□□輯　清末至民國刻本
一冊

350000－2042－0000959　262/442.1

舊約全書不分卷　（□）□□譯　清光緒二十
七年(1901)聖書公會鉛印本　一冊

350000－2042－0000960　280/263

教務紀略四卷首一卷　李剛己編　魏家驊等
修訂　清光緒三十年(1904)山東印書局鉛印
本　五冊

350000－2042－0000961　280/263.01

教務紀略四卷首一卷　李剛己編　魏家驊等
修訂　新約節存一卷　周馥輯　清光緒三十
一年(1905)南洋官報局刻本　五冊

350000－2042－0000962　280/263.02

教務紀略四卷首一卷　李剛己編　魏家驊等
修訂　新約節存一卷　周馥輯　清光緒三十
一年(1905)南洋官報局刻本　四冊

350000－2042－0000963　282/442

正教奉褒一卷　（清）黃伯祿編　清光緒三十
年(1904)上海慈母堂鉛印本　一冊

350000－2042－0000964　301/662.01

群學肄言不分卷　（英國）斯賓塞爾造論　嚴
復翻譯　清光緒二十九年(1903)上海文明書
局鉛印本　四冊

350000－2042－0000965　310.2/534

靖逆記六卷　（清）盛大士撰　清嘉慶二十五
年(1820)刻本　一冊

350000－2042－0000966　320.1/264.01

貞觀政要十卷　（唐）吳競撰　（元）戈直集論
清康熙十八年(1679)刻本　六冊

350000－2042－0000967　320.1/662

羣己權界論不分卷　（英國）穆勒約翰撰　嚴
復譯　清光緒三十二年(1906)上海商務印書
館鉛印本　一冊

350000－2042－0000968　320.4/263

政治維新要言二卷　（清）吳沃堯撰　清光緒
二十八年(1902)上海書局石印本　一冊

350000－2042－0000969　320.4/333

中國魂二卷　梁啓超編輯　清光緒三十三年
(1907)上海廣智書局鉛印本　一冊

350000－2042－0000970　320.4/405

洋務新論六卷　（英國）李提摩太撰　（清）仲
英輯　清光緒二十年(1894)長白吏隱仙館石
印本　六冊

350000－2042－0000971　320.4/513

洋務備考十六卷　（清）沈維垿撰　清光緒二
十二年(1896)上海書局石印本　六冊

350000－2042－0000972　320.8/001

南巡盛典一百二十卷　（清）高晉等纂輯　清
光緒八年(1882)上海點石齋石印本　八冊

350000－2042－0000973　320.8/401

列國歲計政要十二卷首一卷　（英國）麥丁富
得力編纂　（美國）林樂知口譯　（清）鄭昌棪
筆述　清光緒元年(1875)江南製造總局刻本
六冊

350000－2042－0000974　320.806/772

閩侯城議事會第一次會議速記錄一卷　（清）
閩侯城議事會編　清宣統二年(1910)鉛印本
一冊

350000－2042－0000975　320.81161/281

西漢會要七十卷　（宋）徐天麟撰　清光緒十

年(1884)江蘇書局刻本　十冊

350000－2042－0000976　320.81161/281.1

西漢會要七十卷　（宋）徐天麟撰　清光緒五年(1879)嶺南學海堂刻本　十冊

350000－2042－0000977　320.81162/281

東漢會要四十卷　（宋）徐天麟撰　清光緒十年(1884)江蘇書局刻本　八冊

350000－2042－0000978　320.81162/281.1

東漢會要四十卷　（宋）徐天麟撰　清光緒五年(1879)嶺南學海堂刻本　八冊

350000－2042－0000979　320.816/103

唐會要一百卷　（宋）王溥撰　清光緒十年(1884)江蘇書局刻本　二十四冊

350000－2042－0000980　320.816/103.1

唐會要一百卷　（宋）王溥撰　清光緒刻本二十八冊

350000－2042－0000981　320.816/407

唐六典三十卷　（唐）玄宗李隆基撰　（唐）李林甫注　清光緒二十一年(1895)廣雅書局刻本　二冊

350000－2042－0000982　320.817/103

五代會要三十卷　（宋）王溥撰　清光緒十二年(1886)江蘇書局刻本　六冊

350000－2042－0000983　320.817/103.1

五代會要三十卷　（宋）王溥撰　**校勘記一卷**（清）沈鎮（清）朱福泰撰　清乾隆四十二年(1777)福建布政使司刻道光、同治遞修光緒二十一年(1895)增補武英殿聚珍版書本六冊

350000－2042－0000984　320.817/103.11

五代會要三十卷　（宋）王溥撰　清光緒刻本　七冊　存十七卷(三至十九)

350000－2042－0000985　320.825/105

重校元典章六十卷附新集一卷　（清）□□編　清光緒三十四年(1908)北京修訂法律館刻本　二十四冊

350000－2042－0000986　320.826/010

明會要八十卷　（清）龍文彬纂　清光緒廣雅書局刻本　二十冊

350000－2042－0000987　320.831/222

欽定大清會典一百卷首一卷圖二百七十卷首一卷事例一千二百二十卷目錄八卷　（清）崑岡等纂修　清光緒二十五年(1899)石印本四百九十四冊　缺一卷(欽定大清會典首一卷)

350000－2042－0000988　320.831/222.021

欽定大清會典一百卷首一卷圖二百七十卷首一卷事例一千二百二十卷目錄八卷　（清）崑岡等纂修　清宣統元年至三年(1909－1911)上海商務印書館石印本　一百五十七冊　存一千三百二十九卷(欽定大清會典一百卷、首一卷,事例一千二百二十卷、目錄八卷)

350000－2042－0000989　320.831/233

欽定大清會典一百卷　（清）允裪　（清）張廷玉等纂修　清光緒二十五年(1899)上海書局石印本　二冊

350000－2042－0000990　320.9/501

中外政治類編十五卷　（清）汪鳳藻編　梁啟超鑒定　清光緒二十七年(1901)上海漢讀樓鉛印本　十二冊

350000－2042－0000991　320.92/333

中國六大政治家六篇　梁啟超　麦孟華　李岳瑞　余守德編　清宣統三年(1911)廣智書局鉛印本　一冊　存五篇(管子、商君、諸葛武侯、李衛公、王荆公)

350000－2042－0000992　320/114

社會通詮不分卷　（英國）甄克思撰　嚴復譯清光緒三十三年(1907)上海商務印書館鉛印本　一冊

350000－2042－0000993　320/314

中外經濟政治彙攷十六卷　（清）江標輯　清光緒二十七年(1901)自強學齋石印本　十六冊

350000－2042－0000994　320/471

繹志十九卷　（清）胡承諾撰　清同治十一年

(1872)浙江書局刻本　八冊

350000－2042－0000995　320/471－1
繹志十九卷　(清)胡承諾撰　清同治十一年
(1872)浙江書局刻本　八冊

350000－2042－0000996　320/471－2
繹志十九卷　(清)胡承諾撰　清同治十一年
(1872)浙江書局刻本　八冊

350000－2042－0000997　321.08/120
九旗古義述一卷　(清)孫詒讓撰　清光緒二
十八年(1902)刻本　一冊

350000－2042－0000998　321.09/377
宣統三年三月廿九日省城革黨起事始末情形
詳誌一卷　題(清)退間主人編　清宣統三年
(1911)中興社鉛印本　一冊

350000－2042－0000999　323/443.1
天文歌略一卷　葉瀾撰　清光緒二十七年
(1901)李光明莊刻本　一冊

350000－2042－0001000　325.25/661
越南遊歷記一卷　(清)嚴璩　(清)恩慶撰
清光緒三十一年(1905)鉛印本　一冊

350000－2042－0001001　327.04/383
現今世界大勢論不分卷　梁啓超譯撰　清光
緒三十年(1904)上海廣智書局鉛印本　一冊

350000－2042－0001002　327.42/402
英吉利廣東入城始末一卷　題(清)七弦河上
釣叟撰　清光緒會稽趙氏刻仰視千七百二十
九鶴齋叢書本　一冊

350000－2042－0001003　327.51/103
中外通商始末記十八卷附國朝洋務柔遠記二
卷　(清)彭玉麟定　(清)王之春編　清光緒
二十一年(1895)寶善書局石印本　五冊　存
十九卷(中外通商始末記十八卷、國朝洋務柔
遠記一)

350000－2042－0001004　327.51/103－1
中外通商始末記十八卷附國朝洋務柔遠記二
卷　(清)彭玉麟定　(清)王之春編　清光緒
二十一年(1895)寶善書局石印本　四冊

350000－2042－0001005　327.51/254
邊事彙鈔十二卷續鈔八卷　(清)朱克敬編輯
(清)劉韞齋鑒定　(清)江孝棠參訂　清光
緒六年(1880)長沙刻本　六冊　存十二卷
(邊事彙鈔十二卷)

350000－2042－0001006　327.51/254－1
邊事彙鈔十二卷續鈔八卷　(清)朱克敬編輯
(清)劉韞齋鑒定　(清)江孝棠參訂　清光
緒六年(1880)長沙刻本　十冊

350000－2042－0001007　327.51/276.1
各國通商條款六種　(清)□□輯　清刻本
六冊

350000－2042－0001008　327.51/406
各國條款稅則十四種　(清)□□輯　清末刻
本　六冊

350000－2042－0001009　327.51/442
茶船誤碰木樁插漏案一卷　(清)□□纂　清
同治十二年(1873)天津海關道署刻本　一冊

350000－2042－0001010　327.51/828
西重交涉志要六卷　鍾鏞撰　金梁校訂　清
宣統三年(1911)鉛印本　二冊

350000－2042－0001011　327.5147/805
金軺籌筆四卷　(清)□□撰　清光緒二十三
年(1897)上海文成堂石印本　四冊

350000－2042－0001012　327.52/403
與伊藤陸奧往來照會一卷五次問答節畧一卷
(清)李鴻章輯　清光緒刻本　一冊　存一
卷(與伊藤陸奧往來照會一卷)

350000－2042－0001013　327.6/236
[與俄國孔總領事來往各函]　(清)□□編
清同治十二年(1873)日津海關道署刻本　一
冊

350000－2042－0001014　327.94/400
歐洲東方交涉記十二卷　(英國)麥高爾輯著
(美國)林樂知　(清)瞿昂來譯　清光緒六
年(1880)刻本　二冊

350000－2042－0001015　327/342.1

各國時事類編十八卷　（清）沈純輯　清光緒
二十一年(1895)上海書局石印本　四冊

350000－2042－0001016　327/711
星軺指掌三卷續一卷　（德國）馬爾頓撰
（清）聯芳　（清）慶常譯　附錄一卷　（□）
□□撰　清光緒二年(1876)刻本　四冊

350000－2042－0001017　330.4/413.11
鹽鐵論十卷　（漢）桓寬撰　附校勘小識一卷
　王先謙撰　清光緒十七年(1891)思賢講舍
校刻本　二冊

350000－2042－0001018　330.4/413.12
鹽鐵論十二卷　（漢）桓寬撰　（明）張之象注
　清乾隆刻增訂漢魏叢書本　六冊

350000－2042－0001019　330/314.1
校邠廬抗議二卷　（清）馮桂芬撰　清末抄本
　二冊

350000－2042－0001020　330/423.01
原富五部　（英國）斯密亞丹撰　嚴復翻譯
清光緒二十八年(1902)南洋公學譯書院鉛印
本　八冊

350000－2042－0001021　330/423.01－1
原富五部　（英國）斯密亞丹撰　嚴復翻譯
清光緒二十八年(1902)南洋公學譯書院鉛印
本　一冊　存四卷(丁上、丁下,戊上、戊下)

350000－2042－0001022　330/423.01－2
原富五部　（英國）斯密亞丹撰　嚴復翻譯
清光緒二十八年(1902)南洋公學譯書院鉛印
本　八冊

350000－2042－0001023　330/423.02
原富五部　（英國）斯密亞丹撰　嚴復翻譯
清光緒南洋公學譯書院刻本　八冊

350000－2042－0001024　330/423.02－1
原富五部　（英國）斯密亞丹撰　嚴復翻譯
清光緒南洋公學譯書院刻本　七冊

350000－2042－0001025　330/423.03
原富五部　（英國）斯密亞丹撰　嚴復翻譯
清末刻本　七冊

350000－2042－0001026　330/544
經濟通論五卷　（日本）持地六三郎編譯　商
務印書館譯撰　清光緒二十九年(1903)上海
商務印書館鉛印本　一冊

350000－2042－0001027　331.51/404
光緒會計錄二卷　（清）李希聖纂　（清）昌言
報館編輯　清光緒二十九年(1903)上海會文
學社石印財政叢書本　一冊

350000－2042－0001028　331.51/722
光緒會計表四卷　劉嶽雲撰　清光緒二十七
年(1901)教育世界社石印本　四冊

350000－2042－0001029　332.4/103
錢幣芻言一卷續刻一卷再續一卷　（清）王瑬
撰　清道光十七年(1837)刻本　一冊　存一
卷(錢幣芻言一卷)

350000－2042－0001030　332.4/404.4
錢神志七卷　（清）李世熊撰　清光緒六年
(1880)汀州郡署刻本　七冊

350000－2042－0001031　332.4/404.41
錢神志七卷　（清）李世熊撰　清同治十年
(1871)寧化縣署木活字印本　七冊

350000－2042－0001032　332.4/404.4－2
錢神志七卷　（清）李世熊撰　清光緒六年
(1880)汀州郡署刻本　七冊

350000－2042－0001033　333.72/445
營田輯要內編二卷外編一卷首一卷　（清）黃
輔辰撰　清同治三年(1864)刻楓林黃氏家乘
五種本　一冊

350000－2042－0001034　333/307.2
[田冊]不分卷　（清）□□撰　清抄本　一冊

350000－2042－0001035　336.05/632
山東萊州府昌邑縣現行簡明賦役全書(清道
光二十六年分)　（清）□□纂　清道光刻本
　一冊

350000－2042－0001036　336.05/632.1
山東泰安府新泰縣現行簡明賦役全書(清光
緒二年分)　（清）□□纂　清光緒刻本　一

冊

350000－2042－0001037　336.08/333

中國國債史不分卷　梁啓超稿　清光緒三十年(1904)上海廣智書局編輯部鉛印通俗時局鑑本　一冊

350000－2042－0001038　336.2/323

浙江財政說明書二編　（清）浙江清理財政局編　清宣統浙江清理財政局石印本　六冊

350000－2042－0001039　336.2/448

浙江海運全案重編初編八卷續編四卷新編八卷　（清）馬新貽等修　（清）蔣益澧等纂　清同治六年(1867)刻本　十二冊

350000－2042－0001040　336.28/311.3

福建財政沿革利弊說明書不分卷　（清）福建省清理財政局撰　清宣統二年(1910)鉛印本　十冊

350000－2042－0001041　336.4/003

淮北票鹽志略十五卷　（清）童濂編　清同治七年(1868)刻本　六冊

350000－2042－0001042　336.4/003.01

淮北票鹽志略十五卷　（清）童濂編　清道光二十年(1840)刻本　四冊

350000－2042－0001043　336.4/003.1

淮北票鹽續略十二卷　（清）許寶書編　清同治九年(1870)刻本　四冊

350000－2042－0001044　336.4/103

續纂兩浙鹽法備考八卷　（清）世杰修　清光緒二十五年(1899)刻本　八冊

350000－2042－0001045　336.4/220

四川鹽法志四十卷首一卷　（清）丁寶楨總纂　清光緒八年(1882)刻本　二十冊

350000－2042－0001046　336.4/264

兩淮鹽法志四十卷首一卷圖一卷　（清）王世球　（清）費天修　（清）馮聘纂修　清乾隆十三年(1748)刻本　二十冊

350000－2042－0001047　336.4/311

福建鹽法志二十二卷首一卷　（清）福建鹽署

編輯　清道光刻本　八冊

350000－2042－0001048　336.4/311－1/N

福建鹽法志二十二卷首一卷　（清）福建鹽署編輯　清道光刻本　八冊

350000－2042－0001049　336.4/321

欽定重修兩浙鹽法志三十卷首二卷　（清）阮元等纂修　清同治十三年(1874)刻本　二十四冊

350000－2042－0001050　336.4/321.1

兩浙鹽法續纂備考十二卷　（清）楊昌濬等纂　清同治十三年(1874)刻本　十二冊

350000－2042－0001051　336.4/449

長蘆鹽法志二十卷首一卷附編援證十卷　（清）黃掌綸等纂修　清嘉慶刻本　二十四冊

350000－2042－0001052　336.4/498

溫處鹽務紀要不分卷　（清）趙舒翹纂　清光緒十九年(1893)甌江官舍刻本　一冊

350000－2042－0001053　336.4/608

山東鹽法續增備考六卷　（清）王定柱纂　清同治三年(1864)遼陽劉清泰刻本　十冊

350000－2042－0001054　336.4/663

兩淮鹽法志五十六卷首四卷　（清）單渠（清）沈襄琴纂修　清嘉慶十一年(1806)刻本　三十二冊

350000－2042－0001055　336.4/717

淮南鹽法紀畧十卷　（清）方濬頤等修　清同治十二年(1873)淮南書局刻本　四冊

350000－2042－0001056　336.51/505

中國財政紀畧不分卷　（日）東邦協會纂　（清）吳銘譯　清光緒二十九年(1903)上海廣智書局鉛印本　一冊

350000－2042－0001057　336/122

理財考鏡十卷　孫德全撰　清宣統二年(1910)鉛印本　四冊

350000－2042－0001058　337/213

宣統二年通商各關華洋貿易總冊一卷郵政事務一卷　（清）上海通商海關造冊處譯　清宣

統三年(1911)鉛印本　一冊

350000－2042－0001059　338.7/486
通州興辦實業章程不分卷　（清）翰墨林編輯
清宣統二年(1910)江蘇翰墨林編印書局鉛
印本　一冊

350000－2042－0001060　339.24/902
光緒三十年部庫入款表一卷出款表一卷
（清）□□編　清光緒三十年(1904)鉛印本
一冊

350000－2042－0001061　340.03/839
新譯日本法規大全附解字不分卷　錢恂　董
鴻禕編輯　清宣統二年(1910)上海商務印書
館鉛印本　一冊　存解字

350000－2042－0001062　340.1/172.01
孟德斯鳩法意二十九卷　（法國）孟德斯鳩撰
嚴復翻譯　清宣統元年(1909)上海商務印
書館鉛印本　七冊

350000－2042－0001063　340.6/823
補註洗冤錄集證四卷　（宋）宋慈撰　（清）王
又槐集證　（清）阮其新補註　附刊檢骨圖格
一卷　（清）刑部題定　作吏要言一卷　（清）
葉鎮撰　（清）朱椿增補　清道光二十三年
(1843)江都鍾淮刻三色套印本　五冊

350000－2042－0001064　340.8/441
理刑末議四卷　（清）蕭震撰　清刻本　四冊

350000－2042－0001065　340/402
法學通論二卷　（日本）古川高次講授　趙澂
宇編輯　清光緒三十三年(1907)鉛印本　一
冊

350000－2042－0001066　341.2/010
約章成案彙覽甲篇十卷乙篇四十二卷　（清）
北洋洋務局纂輯　清光緒三十一年(1905)上
海點石齋石印本　四十六冊

350000－2042－0001067　341.2/264
新定各國通商條約十六卷附一卷　（清）吳梅
溪輯　清光緒二十八年(1902)上海書局石印
本　八冊

350000－2042－0001068　341.2/370
通商各國條約不分卷　（清）總理各國事務衙
門編　清光緒鉛印本　九冊

350000－2042－0001069　341.2/441
約章分類輯要三十八卷首一卷　蔡乃煌纂
清光緒二十六年(1900)湖南商務局刻本　二
十八冊

350000－2042－0001070　341.2/441.01
約章分類輯要三十八卷首一卷　蔡乃煌纂
清光緒二十七年(1901)上海緯文閣石印本
三十四冊　存三十七卷(一至二十四、二十七
至三十八,首一卷)

350000－2042－0001071　341.2/747
新纂約章大全七十三卷　陸潤庠編輯　清宣
統元年(1909)上海崇義堂石印本　四十八冊

350000－2042－0001072　341.2/747－1
新纂約章大全七十三卷　陸潤庠編輯　清宣
統元年(1909)上海崇義堂石印本　四十八冊

350000－2042－0001073　341.251/105
丁未和會類要四卷　（清）□□撰　清光緒三
十四年(1908)鉛印本　一冊

350000－2042－0001074　341.5/226
國際私法四編　（日本）山田三良著　李倬譯
清宣統三年(1911)上海商務印書館鉛印本
一冊

350000－2042－0001075　341/106
萬國公法四卷　（美國）惠頓撰　（美國）丁韙
良譯　（清）陳欽等刪校　清同治三年(1864)
京都崇實館刻本　四冊

350000－2042－0001076　341/770
公法會通十卷　（德國）步倫撰　（美國）丁韙
良譯　清光緒六年(1880)同文館鉛印本　五
冊

350000－2042－0001077　342/507
比較國法學四編　（日本）末岡精一撰　商務
印書館編譯所譯　清光緒三十二年(1906)上
海商務印書館鉛印本　一冊

350000 – 2042 – 0001078　343.1/777

新刻校正音釋詞家便覽蕭曹遺筆四卷　題
(明)閑閑子訂注　清末石印本　一冊

350000 – 2042 – 0001079　343.51/343

大清現行刑律案語不分卷　沈家本　俞廉三
輯　清宣統三年(1911)普政社鉛印本　十七
冊

350000 – 2042 – 0001080　343.51/400

核訂現行刑律不分卷　沈家本等編　清宣統
三年(1911)普政社鉛印本　二冊

350000 – 2042 – 0001081　343.594/405

印度刑律二卷注二卷　(英國)嘉托瑪　(英
國)美巴理著　(日本)山雅各口譯　(清)邱
起霖筆述　清光緒二十九年(1903)上海廣學
會鉛印本　二冊　存三卷(印度刑律上、注二
卷)

350000 – 2042 – 0001082　343/360

**刑案匯覽六十卷首一卷末一卷拾遺備考一卷
續增十六卷**　(清)祝慶祺編　**新增刑案匯覽
十六卷首一卷**　(清)潘文舫　(清)徐諫荃編
輯　清光緒十九年(1893)上海鴻文書局石印
本　二十冊

350000 – 2042 – 0001083　343/374

重修名法指掌圖四卷　(清)沈稼叟原編
(清)徐灝撰　清同治九年(1870)湖南藩署刻
本　四冊

350000 – 2042 – 0001084　343/870

檢察制度不分卷　(日本)岡田朝大郎口授
鄭言筆述　蔣士宜編纂　清宣統三年(1911)
上海中國圖書公司鉛印本　一冊

350000 – 2042 – 0001085　345.15/244

欽定科場條例六十卷首一卷　清刻本　二冊
　　存十七卷(三十四至五十)

350000 – 2042 – 0001086　345.2/902

福建省例四十卷　(清)福建布政司輯　清光
緒四年(1878)刻本　十三冊　存二十二卷
(十九至四十)

350000 – 2042 – 0001087　345.5/262

不用刑審判書六卷　(清)魏息園輯　清光緒
三十三年(1907)上海商務印書館鉛印本　二
冊

350000 – 2042 – 0001088　345/001

大清新法令分類總目一卷　商務印書館編譯
所編　清宣統二年(1910)上海商務印書館鉛
印本　一冊

350000 – 2042 – 0001089　345/001.3

大清光緒新法令十三卷附錄一卷　商務印書
館編譯所編輯　清宣統二年(1910)上海商務
印書館鉛印本　十九冊

350000 – 2042 – 0001090　345/001.31

大清光緒新法令十三卷附錄一卷　商務印書
館編譯所編輯　清宣統元年(1909)上海商務
印書館鉛印本　一冊　存一卷(附錄一卷)

350000 – 2042 – 0001091　345/001.4

大清宣統新法令不分卷　商務印書館編譯所
編輯　清宣統元年(1909)上海商務印書館鉛
印本　三十五冊

350000 – 2042 – 0001092　345/001.401

大清宣統新法令不分卷　商務印書館編譯所
編纂　清宣統二年(1910)上海商務印書館鉛
印本　一冊　存一冊(十)

350000 – 2042 – 0001093　345/213

大清律集解附例三十卷附二卷　(清)剛林等
纂修　清康熙五十六年(1717)玉蘭堂刻本
十冊

350000 – 2042 – 0001094　345/403

**大清律例彙輯便覽四十卷附督捕則例二卷五
軍道里表一卷三流道里表一卷秋審實緩比較
彙案一卷**　(清)□□輯　清光緒二十四年
(1898)刻本　六冊

350000 – 2042 – 0001095　345/433

**大清律例彙纂大成四十卷督捕則例附纂二卷
三流道里表一卷五軍道里表一卷附秋審實緩
比較彙案一卷光緒十一年恩赦查辦斬絞人犯
條款一卷**　(清)刑部纂輯　清光緒二十四年

(1898)石印本　十五册

350000－2042－0001096　345/433.1

大清律例增修統纂集成四十卷附督捕則例二卷　（清）姚潤輯　（清）任則珊重輯　清同治十年(1871)刻本　二十四册

350000－2042－0001097　345/503

欽定兵部處分則例七十六卷　（清）伯麟修（清）慶源纂　清道光刻本　十七册　存三十九卷(一至三十九)

350000－2042－0001098　345/771

憲政編查館奏城鎮鄉地方自治章程並選舉章程摺不分卷附選舉票式報照式　奕劻等撰清光緒三十四年(1908)鉛印本　一册

350000－2042－0001099　345/777.5

大清律例增修統纂集成四十卷附督捕則例二卷　（清）姚潤編　（清）陶駿　（清）陶念霖增修　清光緒二十六年(1900)鉛印本　二十四册

350000－2042－0001100　346/006

各國交涉便法論六卷　（英國）費利摩羅巴德著　（英國）傅蘭雅譯　（清）錢國祥校　清末鉛印本　六册

350000－2042－0001101　347.21/352

[福建南平]梁氏福房分關賬不分卷　（明）梁進德立　明嘉靖二十年(1541)抄本　一册

350000－2042－0001102　347.21/445

[清代賬本]十種　（清）林成泰等記　清抄本十一册

350000－2042－0001103　347/602

四川三費章程不分卷　馮煦輯　清光緒三十一年(1905)鉛印本　一册

350000－2042－0001104　347/672

大明律集解附例三十卷附一卷　（明）高舉等纂　清光緒三十四年(1908)修訂法律館刻本十册

350000－2042－0001105　349.51/711

故唐律疏義三十卷附音義一卷　（唐）長孫無

忌等撰　**洗冤錄五卷**　（宋）宋慈撰　清光緒十七年(1891)刻本　一册　存十六卷(一至十六)

350000－2042－0001106　349.51/711.01

故唐律疏義三十卷　（唐）長孫無忌等撰　清光緒十六年(1890)京師刻本　九册　存二十卷(一至十七、二十八至三十)

350000－2042－0001107　349.592/839.1

新譯日本法規大全附解字不分卷　錢恂　董鴻禕編輯　清宣統三年(1911)上海商務印書館鉛印本　八十一册

350000－2042－0001108　350.1/171

朱子議政錄一卷　（清）邢廷莢纂　清抄本一册

350000－2042－0001109　350.4/463

金筴颺言一卷評語一卷首三卷　（清）楊浚撰清同治二年(1863)三山吳玉田刻本　三册

350000－2042－0001110　350.4/463－1

金筴颺言一卷評語一卷首三卷　（清）楊浚撰清同治二年(1863)三山吳玉田刻本　一册存一卷(金筴颺言一卷)

350000－2042－0001111　350.4/753

痡言二卷　陳澹然撰　清光緒二十八年(1902)長沙刻本　二册

350000－2042－0001112　351.1/400

大唐六典三十卷　（唐）玄宗李隆基撰　（唐）李林甫等注　明嘉靖二十三年(1544)浙江按察司刻本　八册

350000－2042－0001113　351.1/604

呂叔簡先生明職篇一卷　（明）呂坤撰　（清）潘世恩輯　（清）王壽廷重校　清光緒十八年(1892)清原書院刻本　一册

350000－2042－0001114　351.1/720

牧令須知六卷　（清）剛毅撰　（清）葛士達編訂　清光緒十五年(1889)江蘇書局刻本　一册

350000－2042－0001115　351.1/722

庸吏庸言二卷餘談一卷　(清)劉衡撰　清道光十一年(1831)刻本　一冊

350000－2042－0001116　351.3/016
福建鄉試硃卷一卷(清光緒二十年甲午科龔顯鶴卷)　(清)龔顯鶴撰　清光緒刻本　一冊

350000－2042－0001117　351.3/103
福建鄉試硃卷一卷附履歷(清光緒八年壬午科王宅仁卷)　(清)王宅仁撰　清光緒刻本　一冊

350000－2042－0001118　351.3/103.1
福建鄉試硃卷一卷附履歷(清光緒二十年甲午科林翀鶴卷)　(清)林翀鶴撰　清光緒刻本　一冊

350000－2042－0001119　351.3/104
三場程式一卷　(清)□□輯　清刻本　一冊

350000－2042－0001120　351.3/119
福建鄉試硃卷一卷附履歷(清光緒八年壬午科張炳文卷)　(清)張炳文撰　清光緒刻本　一冊

350000－2042－0001121　351.3/203
[雙溪書院課卷]五篇　(清)柯觀瀾等撰　清末稿本　一冊

350000－2042－0001122　351.3/213
福建鄉試硃卷一卷附履歷(清光緒二年丙子科何家珍卷)　(清)何家珍撰　清光緒刻本　一冊

350000－2042－0001123　351.3/262
殿試策(清光緒十六年庚寅恩科吳魯卷)　(清)吳魯撰　清光緒刻本　一冊

350000－2042－0001124　351.3/311
[光緒]福建鄉試會試硃卷不分卷　(清)□□編　清刻本　六冊

350000－2042－0001125　351.3/361
福建鄉試闈卷一卷附履歷(清光緒二十八年壬寅補行庚子辛卯恩正併科祝廷贊卷)　(清)祝廷贊撰　清光緒二十八年(1902)刻本

一冊

350000－2042－0001126　351.3/403
會試硃卷一卷附履歷(清光緒二十年甲午恩科李清琦卷)　(清)李清琦撰　清光緒刻本　一冊

350000－2042－0001127　351.3/442
福建鄉試闈卷一卷附履歷(清光緒二十九年癸卯恩科黃步瓊卷)　(清)黃步瓊撰　清光緒刻本　一冊

350000－2042－0001128　351.3/442.2
福建鄉試闈卷一卷附履歷(清光緒二十九年癸卯恩科林佳書卷)　(清)林佳書撰　清光緒刻本　一冊

350000－2042－0001129　351.3/445
福建鄉試闈卷一卷附履歷(清光緒二十八年壬寅年補行庚子辛丑恩正併科林振先卷)　(清)林振先撰　清光緒刻本　一冊

350000－2042－0001130　351.3/445.1
會試墨卷一卷附履歷(清光緒三十年甲辰恩科林振先卷)　(清)林振先撰　清光緒刻本　一冊

350000－2042－0001131　351.3/446
會試硃卷(清同治十三年甲戌科黃貽楫卷)　(清)黃貽楫撰　清同治刻本　一冊

350000－2042－0001132　351.3/723
福建鄉試硃卷一卷附履歷(清光緒八年壬午科劉啓東卷)　(清)劉啓東撰　清光緒刻本　一冊

350000－2042－0001133　351.3/724
福建鄉試闈卷一卷附履歷(清光緒二十八年壬寅年補行庚子辛丑恩正併科劉孝喬卷)　(清)劉孝喬撰　清光緒刻本　一冊

350000－2042－0001134　351.3/724.1
殿試策(清光緒十五年己丑恩科劉世安卷)　(清)劉世安撰　清光緒刻本　一冊

350000－2042－0001135　351.3/752
福建法政學堂特別科試卷一卷附履歷(清宣

統二年庚戌科陳復良卷）　（清）陳復良撰
清宣統二年(1910)油印本　一冊

350000－2042－0001136　351.3/754

福建選職卷一卷附履歷（清宣統元年己酉科
陳鋆卷）　（清）陳鋆撰　清宣統元年(1909)
刻本　一冊

350000－2042－0001137　351.3/773

福建鄉試硃卷一卷附履歷（清光緒二十年甲
午科周家棟卷）　（清）周家棟撰　清光緒二
十年(1894)刻本　一冊

350000－2042－0001138　351.3/872

福建鄉試硃卷附履歷（清道光二十九年己酉
科鄭季中鄭植卷）　（清）鄭季中　（清）鄭植
撰　清道光刻本　一冊

350000－2042－0001139　351.3/874

福建鄉試硃卷一卷附履歷（清光緒二十八年
壬寅年補行庚子辛丑恩正併科鄭士燮卷）
（清）鄭士燮撰　清光緒刻本　一冊

350000－2042－0001140　351.3/902

[光緒]殿試墨卷□□卷　（清）□□編　清光
緒刻本　一冊　存四卷(光緒二年丙子科、光
緒三年丁丑科、光緒六年庚辰科、光緒十二年
丙戌科)

350000－2042－0001141　351.72/104

最近豫算決算論五編　（日本）工藤重義撰
易應綿譯　清宣統三年(1911)上海群益書社
鉛印本　一冊

350000－2042－0001142　351.81/710

浙江海運全案重編初編八卷續編四卷新編八
卷　（清）馬新貽等修　（清）蔣益澧等纂　清
同治六年(1867)刻本　六冊　存八卷(新編
八卷)

350000－2042－0001143　351.84/280

敏果齋七種　（清）許乃釗輯　清道光錢塘許
氏刻本　三冊　存二種十二卷(荒政輯要九
卷、首一卷,迴瀾紀要二卷)

350000－2042－0001144　351/433

列國政要一百三十二卷首一卷附譯名對照表
一卷　（清）戴鴻慈　（清）端方輯　清光緒三
十三年(1907)上海商務印書館石印本　十冊
存九十卷(一至八十九、首一卷)

350000－2042－0001145　351/604

實政錄七卷　（明）呂坤撰　清同治七年
(1868)湖北崇文書局刻本　二冊　存三卷
(一至三)

350000－2042－0001146　351.3/442.1

直省鄉墨不分卷　（清）林傳甲等撰　清光緒
刻本　一冊

350000－2042－0001147　352.2/306

警察全書不分卷　（日本）宮國忠吉撰　東華
社編輯所譯　清光緒三十一年(1905)上海作
新社印刷局鉛印本　一冊

350000－2042－0001148　352.2/341

日本警察法令類纂　法政研究社編譯　清光
緒三十二年(1906)法政研究社鉛印本　十六
冊　存十六冊(六、八至二十二)

350000－2042－0001149　352.2/443.1

警察講義十種　湖南警察學生編輯　清光緒
三十年(1904)鉛印本　二冊　存三種(法學
通論、警察法學、行政警察)

350000－2042－0001150　352/081

宦海指南五種　（清）許乃普輯　清咸豐九年
(1859)錢塘許氏刻本　六冊

350000－2042－0001151　352/081.1

鄉守輯要十卷　（清）許乃釗輯撰　守望良規
一卷　（清）黃來備撰　清咸豐二年(1852)京
都琉璃廠刻本　四冊

350000－2042－0001152　352/319

汪龍莊先生遺書八種　（清）汪輝祖撰　清同
治十一年(1872)溫陵郡齋刻本　六冊

350000－2042－0001153　352/319.01

病榻夢痕錄二卷錄餘一卷　（清）汪輝祖撰
清同治十一年(1872)刻汪龍莊先生遺書本
三冊

350000－2042－0001154　352/319.01－1

病榻夢痕録二卷録餘一卷　（清）汪輝祖撰
清同治十一年(1872)刻汪龍莊先生遺書本
三冊

350000－2042－0001155　352/403.1

圖民録四卷　（清）袁守定撰　清同治十一年
(1872)江西書局刻本　二冊

350000－2042－0001156　352/441

從政雜録不分卷　（清）蘇廷玉著　清咸豐三
年(1853)刻本　一冊

350000－2042－0001157　352/441－1

從政雜録不分卷　（清）蘇廷玉著　清咸豐三
年(1853)刻本　一冊

350000－2042－0001158　352/441－2

從政雜録不分卷　（清）蘇廷玉著　清咸豐三
年(1853)刻本　一冊

350000－2042－0001159　352/442

鄉黨條義六卷　（清）黃匀輯著　清道光七年
(1827)刻本　二冊

350000－2042－0001160　352/600

宦海指南五種　（清）許乃普輯　清光緒十二
年(1886)榮録堂刻本　五冊

350000－2042－0001161　353.01/004

官制議十四卷　康有為撰　清光緒三十二年
(1906)上海廣智書局鉛印本　一冊

350000－2042－0001162　353.01/101.1

歷代職官表六卷　（清）黃本驥校　（清）王廷
學重校　清光緒八年(1882)上海王氏刻本
二冊

350000－2042－0001163　353.01/111

詞林典故八卷　（清）張廷玉等撰　清乾隆十
三年(1748)武英殿刻本　八冊

350000－2042－0001164　353.01/227

盛京典制備考八卷首一卷　（清）特慎庵撰
（清）崇厚等編訂　清光緒四年(1878)刻本
六冊

350000－2042－0001165　353.01/262.01

麟臺故事五卷首一卷末一卷　（宋）程俱撰
清刻武英殿聚珍版書本　二冊

350000－2042－0001166　353.01/302

石谿讀周官六卷　（清）官獻瑤撰　清道光二
十五年(1845)福建同安蘇廷玉刻本　六冊

350000－2042－0001167　353.01/442.01

獨斷音註二卷　（漢）蔡邕撰　清嘉慶七年
(1802)刻本　一冊

350000－2042－0001168　353.01/500

欽定吏部則例八十七卷　（清）恩桂等修
（清）薛鳴皐等纂　清道光二十三年(1843)刻
本　十六冊　存四十七卷(一至四十七)

350000－2042－0001169　353.01/807

幸魯盛典四十卷　（清）孔毓圻　（清）金居敬
纂修　清康熙五十年(1711)刻本　十二冊

350000－2042－0001170　353.01/873

欽定臺規四十卷　（清）松筠等修　（清）景文
等纂　清道光七年(1827)刻本　十六冊　存
三十八卷(三至四十)

350000－2042－0001171　353.02/269

吾學録初編二十四卷　（清）吳榮光撰　清道
光十二年(1832)南海吳氏筠清館刻本　六冊

350000－2042－0001172　353.02/269.01

吾學録初編二十四卷　（清）吳榮光撰　清道
光十五年(1835)刻本　八冊

350000－2042－0001173　353.05/102

厚俗告示一卷　（清）王德瑛撰　清咸豐十年
(1860)友益書屋刻本　一冊

350000－2042－0001174　353.05/155

硃批諭旨不分卷　（清）世宗胤禛撰　（清）鄂
爾泰　（清）張廷玉編次　清光緒十三年
(1887)上海點石齋石印本　六十冊

350000－2042－0001175　353.05/323

浙江官報□□期　（清）浙江全省官報局編
清宣統鉛印本　七冊　存五期(宣統元年第
十二期,宣統三年第十一期、第十三至十四
期、第二十七期)

350000－2042－0001176　353.05/403

南河成案五十四卷首二卷續編一百六卷首一卷又續編三十八卷首一卷　（□）□□撰　清刻本　三十二冊　存五十六卷（南河成案五十四卷、首二卷）

350000－2042－0001177　353.05/404

十朝聖訓　（清）實錄館輯　清光緒石印本　一百冊

350000－2042－0001178　353.06/003

嶺西公牘彙存十一卷　（清）方濬師撰　清光緒四年（1878）粵東省城西湖街富文齋刻本　十冊

350000－2042－0001179　353.06/004

南海先生戊戌奏稿一卷　康有爲撰　麥仲華輯　清宣統三年（1911）鉛印本　一冊

350000－2042－0001180　353.06/004－1

南海先生戊戌奏稿一卷　康有爲撰　麥仲華輯　清宣統三年（1911）鉛印本　一冊

350000－2042－0001181　353.06/004－2

南海先生戊戌奏稿一卷　康有爲撰　麥仲華輯　清宣統三年（1911）鉛印本　一冊

350000－2042－0001182　353.06/016

龔端毅公［鼎孳］浠川政譜不分卷　（清）龔鼎孳撰　（清）□□輯　清抄本　一冊

350000－2042－0001183　353.06/067.1

四此堂稿十卷　（清）魏際瑞撰　清光緒三十三年（1907）四川成都文倫書局鉛印本　四冊

350000－2042－0001184　353.06/072.1

罪言存略一卷　（清）郭嵩燾撰　清光緒十四年（1888）時報館鉛印本　一冊

350000－2042－0001185　353.06/085

督河奏疏十卷　（清）許振禕撰　（清）吳翊寅校　清光緒二十五年（1899）廣州鉛印本　四冊

350000－2042－0001186　353.06/101

皇朝道咸同光奏議六十四卷　（清）王延熙（清）王樹敏編輯　清光緒二十八年（1902）上

海久敬齋石印本　二十八冊

350000－2042－0001187　353.06/103

丁文誠公奏稿二十六卷　（清）丁寶楨撰（清）羅文彬等總校　（清）陳夔龍重輯　清光緒十九年（1893）京師刻本　二十八冊

350000－2042－0001188　353.06/103.01

丁文誠奏稿二十六卷首一卷十五弗齋詩存一卷文存一卷　（清）丁寶楨撰　（清）羅文彬等總校　（清）陳夔龍重輯　清光緒十九年（1893）刻二十年至二十五年（1894－1899）補修本　二十八冊

350000－2042－0001189　353.06/106

治臺必告錄八卷　（清）丁日健輯　清同治六年（1867）知足知止園刻本　八冊

350000－2042－0001190　353.06/106.01

撫吳公牘五十卷　（清）丁日昌原本　（清）沈幼丹評選　（清）林達泉校刊　清光緒三年（1877）鉛印本　六冊

350000－2042－0001191　353.06/106.02

撫吳公牘五十卷　（清）丁日昌撰　附曾胡批牘二卷　（清）曾國藩　（清）胡林翼撰　清宣統元年（1909）南洋官書局石印本　十四冊

350000－2042－0001192　353.06/106.02－1

撫吳公牘五十卷　（清）丁日昌撰　附曾胡批牘二卷　（清）曾國藩　（清）胡林翼撰　清宣統元年（1909）南洋官書局石印本　十四冊

350000－2042－0001193　353.06/109

皇朝蓄艾文編八十卷目錄一卷　（清）于寶軒輯　清光緒二十九年（1903）上海官書局鉛印本　三十六冊

350000－2042－0001194　353.06/110

張大司馬奏稿四卷　（清）張亮基撰　清刻本　四冊

350000－2042－0001195　353.06/113

南皮張宮保政書奏議初編十二卷　（清）張之洞撰　題（清）仰止廬主輯　清光緒二十七年（1901）上海圖書集成印書局鉛印本　六冊

350000－2042－0001196　353.06/114
張靖達公奏議八卷首一卷　（清）張樹聲撰
（清）何嗣焜編　繆荃孫　劉世珩訂正　清光
緒二十五年（1899）刻本　四冊

350000－2042－0001197　353.06/114.1
敬恕齋遺稿二卷　（清）張夢元撰　清光緒二
十四年（1898）津門張氏敬恕齋刻本　二冊

350000－2042－0001198　353.06/122
皇明奏疏類鈔六十一卷　（明）孫維城輯　明
萬曆十六年（1588）刻本　十四冊　存八卷
（二十七至三十二、五十六至五十七）

350000－2042－0001199　353.06/122.2
長興縣學文牘一卷坿刻一卷　（清）孫德祖輯
　清光緒十六年（1890）山陰許純模刻本　二
冊

350000－2042－0001200　353.06/123.1
［奏稿］　（清）孫家鼐等撰　清抄本　一冊

350000－2042－0001201　353.06/164
聖朝名公奏議八卷　（清）陳弢編纂　（清）崔
煜昭檢校　清光緒元年（1875）上海中西書局
石印本　六冊

350000－2042－0001202　353.06/173
皇朝經世文統編一百七卷　（清）邵之棠編輯
　清光緒二十七年（1901）上海寶善齋石印本
五十冊

350000－2042－0001203　353.06/173.01
皇朝經世文統編一百二十卷　（清）邵之棠輯
　清光緒二十七年（1901）上海慎記石印本
五十六冊

350000－2042－0001204　353.06/173－1
皇朝經世文統編一百七卷　（清）邵之棠編輯
　清光緒二十七年（1901）上海寶善齋石印本
五十一冊

350000－2042－0001205　353.06/173－2
皇朝經世文統編一百七卷　（清）邵之棠編輯
　清光緒二十七年（1901）上海寶善齋石印本
四十九冊　存九十九卷（一至八十六、九十

五至一百七）

350000－2042－0001206　353.06/210
上諭條奏不分卷　清刻本　二十冊

350000－2042－0001207　353.06/214
皇朝經世文編一百二十卷　（清）賀長齡輯
清光緒十三年（1887）上海廣百宋齋鉛印本
二十四冊

350000－2042－0001208　353.06/214.0001
皇朝經世文編一百二十卷　（清）賀長齡輯
（清）魏源編次　（清）曹堉校勘　清道光七年
（1827）刻本　七十八冊

350000－2042－0001209　353.06/214.0002/N
皇朝經世文編一百二十卷姓名總錄三卷
（清）賀長齡輯　清光緒十二年（1886）思補樓
石印本　六十冊

350000－2042－0001210　353.06/214.001
皇朝經世文新編三十二卷　麥仲華輯　清光
緒二十八年（1902）上海書局石印本　六冊

350000－2042－0001211　353.06/214.002
皇朝經世文新增時務續編四十卷附洋務八卷
　（清）□□輯　清光緒二十三年（1897）掃葉
山房鉛印本　六冊

350000－2042－0001212　353.06/214.01
皇朝經世文續編一百二十卷　（清）葛士濬輯
　清光緒十四年（1888）上海圖書集成局鉛印
本　二十九冊

350000－2042－0001213　353.06/214.011
皇朝經世文續編一百二十卷姓名總目三卷
（清）盛康輯　盛宣懷編次　繆荃孫等校勘
清光緒二十三年（1897）武進盛氏思補樓刻本
八十冊

350000－2042－0001214　353.06/214.01－1/N
皇朝經世文續編一百二十卷　（清）葛士濬輯
　清光緒十四年（1888）上海圖書集成局鉛印
本　三十二冊

350000－2042－0001215　353.06/214.011－1
皇朝經世文續編一百二十卷姓名總目三卷

（清）盛康輯　盛宣懷編次　繆荃孫等校勘
清光緒二十三年(1897)武進盛氏思補樓刻本
　八十冊

350000－2042－0001216　353.06/214.02
皇朝經世文三編八十卷　（清）陳忠倚輯　**四
編五十二卷**　（清）何良棟輯　**新編二十一卷**
　麥仲華輯　清光緒二十四年(1898)寶文書
局石印本　十六冊　存八十卷(皇朝經世文
三編八十卷)

350000－2042－0001217　353.06/214.03
皇朝經世文編一百二十卷　（清）賀長齡輯
清光緒二十八年(1902)上海詞源閣書局石印
本　二十一冊

350000－2042－0001218　353.06/214.04
皇朝經世文續編一百二十卷　（清）葛士濬輯
　清光緒二十四年(1898)上海宏文閣鉛印本
　二十七冊

350000－2042－0001219　353.06/214.05
皇朝經世文三編八十卷　（清）陳忠倚輯　**四
編五十二卷**　（清）何良棟輯　**新編二十一卷**
　麥仲華輯　清光緒二十八年(1902)上海龍
門書局石印本　十六冊　存八十卷(皇朝經
世文三編八十卷)

350000－2042－0001220　353.06/214.05－1
皇朝經世文三編八十卷　（清）陳忠倚輯　**四
編五十二卷**　（清）何良棟輯　**新編二十一卷**
　麥仲華輯　清光緒二十八年(1902)上海龍
門書局石印本　七冊　存三十卷(皇朝經世
文三編二十一至四十、七十一至八十)

350000－2042－0001221　353.06/214.06
皇朝經世文三編八十卷　（清）陳忠倚輯　**四
編五十二卷**　（清）何良棟輯　**新編二十一卷**
　麥仲華輯　清光緒二十八年(1902)上海書
局石印本　十六冊　存八十卷(皇朝經世文
三編八十卷)

350000－2042－0001222　353.06/214.07/N
皇朝經世文三編八十卷　（清）陳忠倚輯　**四
編五十二卷**　（清）何良棟輯　**新編三十二卷**

麥仲華輯　清光緒二十七年(1901)上海書
局石印本　十六冊　存八十卷(皇朝經世文
三編八十卷)

350000－2042－0001223　353.06/214－1
皇朝經世文編一百二十卷　（清）賀長齡輯
清光緒十三年(1887)上海廣百宋齋鉛印本
五冊　存二十三卷(三十五至五十七)

350000－2042－0001224　353.06/222
寒松堂全集四卷　（清）魏象樞撰　清光緒二
十五年(1899)浙江官書局刻本　四冊

350000－2042－0001225　353.06/260
粵西疏稿三卷留都疏稿一卷　（明）吳文華撰
　明萬曆六年(1578)刻本　二冊

350000－2042－0001226　353.06/262
程中丞奏稿十九卷附錄一卷　程德全撰　宋
小濂等編輯　何煜等參校　清宣統二年
(1910)鉛印本　十冊

350000－2042－0001227　353.06/263
皇清奏議六十八卷首一卷　題（清）琴川居士
編輯　清都城國史館琴川居士木活字印本
三十二冊

350000－2042－0001228　353.06/263.1
程簡敬公奏疏八卷　（清）程祖洛撰　（清）范
玉琨編次　（清）范建初校刊　清末刻本　八
冊

350000－2042－0001229　353.06/264
皇明大訓記十六卷　（明）朱國禎輯　明崇禎
刻皇明史概本　十冊

350000－2042－0001230　353.06/275
包孝肅公奏議十卷　（宋）包拯撰　（清）張田
集　清同治二年(1863)李瀚章省心閣刻本
四冊

350000－2042－0001231　353.06/277
普天忠憤全集十四卷首一卷　（清）孔廣德編
定　清光緒二十四年(1898)石印本　十二冊

350000－2042－0001232　353.06/277.01
普天忠憤全集十四卷首一卷　（清）孔廣德編

定　清光緒二十一年(1895)石印本　十二冊

350000－2042－0001233　353.06/314
校邠廬抗議二卷　(清)馮桂芬撰　(清)徐敦
仁校字　清光緒十年(1884)刻本　二冊

350000－2042－0001234　353.06/341.011
御授攝政王洪大經署奏對日鈔筆記一卷
(清)洪承疇撰　清容與室抄本　一冊

350000－2042－0001235　353.06/341.02
御授攝政王洪大經略奏對日鈔筆記二卷
(清)洪承疇撰　奏摺譜不分卷　(清)饒旬宣
纂　清光緒十九年(1893)刻本　二冊

350000－2042－0001236　353.06/341.02－1
御授攝政王洪大經略奏對日鈔筆記二卷
(清)洪承疇撰　奏摺譜不分卷　(清)饒旬宣
纂　清光緒十九年(1893)刻本　二冊

350000－2042－0001237　353.06/341.1
贊政集四卷　(清)沈珪撰　清末章紹基抄本
五冊

350000－2042－0001238　353.06/343
篷窗隨錄十四卷續錄二卷附錄二卷　(清)沈
兆澐輯　(清)沈維璲校　清咸豐七年(1857)
刻光緒十八年(1892)補修本　十四冊

350000－2042－0001239　353.06/344
沈文肅公政書七卷首一卷　(清)沈葆楨撰
(清)吳炳元輯　清光緒六年(1880)吳門節署
鉛印本　八冊

350000－2042－0001240　353.06/344.01
沈文肅公政書七卷首一卷　(清)沈葆楨撰
(清)朱記榮校　清末刻本　七冊

350000－2042－0001241　353.06/344.01－1
沈文肅公政書七卷首一卷　(清)沈葆楨撰
(清)朱記榮校　清末刻本　十二冊

350000－2042－0001242　353.06/344.01－2
沈文肅公政書七卷首一卷　(清)沈葆楨撰
(清)朱記榮校　清末刻本　八冊

350000－2042－0001243　353.06/344－1
沈文肅公政書七卷首一卷　(清)沈葆楨撰

(清)吳炳元輯　清光緒六年(1880)吳門節署
鉛印本　十二冊

350000－2042－0001244　353.06/348
關中宦遊記三卷　沈錫榮撰　清宣統元年
(1909)鉛印本　一冊

350000－2042－0001245　353.06/353
[清道光至同治奏議稟牘雜鈔]不分卷　(清)
□□輯　清抄本　十四冊

350000－2042－0001246　353.06/402
皇朝經世文新編二十一卷　麥仲華輯　清光
緒上海大同譯書局石印本　二十四冊

350000－2042－0001247　353.06/402.01/N
皇朝經世文新編二十一卷　麥仲華輯　清光
緒二十七年(1901)上海書局石印本　二十冊

350000－2042－0001248　353.06/402.012
左文襄公奏疏初編三十八卷續編七十六卷三
編六卷　(清)左宗棠撰　清光緒十六年
(1890)上海圖書集成局鉛印本　二十冊

350000－2042－0001249　353.06/403
左文襄公全集十三種　(清)左宗棠撰　清光
緒刻本　一百二十八冊

350000－2042－0001250　353.06/403.01
左文襄公書牘二十六卷家書二卷　(清)左宗
棠撰　清末刻本　三十冊

350000－2042－0001251　353.06/403.1
李文忠公全集六種　(清)李鴻章撰　(清)吳
汝綸編錄　清光緒三十一年至三十四年
(1905－1908)金陵刻本　一百冊

350000－2042－0001252　353.06/403.9
合肥李勤恪公政書十卷首一卷　(清)李瀚章
撰　(清)李經湘等編輯　清光緒三十二年
(1906)石印本　十冊

350000－2042－0001253　353.06/406
端敏公集二十卷首二卷附函牘二卷　(清)袁
甲三撰　清宣統三年(1911)清芬閣鉛印項城
袁氏家集本　二十四冊

350000－2042－0001254　353.06/406.2

李文恭公遺集四十六卷　（清）李星沅撰
（清）李榛等編次　**李文恭公行述一卷**　（清）
李概撰　清同治五年（1866）刻本　三十四册
　存四十三卷（奏議二十二卷、詩集八卷、文
集五至十六,李文恭公行述一卷）

350000－2042－0001255　353.06/406.2－1
李文恭公遺集四十六卷　　（清）李星沅撰
（清）李榛等編次　**李文恭公行述一卷**　（清）
李概撰　清同治五年（1866）刻本　十册　存
二十五卷（詩集八卷、文集十六卷,李文恭公
行述一卷）

350000－2042－0001256　353.06/420
靳文襄公奏疏(治河題藁)八卷　（清）靳輔撰
　（清）靳治豫編次　（清）靳樹德校正　清刻
本　八册

350000－2042－0001257　353.06/421
彭剛直公詩集八卷奏稿八卷　（清）彭玉麟撰
　清光緒十七年（1891）刻本　六册　存八卷
（奏稿八卷）

350000－2042－0001258　353.06/421.01
彭剛直公詩集八卷奏稿八卷　（清）彭玉麟撰
　清末鉛印本　四册　存八卷（奏稿八卷）

350000－2042－0001259　353.06/428
籌蒙芻議二卷　姚錫光撰　清光緒三十四年
（1908）京師鉛印本　二册

350000－2042－0001260　353.06/441
西臺奏議二卷附監試奏議一卷　（清）蕭震撰
　清康熙八年（1669）刻本　二册

350000－2042－0001261　353.06/442.3
華制存考□□期　（清）擷華書局編　清光緒
三十四年至宣統二年（1908－1910）鉛印本
四册　存二十五期（宣統二年正月初一日至
初九日,二十日至二十九日,二月二十五日至
三十日）

350000－2042－0001262　353.06/446
林文忠公政書三十七卷　（清）林則徐撰　清
光緒刻本　十册

350000－2042－0001263　353.06/446.1
林文忠公遺集四種　（清）林則徐撰　清光緒
三山林氏刻本　十二册

350000－2042－0001264　353.06/446.1－1
林文忠公遺集四種　（清）林則徐撰　清光緒
三山林氏刻本　十一册　存三種四十卷（林
文忠公政書三十七卷、蒐遺一卷,滇軺紀程一
卷,荷戈紀程一卷）

350000－2042－0001265　353.06/446.12
林文忠公政書三十七卷　（清）林則徐撰　清
光緒十一年（1885）刻本　十六册

350000－2042－0001266　353.06/446.12－1/N
林文忠公政書三十七卷　（清）林則徐撰　清
光緒十一年（1885）刻本　十五册

350000－2042－0001267　353.06/447
北洋公牘類纂二十五卷　（清）甘厚慈輯　清
光緒三十三年（1907）京城益森公司鉛印本
二十

350000－2042－0001268　353.06/463
便宜小效略存二卷　（清）賀宗章撰　清光緒
二十七年（1901）雲南書局刻本　二册

350000－2042－0001269　353.06/467
耐菴存稿四種　（清）賀長齡撰　清咸豐十年
至光緒七年（1860－1881）賀克繩等刻本　十
六册

350000－2042－0001270　353.06/474
胡文忠公遺集十卷首一卷　（清）胡林翼撰
（清）嚴樹森鑒定　（清）屬雲官等編輯　清同
治三年（1864）武昌節署刻本　八册

350000－2042－0001271　353.06/474.01
胡文忠公遺集八十六卷首一卷　（清）胡林翼
撰　（清）鄭敦謹　（清）曾國荃編輯　清同治
六年（1867）黃鶴樓刻本　三十二册

350000－2042－0001272　353.06/474.01－1
胡文忠公遺集八十六卷首一卷　（清）胡林翼
撰　（清）鄭敦謹　（清）曾國荃編輯　清同治
六年（1867）黃鶴樓刻本　三十二册

350000 - 2042 - 0001273　353.06/474.01 - 2

胡文忠公遺集八十六卷首一卷 （清）胡林翼撰　（清）鄭敦謹　（清）曾國荃編輯　清同治六年(1867)黃鶴樓刻本　三十九冊　存八十四卷(一至三、六至八十六)

350000 - 2042 - 0001274　353.06/474.02

胡文忠公遺集八十六卷首一卷 （清）胡林翼撰　（清）鄭敦謹等纂輯　（清）胡鳳丹編刊　清光緒元年(1875)湖北崇文書局刻本　三十二冊

350000 - 2042 - 0001275　353.06/474.02 - 1

胡文忠公遺集八十六卷首一卷 （清）胡林翼撰　（清）鄭敦謹等纂輯　（清）胡鳳丹編刊　清光緒元年(1875)湖北崇文書局刻本　三十二冊

350000 - 2042 - 0001276　353.06/474.02 - 2

胡文忠公遺集八十六卷首一卷 （清）胡林翼撰　（清）鄭敦謹等纂輯　（清）胡鳳丹編刊　清光緒元年(1875)湖北崇文書局刻本　三十二冊

350000 - 2042 - 0001277　353.06/474.03

胡文忠公遺集十卷首一卷 （清）胡林翼撰　(清)閻敬銘編輯　清同治七年(1868)醉六堂刻本　八冊

350000 - 2042 - 0001278　353.06/491

趙恭毅公賸藁八卷 （清）趙申喬撰　（清）趙侗敦編　清光緒十八年(1892)浙江書局刻本　四冊

350000 - 2042 - 0001279　353.06/497

趙文毅公奏疏五卷 （明）趙用賢撰　**遼事疏一卷** （明）趙琦美撰　清光緒二十二年(1896)刻松石齋集三種本　一冊

350000 - 2042 - 0001280　353.06/583

撫遠奏疏不分卷 （清）□□撰　清抄本　一冊

350000 - 2042 - 0001281　353.06/721

宋岳忠武王集八卷末一卷 （宋）岳飛撰　清同治四年(1865)鳩江戟輕刻本　二冊

350000 - 2042 - 0001282　353.06/722

劉中丞奏稿八卷 （清）劉崐撰　清光緒鉛印本　八冊

350000 - 2042 - 0001283　353.06/722.1

劉中丞奏稿八卷 （清）劉崐撰　清光緒鉛印本　八冊

350000 - 2042 - 0001284　353.06/722 - 1

劉中丞奏稿八卷 （清）劉崐撰　清光緒鉛印本　八冊

350000 - 2042 - 0001285　353.06/722 - 2

劉中丞奏稿八卷 （清）劉崐撰　清光緒鉛印本　八冊

350000 - 2042 - 0001286　353.06/724

劉中丞奏議二十卷 （清）劉蓉撰　清光緒十一年(1885)思賢講舍刻本　十冊

350000 - 2042 - 0001287　353.06/724.2

江楚會奏變法摺三卷 （清）劉坤一　（清）張之洞撰　清光緒二十七年(1901)刻本　一冊

350000 - 2042 - 0001288　353.06/728

劉襄勤公奏稿十六卷 （清）劉錦棠撰　清光緒二十四年(1898)長沙刻本　十六冊

350000 - 2042 - 0001289　353.06/728.2

劉壯肅公奏議十卷首一卷 （清）劉銘傳撰　清光緒鉛印本　四冊　存七卷(五至十、首一卷)

350000 - 2042 - 0001290　353.06/744

唐陸宣公奏議讀本四卷首一卷 （唐）陸贄撰　（清）汪銘謙編輯　（清）馬傳庚評點　清宣統元年(1909)石印本　二冊

350000 - 2042 - 0001291　353.06/749

切問齋文鈔三十卷 （清）陸燿輯　清末楊國楨刻本　十六冊

350000 - 2042 - 0001292　353.06/749 - 1

切問齋文鈔三十卷 （清）陸燿輯　清末楊國楨刻本　十一冊

350000 - 2042 - 0001293　353.06/756.5

分類時務通纂三百卷 （清）陳昌紳輯　清光

緒二十八年（1902）上海文瀾書局石印本　六十四冊

350000－2042－0001294　353.06/757.1

同治中興京外奏議約編八卷　（清）陳弢輯　清末京都小酉山房刻本　四冊

350000－2042－0001295　353.06/772.01

駱文忠公奏議二十七卷　（清）駱秉章撰　清光緒刻本　二十五冊

350000－2042－0001296　353.06/773.3

同治中興京外奏議約編八卷　（清）陳弢輯　清光緒元年（1875）籛劍囊琴之室刻本　八冊

350000－2042－0001297　353.06/773.5

受菴疏稿二卷　（明）周滿撰　明刻本　一冊

350000－2042－0001298　353.06/802

曾惠敏公奏議手劄十卷　（清）曾紀澤撰　清光緒二十七年（1901）羇澤學會石印本　三冊

350000－2042－0001299　353.06/802.2

[公牘]不分卷　（清）□□纂　清末至民國初抄本　一冊

350000－2042－0001300　353.06/805

曾惠敏公全集十七卷　（清）曾紀澤撰　清光緒二十年（1894）上海石印本　四冊

350000－2042－0001301　353.06/805－1

曾惠敏公全集十七卷　（清）曾紀澤撰　清光緒二十年（1894）上海石印本　二冊

350000－2042－0001302　353.06/806.2

曾文正公奏疏二卷文鈔四卷　（清）曾國藩撰　清同治十二年（1873）金陵書局刻本　四冊

350000－2042－0001303　353.06/806.3

曾文正公奏議十卷首一卷末一卷　（清）曾國藩撰　（清）薛福成編次　（明）張瑛等校字　清同治十三年（1874）上海醉六堂刻本　十冊

350000－2042－0001304　353.06/806.8

曾忠襄公全集四種附年譜四卷榮哀錄二卷　（清）曾國荃撰　蕭榮爵輯　清光緒二十九年（1903）刻本　十二冊

350000－2042－0001305　353.06/888

增修籌餉事例一卷增修現行常例一卷海防新舊例銓補章程合編一卷鄭工新例銓補章程五卷大八成銓補章程一卷　（清）戶部編　清末刻本　七冊

350000－2042－0001306　353.06/951

精選時務策要四卷　（清）□□撰　清光緒十五年（1889）石印本　一冊

350000－2042－0001307　353.07/100

石渠餘紀六卷　（清）王慶雲撰　清末刻本　六冊

350000－2042－0001308　353.07/100.01

石渠餘紀六卷　（清）王慶雲撰　清光緒十六年（1890）龍氏校刻本　六冊

350000－2042－0001309　353.07/100－1

石渠餘紀六卷　（清）王慶雲撰　清末刻本　六冊

350000－2042－0001310　353.07/100－2

石渠餘紀六卷　（清）王慶雲撰　清末刻本　五冊　存五卷（一、三至六）

350000－2042－0001311　353.07/100－3

石渠餘紀六卷　（清）王慶雲撰　清末刻本　六冊

350000－2042－0001312　353.07/100－4

石渠餘紀六卷　（清）王慶雲撰　清末刻本　六冊

350000－2042－0001313　353.07/100－5

石渠餘紀六卷　（清）王慶雲撰　清末刻本　六冊

350000－2042－0001314　353.07/100－6

石渠餘紀六卷　（清）王慶雲撰　清末刻本　六冊

350000－2042－0001315　353.07/172

邵氏危言二卷　（清）邵作舟撰　清光緒二十四年（1898）上海商務印書館鉛印本　二冊

350000－2042－0001316　353.07/223

大義覺迷錄四卷　（清）世宗胤禛撰　清雍正

刻本　四冊

350000－2042－0001317　353.07/258

中外政治策論類編一百二十卷　（清）朱鈞編
輯　清末石印本　四冊　存三十二卷（二十
三至五十四）

350000－2042－0001318　353.07/284

東三省政略十二卷總目一卷附圖　徐世昌纂
修　清宣統三年（1911）鉛印本　四十冊

350000－2042－0001319　353.07/361

危言四卷　（清）湯震撰　清光緒二十一年
（1895）石印本　四冊

350000－2042－0001320　353.07/438

籌藏芻議一卷　姚錫光撰　清光緒三十四年
（1908）京師鉛印本　一冊

350000－2042－0001321　353.07/473

籌海圖編十三卷　（明）胡宗憲輯議　（明）胡
維極校　（明）胡燈　（明）胡鳴岡　（明）胡
階慶刪　明天啓四年（1624）胡維極刻本　八
冊

350000－2042－0001322　353.07/473－1

籌海圖編十三卷　（明）胡宗憲輯議　（明）胡
維極校　（明）胡燈　（明）胡鳴岡　（明）胡
階慶刪　明天啓四年（1624）胡維極刻本　八
冊

350000－2042－0001323　353.07/473－2

籌海圖編十三卷　（明）胡宗憲輯議　（明）胡
維極校　（明）胡燈　（明）胡鳴岡　（明）胡
階慶刪　明天啓四年（1624）胡維極刻本　八
冊

350000－2042－0001324　353.07/759

庸書內篇二卷外篇二卷　（清）陳熾撰　清光
緒二十三年（1897）豫甯余氏刻本　四冊

350000－2042－0001325　353.07/776

居官日省錄六卷　（清）覺羅烏爾通阿編輯
（清）胡履吉參訂　清同治十二年（1873）刻本
六冊

350000－2042－0001326　353.07/806.01

中外經世緒言十六卷續編八卷　（清）佘貽範
撰　清末石印本　八冊　存十六卷（中外經
世緒言十六卷）

350000－2042－0001327　353.07/806.01－1

中外經世緒言十六卷續編八卷　（清）佘貽範
撰　清末石印本　一冊　存八卷（中外經世
緒言九至十六）

350000－2042－0001328　353.07/874

盛世危言五卷　鄭觀應輯撰　**續編三卷**　題
（清）杞憂生輯撰　**外編二卷**　（清）馮桂芬輯
撰　清光緒二十四年（1898）新化三味堂刻本
六冊

350000－2042－0001329　353.07/874.1

盛世危言後編十五卷　鄭觀應撰　潘飛聲編
清宣統元年（1909）鉛印本　八冊

350000－2042－0001330　353.07/874.11/N

經世齋時務叢書六種　□□輯　清光緒上海
賜書堂石印本　五冊　存二種五卷（盛世危
言續編三卷、外編二卷）

350000－2042－0001331　353.12/254

時務要覽八卷　（清）曾滌生鑒定　（清）朱克
敬編輯　**時務新議三卷**　（清）曾滌生鑒定
（清）馮桂芬撰　**洋務新議一卷**　（清）薛福成
撰　清光緒二十三年（1897）上海萬選樓石印
本　八冊

350000－2042－0001332　353.12/421

國朝柔遠記十八卷附編二卷　（清）彭玉麟定
（清）王之春編　清光緒十七年（1891）廣雅
書局刻本　六冊

350000－2042－0001333　353.12/421－1/N

國朝柔遠記十八卷附編二卷　（清）彭玉麟定
（清）王之春編　清光緒十七年（1891）廣雅
書局刻本　六冊

350000－2042－0001334　353.13/528

中國度支考一卷　（英國）哲美森編輯　（美
國）林樂知翻譯　清光緒二十三年（1897）圖
書集成局鉛印本　一冊

350000－2042－0001335　353.14/272

光緒三十三年郵傳部第一次統計表　（清）郵傳部統計處編輯　清光緒三十三年(1907)鉛印本　一冊

350000－2042－0001336　353.3/276

學案初模一卷續編一卷　（清）伊里布輯　清抄本　四冊

350000－2042－0001337　353.8/012

盟水齋存牘一刻十二卷二刻九卷　（明）顏俊彥撰　清抄本　十二冊

350000－2042－0001338　353.8/284

牧令書二十三卷保甲書四卷　（清）徐棟輯　清光緒二十四年(1898)刻本　二十一冊

350000－2042－0001339　353.8/284.1

牧令書二十三卷保甲書四卷　（清）徐棟輯　（清）程恭壽　（清）王發桂校字　清道光二十八年(1848)刻本　二十一冊

350000－2042－0001340　353.8/284.3

保甲書輯要四卷　（清）徐棟原編　（清）丁日昌重校　清同治七年(1868)江蘇書局刻牧令全書本　一冊

350000－2042－0001341　353.8/314.1

江都縣勸捐示不分卷　（清）□□撰　清抄本　一冊

350000－2042－0001342　353.8/333

治浙成規八卷　（清）□□輯　清刻本　八冊

350000－2042－0001343　353.8/380

勉益齋偶存稿八卷續存稿十六卷　（清）裕謙撰　清道光刻本　二十四冊

350000－2042－0001344　353.8/403.3

資治新書初集十四卷首一卷二集二十卷　（清）李漁蒐輯　（清）沈心友訂　清光緒二十年(1894)上海圖書集成印書局鉛印本　十二冊

350000－2042－0001345　353.8/440

福惠全書三十二卷　（清）黃六鴻撰　清康熙三十八年(1699)金陵種書堂刻本　十冊

350000－2042－0001346　353.8/722

劉簾舫先生吏治三書　（清）劉衡撰　清同治七年(1868)江蘇書局刻牧令全書本　一冊

350000－2042－0001347　353.8/881

第二次福建諮議局議事速記錄二十四號　（清）福建諮議局編　清宣統二年(1910)鉛印本　五冊　存二十號(一至二十)

350000－2042－0001348　353.8/881.1

第四次福建諮議局議事速記錄第一至第三號附呈送宣統三年福建全省地方行政經費豫算案公文三件　（清）福建諮議局編　清宣統三年(1911)鉛印本　一冊

350000－2042－0001349　353.8/881.11

第三次福建諮議局（臨時會）議事速記錄十一號　（清）福建諮議局編　清宣統二年(1910)鉛印本　一冊　存六號(一至六)

350000－2042－0001350　353.8/998

陽山叢牘一卷　（清）符翕編　清光緒十五年(1889)陽山縣署刻本　四冊

350000－2042－0001351　353.805/600

撫豫宣化錄三卷　（清）田文鏡撰　清抄本　三冊

350000－2042－0001352　353.83/004

平平言四卷　（清）方大湜撰　清光緒十三年(1887)刻本　四冊

350000－2042－0001353　353/003

皇朝政典類纂五百卷目錄六卷　席裕福等輯　清光緒二十九年(1903)上海圖書集成局鉛印本　一百二十冊

350000－2042－0001354　353/111

入幕須知五種附贅言十則　（清）張廷驤輯　清光緒十三年(1887)刻本　六冊

350000－2042－0001355　353/126

欽定臺規四十二卷首一卷　（清）延煦等編　清光緒十八年(1892)刻本　二十冊

350000－2042－0001356　353/213

新政真詮六編　何啓　胡禮垣撰　清光緒二

十七年(1901)吳雲記廣譯書局鉛印本　六冊

350000－2042－0001357　353/443

策軒文編六卷　蔣寶誠撰　清宣統元年(1909)刻本　四冊

350000－2042－0001358　353/463

古今治平彙要十四卷　(清)楊潮觀纂　(清)陳垣弼校訂　(清)馬孝徵參校　清光緒五年(1879)鉛印本　二冊

350000－2042－0001359　354.594/002

大英治理印度新政考三十三章　(英國)亨德偉良撰　(清)任保羅譯　清光緒三十年(1904)上海廣學會鉛印本　六冊

350000－2042－0001360　354/003

地方自治實紀三編　(清)方兆鼇編輯　(清)鍾麟祥校閱　清光緒三十四年(1908)福建省福州印刷公司鉛印本　一冊

350000－2042－0001361　354/605

日本地方制度十五章　(清)□□撰　清光緒三十四年(1908)中國圖書公司鉛印本　一冊

350000－2042－0001362　354/833

地方自治制綱要□□編　(日本)藤堂要藏講授　趙逖譯　錢潤編述　清光緒三十四年(1908)上海商務印書館鉛印本　一冊　存一編(下)

350000－2042－0001363　355.44/262

信豐守城記事略一卷　(清)吳秉衡撰　清光緒十一年(1885)高郵刻本　一冊

350000－2042－0001364　355.48/175

豫軍紀略十二卷　(清)尹耕雲　(清)李汝鈞纂　清同治十一年(1872)刻本　八冊

350000－2042－0001365　355.48/175－1

豫軍紀略十二卷　(清)尹耕雲　(清)李汝鈞纂　清同治十一年(1872)刻本　八冊　存八卷(一至五、七至八、十)

350000－2042－0001366　355.48/272

湘軍水陸戰紀十六卷　(清)曾國藩撰　清光緒十一年(1885)京都同文堂石印本　四冊

350000－2042－0001367　355.48/474

蒙寇志略一卷　(清)胡壽昌撰　清光緒十六年(1890)成都刻本　一冊

350000－2042－0001368　355.4851/474

讀史兵略四十六卷　(清)胡林翼纂　清光緒元年(1875)湖北崇文書局刻本　十六冊

350000－2042－0001369　355.73/314

江南製造局記十卷首一卷附一卷　(清)魏允恭編　清光緒三十一年(1905)上海文寶書局石印本　十冊

350000－2042－0001370　355/103

湘軍記二十卷　(清)王定安撰　(清)黃學濂　(清)范德培校字　清光緒十五年(1889)江南書局刻本　八冊

350000－2042－0001371　355/103－1

湘軍記二十卷　(清)王定安撰　(清)黃學濂　(清)范德培校字　清光緒十五年(1889)江南書局刻本　十二冊

350000－2042－0001372　355/103－2

湘軍記二十卷　(清)王定安撰　(清)黃學濂　(清)范德培校字　清光緒十五年(1889)江南書局刻本　十二冊

350000－2042－0001373　355/103－3

湘軍記二十卷　(清)王定安撰　(清)黃學濂　(清)范德培校字　清光緒十五年(1889)江南書局刻本　十二冊

350000－2042－0001374　355/107

湘軍志十六卷首一卷　王闓運撰　清光緒十一年(1885)斠微齋刻本　四冊

350000－2042－0001375　355/254

洋務用軍必讀三卷　(清)朱克敬箸　清光緒十年(1884)椆秀山房刻本　一冊

350000－2042－0001376　355/266

營壘圖說一卷　(比利時)伯里牙芒撰　(美國)金楷理口譯　(清)李鳳苞筆述　清刻本　一冊

350000－2042－0001377　355/402

金湯借箸十二籌十二卷 （清)李盤 (清)周鑑等撰 清咸豐五年(1855)淮南李氏刻本 八冊

350000－2042－0001378　355/441.2

武備志二百四十卷 （明)茅元儀輯 明天啓元年(1621)刻清修本 一百冊

350000－2042－0001379　355/753.1

權制八卷 陳澹然撰 清光緒二十六年(1900)徐崇立長沙刻本 六冊

350000－2042－0001380　355/753.11

權制八卷 陳澹然撰 清光緒二十六年(1900)長沙徐崇立刻民國十二年(1923)印本 二冊

350000－2042－0001381　355/771

籌海初集四卷 （清)關天培撰 清道光十六年(1836)刻本 四冊

350000－2042－0001382　355/874

欽定勦捕臨清逆匪紀略十六卷 （清)舒赫德等纂修 清刻本 十冊

350000－2042－0001383　358/103

演礮圖說輯要四卷後編二卷增補則克錄三卷 （清)丁拱辰纂輯 清道光二十三年至咸豐元年(1843－1851)刻民國三十四年(1945)印本 四冊

350000－2042－0001384　359/083

防海蠡測不分卷 （清)許溫其撰 清抄本 一冊

350000－2042－0001385　359/446

水師章程十四卷續編六卷 （英國)水師兵部原書 （美國)林樂知口譯 （清)鄭昌棪筆述 清光緒江南製造總局刻本 十六冊

350000－2042－0001386　360/466

籌濟編三十二卷首一卷 （清)楊景仁輯 (清)楊希鈺等校字 清光緒五年(1879)江蘇書局刻本 十六冊

350000－2042－0001387　360/466.01

籌濟編三十二卷首一卷 （清)楊景仁輯 清末刻本 六冊

350000－2042－0001388　360/483

救濟文牘六卷 （清)□□編 清光緒三十三年(1907)蘇省刷印局鉛印本 四冊

350000－2042－0001389　370.16/173

錫山遊庠錄一卷首一卷錫金遊庠錄一卷 （清)邵涵初編 清光緒四年(1878)刻本 二冊

350000－2042－0001390　370.4/113

勸學篇二卷 （清)張之洞撰 清末趙濱彥刻本 一冊 存一卷(外篇一卷)

350000－2042－0001391　370.4/113.01

勸學篇二卷 （清)張之洞撰 清光緒二十四年(1898)兩湖書院刻本 一冊

350000－2042－0001392　370.4/113.02

勸學篇二卷 （清)張之洞撰 清光緒二十四年(1898)長沙刻本 二冊

350000－2042－0001393　370.4/113.03

勸學篇二卷 （清)張之洞撰 清末至民國初上海扶輪書局鉛印本 二冊

350000－2042－0001394　370/312

陶舫棄賸拾慧□□種 （清)馮繕輯 清抄本 三冊 存三種三卷(拾貢舉慧一卷、拾榕城景物慧一卷、拾熙朝鉅公軼事慧一卷)

350000－2042－0001395　370/343

士林模範不分卷 （清)沈源深編 清光緒十八年(1892)刻本 一冊

350000－2042－0001396　371.4/187

大清教育新法令□□章 （清)政學社輯 清宣統二年(1910)會文堂石印本 一冊 存六章(二十一至二十六)

350000－2042－0001397　372.6/443

龍文鞭影二卷 （明)蕭良有撰 （明)楊臣諍增訂 二集二卷 （清)李暉吉 （清)徐瀠輯 清末刻本 四冊

350000－2042－0001398　372.6/443.01

龍文鞭影四卷 （明)蕭良有纂輯 （明)楊臣

静增訂 （清）李恩綬校補 清光緒二十二年（1896）南京李光明莊刻本 四冊

350000－2042－0001399 372.6/443.02

龍文鞭影四卷 （明）蕭良有纂輯 （明）楊臣靜增訂 （清）李恩綬校補 清光緒十三年（1887）江南掃葉山房刻本 二冊

350000－2042－0001400 372.6/443.03

龍文鞭影二卷 （明）蕭良有纂輯 （明）楊臣靜增訂 清光緒十三年（1887）儒林閣校刻本 二冊

350000－2042－0001401 372.6/443.04

龍文鞭影二卷 （明）蕭良有著 （明）楊臣靜增訂 二集二卷 （清）李暉吉 （清）徐瓚輯 清光緒十二年（1886）上洋江左書林校刻本 二冊 存二卷（二集二卷）

350000－2042－0001402 372.6/443.4

龍文鞭影二卷 （明）蕭良有著 （明）楊臣靜增訂 二集二卷 （清）李暉吉 （清）徐瓚輯 清末刻本 二冊 存二卷（二集二卷）

350000－2042－0001403 372.6/907

小學詞料教科書三卷 題婦孺之僕編輯 清光緒三十三年（1907）蒙學書局石印本 一冊 存一卷（上）

350000－2042－0001404 372.61/261

新刻幼學須知直解四卷歷代世統歌一卷 （明）程登吉撰 （清）唐良瑜 （清）唐良瑚集注 清末福州集新堂刻本 四冊

350000－2042－0001405 372.61/401

鑑畧妥註□□卷 （明）李廷機撰 （明）張瑞圖校 （清）鄒聖脈原訂 清末石印本 一冊 存二卷（五至六）

350000－2042－0001406 375.1/447

經訓教科書 黃展雲 林萬里 王永炘編纂 清光緒三十四年（1908）上海商務印書館石印本 一冊 存一冊（一）

350000－2042－0001407 375/111

奏定學堂章程不分卷 （清）張百熙等訂 清

末江楚編譯官書局石印本 五冊

350000－2042－0001408 382/837

中外政學（錢氏政學）五種 錢恂撰 清光緒歸安錢氏刻本 一冊 存二種二卷（中外交涉類要表一卷、光緒通商綜覈表一卷）

350000－2042－0001409 385/301

鐵路運送論十三章 （美國）安登哈特勒撰 （日本）小松謙次郎譯述 （清）陳宗蕃譯 清宣統元年（1909）郵傳部圖書通譯局鉛印本 一冊

350000－2042－0001410 386/462.1

圖攷一卷行川必要一卷 （清）賀緝紳輯 清光緒三年（1877）水師新副中營刻本 四冊

350000－2042－0001411 390/261

[安徽歙縣]茗洲吳氏家典八卷 （清）吳翟輯 清光緒十八年（1892）刻本 五冊

350000－2042－0001412 390/443

見道集十二卷首一卷補遺一卷附錄一卷 黃治基編輯 徐勛等校錄 清光緒二十九年（1903）福州道學院刻本 四冊

350000－2042－0001413 390/443.1

釁祀備考二卷 （清）林清標纂 （清）柯琼璜等校 清道光二十八年（1848）歐祚疇等刻本 二冊

350000－2042－0001414 390/443－1

見道集十二卷首一卷補遺一卷附錄一卷 黃治基編輯 徐勛等校錄 清光緒二十九年（1903）福州道學院刻本 三冊 存十二卷（一至六、十至十二，首一卷，補遺一卷，附錄一卷）

350000－2042－0001415 390/803

得一錄十六卷 （清）余治輯 清同治八年（1869）刻本 八冊

350000－2042－0001416 398.3/107

勅封天后志二卷 （清）林清標輯 清乾隆四十三年（1778）刻道光二十三年（1843）增修光緒三年（1877）補修本 四冊

350000－2042－0001417　398.9/009

聖祖仁皇帝庭訓格言一卷　（清）世宗胤禛撰
　清刻本　一冊

350000－2042－0001418　398/443.1

越諺三卷賸語二卷　（清）范寅輯　清光緒八
年(1882)刻本　三冊

350000－2042－0001419　398/443.1－1

越諺三卷賸語二卷　（清）范寅輯　清光緒八
年(1882)刻本　三冊

350000－2042－0001420　398/443.1－2

越諺三卷賸語二卷　（清）范寅輯　清光緒八
年(1882)刻本　三冊

350000－2042－0001421　404.5/404/N

增補彙音六卷　題（清）壺麓主人校訂　清宣
統三年(1911)廈門會文堂書局石印本　六冊

350000－2042－0001422　404.5/440/N

新鐫彙音妙悟全集一卷　（清）黃謙纂輯　清
刻本　一冊

350000－2042－0001423　406/504

聲律啟蒙撮要二卷　（清）車萬育撰　（清）夏
大觀刪補　（清）王之幹箋釋　清末馬江胡麟
楷刻本　一冊

350000－2042－0001424　410/114

澤存堂五種　（清）張士俊輯　清光緒十四年
(1888)上海蜚英館石印本　八冊

350000－2042－0001425　410/114.01

澤存堂五種　（清）張士俊輯　清康熙吳郡張
氏刻本　六冊　存三種四十卷(群經音辨七
卷、大廣益會玉篇三十卷、佩觿三卷)

350000－2042－0001426　411/071.001

爾雅音圖三卷　（晉）郭璞注　清嘉慶六年
(1801)藝學軒刻本　三冊

350000－2042－0001427　411/071.002

爾雅二卷　（晉）郭璞注　明刻本　二冊

350000－2042－0001428　411/071.01

爾雅注疏十一卷　（晉）郭璞注　（宋）邢昺疏
　明崇禎毛氏汲古閣刻十三經注疏本　三冊

存八卷(一至八)

350000－2042－0001429　411/071.1

爾雅注疏十一卷　（晉）郭璞注　（宋）邢昺疏
　（清）郭景純注　清乾隆十年(1745)三樂齋
刻本　四冊

350000－2042－0001430　411/071.11

爾雅疏十卷附校勘記　（晉）郭璞注　（宋）邢
昺疏　（清）阮元撰　（清）盧宣旬摘錄　清嘉
慶二十年(1815)江西南昌府學刻本　六冊

350000－2042－0001431　411/071.2

輶軒使者絕代語釋別國方言箋疏十三卷
（清）錢繹撰集　（清）王文韶校刊　清光緒十
六年(1890)紅蝠山房刻朱印本　六冊

350000－2042－0001432　411/071.21

輶軒使者絕代語釋別國方言箋疏十三卷
（清）錢繹撰集　（清）王文韶校刊　清光緒十
六年(1890)紅蝠山房刻本　五冊　存十一卷
(三至十三)

350000－2042－0001433　411/100

一切經音義二十五卷　（唐）釋玄應撰　補訂
新譯大方廣佛華嚴經音義二卷　（唐）釋慧苑
撰　清嘉慶四年(1799)刻本　四冊

350000－2042－0001434　411/100.01

一切經音義二十五卷　（唐）釋玄應撰　補訂
新譯大方廣佛華嚴經音義二卷　（唐）釋慧苑
撰　清同治八年(1869)武林張氏寶晉齋刻本
　四冊

350000－2042－0001435　411/100.01－1

一切經音義二十五卷　（唐）釋玄應撰　補訂
新譯大方廣佛華嚴經音義二卷　（唐）釋慧苑
撰　清同治八年(1869)武林張氏寶晉齋刻本
　四冊

350000－2042－0001436　411/101

經傳釋詞十卷　（清）王引之撰　清嘉慶二十
四年(1819)刻本　四冊

350000－2042－0001437　411/102

釋名疏證補八卷疏證補坿一卷　（漢）劉熙撰

王先謙譔集　**續釋名一卷釋名補遺一卷**
（清）畢沅撰　清光緒二十二年(1896)刻本
三冊

350000－2042－0001438　411/102－1

釋名疏證補八卷疏證補坿一卷　（漢）劉熙撰
　王先謙譔集　**續釋名一卷釋名補遺一卷**
（清）畢沅撰　清光緒二十二年(1896)刻本
四冊

350000－2042－0001439　411/107

爾雅音訓不分卷　（□）□□撰　清道光十年
(1830)刻本　一冊

350000－2042－0001440　411/108

廣雅疏證十卷　（清）王念孫撰　**博雅音十卷**
　（隋）曹憲撰　（清）王念孫校　清光緒五年
(1879)淮南書局刻本　八冊

350000－2042－0001441　411/178

爾雅正義二十卷　（清）邵晉涵撰集　**爾雅釋
文三卷**　（唐）陸德明撰　清乾隆五十三年
(1788)餘姚邵氏家塾刻本　八冊

350000－2042－0001442　411/178－1

爾雅正義二十卷　（清）邵晉涵撰集　**爾雅釋
文三卷**　（唐）陸德明撰　清乾隆五十三年
(1788)餘姚邵氏家塾刻本　七冊　缺三卷
（爾雅正義五至七）

350000－2042－0001443　411/250

駢雅七卷序目一卷　（明）朱謀㙔撰　**訓纂十
六卷附補遺一卷**　（清）魏茂林撰　清光緒七
年(1881)成都瀹雅齋刻本　二冊　存十七卷
（訓纂十六卷、附補遺一卷）

350000－2042－0001444　411/261

別雅五卷　（清）吳玉搢輯　清乾隆七年
(1742)新安程氏督經堂刻本　四冊

350000－2042－0001445　411/374

五雅四十一卷　（明）郎奎金輯　明武林郎氏
堂策檻刻本　十七冊

350000－2042－0001446　411/469

譚苑醍醐八卷　（明）楊慎撰　（清）李調元校

定　清刻本　一冊

350000－2042－0001447　411/474

增訂金壺字攷一卷附古體假借字一卷　（宋）
釋適之撰　（清）郝在田增訂　清同治十三年
(1874)刻本　一冊

350000－2042－0001448　411/607

新刻爾雅翼三十二卷　（宋）羅願撰　（明）畢
效欽校　明刻本　八冊

350000－2042－0001449　411/711

經籍籑詁附補遺一百六卷首一卷　（清）阮元
譔集　清光緒六年(1880)淮南書局刻本　四
十八冊

350000－2042－0001450　411/711.01

經籍籑詁一百六卷附補遺首一卷　（清）阮元
譔集　清嘉慶十七年(1812)揚州阮氏琅嬛仙
館刻本　四十二冊

350000－2042－0001451　411/723.01

助字辨略五卷　（清）劉淇撰　清咸豐五年
(1855)刻海源閣叢書本　五冊

350000－2042－0001452　411/742

埤雅二十卷　（宋）陸佃撰　清刻本　一冊
存十四卷(七至二十)

350000－2042－0001453　411/803

爾雅註疏参義六卷　（清）姜兆錫撰　清雍正
十年(1732)寅清樓刻九經補注本　六冊

350000－2042－0001454　411/834

聲類四卷　（清）錢大昕撰　清道光五年
(1825)刻粵雅堂叢書本　四冊

350000－2042－0001455　412.2/080

說文解字部目一卷　（清）胡澍書　清同治刻
本　一冊

350000－2042－0001456　412.2/089

說文解字十五卷　（漢）許慎記　（宋）徐鉉校
定　清初毛氏汲古閣刻本　八冊

350000－2042－0001457　412.2/089.01

說文解字十五卷　（漢）許慎記　（宋）徐鉉校
定　清嘉慶十二年(1807)藤花榭刻本　六冊

350000－2042－0001458　412.2/089.3

說文解字十五卷　（漢）許慎記　（宋）徐鉉校定　（清）陳昌治校刊　**說文通檢十四卷首一卷末一卷**　（清）黎永椿編　清光緒九年(1883)山西書局刻民國五年(1916)山西官書局印本　十二冊

350000－2042－0001459　412.2/089－1

說文解字十五卷　（漢）許慎撰　（宋）徐鉉校定　清初毛氏汲古閣刻本　八冊

350000－2042－0001460　412.2/103.4

雷刻八種　（清）雷浚撰　清光緒吳縣雷氏刻本　四冊　存二種十七卷(說文外編十五卷、補遺一卷,劉氏碎金一卷)

350000－2042－0001461　412.2/103.4.01

說文外編十五卷補遺一卷　（清）雷浚撰　清光緒刻雷刻八種本　四冊

350000－2042－0001462　412.2/108.21

說文釋例二十卷　（清）王筠撰　清末刻本　十冊

350000－2042－0001463　412.2/109

說文韻譜校五卷　（清）王筠撰　清光緒十六年(1890)濰縣劉氏素心琴室刻本　二冊

350000－2042－0001464　412.2/109.1

說文釋例二十卷補正二十卷　（清）王筠撰　清光緒十三年(1887)上海積山書局石印本　四冊

350000－2042－0001465　412.2/112.11

說文發疑六卷　（清）張行孚撰　清光緒九年(1883)刻後知不足齋叢書本　二冊

350000－2042－0001466　412.2/112.21

說文審音十六卷　（清）張行孚撰　清光緒二十四年(1898)刻漸西村舍彙刊本　四冊　存十二卷(一至七、九、十二、十四至十六)

350000－2042－0001467　412.2/171.202

許氏說文解字雙聲疊韻譜一卷　（清）鄧廷楨撰　清光緒九年(1883)同文書局上海石印本　一冊

350000－2042－0001468　412.2/251.2

說文引經考證七卷互異說一卷　（清）陳瑑撰　清同治十三年(1874)湖北崇文書局刻本　二冊

350000－2042－0001469　412.2/257

說文通訓定聲十八卷柬韻一卷說雅十九篇古今韻準一卷　（清）朱駿聲撰　（清）朱鏡蓉參訂　[朱駿聲]行述一卷　朱孔彰撰　清道光二十八年(1848)刻同治九年(1870)補修本　二十六冊

350000－2042－0001470　412.2/257.2

說文通訓定聲十八卷柬韻一卷韻準一卷補遺一卷附說雅一卷　（清）朱駿聲紀錄　（清）朱鏡蓉參訂　[朱駿聲]行述一卷　朱孔彰撰　清光緒十三年(1887)上海點石齋石印經策通纂二種本　十冊

350000－2042－0001471　412.2/257.21

說文通訓定聲十八卷柬韻一卷說雅十九篇古今韻準一卷　（清）朱駿聲撰　（清）朱鏡蓉參訂　[朱駿聲]行述一卷　朱孔彰撰　清道光二十八年(1848)刻本　二十四冊

350000－2042－0001472　412.2/257.23

說文通訓定聲十八卷柬韻一卷說雅十九篇古今韻準一卷附補遺　（清）朱駿聲撰　（清）朱鏡蓉參訂　[朱駿聲]行述一卷　朱孔彰撰　清光緒十三年(1887)上海積山書局石印本　一冊

350000－2042－0001473　412.2/257－1

說文通訓定聲十八卷柬韻一卷說雅十九篇古今韻準一卷　（清）朱駿聲撰　（清）朱鏡蓉參訂　[朱駿聲]行述一卷　朱孔彰撰　清道光二十八年(1848)刻同治九年(1870)補修本　二十三冊

350000－2042－0001474　412.2/257－2

說文通訓定聲十八卷柬韻一卷說雅十九篇古今韻準一卷　（清）朱駿聲撰　（清）朱鏡蓉參訂　[朱駿聲]行述一卷　朱孔彰撰　清道光二十八年(1848)刻同治九年(1870)補修本　二十四冊

350000－2042－0001475　412.2/257－3

說文通訓定聲十八卷柬韻一卷說雅十九篇古今韻準一卷　（清）朱駿聲撰　（清）朱鏡蓉參訂　[朱駿聲]行述一卷　朱孔彰撰　清道光二十八年(1848)刻同治九年(1870)補修本　二十冊

350000－2042－0001476　412.2/257－4

說文通訓定聲十八卷柬韻一卷說雅十九篇古今韻準一卷　（清）朱駿聲撰　（清）朱鏡蓉參訂　[朱駿聲]行述一卷　朱孔彰撰　清道光二十八年(1848)刻同治九年(1870)補修本　二十四冊

350000－2042－0001477　412.2/264

說文古籀補十四卷附錄一卷　（清）吳大澂撰　清光緒二十四年(1898)刻本　一冊

350000－2042－0001478　412.2/264.11

說文古籀補十四卷補遺一卷附錄一卷　（清）吳大澂撰　清光緒石印本　四冊

350000－2042－0001479　412.2/271.01

說文解字十五卷　（漢）許慎記　（宋）徐鉉校定　說文通檢十四卷首一卷末一卷　（清）黎永椿編　清光緒五年(1879)常桂潤刻本　二冊　存十六卷(說文通檢十四卷、首一卷、末一卷)

350000－2042－0001480　412.2/271.1

說文解字注三十卷附六書音均表二卷　（清）段玉裁注　說文解字注匡謬八卷　（清）徐承慶撰　說文通檢十四卷首一卷末一卷　（清）黎永椿編　清光緒十四年(1888)上海蜚英館石印本　四冊

350000－2042－0001481　412.2/283

說文解字注箋十四卷附錄一卷　（清）段玉裁注　（清）徐灝箋　（清）徐樾編　清光緒二十年(1894)桂林刻民國三年(1914)補修本　三十二冊

350000－2042－0001482　412.2/288.1

說文解字通釋四十卷　（五代）徐鍇撰　（五代)朱翱反切　清光緒九年(1883)江蘇書局刻本　二冊

350000－2042－0001483　412.2/288.1－1

說文解字通釋四十卷　（五代）徐鍇傳釋（五代)朱翱反切　清光緒九年(1883)江蘇書局刻本　八冊

350000－2042－0001484　412.2/288.12

說文解字韻譜十卷　（五代）徐鍇撰　清同治三年(1864)吳縣馮桂芬刻本　二冊

350000－2042－0001485　412.2/288.12－1

說文解字韻譜十卷　（五代）徐鍇撰　清同治三年(1864)吳縣馮桂芬刻本　二冊

350000－2042－0001486　412.2/320

說文蟲篆十四卷　（清）潘奕雋撰　清嘉慶七年(1802)刻本　二冊

350000－2042－0001487　412.2/343.01

說文古本攷十四卷　（清）沈濤纂　清光緒十年(1884)吳縣潘氏滂喜齋刻本　八冊

350000－2042－0001488　412.2/343.01－1

說文古本攷十四卷　（清）沈濤纂　清光緒十年(1884)吳縣潘氏滂喜齋刻本　八冊

350000－2042－0001489　412.2/400

大廣益會玉篇三十卷　（南朝梁）顧野王撰（唐）孫強增字　（宋）陳彭年等重修　玉篇廣韻指南一卷　（□）□□撰　明刻本　十冊

350000－2042－0001490　412.2/403

說文辨字正俗八卷　（清）李富孫撰　清同治九年(1870)刻本　四冊

350000－2042－0001491　412.2/404

說文逸字辨證二卷　（清）鄭珍撰　（清）李楨辨證　清光緒十一年(1885)善化李氏畹蘭室刻本　一冊

350000－2042－0001492　412.2/420

說文校議十五卷　（清）姚文田　（清）嚴可均撰　清同治十三年(1874)歸安姚氏刻本　四冊

350000－2042－0001493　412.2/420.1

說文聲系十四卷　（清）姚文田撰　清刻本

二冊

350000－2042－0001494　412.2/440

說文字辨十四卷　（清）林慶炳輯　清同治四年(1865)刻本　四冊

350000－2042－0001495　412.2/442

說文解字義證五十卷　（清）桂馥撰　清同治九年(1870)湖北崇文書局刻本　三十一冊

350000－2042－0001496　412.2/442－1

說文解字義證五十卷　（清）桂馥撰　清同治九年(1870)湖北崇文書局刻本　四十八冊

350000－2042－0001497　412.2/442－2

說文解字義證五十卷　（清）桂馥撰　清同治九年(1870)湖北崇文書局刻本　三十三冊

350000－2042－0001498　412.2/444.2

苗氏說文四種　（清）苗夔撰　清道光至咸豐壽陽祁氏漢專亭刻本　四冊

350000－2042－0001499　412.2/479

說文引經考異十六卷　（清）柳榮宗撰　清同治六年(1867)刻本　四冊

350000－2042－0001500　412.2/493

說文長箋一百卷首二卷解題一卷六書長箋七卷　（漢）許慎說文　（唐）徐鉉韻譜　（明）趙宧光長箋　明崇禎四年(1631)趙均小宛堂刻本　四十冊

350000－2042－0001501　412.2/602

說文二徐箋異十四篇　田吳炤撰　清宣統元年(1909)石印本　二冊

350000－2042－0001502　412.2/651

說文部首讀本一卷　題(清)嘯雲主人撰　清武昌嘯雲書堂刻本　一冊

350000－2042－0001503　412.2/661

說文校議十五卷　（清）姚文田　（清）嚴可均撰　清同治十三年(1874)歸安姚氏刻本　四冊

350000－2042－0001504　412.2/751

說文引經攷二卷補遺一卷　（清）吳玉搢撰　清光緒九年(1883)歸安姚氏刻咫進齋叢書本

二冊

350000－2042－0001505　412.2/771

說文解字注三十卷六書音均表二卷汲古閣說文訂一卷　（清）段玉裁注　清同治十一年(1872)湖北崇文書局刻本　十六冊

350000－2042－0001506　412.2/771.02

說文解字注三十卷六書音均表二卷　（清）段玉裁注　清同治六年至十一年(1867－1872)蘇州保息局刻本　十六冊

350000－2042－0001507　412.2/778

萬言肆雅一卷　（清）屈曾發次韻　清同治九年(1870)刻本　六冊

350000－2042－0001508　412.2/778－1

萬言肆雅一卷　（清）屈曾發次韻　清同治九年(1870)刻本　六冊

350000－2042－0001509　412.2/786

新增說文韻府羣玉二十卷　（元）陰幼遇編輯　（元）陰勁達編注　（明）王元貞校正　明萬曆刻本　八冊　存八卷(四至五、七、十三至十七)

350000－2042－0001510　412.2/834

說文解字斠詮十四卷　（清）錢坫撰　清嘉慶十二年(1807)刻本　二十四冊

350000－2042－0001511　412.2/871

鄭子尹遺書五種　（清）鄭珍撰　清咸豐至同治刻本　三冊　存二種七卷(說文逸字二卷、附錄一卷,鄭學錄四卷)

350000－2042－0001512　412.2/874.1

段氏說文注訂八卷說文新附攷六卷續攷一卷　（清）鈕樹玉撰　清同治十三年(1874)湖北崇文書局刻本　二冊

350000－2042－0001513　412.2/874.11

段氏說文注訂八卷說文新附攷六卷續攷一卷　（清）鈕樹玉撰　清嘉慶六年(1801)非石居刻本　二冊　存七卷(說文新附攷六卷、續攷一卷)

350000－2042－0001514　412.2/874.1－1

段氏說文注訂八卷說文新附攷六卷續攷一卷
（清）鈕樹玉撰　清同治十三年(1874)湖北
崇文書局刻本　二冊　存八卷（段氏說文注
訂八卷）

350000－2042－0001515　412.2/874.12
段氏說文注訂八卷說文新附攷六卷續攷一卷
（清）鈕樹玉撰　清道光四年(1824)吳郡青
霞齋刻本　二冊　存八卷（段氏說文注訂八
卷）

350000－2042－0001516　412.2/874.1-2
段氏說文注訂八卷說文新附攷六卷續攷一卷
（清）鈕樹玉撰　清同治十三年(1874)湖北
崇文書局刻本　二冊　存八卷（段氏說文注
訂八卷）

350000－2042－0001517　412.2/874.21
段氏說文注訂八卷說文新附攷六卷續攷一卷
（清）鈕樹玉撰　清同治五年(1866)碧螺山
館刻本　四冊

350000－2042－0001518　412.2/874.3
說文解字校錄十五卷附說文刊誤一卷說文玉
篇校錄一卷　（清）鈕樹玉撰　**墓誌一卷**
（清）梁章鉅撰　清光緒十一年(1885)江蘇書
局刻本　十四冊

350000－2042－0001519　412.2/874.3-1
說文解字校錄十五卷附說文刊誤一卷說文玉
篇校錄一卷　（清）鈕樹玉撰　**墓誌一卷**
（清）梁章鉅撰　清光緒十一年(1885)江蘇書
局刻本　十四冊

350000－2042－0001520　412.3/287
從古堂款識學十六卷　（清）徐同柏釋文　清
光緒三十二年(1906)蒙學報館石印本　二冊

350000－2042－0001521　412.3/449
歷代鐘鼎彝器款識法帖二十卷　（宋）薛尚功
撰　**札記一卷**　劉世珩撰　清光緒三十三年
(1907)貴池劉世珩玉海堂刻本　四冊

350000－2042－0001522　412.3/711
積古齋鐘鼎彝器款識十卷　（清）阮元編錄
（清）阮亨等校字　清刻本　四冊

350000－2042－0001523　412.3/711.01
積古齋鐘鼎彝器款識十卷　（清）阮元編錄
（清）阮亨等校字　清刻本　六冊

350000－2042－0001524　412.3/711.05
積古齋鐘鼎彝器款識十卷　（清）阮元編錄
清光緒十九年(1893)上海積山書局石印本
六冊

350000－2042－0001525　412.3/721
隸韻十卷碑目一卷　（宋）劉球撰　**隸韻考證**
二卷碑目考證一卷　（清）翁方綱撰　清嘉慶
十五年(1810)刻本　六冊

350000－2042－0001526　412.3/721-1
隸韻十卷碑目一卷　（宋）劉球撰　**隸韻考證**
二卷碑目考證一卷　（清）翁方綱撰　清嘉慶
十五年(1810)刻本　六冊

350000－2042－0001527　412.3/773
宋王復鐘鼎款識一卷　（宋）王厚之集　清嘉
慶七年(1802)阮元積古齋影刻宋拓本　一冊

350000－2042－0001528　412.4/075.001
汗簡七卷　（宋）郭忠恕撰　清道光二十八年
(1848)刻本　一冊

350000－2042－0001529　412.4/075.01
汗簡七卷　（宋）郭忠恕撰　清光緒十六年
(1890)陳國仕抄本　一冊

350000－2042－0001530　412.4/200
御定駢字類編二百四十卷　（清）張廷玉等纂
清光緒十三年(1887)上海同文書局石印本
四十八冊

350000－2042－0001531　412.4/200-1
御定駢字類編二百四十卷　（清）張廷玉等纂
清光緒十三年(1887)上海同文書局石印本
四十八冊

350000－2042－0001532　412.4/219
分類字錦六十四卷　（清）何焯　（清）陳鵬年
等纂修　清刻本　三十二冊

350000－2042－0001533　412.4/448
千金裘二十七卷二集二十六卷　（清）蔣義彬

纂　清刻本　八冊　存二十七卷(千金裘二十七卷)

350000－2042－0001534　412.4/504.1

班馬字類二卷　(宋)婁機撰　清康熙揚州馬氏叢書樓刻本　四冊

350000－2042－0001535　412.4/904

字學舉隅二卷附摘誤一卷　(清)龍光甸(清)龍啓瑞輯　清同治十年(1871)刻本　一冊

350000－2042－0001536　412.4/904.01

字學舉隅二卷附摘誤一卷　(清)龍光甸(清)龍啓瑞輯　清光緒七年(1881)刻本　一冊

350000－2042－0001537　412.5/319

音學五書　(清)顧炎武撰　清光緒十一年(1885)四明觀稼樓刻本　十二冊

350000－2042－0001538　412.5/758

屈宋古音義三卷　(明)陳第撰　(明)焦竑閱　(清)徐時作重訂　清乾隆三十二年(1767)徐時作刻本　三冊

350000－2042－0001539　412.6/114

復古編二卷　(宋)張有撰　**校正一卷附錄一卷**　(清)葛鳴陽輯　**曾樂軒稿一卷**　(宋)張維撰　**安陸集一卷**　(宋)張先撰　清光緒八年(1882)淮南書局刻本　三冊

350000－2042－0001540　412.6/114.01

復古編二卷　(宋)張有撰　**校正一卷附錄一卷**　(清)葛鳴陽輯　**曾樂軒稿一卷**　(宋)張維撰　**安陸集一卷**　(宋)張先撰　清光緒八年(1882)淮南書局刻本　三冊

350000－2042－0001541　412.6/316

韻歧五卷　(清)江昱輯　清光緒七年(1881)刻本　二冊

350000－2042－0001542　412.6/316－1

韻歧五卷　(清)江昱輯　清光緒七年(1881)刻本　二冊

350000－2042－0001543　412.6/442

字類標韻六卷　(清)華綱輯　(清)王乃棠重校　清光緒元年(1875)刻本　二冊

350000－2042－0001544　412.6/504

班馬字類五卷　(宋)婁機撰　清光緒十七年(1891)思賢書局刻本　一冊

350000－2042－0001545　412.6/774

草韻彙編二十六卷　(清)陶南望輯　(清)朱桓　(清)虞景星　(清)錢襄　(清)侯昌言參論　清乾隆二十年(1755)南村草堂刻本　十冊

350000－2042－0001546　412.7/002

字典考證十二卷　(清)奕繪輯　清道光十一年(1831)愛日堂刻本　八冊

350000－2042－0001547　412.7/002.01

字典考證十二卷　(清)奕繪輯　清光緒二年(1876)崇文書局刻本　六冊

350000－2042－0001548　412.7/007

康熙字典十二集三十六卷總目一卷檢字一卷辨似一卷等韻一卷備考一卷補遺一卷　(清)張玉書等纂　清刻本　四十冊

350000－2042－0001549　412.7/007.02

康熙字典十二集三十六卷總目一卷檢字一卷辨似一卷等韻一卷備考一卷補遺一卷　(清)張玉書等纂　(清)奕繪等重修　清道光七年(1827)刻本　十五冊　存十五卷(子集中、下,寅集上、中,辰集下,巳集上,午集上、中,未集上、中、下,申集上,酉集下,戌集下;補遺一卷)

350000－2042－0001550　412.7/007.02－1

康熙字典十二集三十六卷總目一卷檢字一卷辨似一卷等韻一卷備考一卷補遺一卷　(清)張玉書等纂　(清)奕繪等重修　清道光七年(1827)刻本　三十二冊

350000－2042－0001551　412.7/772.1

兼韻音義四卷　(清)殷秉鏞撰　清道光二十三年(1843)成都繆景宣刻本　八冊

350000－2042－0001552　412.8/272.1

御製增訂清文鑑補編四卷　清刻本　二冊

350000－2042－0001553　412/013

增補字學舉隅一卷　（清）龍啓瑞撰　清光緒二年(1876)刻本　一冊

350000－2042－0001554　412/019

字學舉隅二卷附摘誤一卷　（清）龍光甸（清）龍啓瑞輯　清同治十三年(1874)刻本一冊

350000－2042－0001555　412/108

文字蒙求四卷　（清）王筠撰　清光緒三十年(1904)湖北高等小學堂學務處刻本　一冊

350000－2042－0001556　412/108.01

文字蒙求四卷　（清）王筠撰　清末刻本　一冊

350000－2042－0001557　412/108.1

文字蒙求四卷　（清）王筠撰　清光緒二十三年(1897)廣州璧經堂刻本　一冊

350000－2042－0001558　412/108.2

文字蒙求四卷　（清）王筠撰　清末民初石印本　二冊

350000－2042－0001559　412/108.4

正字略定本一卷　（清）王筠撰　清道光刻本　一冊

350000－2042－0001560　412/120

名原二卷　（清）孫詒讓記　清光緒三十一年(1905)刻本　一冊

350000－2042－0001561　412/120.2

古籀拾遺三卷　（清）孫詒讓記　清光緒十六年(1890)瑞安孫氏刻經微室著書本　一冊

350000－2042－0001562　412/120－1

名原二卷　（清）孫詒讓記　清光緒三十一年(1905)刻本　一冊

350000－2042－0001563　412/126

倉頡篇三卷　（清）孫星衍撰　續本一卷（清）任大椿撰　輯本附一卷　（清）洪亮吉撰　補本二卷　（清）陶方琦撰　清光緒十六年(1890)江蘇書局刻本　一冊　缺一卷(輯本附一卷)

350000－2042－0001564　412/224

字林考逸八卷　（清）任大椿撰　補本一卷（清）陶方琦撰　附錄一卷　（清）任大椿識（清）丁小山籤記　補附錄一卷　（清）諸可寶識　清光緒十六年(1890)江蘇書局刻本　一冊

350000－2042－0001565　412/230

六書分類十二卷首一卷　（清）傅世垚輯（清）傅世磊參訂　（清）周天辰補校　清乾隆五十四年(1789)聽松閣刻本　十二冊　存十二卷(六書分類十二卷)

350000－2042－0001566　412/230－1

六書分類十二卷首一卷　（清）傅世垚輯（清）傅世磊參訂　（清）周天辰補校　清乾隆五十四年(1789)聽松閣刻本　十四冊

350000－2042－0001567　412/233

欽定同文韻統六卷　（清）允祿等纂修　清宣統二年(1910)理藩部刻本　五冊

350000－2042－0001568　412/234

六書分類十二卷首一卷　（清）傅世垚輯篆清嘉慶元年(1796)刻本　十三冊

350000－2042－0001569　412/262

石鼓文定本五種　（清）沈梧撰　清光緒十六年(1890)石印本　八冊

350000－2042－0001570　412/264.5

攈古錄金文三卷　（清）吳式芬撰　（清）吳重周等校字　清光緒二十一年(1895)海豐吳重熹刻本　九冊

350000－2042－0001571　412/264.5－1

攈古錄金文三卷　（清）吳式芬撰　（清）吳重周等校字　清光緒二十一年(1895)海豐吳重熹刻本　九冊

350000－2042－0001572　412/266

說文字原考略六卷　（清）吳照輯　清乾隆五十七年(1792)南昌吳氏寓館刻本　四冊

350000－2042－0001573　412/314

隸辨八卷　（清）顧藹吉撰集　清康熙五十七年(1718)秀水項絪玉淵堂刻本　八冊

350000－2042－0001574　412/314.01

隸辨八卷　（清）顧藹吉撰　清同治十二年(1873)漁古山房刻本　八冊

350000－2042－0001575　412/314.02

隸辨八卷　（清）顧藹吉撰集　清乾隆八年(1743)元都黃晟刻本　八冊

350000－2042－0001576　412/324

楷法溯源十四卷古碑目錄一卷　潘存輯　楊守敬編　清光緒三年(1877)刻本　十五冊

350000－2042－0001577　412/324－1

楷法溯源十四卷古碑目錄一卷　潘存輯　楊守敬編　清光緒三年(1877)刻本　十五冊

350000－2042－0001578　412/343

洪氏晦木齋叢書二十一種　（清）洪汝奎輯　清同治至宣統刻本　八冊　存三種四十九卷（隸釋二十七卷、隸續二十一卷、汪本隸釋刊誤一卷）

350000－2042－0001579　412/432

六書故三十三卷通釋一卷　（宋）戴侗撰　清乾隆四十九年(1784)李鼎元師竹齋刻本　十五冊

350000－2042－0001580　412/442.2

文選古字通疏證六卷　（清）薛傳均撰　清道光二十一年(1841)刻本　一冊

350000－2042－0001581　412/449

歷代鐘鼎彝器欵識法帖二十卷　（宋）薛尚功撰　（清）沈錦垣校　清光緒八年(1882)上海點石齋石印本　四冊

350000－2042－0001582　412/449.2

歷代鐘鼎彝器欵識法帖二十卷　（宋）薛尚功撰　清嘉慶二年(1797)阮元刻本　八冊

350000－2042－0001583　412/449.2－2

歷代鐘鼎彝器欵識法帖二十卷　（宋）薛尚功撰　清嘉慶二年(1797)阮元刻本　六冊

350000－2042－0001584　412/504

漢隸字源五卷碑目一卷附字一卷　（宋）婁機撰　明末毛氏汲古閣刻本　六冊

350000－2042－0001585　412/504－1

漢隸字源五卷碑目一卷附字一卷　（宋）婁機撰　明末毛氏汲古閣刻本　十二冊

350000－2042－0001586　412/558

石屋書五種　（清）曹金籀纂　清同治七年至十二年(1868－1873)仁和曹氏刻本　二冊　存二種五卷(春秋鑽燧四卷、古文原始一卷)

350000－2042－0001587　412/604

古今文字通釋十四卷　（清）呂世宜撰　（清）莊中正校　（清）林維源校刊　清光緒五年(1879)刻本　二冊

350000－2042－0001588　412/605.1

殷商貞卜文字考一卷　羅振玉撰　清宣統二年(1910)玉簡齋石印本　一冊

350000－2042－0001589　412/605.1　1

殷商貞卜文字考一卷　羅振玉撰　清宣統二年(1910)玉簡齋石印本　一冊

350000－2042－0001590　412/605.5

字學蒙求四卷附補正一卷　（清）王筠撰　清道光十九年(1839)刻本　一冊

350000－2042－0001591　412/661

隸篇十五卷續十五卷再續十五卷附金石目一卷續一卷再續一卷部目一卷續一卷再續一卷字目一卷續一卷再續一卷　（清）翟云升撰　清道光十七年至十八年(1837－1838)刻本　三冊

350000－2042－0001592　412/716.01

貨布文字考四卷首一卷末一卷　（清）馬昂考釋　（清）錢培益校刊　清道光二十二年(1842)雲間錢氏蘭隱園刻本　二冊

350000－2042－0001593　412/724

重校蒙學堂字課圖說四卷檢字一卷類字一卷　（清）劉樹屏撰　清光緒二十七年(1901)石印本　二冊

350000－2042－0001594　412/726

鐵雲藏龜一卷　(清)劉鶚輯　清光緒二十九年(1903)石印本　二冊

350000－2042－0001595　412/726－1

鐵雲藏龜一卷　(清)劉鶚輯　清光緒二十九年(1903)石印本　二冊

350000－2042－0001596　412/754.1

大廣益會玉篇三十卷　(南朝梁)顧野王撰　(唐)孫強增字　(宋)陳彭年等重修　大宋重修廣韻五卷　(隋)陸法言撰　(唐)長孫訥言箋注　(唐)劉臻等撰集　(唐)關亮等增字　玉篇校刊札記一卷廣韻校刊札記一卷　(清)鄧顯鶴撰　清道光三十年(1850)新化鄧氏刻本　八冊　存三十六卷(大廣益會玉篇三十卷、大宋重修廣韻五卷、玉篇校刊札記一卷)

350000－2042－0001597　412/754.21

大廣益會玉篇三十卷　(南朝梁)顧野王撰　(唐)孫強增字　(宋)陳彭年等重修　大宋重修廣韻五卷　(隋)陸法言撰　(唐)長孫訥言箋注　(唐)劉臻等撰集　(唐)關亮等增字　玉篇校刊札記一卷廣韻校刊札記一卷　(清)鄧顯鶴撰　清道光三十年(1850)新化鄧氏刻本　八冊　存三十五卷(大廣益會玉篇三十卷、大宋重修廣韻五卷)

350000－2042－0001598　412/754.21－1

大廣益會玉篇三十卷　(南朝梁)顧野王撰　(唐)孫強增字　(宋)陳彭年等重修　大宋重修廣韻五卷　(隋)陸法言撰　(唐)長孫訥言箋注　(唐)劉臻等撰集　(唐)關亮等增字　玉篇校刊札記一卷廣韻校刊札記一卷　(清)鄧顯鶴撰　清道光三十年(1850)新化鄧氏刻本　八冊　存三十五卷(大廣益會玉篇三十卷、大宋重修廣韻五卷)

350000－2042－0001599　412/757

字匯不分卷　(清)陳國仕輯　清光緒二十六年(1900)陳國仕稿本　一冊

350000－2042－0001600　412/770

六書通十卷　(明)閔齊伋撰　(清)畢弘述篆訂　(清)閔章　(清)程昌燁校　清乾隆刻本　五冊

350000－2042－0001601　412/801

香墅漫鈔四卷　(清)曾廷枚輯　清乾隆五十二年(1787)南城曾氏家塾刻本　四冊

350000－2042－0001602　412/801－2

香墅漫鈔四卷　(清)曾廷枚輯　清乾隆五十二年(1787)南城曾氏家塾刻本　四冊

350000－2042－0001603　412/838

說文經字攷疏證六卷　(清)錢人龍撰　清光緒二十三年(1897)鉛印本　二冊

350000－2042－0001604　412/882

同文考證四種附一種　(清)管受之輯　清道光二十二年(1842)刻本　一冊

350000－2042－0001605　413.08/728

新編經史正音切韻指南一卷　(元)劉鑑撰　清宣統元年(1909)廣州方功惠刻本　一冊

350000－2042－0001606　413/003.1

韻詁五卷補遺五卷　(清)方濬頤輯　清光緒四年(1878)淮南書局刻本　六冊

350000－2042－0001607　413/013

古韻通說二十卷　(清)龍啟瑞撰　清光緒九年(1883)四川尊經書局刻本　四冊

350000－2042－0001608　413/013－1

古韻通說二十卷　(清)龍啟瑞撰　清光緒九年(1883)四川尊經書局刻本　四冊

350000－2042－0001609　413/045

詩韻合璧五卷詩腋一卷詞林典故一卷新增文選題解一卷三場程式一卷　(清)湯文璐輯　虛字韻藪一卷　(清)潘維城輯　清同治九年(1870)西泠還讀書齋刻本　五冊

350000－2042－0001610　413/100

集韻十卷　(宋)丁度修定　清康熙曹氏刻嘉慶十九年(1814)補修本　十冊

350000－2042－0001611　413/100－1

集韻十卷　(宋)丁度修定　清康熙曹氏刻嘉慶十九年(1814)補修本　五冊

350000－2042－0001612　413/103.1

韻學指南五卷　(清)王溱編輯　清道光二十

八年(1848)足雨窟刻本　五册

350000－2042－0001613　413/104
新刊校正增補圓機詩韻活法全書十四卷
（明）王世貞增校　（清）蔣先庚重訂　清刻本
六册

350000－2042－0001614　413/104.5
音韻闡微十八卷韻譜一卷　（清）李光地承修
（清）王蘭生編纂　清光緒七年(1881)淮南
書局刻本　五册

350000－2042－0001615　413/104.5－1
音韻闡微十八卷韻譜一卷　（清）李光地承修
（清）王蘭生編纂　清光緒七年(1881)淮南
書局刻本　五册

350000－2042－0001616　413/106
丁酉圃叢書三種　（清）丁顯撰　清光緒刻本
八册　缺四卷(十三經諸家引書異字同聲
考十至十三)

350000－2042－0001617　413/171
古今韻略五卷例言一卷附刪字一卷　（清）邵
長蘅纂　清康熙三十五年(1696)刻本　四册

350000－2042－0001618　413/171－2
古今韻略五卷例言一卷附刪字一卷　（清）邵
長蘅纂　清康熙三十五年(1696)刻本　五册
存六卷(古今韻略五卷、例言一卷)

350000－2042－0001619　413/171－3
古今韻略五卷例言一卷附刪字一卷　（清）邵
長蘅纂　清康熙三十五年(1696)刻本　五册
存六卷(古今韻略五卷、例言一卷)

350000－2042－0001620　413/177
切韻指掌圖一卷　（宋）司馬光撰　清刻朱墨
套印本　一册

350000－2042－0001621　413/220
洪武正韻十六卷　（明）宋濂　（明）樂韶鳳撰
明崇禎三年(1630)廣益堂刻本　四册

350000－2042－0001622　413/252
佩文詩韻釋要五卷　（清）周兆基撰　（清）朱
蘭重輯　清光緒元年(1875)湖北崇文書局刻

本　一册

350000－2042－0001623　413/263
榕園詞韻一卷發凡一卷　（清）吳寧編　清乾
隆四十九年(1784)冬青山館刻本　一册

350000－2042－0001624　413/266
蒙雅八卷　（清）陳立達纂　清光緒三十一年
(1905)湖北蒙養學堂刻本　一册

350000－2042－0001625　413/280.201
詩韻合璧五卷　（清）湯文潞輯　清末至民國
石印本　一册　存三卷(三至五)

350000－2042－0001626　413/304
韻徵十六卷　（清）安吉纂輯　（清）安念祖篆
錄　（清）華湛恩校刊　清道光十七年(1837)
華湛恩親仁堂刻本　十二册

350000－2042－0001627　413/304－1
韻徵十六卷　（清）安吉纂輯　（清）安念祖篆
錄　（清）華湛恩校刊　清道光十七年(1837)
華湛恩親仁堂刻本　六册

350000－2042－0001628　413/313.1
佩文韻府一百六卷　（清）蔡升元　（清）楊瑄
等纂修兼校勘　（清）孫致彌　（清）吳昺等纂
修　**韻府拾遺一百六卷**　（清）汪灝等纂修
清刻本　二十四册　存一百六卷(韻府拾遺
一百六卷)

350000－2042－0001629　413/313.11
佩文韻府一百六卷　（清）蔡升元　（清）楊瑄
等纂修兼校勘　（清）孫致彌　（清）吳昺等纂
修　**韻府拾遺一百六卷**　（清）汪灝等纂修
清刻本　十九册　存一百卷(韻府拾遺一至
一百)

350000－2042－0001630　413/316
韻歧五卷　（清）江昱輯　清乾隆二十五年
(1760)刻本　二册

350000－2042－0001631　413/316－2
韻歧五卷　（清）江昱輯　清乾隆二十五年
(1760)刻本　四册

350000－2042－0001632　413/319

顧氏音學五書三十八卷 （清）顧炎武撰 清光緒十六年（1890）思賢講舍刻本 十五冊

350000－2042－0001633 413/319.011

顧氏音學五書 （清）顧炎武撰 清康熙六年（1667）山陽張弨符山堂刻本 二十冊

350000－2042－0001634 413/319.011－1

顧氏音學五書 （清）顧炎武撰 清康熙六年（1667）山陽張弨符山堂刻本 十六冊

350000－2042－0001635 413/400

蕭選韻系二卷 （清）李麟閣編輯 清光緒十年（1884）上海同文書局石印本 二冊

350000－2042－0001636 413/401

佩文廣韻匯編五卷 （清）李元祺編輯 清同治十一年（1872）金陵書局刻本 二冊

350000－2042－0001637 413/402

切韻攷四卷 （清）李鄴撰 清雍正穆伯芳刻本 一冊

350000－2042－0001638 413/403

李氏音鑑六卷首一卷 （清）李汝珍撰 （清）李汝琮參 （清）李時翱等校 清光緒十四年（1888）刻本 四冊

350000－2042－0001639 413/403.01

李氏音鑑六卷首一卷 （清）李汝珍撰 （清）李汝琮參 （清）李時翱等校 清同治五年（1866）集古堂刻本 四冊

350000－2042－0001640 413/409

音韻闡微十八卷韻譜一卷 （清）李光地承修 （清）王蘭生編纂 清光緒七年（1881）淮南書局刻本 十冊

350000－2042－0001641 413/420

古音諧八卷首一卷 （清）姚文田輯 清道光二十五年（1845）蘇州振新書社刻本 六冊

350000－2042－0001642 413/420－1

古音諧八卷首一卷 （清）姚文田輯 清道光二十五年（1845）蘇州振新書社刻本 六冊

350000－2042－0001643 413/420－2

古音諧八卷首一卷 （清）姚文田輯 清道光二十五年（1845）蘇州振新書社刻本 六冊

350000－2042－0001644 413/440

建州八音字義便覽一卷 （清）林端材彙輯 清道光十年（1830）刻本 一冊

350000－2042－0001645 413/440.1

新鐫彙音妙悟全集一卷 （清）黃謙纂輯 清光緒三十一年（1905）廈門會文書莊石印本 一冊

350000－2042－0001646 413/440.1－1

新鐫彙音妙悟全集一卷 （清）黃謙纂輯 清光緒三十一年（1905）廈門會文書莊石印本 一冊

350000－2042－0001647 413/441

等韻一得內篇一卷外篇一卷補篇一卷 勞乃宣撰 清光緒二十四年（1898）吳橋官廨刻本 一冊

350000－2042－0001648 413/448

古今韻會舉要三十卷禮部韻略七音三十六母通攷一卷 （宋）黃公紹編輯 （元）熊忠舉要 清光緒九年（1883）淮南書局刻本 十冊

350000－2042－0001649 413/448.2

唐寫本唐韻殘卷 （唐）孫愐撰 清光緒三十四年（1908）上海國粹學報館影印本 一冊

350000－2042－0001650 413/448.2－1

唐寫本唐韻殘卷 （唐）孫愐撰 清光緒三十四年（1908）上海國粹學報館影印本 一冊

350000－2042－0001651 413/448－1

古今韻會舉要三十卷禮部韻略七音三十六母通攷一卷 （宋）黃公紹編輯 （元）熊忠舉要 清光緒九年（1883）淮南書局刻本 十冊

350000－2042－0001652 413/448－2

古今韻會舉要三十卷禮部韻略七音三十六母通攷一卷 （宋）黃公紹編輯 （元）熊忠舉要 清光緒九年（1883）淮南書局刻本 十冊

350000－2042－0001653 413/466

洪武正韻不分卷 （明）宋濂編定 （明）楊時偉補牋 明崇禎四年（1631）刻本 十二冊

350000－2042－0001654 413/469

古音獵要五卷附古音後語一卷 （明）楊慎撰
（清）李調元校定 清刻本 一冊

350000－2042－0001655 413/604

四聲等子一卷 （□）□□撰 清抄本 一冊

350000－2042－0001656 413/743.2

佩文詩韻釋要五卷 （清）周兆基撰 陸潤庠
重校 清宣統三年（1911）商務印書館影印本
一冊

350000－2042－0001657 413/753

切韻考八卷 （清）陳澧撰 清道光二十二年
（1842）粵東城西湖街富文齋刻本（卷六至八
原缺） 二冊

350000－2042－0001658 413/770

山門新語二卷 （清）周贇撰 清光緒十九年
（1893）六聲草堂刻本 二冊

350000－2042－0001659 413/770.01

山門新語四卷首四卷 （清）周贇撰 清光緒
三十三年（1907）刻本 四冊

350000－2042－0001660 413/772

中原音韻二卷 （元）周德清編輯 （明）王文
璧增注 （明）葉以震校正 明刻本 二冊

350000－2042－0001661 413/806

詩韻集成十卷 （清）余照輯 **詞林典腋一卷**
（□）□□輯 清同治十一年（1872）三益堂
刻本 四冊

350000－2042－0001662 414/042

彙集雅俗通十五音八卷 （清）謝秀嵐編 清
會文堂刻朱墨套印本 四冊

350000－2042－0001663 414/447.1

八音定訣不分卷 （清）葉開溫撰 清宣統元
年（1909）廈門倍文齋鉛印本 一冊

350000－2042－0001664 414/564

輶軒使者絕代語釋別國方言十三卷首一卷
（漢）揚雄記 （晉）郭璞注 **續方言二卷**
（清）杭世駿纂輯 **續方言補一卷** （清）程際
盛補纂 清光緒十七年（1891）思賢講舍刻本
二冊

350000－2042－0001665 414/564.2

輶軒使者絕代語釋別國方言十三卷 （清）戴
震疏證 清乾隆刻微波榭叢書本 二冊

350000－2042－0001666 414/564.2－1

輶軒使者絕代語釋別國方言十三卷 （清）戴
震疏證 清乾隆刻微波榭叢書本 二冊

350000－2042－0001667 414/604

輶軒使者絕代語釋別國方言十三卷 （漢）揚
雄撰 （晉）郭璞注 清光緒福山王懿榮天壤
閣刻本 二冊

350000－2042－0001668 415/284

虛字會通法初編不分卷 （清）徐超編輯 清
光緒三十一年（1905）上海中新書局鉛印本
一冊 存二十三葉（四十五至六十七）

350000－2042－0001669 415/711

文通十卷 （清）馬建忠撰 清光緒三十年
（1904）上海商務印書館鉛印本 二冊

350000－2042－0001670 416.9/405.1

閩腔快字一卷 （清）力捷三集 清光緒二十
二年（1896）武昌刻本 一冊

350000－2042－0001671 416.9/405.1－1/N

閩腔快字一卷 （清）力捷三集 清光緒二十
二年（1896）武昌刻本 一冊

350000－2042－0001672 416.9/991

重訂合聲簡字譜一卷 勞乃宣撰 清光緒三
十二年（1906）刻本 一冊

350000－2042－0001673 416/007

京腔官話踐約傳一卷 （清）□□編 清光緒
三十三年（1907）廈門倍文齋鉛印本 一冊

350000－2042－0001674 416/007.1

京腔官話談論編一百章 （清）□□編 清光
緒三十四年（1908）廈門倍文齋鉛印本 一冊

350000－2042－0001675 416/083

官話散語集二卷 （清）許宗岑撰 清光緒三
十三年（1907）廈門倍文齋鉛印本 一冊

350000 - 2042 - 0001676　418.1/108

文字蒙求四卷　（清）王筠撰　（清）朱良箴覆校　清末上海文瑞樓石印本　一冊

350000 - 2042 - 0001677　419.1/804

滿漢字清文啟蒙四卷　（清）舞格撰　清三槐堂刻本　四冊

350000 - 2042 - 0001678　419/105

遼金元三史語解四十六卷　清光緒四年（1878）江蘇書局刻本　三冊

350000 - 2042 - 0001679　510.92/711

疇人傳四十六卷　（清）阮元撰　**續六卷**（清）羅士琳續補　清光緒八年（1882）海鹽張氏常惺齋刻本　十二冊

350000 - 2042 - 0001680　510/004

御製數理精蘊上編五卷下編四十卷表八卷（清）何國宗　（清）梅毅成彙編　清光緒八年（1882）廣東藩司刻本　三十二冊

350000 - 2042 - 0001681　510/102

萬象一原九卷首一卷　（清）夏鸞翔演　（清）林授經　（清）林授訓校　清光緒二十四年（1898）江蘇書局刻本　一冊

350000 - 2042 - 0001682　510/104

最新全國小學簡明珠算課本　（清）王如璋撰　清光緒三十四年（1908）上海昌文書局石印本　一冊

350000 - 2042 - 0001683　510/104.3

緝古算經不分卷　（唐）王孝通撰並注　清光緒二十二年（1896）陳國仕抄本　一冊

350000 - 2042 - 0001684　510/224

盈朒一得二卷　（清）崔朝慶撰　（清）林授經校　清光緒二十四年（1898）江蘇書局刻本　一冊

350000 - 2042 - 0001685　510/260

割圓通解一卷　（清）吳誠撰　（清）林授訓校算　清光緒二十四年（1898）江蘇書局刻本　一冊

350000 - 2042 - 0001686　510/262

新編直指算法統宗十二卷首一卷　（明）程大位編　清同治七年（1868）刻本　四冊

350000 - 2042 - 0001687　510/408

則古昔齋算學十三種　（清）李善蘭撰　清同治六年（1867）金陵刻本　六冊

350000 - 2042 - 0001688　510/431

算經十書附刻一種　（清）孔繼涵輯　清光緒十六年（1890）滬上刻本　十冊

350000 - 2042 - 0001689　510/440

秋水堂遺集三種　（清）莊亨陽撰　清光緒十五年（1889）南靖莊氏刻本　四冊　存二種九卷（秋水堂算法八卷、曆法問答一卷）

350000 - 2042 - 0001690　510/480

兼濟堂纂刻梅勿菴先生曆算全書二十九種（清）梅文鼎撰　（清）魏荔彤輯　（清）梅乾敎　（清）梅士敏　（清）梅士説校正　（清）楊作枚訂補　清雍正刻咸豐九年（1859）梅體萱補修本　二十四冊

350000 - 2042 - 0001691　510/480.1

兼濟堂纂刻梅勿菴先生曆算全書二十九種（清）梅文鼎撰　（清）魏荔彤輯　（清）梅乾敎　（清）梅士敏　（清）梅士説校正　（清）楊作枚訂補　清雍正刻咸豐九年（1859）梅體萱補修本　十二冊　存七種二十八卷（筆算五卷、三角法舉要五卷、弧三角舉要五卷、環中黍尺五卷、塹堵測量二卷、交食蒙求訂補二卷、曆學駢枝四卷）

350000 - 2042 - 0001692　510/480.2

梅氏叢書輯要六十二卷首一卷　（清）梅文鼎撰　清光緒十四年（1888）上海龍文書局石印本　六冊

350000 - 2042 - 0001693　510/675

割圓密率捷法四卷　（清）明安圖撰　（清）陳際新續　清道光十九年（1839）石梁岑氏刻本　三冊

350000 - 2042 - 0001694　510/722

九章算術細草圖說九卷海島算經細草圖說一卷　（三國魏）劉徽注　（唐）李淳風等注釋

(清)李潢撰　清刻本　　八册

350000－2042－0001695　510/778

數學精詳十一卷首一卷末一卷　（清）屈曾發輯　（清）鄒仲庸初校　（清）鄒鏡瀾覆校　清光緒二十四年(1898)巴蜀善成堂刻本　　六册

350000－2042－0001696　510/991

矩齋籌算六種附一種　勞乃宣撰　清光緒刻朱墨套印本　　五册　存五種八卷(籌算淺識二卷、籌算分法淺釋一卷、籌算蒙課一卷、垛積籌法二卷、衍元小草二卷)

350000－2042－0001697　513.3/216

幾何學教科書(立體之部)八章　（日本）上野清撰　仇毅譯　清宣統元年(1909)上海群益書社鉛印本　　一册　存三章(六至八)

350000－2042－0001698　513/221

幾何原本十五卷首一卷　（意大利）利瑪竇口譯　（明）徐光啓筆受　（英國）偉烈亞力續譯　（清）李善蘭續筆　清同治四年(1865)金陵刻本　　十册

350000－2042－0001699　520/100

天文問答不分卷　（清）王亨統編輯　清光緒二十八年(1902)鉛印本　　一册

350000－2042－0001700　520/444

天文新編十一章　（美國）赫士編輯　周雲路譯　山東公合大學堂撰　清宣統三年(1911)上海美華書館鉛印本　　一册

350000－2042－0001701　520/470

中星譜一卷　（清）胡宣撰　清抄本　　一册

350000－2042－0001702　523/272

談天十八卷首一卷表一卷　（英國）侯失勒原本　（英國）偉烈亞力口譯　（清）李善蘭刪述　（清）徐建寅續述　清光緒二十七年(1901)上海日新社石印本　　二册

350000－2042－0001703　529.3/480

兼濟堂纂刻梅勿菴先生曆算全書二十九種　（清）梅文鼎撰　清光緒十一年(1885)上海敦懷書屋刻本　　二十四册

350000－2042－0001704　531/442

重學二十卷圜錐曲線說三卷　（英國）胡威立著　（英國）艾約瑟口譯　（清）李善蘭筆述　清同治五年(1866)刻本　　一册

350000－2042－0001705　533.4/234

氣學叢談二卷　（英國）傅蘭雅口譯　（清）華蘅芳筆述　清末至民國石印本　　一册　存一卷(下)

350000－2042－0001706　580.3/102

二如亭群芳譜二十八卷首一卷　（明）王象晉纂輯　（明）陳繼儒　（明）毛晉　（明）姚元台校　明末刻清補修本　　二十三册

350000－2042－0001707　580.3/264

植物名實圖考三十八卷長編二十二卷　（清）吳其濬撰　清道光二十八年(1848)蒙自陸應穀刻民國八年(1919)山西官書局補修本　　五十册

350000－2042－0001708　610/002

增批評點醫門棒喝初集四卷二集九卷　（清）章楠撰　（清）章鉦震參訂　（清）田晉元評點　（清）王孟英增批評點　清宣統元年(1909)蠡城三友益齋石印本　　十册

350000－2042－0001709　610/101

醫林指月十二種　（清）王琦纂輯　清光緒二十二年(1896)上海圖書集成印書局鉛印本　八册

350000－2042－0001710　610/101.1

醫書十二種　（清）王琦纂輯　清乾隆三十二年(1767)寶笏樓刻本　　十二册

350000－2042－0001711　610/102.1

王洪緒先生外科證治全生不分卷　（清）王維德撰　清末至民國申報館鉛印本　　二册

350000－2042－0001712　610/104.01

潛齋醫書五種　（清）王士雄撰　清末上海錦章圖書局石印本　　八册

350000－2042－0001713　610/104.01－1

溫熱經緯五卷　（清）王士雄纂　清末上海錦

章圖書局石印潛齋醫書五種本　四冊

350000－2042－0001714　610/104.1

唐王燾先生外臺秘要方四十卷　（唐）王燾撰（宋）林億等進（清）陸錫明校閱（清）程衍道訂　清光緒二十四年(1898)上海圖書集成印書局鉛印本　十六冊

350000－2042－0001715　610/104.2

湯液本草三卷　（元）王好古類集（明）吳中珩校正　清末石印本　一冊

350000－2042－0001716　610/261

溫病條辨六卷首一卷　（清）吳瑭撰（清）汪廷珍等參訂　清末至民國初上海錦章圖書局石印本　四冊

350000－2042－0001717　610/261.1

溫病條辨六卷首一卷　（清）吳瑭撰（清）汪廷珍等參訂（清）朱武曹點評　清光緒十九年(1893)上海圖書集成印書局石印本　四冊

350000－2042－0001718　610/281

蘭臺軌範八卷　（清）徐大椿撰　清光緒十年(1884)李子受抄本　六冊

350000－2042－0001719　610/284.1

徐氏醫書八種　（清）徐大椿撰　清光緒四年(1878)掃葉山房刻本　十冊

350000－2042－0001720　610/316.5

素問靈樞類纂約注三卷　（清）汪昂纂輯　清光緒二十二年(1896)上海圖書集成印書局鉛印本　一冊

350000－2042－0001721　610/316.5－1

素問靈樞類纂約注三卷　（清）汪昂纂輯　清光緒二十二年(1896)上海圖書集成印書局鉛印本　一冊

350000－2042－0001722　610/348

沈氏尊生書五種　（清）沈金鼇輯　清宣統元年(1909)石印本　二十冊

350000－2042－0001723　610/406.1

東垣十書十二種　（明）□□輯　清刻本　十冊　存八種十二卷(東垣先生此事難知集二

卷、湯液本草三卷、格致餘論一卷、局方發揮一卷、外科精義二卷、醫經溯洄集一卷、醫壘元戎一卷、海藏癍論萃英一卷)

350000－2042－0001724　610/406.11

東垣十書十二種　（明）□□輯　清光緒七年(1881)上海文盛書局石印本　三冊　存七種十三卷(格致餘論一卷、局方發揮一卷、外科精義二卷、脈訣一卷、內外傷辨惑論三卷、脾胃論三卷、東垣先生此事難知集二卷)

350000－2042－0001725　610/440

補注黃帝內經素問二十四卷遺篇一卷靈樞十二卷　（唐）王冰撰　清光緒二十二年(1896)上海圖書集成局鉛印本　六冊

350000－2042－0001726　610/686

醫門法律六卷尚論篇四卷首一卷後篇四卷寓意草一卷　（清）喻昌撰　清光緒簡青齋書局石印本　三冊　存六卷(醫門法律六卷)

350000－2042－0001727　610/686.01

醫門法律六卷　（清）喻昌撰　清同文堂刻本　一冊　存一卷(六)

350000－2042－0001728　610/686.03

醫門法律六卷　（清）喻昌撰　清宣統元年(1909)上海掃葉山房石印本　二冊　存四卷(一至四)

350000－2042－0001729　614.23/101

重刊補註洗冤錄集證六卷　（宋）宋慈撰（清）王又槐增輯（清）李觀瀾補輯（清）阮其新補註（清）王又梧校訂（清）張錫蕃重訂加丹　清光緒三年(1877)浙江書局刻四色套印本　五冊

350000－2042－0001730　614.23/665

續增洗冤錄辨正三卷補刊一卷　（清）瞿中溶撰（清）李璋煜重訂（清）史樸（清）文晟（清）陸孫鼎校　清光緒三十三年(1907)上海書局石印本　一冊

350000－2042－0001731　614.23/720

洗冤錄義證四卷附經驗方一卷歌訣一卷　（清）剛毅編輯（清）諸可寶校　清光緒十七

年（1891）江蘇書局刻本　四冊

350000－2042－0001732　615.14/274.01

驗方新編十八卷　（清）鮑相璈編輯　清光緒
三十一年（1905）鉛印本　一冊

350000－2042－0001733　615.14/342.1

慈幼新書三種　（清）莊一夔撰　清同治二年
（1863）羊城寶經閣刻本　一冊

350000－2042－0001734　615.14/342.11

達生編二卷　（□）□□撰　清光緒十三年
（1887）泉城靈慈宮成文堂書坊刻本　一冊

350000－2042－0001735　615.8/404

壽世全書三卷　（□）□□撰　運氣法一卷
（□）□□撰　清黃貽楫招鷗別館抄本　一冊

350000－2042－0001736　615/083

訂正東醫寶鑑二十二卷目錄二卷　（朝鮮）許
浚撰　清末至民國上海校經山房石印本　十
六冊

350000－2042－0001737　615/111.1

張氏醫書七種　（清）張璐　（清）張登撰　清
光緒二十年（1894）上海圖書集成印書局鉛印
本　二十三冊　缺一種一卷（張氏醫通六）

350000－2042－0001738　615/126

千金翼方三十卷　（唐）孫思邈撰　（宋）林億
等校正　清光緒三十四年（1908）上海久敬齋
書莊鉛印本　六冊

350000－2042－0001739　615/126.1

孫真人備急千金要方三十卷　（唐）孫思邈撰
（清）席世臣校　附張路玉先生衍義一卷
（清）張璐撰　清光緒三十四年（1908）上海久
敬齋書莊鉛印本　十二冊

350000－2042－0001740　615/212

衛生鴻寶六卷　（清）祝補齋編　清末至民國
上海錦章圖書局石印本　一冊　存一卷（二）

350000－2042－0001741　615/377

經驗良方二卷　（清）周其芬輯　（清）梁思淇
增輯　清光緒三十三年（1907）上海校經山房
石印本　二冊

350000－2042－0001742　615/406

珍珠囊指掌補遺藥性賦四卷　（金）李杲輯
（清）王子接重訂　雷公炮製藥性解六卷
（明）李中梓編輯　（清）王子接重訂　清宣統
三年（1911）上海會文堂書局石印本　四冊

350000－2042－0001743　615/406.2

本草綱目五十二卷首一卷圖三卷附奇經八脈
考一卷脈訣考證一卷瀕湖脈學一卷　（明）李
時珍撰　張士瑜　張士珩審定　（清）王汝謙
（清）朱銘華校理　（清）許燮年繪圖　拾遺
十卷　（清）趙學敏輯　（清）范錫堯等校　本
草萬方鍼線八卷藥品總目一卷　（清）蔡烈先
輯　（清）范錫堯　（清）朱銘華校　清光緒九
年至十三年（1883－1887）張紹棠味古齋刻本
四十冊

350000－2042－0001744　615/406.21

本草綱目五十二卷奇經八脉攷一卷脉訣攷證
一卷瀕湖脉學　卷　（明）李時珍編輯　（清）
吳毓昌校訂　清順治十二年（1655）吳毓昌刻
本　四十二冊

350000－2042－0001745　615/406.4

本草綱目五十二卷首一卷附圖三卷　（明）李
時珍撰　清末石印本　五冊　存三十一卷
（四至十四、十九至二十八、三十八至四十六，
圖一）

350000－2042－0001746　615/441

本草三家合註四卷首一卷　（清）郭汝聰集註
（清）李佐堯校勘　（清）袁浩閱定　（清）
俞慶榮重校　清光緒二十九年（1903）石印本
四冊

350000－2042－0001747　615/441－1

本草三家合註四卷首一卷　（清）郭汝聰集註
（清）李佐堯校勘　（清）袁浩閱定　（清）
俞慶榮重校　清光緒二十九年（1903）石印本
一冊

350000－2042－0001748　615/494

上醫本草四卷　（明）趙南星輯　（明）梁志等
校　明泰昌元年（1620）趙悅學刻本　二冊

350000－2042－0001749　615/552

本草綱目萬方類編三十二卷　（清）曹繩彥集
清嘉慶五年(1800)刻本　三十一冊　存三十一卷(一至九、十一至三十二)

350000－2042－0001750　616.9/263

鼠疫彙編一卷　（清）吳宣崇　（清）羅汝蘭撰
附應驗雜症藥方一卷　題（清）守平盦主闓
侗輯　清光緒二十六年(1900)南安縣署刻本
一冊

350000－2042－0001751　616/011.11

新刊醫林狀元壽世保元十卷　（明）龔廷賢編
（清）周亮登校　清刻本　十冊

350000－2042－0001752　616/104

簡明中西匯參醫學圖說二編　（清）王有忠輯
清光緒三十二年(1906)上海廣益書局石印
本　四冊

350000－2042－0001753　616/111.2

儒門事親十五卷　（金）張子和撰　（明）吳勉
學校　清宣統二年(1910)石印本　六冊

350000－2042－0001754　616/112.2

中西匯通醫書五種　（清）唐宗海撰　清光緒
三十四年(1908)上海千頃堂書局石印本　十
二冊

350000－2042－0001755　616/112.2－1

中西匯通醫書五種　（清）唐宗海撰　清光緒
三十四年(1908)上海千頃堂書局石印本　十
二冊

350000－2042－0001756　616/122

醫門普渡瘟疫論四卷末一卷　（清）孔毓禮撰
輯　（清）陳元校　清道光二十七年(1847)陳
馥刻本　六冊

350000－2042－0001757　616/125

御纂醫宗金鑒九十卷首一卷　（清）吳謙等纂
清宣統元年(1909)簡青齋書局石印本　二
十冊

350000－2042－0001758　616/442

保赤慢驚條辨不分卷　（清）黃仲賢撰　清光

緒三十三年(1907)刻本　一冊

350000－2042－0001759　616/444.2

三家醫案合刻　（清）吳金壽纂　清光緒三十
三年(1907)上洋海左書局石印本　一冊

350000－2042－0001760　616/723

劉河間傷寒六書附二種　（金）劉完素等撰
（明）吳勉學校　清宣統元年(1909)上海千頃
堂石印本　三冊　存七種十二卷(素問病機
氣宜保命集三卷、素問玄機原病式一卷、劉
河間傷寒醫鑒一卷、劉河間傷寒直格論方三卷、
傷寒標本心法類萃二卷、河間傷寒心要一卷、
張子和心鏡別集一卷)

350000－2042－0001761　616/754

石室秘錄六卷　（清）陳士鐸習　（清）金以謀
訂定　（清）李祖詠參攷　清康熙二十八年
(1689)崇文堂刻本　六冊

350000－2042－0001762　616/758.31

陳修園醫書七十二種　（清）陳念祖撰　清末
石印本　二十四冊

350000－2042－0001763　616/834

辨證奇聞十卷　（清）錢松撰　清末至民國初
年上海廣益書局石印本　八冊　存九卷(一
至九)

350000－2042－0001764　617.7/108

眼科證治二十二章　（美國）聶會東口譯
（清）尚寶臣筆述　清光緒二十九年(1903)上
海美華書館鉛印本　一冊

350000－2042－0001765　617.7/285

傅氏眼科審視瑤函六卷首一卷　（明）傅仁宇
纂輯　清宣統元年(1909)上海會文書局石印
本　六冊

350000－2042－0001766　617.7/285.01

傅氏眼科審視瑤函六卷首一卷　（明）傅仁宇
纂輯　清末至民國石印本　四冊　存四卷
(三至六)

350000－2042－0001767　617.8/112

時疫白喉捷要一卷　（清）張紹修撰　清光緒

二十三年(1897)石印本　一冊

350000－2042－0001768　617/806

外證醫案彙編四卷　(清)余景和編輯　清光緒二十年(1894)上海文瑞樓石印本　一冊存一卷(一)

350000－2042－0001769　618.9/831

小兒藥證直訣三卷　(宋)錢乙撰　(宋)閻孝忠編　**閻氏小兒方論一卷**　(宋)閻孝忠撰　**小兒斑疹備急方論一卷**　(宋)董汲撰　清末至民國上海文瑞樓石印周澂之校刻醫學叢書本　一冊

350000－2042－0001770　618/447

萬氏婦人科三卷首一卷附達生編一卷　(明)萬全撰　清末至民國初石印本　一冊

350000－2042－0001771　618/552

新編女科指掌五卷　(清)葉其蓁編輯　清光緒上海海左書局石印本　二冊

350000－2042－0001772　620/171

遠西奇器圖說錄最三卷　(瑞士)鄧玉函口授　(明)王徵譯繪　(清)武位中校　**新製諸器圖說一卷**　(明)王徵撰　清道光十年(1830)刻本　四冊

350000－2042－0001773　627/102.2

畿輔安瀾志五十六卷　(清)王履泰纂　清光緒二十年(1894)增刻本　二十九冊

350000－2042－0001774　627/112

居濟一得八卷　(清)張伯行撰　清康熙四十七年(1708)刻本　八冊

350000－2042－0001775　627/233.01

行水金鑑一百七十五卷首一卷　(清)傅澤洪錄　清雍正三年(1725)刻本　十二冊

350000－2042－0001776　627/243.1

續海塘新志四卷　(清)□□撰　清道光刻本　四冊

350000－2042－0001777　627/280

安瀾紀要二卷迴瀾紀要二卷　(清)徐端輯　清光緒十四年(1888)刻本　四冊

350000－2042－0001778　627/405.1

海寧念汛大口門二限三限石塘圖說一卷　(清)李輔耀編　(清)袁鎮嵩　(清)袁霓笙繪　清光緒七年(1881)湘陰李輔耀刻本　一冊

350000－2042－0001779　630.7/371

湖北高等農業學堂農業試驗場試驗成蹟表　(清)湖北高等農業學堂農業試驗場撰　清宣統元年(1909)鉛印本　一冊

350000－2042－0001780　630/009

御製耕織圖四十六幅　(清)聖祖玄燁撰　(清)焦秉貞繪　清光緒二十九年(1903)北洋官報局石印本　二冊

350000－2042－0001781　630/101.2

山居瑣言一卷　(清)王晉之撰　清光緒二十九年(1903)北洋官報局石印本　一冊

350000－2042－0001782　630/103.12

農書二十二卷　(元)土禎撰　清末石印本　二冊

350000－2042－0001783　630/113

三農紀二十四卷　(清)張宗法撰　清刻本　八冊

350000－2042－0001784　630/113.1

三農紀二十四卷　(清)張宗法撰　清刻本　十冊　存十卷(一至十)

350000－2042－0001785　630/200

重訂增補陶朱公致富全書四卷　(明)陳繼儒輯　題(清)石巖逸叟增訂　清刻本　四冊

350000－2042－0001786　630/217

撫郡農產考略二卷　(清)何剛德撰　清光緒二十九年(1903)撫郡學堂木活字印本　二冊

350000－2042－0001787　630/351

御製耕織圖四十六幅　(清)聖祖玄燁撰　(清)焦秉貞繪　清光緒十二年(1886)點石齋石印本　二冊

350000－2042－0001788　630/557

農學叢書□□種　(清)上海農學會輯譯　清

光緒上海農學會石印本　十六冊　存二十五
種三十八卷(農學初階一卷,農用種子學二
卷,驅除害蟲全書一卷,茶事試驗報告二卷,
森林保護學一卷,甘藷試驗成蹟一卷,戊戌年
中國農產物貿易表一卷,農具圖說一至二,農
務化學問答二卷,採蟲指南一卷,名和昆蟲研
究所志畧一卷,牧草圖說一卷,森林學一卷、
附錄一卷,蔬菜栽培法一卷,農雅六卷,造林
學各論二卷,果樹栽培全書三卷,麥作全書一
卷,日本昆蟲學一卷,試驗蠶病成蹟報一卷,
生絲蠶種審查法一卷,土壤學一卷,耕土試驗
成蹟一卷,農業三事一卷,水機圖說一卷)

350000－2042－0001789　633.492/754/N

金薯傳習錄二卷　(清)陳世元輯　清抄本
二冊

350000－2042－0001790　633/722

重訂增補陶朱公致富全書四卷　(明)陳繼儒
輯　題(清)石巖逸叟增訂　清刻本　四冊

350000－2042－0001791　638.2/101.1

野蠶錄四卷首一卷　(清)王元綖輯　清宣統
元年(1909)安慶同文官印書館鉛印本　二冊

350000－2042－0001792　638.2/111

蠶桑萃編十五卷首一卷　(清)衛杰輯　清光
緒二十六年(1900)浙江書局刻本　八冊

350000－2042－0001793　638.2/214

蠶桑萃編十五卷首一卷　(清)衛杰輯　清光
緒二十五年(1899)刻本　四冊　存九卷(三
至十一)

350000－2042－0001794　638.2/444

蠶桑實濟六卷　(清)□□撰　**紀韓來安遺政
一卷**　(清)王效成撰　清光緒四年(1878)滂
喜齋刻本　一冊

350000－2042－0001795　639.2/074

海錯百一錄五卷　(清)郭柏蒼輯　清光緒十
二年(1886)刻郭氏叢刻本　三冊

350000－2042－0001796　639.2/074－1

海錯百一錄五卷　(清)郭柏蒼輯　清光緒十
二年(1886)刻郭氏叢刻本　三冊

350000－2042－0001797　639.2/074－2

海錯百一錄五卷　(清)郭柏蒼輯　清光緒十
二年(1886)刻郭氏叢刻本　二冊

350000－2042－0001798　639.2/074－4/N

海錯百一錄五卷　(清)郭柏蒼輯　清光緒十
二年(1886)刻郭氏叢刻本　一冊

350000－2042－0001799　639/344

漁業歷史一卷　沈同芳撰　清宣統三年
(1911)鉛印萬物炊累室類稿甲編本　一冊

350000－2042－0001800　639/344－1

漁業歷史一卷　沈同芳撰　清宣統三年
(1911)鉛印萬物炊累室類稿甲編本　一冊

350000－2042－0001801　658/582

輪船招商局賬略□□屆　輪船招商局編　清
末至民國初年石印本(第三十九至四十屆爲
鉛印本)　十三冊　存十三屆(三十三、三十
五至三十六、三十八至四十七)

350000－2042－0001802　666.3/443.1

景德鎮陶錄十卷　(清)藍浦撰　(清)鄭廷桂
補輯　清光緒十七年(1891)刻本　四冊

350000－2042－0001803　666.3/443.1－1

景德鎮陶錄十卷　(清)藍浦撰　(清)鄭廷桂
補輯　清光緒十七年(1891)刻本　二冊

350000－2042－0001804　666.3/443.2

景德鎮陶錄十卷　(清)藍浦撰　(清)鄭廷桂
補輯　清同治九年(1870)刻本　四冊

350000－2042－0001805　670/284

西藝知新正續合編二十二卷　(英國)諾格德
撰　(英國)傅蘭雅口譯　(清)徐壽筆述　清
末石印本　六冊

350000－2042－0001806　679.7/118

士那補釋一卷　(清)張義澍撰　清光緒十八
年(1892)刻本　一冊

350000－2042－0001807　694/271

**新鎸工師雕斲正式魯班木經匠家鏡三卷附靈
驅解法洞明真言秘書一卷**　(明)午榮匯編
(清)章巖集　(清)周言校正　清尚古堂刻本

二册

350000－2042－0001808　717/223

御製圓明園詩二卷　（清）世宗胤禛撰　（清）
鄂爾泰等注　清光緒十三年(1887)天津石印
書屋石印本　二冊

350000－2042－0001809　730/020

匋齋臧石記四十四卷首一卷附臧甎記二卷
（清）端方輯　清宣統元年(1909)上海商務印
書館石印本　十二冊

350000－2042－0001810　730/020－1

匋齋臧石記四十四卷首一卷附臧甎記二卷
（清）端方輯　清宣統元年(1909)上海商務印
書館石印本　十二冊

350000－2042－0001811　730/043

粤西金石略十五卷　（清）謝啓昆輯　清嘉慶
六年(1801)南康謝啓昆銅鼓亭刻本　八冊

350000－2042－0001812　730/103

金石萃編一百六十卷　（清）王昶撰　清嘉慶
刻本　七十冊

350000－2042－0001813　730/173

神州國光集二十一期　鄧秋枚編錄　清宣統
元年至民國元年(1909－1912)上海神州國光
社石印本　二冊　存二期(十至十一)

350000－2042－0001814　730/173－1

神州國光集二十一期　鄧秋枚編錄　清宣統
元年至民國元年(1909－1912)上海神州國光
社石印本　十一冊　存十一期(十一至二十
一)

350000－2042－0001815　730/207

關中金石文字存逸考十二卷　（清）毛鳳枝撰
清光緒二十七年(1901)會稽顧氏萍鄉縣署
刻本　八冊

350000－2042－0001816　730/250

金石全例四種　（清）朱記榮輯　清光緒十八
年(1892)吳縣朱記榮槐廬刻匯印本　十六冊

350000－2042－0001817　730/250.1

行素草堂金石叢書十六種　（清）朱記榮輯

清光緒吳縣朱氏刻十四年(1888)匯印本　四
十冊

350000－2042－0001818　730/250.1－1

行素草堂金石叢書十六種　（清）朱記榮輯
清光緒吳縣朱氏刻十四年(1888)匯印本　四
十冊

350000－2042－0001819　730/250.1－2

行素草堂金石叢書十六種　（清）朱記榮輯
清光緒吳縣朱氏刻十四年(1888)匯印本　十
四冊　存三種四十五卷(集古錄目五卷、集古
錄跋尾十卷、金石錄三十卷)

350000－2042－0001820　730/250.1－4

行素草堂金石叢書十六種　（清）朱記榮輯訂
清光緒三年至十七年(1877－1891)吳縣朱
氏槐廬刻本　四十冊

350000－2042－0001821　730/253

金石圖說二卷　（清）牛運震集說　（清）褚峻
摹圖　劉世珩編補　清光緒二十二年(1896)
貴池劉世珩聚學軒刻本　四冊

350000－2042－0001822　730/253－1

金石圖說二卷　（清）牛運震集說　（清）褚峻
摹圖　劉世珩編補　清光緒二十二年(1896)
貴池劉世珩聚學軒刻本　四冊

350000－2042－0001823　730/260

小松圓閣雜著三卷　（清）程庭鷺撰　清同治
二年(1863)刻本　一冊

350000－2042－0001824　730/274.1

益都金石記四卷　（清）段松苓錄　清光緒九
年(1883)刻本　四冊

350000－2042－0001825　730/283

隨軒金石文字九種　（清）徐渭仁輯　清道光
十七年(1837)刻同治七年(1868)上海徐大有
補修本　四冊

350000－2042－0001826　730/283－1

隨軒金石文字九種　（清）徐渭仁輯　清道光
十七年(1837)刻同治七年(1868)上海徐大有
補修本　四冊

350000－2042－0001827　730/311
金石索十二卷首一卷　（清）馮雲鵬　（清）馮雲鵷輯　清道光元年(1821)紫琅馮氏邃古齋刻本　十二冊

350000－2042－0001828　730/311.01
金石索十二卷首一卷　（清）馮雲鵬　（清）馮雲鵷輯　清光緒三十三年(1907)上海文新局石印本　二十四冊

350000－2042－0001829　730/311.01－1
金石索十二卷首一卷　（清）馮雲鵬　（清）馮雲鵷輯　清光緒三十三年(1907)上海文新局石印本　二十四冊

350000－2042－0001830　730/403
栝蒼金石志十二卷續四卷　（清）李遇孫輯（清）鄒柏森校補　清同治十三年(1874)潚江處州府署刻光緒元年(1875)增修本　六冊

350000－2042－0001831　730/442
來齋金石刻考畧三卷唐昭陵石蹟考畧五卷（清）林侗纂輯　唐昭陵陪葬名氏攷一卷（清）馮縉纂輯　漢魏碑刻紀存一卷　（清）謝道承編　清嘉慶二十一年(1816)馮縉刻本　五冊　存九卷(來齋金石刻考略三卷、唐昭陵石蹟考畧五卷、唐昭陵陪葬名氏攷一卷)

350000－2042－0001832　730/445
越中金石記十卷目二卷　（清）杜春生編錄清道光十年(1830)山陰杜春生詹波館刻本　四冊

350000－2042－0001833　730/445－1
越中金石記十卷目二卷　（清）杜春生編錄清道光十年(1830)山陰杜春生詹波館刻本　八冊

350000－2042－0001834　730/446
語石十卷　葉昌熾撰　清宣統元年(1909)蘇城徐氏刻本　四冊

350000－2042－0001835　730/556
新增格古要論十三卷　（明）曹昭撰　（明）舒敏編校　（明）王佐校增　（明）黃正位重校明萬曆新都黃正位刻本　八冊

350000－2042－0001836　730/556.1
新增格古要論十三卷　（明）曹昭撰　（明）舒敏編校　（明）王佐校增　（明）黃正位重校清末至民國石印本　八冊

350000－2042－0001837　730/603
關中金石志八卷　（清）畢沅撰　附記一卷（清）蔡汝霖編輯　清光緒三十四年(1908)成都嚴氏刻民國十三年(1924)龔嚮農補修本四冊

350000－2042－0001838　730/664
湖北金石詩一卷　（清）嚴觀撰　清道光二十五年(1845)刻本　一冊

350000－2042－0001839　730/724
金石苑六卷　（清）劉喜海編　清光緒影印本六冊

350000－2042－0001840　730/724.1
長安獲古編二卷補一卷　（清）劉喜海撰　清東武劉氏刻光緒三十一年(1905)劉鶚補刻本二冊

350000－2042－0001841　730/724.1－1
長安獲古編二卷補一卷　（清）劉喜海撰　清東武劉氏刻光緒三十一年(1905)劉鶚補刻本二冊

350000－2042－0001842　730/724.2
海東金石苑四卷首一卷　（清）劉喜海撰　清光緒七年(1881)衢州張德容二銘草堂刻本四冊

350000－2042－0001843　730/724－1
金石苑六卷　（清）劉喜海編　清光緒影印本六冊

350000－2042－0001844　730/729
莆陽金石初編二卷　（清）劉尚文編　清光緒二十六年(1900)福州刻本　一冊

350000－2042－0001845　730/729－1/N
莆陽金石初編二卷　（清）劉尚文編　清光緒二十六年(1900)福州刻本　一冊

350000－2042－0001846　730/749

金石續編二十一卷首一卷　（清）陸耀遹編
清同治十三年(1874)毗陵雙白燕堂刻本　十
六冊

350000－2042－0001847　730/755
求古精舍金石圖初集四卷　（清）陳經撰　清
嘉慶二十三年(1818)烏程陳氏說劍樓刻本
四冊

350000－2042－0001848　730/755－1
求古精舍金石圖初集四卷　（清）陳經撰　清
嘉慶二十三年(1818)烏程陳氏說劍樓刻本
二冊

350000－2042－0001849　730/777
考槃餘事四卷　（明）屠隆撰　清抄本　四冊

350000－2042－0001850　730/800
兩漢金石記二十二卷　（清）翁方綱輯　清乾
隆五十四年(1789)南昌使院刻本　八冊

350000－2042－0001851　734/102
敦煌石室真蹟錄一卷　王仁俊錄　清宣統三
年(1911)吳縣王氏石印本　一冊

350000－2042－0001852　734/102.1
敦煌石室真蹟錄五卷附一卷　王仁俊錄　清
宣統元年(1909)吳趨王氏國粹堂石印本　一
冊　存一卷(甲上)

350000－2042－0001853　734/319
音學辨微一卷　（清）江永撰　清宣統元年
(1909)國學保存會石印本　一冊

350000－2042－0001854　735/102/N
輿地碑記目四卷　（宋）王象之撰　清同治九
年(1870)刻本　四冊

350000－2042－0001855　735/112
二銘草堂金石聚十六卷　（清）張德容輯　清
末至民國初上海千頃堂書局刻本　十六冊

350000－2042－0001856　735/118
墨妙亭碑目攷二卷附攷一卷　（清）張鑑撰
清光緒十年(1884)江蘇書局刻本　二冊

350000－2042－0001857　735/126
寰宇訪碑錄十二卷　（清）孫星衍　（清）邢澍

撰　清光緒九年(1883)江蘇書局刻本　四冊

350000－2042－0001858　735/213
思古齋雙鉤漢碑篆額不分卷　（清）何澂輯
清光緒九年(1883)刻本　三冊

350000－2042－0001859　735/343
常山貞石志二十四卷　（清）沈濤撰　清光緒
二十年(1894)靈溪精舍刻本　十冊

350000－2042－0001860　735/408
漢碑引經攷六卷引緯攷一卷　（清）皮錫瑞撰
　清光緒三十年(1904)刻師伏堂叢書本　五
冊

350000－2042－0001861　735/442
小蓬萊閣金石文字不分卷　（清）黃易輯　清
嘉慶五年(1800)刻本　五冊

350000－2042－0001862　735/442－1
小蓬萊閣金石文字不分卷　（清）黃易輯　清
嘉慶五年(1800)刻本　五冊

350000－2042－0001863　735/446.1
語石十卷　葉昌熾撰　清宣統元年(1909)蘇
城徐氏刻本　四冊　存六卷(五至十)

350000－2042－0001864　735/446.1－1
語石十卷　葉昌熾撰　清宣統元年(1909)蘇
城徐氏刻本　四冊　存六卷(五至十)

350000－2042－0001865　735/446.1－2
語石十卷　葉昌熾撰　清宣統元年(1909)蘇
城徐氏刻本　四冊

350000－2042－0001866　735/463
激素飛青閣摹刻古碑不分卷　楊守敬編　清
同治至光緒宜都楊氏激素飛青閣刻本　十八
冊

350000－2042－0001867　735/463.1
高麗好太王碑六卷　楊守敬摹字　清宣統元
年(1909)宜都楊守敬刻本　六冊

350000－2042－0001868　735/463.2
望堂金石文字初集三十九種二集十八種　楊
守敬編　清同治九年至光緒三年(1870－
1877)宜都楊守敬飛青閣刻本　十二冊

350000 - 2042 - 0001869　735/463.21

激素飛青閣摹刻金石文字不分卷　楊守敬編
清光緒二年(1876)宜都楊守敬飛青閣刻本
十二冊

350000 - 2042 - 0001870　735/463.3

寰宇貞石圖六卷　楊守敬編　清宣統元年
(1909)宜都楊守敬飛青閣剪貼影印本　六冊

350000 - 2042 - 0001871　735/472

金薤琳琅二十卷　(明)都穆撰　**補遺一卷**
(清)宋振譽撰　清乾隆四十三年(1778)刻本
六冊

350000 - 2042 - 0001872　735/491

石鼓文纂釋一卷　(清)趙烈文撰　清光緒十
一年(1885)靜圃刻本　一冊

350000 - 2042 - 0001873　735/492.01

石墨鐫華八卷　(明)趙崡撰　明萬曆四十六
年(1618)刻本　四冊

350000 - 2042 - 0001874　735/502

泰山石經峪刻字六卷　楊守敬縮摹　清宣統
元年(1909)宜都楊守敬刻本　六冊

350000 - 2042 - 0001875　735/605.3

金石萃編校字記一卷　羅振玉撰　清光緒十
一年(1885)上虞羅氏刻本　一冊

350000 - 2042 - 0001876　735/605.9

碑別字補五卷　羅振玉輯　清光緒二十七年
(1901)上虞羅氏刻本　二冊

350000 - 2042 - 0001877　735/605.91

讀碑小箋一卷　羅振玉輯　清光緒十年
(1884)唐風樓刻本　一冊

350000 - 2042 - 0001878　735/605.92

碑別字五卷　羅振鋆輯　清光緒二十年
(1894)丹徒劉鶚食舊堂刻本　二冊

350000 - 2042 - 0001879　735/664

江甯金石記八卷待訪目二卷　(清)嚴觀編
清宣統二年(1910)江楚編譯書局刻本　二冊

350000 - 2042 - 0001880　735/664 - 1

江甯金石記八卷待訪目二卷　(清)嚴觀編

清宣統二年(1910)江楚編譯書局刻本　二冊

350000 - 2042 - 0001881　735/756

寶刻叢編二十卷　(宋)陳思纂次　清海豐吳
式芬刻本　八冊

350000 - 2042 - 0001882　736/014.2

宋淳熙敕編古玉圖譜一百卷　(宋)龍大淵等
編纂　(宋)劉松年寫圖　清乾隆四十四年
(1779)康山草堂刻本　二十四冊

350000 - 2042 - 0001883　736/252

印典八卷　(清)朱象賢編　清康熙六十一年
(1722)刻本　二冊

350000 - 2042 - 0001884　736/264

古玉圖攷不分卷　(清)吳大澂編訂　(清)吳
大楨圖　清光緒十五年(1889)上海同文書局
石印本　四冊

350000 - 2042 - 0001885　736/264.01

古玉圖攷不分卷　(清)吳大澂編訂　(清)吳
大楨圖　清光緒十五年(1889)上海同文書局
石印本　一冊

350000 - 2042 - 0001886　736/264.01 - 1

古玉圖攷不分卷　(清)吳大澂編訂　(清)吳
大楨圖　清光緒十五年(1889)上海同文書局
石印本　三冊　缺一冊(四)

350000 - 2042 - 0001887　736/264 - 2

古玉圖攷不分卷　(清)吳大澂編訂　(清)吳
大楨圖　清光緒十五年(1889)上海同文書局
石印本　一冊　存一冊(四)

350000 - 2042 - 0001888　736/266

缶廬印存四集　吳俊卿篆刻　清光緒至民國
西泠印社鈐印本　十六冊

350000 - 2042 - 0001889　736/313.1

篆學瑣著二十八種　(清)顧湘輯　清道光二
十年(1840)海虞顧氏刻本　十二冊

350000 - 2042 - 0001890　736/313.1 - 1

篆學瑣著二十八種　(清)顧湘輯　清道光二
十年(1840)海虞顧氏刻本　十二冊

350000 - 2042 - 0001891　736/313.2

小石山房印譜四卷歸去來辭一卷集名刻一卷 （清）顧湘 （清）顧浩編輯 清宣統三年（1911）影印本 三冊 存三卷（小石山房印譜二、四,歸去來辭一卷）

350000－2042－0001892 736/313.4

飛鴻堂印譜四十卷 （清）汪啓淑鑒藏 清末影印本 二十冊

350000－2042－0001893 736/601

秦漢印統八卷 （明）羅王常編 明萬曆三十六年（1608）新安吳氏樹滋堂刻朱印本 十二冊

350000－2042－0001894 736/668

集古印譜不分卷 （清）瞿鏞編 清咸豐八年（1858）常熟瞿氏鐵琴銅劍樓鈐印本 八冊

350000－2042－0001895 737/100

泉布統誌九卷首一卷附錄一卷 （清）孟麟輯 清道光十三年（1833）刻本 三十二冊

350000－2042－0001896 737/270

續泉匯十四卷首集一卷補遺二卷 （清）鮑康 （清）李佐賢輯 清光緒元年（1875）利津李佐賢石泉書屋刻本 五冊

350000－2042－0001897 737/270－1

續泉匯十四卷首集一卷補遺二卷 （清）鮑康 （清）李佐賢輯 清光緒元年（1875）利津李佐賢石泉書屋刻本 四冊

350000－2042－0001898 737/270－2

續泉匯十四卷首集一卷補遺二卷 （清）鮑康 （清）李佐賢編 清光緒元年（1875）利津李佐賢石泉書屋刻本 四冊

350000－2042－0001899 737/274

古今錢略三十二卷首一卷末一卷 （清）倪模撰 清光緒三年至五年（1877－1879）望江倪氏兩彊勉齋刻本 十六冊

350000－2042－0001900 737/274－1

古今錢略三十二卷首一卷末一卷 （清）倪模述 清光緒三年至五年（1877－1879）望江倪氏兩彊勉齋刻本 十六冊

350000－2042－0001901 737/402

古泉匯六十四卷首一卷續泉匯十四卷補遺二卷 （清）李佐賢 （清）鮑康編 清同治三年（1864）利津李佐賢石泉書屋刻本 十八冊 存六十五卷（古泉匯六十四卷、首一卷）

350000－2042－0001902 737/402－1

古泉匯六十四卷首一卷續泉匯十四卷補遺二卷 （清）李佐賢 （清）鮑康編 清同治三年（1864）利津李佐賢石泉書屋刻本 十八冊 存六十五卷（古泉匯六十四卷、首一卷）

350000－2042－0001903 737/402－2

古泉匯六十四卷首一卷續泉匯十四卷補遺二卷 （清）李佐賢 （清）鮑康編 清同治三年（1864）利津李佐賢石泉書屋刻本 十六冊 存六十五卷（古泉匯六十四卷、首一卷）

350000－2042－0001904 738/002

文房肆考圖說八卷 （清）唐秉鈞篆 （清）馮孝壽參 （清）康愷繪圖 清乾隆四十三年（1778）竹暎山莊刻本 四冊

350000－2042－0001905 738/260

秦漢瓦當文字一卷續一卷 （清）程敦錄 清末影印本 三冊

350000－2042－0001906 738/264

封泥攷略十卷 （清）吳式芬 （清）陳介祺輯 清光緒三十年（1904）滬上石印本 十冊

350000－2042－0001907 738/264－1

封泥攷略十卷 （清）吳式芬 （清）陳介祺輯 清光緒三十年（1904）滬上石印本 十冊

350000－2042－0001908 739/001

三古圖 （清）黃晟輯 清乾隆十七年（1752）天都黃氏亦政堂刻本 三十冊 存四十一卷（考古圖十卷、古玉圖二卷、博古圖錄二至三十）

350000－2042－0001909 739/001－3

亦政堂重修宣和博古圖錄三十卷 （宋）王黼撰 清乾隆十七年（1752）天都黃氏亦政堂刻三古圖本 一冊 存二卷（十七至十八）

350000－2042－0001910　739/001－4

三古圖　（清）黃晟輯　清乾隆十七年(1752)
天都黃氏亦政堂刻本　七冊　存三十八卷
（考古圖十卷、古玉圖二卷、博古圖錄五至三
十）

350000－2042－0001911　739/020

陶齋吉金錄八卷　（清）端方輯　清光緒三十
四年(1908)石印本　八冊

350000－2042－0001912　739/020.1

陶齋吉金續錄二卷補遺一卷　（清）端方輯
清宣統元年(1909)石印本　二冊

350000－2042－0001913　739/020.1－1

陶齋吉金續錄二卷補遺一卷　（清）端方輯
清宣統元年(1909)石印本　二冊

350000－2042－0001914　739/020－1

陶齋吉金錄八卷　（清）端方輯　清光緒三十
四年(1908)石印本　八冊

350000－2042－0001915　739/258

敬吾心室彝器款識不分卷　（清）朱善旂輯
清光緒三十四年(1908)石印本　二冊

350000－2042－0001916　739/258－1

敬吾心室彝器款識不分卷　（清）朱善旂輯
清光緒三十四年(1908)石印本　二冊

350000－2042－0001917　739/258－2

敬吾心室彝器款識不分卷　（清）朱善旂輯
清光緒三十四年(1908)石印本　二冊

350000－2042－0001918　739/261

兩罍軒彝器圖釋十二卷　（清）吳雲輯　清同
治十一年(1872)刻本　六冊

350000－2042－0001919　739/261－1

兩罍軒彝器圖釋十二卷　（清）吳雲輯　清同
治十一年(1872)刻本　六冊

350000－2042－0001920　739/264

恆軒所見所藏吉金錄一卷　（清）吳大澂輯
清光緒十一年(1885)刻本　二冊

350000－2042－0001921　739/264－1

恆軒所見所藏吉金錄一卷　（清）吳大澂輯
清光緒十一年(1885)刻本　二冊

350000－2042－0001922　739/264－2

恆軒所見所藏吉金錄一卷　（清）吳大澂輯
清光緒十一年(1885)刻本　二冊

350000－2042－0001923　739/269

筠清館金石文字五卷　（清）吳榮光輯　清道
光二十二年(1842)吳氏刻本　五冊

350000－2042－0001924　739/323

攀古樓彝器款識不分卷　（清）潘祖蔭編　清
同治十一年(1872)刻滂喜齋叢書本　三冊

350000－2042－0001925　739/323－1

攀古樓彝器款識不分卷　（清）潘祖蔭編　清
同治十一年(1872)京師滂喜齋刻本　二冊
存二冊(一至二)

350000－2042－0001926　739/323－2

攀古樓彝器款識不分卷　（清）潘祖蔭編　清
同治十一年(1872)刻滂喜齋叢書本　二冊
存二冊(一至二)

350000－2042－0001927　739/374

西清古鑑四十卷錢錄十六卷　（清）梁詩正等
編　清光緒三十四年(1908)集成圖書公司石
印本　二十四冊

350000－2042－0001928　739/374.01

西清古鑑四十卷錢錄十六卷　（清）梁詩正等
編纂　清光緒十四年(1888)上海鴻文書局石
印本　二十四冊

350000－2042－0001929　739/374.01－1

西清古鑑四十卷錢錄十六卷　（清）梁詩正等
編纂　清光緒十四年(1888)上海鴻文書局石
印本　二十四冊

350000－2042－0001930　739/374.1

西清續鑑甲編二十卷附錄一卷　（清）王杰等
編　清宣統二年(1910)上海涵芬樓影印本
二十一冊

350000－2042－0001931　739/374.1－1

西清續鑑甲編二十卷附錄一卷　（清）王杰等
編　清宣統二年(1910)上海涵芬樓影印本

四十二冊

350000 - 2042 - 0001932　739/374.1 - 2
西清續鑑甲編二十卷附錄一卷　（清）王杰等編　清宣統二年(1910)上海涵芬樓影印本　二十一冊

350000 - 2042 - 0001933　739/723
奇觚室吉金文述二十卷首一卷　（清）劉心源輯　清光緒二十八年(1902)石印本　十冊

350000 - 2042 - 0001934　739.27/802
珠譜一卷　題（清）毓和主人編　清同治抄本　一冊

350000 - 2042 - 0001935　740.9/424
歷代畫史彙傳七十二卷首一卷總目三卷引證書目一卷附錄二卷　（清）彭蘊璨編　清道光五年(1825)吳門尚志堂彭氏刻本　三十二冊

350000 - 2042 - 0001936　740/174
澄蘭室古緣萃錄十八卷　邵松年輯　清光緒三十年(1904)上海鴻文書局石印本　六冊

350000 - 2042 - 0001937　741/122
佩文齋書畫譜一百卷　（清）孫岳頒等纂　清康熙四十七年(1708)刻本　三十二冊

350000 - 2042 - 0001938　742/004
江邨銷夏錄三卷　（清）高士奇輯　清康熙三十二年(1693)刻本　三冊

350000 - 2042 - 0001939　742/060
一鐙課讀圖題冊二卷　（清）林昌彝撰　清刻本　一冊

350000 - 2042 - 0001940　742/111
清河書畫舫十二卷　（明）張丑撰　清光緒元年(1875)刻本　十二冊

350000 - 2042 - 0001941　742/111.1
清河書畫舫十二卷　（明）張丑撰　清乾隆二十八年(1763)仁和吳氏池北草堂刻本　二十冊

350000 - 2042 - 0001942　742/111 - 1
清河書畫舫十二卷　（明）張丑撰　清光緒元年(1875)刻本　十二冊

350000 - 2042 - 0001943　742/113
泛槎圖一卷續泛槎圖一卷續泛槎圖三集一卷觿槎圖四集一卷灘江泛棹圖五集一卷續泛槎圖六集一卷　（清）張寶撰　清光緒六年(1880)上海點石齋石印本　四冊

350000 - 2042 - 0001944　742/127
佩文齋書畫譜一百卷　（清）孫岳頒等纂　清光緒九年(1883)上海同文書局石印本　十六冊

350000 - 2042 - 0001945　742/401
甌鉢羅室書畫過目考四卷首一卷附一卷　（清）李玉棻編　清光緒二十三年(1897)刻本　一冊

350000 - 2042 - 0001946　742/401.01
甌鉢羅室書畫過目考四卷首一卷附一卷　（清）李玉棻編　清末民初上海鴻文齋石印本　二冊

350000 - 2042 - 0001947　742/401 - 1
甌鉢羅室書畫過目考四卷首一卷附一卷　（清）李玉棻編　清光緒二十三年(1897)刻本　四冊

350000 - 2042 - 0001948　742/444
畫禪室隨筆四卷　（明）董其昌撰　清康熙五十九年(1720)刻本　二冊

350000 - 2042 - 0001949　743/363
玉臺畫史一卷　（清）湯漱玉輯　**玉臺書史一卷**　（清）厲鶚輯　清光緒三十二年(1906)石印本　一冊

350000 - 2042 - 0001950　743/802
無聲詩史七卷　（清）姜紹書輯　清宣統二年(1910)石印本　六冊

350000 - 2042 - 0001951　744.1/103
淳化秘閣法帖考正十卷附二卷　（清）王澍撰　（清）沈宗騫臨帖　（清）陳焯校畫　**淳化閣帖釋文二卷**　（清）沈宗騫校定　清乾隆三十三年(1768)刻本　八冊

350000 - 2042 - 0001952　744.1/343

心泰堂刪定書法一卷初刻一卷 (清)沈洛撰 清乾隆五十九年(1794)刻本 一册

350000－2042－0001953 744.1/759
御刻三希堂石渠寶笈法帖釋文十六卷 (清)梁詩正等編 (清)陳焯釋文 清末至民國初年刻本 六册

350000－2042－0001954 744.2/043
唐昭陵石蹟攷畧五卷 (清)林侗纂輯 **唐昭陵陪葬名氏攷一卷** (清)馮縉纂輯 **漢魏碑刻紀存一卷** (清)謝道承編 (清)馮縉纂輯 清嘉慶二十一年(1816)馮縉刻本 一册 存一卷(漢魏碑刻紀存一卷)

350000－2042－0001955 744.2/108
御刻三希堂石渠寶笈法帖三十二卷續刻法帖四卷 (清)梁詩正等編 清末石印本 十四册 存十四卷(御刻三希堂石渠寶笈法帖十至十七、二十五至二十六、二十八,續刻法帖一至三)

350000－2042－0001956 744.2/108.01
御刻三希堂石渠寶笈法帖三十二卷 (清)梁詩正等編 清末石印本 八册 存十六卷(十七至三十二)

350000－2042－0001957 744.2/108.1
御刻三希堂石渠寶笈法帖不分卷 (清)梁詩正等編 清光緒二十年(1894)蜚英館石印本 十六册

350000－2042－0001958 744.2/108.101
御刻三希堂石渠寶笈法帖三十二卷 (清)梁詩正等編 清末石印本 一册 存一卷(二)

350000－2042－0001959 744.4/264.5
大佛頂如來密因修證了義諸菩薩萬行首楞嚴經十卷 (唐)釋般剌密帝譯 (清)吳芝瑛書 清光緒三十四年至宣統元年(1908－1909)文寶書局石印本 二册

350000－2042－0001960 744.4/300
宋廣平梅花賦一卷 (唐)宋璟撰 清抄本 一册

350000－2042－0001961 744/257
墨池編二十卷 (宋)朱長文纂次 清雍正刻本 四册 存十七卷(一至九、十一至十四、十七至二十)

350000－2042－0001962 744/269
辛丑銷夏記五卷 (清)吳榮光撰 清光緒三十一年(1905)長沙郎園刻本 五册

350000－2042－0001963 744/269－1
辛丑銷夏記五卷 (清)吳榮光撰 清光緒三十一年(1905)長沙郎園刻本 五册

350000－2042－0001964 745.2/441
芥子園畫傳初集六卷二集九卷三集六卷 (清)王槩 (清)王蓍 (清)王臬編並繪 清光緒十四年(1888)上海天寶書局石印本 十二册

350000－2042－0001965 745.2/462
楊伯潤張子祥二氏寫意不分卷 (清)楊伯潤 (清)張子祥繪 清末石印本 一册

350000－2042－0001966 745/343
芥子園畫傳初集六卷二集九卷 (清)王槩 (清)王蓍 (清)王臬輯摹 (清)沈心友輯 清乾隆四十七年(1782)金閶書業堂刻彩色套印本 一册 存二卷(菊譜一卷、梅譜一卷)

350000－2042－0001967 745/441
墨林今話十八卷 (清)蔣寶齡撰 **續編一卷** (清)蔣茝生撰 清咸豐二年(1852)刻本 六册

350000－2042－0001968 745/716
南宋院畫録八卷首一卷 (清)厲鶚輯 清光緒十年(1884)錢塘丁氏竹書堂刻本 一册

350000－2042－0001969 745/716－1
南宋院畫録八卷首一卷 (清)厲鶚輯 清光緒十年(1884)錢塘丁氏竹書堂刻本 四册

350000－2042－0001970 780/254
樂律全書十五種 (明)朱載堉撰 明萬曆二十四年(1596)鄭藩刻本 二十册

350000－2042－0001971　780/773

律音匯考八卷附補正一卷　（清）邱之稑撰
（清）邱慶誥　（清）邱慶善　（清）邱慶蕎原
校　清宣統三年(1911)瀏陽禮樂局刻本　四
冊

350000－2042－0001972　783/263

文廟上丁禮樂備考四卷　（清）吳祖昌等編
（清）劉坤一修　清同治九年(1870)江右乙藜
齋刻本　三冊　存三卷(二至四)

350000－2042－0001973　787/070

琴學尊聞一卷　（清）郭柏心輯　清同治三年
(1864)五梅居刻本　一冊

350000－2042－0001974　787/463

琴學叢書六種　楊宗稷編　清宣統三年至民
國八年(1911－1919)寧遠楊氏舞胎仙館刻本
八冊

350000－2042－0001975　787/463.1

琴學叢書十五種　楊宗稷編　清宣統三年至
民國十四年(1911－1925)寧遠楊氏舞胎仙館
刻本　十四冊

350000－2042－0001976　794.1/251

橘中秘四卷　（明）朱晉楨輯　明崇禎五年
(1632)刻本　二冊

350000－2042－0001977　808.5/464

雄辯法八章　（日本）加藤咄堂撰　呂策譯
清宣統二年(1910)鉛印本　一冊

350000－2042－0001978　808.6/217

江湖尺牘分韻撮要合集八卷　（清）虞學圃
（清）溫岐石輯　清咸豐八年(1858)刻本　四
冊

350000－2042－0001979　810.2/042

詩觸十三種附一種　（清）朱琰輯　清乾隆至
嘉慶刻本　六冊

350000－2042－0001980　810.2/043

小草齋詩話□□卷　（明）謝肇淛撰　清抄本
一冊　存二卷(四至五)

350000－2042－0001981　810.2/094

談藝珠叢二十七種　（清）王啓原輯　清光緒
十一年(1885)長沙玉尺山房刻本　十二冊

350000－2042－0001982　810.2/094－1

談藝珠叢二十七種　（清）王啓原輯　清光緒
十一年(1885)長沙玉尺山房刻本　十三冊

350000－2042－0001983　810.2/100

詩攷一卷　（宋）王應麟撰　明崇禎虞山毛氏
汲古閣刻津逮祕書本　一冊

350000－2042－0001984　810.2/104

帶經堂詩話三十卷首一卷　（清）王士禛撰
清光緒二十六年(1900)上海掃葉山房石印本
九冊　存二十八卷(一至十八、二十二至三
十,首一卷)

350000－2042－0001985　810.2/104.1

新刻重校增補圓機活法詩學全書二十四卷
（明）王世貞校正　清嘉慶六年(1801)姑蘇崇
德書院刻本　十冊

350000－2042－0001986　810.2/104.4

漁洋山人詩問二卷　（清）王士禛撰　（清）孫
祖肅校訂　清乾隆三十三年(1768)刻本　一
冊

350000－2042－0001987　810.2/104.41

帶經堂詩話三十卷首一卷　（清）王士禛撰
清同治十二年(1873)廣州藏修堂刻本　十冊

350000－2042－0001988　810.2/258

靜志居詩話二十四卷　（清）朱彝尊撰　（清）
姚祖恩編輯　清嘉慶姚氏扶荔山房刻本　十
四冊

350000－2042－0001989　810.2/258－1

靜志居詩話二十四卷　（清）朱彝尊撰　（清）
姚祖恩編輯　清嘉慶姚氏扶荔山房刻本　八
冊

350000－2042－0001990　810.2/262.1

聲調譜說二卷　（清）吳紹澯纂訂　清嘉慶刻
本　一冊

350000－2042－0001991　810.2/262.2

陔南山館詩話十卷遺文一卷　（清）魏秀仁撰

清抄本　九冊

350000－2042－0001992　810.2/305

耐冷譚十六卷　（清）宋咸熙撰　（清）施嵩定
　　清道光刻本　八冊

350000－2042－0001993　810.2/305－1

耐冷譚十六卷　（清）宋咸熙撰　（清）施嵩定
　　清道光刻本　四冊

350000－2042－0001994　810.2/370

南浦詩話八卷　（清）梁章鉅撰　清嘉慶十七
年(1812)刻本　四冊

350000－2042－0001995　810.2/370.01

柳亭詩話三十卷　（清）宋俊纂　清光緒八年
(1882)刻懺花盦叢書本　八冊

350000－2042－0001996　810.2/404

分類詩腋八卷　（清）李楨編　清道光十四年
(1834)刻本　四冊

350000－2042－0001997　810.2/440.1

韻語陽秋二十卷　（宋）葛立方撰　明正德二
年(1507)葛諶刻本　二冊

350000－2042－0001998　810.2/444

屏麓草堂詩話十六卷　（清）莫友棠撰　清道
光二十八年(1848)黃鶴齡刻本　八冊

350000－2042－0001999　810.2/446

詩玉尺二卷　（清）林昌彝撰　清同治八年
(1869)廣州海天琴舫刻本　一冊

350000－2042－0002000　810.2/446.1

射鷹樓詩話二十四卷　（清）林昌彝輯　清咸
豐元年(1851)侯官林氏刻本　五冊　存十五
卷(一至十二、十六至十八)

350000－2042－0002001　810.2/466

詩筏一卷　（清）賀貽孫撰　清道光二十六年
(1846)刻水田居全集本　一冊

350000－2042－0002002　810.2/471

唐音癸籤三十三卷　（明）胡震亨輯　清順治
十五年(1658)金陵劉鳳鳴刻本　四冊

350000－2042－0002003　810.2/471.01

唐音統籤一千二十七卷　（明）胡震亨輯　清
康熙刻本　四十五冊　存一百八十九卷(五
百六十二至七百五十)

350000－2042－0002004　810.2/661

滄浪詩話註五卷　（宋）嚴羽撰　（清）胡鑑註
　　清光緒七年(1881)刻本　三冊

350000－2042－0002005　810.2/711.01

廣陵詩事十卷　（清）阮元記　清光緒十六年
(1890)刻本　二冊

350000－2042－0002006　810.2/711.01－1

廣陵詩事十卷　（清）阮元記　清光緒十六年
(1890)刻本　二冊

350000－2042－0002007　810.2/771

全浙詩話五十四卷　（清）陶元藻輯　（清）陶
廷珍　（清）陶廷玱編次　（清）朱文藻
（清）宗聖垣參訂　清嘉慶元年(1796)刻本
二十冊

350000－2042－0002008　810.2/800

石洲詩話八卷　（清）翁方綱撰　清嘉慶二十
年(1815)刻本　二冊

350000－2042－0002009　810.2/822

觀我生齋詩話四卷　（清）鍾秀撰　清光緒四
年(1878)刻本　二冊

350000－2042－0002010　810.2/870

五代詩話十卷　（清）王士禎原編　（清）鄭方
坤刪補　清乾隆十九年(1754)杞菊軒刻本
十冊

350000－2042－0002011　810.2/870.1

全閩詩話十二卷　（清）鄭方坤編輯　清乾隆
十九年(1754)詩話軒刻本　十二冊

350000－2042－0002012　810.2/870.1－1

全閩詩話十二卷　（清）鄭方坤編輯　清乾隆
十九年(1754)詩話軒刻本　十冊

350000－2042－0002013　810.2/870－1

五代詩話十卷　（清）王士禎原編　（清）鄭方
坤刪補　清乾隆十九年(1754)杞菊軒刻本
六冊

350000－2042－0002014　810.4/214.1

古今史論觀海甲編二十二卷乙編二十卷丙編二十六卷丁編二十二卷　題(清)恥不逮齋主人編輯　清光緒二十八年(1902)上海鴻文書局石印本　三十冊

350000－2042－0002015　810.4/264

天崇百篇不分卷　(清)吳懋政選評　清光緒十七年(1891)湖南思賢書局刻本　二冊

350000－2042－0002016　810.4/724

文心雕龍十卷　(南朝梁)劉勰撰　(清)黃叔琳注　(清)紀昀評　清道光十三年(1833)兩廣節署刻朱墨套印本　四冊

350000－2042－0002017　810.4/724.02

文心雕龍十卷　(南朝梁)劉勰撰　(清)黃叔琳注　(清)紀昀評　清光緒十九年(1893)刻本　四冊

350000－2042－0002018　810.4/724－1

文心雕龍十卷　(南朝梁)劉勰撰　(清)黃叔琳注　(清)紀昀評　清道光十三年(1833)兩廣節署刻朱墨套印本　四冊

350000－2042－0002019　810.4/833

田間詩學不分卷　(清)錢澄之撰　清同治二年(1863)桐城斟雉堂刻本　八冊

350000－2042－0002020　810.41/114

初白庵詩評三卷詞綜偶評一卷　(清)查慎行撰　(清)張載華輯　清乾隆刻本　六冊

350000－2042－0002021　810.8/044

謝疊山先生文章軌範七卷　(宋)謝枋得輯　清光緒元年(1875)湖北崇文書局刻三色套印本　二冊

350000－2042－0002022　810.8/044－1

謝疊山先生文章軌範七卷　(宋)謝枋得輯　清光緒元年(1875)湖北崇文書局刻三色套印本　二冊

350000－2042－0002023　810.8/326

蒼崖先生金石例十卷　(元)潘昂霄撰　(元)楊本編輯校正　清刻本　一冊

350000－2042－0002024　810/082

增補注釋故事白眉十卷　(明)許以忠纂集　題(清)燃藜閣重校　清同治八年(1869)聚德堂刻本　五冊

350000－2042－0002025　810/172

精選故事黃眉十卷　(明)鄧志謨撰　明萬曆至崇禎馬氏折桂堂刻本　五冊

350000－2042－0002026　811.1/000.01

戰國策三十三卷　(漢)高誘注　(宋)姚宏校正　附劄記三卷　(清)黃丕烈撰　清光緒二十二年(1896)上海鴻寶齋石印本　二冊　存二卷(七至八)

350000－2042－0002027　811.1/311

先秦鴻文五卷　(明)顧錫疇評選　(明)徐漢臨　(明)顧諟明參訂　明末刻本　二冊

350000－2042－0002028　811.1/758

憑山閣留青集選十卷　(清)陳枚輯　清康熙四十七年(1708)吳郡綠蔭堂刻本　五冊

350000－2042－0002029　811.2/107.01

八代詩選二十卷　王闓運撰　清光緒七年(1881)四川尊經書局刻本　六冊

350000－2042－0002030　811.2/254.1

樂府廣序三十卷　(清)朱嘉徵論正　清康熙刻本　四冊

350000－2042－0002031　811.2/318

兩漢鴻文二十卷　(明)顧錫疇評選　明末刻本　十冊

350000－2042－0002032　811.2/753

詩比興箋四卷　(清)陳沆撰　清光緒九年(1883)長洲彭祖賢刻本　二冊

350000－2042－0002033　811.2/753－1

詩比興箋四卷　(清)陳沆撰　清光緒九年(1883)長洲彭祖賢刻本　二冊

350000－2042－0002034　811.21/111

宛鄰書屋古詩錄十二卷　(清)張琦選　清道光張氏刻宛鄰書屋叢書本　四冊

350000－2042－0002035　811.3/406

文苑英華一千卷　（宋）李昉　（宋）宋白輯
明隆慶元年（1567）胡維新、戚繼光刻本　一
百一冊

350000－2042－0002036　811.3/477
六朝四家全集附採輯歷朝詩話一卷辨訛攷異
四卷　（清）胡鳳丹輯　清同治九年（1870）永
康胡氏退補齋刻本　五冊　存四種十七卷
（陶彭澤集六卷、謝宣城集五卷、鮑參軍集二
卷、庾開府集四卷）

350000－2042－0002037　811.3/712
六朝唐賦讀本（選注六朝唐賦）不分卷　（清）
馬傳庚選注　清光緒十八年（1892）希樸齋刻
本　二冊

350000－2042－0002038　811.3/712－1
六朝唐賦讀本（選注六朝唐賦）不分卷　（清）
馬傳庚選注　清光緒十八年（1892）希樸齋刻
本　二冊

350000－2042－0002039　811.34/084
六朝文絜四卷　（清）許槤評選　清光緒三年
（1877）刻朱墨套印本　四冊

350000－2042－0002040　811.4/000.3
唐詩歸三十六卷　（明）鍾惺　（明）譚元春輯
　明閔振業、閔振聲刻三色套印本　十九冊

350000－2042－0002041　811.4/001
唐詩紀一百七十卷目錄三十四卷　（明）方一
元彙編　（明）方天眷重訂　（明）黃德水
（明）吳琯輯　明萬曆十三年（1585）吳琯刻本
　五十四冊　缺一卷（目錄三十四）

350000－2042－0002042　811.4/003.1
御選唐宋詩醇四十七卷　（清）高宗弘曆選
（清）梁詩正等校　（清）錢陳羣校刊　清乾隆
二十五年（1760）刻朱墨套印本　二十二冊

350000－2042－0002043　811.4/003.12
御選唐宋詩醇四十七卷目錄二卷　（清）高宗
弘曆選　清光緒七年（1881）浙江書局刻本
十五冊　存三十五卷（一至十、十六至三十、
三十六至四十五）

350000－2042－0002044　811.4/004
唐詩正聲二十二卷　（明）高棅編選　（明）王
懋明校正　明嘉靖三十三年（1554）刻本　六
冊

350000－2042－0002045　811.4/004.01
唐詩正聲二十二卷　（明）高棅編選　（清）吳
山民評釋　（清）蔣聘年重校　清康熙五十五
年（1716）刻本　四冊

350000－2042－0002046　811.4/004.1
唐詩品彙九十卷拾遺十卷　（明）高棅編　明
嘉靖刻本　十八冊

350000－2042－0002047　811.4/008
唐人選唐詩八種　（明）毛晉輯　明崇禎元年
（1628）毛氏汲古閣刻本　二十冊

350000－2042－0002048　811.4/104.01
唐詩鼓吹十卷　（金）元好問選編　（元）郝天
挺注　（明）廖文炳解　（清）錢朝鼐　（清）
王俊臣校注　（清）王清臣　（清）陸貽典參解
　清刻本　十冊

350000－2042－0002049　811.4/104.2
王荊公唐百家詩選二十卷　（宋）王安石輯
清康熙四十三年（1704）刻本　四冊

350000－2042－0002050　811.4/104.3
海陵文徵二十卷　（清）夏荃輯　（清）陳寶晉
校　清道光刻光緒九年（1883）補刻本　十冊

350000－2042－0002051　811.4/113.3
初唐四傑集　（清）項家達輯　清乾隆四十六
年（1781）星渚項氏刻本　六冊

350000－2042－0002052　811.4/250
唐雅同聲五十卷目錄二卷　（明）朱謀㙔彙輯
選補　（明）朱統鉽重編　明天啓五年（1625）
刻清順治十八年（1661）補修本　十六冊

350000－2042－0002053　811.4/266
刪訂唐詩解二十四卷　（明）唐汝詢選釋
（清）吳昌祺評定　（清）查象瑛　（清）吳鯤
參訂　清康熙四十一年（1702）誦懿堂刻本
十三冊

350000 – 2042 – 0002054　811.4/342.1

唐詩別裁集引典備注二十卷　（清）沈德潛選　（清）俞汝昌增注　清道光十七年(1837)刻本　十二冊

350000 – 2042 – 0002055　811.4/343

唐人萬首絕句選七卷　（宋）洪邁輯　（清）王士禎選本　清同治十二年(1873)刻本　一冊

350000 – 2042 – 0002056　811.4/402.1

古唐詩合解十二卷　（清）王堯衢注　清光緒七年(1881)京都聚文堂刻本　四冊

350000 – 2042 – 0002057　811.4/402.2

古唐詩合解十六卷　（清）王堯衢注　（清）李模　（清）李桓校　清末刻本　五冊

350000 – 2042 – 0002058　811.4/464

唐音十五卷　（元）楊士弘輯　（明）顧璘批點　明崇禎三年(1630)吳鍼西爽堂刻本　十二冊

350000 – 2042 – 0002059　811.4/493

宋洪魏公進萬首唐人絕句四十卷目錄四卷　(宋)洪邁選　（明）趙宧光栞定　（明）黃習遠竄補　明萬曆三十五年(1607)趙宧光刻本　二十七冊

350000 – 2042 – 0002060　811.4/753

全唐文紀事一百二十二卷首一卷　（清）陳鴻墀纂　清同治十二年(1873)刻本　三十二冊

350000 – 2042 – 0002061　811.4/754

求志居唐詩選八十二卷首一卷　（清）陳世鎔編次　清道光二十五年(1845)刻本　十冊

350000 – 2042 – 0002062　811.4/800

欽定全唐文一千卷目錄三卷　（清）董誥等輯　清光緒二十七年(1901)廣雅書局刻本　二百冊

350000 – 2042 – 0002063　811.4/800.1

御定全唐詩錄一百卷詩人年表一卷　（清）徐倬　（清）徐元正校刊　清康熙四十五年(1706)刻本　三十五冊

350000 – 2042 – 0002064　811.4/822

唐宋八大家選二十四卷　（明）鍾惺評選　(明)汪應魁刪訂　明崇禎刻本　十二冊

350000 – 2042 – 0002065　811.42/003.11

御選唐宋詩醇四十七卷目錄二卷　（清）高宗弘曆選　清宣統二年(1910)上海書局石印本　十冊

350000 – 2042 – 0002066　811.42/003.11 – 1

御選唐宋詩醇四十七卷目錄二卷　（清）高宗弘曆選　清宣統二年(1910)上海書局石印本　二冊　存十卷(二十五至三十一、三十三至三十五)

350000 – 2042 – 0002067　811.42/006

廣唐賢三昧集四編十卷　（清）王士禎編　(清)文昭補錄　清宣統元年(1909)荊州田氏後博古堂影印本　二十冊

350000 – 2042 – 0002068　811.42/009

御選唐詩三十二卷目錄三卷　（清）聖祖玄燁輯　（清）陳廷敬等輯注　清康熙五十二年(1713)内府刻朱墨套印本　十五冊

350000 – 2042 – 0002069　811.42/017

中晚唐詩紀六十二種　（清）龔賢輯　清崑山龔氏半畞園刻本　十二冊

350000 – 2042 – 0002070　811.42/017 – 1

中晚唐詩紀六十二種　（清）龔賢輯　清崑山龔氏半畞園刻本　八冊　存五十種五十卷(許棠一卷、許琳一卷、汪遵一卷、裴說一卷、朱放一卷、暢當一卷、熊孺登一卷、張繼一卷、張南史一卷、朱長文一卷、朱灣一卷、李郢一卷、王貞白一卷、朱景玄一卷、李咸用一卷、鮑溶一卷、張祜一卷、趙嘏一卷、曹唐一卷、徐寅一卷、鄭古一卷、馬戴一卷、黃滔一卷、陳陶一卷、周朴一卷、翁承贊一卷、歐陽詹一卷、歐陽袞一卷、歐陽澥一卷、歐陽玭一卷、江爲一卷、竇叔向一卷、竇常一卷、竇牟一卷、竇群一卷、竇庠一卷、竇鞏一卷、陳通方一卷、許稷一卷、周匡物一卷、陳詡一卷、潘存實一卷、陳去疾一卷、邵楚萇一卷、吉中孚一卷、張夫人一卷、于鄴一卷、于鵠一卷、于濆一卷、李洞一卷)

350000 - 2042 - 0002071　811.42/102

唐人選唐詩八種　（明）毛晉輯　明崇禎元年（1628）毛氏汲古閣刻本　一冊　存二種四卷（篋中集一卷、國秀集三卷）

350000 - 2042 - 0002072　811.42/104

王荊公唐百家詩選二十卷　（宋）王安石輯　清康熙四十三年（1704）刻本　六冊

350000 - 2042 - 0002073　811.42/104.2

王漁洋遺書三十八種　（清）王士禎撰　清刻本　十七冊　存八種二十八卷（蜀道驛程記二卷,皇華紀聞四卷,粵行三志三卷,國朝謚法考一卷,秦蜀驛程後記二卷,隴蜀餘聞一卷,唐賢三昧集三卷,十種唐詩選存七種河嶽英靈集一卷、中興閒氣集一卷、國秀集一卷、極玄集一卷、又玄集一卷、才調集一卷、文粹詩六卷）

350000 - 2042 - 0002074　811.42/113

唐詩類苑二百卷　（明）張之象纂輯　（明）趙應元編次　（明）毛晉補訂　（明）曹仁孫校正　明萬曆二十九年（1601）曹仁孫刻本　四十冊

350000 - 2042 - 0002075　811.42/234

唐詩所四十七卷　（明）臧懋循輯　明萬曆刻本　二冊　存八卷（一至八）

350000 - 2042 - 0002076　811.42/247

唐宋十大家全集錄　（清）儲欣輯　清康熙四十四年（1705）居易堂刻本　三十二冊

350000 - 2042 - 0002077　811.42/247.01

唐宋十大家全集錄　（清）儲欣錄　清光緒八年（1882）江蘇書局刻本　三十一冊

350000 - 2042 - 0002078　811.42/247.01 - 1

唐宋十大家全集錄　（清）儲欣錄　清光緒八年（1882）江蘇書局刻本　十三冊　存二種十三卷（昌黎先生全集錄二至八、河東先生全集錄六卷）

350000 - 2042 - 0002079　811.42/247 - 1

唐宋十大家全集錄　（清）儲欣錄　清康熙四十四年（1705）居易堂刻本　十四冊　存六種

十八卷（習之先生全集錄二卷,六一居士全集錄二至三,欒城先生全集錄一至四,臨川先生全集錄四卷,可之先生全集錄二卷,河東先生全集錄一至三、六）

350000 - 2042 - 0002080　811.42/261

唐詩體經六卷　（清）吳廷偉選訂　（清）顧元標注　清康熙四十二年（1703）賜蓮堂刻本　四冊

350000 - 2042 - 0002081　811.42/310

唐四家詩　（清）汪立名輯　清康熙三十四年（1695）刻本　六冊

350000 - 2042 - 0002082　811.42/314

唐人五十家小集　（清）江標輯　清光緒二十一年（1895）元和江氏靈鶼閣刻本　十六冊

350000 - 2042 - 0002083　811.42/314 - 1

唐人五十家小集　（清）江標輯　清光緒二十一年（1895）元和江氏靈鶼閣刻本　十二冊

350000 - 2042 - 0002084　811.42/314 - 2

唐人五十家小集　（清）江標輯　清光緒二十一年（1895）元和江氏靈鶼閣刻本　十六冊

350000 - 2042 - 0002085　811.42/349

唐詩金粉十卷　（清）沈炳震纂輯　（清）沈生倬　（清）沈生霖訂正　（清）沈華錦讐校　清雍正二年（1724）冬讀書齋刻本　四冊

350000 - 2042 - 0002086　811.42/404

才調集十卷　（五代）韋縠集　清康熙四十三年（1704）新安汪氏垂雲堂刻本　八冊

350000 - 2042 - 0002087　811.42/436

唐詩類苑選三十四卷　（清）戴明説選定　（清）吳綺　（清）紀元選　（清）戴王綸　（清）戴王緝校訂　清順治十六年（1659）刻本　三十二冊

350000 - 2042 - 0002088　811.42/440

中晚唐詩叩彈集十二卷續集三卷　（清）杜詔　（清）杜庭珠集　清康熙四十三年（1704）采山亭刻本　四冊

350000 - 2042 - 0002089　811.42/440 - 1

中晚唐詩叩彈集十二卷續集三卷 　（清）杜詔
（清）杜庭珠集　清康熙四十三年（1704）采
山亭刻本　八冊

350000－2042－0002090　811.42/441

唐五言六韻詩豫四卷　題（清）花豫樓主人選
輯　清康熙刻本　二冊

350000－2042－0002091　811.42/444

唐詩三百首註疏六卷　（清）孫洙編選　（清）
章燮註　（清）孫孝根校正　清道光二十二年
（1842）文錦堂刻本　六冊

350000－2042－0002092　811.42/444.01

唐詩三百首註疏六卷　（清）孫洙編選　（清）
章燮註　（清）孫孝根校正　清道光十五年
（1835）刻本　六冊

350000－2042－0002093　811.42/445

國秀集三卷　（唐）芮挺章集　明萬曆汪宗尼
刻本　一冊

350000－2042－0002094　811.42/448.1

全唐五律韻彙詩鈔四卷　（清）葉錫眉彙輯
（清）傅繩勳（清）楊以增參訂　清道光二十
一年（1841）刻本　二冊

350000－2042－0002095　811.42/506

唐人三家集　（清）秦恩復輯　清道光十年
（1830）江都秦氏石研齋刻本　四冊

350000－2042－0002096　811.42/506(1)

呂衡州文集十卷　（唐）呂溫撰　附考證一卷
（清）顧廣圻撰　清道光七年（1827）江都秦
氏石研齋刻唐人三家集本　二冊

350000－2042－0002097　811.42/527

帖體類箋七卷　（清）王湧輪鑒定　（清）江三
鳳彙箋　（清）馮銘履校字　清刻本　四冊

350000－2042－0002098　811.42/553

全唐詩九百卷　（清）曹寅　（清）彭定求輯
清光緒十三年（1887）上海同文書局石印本
三十二冊

350000－2042－0002099　811.42/553.01

全唐詩九百卷目錄十二卷　（清）曹寅　（清）

彭定求輯　清康熙四十六年（1707）內府刻本
二百四十冊

350000－2042－0002100　811.42/553.01－1

全唐詩九百卷目錄十二卷　（清）曹寅　（清）
彭定求輯　清康熙四十六年（1707）內府刻本
一百十八冊　缺十六卷（十至十六、八百十
四至八百二十二）

350000－2042－0002101　811.42/553－1

全唐詩九百卷　（清）曹寅　（清）彭定求輯
清光緒十三年（1887）上海同文書局石印本
三十二冊

350000－2042－0002102　811.42/553－2

全唐詩九百卷　（清）曹寅　（清）彭定求輯
清光緒十三年（1887）上海同文書局石印本
三十九冊

350000－2042－0002103　811.42/553－3

全唐詩九百卷　（清）曹寅　（清）彭定求輯
清光緒十三年（1887）上海同文書局石印本
三十二冊

350000－2042－0002104　811.42/722

華國編唐賦選二卷　（清）孫濩孫輯　清雍正
十一年（1733）高郵孫氏刻本　二冊

350000－2042－0002105　811.42/750

唐省試詩十卷攷誤一卷　（清）陳訏箋評　清
乾隆刻本　二冊

350000－2042－0002106　811.42/754

陳太僕批選八家文抄八卷　（清）陳兆崙輯
清光緒二十六年（1900）天津文美齋石印本
四冊

350000－2042－0002107　811.42/771

河岳英靈集二卷　（唐）殷璠輯　清光緒四年
（1878）遼陽賴豐烈刻本　一冊

350000－2042－0002108　811.42/800

貫華堂選批唐才子詩甲集七言律八卷　（清）
金人瑞評選　清順治貫華堂刻本　六冊

350000－2042－0002109　811.42/805

唐詩不分卷　（清）姜虬綠抄撰　清抄本　四

冊

350000－2042－0002110　811.5/101

縈懷集詩餘選閨秀二卷　（清）王大樓手定
（清）沈博參閱　清抄本　四冊

350000－2042－0002111　811.5/103

宋代五十六家詩集　（清）坐春書塾選輯　清
末石印本　六冊

350000－2042－0002112　811.5/114

梅水詩傳十卷　（清）張煜南　（清）張鴻南輯
刊　（清）張芝田　（清）劉燕勛編訂　清光緒
二十七年（1901）刻本　十冊

350000－2042－0002113　811.5/265

宋詩選二十卷　（清）吳曹直　（清）儲右文選
輯　清康熙二十六年（1687）刻本　一冊　存
四卷（十七至二十）

350000－2042－0002114　811.5/406

影北宋本二李唱和集一卷　（宋）李昉　（宋）
李至撰　清光緒十五年（1889）貴陽陳榘刻本
一冊

350000－2042－0002115　811.5/442

南宋文範七十卷外編四卷作者考二卷　（清）
莊仲方編　清光緒十四年（1888）江蘇書局刻
本　十六冊

350000－2042－0002116　811.5/442－1

南宋文範七十卷外編四卷作者考二卷　（清）
莊仲方編　清光緒十四年（1888）江蘇書局刻
本　十六冊

350000－2042－0002117　811.5/443

三蘇全集四種　（清）弓翊清校　清道光七年
至十二年（1827－1832）眉州三蘇祠刻本　六
十四冊

350000－2042－0002118　811.5/443.2

南宋文錄錄二十四卷　（清）董兆熊輯　清光
緒十七年（1891）蘇州書局刻本　六冊

350000－2042－0002119　811.5/443.2－1

南宋文錄錄二十四卷　（清）董兆熊輯　清光
緒十七年（1891）蘇州書局刻本　六冊

350000－2042－0002120　811.5/443.2－2

南宋文錄錄二十四卷　（清）董兆熊輯　清光
緒十七年（1891）蘇州書局刻本　六冊

350000－2042－0002121　811.5/555

宋四六選二十四卷　（清）曹振鏞編　清刻本
十冊　存二十二卷（一至二十二）

350000－2042－0002122　811.5/603

宋文鑑一百五十卷目錄三卷　（宋）呂祖謙輯
清光緒十二年（1886）江蘇書局刻本　二十
四冊

350000－2042－0002123　811.5/603－1

宋文鑑一百五十卷目錄三卷　（宋）呂祖謙輯
清光緒十二年（1886）江蘇書局刻本　二十
四冊

350000－2042－0002124　811.5/716

宋詩紀事一百卷　（清）厲鶚　（清）馬曰琯輯
清乾隆十一年（1746）刻本　二十四冊

350000－2042－0002125　811.5/855

宋代五十六家詩集　題（清）坐春書塾選輯
清宣統二年（1910）北京龍文閣石印本　一冊

350000－2042－0002126　811.6/102.01

遼文萃七卷遼史藝文志補證一卷西夏文綴二
卷西夏藝文志一卷　王仁俊輯　清光緒三十
年（1904）無冰閣鉛印本　一冊

350000－2042－0002127　811.6/104

中州集十卷首一卷樂府一卷　（金）元好問輯
清光緒七年（1881）讀書山房刻本　十一冊

350000－2042－0002128　811.6/104.1

御訂全金詩增補中州集七十二卷首二卷
（金）元好問撰　（清）郭元釪補輯　清康熙刻
本　二十四冊

350000－2042－0002129　811.6/118

金文最六十卷首一卷　（清）張金吾輯　清光
緒二十一年（1895）蘇州書局刻本　十六冊

350000－2042－0002130　811.6/314

金詩選四卷　（清）顧奎光選輯　（清）陶玉禾
參評　清乾隆十六年（1751）刻本　二冊

350000－2042－0002131　811.6/316

元詩選初集一百十四卷首一卷二集一百三卷三集一百三卷癸集十卷　（清）顧嗣立集（清）席世臣續　清康熙長洲顧氏秀野草堂刻嘉慶三年（1798）席世臣補修光緒十四年（1888）掃葉山房增修本　七十六冊

350000－2042－0002132　811.6/316－1

元詩選初集一百十四卷首一卷二集一百三卷三集一百三卷　（清）顧嗣立集　清康熙長洲顧氏秀野草堂刻本　五十三冊

350000－2042－0002133　811.6/316－2

元詩選初集一百十四卷首一卷二集一百三卷三集一百三卷　（清）顧嗣立集　清康熙長洲顧氏秀野草堂刻本　三冊　存十二卷（圭塘小藁一卷、圭塘欸乃一卷、松瀑藁一卷、佩玉齋類藁一卷、聞過齋集一卷、山窗餘藁一卷、主一集一卷、默菴集一卷、學詩初槀一卷、清輝樓槀一卷、水雲集一卷、礀溪集一卷）

350000－2042－0002134　811.6/441.1

元文類七十卷目錄三卷　（元）蘇天爵輯　清光緒十五年（1889）江蘇書局刻本　十冊

350000－2042－0002135　811.6/752.01

元詩紀事二十四卷　陳衍輯　清光緒鉛印本　六冊

350000－2042－0002136　811.6/752.01－1

元詩紀事二十四卷　陳衍輯　清光緒鉛印本　五冊　存二十卷（一至十一、十六至二十四）

350000－2042－0002137　811.62/442

金文雅十六卷作者考一卷　（清）莊仲方編　清光緒十七年（1891）江蘇書局刻本　四冊

350000－2042－0002138　811.62/442－1

金文雅十六卷作者考一卷　（清）莊仲方編　清光緒十七年（1891）江蘇書局刻本　四冊

350000－2042－0002139　811.62/800

金詩選不分卷　（清）顧奎光輯　清抄本　一冊

350000－2042－0002140　811.7/044

郘中酬唱集四卷　（清）謝朝徵輯　清光緒元年（1875）雲海樓刻本　二冊

350000－2042－0002141　811.7/111

弘正四傑詩集　（清）張祖同輯　清光緒二十一年（1895）長沙張氏湘雨樓刻本　二十冊

350000－2042－0002142　811.7/111－1

弘正四傑詩集　（清）張祖同輯　清光緒二十一年（1895）長沙張氏湘雨樓刻本　十六冊

350000－2042－0002143　811.7/111－2

弘正四傑詩集　（清）張祖同輯　清光緒二十一年（1895）長沙張氏湘雨樓刻本　十六冊

350000－2042－0002144　811.7/252

明詩綜一百卷　（清）朱彝尊錄（清）汪森等緝評　清雍正刻本　三十冊

350000－2042－0002145　811.7/252.01

明詩綜一百卷　（清）朱彝尊錄（清）汪森等緝評　清雍正刻本　四十冊

350000－2042－0002146　811.7/252.01－1

明詩綜一百卷　（清）朱彝尊錄（清）汪森等緝評　清雍正刻本　二十四冊

350000－2042－0002147　811.7/252－1

明詩綜一百卷　（清）朱彝尊錄（清）汪森等緝評　清雍正刻本　二十四冊

350000－2042－0002148　811.7/273

皇明文則二十二卷　（明）慎蒙輯　明萬曆元年（1573）刻本　四冊　存二卷（十八至十九）

350000－2042－0002149　811.7/276

唐市徵獻錄原編二卷　（清）倪賜輯　（清）張璐手錄　（清）史慶全編　續編二卷　（清）張璐編集　（清）張祖仁校刊　（清）蘇雙翔閱定　清光緒二十五年（1899）刻本　四冊

350000－2042－0002150　811.7/315

潮州耆舊集二十種　（清）馮奉初輯　清光緒三十四年（1908）刻本　十三冊　缺五種六卷（李宮詹文集一卷、蕭給諫湖山集一卷、蕭太史鐵峯集一卷、蕭御史同野集二卷、王別駕半

憨集一卷)

350000－2042－0002151　811.7/342.31
明詩別裁集十二卷　（清）沈德潛　（清）周準
輯　清乾隆四年(1739)刻本　八冊

350000－2042－0002152　811.7/342.31－1
明詩別裁集十二卷　（清）沈德潛　（清）周準
輯　清乾隆四年(1739)刻本　四冊

350000－2042－0002153　811.7/406
四六類編十三卷　（明）李日華輯撰　（明）魯
重民補訂　（明）錢蔚起校定　明崇禎十三年
(1640)錢蔚起刻本　六冊

350000－2042－0002154　811.7/443
明文授讀六十二卷　（清）黃宗羲選輯　清康
熙三十八年(1699)四明味芹堂刻本　二十四
冊

350000－2042－0002155　811.7/716
馬忠節父子合集四卷　（明）馬思聰　（明）馬
明衡撰　（清）佘翔校　（清）劉尚文重編　清
光緒二十四年(1898)莆田馬鴻年刻本　一冊

350000－2042－0002156　811.7/741
翠娛閣評選明文奇豔十二卷　（明）陸雲龍選
評　（明）陸敏樹參訂　明崇禎陸氏翠娛閣刻
本　十六冊

350000－2042－0002157　811.7/752
蛟川先正文存二十卷補遺一卷　（清）陳繼聰
輯　清光緒八年(1882)刻本　十冊

350000－2042－0002158　811.7/753
**螺陽文獻二十卷附十八峯傳墨二卷姓氏爵里
一卷**　（清）陳澍纂輯　（清）張大河　（清）
張大江校補　清光緒九年(1883)刻宣統元年
(1909)補刻本　十冊

350000－2042－0002159　811.7/756
明詩紀事一百八十七卷　陳田輯　清光緒二
十三年至宣統三年(1897－1911)貴陽陳氏聽
詩齋刻本　三十八冊

350000－2042－0002160　811.7/756－1
明詩紀事一百八十七卷　陳田輯　清光緒二

十三年至宣統三年(1897－1911)貴陽陳氏聽
詩齋刻本　三十八冊

350000－2042－0002161　811.7/756－2
明詩紀事一百八十七卷　陳田輯　清光緒二
十三年至宣統三年(1897－1911)貴陽陳氏聽
詩齋刻本　三十八冊

350000－2042－0002162　811.7/830
**列朝詩集乾集二卷甲集前編十一卷甲集二十
二卷乙集八卷丙集十六卷丁集十六卷閏集六
卷**　（清）錢謙益輯　清順治九年(1652)毛晉
刻本　二十四冊

350000－2042－0002163　811.7/871
媚幽閣文娛不分卷　（明）鄭元勳選　（明）陳
繼儒定　（明）鄭元化訂　明崇禎三年(1630)
鄭元化刻本　四冊

350000－2042－0002164　811.7/871.1
媚幽閣文娛二集十卷　（明）鄭元勳選　（明）
陳繼儒訂　（明）鄭元化校　明崇禎十二年
(1639)白門李希禹刻本　五冊　存五卷(丙、
丁、庚、辛、壬)

350000－2042－0002165　811.8/006
西泠酬倡集五卷　（清）秦緗業等撰　（清）方
鼎銳輯　清光緒四年(1878)刻本　二冊

350000－2042－0002166　811.8/013
蜀秀集九卷　（清）譚宗浚編　清光緒五年
(1879)成都試院刻本　十冊

350000－2042－0002167　811.8/013－1
蜀秀集九卷　（清）譚宗浚編　清光緒五年
(1879)成都試院刻本　十二冊

350000－2042－0002168　811.8/016
瀏陽二傑遺文二卷　梁啓超編　清光緒鉛印
本　二冊

350000－2042－0002169　811.8/100
**國朝文匯甲前集二十卷甲集六十卷乙集七十
卷丙集三十卷丁集二十卷姓氏目錄一卷**
（清）沈粹芬輯　清宣統元年(1909)上海國學
扶輪社石印本　一百一冊

350000－2042－0002170　811.8/100－1

國朝文匯甲前集二十卷甲集六十卷乙集七十卷丙集三十卷丁集二十卷姓氏目錄一卷
(清)沈粹芬輯　清宣統元年(1909)上海國學扶輪社石印本　一百一冊

350000－2042－0002171　811.8/100－2

國朝文匯甲前集二十卷甲集六十卷乙集七十卷丙集三十卷丁集二十卷姓氏目錄一卷
(清)沈粹芬輯　清宣統元年(1909)上海國學扶輪社石印本　九十冊　存一百八十卷(甲集六十卷、乙集七十卷、丙集三十卷、丁集二十卷)

350000－2042－0002172　811.8/101

西泠五布衣遺著五種　(清)丁丙輯　清同治至光緒錢塘丁氏當歸草堂刻本　十冊

350000－2042－0002173　811.8/101.2

江蘇詩徵一百八十三卷　(清)王豫輯　清道光元年(1821)刻本　四十冊

350000－2042－0002174　811.8/101－1

西泠五布衣遺著五種　(清)丁丙輯　清同治至光緒錢塘丁氏當歸草堂刻本　十二冊

350000－2042－0002175　811.8/102

嶺南三大家詩選　(清)王隼選　清同治七年(1868)南海陳氏刻本　十冊

350000－2042－0002176　811.8/102－1

嶺南三大家詩選　(清)王隼選　清同治七年(1868)南海陳氏刻本　一冊　存四卷(一至四)

350000－2042－0002177　811.8/103.01

湖海文傳七十五卷　(清)王昶輯　清道光十七年(1837)經訓堂刻同治五年(1866)青浦王氏重印本　十五冊

350000－2042－0002178　811.8/103.01－1

湖海文傳七十五卷　(清)王昶輯　清道光十七年(1837)經訓堂刻同治五年(1866)青浦王氏重印本　十四冊

350000－2042－0002179　811.8/103.01－2

湖海文傳七十五卷　(清)王昶輯　清道光十七年(1837)經訓堂刻同治五年(1866)青浦王氏重印本　十冊

350000－2042－0002180　811.8/103.5

同館賦鈔二集八卷首一卷同館賦補鈔二卷　(清)王家相編輯　清嘉慶刻本　十冊

350000－2042－0002181　811.8/104.01

感舊集十六卷　(清)王士禎選　(清)盧見曾補傳　清乾隆十七年(1752)德州盧見曾刻本　八冊

350000－2042－0002182　811.8/104.2

海陵文徵二十卷　(清)夏荃輯　(清)陳寶晉校　清道光刻本　二十冊

350000－2042－0002183　811.8/104.3

新安二布衣詩八卷　(清)王士禎選　清康熙四十三年(1704)新安汪洪度刻本　二冊

350000－2042－0002184　811.8/114

嶺南四家詩鈔　(清)劉彬華輯　(清)張維屏　(清)黃玉衡參　清嘉慶刻本　四冊

350000－2042－0002185　811.8/117

京江耆舊集十三卷　(清)張學仁　(清)王豫輯　清嘉慶二十三年(1818)刻本　四冊

350000－2042－0002186　811.8/118

浙東課士錄四卷　(清)張美翊等撰　(清)薛福成輯　清光緒二十年(1894)無錫薛氏刻本　四冊

350000－2042－0002187　811.8/123

蝶仙小史彙編六卷首一卷附來蝶軒詩一卷　延清輯　清光緒刻本　四冊

350000－2042－0002188　811.8/173

詩觀二集十四卷　(清)鄧漢儀評選　(清)仲之琼重輯　清康熙十七年(1678)刻本　十六冊

350000－2042－0002189　811.8/174

海虞文徵三十卷目錄二卷　邵松年輯　清光緒三十一年(1905)鴻文書局石印本　十六冊

350000－2042－0002190　811.8/225

畿輔校士錄六卷 （清）周德潤輯 清光緒十七年(1891)刻本 六冊

350000－2042－0002191 811.8/250

新安先集二十卷 （清）朱之榛輯 清同治十三年(1874)刻本 六冊

350000－2042－0002192 811.8/251

國朝律賦揀金錄初刻十二卷二刻十二卷 （清）朱一飛編輯 （清）蕭誠參訂 （清）劉暄校閱 清乾隆五十七年(1792)刻本 八冊

350000－2042－0002193 811.8/252

重鐫清河五先生詩選六種 （清）朱為弼選錄 （清）徐申錫補錄 （清）丁泰參訂 清同治八年(1869)刻本 二冊

350000－2042－0002194 811.8/252.1

國朝金陵詩徵四十八卷 （清）朱緒曾編 清光緒十三年(1887)刻本 二十冊

350000－2042－0002195 811.8/252.11

續金陵詩徵六卷首一卷 （清）秦際唐 （清）朱紹亭 陳作霖輯 清光緒二十年(1894)刻本 六冊

350000－2042－0002196 811.8/254

歲華紀勝二卷 （清）朱觀評選 （清）朱澐校訂 清康熙三十六年(1697)刻本 二冊

350000－2042－0002197 811.8/268

棣華書屋詩集十卷試帖二卷附存一卷 （清）程鈺撰 清道光二十四年(1844)潁上縣署刻本 四冊

350000－2042－0002198 811.8/270.31

松陵文錄二十四卷 （清）凌淦輯 清同治十三年(1874)刻本 八冊

350000－2042－0002199 811.8/274.1

雪鴻偶鈔詩四卷詞一卷題辭一卷 （清）倪世珍錄 （清）吳淦校 清光緒四年(1878)吳縣倪氏刻本 二冊

350000－2042－0002200 811.8/288

本事詩十二卷 （清）徐釚編輯 清乾隆二十二年(1757)汪肯堂半松書屋刻本 四冊

350000－2042－0002201 811.8/309

國朝三家文鈔 （清）宋犖 （清）許汝霖選 （清）邵長蘅 （清）宋至訂 清康熙三十三年(1694)刻本 八冊

350000－2042－0002202 811.8/311.1

江西校士錄六卷 （清）盛炳緯鑒定 清光緒二十年(1894)刻本 六冊

350000－2042－0002203 811.8/313

清尊集十六卷 （清）汪遠孫輯 清道光十九年(1839)錢塘汪氏刻本 八冊

350000－2042－0002204 811.8/314

汀南廬存集四卷續集二卷 （清）楊瀾輯 清同治十二年(1873)刻本 三冊 存四卷(汀南廬存集四卷)

350000－2042－0002205 811.8/314.1

江南鄉試硃卷不分卷附履歷（清光緒十四年戊子科） 姚永概等撰 清末刻本 八冊

350000－2042－0002206 811.8/320

香禪精舍集八種附三種另附四種 （清）潘鍾瑞撰 清光緒長洲潘氏香禪精舍刻本 二冊 存四種四卷(息影廬殘槀一卷、學爲福齋詩鈔一卷、吟碧山館詞一卷、香隱盦詞一卷)

350000－2042－0002207 811.8/322

兩浙校士錄不分卷 （清）潘衍桐輯 清光緒石印本 四冊

350000－2042－0002208 811.8/328

律賦一卷 （清）孫毓汶錄 清光緒刻本 一冊

350000－2042－0002209 811.8/330

吳中唱和集八卷 （清）梁章鉅編 清道光十年(1830)刻本 四冊

350000－2042－0002210 811.8/333

淮安藝文志十卷 （清）□□輯 清同治十二年(1873)刻本 八冊

350000－2042－0002211 811.8/342.11

誌別錄不分卷 （清）沈秉成編 清光緒十五年(1889)桂林書肆刻本 二冊

350000－2042－0002212　811.8/342.3

國朝詩別裁集三十六卷　（清）沈德潛纂評
（清）翁照　（清）顧詒祿　（清）周準　（清）
蔣重光輯　清乾隆二十四年（1759）刻本　二
十四冊

350000－2042－0002213　811.8/342.4

層級集時文十二卷　（清）沈崗選　（清）沈兆
升編　（清）溫啟鵬　（清）溫啟鼇校訂　清嘉
慶十七年（1812）刻本　十二冊

350000－2042－0002214　811.8/342.5

國朝律賦偶箋四卷　（清）沈豐岐箋　（清）吳
浩然　（清）沈升嶠參訂　清乾隆二十四年
（1759）刻本　四冊

350000－2042－0002215　811.8/344

南宋雜事詩七卷　（清）沈嘉轍等撰　清同治
十一年（1872）淮南書局刻本　二冊

350000－2042－0002216　811.8/347

鶯簫集一卷補編一卷　沈同芳輯　清光緒二
十二年（1896）刻本　一冊

350000－2042－0002217　811.8/380

荔隱山房集七種　（清）涂慶瀾撰　清光緒莆
陽涂氏刻本　五冊

350000－2042－0002218　811.8/380.1

國朝莆陽詩輯四卷　（清）涂慶瀾輯　清光緒
二十七年（1901）刻本　二冊

350000－2042－0002219　811.8/380.1－1

國朝莆陽詩輯四卷　（清）涂慶瀾輯　清光緒
二十七年（1901）刻本　二冊

350000－2042－0002220　811.8/380.1－2

國朝莆陽詩輯四卷　（清）涂慶瀾輯　清光緒
二十七年（1901）刻本　三冊　存三卷（一至
二、四）

350000－2042－0002221　811.8/380.2

莆陽文輯五卷　（清）涂慶瀾編　清光緒二十
五年（1899）刻本　五冊

350000－2042－0002222　811.8/380.2－1

莆陽文輯五卷　（清）涂慶瀾編　清光緒二十

五年（1899）刻本　五冊

350000－2042－0002223　811.8/380.2－2

莆陽文輯五卷　（清）涂慶瀾編　清光緒二十
五年（1899）刻本　五冊

350000－2042－0002224　811.8/380－1

荔隱山房集七種　（清）涂慶瀾撰　清光緒莆
陽涂氏刻本　六冊

350000－2042－0002225　811.8/380－2

荔隱山房集七種　（清）涂慶瀾撰　清光緒莆
陽涂氏刻本　一冊　存二種二卷（進奉文一
卷、荔隱居楹聯偶存一卷）

350000－2042－0002226　811.8/400.1

叩鉢齋纂行廚集十八卷　（清）李之泌　（清）
汪建封輯　（清）汪志瑞注釋　清康熙二十九
年（1690）刻本　十六冊

350000－2042－0002227　811.8/400.11

叩鉢齋纂行廚集十八卷　（清）李之泌　（清）
汪建封輯　（清）汪志瑞注釋　清乾隆二十三
年（1758）姑蘇帶月樓刻本　七冊

350000－2042－0002228　811.8/400.5

清源石井課藝二刻不分卷　（清）李應聲等撰
　清刻本　三冊

350000－2042－0002229　811.8/400.51

清源石井課藝三刻五卷　（清）龔顯曾輯　清
光緒刻本　二冊　存三卷（學庸、論語上、孟
子下）

350000－2042－0002230　811.8/403

守信錄二卷　（清）李宗言輯　清光緒二十四
年（1898）滕王閣刻本　一冊

350000－2042－0002231　811.8/404

續同人集十七卷　（清）袁枚輯　（清）蔣莘
（清）蔣蔚校　清乾隆五十五年（1790）刻隨園
三十種本　六冊

350000－2042－0002232　811.8/404.1

詞科掌錄十七卷餘話七卷　（清）杭世駿編輯
　清刻本　十冊

350000－2042－0002233　811.8/421

松風餘韻五十卷末一卷 　（清）姚弘緒編次
清乾隆八年(1743)刻本　十二冊

350000－2042－0002234　811.8/422
測海集六卷　（清）彭紹升撰　清嘉慶二十四
年(1819)刻本　五冊

350000－2042－0002235　811.8/422.2
測海集六卷　（清）彭紹升撰　清同治四年
(1865)刻本　二冊

350000－2042－0002236　811.8/424
國朝文錄八十二卷　（清）姚椿輯　清咸豐元
年(1851)終南山館刻本　三十二冊

350000－2042－0002237　811.8/424.1
國朝文錄八十二卷　（清）姚椿輯　清光緒二
十六年(1900)掃葉山房石印本　十六冊

350000－2042－0002238　811.8/424.1－1
國朝文錄八十二卷　（清）姚椿輯　清光緒二
十六年(1900)掃葉山房石印本　十六冊

350000－2042－0002239　811.8/424－1
國朝文錄八十二卷　（清）姚椿輯　清咸豐元
年(1851)終南山館刻本　二十四冊

350000－2042－0002240　811.8/430
京江鮑氏三女史詩鈔合刻　（清）戴燮元輯
清光緒八年(1882)刻本　五冊

350000－2042－0002241　811.8/433
學仕錄十六卷　（清）戴肇辰輯　清同治六年
(1867)刻本　八冊

350000－2042－0002242　811.8/440
黔詩紀略後編三十卷　（清）莫庭芝　（清）黎
汝謙輯　補三卷　陳田輯　清宣統三年
(1911)刻本　八冊

350000－2042－0002243　811.8/442
福建試牘初刻四卷　（清）黃贊湯手訂　清咸
豐刻本　三冊

350000－2042－0002244　811.8/443.5
苔岑集初刊七種　（清）蔣棨渭輯　清道光三
十年(1850)吳縣蔣氏刻本　六冊

350000－2042－0002245　811.8/447
江左校士錄六卷　（清）黃體芳輯　清光緒十
二年(1886)鉛印本　六冊

350000－2042－0002246　811.8/463
健公詩影一卷　林紓輯　楊幼雪　楊希滄繪
清光緒十九年(1893)刻本　一冊

350000－2042－0002247　811.8/463.1
甘棠集選文二十集　（清）楊鶴鳴評選　（清）
楊懌編梓　（清）何宣綸參校　清光緒石印本
四冊

350000－2042－0002248　811.8/463－1
健公詩影一卷　林紓輯　楊幼雪　楊希滄繪
清光緒十九年(1893)刻本　一冊

350000－2042－0002249　811.8/482
敬脩堂詞賦課鈔十六卷附金臺課藝一卷
（清）胡敬輯　清同治十一年(1872)山陰俞麟
年刻本　六冊

350000－2042－0002250　811.8/533
竹林倡和詩五卷　（清）盛遠輯　清康熙四十
四年(1705)刻本　五冊

350000－2042－0002251　811.8/536
八旗文經五十六卷攷三卷敘錄一卷　（清）盛
昱　（清）李鐘義編　清光緒二十八年(1902)
刻本　十二冊

350000－2042－0002252　811.8/603
湖南文徵一百九十卷首一卷姓氏傳四卷目錄
六卷　（清）羅汝懷編　清同治十年(1871)刻
本　一百冊

350000－2042－0002253　811.8/603.2
吳會英才集二十四卷　（清）畢沅輯　清道光
刻本　六冊

350000－2042－0002254　811.8/672
仁在堂約選不分卷　（清）路德撰　（清）亦濂
選　清同治二年(1863)刻本　四冊

350000－2042－0002255　811.8/711
浙江詩課十卷浙士解經錄四卷浙江考卷一卷
（清）阮元訂　清嘉慶再到亭刻本　二冊

存九卷(浙江詩課一至五、浙士解經錄一至三、浙江考卷一卷)

350000－2042－0002256　811.8/711.2

淮海英靈集二十二卷　（清）阮元輯　清嘉慶三年(1798)儀徵阮氏小琅嬛仙館刻本　十二冊

350000－2042－0002257　811.8/724

篤舊集十八卷　（清）劉存仁編輯　清咸豐九年(1859)刻本　八冊

350000－2042－0002258　811.8/752.01

篋衍集十二卷　（清）陳維崧選　（清）蔣國祥校訂　清雍正刻本　四冊

350000－2042－0002259　811.8/752.4

焦山六上人詩十八卷　（清）陳任暘輯　清道光九年(1829)刻光緒三十二年(1906)續修本　六冊

350000－2042－0002260　811.8/753.3

溫陵詩紀十二卷　（清）陳棨仁　（清）龔顯曾輯　清光緒元年(1875)晉江龔顯曾誦芬堂木活字印本　三冊　存九卷(一至三、七至十二)

350000－2042－0002261　811.8/754

二柳村莊吟社詩選不分卷　（清）陳蔭庭等撰（清）華文彬　（清）華文模輯　清道光刻本　三冊

350000－2042－0002262　811.8/754.1

國朝嶺南文鈔十八卷　（清）陳在謙評輯　清刻本　六冊

350000－2042－0002263　811.8/754.1－1

國朝嶺南文鈔十八卷　（清）陳在謙評輯　清刻本　六冊

350000－2042－0002264　811.8/756

豐州集稿十四卷首一卷　（清）陳國仕輯　清光緒三十四年(1908)南安陳國仕天白閣稿本　十七冊

350000－2042－0002265　811.8/771

海虞三陶先生集合刻四種　（清）楊沂孫輯

清光緒七年(1881)海虞楊同福貴池衙署刻本四冊　存三種十三卷(陶子師先生集四卷、首一卷,陶退菴先生集二卷、首一卷,陶子師先生南崖集四卷、首一卷)

350000－2042－0002266　811.8/776

貞豐詩萃五卷　（清）陶煦輯　清咸豐十一年至同治三年(1861－1864)元和陶煦儀一堂刻本　二冊

350000－2042－0002267　811.8/778

移芝室古文讀本十三卷首一卷詩集三卷外集一卷試帖一卷律賦一卷芰餘草一卷尺牘二卷　（清）楊彝珍撰　（清）閻鎮珩輯　清光緒刻本　八冊

350000－2042－0002268　811.8/802

東游唱和集不分卷　（清）曾國藩等撰　清咸豐至同治趙烈文能靜居抄本　一冊

350000－2042－0002269　811.8/803

國朝松江詩鈔六十四卷　（清）姜兆翀錄　清嘉慶十三年(1808)華亭姜氏松江文悅齋諸南山刻本　十六冊

350000－2042－0002270　811.8/803.4

考卷雋快六編　（清）翁心存等鑒定　（清）季成鉝編次　清道光至光緒刻本　八冊

350000－2042－0002271　811.8/809.1

國朝駢體正宗十二卷　（清）曾燠輯　清嘉慶十一年(1806)刻本　六冊

350000－2042－0002272　811.8/809.1－1

國朝駢體正宗十二卷　（清）曾燠輯　清嘉慶十一年(1806)刻本　八冊

350000－2042－0002273　811.8/809.1－2

國朝駢體正宗十二卷　（清）曾燠輯　清嘉慶十一年(1806)刻本　六冊

350000－2042－0002274　811.8/830

列朝詩集乾集二卷甲集前編十一卷甲集二十二卷乙集八卷丙集十六卷丁集十六卷閏集六卷　（清）錢謙益輯　清宣統二年(1910)上海神州國光社鉛印本　四十八冊

350000－2042－0002275　811.8/830－1

列朝詩集乾集二卷甲集前編十一卷甲集二十二卷乙集八卷丙集十六卷丁集十六卷閏集六卷　（清）錢謙益輯　清宣統二年(1910)上海神州國光社鉛印本　五十六冊

350000－2042－0002276　811.8/833

國朝文粹不分卷　（清）錢祥保輯　清宣統元年(1909)鉛印本　一冊

350000－2042－0002277　811.8/874/N

國朝全閩詩錄初集二十一卷續十一卷　（清）鄭杰緝　清同治六年(1867)刻本　六冊

350000－2042－0002278　811.8/971

國朝閨秀正始集二十卷附錄一卷補遺一卷題詞一卷續集十卷附錄一卷補遺一卷輓詞一卷　（清）惲珠輯　清道光十一年至十六年(1831－1836)刻本　六冊　存二十三卷(國朝閨秀正始集二十卷、附錄一卷、補遺一卷、題詞一卷)

350000－2042－0002279　811.9/282

百尺樓叢書□□種　陳去病輯　清光緒鉛印本　一冊　存二種二卷(懺慧詞一卷、度鍼樓遺稿一卷)

350000－2042－0002280　811.9/430

謫麐堂遺集四卷　（清）戴望撰　清宣統三年(1911)鉛印本　一冊

350000－2042－0002281　811/002

瀛奎律髓四十九卷　（宋）方回輯　（清）吳孟舉閱　清康熙五十二年(1713)刻本　十二冊

350000－2042－0002282　811/002.01

瀛奎律髓刊誤四十九卷　（宋）方回原選（清）紀昀批點　清嘉慶五年(1800)李光垣刻本　十冊

350000－2042－0002283　811/002.01－1

瀛奎律髓刊誤四十九卷　（宋）方回原選（清）紀昀批點　清嘉慶五年(1800)李光垣刻本　十冊

350000－2042－0002284　811/002.02

瀛奎律髓刊誤四十九卷　（宋）方回原選（清）紀昀批點　清光緒六年(1880)刻懺花盦叢書本　十二冊

350000－2042－0002285　811/007

文體明辯六十一卷首一卷目錄六卷附錄十四卷目錄二卷　（明）徐師曾纂　明萬曆銅活字印本　三冊　存六卷(十一至十六)

350000－2042－0002286　811/009

御選歷代詩餘一百二十卷　（清）沈辰垣（清）王奕清　（清）閻錫爵　（清）余正健編纂　清康熙四十六年(1707)內府刻本　四十冊

350000－2042－0002287　811/009.1

古文淵鑑六十四卷　（清）徐乾學等編注　清康熙內府刻五色套印本　二十四冊

350000－2042－0002288　811/009.1－1

古文淵鑑六十四卷　（清）徐乾學等編注　清康熙內府刻五色套印本　二十四冊

350000－2042－0002289　811/009－1

御選歷代詩餘一百二十卷　（清）沈辰垣（清）王奕清　（清）閻錫爵　（清）余正健編纂　清康熙四十六年(1707)內府刻本　二十四冊

350000－2042－0002290　811/040

詩詞雜俎十二種　（明）毛晉輯　明末毛氏汲古閣刻本　十三冊

350000－2042－0002291　811/074.01

樂府詩集一百卷目錄二卷　（宋）郭茂倩編次　明末清初毛氏汲古閣刻本　二十四冊

350000－2042－0002292　811/080

麗句集六卷　（明）許之吉選　（明）廖孔悅定（明）謝于教閱　明天啓五年(1625)刻本　六冊

350000－2042－0002293　811/082

遙集集前編六卷後編十卷　（清）許貞幹輯　清光緒二十八年至三十四年(1902－1908)味青齋刻本　十六冊

350000－2042－0002294　811/100

讀書引十二卷　(清)王謨輯　清乾隆四十八年(1783)刻本　六冊

350000－2042－0002295　811/101

賦鈔箋畧十五卷　(清)王冶堂輯　(清)雷琳箋　(清)張杏濱　(清)張士林重校刊　清嘉慶二十二年(1817)刻本　八冊

350000－2042－0002296　811/102

駢文類纂四十六卷　王先謙纂集　清光緒二十八年(1902)思賢書局刻本　二十四冊

350000－2042－0002297　811/102－1

駢文類纂四十六卷　王先謙纂集　清光緒二十八年(1902)思賢書局刻本　二十四冊

350000－2042－0002298　811/104

四六法海十二卷　(明)王志堅論次　(明)王偲等編校　明天啓七年(1627)刻清乾隆二十三年(1758)補刻本　十二冊

350000－2042－0002299　811/104.2

古詩箋三十二卷　(清)王士禎選本　清乾隆三十一年(1766)芷蘭堂刻本　十冊

350000－2042－0002300　811/104.2－1

古詩箋三十二卷　(清)王士禎選本　清乾隆三十一年(1766)芷蘭堂刻本　十四冊

350000－2042－0002301　811/105

古文未曾有集八卷　(清)王甫白評選　(清)尤珍　(清)蔡汪琮訂　(清)區瑞圖重校　清光緒九年(1883)刻本　四冊

350000－2042－0002302　811/107

八代詩選二十卷　王闓運撰　清光緒二十年(1894)章氏經濟堂刻民國十二年(1923)補修本　八冊

350000－2042－0002303　811/107.01

八代詩選二十卷　王闓運撰　清光緒十六年(1890)江蘇書局刻本　八冊

350000－2042－0002304　811/108

詩義標準一百十四卷首一卷　(清)王錫光撰集　清宣統三年(1911)虛受堂刻本　三十冊

350000－2042－0002305　811/112

唐宋八家古文析解□□卷　(清)璩紹杰評選　清雍正十二年(1734)刻本　二冊　存十二卷(一至十二)

350000－2042－0002306　811/113.1

文萃十三種　(清)張道緒評　(清)張熙爕　(清)張翰藻校訂　清嘉慶十六年(1811)人境軒刻本　二十冊

350000－2042－0002307　811/115

七十家賦鈔六卷　(清)張惠言編　清光緒四年(1878)宏達堂刻本　三冊

350000－2042－0002308　811/124.01

四六叢話三十三卷選詩叢話一卷　(清)孫梅輯　清光緒七年(1881)吳下刻本　十二冊

350000－2042－0002309　811/124.01－1

四六叢話三十三卷選詩叢話一卷　(清)孫梅輯　清光緒七年(1881)吳下刻本　二十冊

350000－2042－0002310　811/126

續古文苑二十卷　(清)孫星衍輯　清嘉慶十七年(1812)冶城山館刻平津館叢書本　八冊

350000－2042－0002311　811/172

斯文精萃不分卷　(清)尹繼善輯選　清同治七年(1868)長沙刻本　十二冊

350000－2042－0002312　811/206

湖南女士詩鈔所見初集十二卷　(清)毛國姬編　(清)毛國翰參校　清道光十四年(1834)刻本　五冊

350000－2042－0002313　811/211

粵十三家集　(清)伍元薇輯　清道光二十年(1840)南海伍氏詩雪軒刻本　三十八冊

350000－2042－0002314　811/214

天下才子必讀書十五卷末一卷　(清)金人瑞選　清刻本　八冊　存十五卷(天下才子必讀書十五卷)

350000－2042－0002315　811/232

古文摭逸八卷　(清)傅以成輯　(清)傅培梅校刊　清同治七年(1868)刻本　四冊

350000 – 2042 – 0002316　811/251

文選集釋二十四卷　（清）朱珔撰　清光緒元年(1875)涇川朱氏梅村家塾刻本　十二冊

350000 – 2042 – 0002317　811/252

金陵詩徵四十四卷　（清）朱緒曾編　清光緒十八年(1892)刻本　十四冊

350000 – 2042 – 0002318　811/268

新安文獻志一百卷目錄二卷先賢事略二卷（明）程敏政彙集　（明）洪文衡　（明）畢懋康重訂　明刻本　三十一冊　存一百三卷(新安文獻志一百卷、目錄下、先賢事略二卷)

350000 – 2042 – 0002319　811/268.01

新安文獻志一百卷先賢事略二卷　（明）程敏政彙集　（明）洪文衡　（明）畢懋康重訂　明刻本　三十八冊

350000 – 2042 – 0002320　811/269

賦彙錄要二十八卷補遺一卷補題注一卷外集一卷　（清）陳元龍編　（清）吳光昭箋畧（清）陳書輯　清汲古齋刻本　十五冊

350000 – 2042 – 0002321　811/270.13

續古文辭類纂三十四卷　王先謙纂集　清光緒八年(1882)長沙王氏虛受堂刻本　八冊

350000 – 2042 – 0002322　811/271

黔詩紀略三十三卷　（清）黎兆勳採詩　（清）唐樹義審例　（清）莫友芝傳證　清同治十二年(1873)遵義唐氏夢研齋金陵刻本　十二冊

350000 – 2042 – 0002323　811/284

古文淵鑑六十四卷　（清）徐乾學等編注　清康熙內府刻五色套印本　二十八冊

350000 – 2042 – 0002324　811/303

四家詠史樂府六種　（清）宋澤元輯　清光緒十二年(1886)山陰宋氏刻懺花盦叢書本　五冊　存五種十四卷(鐵厓詠史八卷、鐵厓小樂府一卷、西涯樂府二卷、兩晉南北史樂府二卷、唐宋小樂府一卷)

350000 – 2042 – 0002325　811/304

三賢文集　（清）張斐然等輯　清道光十六年

(1836)刻本　十二冊

350000 – 2042 – 0002326　811/309

江左十五子詩選　（清）宋犖選　（清）邵長蘅訂　清末上海掃葉山房石印本　六冊

350000 – 2042 – 0002327　811/314

近光集二十八卷　（清）汪士鋐編纂　（清）徐修仁參注　清康熙五十八年(1719)刻本　八冊

350000 – 2042 – 0002328　811/314 – 1

近光集二十八卷　（清）汪士鋐編纂　（清）徐修仁參注　清康熙五十八年(1719)刻本　八冊

350000 – 2042 – 0002329　811/314 – 2

近光集二十八卷　（清）汪士鋐編纂　（清）徐修仁參注　清康熙五十八年(1719)刻本　八冊

350000 – 2042 – 0002330　811/316

蓮漪文鈔八卷　（清）汪曰楨撰　清咸豐九年(1859)烏程汪氏刻本　一冊

350000 – 2042 – 0002331　811/319

詩紀一百五十六卷目錄三十六卷　（明）馮惟訥彙編　（明）方天眷重訂　明萬曆刻本　二十冊

350000 – 2042 – 0002332　811/319.1

梁溪詩鈔五十八卷　（清）顧光旭輯　清嘉慶刻本　二十四冊

350000 – 2042 – 0002333　811/328

楳野集十一卷　（宋）徐元杰撰　（清）潘錫恩校　清道光二十八年(1848)涇縣潘氏袁江節署刻同治五年(1866)印乾坤正氣集本　四冊

350000 – 2042 – 0002334　811/328.01

乾坤正氣集一百一種首一卷　（清）姚瑩（清）顧沅　（清）潘錫恩輯　清道光二十八年(1848)涇縣潘氏袁江節署刻光緒七年(1881)印本　一百七十一冊

350000 – 2042 – 0002335　811/342.01

古詩源十四卷　（清）沈德潛選　清康熙五十

八年(1719)刻本　四册

350000 – 2042 – 0002336　811/342.01 – 1
古詩源十四卷　(清)沈德潛選　清康熙五十八年(1719)刻本　四册

350000 – 2042 – 0002337　811/342.01 – 2
古詩源十四卷　(清)沈德潛選　清康熙五十八年(1719)刻本　一册　存四卷(七至十)

350000 – 2042 – 0002338　811/342.0302
評選古詩源四卷　(清)沈德潛選　清光緒二十年(1894)上海圖書集成印書局鉛印本　一册

350000 – 2042 – 0002339　811/342.2
瀚海十二卷　(明)沈佳胤輯　(明)陳繼儒鑒定　明崇禎刻本　四册

350000 – 2042 – 0002340　811/344
南宋襍事詩七卷　(清)沈嘉轍撰　清雍正武林芹香齋刻本　四册

350000 – 2042 – 0002341　811/370
文選旁證四十六卷　(清)梁章鉅撰　清光緒八年(1882)吳下刻本　十二册

350000 – 2042 – 0002342　811/401
賦學正鵠集釋十一卷　(清)李元度編　清光緒七年(1881)長沙奎光樓刻本　七册　存十卷(一、三至十一)

350000 – 2042 – 0002343　811/401.1
小學弦歌八卷　(清)李元度輯　清光緒五年(1879)刻本　四册

350000 – 2042 – 0002344　811/403
駢體文鈔三十一卷　(清)李兆洛輯　清光緒八年(1882)滬上刻本　八册

350000 – 2042 – 0002345　811/403 – 1
駢體文鈔三十一卷　(清)李兆洛輯　清光緒八年(1882)滬上刻本　六册

350000 – 2042 – 0002346　811/403 – 2
駢體文鈔三十一卷　(清)李兆洛輯　清光緒八年(1882)滬上刻本　十二册

350000 – 2042 – 0002347　811/404
古樂府十卷　(元)左克明編次　(明)何汝教校正　明萬曆三十年(1602)何汝教刻本　三册

350000 – 2042 – 0002348　811/404.1
侯鯖集十卷　(清)李友棠集句　清乾隆靜香閣刻本　四册

350000 – 2042 – 0002349　811/405.1
古文筆法八卷首一卷　(清)李扶九選編　清光緒二十九年(1903)石印本　八册

350000 – 2042 – 0002350　811/421
古文辭類纂七十四卷　(清)姚鼐纂集　續古文辭類纂　王先謙輯　清光緒十年(1884)朱記榮行素草堂刻本　十二册　存七十四卷(古文辭類纂七十四卷)

350000 – 2042 – 0002351　811/421.01
古文辭類纂七十五卷　(清)姚鼐纂輯　清道光五年(1825)金陵吳啟昌刻本　十六册

350000 – 2042 – 0002352　811/421.2
古文辭類纂七十四卷　(清)姚鼐纂集　續古文辭類纂　王先謙輯　清光緒三十三年(1907)上海商務印書館鉛印本　八册　存七十四卷(古文辭類纂七十四卷)

350000 – 2042 – 0002353　811/440
聲調四譜圖說十二卷首一卷末一卷　(清)董文渙編輯　清同治三年(1864)洪洞董氏刻本　六册

350000 – 2042 – 0002354　811/441
郁郁齋古文析義詳解十六卷　(清)林雲銘評注　(清)吳乘權附注　清康熙二十六年(1687)刻本　十一册　存十一卷(一、三至四、六、九至十、十二至十六)

350000 – 2042 – 0002355　811/441.1
古文析義十六卷　(清)林雲銘評注　清刻本　二册　存二卷(一至二)

350000 – 2042 – 0002356　811/442.1
重訂文選集評十五卷首一卷末一卷　(南朝

梁)蕭統纂 （唐)李善注 （清)何焯評點
（清)于光華編次 （清)于埁等校字 清乾隆
四十六年(1781)心簡齋刻本 八冊

350000－2042－0002357 811/442.21
文選纂注評林十二卷 （南朝梁)蕭統選
（明)張鳳翼纂注 明萬曆何敬堂刻本 十二
冊

350000－2042－0002358 811/442.4
文選六十卷 （南朝梁)蕭統輯 （唐)李善注
（清)葉樹藩參訂 清乾隆三十七年(1772)
海錄軒刻朱墨套印本 十冊

350000－2042－0002359 811/442.41
文選六十卷 （南朝梁)蕭統撰 （唐)李善注
考異十卷 （清)胡克家撰 清光緒二十四
年(1898)上海古香閣石印本 六冊 存六十
卷(文選六十卷)

350000－2042－0002360 811/442.4－1
文選六十卷 （南朝梁)蕭統輯 （唐)李善注
（清)葉樹藩參訂 清乾隆三十七年(1772)
海錄軒刻朱墨套印本 十六冊

350000－2042－0002361 811/442.4－2
文選六十卷 （南朝梁)蕭統輯 （唐)李善注
（清)葉樹藩參訂 清乾隆三十七年(1772)
海錄軒刻朱墨套印本 十二冊

350000－2042－0002362 811/442.4－3
文選六十卷 （南朝梁)蕭統輯 （唐)李善注
（清)葉樹藩參訂 清乾隆三十七年(1772)
海錄軒刻朱墨套印本 十二冊

350000－2042－0002363 811/442.4－4
文選六十卷 （南朝梁)蕭統輯 （唐)李善注
（清)葉樹藩參訂 清乾隆三十七年(1772)
海錄軒刻朱墨套印本 十冊 存五十卷(一
至五十)

350000－2042－0002364 811/442.52
文選六十卷 （南朝梁)蕭統輯 （唐)李善注
明毛氏汲古閣刻本 十二冊

350000－2042－0002365 811/442.6

[文選節選]不分卷 （南朝梁)蕭統選 清抄
本 一冊

350000－2042－0002366 811/442.7
文選六十卷 （南朝梁)蕭統撰 （唐)李善注
考異十卷 （清)胡克家撰 清同治八年
(1869)湖北崇文書局刻本 二十四冊

350000－2042－0002367 811/443.1
錫山文集二十卷 （清)王史直初編 （清)王
史鑑續編 （清)華湛恩重編 清道光二十年
(1840)鵝湖華氏親仁堂刻本 十二冊

350000－2042－0002368 811/444
古今類傳四卷 （清)董穀士 （清)董炳文輯
清康熙三十一年(1692)未學齋刻本 四冊

350000－2042－0002369 811/447
念二史詠史詩註二卷 （清)孫殿雲著 （清)
吳蔭穀註 清光緒六年(1880)吳縣蔡學海刻
本 二冊

350000－2042－0002370 811/469
升菴全蜀藝文志六十四卷首一卷 （明)楊慎
輯 （清)譚言藹 （清)張汝照校 清嘉慶二
十二年(1817)樂山張汝杰讀月草堂刻本 十
六冊

350000－2042－0002371 811/474
文選考異十卷 （清)胡克家撰 清嘉慶鄱陽
胡氏刻本 四冊

350000－2042－0002372 811/476
名世文宗三十卷談藪一卷 （明)胡時化選輯
（明)陳仁錫訂正 明崇禎元年(1628)刻本
十八冊

350000－2042－0002373 811/476.01
名世文宗二十卷外集四卷 （明)胡時化編次
（明)郭子章參輯 明萬曆五年(1577)馮叔
吉刻本 二十冊

350000－2042－0002374 811/476.1
續樵李詩繫四十卷 （清)胡昌基輯 （清)胡
金題 （清)胡金勝校 清宣統三年(1911)刻
本 二十冊

350000－2042－0002375　811/486

宛雅初編八卷 （明）梅鼎祚編　（清）施念曾
（清）張汝霖補輯　二編八卷　（清）施閏章
（清）蔡蓁春編　（清）施念曾　（清）張汝
霖補輯　三編二十四卷　（清）施念曾　（清）
張汝霖編輯　清乾隆十四年(1749)刻本　十
冊

350000－2042－0002376　811/492

歷代賦鈔三十二卷 （清）趙維烈編　清康熙
二十四年(1685)玉尺樓刻本　五冊

350000－2042－0002377　811/603

**湖南文徵一百九十卷首一卷姓氏傳四卷目錄
六卷** （清）羅汝懷編　清同治十年(1871)刻
本　一百冊

350000－2042－0002378　811/603.5

東萊先生古文關鍵二卷 （宋）呂祖謙評
（宋）蔡文子注　（清）徐樹屏考異　清冠山堂
刻本　四冊

350000－2042－0002379　811/611

全上古三代秦漢三國六朝文七百四十一卷
（清）嚴可均校輯　清光緒十三年至十九年
(1887－1893)廣雅書局刻本　一百冊

350000－2042－0002380　811/661.01

全上古三代秦漢三國六朝文七百四十一卷
（清）嚴可均校輯　清刻本　六冊　存五十二
卷(全陳文一至十八、全後周文一至二十四、
全北齊文一至十)

350000－2042－0002381　811/724.1

古今文致十卷 （明）劉士鏻原選　（明）王宇
增訂　清道光三年(1823)古薆羣玉山房刻朱
墨套印本　六冊

350000－2042－0002382　811/746.01

歷朝名媛詩詞十二卷 （清）陸昶評選　清乾
隆三十八年(1773)吳門陸昶紅樹樓刻本　六
冊

350000－2042－0002383　811/751

**御定歷代賦彙一百四十卷外集二十卷補遺二
十二卷逸句二卷目錄二卷** （清）陳元龍編輯
清康熙四十五年(1706)刻本　六十四冊

350000－2042－0002384　811/751.01

**御定歷代賦彙一百四十卷外集二十卷補遺二
十二卷逸句二卷目錄二卷** （清）陳元龍編輯
清康熙四十五年(1706)刻本　六冊　存二
十二卷(外集二十卷、逸句二卷)

350000－2042－0002385　811/753

采菽堂古詩選三十八卷補遺四卷 （清）陳祚
明評選　清乾隆刻本　十七冊

350000－2042－0002386　811/758.1

新增詩選題解韻編全集十九卷 （清）陳劍芝
（清）葉湘秋輯　（清）王昀重輯　（清）黃
炳章校刊　清光緒二年(1876)舒文堂刻本
五冊　存十五卷(一至十二、十七至十九)

350000－2042－0002387　811/771

文章指南五集 （明）歸有光選　（清）許佐重
輯　清光緒二年(1876)皖江節署刻本　六冊

350000－2042－0002388　811/772

閩僧詩鈔一卷 （清）□□輯　清抄本　一冊

350000－2042－0002389　811/774

文選瀹註三十卷 （明）孫鑛評閱　（明）閔齊
華瀹註　（清）徐善建　（明）柯維楨校　清康
熙徐善建、柯維楨刻本　二十冊

350000－2042－0002390　811/801.1

天下才子必讀書十五卷末一卷 （清）金人瑞
評　清刻本　六冊

350000－2042－0002391　811/806.01

經史百家雜鈔二十六卷 （清）曾國藩輯　清
光緒二十年(1894)金城刻本　二十六冊

350000－2042－0002392　811/806.021

經史百家雜鈔二十六卷首一卷 （清）曾國藩
纂　（清）李鴻章校刊　清光緒三十二年
(1906)上海商務印書館鉛印本　八冊

350000－2042－0002393　811/806.021－1

經史百家雜鈔二十六卷首一卷 （清）曾國藩
纂　（清）李鴻章校刊　清光緒三十二年
(1906)上海商務印書館鉛印本　十冊　存二

125

十一卷(一至二、五至十五、二十至二十六,首一卷)

350000－2042－0002394　811/806.021－2

經史百家雜鈔二十六卷首一卷　(清)曾國藩纂　(清)李鴻章校刊　清光緒三十二年(1906)上海商務印書館鉛印本　四冊　存七卷(五至九、十三至十四)

350000－2042－0002395　811/809

江西詩徵八十八卷附刻一卷　(清)曾燠編輯　清嘉慶九年(1804)刻本　四十四冊

350000－2042－0002396　811/874

閩詩錄甲集六卷乙集四卷丙集二十三卷丁集一卷戊集七卷　(清)鄭杰原輯　陳衍補訂　清宣統三年(1911)刻石遺室叢書本　十冊

350000－2042－0002397　811/874－1

閩詩錄甲集六卷乙集四卷丙集二十三卷丁集一卷戊集七卷　(清)鄭杰原輯　陳衍補訂　清宣統三年(1911)刻石遺室叢書本　十冊

350000－2042－0002398　811/884

詠史絕句詩注二卷目錄二卷　(明)程敏政編集　(明)詹貴補注　(明)胡修齡書　清咸豐六年(1856)抄本　四冊

350000－2042－0002399　812.1/103.01

楚辭箋注十七卷　(漢)王逸章句　(宋)洪興祖補注　清刻本　四冊

350000－2042－0002400　812.1/103.01－1

楚辭箋注十七卷　(漢)王逸章句　(宋)洪興祖補注　清刻本　四冊

350000－2042－0002401　812.1/103.02

楚辭釋十一卷　(漢)王逸章句　王闓運注　清光緒十二年(1886)成都尊經書院刻本　四冊

350000－2042－0002402　812.1/103.03

楚辭十七卷　(戰國)屈原撰　(漢)王逸章句　(宋)洪興祖補注　清初毛氏汲古閣刻本　四冊

350000－2042－0002403　812.1/103.04

楚辭十七卷　(漢)王逸章句　(漢)劉向編集　明刻本　八冊

350000－2042－0002404　812.1/254.003

楚辭集注八卷　(宋)朱熹集注　清乾隆五十三年(1788)聽雨齋刻朱墨套印本　六冊

350000－2042－0002405　812.1/254.02

楚辭集注八卷　(宋)朱熹集注　清乾隆五十三年(1788)聽雨齋刻朱墨套印本　六冊

350000－2042－0002406　812.1/441

楚辭燈四卷　(清)林雲銘論述　(清)林沅校　清康熙三十六年(1697)刻本　四冊

350000－2042－0002407　812.1/441.1

楚辭燈四卷　(清)林雲銘論述　清刻本　四冊

350000－2042－0002408　812.1/755

屈辭精義六卷　(清)陳本禮箋訂　(清)陳逢衡校讀　清嘉慶至道光刻本　二冊

350000－2042－0002409　812.1/770

楚辭二卷　(戰國)屈原　(戰國)宋玉　(漢)賈誼等撰　明萬曆四十八年(1620)閔齊伋刻三色套印本　二冊

350000－2042－0002410　812.1/772.01

楚辭八卷末一卷　(戰國)屈原撰　(清)屈復集註　(清)屈啟賢編　(清)屈來泰錄　(清)王垣校　清乾隆三年(1738)居易堂刻本　四冊

350000－2042－0002411　812.1/772.01－1

楚辭八卷末一卷　(戰國)屈原撰　(清)屈復集註　(清)屈啟賢編　(清)屈來泰錄　(清)王垣校　清乾隆三年(1738)居易堂刻本　四冊

350000－2042－0002412　812.1/777

屈賈文合編二種　(清)夏獻雲輯　清光緒三年(1877)刻本　十八冊　存二種九卷(屈大夫文八卷、賈太傅文一卷)

350000－2042－0002413　812.2/106

曹集詮評十卷逸文一卷　(三國魏)曹植撰

(清)丁晏編　**附魏陳思王[曹植]年譜一卷**
(清)丁晏纂　清同治十一年(1872)刻本　二冊

350000－2042－0002414　812.2/442

蔡中郎集六卷補遺一卷　(漢)蔡邕撰　(清)劉嗣奇校　清康熙三十四年(1695)刻本　一冊

350000－2042－0002415　812.2/442.01

蔡中郎文集十卷外傳一卷　(漢)蔡邕傳　明萬曆三十九年(1611)馬維驤刻本　四冊

350000－2042－0002416　812.21/464

揚子雲集三卷　(漢)揚雄撰　(明)汪士賢校　明天啓六年(1626)刻本　一冊

350000－2042－0002417　812.3/001

庾子山集十六卷首一卷總釋一卷　(北周)庾信撰　(清)倪璠注釋　清刻本　十二冊

350000－2042－0002418　812.3/001.02

庾子山集十六卷首一卷總釋一卷　(北周)庾信撰　(清)倪璠注釋　清道光十九年(1839)大文堂刻本　十二冊

350000－2042－0002419　812.3/773.02

陶靖節集十卷　(晉)陶潛撰　(明)何孟春注　明嘉靖六年(1527)羅守軺刻本　二冊

350000－2042－0002420　812.3/773.03

箋註陶淵明集十卷補註陶淵明集總論一卷　(晉)陶潛撰　(宋)李公煥箋註　清宣統三年至民國二年(1911－1913)貴池劉世珩刻玉海堂景宋叢書本　四冊

350000－2042－0002421　812.3/773.04

陶靖節詩集四卷總論一卷　(晉)陶潛撰　(清)蔣薰評閱　(清)周文焜訂　**附東坡和陶詩一卷**　(宋)蘇軾撰　**律陶一卷**　(明)王思任集　**敦好齋律陶纂**　(明)黃槐開纂　清康熙二十九年(1690)刻本　二冊

350000－2042－0002422　812.31/327

潘黃門集六卷　(晉)潘岳著　(明)呂兆禧校　明萬曆武林刻本　二冊

350000－2042－0002423　812.31/773.1

陶淵明集十卷　(晉)陶潛撰　清光緒五年(1879)刻本　二冊

350000－2042－0002424　812.32/276

鮑明遠集十卷　(南朝宋)鮑照撰　(明)程榮校　明萬曆至天啓新安汪氏刻漢魏諸名家集本　二冊　存八卷(一至八)

350000－2042－0002425　812.32/773

陶淵明集八卷首一卷末一卷　(晉)陶潛撰　清光緒五年(1879)廣州翰墨園刻朱墨套印本　二冊

350000－2042－0002426　812.32/773－1

陶淵明集八卷首一卷末一卷　(晉)陶潛撰　清光緒五年(1879)廣州翰墨園刻朱墨套印本　二冊

350000－2042－0002427　812.4/002

元白長慶集二種　(明)馬元調輯　明萬曆松江馬氏刻本　十六冊

350000－2042－0002428　812.4/002.01

元氏長慶集六十卷補遺六卷附錄一卷　(唐)元稹撰　(明)馬元調校　明萬曆三十二年(1604)松江馬氏刻元白長慶集本　十二冊

350000－2042－0002429　812.4/101

李長吉歌詩四卷首一卷外集一卷　(唐)李賀撰　(清)王琦彙解　清光緒四年(1878)宏達堂刻本　四冊

350000－2042－0002430　812.4/204

杜工部集二十卷首一卷　(唐)杜甫撰　(明)王世貞　(明)王慎中　(清)王士禎　(清)邵長蘅　(清)宋犖評　清道光十四年(1834)刻六色套印本　九冊

350000－2042－0002431　812.4/261

唐英歌詩三卷　(唐)吳融撰　明末海虞毛氏汲古閣刻唐人四集本　一冊

350000－2042－0002432　812.4/267

白香山詩長慶集二十卷後集十七卷別集一卷詩集補遺二卷　(唐)白居易撰　(清)汪立名

编订　白香山年谱一卷　（清）汪立名著　白
香山年谱旧本一卷　（宋）陈振孙撰　清末至
民国初年上海会文堂石印本　二册

350000－2042－0002433　812.4/267.01
白香山诗长庆集二十卷后集十七卷别集一卷
诗集补遗二卷　（唐）白居易撰　（清）汪立名
编订　年谱旧本一卷　（宋）陈振孙撰　清康
熙四十一年至四十二年(1702－1703)汪氏一
隅草堂刻本　十二册　存四十卷(白香山诗
长庆集一至十一、十三至二十,后集十七卷,
别集一卷,诗集补遗二卷,年谱旧本一卷)

350000－2042－0002434　812.4/287
徐孝穆全集六卷　（南朝陈）徐陵撰　（清）吴
兆宜笺注　清扬州艺古堂刻本　四册

350000－2042－0002435　812.4/310
顾华阳集三卷　（唐）顾况撰　（清）顾名端纂
辑　补遗一卷　（清）顾履成纂辑　清咸丰五
年(1855)顾炳章双峰堂刻本　二册

350000－2042－0002436　812.4/311
温飞卿诗集九卷　（唐）温庭筠撰　（明）曾益
注　（清）顾予咸补注　清光绪八年(1882)万
轴山房刻本　一册

350000－2042－0002437　812.4/312
樊川诗集四卷补遗一卷外集一卷别集一卷
（唐）杜牧撰　（清）冯集梧注　清光绪十六年
(1890)湘南书局刻本　五册

350000－2042－0002438　812.4/334
读杜心解六卷首二卷　（唐）杜甫撰　（清）浦
起龙解　清雍正二年(1724)无锡浦氏宁我斋
刻本　八册

350000－2042－0002439　812.4/334.1
读杜心解六卷首二卷　（唐）杜甫撰　（清）浦
起龙解　清刻本　十二册

350000－2042－0002440　812.4/334－1
读杜心解六卷首二卷　（唐）杜甫撰　（清）浦
起龙解　清刻本　十二册

350000－2042－0002441　812.4/362

温飞卿诗集九卷　（唐）温庭筠撰　（明）曾益
注　（清）顾予咸补注　（清）顾嗣立重校　清
康熙三十六年(1697)长洲顾氏秀野草堂刻本
四册

350000－2042－0002442　812.4/400
李义山文集十卷　（唐）李商隐撰　（清）徐树
穀笺　（清）徐炯注　清康熙四十七年(1708)
崑山徐氏花溪草堂刻本　四册

350000－2042－0002443　812.4/400.1
李义山诗集三卷诗谱一卷附诸家诗评一卷
（唐）李商隐撰　（清）朱鹤龄笺注　清顺治十
六年(1659)刻本　七册

350000－2042－0002444　812.4/400.10
李义山诗集三卷诗谱一卷附诸家诗评一卷
（唐）李商隐撰　（清）朱鹤龄笺注　（清）沈
厚塽辑评　清同治九年(1870)广州倅署刻三
色套印本　四册

350000－2042－0002445　812.4/400.11
玉谿生诗详注三卷首一卷樊南文集详注八卷
（唐）李商隐撰　（清）冯浩编订　清乾隆四
十五年(1780)刻同治七年(1868)上海冯宝圻
补刻本　四册　存四卷(玉谿生诗详注三卷、
首一卷)

350000－2042－0002446　812.4/400.12
玉谿生诗详注三卷首一卷樊南文集详注八卷
（唐）李商隐撰　（清）冯浩编订　清乾隆四
十五年(1780)刻同治七年(1868)上海冯宝圻
补刻本　八册

350000－2042－0002447　812.4/400.13
玉谿生诗详注三卷首一卷樊南文集详注八卷
（唐）李商隐撰　（清）冯浩编订　清乾隆四
十五年(1780)刻同治七年(1868)上海冯宝圻
补刻本　八册

350000－2042－0002448　812.4/400.16
玉谿生诗详注三卷首一卷樊南文集详注八卷
（唐）李商隐撰　（清）冯浩编订　清乾隆四
十五年(1780)刻同治七年(1868)上海冯宝圻
补刻本　八册

350000－2042－0002449　812.4/400.22

韋蘇州集十卷附拾遺一卷　（唐）韋應物撰
清康熙席氏琴川書屋刻唐詩百名家全集本
四冊

350000－2042－0002450　812.4/407

協律鉤元四卷外集一卷　（唐）李賀撰　（清）
陳本禮箋注　清嘉慶十三年（1808）裛露軒刻
本　一冊

350000－2042－0002451　812.4/443.6

杜工部草堂詩箋二十二卷　（唐）杜甫撰
（宋）魯訔編次　（宋）蔡夢弼箋　詩話二卷
（唐）杜甫撰　（宋）蔡夢弼集録　杜工部草堂
詩年譜二卷　（宋）趙子櫟撰　清光緒元年
（1875）巴陵方氏碧琳琅館刻本　五冊

350000－2042－0002452　812.4/445.201

杜詩詳注三十一卷首一卷附錄二卷　（唐）杜
甫撰　（清）仇兆鰲輯注　清康熙三十二年
（1693）刻本　十四冊

350000－2042－0002453　812.4/445.42

杜工部集二十卷首一卷　（唐）杜甫撰　（明）
王世貞　（明）王慎中　（清）王士禛　（清）
邵長蘅　（清）宋犖評　清道光十四年（1834）
刻六色套印本　十冊

350000－2042－0002454　812.4/445.42－1

杜工部集二十卷首一卷　（唐）杜甫撰　（明）
王世貞　（明）王慎中　（清）王士禛　（清）
邵長蘅　（清）宋犖評　清道光十四年（1834）
刻六色套印本　十二冊　存十二卷（一、八、
十上、十一、十三至十四、十六至二十，首一
卷）

350000－2042－0002455　812.4/445.43

杜詩註釋二十四卷首一卷　（唐）杜甫撰
（清）許寶善編輯　（清）曹洪志參訂　（清）
桂心堂校　清嘉慶七年（1802）自怡軒刻光緒
三年（1877）吳縣朱氏補修本　十二冊

350000－2042－0002456　812.4/445.44

讀書堂杜工部詩集註解二十卷文集註解二卷
杜工部編年詩史譜目一卷　（唐）杜甫撰

（清）張溍評註　（清）張椰璟　（清）張榕端
　（清）張橋恆校訂　清康熙三十七年（1698）
張氏讀書堂刻本　十一冊　存二十一卷（讀
書堂杜工部詩集註解三至二十、文集註解二
卷、杜工部編年詩史譜目一卷）

350000－2042－0002457　812.4/445.5

讀書堂杜工部詩集註解二十卷文集註解二卷
杜工部編年詩史譜目一卷　（唐）杜甫撰
（清）張溍評註　（清）張椰璟　（清）張榕端
　（清）張橋恆校訂　清康熙三十七年（1698）
張氏讀書堂刻本　十二冊

350000－2042－0002458　812.4/445.6

杜詩會粹二十四卷　（唐）杜甫撰　（清）張遠
箋　清康熙刻本　八冊

350000－2042－0002459　812.4/445.7

杜工部詩集二十卷集外詩一卷文集二卷杜詩
補註一卷　（唐）杜甫撰　（清）朱鶴齡輯註
杜工部年譜一卷　（清）朱鶴齡訂　清康熙刻
本　十冊

350000－2042－0002460　812.4/445.71

杜工部詩集二十卷集外詩一卷文集二卷杜詩
補註一卷　（唐）杜甫撰　（清）朱鶴齡輯註
杜工部年譜一卷　（清）朱鶴齡訂　清康熙金
陵葉永茹刻本　五冊

350000－2042－0002461　812.4/445.81

讀書堂杜工部詩集註解二十卷文集註解二卷
杜工部編年詩史譜目一卷　（唐）杜甫撰
（清）張溍評註　（清）張椰璟　（清）張榕端
　（清）張橋恆校訂　清康熙三十七年（1698）
張氏讀書堂刻本　八冊

350000－2042－0002462　812.4/448

韓文四十卷外集十卷遺集一卷　（唐）韓愈撰
　（唐）李漢編　（宋）廖瑩中校　朱子校昌黎
先生集傳一卷　（宋）朱熹撰　明嘉靖十六年
（1537）南平游居敬刻本　六冊

350000－2042－0002463　812.4/448.1

昌黎先生集四十卷外集十卷遺文一卷　（唐）
韓愈撰　（唐）李漢編　（宋）廖瑩中校　朱子

校昌黎先生集傳一卷　（宋）朱熹撰　韓集點勘四卷　（清）陳景雲撰　清宣統二年（1910）掃葉山房石印本　十二冊　存五十五卷（昌黎先生集四十卷、外集十卷、遺文一卷,韓集點勘四卷）

350000－2042－0002464　812.4/448.1－1

昌黎先生集四十卷外集十卷遺文一卷　（唐）韓愈撰　（唐）李漢編　（宋）廖瑩中校　朱子校昌黎先生集傳一卷　（宋）朱熹撰　韓集點勘四卷　（清）陳景雲撰　清宣統二年（1910）掃葉山房石印本　十二冊　存五十五卷（昌黎先生集四十卷、外集十卷、遺文一卷,韓集點勘四卷）

350000－2042－0002465　812.4/448.3

昌黎先生詩增注証訛十一卷　（唐）韓愈撰　（清）顧嗣立刪補　（清）黃鉞增注証訛　昌黎先生年譜一卷　（清）黃鉞增訂　清咸豐七年（1857）刻本　四冊

350000－2042－0002466　812.4/448.3－1

昌黎先生詩增注証訛十一卷　（唐）韓愈撰　（清）顧嗣立刪補　（清）黃鉞增注証訛　昌黎先生年譜一卷　（清）黃鉞增訂　清咸豐七年（1857）刻本　四冊

350000－2042－0002467　812.4/448.32

韓昌黎詩集編年箋注十二卷　（唐）韓愈撰　（清）方世舉考訂　清乾隆二十三年（1758）盧見曾雅雨堂刻本　四冊

350000－2042－0002468　812.4/448.3－2

昌黎先生詩增注証訛十一卷　（唐）韓愈撰　（清）顧嗣立刪補　（清）黃鉞增注証訛　昌黎先生年譜一卷　（清）黃鉞增訂　清咸豐七年（1857）刻本　四冊

350000－2042－0002469　812.4/448.32－1

韓昌黎詩集編年箋注十二卷　（唐）韓愈撰　（清）方世舉考訂　清乾隆二十三年（1758）盧見曾雅雨堂刻本　十二冊

350000－2042－0002470　812.4/448.32－2

韓昌黎詩集編年箋注十二卷　（唐）韓愈撰

（清）方世舉考訂　清乾隆二十三年（1758）盧見曾雅雨堂刻本　十二冊

350000－2042－0002471　812.4/448.3－3

昌黎先生詩增注証訛十一卷　（唐）韓愈撰（清）顧嗣立刪補　（清）黃鉞增注証訛　昌黎先生年譜一卷　（清）黃鉞增訂　清道光二十八年（1848）黃中民刻咸豐七年（1857）重印本　四冊

350000－2042－0002472　812.4/469

楊盈川集十卷　（唐）楊炯撰　清同治鄒氏叢雅居刻本　四冊

350000－2042－0002473　812.4/473

唐柳河東集四十五卷外集五卷附錄一卷（唐）柳宗元撰　（明）蔣之翹輯注　（清）楊廷理重刊　清乾隆五十三年（1788）雙梧居刻嘉慶十三年（1808）楊立先補修本　二十四冊

350000－2042－0002474　812.4/473.01

增廣註釋音辯唐柳先生集四十三卷別集二卷外集二卷　（唐）柳宗元撰　（宋）童宗説註釋　（宋）張敦頤音辯　（宋）潘緯音義　附錄一卷　（□）□□輯　明正統十三年（1448）善敬堂刻遞修本　六冊

350000－2042－0002475　812.4/744.1

唐陸宣公集二十四卷增輯一卷　（唐）陸贄撰（清）耆英重訂　（清）文晟　（清）華廷杰校　清道光二十七年（1847）刻本　八冊

350000－2042－0002476　812.4/744.11

唐陸宣公集二十二卷　（唐）陸贄撰　清雍正元年（1723）年羹堯刻本　十冊

350000－2042－0002477　812.4/777

唐歐陽四門集八卷附錄一卷　（唐）歐陽詹撰　清嘉慶十五年（1810）福鼎王氏麟後山房刻王氏彙刻唐人集本　二冊

350000－2042－0002478　812.4/830

杜工部集二十卷附錄一卷　（唐）杜甫撰（清）錢謙益箋注　諸家詩話一卷　（宋）方惟道纂錄　唱酬題詠附錄一卷　（唐）高適等撰　注杜詩畧例一卷　（□）□□撰　少陵先生

年譜一卷 （□）□□撰 清康熙六年(1667)季氏靜思堂刻本 十冊

350000－2042－0002479 812.42/084
文館詞林一千卷 （唐）許敬宗等輯 清光緒十九年(1893)楊氏景蘇園刻本 二冊 存六卷(一百五十二、一百五十八、三百四十六、四百十四、六百六十五、六百六十九)

350000－2042－0002480 812.42/170.2
孟東野集十卷附錄一卷 （唐）孟郊撰 明楊鶴刻本 二冊

350000－2042－0002481 812.42/222
岑嘉州集八卷 （唐）岑參撰 清末石印本 一冊 存四卷(一至四)

350000－2042－0002482 812.42/222.01
岑嘉州集箋注不分卷 （唐）岑參撰 （清）陳榮仁箋注 清末稿本 一冊

350000－2042－0002483 812.42/273
鮑溶詩六卷集外詩一卷 （唐）鮑溶撰 （明）毛晉編 明崇禎海虞毛氏汲古閣刻唐人六集本 二冊

350000－2042－0002484 812.42/302
寒山子詩集一卷 （唐）釋寒山撰 （清）吳宗元校字 拾得詩一卷 （唐）釋拾得撰 豐干詩一卷 （唐）釋豐干撰 天目中峯國師懷淨土詩一卷 （元）釋中峯明本撰 清光緒九年(1883)刻本 一冊

350000－2042－0002485 812.42/341
沈下賢文集十二卷 （唐）沈亞之撰 清光緒二十一年(1895)刻本 二冊

350000－2042－0002486 812.42/360.1
溫飛卿詩集九卷 （唐）溫庭筠撰 （明）曾益注 （清）顧予咸補注 （清）顧嗣立重校 清康熙三十六年(1697)長洲顧氏秀野草堂刻本 四冊

350000－2042－0002487 812.42/400.11
樊南文集箋注八卷首一卷 （唐）李商隱撰 （清）馮浩編訂 （清）朱天鎬參校 清乾隆刻本 八冊

350000－2042－0002488 812.42/400.12
李義山詩集三卷 （唐）李商隱撰 （清）錢謙益校 清宣統元年(1909)影印本 二冊

350000－2042－0002489 812.42/400.13
李義山詩集三卷詩譜一卷附諸家詩評一卷 （唐）李商隱撰 （清）朱鶴齡箋注 （清）沈厚塿輯評 清同治九年(1870)廣州倅署刻三色套印本 四冊

350000－2042－0002490 812.42/400.13－1
李義山詩集三卷詩譜一卷附諸家詩評一卷 （唐）李商隱撰 （清）朱鶴齡箋注 （清）沈厚塿輯評 清同治九年(1870)廣州倅署刻三色套印本 四冊

350000－2042－0002491 812.42/400.14
李義山文集十卷 （唐）李商隱撰 （清）徐樹穀箋 （清）徐炯注 清康熙四十七年(1708)崑山徐氏化溪卓堂刻本 三冊

350000－2042－0002492 812.42/400.2
韋蘇州集十卷 （唐）韋應物撰 清宣統三年(1911)石印本 六冊

350000－2042－0002493 812.42/402
唐翰林李白詩類編十二卷 （唐）李白撰 明刻本 五冊

350000－2042－0002494 812.42/402.01
李太白文集三十卷 （唐）李白撰 清刻本 八冊

350000－2042－0002495 812.42/402.02
李供奉詩鈔一卷 （唐）李白撰 （清）陳明善讀 清乾隆三十四年(1769)陳氏亦園刻唐八家詩鈔本 二冊

350000－2042－0002496 812.42/402.03
分類補註李太白詩二十五卷 （唐）李白撰 （宋）楊齊賢集註 （元）蕭士贇補註 （明）許自昌校 唐翰林李太白年譜一卷 （宋）薛仲邕撰 明萬曆長洲許自昌刻本 八冊

350000－2042－0002497 812.42/402.03－1

分類補註李太白詩二十五卷 （唐）李白撰
（宋）楊齊賢集註 （元）蕭士贇補註 （明）
許自昌校 唐翰林李太白年譜一卷 （宋）薛
仲邕編 明萬曆長洲許自昌刻本 四冊

350000－2042－0002498 812.42/402.03－2
分類補註李太白詩二十五卷 （唐）李白撰
（宋）楊齊賢集註 （元）蕭士贇補註 （明）
許自昌校 唐翰林李太白年譜一卷 （宋）薛
仲邕編 明萬曆長洲許自昌刻本 十二冊

350000－2042－0002499 812.42/402.04
李翰林集三十卷 （唐）李白撰 清光緒三十
二年(1906)刻本 六冊

350000－2042－0002500 812.42/402.11
李太白文集三十六卷 （唐）李白撰 （清）王
琦輯注 （清）王緝 （清）王思謙校 清乾隆
寶笏樓刻二十五年(1760)增修本 十四冊

350000－2042－0002501 812.42/404
李長吉歌詩四卷首一卷外集一卷 （唐）李賀
撰 （清）王琦彙解 清刻本 四冊

350000－2042－0002502 812.42/404.3
李嘉祐集五卷 （唐）李嘉祐撰 明嘉靖十九
年(1540)刻唐百家詩本 一冊 存一卷(一)

350000－2042－0002503 812.42/406
松陵集十卷 （唐）陸龜蒙 （唐）皮日休撰
明崇禎九年(1636)吳郡顧氏詩瘦閣刻本 十
冊

350000－2042－0002504 812.42/406.01
松陵集十卷 （唐）陸龜蒙 （唐）皮日休撰
明末海虞毛氏汲古閣刻本 二冊

350000－2042－0002505 812.42/440
杜詩集說二十卷末一卷 （唐）杜甫撰 （清）
仇兆鰲原注 （清）江浩然纂輯 （清）江壎校
清乾隆四十三年(1778)本立堂刻本 十四
冊

350000－2042－0002506 812.42/442.1
新刊權載之文集五十卷補刻一卷 （唐）權德
興撰 清嘉慶十一年(1806)刻本 八冊

350000－2042－0002507 812.42/442.11
權文公詩集十卷 （唐）權德輿撰 清康熙刻
本 四冊

350000－2042－0002508 812.42/442.2
樊川文集二十卷外集一卷別集一卷 （唐）杜
牧撰 清光緒二十二年(1896)景蘇園影宋刻
本 四冊

350000－2042－0002509 812.42/442.3
翰林集四卷附錄一卷香奩集三卷附錄一卷
（唐）韓偓撰 清嘉慶福鼎王氏麟後山房抄本
六冊

350000－2042－0002510 812.42/443
唐黃御史集八卷附錄一卷 （唐）黃滔撰
（宋）黃公度編輯 清刻本 四冊

350000－2042－0002511 812.42/445
集千家註杜工部詩集二十卷附錄一卷文集二
卷 （唐）杜甫撰 （宋）黃鶴補註 明嘉靖十
五年(1536)玉几山人刻本 十二冊

350000－2042－0002512 812.42/445.01
集千家註杜工部詩集二十卷文集二卷 （唐）
杜甫撰 （明）許自昌校 明萬曆長洲許自昌
刻本 六冊 存二十卷(集千家註杜工部詩
集二十卷)

350000－2042－0002513 812.42/445.02
杜工部集二十卷首一卷 （唐）杜甫撰 （明）
王世貞 （明）王慎中 （清）王士禎 （清）
邵長蘅 （清）宋犖評 清光緒二年(1876)粵
東翰墨園刻六色套印本 十冊

350000－2042－0002514 812.42/445.02－1
杜工部集二十卷首一卷 （唐）杜甫撰 （明）
王世貞 （明）王慎中 （清）王士禎 （清）
邵長蘅 （清）宋犖評 清光緒二年(1876)粵
東翰墨園刻六色套印本 十冊

350000－2042－0002515 812.42/445.03
杜工部集二十卷附錄一卷 （唐）杜甫撰
（清）錢謙益箋注 諸家詩話一卷 （宋）方惟
道纂錄 唱酬題詠附錄一卷 （唐）高適等撰
注杜詩畧例一卷 （□）□□撰 少陵先生

年譜一卷　（□）□□撰　清康熙六年（1667）季氏靜思堂刻本　四冊　存二十四卷（杜工部集二十卷、附錄一卷，諸家詩話一卷，唱酬題詠附錄一卷，注杜詩署例一卷）

350000－2042－0002516　812.42/445.04

杜子美七言律不分卷　（唐）杜甫撰　（明）郭正域批點　明萬曆烏程閔齊伋刻三色套印本　二冊

350000－2042－0002517　812.42/445.05

杜詩偶評四卷　（清）沈德潛纂　（清）潘承松校閱　清乾隆十二年（1747）潘承松賦閑草堂刻本　二冊

350000－2042－0002518　812.42/445.05－1

杜詩偶評四卷　（清）沈德潛纂　（清）潘承松校閱　清乾隆十二年（1747）潘承松賦閑草堂刻本　二冊

350000－2042－0002519　812.42/448.21

韓文起十二卷　（店）韓愈撰　（清）林雲銘評注　（清）鄭郊　（清）林沅校　韓文公[愈]年譜一卷　（清）林雲銘編　清康熙三十二年（1693）刻本　四冊

350000－2042－0002520　812.42/448.21－1

韓文起十二卷　（唐）韓愈撰　（清）林雲銘評注　（清）鄭郊　（清）林沅校　韓文公[愈]年譜一卷　（清）林雲銘編　清康熙三十二年（1693）刻本　二冊　存四卷（一至四）

350000－2042－0002521　812.42/448.4

昌黎先生集四十卷外集十卷遺文一卷附朱子校昌黎先生集傳一卷　（唐）韓愈撰　（唐）李漢編　（明）徐時泰輯　明萬曆徐氏東雅堂刻本　十六冊

350000－2042－0002522　812.42/448.41

昌黎先生集四十卷外集十卷遺文一卷　（唐）韓愈撰　（唐）李漢編　（明）徐時泰輯　朱子校昌黎先生集傳一卷　（宋）朱熹撰　韓集點勘四卷　（清）陳景雲撰　清同治八年（1869）江蘇書局刻本　六冊　存三十四卷（昌黎先生集九至二十七、外集十卷、遺文一卷，韓集點勘四卷）

350000－2042－0002523　812.42/473

柳文四十三卷別集二卷外集二卷補錄一卷　（唐）柳宗元撰　（唐）劉禹錫編　（宋）穆脩訂　（清）楊季鸞重校　清同治七年（1868）刻本　八冊

350000－2042－0002524　812.42/473.3

唐柳先生外集一卷附錄一卷　（唐）柳宗元撰　清光緒四年（1878）合肥蒯氏刻本　一冊

350000－2042－0002525　812.42/742.01

重刊校正笠澤叢書四卷補遺一卷續補遺一卷　（唐）陸龜蒙撰　清雍正九年（1731）刻本　四冊

350000－2042－0002526　812.42/756

韓集點勘四卷　（清）陳景雲撰　清同治九年（1870）江蘇書局刻本　一冊

350000－2042－0002527　812.42/777

唐歐陽先生文集八卷　（唐）歐陽詹撰　（明）歐陽元卿　（明）歐陽升卿彙輯　清康熙四十五年（1706）刻本　二冊

350000－2042－0002528　812.42/777.01/N

唐歐陽先生文集八卷　（唐）歐陽詹撰　（明）歐陽元卿　（明）歐陽升卿彙輯　附錄一卷　（□）□□輯　明萬曆三十四年（1606）刻清乾隆十八年（1753）增修道光十年（1830）重修光緒二十二年（1896）補刻本　二冊

350000－2042－0002529　812.5/001.01

廬陵宋丞相信國公文忠烈先生全集十六卷　（宋）文天祥撰　（清）文有煥編輯　清雍正三年（1725）刻本　十六冊

350000－2042－0002530　812.5/001.02

廬陵宋丞相信國公文忠烈先生全集十六卷附文忠烈公從祀原案錄一卷　（宋）文天祥撰　（清）文有煥編輯　清道光二十四年（1844）刻本　八冊

350000－2042－0002531　812.5/001.1

高東溪先生遺集三卷　（宋）高登撰　（清）盧

蘭陔輯刊　清光緒二十三年(1897)刻本　二冊

350000－2042－0002532　812.5/041
謝康樂集四卷　(南朝宋)謝靈運撰　(明)焦竑校　明萬曆十一年(1583)刻本　一冊

350000－2042－0002533　812.5/102
新雕徂徠石先生文集二十卷補遺一卷　(宋)石介撰　校勘記一卷　(□)□□撰　清光緒九年(1883)刻本　四冊

350000－2042－0002534　812.5/103.1
王荆文公詩五十卷補遺一卷　(宋)王安石撰　(宋)李壁箋注　清乾隆五年至六年(1740－1741)張宗松清綺齋刻本　六冊

350000－2042－0002535　812.5/103.22
王臨川全集二十四卷　(宋)王安石撰　清宣統三年(1911)掃葉山房石印本　十二冊

350000－2042－0002536　812.5/113
項氏家說十卷附錄二卷　(宋)項安世撰　清刻本　一冊　存四卷(九至十、附錄二卷)

350000－2042－0002537　812.5/114.01
重刊橫浦先生文集二十卷　(宋)張九成撰　(宋)郎曄輯　無垢先生橫浦心傳錄三卷橫浦日新一卷　(宋)于恕輯　重刊橫浦先生家傳一卷　(宋)張㝢撰　重刊施先生孟子發題一卷　(宋)施德操撰　明萬曆四十二年(1614)吳惟明刻本　二冊　存二卷(無垢先生橫浦心傳錄中、下)

350000－2042－0002538　812.5/114.1
合刻兩張先生集　(明)焦竑　(明)朱之蕃等輯　明崇禎十七年(1644)張弘開刻本　四冊

350000－2042－0002539　812.5/153－2
籀經堂類稿二十四卷附齊侯罍銘通釋二卷　(清)陳慶鏞撰　清光緒九年(1883)刻本　十二冊

350000－2042－0002540　812.5/170
伊川擊壤集二十卷　(宋)邵雍撰　明刻本　六冊

350000－2042－0002541　812.5/170.01
宋邵康節先生伊川擊壤集十卷　(宋)邵雍撰　(明)吳瀚摘注　(明)吳泰增注　(明)吳元維校閱　清康熙八年(1669)刻本　五冊

350000－2042－0002542　812.5/170.02
宋邵康節先生伊川擊壤集十卷　(宋)邵雍撰　(明)吳瀚摘注　(明)吳泰增注　(明)吳元維校閱　清刻本　六冊

350000－2042－0002543　812.5/173
河南先生文集二十七卷　(宋)尹洙撰　附錄一卷　(宋)韓琦等撰　清宣統二年(1910)木活字印本　四冊

350000－2042－0002544　812.5/173－1
河南先生文集二十七卷　(宋)尹洙撰　附錄一卷　(宋)韓琦等撰　清宣統二年(1910)木活字印本　四冊

350000－2042－0002545　812.5/177
歐陽先生遺粹十卷　(宋)歐陽修撰　(明)郭雲鵬輯　明嘉靖二十六年(1547)東吳郭雲鵬刻本　四冊

350000－2042－0002546　812.5/201
三家宮詞三卷二家宮詞二卷　(明)毛晉輯　清同治十二年(1873)淮南書局刻本　一冊

350000－2042－0002547　812.5/233
傅忠肅公文集三卷首一卷末一卷　(宋)傅察撰　(宋)傅伯壽編　清光緒十八年(1892)刻本　三冊

350000－2042－0002548　812.5/254
晦庵先生朱文公文集一百卷續集五卷別集七卷目錄二卷　(宋)朱熹撰　(清)臧眉錫(清)蔡方炳訂定　(清)蔡泰嘉　(清)蔡元翼　(清)臧長源校　清康熙二十七年(1688)刻本　三十二冊

350000－2042－0002549　812.5/254.01
朱子古文讀本二卷　(宋)朱熹撰　清光緒七年(1881)同文堂刻本　四冊

350000－2042－0002550　812.5/254.1

韋齋集十二卷首一卷 （宋）朱松撰 （清）朱
玉重輯 玉瀾集一卷 （宋）朱槔著 （清）朱
玉重輯 清雍正七年(1729)刻本 二冊 存
十三卷(韋齋集十二卷、首一卷)

350000－2042－0002551 812.5/273
道鄉公文集四十卷補遺一卷 （宋）鄒浩撰
補遺一卷 （清）李兆洛輯 附錄一卷 （清）
鄒禾編 清光緒八年(1882)蘇州寶華山房刻
本 十二冊

350000－2042－0002552 812.5/273.01
道鄉文集四十卷補遺一卷 （宋）鄒浩撰 補
遺一卷 （清）李兆洛輯 附錄一卷 （清）鄒
禾編 清道光十一年(1831)刻本 八冊

350000－2042－0002553 812.5/273.01－1
道鄉文集四十卷補遺一卷 （宋）鄒浩撰 補
遺一卷 （清）李兆洛輯 附錄一卷 （清）鄒
禾編 清道光十一年(1831)刻本 八冊

350000－2042－0002554 812.5/276
蘇文忠公詩集五十卷目錄二卷 （宋）蘇軾撰
（清）紀昀評點 清道光十四年(1834)兩廣
節署刻朱墨套印本 十二冊

350000－2042－0002555 812.5/276－1
蘇文忠公詩集五十卷目錄二卷 （宋）蘇軾撰
（清）紀昀評點 清道光十四年(1834)兩廣
節署刻朱墨套印本 十二冊

350000－2042－0002556 812.5/288.01
徐騎省集三十卷補遺一卷 （宋）徐鉉撰 附
錄一卷校勘記一卷 （清）李英元纂 清光緒
十六年至十九年(1890－1893)黔南李氏刻本
八冊

350000－2042－0002557 812.5/288.01－1
徐騎省集三十卷補遺一卷 （宋）徐鉉撰 附
錄一卷校勘記一卷 （清）李英元纂 清光緒
十六年至十九年(1890－1893)黔南李氏刻本
八冊

350000－2042－0002558 812.5/300
元憲集三十六卷 （宋）宋庠撰 清光緒刻武
英殿聚珍版書本 六冊

350000－2042－0002559 812.5/314
浮溪集三十二卷 （宋）汪藻撰 清抄本 十
冊

350000－2042－0002560 812.5/314.01
浮溪遺集十五卷 （宋）汪藻撰 清抄本 六
冊

350000－2042－0002561 812.5/400.02
豫章先生遺文十二卷 （宋）黃庭堅撰 清乾
隆四十五年(1780)汪氏刻同治元年(1862)如
皋祝氏補修本 六冊

350000－2042－0002562 812.5/400.1
玉谿生詩詳註三卷首一卷樊南文集詳註八卷
（唐）李商隱撰 （清）馮浩編訂 清刻本
四冊 存八卷(樊南文集詳註八卷)

350000－2042－0002563 812.5/402
西山先生真文忠公文集五十五卷目錄二卷
（宋）真德秀撰 （明）楊鶚重脩 （明）丁辛
校 明萬曆二十六年(1598)金學曾刻清康熙
四年(1665)王胤元補修本 十四冊

350000－2042－0002564 812.5/402.2
宋李忠定公文集選四十四卷首四卷目錄二卷
（宋）李綱撰 （明）周之夔 （明）左光先
（明）李春熙編 （明）李嗣玄校正 （明）
戴國士校 明崇禎十二年(1639)刻清康熙、
乾隆遞修本 十六冊

350000－2042－0002565 812.5/402.3/N
延平李先生師弟子答問一卷 （宋）李侗語
（宋）朱熹編 補錄一卷 （明）周木輯 宋儒
龜山楊先生年譜一卷豫章羅先生年譜一卷延
平李先生年譜一卷紫陽朱先生年譜一卷
（清）毛念恃編 清光緒延平府署刻本 四冊

350000－2042－0002566 812.5/440.03
宋黃文節公文集三十二卷首四卷外集二十四
卷別集十九卷 （宋）黃庭堅撰 （清）緝香堂
重訂 附伐檀集二卷 （宋）黃庶撰 清乾隆
三十年(1765)寧州緝香堂刻本 二十四冊

350000－2042－0002567 812.5/440.04
山谷詩集註二十卷外集詩註十七卷別集詩註

二卷　(宋)黃庭堅撰　(宋)任淵註　(宋)
史容註外集　(宋)史季溫註別集　清光緒二
十一年(1895)刻本　二十冊

350000－2042－0002568　812.5/440.04－1
山谷詩集註二十卷外集詩註十七卷別集詩註
二卷　(宋)黃庭堅撰　(宋)任淵註　(宋)
史容註外集　(宋)史季溫註別集　清光緒二
十一年(1895)刻本　二十冊

350000－2042－0002569　812.5/440.04－2
山谷詩集註二十卷外集詩註十七卷別集詩註
二卷　(宋)黃庭堅撰　(宋)任淵註　(宋)
史容註外集　(宋)史季溫註別集　清光緒二
十一年(1895)刻本　二十冊

350000－2042－0002570　812.5/440.1
宋端明殿學士蔡忠惠公文集三十六卷首一卷
　(宋)蔡襄撰　宋蔡忠惠公別紀補遺二卷
(明)徐焴編　(明)宋珏增補　清雍正十二年
至乾隆五年(1734－1740)溫陵蔡氏遜敏齋刻
光緒十九年(1893)印本　八冊

350000－2042－0002571　812.5/441.1
安陽集五十卷　(宋)韓琦撰　(清)黃邦寧修
　忠獻韓魏王家傳十卷別錄三卷　(宋)王巖
叟撰　遺事一卷　(宋)強至編　清乾隆四年
(1739)陳錫輅刻三十五年(1770)黃邦寧重修
本　十冊

350000－2042－0002572　812.5/441.61
水心文集二十九卷　(宋)葉適撰　(明)黎諒
輯　清乾隆二十年(1755)刻本　十二冊

350000－2042－0002573　812.5/442
艮齋先生薛常州浪語集三十五卷　(宋)薛季
宣撰　清同治十一年(1872)瑞安孫氏詒善祠
塾刻本　六冊

350000－2042－0002574　812.5/442－1
艮齋先生薛常州浪語集三十五卷　(宋)薛季
宣撰　清同治十一年(1872)瑞安孫氏詒善祠
塾刻本　六冊

350000－2042－0002575　812.5/442－2
艮齋先生薛常州浪語集三十五卷　(宋)薛季

宣撰　清同治十一年(1872)瑞安孫氏詒善祠
塾刻本　六冊

350000－2042－0002576　812.5/443
斜川詩集十卷　(宋)蘇過撰　清木活字印本
　四冊

350000－2042－0002577　812.5/443.11
嘉樂齋三蘇文範十八卷　(明)楊慎原選
(明)袁宏道參閱　明天啓二年(1622)刻本
八冊

350000－2042－0002578　812.5/443.12
合諸名家評註三蘇文選　(明)楊慎選　(明)
李維楨評註　(明)袁宏道參閱　明崇禎五年
(1632)豹雯齋刻本　十冊

350000－2042－0002579　812.5/443.2
林和靖詩集四卷拾遺一卷　(宋)林逋撰　附
錄一卷　朱孔彰輯　清宣統二年(1910)上海
文瑞樓石印本　一冊

350000－2042－0002580　812.5/444
石林居士建康集八卷補遺一卷　(宋)葉夢得
撰　兩鎮建康紀年略一卷　(清)葉廷琯撰
清道光二十四年(1844)吳縣葉廷琯刻本　二
冊

350000－2042－0002581　812.5/445
重刊明成化本東坡七集一百十卷　(宋)蘇軾
撰　清宣統至民國影印本　四十八冊

350000－2042－0002582　812.5/445.013
角山樓蘇詩評注彙鈔二十卷目錄二卷附錄三
卷　(宋)蘇軾撰　(清)趙克宜輯訂　清咸豐
二年(1852)刻民國七年(1918)江都天倪閣修
補本　八冊

350000－2042－0002583　812.5/445.014
蘇文忠詩合註五十卷首一卷　(宋)蘇軾撰
(清)馮應榴輯訂　清乾隆五十八年(1793)刻
本　二十四冊

350000－2042－0002584　812.5/445.015
蘇文忠公詩集五十卷目錄二卷　(宋)蘇軾撰
(清)紀昀評點　清同治八年(1869)韞玉山

房刻朱墨套印本　十六冊

350000－2042－0002585　812.5/445.015－1

蘇文忠公詩集五十卷目錄二卷　（宋）蘇軾撰
（清）紀昀評點　清同治八年（1869）韞玉山
房刻朱墨套印本　十二冊

350000－2042－0002586　812.5/445.015－2

蘇文忠公詩集五十卷目錄二卷　（宋）蘇軾撰
（清）紀昀評點　清同治八年（1869）韞玉山
房刻朱墨套印本　十二冊

350000－2042－0002587　812.5/445.1

**蘇文忠公詩編註集成四十六卷總案四十五卷
諸家雜綴酌存一卷蘇海識餘四卷賤詩圖一卷**
（宋）蘇軾撰　（清）王文誥輯訂　（清）王
霖圻　（清）倪茹等校　清光緒十四年（1888）
浙江書局刻本　二十四冊

350000－2042－0002588　812.5/445.2

施註蘇詩四十二卷總目二卷　（宋）蘇軾撰
（宋）施元之註　（清）邵長蘅等刪補　**蘇詩續
補遺二卷**　（清）馮景補註　**王註正譌一卷**
（清）邵長蘅撰　**宋史本傳一卷**　（元）脫脫撰
　東坡先生墓志銘一卷　（宋）蘇轍撰　**東坡
先生年譜一卷**　（宋）王宗稷編　清康熙三十
九年（1700）刻本　十二冊

350000－2042－0002589　812.5/445.3

古香齋鑒賞袖珍施註蘇詩四十二卷　（宋）蘇
軾撰　（宋）施元之註　（清）宋犖　（清）張
榕端閱定　（清）顧嗣立　（清）邵長蘅
（清）宋至刪補　**蘇詩續補遺二卷**　（清）馮景
補註　清光緒八年至九年（1882－1883）南海
孔氏三十有三萬卷堂刻本　三十冊

350000－2042－0002590　812.5/445.31

古香齋鑒賞袖珍施註蘇詩四十二卷　（宋）蘇
軾撰　（宋）施元之註　（清）宋犖　（清）張
榕端閱定　（清）顧嗣立　（清）邵長蘅
（清）宋至刪補　**蘇詩續補遺二卷**　（清）馮景
補註　清光緒八年至九年（1882－1883）南海
孔氏三十有三萬卷堂刻本　十八冊

350000－2042－0002591　812.5/445.32

蘇詩查注補正四卷　（清）沈欽韓撰　清光緒
八年（1882）長洲蔣氏心矩齋刻本　二冊

350000－2042－0002592　812.5/445.4

范石湖詩集注三卷　（宋）范成大撰　（清）沈
欽韓注　清刻本　二冊

350000－2042－0002593　812.5/445.42

石湖居士詩集三十四卷　（宋）范成大撰
（清）顧嗣協　（清）顧嗣皋　（清）顧嗣立重
訂　清康熙二十七年（1688）顧氏依園刻本
四冊

350000－2042－0002594　812.5/445.42－1

石湖居士詩集三十四卷　（宋）范成大撰
（清）顧嗣協　（清）顧嗣皋　（清）顧嗣立重
訂　清康熙二十七年（1688）顧氏依園刻本
八冊

350000－2042－0002595　812.5/445.5

東坡先生全集七十五卷　（宋）蘇軾撰　（明）
陳明卿訂止　明末文盛堂刻本　二十八冊

350000－2042－0002596　812.5/445.51

重刊明成化本東坡七集一百十卷　（宋）蘇軾
撰　**校記二卷**　繆荃孫撰　清光緒三十四年
至宣統元年（1908－1909）涇陽端方寶華盦刻
本　四十冊

350000－2042－0002597　812.5/445.6

東坡詩選十二卷　（宋）蘇軾撰　（明）袁宏道
閱　（明）譚元春選　**東坡先生年譜一卷**
（宋）王宗稷編　**宋史本傳一卷**　（元）脫脫撰
　明天啓元年（1621）刻本　四冊

350000－2042－0002598　812.5/445.61

坡仙集十六卷　（宋）蘇軾撰　（明）李贄評輯
　明萬曆刻本　十冊

350000－2042－0002599　812.5/445.71

**欒城集五十卷後集二十四卷三集十卷應詔集
十二卷**　（宋）蘇轍撰　（明）張養正校正
（明）聶紹昌編刻　明清夢軒刻本　二十冊

350000－2042－0002600　812.5/448.2

莆陽知稼翁集二卷　（宋）黃公度撰　（宋）黃

沃編 （宋）孫處權校勘 （明）黃廷宣 （明）黃廷用重校 明天啓五年(1625)莆田黃氏刻清道光九年(1829)重修本 四冊

350000－2042－0002601 812.5/477

楊龜山先生集四十二卷首一卷 （宋）楊時撰 清康熙四十六年(1707)刻光緒五年(1879)重修本 十冊

350000－2042－0002602 812.5/484

宛陵先生文集六十卷 （宋）梅堯臣撰 清宣統二年(1910)上海石印本 十冊

350000－2042－0002603 812.5/495

趙清獻公集十卷目錄二卷 （宋）趙汴撰 明末刻本 八冊

350000－2042－0002604 812.5/495－1

趙清獻公集十卷目錄二卷 （宋）趙汴撰 明末刻本 四冊

350000－2042－0002605 812.5/500

韋蘇州集十卷 （唐）韋應物撰 清宣統三年(1911)石印本 六冊

350000－2042－0002606 812.5/572

鐔津文集十九卷首一卷 （宋）釋契嵩撰 清光緒二十八年(1902)揚州藏經院刻本 四冊

350000－2042－0002607 812.5/572－1

鐔津文集十九卷首一卷 （宋）釋契嵩撰 清光緒二十八年(1902)揚州藏經院刻本 四冊

350000－2042－0002608 812.5/602

羅豫章先生集十二卷首一卷末一卷 （宋）羅從彥撰 延平答問二卷 （宋）朱熹輯 宋儒龜山楊先生年譜一卷豫章羅先生年譜一卷延平李先生年譜一卷紫陽朱先生年譜一卷 （清）毛念恃輯 清光緒九年(1883)刻本 七冊 存十七卷(羅豫章先生集十二卷、首一卷、末一卷、豫章羅先生年譜一卷、延平李先生年譜一卷、紫陽朱先生年譜一卷)

350000－2042－0002609 812.5/603

東萊先生詩律武庫十五卷後集十五卷 （宋）呂祖謙輯 清康熙刻本 四冊 存十五卷

138

（東萊先生詩律武庫十五卷)

350000－2042－0002610 812.5/603.1

呂東萊先生文集四卷 （宋）呂祖謙撰 （清）張伯行訂 （清）汪端光校字 清道光二十七年(1847)刻洪刻五種本 二冊

350000－2042－0002611 812.5/607

羅鄂州小集六卷 （宋）羅願撰 羅鄂州遺文一卷 （宋）羅頌撰 清光緒十九年(1893)黟縣李氏刻本 二冊

350000－2042－0002612 812.5/607.01

羅鄂州小集五卷 （宋）羅願撰 （明）羅朗校 附羅鄂州遺文一卷 （宋）羅頌撰 明天啓至崇禎刻本 二冊

350000－2042－0002613 812.5/607－1

羅鄂州小集六卷 （宋）羅願撰 羅鄂州遺文一卷 （宋）羅頌撰 清光緒十九年(1893)黟縣李氏刻本 二冊

350000－2042－0002614 812.5/607－2

羅鄂州小集六卷 （宋）羅願撰 羅鄂州遺文一卷 （宋）羅頌撰 清光緒十九年(1893)黟縣李氏刻本 二冊

350000－2042－0002615 812.5/661

滄浪吟一卷詩話一卷 （宋）嚴羽撰 清順治十年(1653)刻本 一冊 存一卷(滄浪吟一卷)

350000－2042－0002616 812.5/721

宋劉文靖公屏山全集二十卷首一卷末一卷 （宋）劉子翬撰 （清）潘政明校刊 考異一卷 （清）潘政明撰 清光緒二十七年至二十八年(1901－1902)武夷山潘氏雲屏山房刻本 六冊

350000－2042－0002617 812.5/721.01

屏山集二十卷首一卷 （宋）劉子翬撰 清初刻本 三冊 存十一卷(一至十、首一卷)

350000－2042－0002618 812.5/721.02/N

屏山全集二十卷 （宋）劉子翬撰 清道光十八年(1838)李廷鈺秋柯草堂刻本 六冊

350000 – 2042 – 0002619　812.5/726

學易集八卷首一卷　（宋）劉跂撰　清刻本
二冊

350000 – 2042 – 0002620　812.5/729

雲莊先生劉文簡公文集十二卷首一卷　（宋）
劉爚撰　清刻本　四冊

350000 – 2042 – 0002621　812.5/729.11

新喻三劉文集六卷首一卷　（宋）劉敞　（宋）
劉攽　（宋）劉奉世撰　清乾隆十五年（1750）
水西劉氏刻本　六冊

350000 – 2042 – 0002622　812.5/743.001

陸放翁全集六種　（宋）陸游撰　明末海虞毛
氏汲古閣刻清毛扆增刻張氏詩禮堂印本　六
十四冊

350000 – 2042 – 0002623　812.5/743.001 – 1

陸放翁全集六種　（宋）陸游撰　明末海虞毛
氏汲古閣刻清毛扆增刻張氏詩禮堂印本　四
十八冊　存四種一白六卷(南唐書十八卷、附
音釋一卷,家世舊聞一卷,齋居紀事一卷,劍
南詩稿八十五卷)

350000 – 2042 – 0002624　812.5/743.1

劍南詩鈔不分卷　（宋）陸游撰　（清）楊大鶴
選　清康熙二十四年（1685）刻本　四冊

350000 – 2042 – 0002625　812.5/743.11

劍南詩鈔不分卷　（宋）陸游撰　（清）楊大鶴
選　（清）楊楷端校　清同治六年（1867）金谷
園刻本　八冊

350000 – 2042 – 0002626　812.5/743.1 – 1

劍南詩鈔不分卷　（宋）陸游撰　（清）楊大鶴
選　清康熙二十四年（1685）刻本　一冊

350000 – 2042 – 0002627　812.5/744

象山先生文集三十六卷　（宋）陸九淵撰
（清）李紱點次　（清）周毓齡重校　**少湖徐先
生學則辯一卷**　（明）徐階撰　**陸梭山公家制
一卷**　（宋）陸九韶撰　清宣統二年（1910）江
左書林石印本　八冊　存三十六卷(象山先
生文集三十六卷)

350000 – 2042 – 0002628　812.5/750.01

龍川文集三十卷首一卷　（宋）陳亮撰　**辨譌
考異二卷**　（清）胡鳳丹撰　**附錄二卷**　（清）
胡鳳丹編　清光緒元年（1875）湖北崇文書局
刻本　十冊

350000 – 2042 – 0002629　812.5/751

陳忠肅公言行錄八卷首一卷　（宋）陳瓘撰
（明）陳載興編輯　（明）陳大護　（清）雷瀛
仙校正　清光緒十七年（1891）陳紹泉刻本
四冊

350000 – 2042 – 0002630　812.5/752

後山詩注十二卷　（宋）陳師道撰　（宋）任淵
注　清刻本　四冊

350000 – 2042 – 0002631　812.5/753

北溪先生全集五十卷補遺一卷　（宋）陳淳撰
字義二卷　（宋）王雋集編　**外集一卷**
（宋）陳栞方編輯　清乾隆四十八年（1783）龍
澤陳氏刻本　五冊

350000 – 2042 – 0002632　812.5/753.1

陳北溪先生文集十四卷補遺一卷　（宋）陳淳
撰　（清）張伯行編訂　清光緒九年（1883）三
原劉氏傳經堂刻西京清麓叢書本　四冊

350000 – 2042 – 0002633　812.5/757

後山先生集二十四卷首一卷　（宋）陳師道撰
清光緒十一年（1885）番禺陶福祥刻本　四
冊

350000 – 2042 – 0002634　812.5/757.1

簡齋集十六卷　（宋）陳與義撰　清刻武英殿
聚珍版書本　二冊

350000 – 2042 – 0002635　812.5/770

宋四名家詩　（清）周之鱗　（清）柴升選輯
清光緒元年（1875）刻本　五冊

350000 – 2042 – 0002636　812.5/774/N

釣磯詩集四卷　（宋）邱葵撰　清同治十三年
（1874）邱炳忠刻本　一冊

350000 – 2042 – 0002637　812.5/777.11

歐陽文忠公文粹十卷　（宋）歐陽修撰　（宋）

陳亮輯　明萬曆十一年(1583)寧允濟刻本
四冊

350000－2042－0002638　812.5/777.13

歐陽文忠公全集一百五十三卷首一卷附錄五卷　(宋)歐陽修撰　(宋)周必大編修　清嘉慶二十四年(1819)歐陽衡刻本　二冊　存八卷(五十一至五十四、六十六至六十九)

350000－2042－0002639　812.5/777.14

歐文選一卷　(宋)歐陽修撰　(清)陳兆崙批點　清光緒二十六年(1900)天津文美齋石印陳太僕批選八家文鈔本　一冊

350000－2042－0002640　812.5/801

南豐先生元豐類稿五十三卷　(宋)曾鞏撰　清康熙五十六年(1717)長洲顧松齡刻本　十二冊

350000－2042－0002641　812.5/801.01

元豐類稿五十卷　(宋)曾鞏撰　清康熙三十九年(1700)刻本　六冊

350000－2042－0002642　812.5/804.1

白石詩集一卷詞集一卷　(宋)姜夔撰　清雍正五年(1727)洪正治刻本　一冊

350000－2042－0002643　812.5/807.1

仁山金先生文集四卷附錄一卷　(宋)金履祥撰　(清)金弘勳校輯　清雍正三年(1725)金弘勳春暉堂刻本　一冊

350000－2042－0002644　812.5/848

倚松老人詩集二卷　(宋)饒節撰　清抄本　一冊　存一卷(一)

350000－2042－0002645　812.5/872.1

雙峰猥稿九卷首一卷末一卷　(宋)舒邦佐撰　清道光二十九年(1849)舒化民刻本　四冊

350000－2042－0002646　812.5/876.02

晞髮集十卷遺集二卷遺集補一卷　(宋)謝翱撰　(清)陳珏　(清)祝昌泰校刊　**天地間集一卷**　(清)祝昌泰輯　清嘉慶二十一年(1816)刻本　二冊　存十三卷(晞髮集十卷、遺集二卷、遺集補一卷)

350000－2042－0002647　812.51/402.3

西山先生真文忠公讀書記四十卷　(宋)真德秀撰　清乾隆四年(1739)真氏刻本　六冊

350000－2042－0002648　812.6/082

許文正公遺書十二卷首一卷末二卷　(元)許衡撰　清乾隆五十五年(1790)刻本　八冊

350000－2042－0002649　812.6/082－1

許文正公遺書十二卷首一卷末二卷　(元)許衡撰　清乾隆五十五年(1790)刻本　八冊

350000－2042－0002650　812.6/104.1

元遺山詩集箋注十四卷首一卷末一卷　(金)元好問撰　(元)張德輝類次　(清)施國祁箋　(清)蔣炳校　(明)儲瓘輯　(清)華希閔增　清道光七年(1827)刻本　八冊

350000－2042－0002651　812.6/104.11

元遺山詩集箋注十四卷首一卷末一卷　(金)元好問撰　(元)張德輝類次　(清)施國祁箋　(清)蔣炳校　(明)儲瓘輯　(清)華希閔增　清道光七年(1827)刻本　六冊

350000－2042－0002652　812.6/104.1－1

元遺山詩集箋注十四卷首一卷末一卷　(金)元好問撰　(元)張德輝類次　(清)施國祁箋　(清)蔣炳校　(明)儲瓘輯　(清)華希閔增　清道光七年(1827)刻本　三冊

350000－2042－0002653　812.6/314

元詩選六卷補遺一卷　(清)顧奎光選輯　(清)陶瀚　(清)陶玉禾參評　清乾隆十六年(1751)刻本　八冊

350000－2042－0002654　812.6/404

夢觀集五卷附錄一卷　(元)釋大圭撰　清同治十三年(1874)泉州龔顯曾薇華吟館木活字印本　一冊

350000－2042－0002655　812.6/404.01/N

夢觀集五卷附錄一卷　(元)釋大圭撰　清刻本　一冊

350000－2042－0002656　812.6/443

重刊黃文獻公文集十卷　(元)黃溍撰　(明)

宋濂　（明）王禕輯　（明）虞守愚　（明）張
儉校　（明）張維樞選　（清）王廷曾補訂　清
乾隆二年(1737)刻本　六冊

350000－2042－0002657　812.6/472

郝文忠公陵川文集三十九卷首一卷附錄一卷
　（元）郝經撰　（清）王鐈編訂　清乾隆三年
(1738)高都王鐈刻嘉慶三年(1798)張大紱印
本　十冊

350000－2042－0002658　812.6/491

趙文敏公松雪齋全集十卷外集一卷續集一卷
　（元）趙孟頫撰　（清）曹培廉校　清康熙五
十二年(1713)曹氏刻本　一冊

350000－2042－0002659　812.6/491.1

趙文敏公松雪齋全集十卷外集一卷續集一卷
　（元）趙孟頫撰　（清）曹培廉校　清光緒八
年(1882)洞庭楊氏刻本　五冊

350000－2042－0002660　812.63/043

詠物詩二卷　（元）謝宗可撰　清光緒元年
(1875)刻本　二冊

350000－2042－0002661　812.63/103

梧溪集七卷補遺一卷　（元）王逢撰　（清）盛
康校刊　**附困學雜錄一卷**　（元）鮮于樞撰
清同治十三年(1874)思補樓木活字印本　八
冊

350000－2042－0002662　812.63/212

虞伯生詩八卷補遺一卷　（元）虞集撰　（明）
毛晉訂　明崇禎毛氏汲古閣刻元四大家詩集
本　二冊

350000－2042－0002663　812.63/212.01

道園學古錄五十卷　（元）虞集撰　（清）甘揚
聲訂　清乾隆四十一年(1776)刻嘉慶二十年
(1815)補修本　十六冊

350000－2042－0002664　812.63/444

雁門集十四卷附一卷倡和錄一卷別錄一卷
（元）薩都剌撰　（清）薩龍光編注　清嘉慶十
二年(1807)刻本　八冊

350000－2042－0002665　812.63/444.01

薩天錫詩集三卷集外詩一卷　（元）薩都剌撰
明崇禎十一年(1638)海虞毛氏汲古閣刻元
人十種本　一冊　存一卷(薩天錫詩集上)

350000－2042－0002666　812.63/460.1

鐵厓三種　（元）楊維禎撰　清宣統二年
(1910)掃葉山房石印本　十冊

350000－2042－0002667　812.63/460.11

鐵厓詩集三種　（元）楊維禎撰　（清）樓卜瀍
註　清光緒十四年(1888)諸暨樓氏崇德堂刻
本　八冊

350000－2042－0002668　812.7/002

荊川文集十八卷　（明）唐順之撰　（清）唐執
玉校勘　清康熙五十一年(1712)唐執玉刻本
八冊

350000－2042－0002669　812.7/002.1

康對山先生文集十卷附錄一卷　（明）康海撰
（清）孫景烈選次　清刻本　六冊

350000－2042－0002670　812.7/003.1

**青邱高季迪先生詩集十八卷首一卷遺詩一卷
扣舷集一卷鳧藻集五卷附錄一卷**　（明）高啟
撰　（清）金檀輯注　清雍正六年(1728)桐鄉
金氏文瑞樓刻本　六冊

350000－2042－0002671　812.7/003.11

**青邱高季迪先生詩集十八卷首一卷遺詩一卷
扣舷集一卷鳧藻集五卷附錄一卷**　（明）高啟
撰　（清）金檀輯注　清雍正六年(1728)桐鄉
金氏文瑞樓刻乾隆重印本　八冊　存二十二
卷(青邱高季迪先生詩集十八卷、首一卷、遺
詩一卷、扣舷集一卷、附錄一卷)

350000－2042－0002672　812.7/003.11－1

**青邱高季迪先生詩集十八卷首一卷遺詩一卷
扣舷集一卷鳧藻集五卷附錄一卷**　（明）高啟
撰　（清）金檀輯注　清雍正六年(1728)桐鄉
金氏文瑞樓刻乾隆重印本　十二冊

350000－2042－0002673　812.7/003.2

六如居士全集七卷補遺一卷　（明）唐寅撰
（清）高邕校　清刻本　二冊

350000－2042－0002674　812.7/003.21

六如居士全集七卷補遺一卷制義一卷外集六卷墨亭新賦一卷畫譜三卷花隝聯吟四卷補一卷　（明）唐寅撰　（清）唐仲冕編　（清）魏標校　清嘉慶六年（1801）長沙唐仲冕刻本六冊

350000－2042－0002675　812.7/003.21－1

六如居士全集七卷補遺一卷制義一卷外集六卷墨亭新賦一卷畫譜三卷花隝聯吟四卷補一卷　（明）唐寅撰　（清）唐仲冕編　（清）魏標校　清嘉慶六年（1801）長沙唐仲冕刻本一冊　存二卷(六如居士全集三至四)

350000－2042－0002676　812.7/003.3

高季迪先生大全集十八卷　（明）高啓撰　清竹素園刻本　八冊

350000－2042－0002677　812.7/003.3－1

高季迪先生大全集十八卷　（明）高啓撰　清竹素園刻本　四冊

350000－2042－0002678　812.7/003.4

太古堂集一卷　（明）高宏圖撰　（清）高敬業纂　清乾隆刻本　一冊

350000－2042－0002679　812.7/004

高子遺書十二卷附錄一卷　（明）高攀龍撰（明）陳龍正編定　（明）高世泰訂正　高忠憲公年譜一卷　（明）華允誠述　清光緒二年（1876）無錫東林書院刻本　十冊

350000－2042－0002680　812.7/004.01

高子遺書十二卷附錄一卷　（明）高攀龍撰（明）陳龍正訂次　明崇禎五年（1632）錢士升、陳龍正刻本　八冊

350000－2042－0002681　812.7/004－1

高子遺書十二卷附錄一卷　（明）高攀龍撰（明）陳龍正編定　（明）高世泰訂正　高忠憲公年譜一卷　（明）華允誠撰　清光緒二年（1876）無錫東林書院刻本　十三冊

350000－2042－0002682　812.7/011/N

叢桂堂全集四卷　（明）顏廷榘撰　（清）顏堯揆　（清）顏鐮輯　（清）王命黃校　清順治十

六年（1659）刻本　一冊

350000－2042－0002683　812.7/017

雲岡文集二十卷首一卷　（明）龔用卿撰　清光緒二十九年（1903）雲岡龔彝圖刻本　八冊

350000－2042－0002684　812.7/017－1

雲岡文集二十卷首一卷　（明）龔用卿撰　清光緒二十九年（1903）雲岡龔彝圖刻本　八冊

350000－2042－0002685　812.7/048

赤城後集三十三卷　（明）謝鐸輯　清光緒二十六年（1900）刻本　十二冊

350000－2042－0002686　812.7/084.1

叢青軒集六卷　（明）許獬撰　（明）許鸞等輯明崇禎十三年（1640）刻本　二冊

350000－2042－0002687　812.7/084.1－1/N

叢青軒集六卷　（明）許獬撰　（明）許鸞等輯明崇禎十三年（1640）刻本　一冊

350000－2042－0002688　812.7/100

夏桂洲先生文集十八卷年譜一卷　（明）夏言撰　（明）林日瑞彙編　（明）鄭大璟訂閱（明）吳一璘校刊　清康熙刻本　十六冊

350000－2042－0002689　812.7/101

虎谷集六種　（明）王雲鳳撰　清嘉慶刻本六冊

350000－2042－0002690　812.7/101.1

西山日記二卷　（明）丁元薦撰　清抄本　二冊

350000－2042－0002691　812.7/102

王百穀集十種　（明）王穉登撰　明萬曆刻本四冊　存二種四卷(荊溪疏二卷、清苕集二卷)

350000－2042－0002692　812.7/102.21

三陵集詩稿不分卷　（明）丁自申撰　清抄本一冊

350000－2042－0002693　812.7/102.3

龍谿王先生全集二十二卷　（明）王畿撰（明）丁賓編　清光緒八年（1882）上海明善書局鉛印本　五冊

350000－2042－0002694　812.7/102.4/N

慕蓼王先生檇全集八卷　（明）王畿撰　清乾
隆二十四年(1759)王宗敏刻本　六冊　存五
卷(一至五)

350000－2042－0002695　812.7/102.91

雪峰如幻禪師瘦松集八卷　（明）釋如幻撰
（清）釋照拙錄　（清）釋海印重編　清光緒十
八年(1892)刻本　二冊

350000－2042－0002696　812.7/104

弇山堂別集一百卷　（明）王世貞撰　清光緒
廣雅書局刻本　二十冊

350000－2042－0002697　812.7/104.01

弇州山人四部稿一百七十四卷目錄十二卷附
遺家兄元美書一卷　（明）王世貞撰輯　明萬
曆五年(1577)王氏世經堂刻本　四十八冊

350000－2042－0002698　812.7/104.1

弇州山人續稿二百七卷目錄十卷　（明）王世
貞撰　明末刻木　四十冊

350000－2042－0002699　812.7/104.11

讀書後八卷　（明）王世貞撰　（明）顧朝泰校
　清乾隆二十七年(1762)天隨堂刻本　四冊

350000－2042－0002700　812.7/104.12

讀書後八卷　（明）王世貞撰　清味菜廬木活
字印本　四冊

350000－2042－0002701　812.7/104.2

安陽集五十卷　（宋）韓琦撰　（明）郭朴校
明萬曆十五年(1587)張應登刻本　八冊

350000－2042－0002702　812.7/104.3

霍文敏公全集十卷　（明）霍韜撰　清同治元
年(1862)刻本　十四冊

350000－2042－0002703　812.7/104.4

黎陽王襄敏公集四卷　（明）王越撰　清光緒
八年(1882)刻本　四冊

350000－2042－0002704　812.7/105

王文恪公集三十六卷　（明）王鏊撰　（明）朱
國禎訂　鷓音一卷白社詩草一卷　（明）王禹
聲撰　明萬曆王氏三槐堂刻本　十二冊

350000－2042－0002705　812.7/109

蒼谷全集十二卷附錄一卷　（明）王尚絅撰
（明）王縝原選　（明）王同中錄刊　清乾隆二
十三年(1758)密止堂刻宣統三年(1911)印本
　六冊

350000－2042－0002706　812.7/113

張龍湖先生文集十五卷　（明）張治撰　清雍
正四年(1726)彭思眷刻本　六冊

350000－2042－0002707　812.7/113－1

張龍湖先生文集十五卷　（明）張治撰　清雍
正四年(1726)彭思眷刻本　四冊

350000－2042－0002708　812.7/116.01

玉茗堂文集十六卷詩集十八卷賦六卷尺牘六
卷　（明）湯顯祖撰　清康熙三十三年(1694)
刻本　二十冊

350000－2042－0002709　812.7/116.1

螢芝全集十八卷　（明）張明弼撰　（清）于文
澤校讐　清光緒二十四年(1898)金沙于氏杏
林書屋刻本　八冊

350000－2042－0002710　812.7/117

新刻張太岳先生詩集六卷　（明）張居正編
清末至民國初湖南官書報局鉛印本　一冊

350000－2042－0002711　812.7/117.2

月鹿堂文集八卷　（明）張師繹撰　（清）張湄
校刊　清道光六年(1826)武進張湄刻本　四
冊

350000－2042－0002712　812.7/117.3

小山類稿選二十卷　（明）張岳撰　張襄惠公
輯署一卷　（明）□□輯　明萬曆刻明清遞修
本　五冊　存二十卷(小山類稿選一至三、五
至二十,張襄惠公輯署一卷)

350000－2042－0002713　812.7/118

重刊張愈光先生詩集六卷　（明）張含撰
（清）楊慎用批選　（清）陸之芹選　清道光十
三年(1833)保山范仕義刻本　四冊

350000－2042－0002714　812.7/122

孫宗伯集十卷首一卷　（明）孫繼皋撰　清光

緒十八年(1892)鼎元堂木活字印本　十二冊

姚江孫月峯先生全集十二卷　(明)孫鑛撰
(明)孫如洵輯　清刻本　十冊　存十一卷
(一至十一)

350000－2042－0002716　812.7/174

洞麓堂集十卷　(明)尹臺撰　清嘉慶五年
(1800)刻本　六冊

350000－2042－0002717　812.7/176

石臼前集九卷後集七卷　(明)邢昉撰　(清)
宋至　(清)王孚校　清光緒十八年(1892)刻
本　六冊

350000－2042－0002718　812.7/176.01

石臼前集九卷後集七卷　(明)邢昉撰　(清)
宋至　(清)王孚校　清刻本　五冊　缺二卷
(前集一至二)

350000－2042－0002719　812.7/177

邵子湘全集三種　(清)邵長蘅撰　清刻本
二冊　存二種十二卷(青門簏槀二至五、青門
賸槀一至八)

350000－2042－0002720　812.7/211

熊襄愍公集十卷首一卷末一卷　(明)熊廷弼
撰　清同治三年(1864)刻本　十冊

350000－2042－0002721　812.7/212.1

明大司馬盧公集十二卷首一卷　(明)盧象昇
撰　(清)李庚校字　清光緒三十四年(1908)
刻本　八冊

350000－2042－0002722　812.7/213.1

草間集一卷　(明)何運亮撰　(清)何之駒
(清)何之翰校字　清抄本　一冊

350000－2042－0002723　812.7/214

蟻蠓集五卷　(明)盧柟撰　(明)孟華平校
明萬曆三十年(1602)張其忠刻本　六冊

350000－2042－0002724　812.7/214.01

蟻蠓集五卷　(明)盧柟撰　(明)孟華平校
清光緒二十年(1894)刻本　六冊

350000－2042－0002725　812.7/214.1

尊水園集略十二卷補遺一卷　(清)盧世㴲撰
　　附一卷　(清)王永吉撰　清順治十七年
(1660)盧孝餘刻本　八冊

350000－2042－0002726　812.7/216

何大復先生集三十八卷　(明)何景明撰　附
錄一卷　(明)喬世寧等撰　明嘉靖刻本　八
冊

350000－2042－0002727　812.7/216.01

何大復先生集三十八卷　(明)何景明撰　附
錄一卷　(明)喬世寧等撰　明嘉靖刻本　十
二冊

350000－2042－0002728　812.7/228

洹詞十二卷　(明)崔銑撰　明刻清乾隆三十
六年(1771)黃邦寧補刻本　十五冊

350000－2042－0002729　812.7/250

淩溪先生集十八卷　(明)朱應登撰　明刻本
　四冊

350000－2042－0002730　812.7/252

觀復堂稿略一卷　(明)朱集璜撰　清光緒六
年(1880)刻本　一冊

350000－2042－0002731　812.7/262.11

枝山文集四卷野記四卷　(明)祝允明撰　清
同治十三年至光緒元年(1874－1875)元和祝
氏刻本　三冊

350000－2042－0002732　812.7/262.11－1

枝山文集四卷野記四卷　(明)祝允明撰　清
同治十三年至光緒元年(1874－1875)元和祝
氏刻本　二冊　存四卷(枝山文集四卷)

350000－2042－0002733　812.7/262.11－2

枝山文集四卷野記四卷　(明)祝允明撰　清
同治十三年至光緒元年(1874－1875)元和祝
氏刻本　二冊　存四卷(枝山文集四卷)

350000－2042－0002734　812.7/262.2

小窗自紀四卷　(明)吳從先撰　明刻小窗四
紀本　十冊

350000－2042－0002735　812.7/267

青溪漫稿二十四卷　(明)倪岳撰　清光緒二

十六年(1900)嘉惠堂刻武林往哲遺著本　六
冊

350000－2042－0002736　812.7/267.1
南齋先生魏文靖公摘稿十卷附錄一卷　(明)
魏驥撰　(明)魏完編　(明)洪鐘校摘　明弘
治十一年(1498)洪鐘刻清康熙八年(1669)王
余高重修本　五冊

350000－2042－0002737　812.7/271
清閟閣全集十二卷　(元)倪瓚撰　(清)曹培
廉校　清康熙五十二年(1713)城書室刻本
四冊

350000－2042－0002738　812.7/272
解文毅公集十六卷首一卷附錄一卷後集六卷
　(明)解縉撰　(明)黃諫原編　(明)羅念
菴輯錄　(清)解悅重輯　(清)解韜訂正　清
乾隆三十二年(1767)刻本　十冊　存十八卷
(解文毅公集十六卷、首一卷、附錄一卷)

350000－2042－0002739　812.7/273
丘海二公文集合編十六卷　(明)丘濬　(明)
海瑞撰　(清)焦映漢選定　(清)賈棠編次
清康熙四十七年(1708)刻本　八冊

350000－2042－0002740　812.7/276
從野堂存稿八卷首一卷末一卷外集一卷
(明)繆昌期撰　(清)繆虛白　(清)繆純白
編定　清同治十三年(1874)刻本　四冊

350000－2042－0002741　812.7/280
徐文長文集三十卷附四聲猿一卷　(明)徐渭
撰　(明)袁宏道評點　(明)閔德美校訂　明
末讀書坊刻本　八冊

350000－2042－0002742　812.7/280.01
徐文長文集三十卷附四聲猿一卷　(明)徐渭
撰　(明)袁宏道評點　(明)閔德美校訂　明
萬曆四十二年(1614)鍾人傑刻本　八冊　存
三十卷(徐文長文集三十卷)

350000－2042－0002743　812.7/280.1
徐文長逸稿二十四卷附畸譜一卷　(明)徐渭
撰　(明)張汝霖　(明)王思任評選　(明)
張維城校輯　明天啓三年(1623)刻本(卷首、

十五至十九補配抄本)　八冊

350000－2042－0002744　812.7/303
宋文憲公全集五十三卷首四卷　(明)宋濂撰
　清嘉慶十五年(1810)嚴榮金華府學刻本
二十冊

350000－2042－0002745　812.7/303.01
宋文憲公集十一卷　(明)宋濂撰　(清)張汝
瑚選　清康熙溫陵書林刻明十一家集本　三
冊

350000－2042－0002746　812.7/311.1
宗伯集八十一卷　(明)馮琦撰　明萬曆三十
五年(1607)刻本　二十八冊

350000－2042－0002747　812.7/312
小辨齋偶存八卷　(明)顧允成撰　清光緒十
二年(1886)刻本　二冊

350000－2042－0002748　812.7/313
涇皋藏稿二十二卷　(明)顧憲成撰　附年譜
四卷　(明)顧與沐記　(明)顧樞編　(清)
顧貞觀補訂　清刻本　七冊

350000－2042－0002749　812.7/334
冰川詩式十卷　(明)梁橋撰　(明)梁相校
清抄本　二冊

350000－2042－0002750　812.7/344.01/N
**洪芳洲先生歸田稿三卷續歸田稿二卷續稿二
卷附奏疏一卷摘稿四卷讀禮稿三卷**　(明)洪
朝選撰　**忠孝乘一卷**　(□)□□輯　清刻本
　二冊　存十三卷(續歸田稿二卷、續稿二
卷、附奏疏一卷、摘稿四卷、讀禮稿三卷,忠孝
乘一卷)

350000－2042－0002751　812.7/361
邊華泉集八卷集稿六卷　(明)邊貢撰　清康
熙四十四年(1705)刻嘉慶十年(1805)補刻咸
豐元年(1851)重修本　六冊

350000－2042－0002752　812.7/361.1
邊華泉集八卷集稿六卷　(明)邊貢撰　清康
熙四十四年(1705)刻本　六冊

350000－2042－0002753　812.7/361.1－1

邊華泉集八卷集稿六卷　（明）邊貢撰　清康
熙四十四年(1705)刻本　六冊

350000－2042－0002754　812.7/362.1

懷星堂全集三十卷　（明）祝允明撰　清宣統
二年(1910)中國書畫會鉛印本　八冊

350000－2042－0002755　812.7/372

馮少墟集二十二卷續集六卷　（明）馮從吾撰
　清康熙十二年(1673)洪氏刻本　十八冊

350000－2042－0002756　812.7/372－1

馮少墟集二十二卷續集六卷　（明）馮從吾撰
　清康熙十二年(1673)洪氏刻本　十四冊
存二十二卷(馮少墟集二十二卷)

350000－2042－0002757　812.7/400

落落齋遺集十卷　（明）李應昇撰　清光緒二
十二年(1896)武進盛氏刻朱印本　六冊

350000－2042－0002758　812.7/403.6

袁中郎狂言二卷別集二卷　（明）袁宏道撰
明萬曆刻本　一冊

350000－2042－0002759　812.7/404

滄溟先生集十四卷　（明）李攀龍撰　附錄一
卷　（明）朱中立等撰　清光緒二十一年
(1895)長沙張氏湘雨樓刻本　四冊

350000－2042－0002760　812.7/404.01

滄溟先生集三十卷　（明）李攀龍撰　附錄一
卷　（明）殷士儋等撰　清道光二十七年
(1847)刻本　八冊

350000－2042－0002761　812.7/404.11

滄溟先生集三十卷　（明）李攀龍撰　附錄一
卷　（明）殷士儋等撰　明萬曆三十四年
(1606)睢陽陳陞刻本　十四冊

350000－2042－0002762　812.7/404.2

空同子集六十六卷目錄三卷　（明）李夢陽撰
　（明）鄧雲霄　（明）潘之恒蒐校　附錄二卷
　（明）鄧雲霄　（明）潘之恒蒐輯　明萬曆三
十年(1602)鄧雲霄刻本　二十四冊

350000－2042－0002763　812.7/404.21

李空同詩集三十三卷　（明）李夢陽撰　附錄

一卷　（明）何仲默等撰　清宣統二年(1910)
掃葉山房石印本　十冊

350000－2042－0002764　812.7/404.22

空同詩鈔十六卷　（明）李夢陽撰　（清）桑調
元編　清乾隆十五年(1750)刻本　四冊

350000－2042－0002765　812.7/404.3

初潭集三十卷　（明）李贄撰　明萬曆刻本
八冊

350000－2042－0002766　812.7/404.4

李卓吾先生遺書二卷　（明）李贄撰　附錄一
卷　（明）陶望齡等撰　清抄本　三冊

350000－2042－0002767　812.7/405

懷麓堂全集一百卷首一卷　（明）李東陽撰
明李文正公年譜七卷　（清）法式善輯　（清）
唐仲冕增補　清嘉慶八年(1803)刻本　二十
二冊　存一百一卷(懷麓堂全集一百卷、首一
卷)

350000－2042－0002768　812.7/405－1

懷麓堂全集一百卷首一卷　（明）李東陽撰
明李文正公年譜七卷　（清）法式善輯　（清）
唐仲冕增補　清嘉慶八年(1803)刻本　二十
一冊　存一百五卷(詩稿三至二十、詩後稿十
卷、雜記十卷、文稿三十卷、文後稿三十卷,明
李文正公年譜七卷)

350000－2042－0002769　812.7/408

重刻來瞿唐先生日錄內篇七卷外篇五卷
（明）來知德撰　清刻本　六冊　存五卷(外
篇五卷)

350000－2042－0002770　812.7/409

左忠毅公集三卷　（明）左光斗撰　附年譜二
卷　（清）左宰編　清乾隆四年(1739)刻本
四冊

350000－2042－0002771　812.7/424

姚文敏公遺稿九卷奏議補缺一卷　（明）姚夔
撰　（明）張元禎校　清光緒二十四年(1898)
水明廔刻本　二冊

350000－2042－0002772　812.7/432

明史樂府一卷 （清）尤侗撰 （清）宋澤元校刊 清光緒十一年(1885)山陰宋澤元刻本 一冊

350000 – 2042 – 0002773 812.7/440.1

淡軒先生詩文集十二卷補遺一卷 （明）林文撰 明嘉靖四十五年(1566)林炳章刻本 四冊

350000 – 2042 – 0002774 812.7/440.1 – 1

淡軒先生詩文集十二卷補遺一卷 （明）林文撰 明嘉靖四十五年(1566)林炳章刻本 二冊 存六卷(四至九)

350000 – 2042 – 0002775 812.7/441

少村漫稿四卷 （明）黃廷用撰 明萬曆刻本 二冊

350000 – 2042 – 0002776 812.7/441.1

洨濱蔡先生遺書文集十卷首一卷附一卷語錄二十卷 （明）蔡靉撰 （明）及門諸子原編 （清）夏子鐊校刊 清光緒四年(1878)夏了鐊校刻本 四冊

350000 – 2042 – 0002777 812.7/441.2

文清公薛先生文集二十四卷 （明）薛瑄撰 （明）張鼎校正編輯 清雍正十二年(1734)刻本 十二冊

350000 – 2042 – 0002778 812.7/441.21

薛敬軒先生文集十卷 （明）薛瑄撰 （清）張伯行訂 清康熙四十七年(1708)張氏正誼堂刻本 四冊

350000 – 2042 – 0002779 812.7/442

午夢堂集八種 （明）葉紹袁輯 明崇禎刻本 六冊

350000 – 2042 – 0002780 812.7/442.1

理學韓樂吾先生詩集一卷行略一卷 （明）韓貞撰 清刻本 一冊

350000 – 2042 – 0002781 812.7/442.2

大笑集一卷 （明）林胤昌撰 明崇禎十七年(1644)刻本 一冊

350000 – 2042 – 0002782 812.7/443

黃漳浦集五十卷首一卷目錄二卷 （明）黃道周撰 （清）陳壽祺編 **漳浦黃先生年譜二卷** （明）莊起儔編 清光緒至宣統鉛印本 十六冊

350000 – 2042 – 0002783 812.7/443.1

蔡忠烈公遺集六卷 （明）蔡道憲撰 （清）鄧顯鶴纂 （清）蔡應魁編校 清道光二十六年至二十八年(1846 – 1848)蔡應魁刻本 六冊

350000 – 2042 – 0002784 812.7/443.1 – 1

蔡忠烈公遺集六卷 （明）蔡道憲撰 （清）鄧顯鶴纂 （清）蔡應魁編校 清道光二十六年至二十八年(1846 – 1848)蔡應魁刻本 六冊

350000 – 2042 – 0002785 812.7/443.12

蔡忠烈公遺集四卷 （明）蔡道憲撰 （清）鄧顯鶴原編 （清）夏獻雲重輯 清光緒六年(1880)刻本 四冊

350000 – 2042 – 0002786 812.7/443.1 – 2/N

蔡忠烈公遺集六卷 （明）蔡道憲撰 （清）鄧顯鶴纂 （清）蔡應魁編校 清道光二十六年至二十八年(1846 – 1848)蔡應魁刻本 六冊

350000 – 2042 – 0002787 812.7/443.2

未軒公文集十二卷附錄一卷 （明）黃仲昭撰 （明）劉節校 明嘉靖三十四年(1555)黃希白刻本 四冊

350000 – 2042 – 0002788 812.7/443.21

藏山堂遺篇二卷 （明）林之蕃撰 （清）郭柏蒼編 （清）戴成芬校 清道光十九年(1839)刻本 二冊

350000 – 2042 – 0002789 812.7/443.3

海外遺稿一卷 （明）林垐撰 **附錄一卷** （清）□□輯 清道光十四年(1834)抄本 一冊

350000 – 2042 – 0002790 812.7/443.31

鳴盛集四卷 （明）林鴻撰 清嘉慶十三年(1808)王遐春麟後山房刻本 二冊

350000 – 2042 – 0002791 812.7/443.4

黃梨洲先生南雷文約四卷 （清）黃宗羲撰

（清）鄭性訂　清刻本　八冊

350000－2042－0002792　812.7/443.5

湄湖吟十一卷聽松軒遺文一卷　（清）杜溎撰
（清）魏憲等評閱　清道光九年（1829）刻本
四冊

350000－2042－0002793　812.7/443.6

陶菴全集二十二卷首一卷末一卷　（明）黃淳
耀撰　清康熙十五年（1676）安亭張懿實刻本
六冊　存四種十七卷（陶菴文集七卷、詩集
八卷、吾師錄一卷、谷簾學吟一卷）

350000－2042－0002794　812.7/443.7

聞川懷古詩一卷雜詠一卷　（明）蔣之翹撰
聞溪八景詩一卷　（明）王周撰　（清）王明福
校　清雍正六年（1728）秀水王明福刻本　一
冊

350000－2042－0002795　812.7/443.8

溫陵蔡江門先生悔後集不分卷附錄一卷
（明）蔡道憲撰　（清）□□輯　清抄本　一冊

350000－2042－0002796　812.7/443.9.01/N

蔡文莊公集八卷　（明）蔡清撰　（清）徐居敬
編校　清乾隆六年（1741）刻本　三冊

350000－2042－0002797　812.7/443.91

巖居稿校正八卷首一卷　（明）華察撰　（清）
楊殿奎參校　清光緒元年（1875）刻本　二冊

350000－2042－0002798　812.7/443－1

黃漳浦集五十卷首一卷目錄二卷　（明）黃道
周撰　（清）陳壽祺編　**漳浦黃先生年譜二卷**
（明）莊起儔編　清光緒至宣統鉛印本　十
六冊

350000－2042－0002799　812.7/443－2

黃漳浦集五十卷首一卷目錄二卷　（明）黃道
周撰　（清）陳壽祺編　**漳浦黃先生年譜二卷**
（明）莊起儔編　清光緒至宣統鉛印本　十
六冊

350000－2042－0002800　812.7/443－3

黃漳浦集五十卷首一卷目錄二卷　（明）黃道
周撰　（清）陳壽祺輯　**漳浦黃先生年譜二卷**

（明）莊起儔編　清光緒至宣統鉛印本　十
六冊

350000－2042－0002801　812.7/444

二藍集　（清）藍蔚雯輯　清咸豐七年（1857）
定海藍氏刻光緒十六年（1890）金匱宣敬熙補
修本　六冊

350000－2042－0002802　812.7/444.1

苑洛集二十二卷　（明）韓邦奇撰　清乾隆十
六年（1751）刻本　十冊

350000－2042－0002803　812.7/444.2

二藍集　（清）藍蔚雯輯　清咸豐七年（1857）
定海藍氏刻本　六冊

350000－2042－0002804　812.7/444.3

同安林次崖先生文集十八卷　（明）林希元撰
清乾隆詒燕堂刻本　四冊　存七卷（二至
六、九至十）

350000－2042－0002805　812.7/444.4/N

黃吾野先生詩集五卷　（明）黃克晦撰　清康
熙四十一年（1702）刻乾隆二十五年（1760）增
修本　二冊　存四卷（一至四）

350000－2042－0002806　812.7/444.92

新刻天傭子全集十卷　（明）艾南英撰　（清）
艾為珖　（清）艾曰芬編輯　（清）高南圃鑒定
清康熙三十八年（1699）刻本　十冊

350000－2042－0002807　812.7/448.1

二藍集　（清）藍蔚雯輯　（清）郭柏蒼校刊
清光緒四年至六年（1878－1880）侯官郭柏蒼
枕石草堂刻本　四冊

350000－2042－0002808　812.7/449

返生香一卷　（明）葉小鸞撰　**附集一卷**
（明）沈自炳等撰　**窈聞一卷續一卷**　（明）葉
紹袁撰　清光緒二十二年（1896）羊城葉衍蘭
秋夢盦刻本　二冊

350000－2042－0002809　812.7/449－1

返生香一卷　（明）葉小鸞撰　**附集一卷**
（明）沈自炳等撰　**窈聞一卷續一卷**　（明）葉
紹袁撰　清光緒二十二年（1896）羊城葉衍蘭

秋夢盦刻本 二冊

350000－2042－0002810　812.7/462

楊椒山先生集四卷附自著年譜一卷　（明）楊
繼盛撰　清康熙三十七年(1698)刻本　四冊

350000－2042－0002811　812.7/462.1

忠介公集十三卷首一卷末一卷　（明）楊爵撰
　附錄五卷　（清）楊昱輯　清光緒十九年
(1893)張履誠堂刻本　六冊

350000－2042－0002812　812.7/462.1－1

忠介公集十三卷首一卷末一卷　（明）楊爵撰
　附錄五卷　（清）楊昱輯　清光緒十九年
(1893)張履誠堂刻本　六冊

350000－2042－0002813　812.7/462.2

楊忠愍公全集四卷　（明）楊繼盛撰　（清）毛
奇齡鑒定　章鈺輯　清光緒二年(1876)刻本
二冊

350000－2042－0002814　812.7/462.21

楊忠愍公遺集一卷　（明）楊繼盛撰　清光緒
二十二年(1896)刻本　一冊

350000－2042－0002815　812.7/464

東里文集二十五卷別集三卷　（明）楊士奇撰
　清光緒三年(1877)楊覲光刻本　八冊

350000－2042－0002816　812.7/469

升菴先生文集八十一卷目錄四卷　（明）楊慎
撰　（明）楊有仁編輯　（明）趙開美校正
(明)陳邦瞻重校　明萬曆二十九年(1601)刻
本　十二冊

350000－2042－0002817　812.7/469.01

太史升菴全集八十一卷目錄二卷　（明）楊慎
撰　（明）楊有仁錄　（明）陳大科校　清乾隆
六十年(1795)新都周參元養拙山房刻本　四
十六冊

350000－2042－0002818　812.7/506

賜閒堂集四十卷　（明）申時行撰　明萬曆四
十四年(1616)刻本　四十冊

350000－2042－0002819　812.7/602

羅司勳文集八卷外集一卷　（明）羅虞臣撰

清康熙三十八年(1699)刻本　六冊　存八卷
（羅司勳文集八卷）

350000－2042－0002820　812.7/604

呂子遺書四種　（明）呂坤撰　清道光七年
(1827)新安程祖洛開封府署刻本　二十三冊
　存三種二十六卷(去偽齋集十卷、附錄一
卷、闕疑一卷,呻吟語六卷、附錄一卷,實政錄
七卷)

350000－2042－0002821　812.7/604.01

呂新吾先生去偽齋文集十卷　（明）呂坤撰
清康熙十三年(1674)呂慎多刻本　十冊

350000－2042－0002822　812.7/604.01－1

呂新吾先生去偽齋文集十卷　（明）呂坤撰
清康熙十三年(1674)呂慎多刻本　十冊

350000－2042－0002823　812.7/604.01－2

呂新吾先生去偽齋文集十卷　（明）呂坤撰
清康熙十三年(1674)呂慎多刻本　十二冊

350000－2042－0002824　812.7/662

鈐山堂集四十卷　（明）嚴嵩撰　清嘉慶十一
年(1806)刻本　十冊

350000－2042－0002825　812.7/664

瞿忠宣公集十卷　（明）瞿式耜撰　清光緒十
三年(1887)刻本　四冊

350000－2042－0002826　812.7/664－1

瞿忠宣公集十卷　（明）瞿式耜撰　清光緒十
三年(1887)刻本　四冊

350000－2042－0002827　812.7/721.1

由拳集二十三卷　（明）屠隆撰　明萬曆八年
(1580)刻本　十冊

350000－2042－0002828　812.7/721.2

兩粵文集二十四卷　（明）劉球撰　清宣統二
年(1910)守政書局刻本　四冊

350000－2042－0002829　812.7/724.01－1

太師誠意伯劉文成公集二十卷首一卷　（明）
劉基撰　清乾隆十一年(1746)劉孤嶼刻本
十四冊

350000－2042－0002830　812.7/726

中州名賢文表三十卷　（明）劉昌輯　清光緒
三十年(1904)上海鴻文書局石印本　六冊

350000－2042－0002831　812.7/751
陳臥子先生安雅堂稿十五卷　（明）陳子龍撰
清宣統元年(1909)上海時中書局鉛印本
六冊

350000－2042－0002832　812.7/751.04
陳忠裕全集三十卷首一卷末一卷年譜三卷
（明）陳子龍撰　（清）王昶輯　清嘉慶八年
(1803)㻌山草堂刻本　十冊

350000－2042－0002833　812.7/752.1
白沙子全集九卷首一卷　（明）陳獻章撰　附
錄一卷　（明）湛若水等撰　明萬曆四十年
(1612)何上新刻本　十冊

350000－2042－0002834　812.7/752.11
白沙子全集十卷首一卷末一卷附古詩教解二
卷　（明）陳獻章撰　清乾隆三十六年(1771)
碧玉樓刻本　十冊

350000－2042－0002835　812.7/752.11－1
白沙子全集十卷首一卷末一卷附古詩教解二
卷　（明）陳獻章撰　清乾隆三十六年(1771)
碧玉樓刻本　一冊　存一卷(十)

350000－2042－0002836　812.7/753.1
寶綸堂集十卷　（明）陳洪綬撰　（清）陳字購
輯　清光緒十四年(1888)會稽董氏取斯堂木
活字印本　八冊

350000－2042－0002837　812.7/753.2
淇園編四卷　（明）陳道潛撰　（清）陳震龍重
輯梓　清康熙九年(1670)莆田陳震龍刻本
四冊

350000－2042－0002838　812.7/754
水明樓集十四卷　（明）陳薦夫撰　（明）陳一
元選　明萬曆四十三年(1615)刻本　四冊

350000－2042－0002839　812.7/758
一齋集十二種　（明）陳第撰　明萬曆會山樓
刻本　四冊　存二種八卷(五嶽遊草七卷、兩
粵遊草一卷)

350000－2042－0002840　812.7/758.1
一齋集十四種　（明）陳第編輯　年譜一卷
（清）陳斗初編　清道光二十八年(1848)連江
陳斗初刻本　一冊　存二種三卷(蘇門塞曲
一卷、附雜文一卷,兩粵遊草一卷)

350000－2042－0002841　812.7/772
周忠介公燼餘集三卷　（明）周順昌撰　（明）
周茂蘭輯　周吏部[順昌]年譜一卷　（明）殷
獻臣撰　忠介遺事一卷　（明）□□輯　清光
緒二十九年(1903)刻本　二冊　存四卷(周
忠介公燼餘集三卷、忠介遺事一卷)

350000－2042－0002842　812.7/774
震川先生集三十卷別集十卷　（明）歸有光撰
（清）歸彭福校刻　清光緒元年(1875)常熟
歸彭福刻本　十二冊

350000－2042－0002843　812.7/776
駱先生文集八卷　（明）駱日升撰　（明）駱奎
曙輯　清道光七年(1827)刻本　四冊

350000－2042－0002844　812.7/776.01
駱先生文集八卷　（明）駱日升撰　（明）駱奎
曙輯　清光緒十三年(1887)刻本　四冊

350000－2042－0002845　812.7/777
鴻苞節錄十卷　（明）屠隆撰　（清）屠繼烈編
清咸豐七年(1857)章邱縣署刻本　十冊

350000－2042－0002846　812.7/804
正氣堂集十六卷近稿一卷續集七卷餘集四卷
洗海近事二卷　（明）俞大猷撰　（清）李杜編
清道光二十一年(1841)龍溪孫雲鴻味古書
室刻本　十七冊

350000－2042－0002847　812.7/804.2
金忠節公文集八卷　（明）金聲撰　清光緒十
四年(1888)黟縣李宗煝刻本　四冊

350000－2042－0002848　812.7/806.1
紡授堂集八卷二集十卷文集八卷　（明）曾異
撰撰　清康熙五十七年(1718)曾天采刻本
十冊　存十六卷(紡授堂集八卷、文集八卷)

350000－2042－0002849　812.7/821

崇雅堂集十五卷　(明)鍾羽正撰　清光緒五年(1879)刻本　四冊

350000－2042－0002850　812.7/878

鄭少谷先生全集二十五卷首一卷　(明)鄭善夫撰　(清)鄭衍祖輯　清康熙刻本　九冊　存二十四卷(一至二、五至二十五,首一卷)

350000－2042－0002851　812.7/992

賜誠堂文集十六卷　(明)管紹寧撰　(清)管繩萊編校　清光緒三年(1877)刻本　二冊

350000－2042－0002852　812.8/000

固哉草亭集七卷　(清)高斌撰　(清)高恆校字　清乾隆刻本　四冊

350000－2042－0002853　812.8/001

詒晉齋集八卷後集一卷隨筆一卷　(清)永瑆撰　清道光二十八年(1848)刻本　四冊

350000－2042－0002854　812.8/001.1

味靈華館詩六卷　(清)商廷煥撰　清光緒三十二年(1906)刻本　二冊

350000－2042－0002855　812.8/001.11

宦游紀略二卷　(清)高廷瑤撰　清同治十二年(1873)成都刻本　一冊

350000－2042－0002856　812.8/001.2

棲雲閣文集十五卷附錄一卷詩集十六卷拾遺三卷　(清)高珩撰　留畊堂遺詩四卷　(清)高瑋撰　清乾隆刻本　十四冊

350000－2042－0002857　812.8/001.3

寶綸堂集古錄十二卷　(清)齊召南撰　(清)齊毓川輯　清光緒十四年(1888)齊氏寶古齋木活字印本　二冊

350000－2042－0002858　812.8/001.4

種瑤草堂詩鈔二卷　(清)文元星撰　清道光四年(1824)陳逢衡刻本　一冊

350000－2042－0002859　812.8/001.5

寶綸堂文鈔八卷　(清)齊召南撰　(清)秦瀛校　清嘉慶二年(1797)刻本　二冊

350000－2042－0002860　812.8/001－1

詒晉齋集八卷後集一卷隨筆一卷　(清)永瑆

撰　清道光二十八年(1848)刻本　四冊

350000－2042－0002861　812.8/002

方百川先生經義四卷　(清)方舟撰　(清)方觀承錄次　清刻本　一冊

350000－2042－0002862　812.8/002.1

繡屏風館詩集十卷　(清)方熊撰　清道光刻本　二冊

350000－2042－0002863　812.8/002.2

冠豸山堂全集六種　(清)童能靈撰　清光緒二十三年(1897)連城童氏木活字印本　九冊

350000－2042－0002864　812.8/003

玉尺山樓遺藁三卷　(清)齊祥棣撰　清光緒九年(1883)鉛印本　一冊

350000－2042－0002865　812.8/003.1

二知軒詩鈔十四卷續鈔十八卷　(清)方濬頤撰　清同治刻本　十二冊

350000　2042－0002866　812.8/003.2

小遊船詩一卷　(清)辛漢清撰　清光緒二十八年(1902)刻本　一冊

350000－2042－0002867　812.8/003.3

退一步齋詩集十六卷文集四卷　(清)方濬師撰　呂景端編校　清光緒三十年(1904)刻本　十冊

350000－2042－0002868　812.8/003.4

柏堂集外編十二卷　(清)方宗誠撰　清光緒十年(1884)刻柏堂遺書本　二冊

350000－2042－0002869　812.8/003.6

退一步齋文集四卷詩集十六卷蕉軒續錄二卷　(清)方濬師撰　呂景端編校　清光緒十八年(1892)武進徐崇萊鉛印本　二冊　存二卷(蕉軒續錄二卷)

350000－2042－0002870　812.8/004.11

望溪先生全集文集十八卷集外文十卷集外文補遺二卷　(清)方苞撰　(清)戴鈞衡編　年譜二卷　(清)蘇惇元輯　清咸豐元年(1851)刻本　十二冊

350000－2042－0002871　812.8/004.11－1

望溪先生全集文集十八卷集外文十卷集外文補遺二卷　（清）方苞撰　（清）戴鈞衡編　年譜二卷　（清）蘇惇元輯　清咸豐元年(1851)刻本　十二冊

350000－2042－0002872　812.8/004.2

在璞堂吟稿一卷續稿一卷　（清）方芳佩撰　清乾隆刻本　三冊

350000－2042－0002873　812.8/004.3

思綺堂文集十卷　（清）章藻功撰　清刻本　十冊

350000－2042－0002874　812.8/004.5

南海先生詩集十三卷　康有為撰　梁啓超手寫　清宣統三年(1911)影印本(卷五至十三原缺)　一冊

350000－2042－0002875　812.8/007

海陽紀略二卷　（清）廖騰煃撰　清康熙三十二年(1693)刻本　四冊

350000－2042－0002876　812.8/007.2

詞科餘話七卷　（清）杭世駿編輯　清抄本　一冊

350000－2042－0002877　812.8/008

唐確慎公集十卷首一卷末一卷　（清）唐鑑撰　清光緒元年(1875)刻本　六冊

350000－2042－0002878　812.8/009

敘州集一卷附文一卷附楹聯一卷　（清）文煥撰　清光緒二十九年(1903)刻本　一冊

350000－2042－0002879　812.8/011

如何是可齋外集二卷　（清）范濂撰　（清）羅傳珍編錄　清光緒二十二年(1896)刻本　二冊

350000－2042－0002880　812.8/012.011

精刊定盦全集十五卷　（清）龔自珍撰　清宣統元年(1909)上海國學扶輪社中新印書局鉛印本　七冊

350000－2042－0002881　812.8/012.011－1

精刊定盦全集十五卷　（清）龔自珍撰　清宣統元年(1909)上海國學扶輪社中新印書局鉛印本　七冊

350000－2042－0002882　812.8/012.012

定盦文集三卷續集四卷文集補六卷　（清）龔自珍撰　清同治七年(1868)刻本　四冊

350000－2042－0002883　812.8/012.4

槐廬詩學一卷　（清）龍繼棟撰　清光緒四年(1878)刻本　一冊

350000－2042－0002884　812.8/013

荔村草堂詩續鈔一卷　（清）譚宗浚撰　清宣統二年(1910)刻本　一冊

350000－2042－0002885　812.8/013.1

經德堂全集七種　（清）龍啓瑞撰　清光緒四年至七年(1878－1881)臨桂龍氏北平刻本　三冊　存二種七卷(浣月山房詩集內集三卷、別集一卷、外集一卷，漢南春柳詞鈔一卷、梅神吟館詩草一卷)

350000－2042－0002886　812.8/013.12

經德堂文集四卷　（清）龍啓瑞撰　清光緒二十四年(1898)刻粵西五家文鈔本　二冊

350000－2042－0002887　812.8/013.2

堅白齋集詩存三卷駢文存一卷雜稿存四卷　（清）龍汝霖撰　清光緒七年(1881)刻本　四冊

350000－2042－0002888　812.8/013－1

荔村草堂詩續鈔一卷　（清）譚宗浚撰　清宣統二年(1910)刻本　一冊

350000－2042－0002889　812.8/016

烏石山房詩稿二十三卷　（清）龔易圖撰　清同治刻本　六冊

350000－2042－0002890　812.8/016.01

烏石山房詩存四卷　（清）龔易圖撰　清光緒九年(1883)雙驂園刻本　一冊

350000－2042－0002891　812.8/016.1

澹靜齋全集□□種　（清）龔景瀚撰　清道光六年(1826)恩錫堂刻本　八冊　存六種十八卷(文外篇二卷、詩鈔六卷、祭儀攷四卷、離騷箋二卷、說裸二卷、邠風說二卷)

350000 – 2042 – 0002892　812.8/016.11

滄靜齋全集□□種　（清）龔景瀚撰　（清）龔
式穀校刊　清同治八年(1869)閩中龔氏濟南
郡署刻本　八冊　存二種十四卷(文鈔八卷、
詩鈔六卷)

350000 – 2042 – 0002893　812.8/016.11 – 1

滄靜齋全集□□種　（清）龔景瀚撰　（清）龔
式穀校刊　清同治八年(1869)閩中龔氏濟南
郡署刻本　八冊　存二種十四卷(文鈔八卷、
詩鈔六卷)

350000 – 2042 – 0002894　812.8/016.12

滄靜齋詩鈔六卷　（清）龔景瀚撰　清刻本
一冊

350000 – 2042 – 0002895　812.8/016.2/N

桐陰吟榭詩甲編二卷乙編二卷　（清）龔顯曾
編　清同治十一年(1872)刻本　一冊

350000 – 2042 – 0002896　812.8/016.3

亦園脞牘四卷　（清）龔顯曾撰　清光緒七年
(1881)明州刻本　一冊

350000 – 2042 – 0002897　812.8/016.31

亦園脞牘八卷　（清）龔顯曾撰　清光緒四年
(1878)木活字印亦園子版書本　二冊　存四
卷(一至四)

350000 – 2042 – 0002898　812.8/016.31/N

亦園脞牘八卷　（清）龔顯曾撰　清光緒四年
(1878)木活字印亦園子版書本　二冊

350000 – 2042 – 0002899　812.8/040.1

清吟堂全集十四種　（清）高士奇撰　清康熙
刻本　十一冊　存四種二十五卷(清吟堂集
九卷、神功聖德詩一卷、恭奏漠北蕩平凱歌一
卷、歸田集十四卷)

350000 – 2042 – 0002900　812.8/042

謝亭集四種　（清）謝綸撰　清同治至光緒刻
朱墨套印本　四冊

350000 – 2042 – 0002901　812.8/042.1

雪青閣詩集四卷　（清）謝維藩撰　清光緒九
年(1883)開封官廨刻本　四冊

350000 – 2042 – 0002902　812.8/043

小蘭陔詩集八卷　（清）謝道承撰　清乾隆三
十八年(1773)刻本　四冊

350000 – 2042 – 0002903　812.8/044

惕夫詩鈔三十二卷　（清）謝葇撰　清道光二
十三年至二十九年(1843 – 1849)婺源縣署刻
本　十二冊

350000 – 2042 – 0002904　812.8/045

天愚山人詩集十二卷文集十六卷附錄一卷
（清）謝泰宗撰　（清）謝駿德重校刊　清光緒
六年(1880)靈萐館刻本　八冊

350000 – 2042 – 0002905　812.8/048.1

二勿齋文集六卷首一卷　（清）謝金鑾撰　清
道光木活字印本　二冊

350000 – 2042 – 0002906　812.8/048.1 – 1

二勿齋文集六卷首一卷　（清）謝金鑾撰　清
道光木活字印本　二冊

350000 – 2042 – 0002907　812.8/072

養知書屋遺集三種　（清）郭嵩燾撰　清光緒
十八年(1892)刻本　十九冊

350000 – 2042 – 0002908　812.8/072.1

寶綸堂文鈔八卷　（清）齊召南撰　清光緒十
三年(1887)刻本　四冊

350000 – 2042 – 0002909　812.8/072 – 1

養知書屋遺集三種　（清）郭嵩燾撰　清光緒
十八年(1892)刻本　二十八冊

350000 – 2042 – 0002910　812.8/074.1

郭氏叢刻十三種　（清）郭柏蒼撰　清光緒刻
本　十八冊

350000 – 2042 – 0002911　812.8/078.2

吉雨山房文集四卷　（清）郭籛齡撰　清光緒
十六年(1890)刻本　四冊

350000 – 2042 – 0002912　812.8/083

澤雅堂文集十卷　（清）施補華撰　清光緒十
九年(1893)刻本　二冊

350000 – 2042 – 0002913　812.8/083.01

澤雅堂文集八卷　（清）施補華撰　清光緒刻

本　二冊

350000－2042－0002914　812.8/083.1
鑑止水齋集二十卷　（清）許宗彥撰　清咸豐
八年(1858)刻本　六冊

350000－2042－0002915　812.8/083.1－1
鑑止水齋集二十卷　（清）許宗彥撰　清咸豐
八年(1858)刻本　六冊

350000－2042－0002916　812.8/083.2
玉井山館文略五卷文續二卷詩十五卷詩餘一
卷　（清）許宗衡撰　清同治四年至九年
(1865－1870)刻本　一冊　存三卷(玉井山
館文略一至三)

350000－2042－0002917　812.8/083.3
說文堂詩集八卷　（清）許之翰撰　清刻本
二冊　存四卷(一至四)

350000－2042－0002918　812.8/087.1
施愚山先生全集四種　（清）施閏章撰　年譜
四卷　（清）施念曾編　隨村先生遺集六卷
(清)施珵撰　（清）杭世駿訂　清康熙至乾隆
刻本　三十二冊

350000－2042－0002919　812.8/087.11
施愚山先生全集四種　（清）施閏章撰　年譜
四卷　（清）施念曾編　隨村先生遺集六卷
(清)施珵撰　（清）杭世駿訂　清宣統二年
(1910)上海國學扶輪社石印本　二十冊

350000－2042－0002920　812.8/100
平養堂文編十卷　王龍文撰　清宣統三年
(1911)思賢書局刻本　四冊

350000－2042－0002921　812.8/100.2
夢樓詩集二十四卷　（清）王文治撰　清乾隆
六十年(1795)食舊堂刻本　十冊

350000－2042－0002922　812.8/100－1
平養堂文編十卷　王龍文撰　清宣統三年
(1911)思賢書局刻本　四冊

350000－2042－0002923　812.8/101.3
惋春遺稿三種　（清）王元珠撰　清宣統元年
(1909)鉛印本　一冊

350000－2042－0002924　812.8/102
小蘭雪堂吟稿十一卷　（清）王步蟾撰　清光
緒石印本　四冊

350000－2042－0002925　812.8/102.3
湖山雜詠一卷附錄一卷　（清）王緯撰　清乾
隆刻本　一冊

350000－2042－0002926　812.8/102.4
小樓詩集八卷　（清）王嵩高撰　清道光十六
年(1836)刻本　二冊

350000－2042－0002927　812.8/102.55
聽桐廬殘草一卷　（清）王繼穀撰　清光緒六
年(1880)刻本　一冊

350000－2042－0002928　812.8/102.6
法京紀事詩一卷　王以宣撰　清光緒二十一
年(1895)刻湘漊館叢書本　一冊

350000－2042－0002929　812.8/102.9
花萼吟傳奇二卷　（清）夏綸撰　（清）徐夢元
評　清乾隆十六年(1751)世光堂刻惺齋五種
本　一冊

350000－2042－0002930　812.8/102－1
小蘭雪堂吟稿十一卷　（清）王步蟾撰　清光
緒石印本　四冊

350000－2042－0002931　812.8/103
春融堂集二種　（清）王昶撰　述庵先生［王
昶］年譜二卷　（清）嚴榮編　清嘉慶十二年
(1807)刻光緒十八年(1892)重修本　二十冊

350000－2042－0002932　812.8/103.2
雲海樓詩稿四卷　（清）王治模撰　清光緒元
年(1875)長沙荷池書局刻本　一冊

350000－2042－0002933　812.8/103.3
湖海詩傳四十六卷　（清）王昶輯　清同治四
年(1865)綠蔭堂刻本　十六冊

350000－2042－0002934　812.8/103.3－1
湖海詩傳四十六卷　（清）王昶輯　清同治四
年(1865)綠蔭堂刻本　十六冊

350000－2042－0002935　812.8/103.5
王氏仁蔭堂全集六卷　（清）王汝梅撰　（清）

王憲椿編次　　心鄉錄三卷　（清）王憲曾編次
　　清光緒石印本　　八冊

350000－2042－0002936　812.8/103.6
居業堂文集二十卷首一卷　（清）王源撰　清
光緒十一年(1885)刻本　　四冊

350000－2042－0002937　812.8/103.7
晚聞居士遺集九卷首一卷　（清）王宗炎撰
清道光十年至十一年(1830－1831)刻本　四
冊

350000－2042－0002938　812.8/103.8
椒生詩草六卷　（清）王之春撰　清光緒十年
(1884)刻本　　四冊

350000－2042－0002939　812.8/103.9
椒園居士集六卷　（清）王定柱撰　清光緒三
十二年(1906)刻本　　二冊

350000－2042－0002940　812.8/103.91
墾舟園初稿一卷次稿一卷　（清）王鎏撰　清
刻本　　一冊

350000－2042－0002941　812.8/103－1
春融堂集二種　（清）王昶撰　述庵先生[王
昶]年譜二卷　（清）嚴榮編　清嘉慶十二年
(1807)刻光緒十八年(1892)重修本　　十六冊

350000－2042－0002942　812.8/104
帶經堂集九十二卷　（清）王士禎撰　（清）程
哲校編　清康熙四十九年(1710)歙縣程氏七
略書堂刻本　　二十四冊

350000－2042－0002943　812.8/104.02
漁洋山人精華錄訓纂十卷目錄二卷年譜二卷
附金氏精華錄箋注辯訛一卷　（清）王士禎撰
　（清）惠棟訓纂　清紅豆齋刻本　　二十四冊

350000－2042－0002944　812.8/104.021
漁洋山人精華錄訓纂十卷訓纂補十卷首一卷
年譜二卷附金氏精華錄箋注辯訛一卷　（清）
王士禎撰　（清）惠棟訓纂　清刻本　　十二冊

350000－2042－0002945　812.8/104.03
漁洋山人精華錄箋注十二卷附錄一卷年譜一
卷補注一卷　（清）王士禎撰　（清）金榮箋注

（清）徐淮纂輯　清初金氏鳳翻堂刻乾隆二
年(1737)續刻本　　八冊

350000－2042－0002946　812.8/104.1
萬螯松風樓詩十四卷　（清）王吉人撰　清同
治九年(1870)刻本　　四冊

350000－2042－0002947　812.8/104.201
漁洋山人精華錄十卷　（清）王士禎撰　（清）
林佶編　清康熙三十九年(1700)侯官林佶刻
本　　三冊

350000－2042－0002948　812.8/104.21
鼉尾集十卷續集三卷後集二卷　（清）王士禎
撰　清康熙刻王漁洋遺書本　　六冊

350000－2042－0002949　812.8/104.4
白田草堂存稿二十四卷　（清）王懋竑撰　皇
清勅授文林郎翰林院編修先考王公府君[懋
竑]行狀一卷　（清）王箴德等撰　崇祀鄉賢
錄一卷　（清）□□撰　清乾隆刻本　　六冊

350000－2042－0002950　812.8/104.4－1
白田草堂存稿二十四卷　（清）王懋竑撰　皇
清勅授文林郎翰林院編修先考王公府君[懋
竑]行狀一卷　（清）王箴德等撰　崇祀鄉賢
錄一卷　（清）□□撰　清乾隆刻本　　七冊
缺一卷(崇祀鄉賢錄一卷)

350000－2042－0002951　812.8/104.5
春融堂雜記八種　（清）王昶撰　清嘉慶十三
年(1808)刻春融堂集本　　四冊

350000－2042－0002952　812.8/104.6
樓邨詩集二十五卷　（清）王式丹撰　清雍正
四年(1726)寶應王氏刻本　　四冊

350000－2042－0002953　812.8/104.8
惕甫未定稿二十六卷　（清）王芑孫撰　清嘉
慶刻本　　八冊

350000－2042－0002954　812.8/104.9
葆淳閣全集二十六卷首一卷附王文端公年譜
一卷　（清）王杰撰　（清）阮元編　清嘉慶刻
本　　十二冊

350000－2042－0002955　812.8/104.901

葆淳閣全集二十六卷首一卷附王文端公年譜一卷 （清）王杰撰 （清）阮元編 清刻本 六冊 存十一卷(葆淳閣全集一至十、附王文端公年譜一卷)

350000－2042－0002956 812.8/104.94
哀生閣集初稿四卷續稿三卷 （清）王大經撰 清光緒十一年(1885)刻本 六冊

350000－2042－0002957 812.8/104.95
百花詠一卷 （□）□□撰 白燕詩一卷 （□）□□撰 清抄本 一冊

350000－2042－0002958 812.8/104.96
槐軒千家詩二卷後附一卷 （清）夏世欽訂 清刻本 一冊 缺一卷(上)

350000－2042－0002959 812.8/106
伊園文鈔四卷詩鈔三卷 （清）王景賢撰 清光緒元年(1875)刻本 二冊

350000－2042－0002960 812.8/106.1
煙霞萬古樓文集六卷詩選二卷 （清）王曇撰 清道光二十年(1840)刻本 二冊 存六卷(煙霞萬古樓文集六卷)

350000－2042－0002961 812.8/106.11
煙霞萬古樓文集六卷 （清）王曇撰 清刻本 二冊

350000－2042－0002962 812.8/106.2
慎其餘齋文集二十卷 （清）王贈芳撰 清咸豐四年(1854)留香書屋刻本 四冊

350000－2042－0002963 812.8/106.5
寒翠山房百花詩集一卷 （清）王景鐘撰 清同治七年(1868)刻本 一冊

350000－2042－0002964 812.8/107.01
湘綺樓全集三十卷 王闓運撰 清宣統二年(1910)上海國學扶輪社石印本 二十冊

350000－2042－0002965 812.8/107.1
王文靖公集二十四卷年譜一卷附一卷 （清）王熙撰 （清）李斯義 （清）張豫章校訂 清康熙四十六年(1707)刻本 十冊 缺一卷(年譜一卷)

350000－2042－0002966 812.8/108
經笥堂文鈔二卷 （清）雷鋐撰 （清）伊秉綬編 清光緒二十八年(1902)刻本 二冊

350000－2042－0002967 812.8/108.1
龍壁山房文集八卷 （清）王拯撰 清光緒七年(1881)河北分守道署刻本 四冊

350000－2042－0002968 812.8/108.11
龍壁山房文集四卷 （清）王拯撰 清光緒二十四年(1898)刻粵西五家文鈔本 二冊

350000－2042－0002969 812.8/109
遵巖先生文集四十二卷 （明）王慎中撰 （清）李光壂 （清）李光型編次 清康熙五十年(1711)刻本 二十四冊

350000－2042－0002970 812.8/109.1/N
問山文集八卷詩集十卷紫雲詞一卷 （清）丁煒撰 清咸豐四年(1854)刻本 五冊

350000－2042－0002971 812.8/109.5
碧花凝唾集二卷 （清）魏秀仁撰 題（清）無思德士編次 清抄本 二冊

350000－2042－0002972 812.8/109－1
遵巖先生文集四十二卷 （明）王慎中撰 （清）李光壂 （清）李光型編次 清康熙五十年(1711)刻本 二十冊

350000－2042－0002973 812.8/110
覆瓿集十三種 （清）張文虎撰 清同治至光緒刻本 十冊

350000－2042－0002974 812.8/110.6
游仙集三卷 （清）張應蘭撰 清抄本 一冊

350000－2042－0002975 812.8/110－1
覆瓿集十三種 （清）張文虎撰 清同治至光緒刻本 六冊 存二種十四卷(舒藝室隨筆六卷、續筆一卷、餘筆三卷,舒藝室雜著甲編二卷、乙編二卷)

350000－2042－0002976 812.8/111
澄懷園詩選十二卷 （清）張廷玉撰 清光緒十七年(1891)刻本 四冊

350000－2042－0002977 812.8/111.01

澄懷園文存十五卷 （清）張廷玉撰 清光緒
十七年(1891)桐城張紹文雲間官舍刻本 八
冊

350000－2042－0002978 812.8/111.1

文貞公集十二卷 （清）張玉書撰 清乾隆五
十七年(1792)松蔭堂刻本 六冊

350000－2042－0002979 812.8/111.1－1

文貞公集十二卷 （清）張玉書撰 清乾隆五
十七年(1792)松蔭堂刻本 六冊

350000－2042－0002980 812.8/111.2

恥不逮齋集三卷首一卷附錄一卷補遺一卷
（清）熊其英撰 清光緒十六年(1890)刻本
四冊

350000－2042－0002981 812.8/111.2－1

恥不逮齋集三卷首一卷附錄一卷補遺一卷
（清）熊其英撰 清光緒十六年(1890)刻本
四冊

350000－2042－0002982 812.8/111.3

即謳草二卷 （清）張廷賡撰 清道光九年
(1829)刻本 一冊

350000－2042－0002983 812.8/111.4

崇蘭堂詩初存十卷 （清）張預撰 清光緒二
十年(1894)刻本 二冊

350000－2042－0002984 812.8/112

朞齋文集八卷詩集四卷 （清）張穆撰 清咸
豐八年(1858)刻本 四冊

350000－2042－0002985 812.8/112.1

鐵瓶雜存二卷詩鈔八卷 （清）張岳齡撰 清
光緒刻本 二冊

350000－2042－0002986 812.8/112－1

朞齋文集八卷詩集四卷 （清）張穆撰 清咸
豐八年(1858)刻本 四冊

350000－2042－0002987 812.8/112－2

朞齋文集八卷詩集四卷 （清）張穆撰 清咸
豐八年(1858)刻本 四冊

350000－2042－0002988 812.8/112－3

朞齋文集八卷詩集四卷 （清）張穆撰 清咸
豐八年(1858)刻本 四冊

350000－2042－0002989 812.8/113.01

二家詠古詩一卷詞鈔五卷試帖一卷 （清）張
之洞 樊增祥撰 清光緒二十七年(1901)刻
本 二冊

350000－2042－0002990 812.8/113.2

漁浦草堂詩集四卷補遺一卷詩餘二卷 （清）
張道撰 清同治六年(1867)刻本 二冊

350000－2042－0002991 812.8/113.3

補拙山房詩鈔十卷 （清）張定鋆撰 清同治
十一年(1872)刻本 一冊

350000－2042－0002992 812.8/113.4

張廉卿先生文集八卷 （清）張裕釗撰 （清）
查燕緒編次 清宣統元年(1909)五色古文山
房刻本 四冊

350000－2042－0002993 812.8/113.41

濂亭文集八卷遺文五卷遺詩二卷 （清）張裕
釗撰 （清）查燕緒編次 清光緒八年(1882)
查氏木漸齋刻本 二冊 存八卷(濂亭文集
八卷)

350000－2042－0002994 812.8/113.7

對他軒詩鈔六卷 （清）張家正撰 （清）張聲
樹 （清）張聲和 （清）張聲咸輯鈔 （清）
向啓瑞等編次 清刻本 一冊

350000－2042－0002995 812.8/114

大滌山房詩錄八卷試帖一卷 （清）張吉安撰
清道光十四年(1834)刻本 四冊

350000－2042－0002996 812.8/115.3

茗柯文初編一卷二編二卷三編一卷四編一卷
（清）張惠言撰 清光緒七年(1881)刻本
二冊

350000－2042－0002997 812.8/115.3－1

茗柯文初編一卷二編二卷三編一卷四編一卷
（清）張惠言撰 清光緒七年(1881)刻本
二冊

350000－2042－0002998 812.8/115.3－2

茗柯文初編一卷二編二卷三編一卷四編一卷
（清）張惠言撰　清光緒七年(1881)刻本
一冊　存二卷(茗柯文初編一卷、二編上)

350000－2042－0002999　812.8/116

露香書屋遺集十卷　（清）張映辰撰　清嘉慶
十年(1805)錢唐張氏刻本　二冊

350000－2042－0003000　812.8/117

船山詩草二十卷　（清）張問陶撰　清嘉慶二
十年(1815)刻本　六冊

350000－2042－0003001　812.8/117.1

張亨甫全集三十三卷首一卷　（清）張際亮撰
清同治六年(1867)孔慶鑴刻本　十冊

350000－2042－0003002　812.8/117.1－1

張亨甫全集三十三卷首一卷　（清）張際亮撰
清同治六年(1867)孔慶鑴刻本　八冊　存
二十八卷(一至二十七、首一卷)

350000－2042－0003003　812.8/117.2

船山詩草補遺六卷　（清）張問陶撰　清道光
二十九年(1849)刻本　二冊

350000－2042－0003004　812.8/117.31

楊園先生全集十六種　（清）張履祥撰　（清）
祝洤選編　清同治九年(1870)刻本　六冊

350000－2042－0003005　812.8/117.31－1

楊園先生全集十六種　（清）張履祥撰　（清）
祝洤選編　清同治九年(1870)刻本　六冊

350000－2042－0003006　812.8/117.4

信陽子卓錄八卷　（清）張鵬翮撰　清康熙五
十五年(1716)刻本　四冊

350000－2042－0003007　812.8/117.5

南華山人詩鈔十六卷南華山房詩鈔六卷首一
卷賦一卷　（清）張鵬翀撰　清乾隆刻本　十
二冊

350000－2042－0003008　812.8/117.6

船山詩草二十卷　（清）張問陶撰　清宣統二
年(1910)掃葉山房石印本　六冊

350000－2042－0003009　812.8/117.8

濫竽齋詩集四卷　（清）張學鴻撰　（清）張文

達校訂　清道光十一年(1831)刻本　二冊

350000－2042－0003010　812.8/118

躬厚堂全集五種　（清）張金鏞撰　清同治三
年至光緒四年(1864－1878)刻本　六冊

350000－2042－0003011　812.8/118.3

嘅蔗全集文八卷詩八卷喪禮詳攷三卷周官隨
筆一卷　（清）張羲年撰　（清）錢大昕
（清）陳以綱評輯　清光緒十九年(1893)鉛印
本　三冊　存八卷(嘅蔗全集文八卷)

350000－2042－0003012　812.8/118.4

黃楊館詩稿續刻四卷附柳江和韻詩一卷試帖
詩一卷　（清）張鉅撰　清光緒四年(1878)息
柯老人楊翰刻本　二冊

350000－2042－0003013　812.8/119

國朝金陵文鈔十六卷首一卷末一卷　陳作霖
等輯　清光緒二十三年(1897)刻本　十六冊

350000－2042－0003014　812.8/120.2

遜學齋文鈔十二卷首一卷末一卷續鈔五卷詩
鈔十卷續鈔五卷　（清）孫衣言撰　清同治十
二年(1873)刻本　五冊　存十四卷(遜學齋
文鈔十二卷、首一卷、末一卷)

350000－2042－0003015　812.8/120.2－1

遜學齋文鈔十二卷首一卷末一卷續鈔五卷詩
鈔十卷續鈔五卷　（清）孫衣言撰　清同治十
二年(1873)刻本　四冊　存十四卷(遜學齋
文鈔十二卷、首一卷、末一卷)

350000－2042－0003016　812.8/121

鑄史駢言十二卷首一卷　（清）孫玉田撰　清
光緒二十二年(1896)上海慎記書莊石印本
一冊

350000－2042－0003017　812.8/121.1

讀雪軒詩稿三卷試筆一卷　（清）孫承勳撰
清道光十九年(1839)刻本　二冊

350000－2042－0003018　812.8/121.2

泰雲堂集四種　（清）孫爾準撰　清同治九年
(1870)刻本　四冊

350000－2042－0003019　812.8/121.2－1

158

泰雲堂集四種　（清）孫爾準撰　清同治九年(1870)刻本　四冊

350000－2042－0003020　812.8/121.3/N

歸田藁六卷　（清）孫珩撰　清道光十七年(1837)刻本　一冊

350000－2042－0003021　812.8/122

蒼莨集三種　（清）孫鼎臣撰　清咸豐刻本　四冊　存二種二十三卷（蒼莨初集二十一卷、畚塘芻論二卷）

350000－2042－0003022　812.8/122.1

寄龕文存四卷　（清）孫德祖撰　清光緒十年(1884)刻本　四冊

350000－2042－0003023　812.8/123

片玉山房花箋錄二十卷　（清）孫兆溎輯　清咸豐二年(1852)刻本　八冊

350000－2042－0003024　812.8/123.2

奉使車臣汗記程詩三卷　延清撰　清宣統元年(1909)鉛印本　一冊　存一卷(一)

350000－2042－0003025　812.8/124

溉堂前集九卷後集六卷續集六卷詩餘二卷文集五卷　（清）孫枝蔚撰　清康熙刻本　十冊

350000－2042－0003026　812.8/124.1

夏峯先生集十四卷首一卷補遺二卷　（清）孫奇逢撰　（清）郭程先補輯　清道光二十五年(1845)大梁書院刻本　十六冊

350000－2042－0003027　812.8/124.3

是政堂文鈔六卷　（清）孫濩孫撰　（清）孫穀（清）孫中輯　清刻本　二冊

350000－2042－0003028　812.8/126

孫淵如先生全集二十三卷　（清）孫星衍撰　清光緒二十年(1894)湖南思賢書局刻本　十冊

350000－2042－0003029　812.8/126.1

芳茂山人詩錄十卷　（清）孫星衍撰　清光緒十年(1884)吳縣朱氏槐廬家塾刻平津館叢書本　四冊

350000－2042－0003030　812.8/127

天真閣集五十四卷外集六卷　（清）孫原湘撰　清光緒刻本　十四冊

350000－2042－0003031　812.8/127.1

師鄭堂駢體文存二卷　孫雄撰　（清）李慈銘校刊　清光緒二十一年(1895)刻本　一冊

350000－2042－0003032　812.8/128

古棠書屋叢書十八種　（清）孫澍　（清）孫淇輯　清道光鵝溪孫氏刻本　三十二冊

350000－2042－0003033　812.8/128.2

曝書亭集二十三卷　（清）朱彝尊撰　（清）孫銀槎輯注　（清）黃河清校勘　清嘉慶五年(1800)刻本　十一冊

350000－2042－0003034　812.8/152

湖海樓詩集十二卷補遺一卷詞集二十卷文集六卷儷體文集十二卷　（清）陳維崧撰　清光緒十七年至十九年(1891－1893)弇山鐸署刻本　二十冊

350000－2042－0003035　812.8/153

籀經堂類稿二十四卷附齊侯罍銘通釋二卷　（清）陳慶鏞撰　清光緒九年(1883)刻本　十二冊

350000－2042－0003036　812.8/153.1/N

籀經堂集十四卷補遺二卷　（清）陳慶鏞撰　（清）何秋濤編　清同治十三年(1874)晉江龔顯曾木活字印本　一冊

350000－2042－0003037　812.8/153－1

籀經堂類稿二十四卷附齊侯罍銘通釋二卷　（清）陳慶鏞撰　清光緒九年(1883)刻本　十二冊

350000－2042－0003038　812.8/153－2

籀經堂類稿二十四卷附齊侯罍銘通釋二卷　（清）陳慶鏞撰　清光緒九年(1883)刻本　一冊　存二卷（籀經堂類稿二十一至二十二）

350000－2042－0003039　812.8/170

小雅樓詩集八卷遺文二卷首一卷　（清）鄧方撰　清光緒二十六年(1900)廣州刻本　一冊

350000－2042－0003040　812.8/170.1

弢甫集十四卷　（清）桑調元撰　旌門錄一卷
　　（清）桑調元輯　清乾隆七年(1742)蘭陔草
　　堂刻本　四冊　存十四卷(弢甫集十四卷)

350000－2042－0003041　812.8/170.1－1

弢甫集十四卷　（清）桑調元撰　旌門錄一卷
　　（清）桑調元輯　清乾隆七年(1742)蘭陔草
　　堂刻本　二冊

350000－2042－0003042　812.8/172

尹文端公詩集十卷　（清）尹繼善撰　清乾隆
　　刻本　六冊

350000－2042－0003043　812.8/173

心白日齋集四卷　（清）尹耕雲撰　清光緒十
　　年(1884)刻本　二冊

350000－2042－0003044　812.8/174

半岩廬遺文一卷遺詩一卷　（清）邵懿辰撰
　　清光緒三十四年(1908)刻本　二冊

350000－2042－0003045　812.8/174.1

亦園亭全集五種　（清）孟超然撰　（清）陳壽
　　祺　（清）馮縉校刊　清嘉慶二十年(1815)刻
　　本　十三冊　存五種二十六卷(孟氏八錄十
　　三卷、使粵日記二卷、使蜀日記五卷、瓶菴居
　　士文鈔一至三、瓶菴居士詩鈔二至四)

350000－2042－0003046　812.8/174.2

扁善齋詩存一卷文存二卷　（清）鄧嘉緝撰
　　清光緒二十七年(1901)江甯鄧氏刻本　三冊

350000－2042－0003047　812.8/175

白香亭詩集三卷　（清）鄧輔綸撰　清光緒十
　　九年(1893)刻本　二冊

350000－2042－0003048　812.8/176

南邨草堂詩鈔二十四卷文鈔二十卷　（清）鄧
　　顯鶴撰　清咸豐元年(1851)刻本　十二冊

350000－2042－0003049　812.8/178

詩星閣五言八韻詩二卷　（清）孟繼坤撰　清
　　光緒十七年(1891)詩星閣刻本　四冊

350000－2042－0003050　812.8/201

靜思堂初稿一卷續稿一卷　（清）季爾慶撰
　　清嘉慶十年(1805)刻本　二冊

350000－2042－0003051　812.8/204

西河文選十一卷　（清）毛奇齡撰　（清）汪霦
　　等選評　清乾隆四十八年(1783)刻本　六冊

350000－2042－0003052　812.8/204.1

擬唐人試帖四卷　（清）毛奇齡原評　（清）魏
　　荔彤擬作　清康熙五十四年(1715)刻本　一
　　冊

350000－2042－0003053　812.8/206

麋園詩鈔八卷　（清）毛國翰撰　清道光二十
　　六年(1846)刻本　一冊

350000－2042－0003054　812.8/207

松皋文集十四卷　（清）毛際可撰　（清）張希
　　良　（清）毛先舒評　清康熙刻本　四冊

350000－2042－0003055　812.8/210.1

二思齋文存六卷　（清）何文明撰　清光緒七
　　年(1881)閩南節署刻本　二冊

350000－2042－0003056　812.8/211

蓉林筆抄四卷　（清）何子祥撰　清乾隆刻本
　　二冊　存二卷(一至二)

350000－2042－0003057　812.8/212

一鐙精舍甲部藁五卷　（清）何秋濤撰　清光
　　緒五年(1879)淮南書局刻本　四冊

350000－2042－0003058　812.8/212.1

熊學士詩文集三卷　（清）熊伯龍撰　清康熙
　　九年(1670)刻乾隆五十一年(1786)補修本
　　六冊

350000－2042－0003059　812.8/212.1－1

熊學士詩文集三卷　（清）熊伯龍撰　清康熙
　　九年(1670)刻乾隆五十一年(1786)補修本
　　三冊

350000－2042－0003060　812.8/213

展峯詩草六卷　（清）伍兆鼇撰　清光緒二十
　　四年(1898)刻本　二冊

350000－2042－0003061　812.8/214

劍光集四卷　（清）何栻撰　清刻本　一冊

350000－2042－0003062　812.8/214.1

瘦羊錄十五種　（清）熊士鵬撰　清嘉慶至道

光刻本 十八冊 存十種三十九卷(鵠山小隱詩集十六卷、補遺一卷、詩話一卷,鵠山小隱文集十卷,東坡詩集一卷、東坡文集一卷,壯遊草一卷,天門書院雜著一卷,耄學詩集一卷、續刻一卷,耄學文集一卷、續刻一卷,桐芭雜著一卷,荊湖知舊詩鈔二卷)

350000－2042－0003063 812.8/214.2
悔餘菴集三種 (清)何栻撰 清同治四年(1865)鳩江戟幄刻本 十二冊 存二種二十九卷(悔餘庵文稿九卷、詩稿十三卷、樂府四卷,餘辛集三卷)

350000－2042－0003064 812.8/218
尚志館文述九卷補九卷 (清)盧錫晉撰 (清)盧啓晉 (清)石韶 (清)朱肇楨 (清)黃求可 (清)盧生甫評訂 清康熙五十一年(1712)刻本 十冊

350000－2042－0003065 812.8/222
倭文端公遺書十一卷首二卷 (清)倭仁撰 清同治刻本 八冊

350000－2042－0003066 812.8/223
任氏遺書八種 (清)任啓運撰 清光緒十四年(1888)荊溪任氏家塾刻本 二冊 存四種九卷(清芬樓遺稿四卷、天子肆獻裸饋食禮纂三卷、朝廟宮室考一卷、田賦考一卷)

350000－2042－0003067 812.8/223.1
鳴鶴堂文集十卷詩集十一卷 (清)任源祥撰 (清)瞿源洙集評 清光緒十五年(1889)刻本 六冊

350000－2042－0003068 812.8/223.1－1
鳴鶴堂文集十卷詩集十一卷 (清)任源祥撰 (清)瞿源洙集評 清光緒十五年(1889)刻本 七冊

350000－2042－0003069 812.8/223.2
有竹居集三種 (清)任兆麟撰 (清)任以治編 清道光刻本 八冊

350000－2042－0003070 812.8/224
任午橋存稿三卷 (清)任朝槙撰 清光緒十年(1884)刻本 一冊

350000－2042－0003071 812.8/227
後山古詩不分卷 (清)任陳晉撰 清乾隆五年(1740)刻本 四冊

350000－2042－0003072 812.8/231
夢薌樓詩草一卷 (清)傅霖撰 清光緒十二年(1886)刻本 一冊

350000－2042－0003073 812.8/232.1
霜紅龕集四十卷 (明)傅山撰 (清)劉霈補輯 清咸豐四年(1854)壽陽王行恕刻本 八冊

350000－2042－0003074 812.8/232.11
霜紅龕集四十卷 (明)傅山撰 附錄三卷傅青主先生年譜一卷 丁寶銓輯 清宣統三年(1911)山陽丁氏刻本 十二冊

350000－2042－0003075 812.8/244.1
存研樓文集十六卷 (清)儲大文撰 清光緒元年(1875)刻本 八冊

350000－2042－0003076 812.8/244.11
存研樓文集十六卷 (清)儲大文撰 清乾隆九年(1744)刻本 八冊

350000－2042－0003077 812.8/251
知足齋詩集二十卷續集四卷進呈文稿二卷文集六卷 (清)朱珪撰 清嘉慶十年(1805)刻本 十二冊

350000－2042－0003078 812.8/252.11
曝書亭集八十卷附錄一卷 (清)朱彝尊撰 笛漁小槀十卷 (清)朱昆田撰 清康熙刻本 十二冊

350000－2042－0003079 812.8/252.12
騰笑集八卷 (清)朱彝尊撰 清康熙二十五年(1686)朱氏曝書亭刻本 一冊

350000－2042－0003080 812.8/252.2
鴛央湖櫂歌五種 (清)陸以諴輯 清乾隆四十年(1775)刻本 四冊

350000－2042－0003081 812.8/252.3
知止堂文集八卷補遺一卷 (清)朱綬撰 清道光二十二年(1842)刻本 三冊

350000 – 2042 – 0003082　812.8/252.4
梅崖居士文集三十卷首一卷外集八卷　（清）
朱仕琇撰　清乾隆四十七年(1782)刻道光補
修本　十二冊

350000 – 2042 – 0003083　812.8/253
朱九江先生集十卷首四卷　（清）朱次琦撰
簡朝亮編次　清光緒二十三年(1897)簡氏讀
書草堂刻本　四冊

350000 – 2042 – 0003084　812.8/253.2
空山堂文集十二卷詩集六卷　（清）牛運震撰
清嘉慶蘭陵張桂林刻空山堂全集本　八冊
存十二卷(空山堂文集十二卷)

350000 – 2042 – 0003085　812.8/253.2 – 1
空山堂文集十二卷詩集六卷　（清）牛運震撰
清嘉慶蘭陵張桂林刻空山堂全集本　七冊

350000 – 2042 – 0003086　812.8/253.3
紅粟山莊詩六卷　（清）朱寶善撰　清同治九
年(1870)福州刻本　四冊

350000 – 2042 – 0003087　812.8/253 – 1
朱九江先生集十卷首四卷　（清）朱次琦撰
簡朝亮編次　清光緒二十三年(1897)簡氏讀
書草堂刻本　四冊

350000 – 2042 – 0003088　812.8/253 – 2
朱九江先生集十卷首四卷　（清）朱次琦撰
簡朝亮編次　清光緒二十三年(1897)簡氏讀
書草堂刻本　四冊

350000 – 2042 – 0003089　812.8/253 – 3
朱九江先生集十卷首四卷　（清）朱次琦撰
簡朝亮編次　清光緒二十三年(1897)簡氏讀
書草堂刻本　四冊

350000 – 2042 – 0003090　812.8/253 – 4
朱九江先生集十卷首四卷　（清）朱次琦撰
簡朝亮編次　清光緒二十三年(1897)簡氏讀
書草堂刻本　四冊

350000 – 2042 – 0003091　812.8/254.1
盟蘭山館遺稿二卷　（清）朱蔚撰　清咸豐六
年(1856)刻本　一冊

350000 – 2042 – 0003092　812.8/254.2
朱強甫集三卷　（清）朱克柔撰　清光緒三十
二年(1906)刻本　二冊

350000 – 2042 – 0003093　812.8/254.3
遊道堂集四卷　（清）朱彬撰　清光緒二年
(1876)寶應朱氏刻本　二冊

350000 – 2042 – 0003094　812.8/255
朱文端公文集四卷補編四卷　（清）朱軾撰
朱文端公［軾］年譜一卷　（清）朱瀚撰
（清）朱舲補訂　清同治十二年(1873)刻本
七冊

350000 – 2042 – 0003095　812.8/258.1
題鳳館稿八卷　（清）朱鑑成撰　清同治十年
(1871)刻本　四冊

350000 – 2042 – 0003096　812.8/260
兩疆勉齋古今體詩存四卷試帖詩存一卷館課
賦存一卷古今體文存二卷　（清）倪文蔚撰
清光緒九年至十一年(1883 – 1885)刻本　五
冊

350000 – 2042 – 0003097　812.8/260.1
程古雪先生詩文集二十二卷　（清）程襄龍撰
清嘉慶刻本　六冊

350000 – 2042 – 0003098　812.8/261
蓮洋集十二卷補遺一卷　（清）吳雯撰　（清）
王士禎評定　（清）劉組曾　（清）王藻校訂
附錄一卷　（清）朱彝尊等撰　清乾隆十七年
(1752)刻本　六冊

350000 – 2042 – 0003099　812.8/261.01
蓮洋集十二卷補遺一卷　（清）吳雯撰　（清）
王士禎評定　（清）徐昆　（清）喬人杰
(清)張鉽重訂　附錄一卷　（清）朱彝尊等撰
清乾隆五十五年(1790)刻本　十二冊

350000 – 2042 – 0003100　812.8/261.1
松風草堂謝琴詩鈔三卷　（清）吳景潮編　清
嘉慶刻本　四冊

350000 – 2042 – 0003101　812.8/261.2
寫韻樓詩集五卷首一卷末一卷　（清）吳瓊仙

撰　清刻本　二冊

350000－2042－0003102　812.8/261－1

蓮洋集十二卷補遺一卷　（清）吳雯撰　（清）王士禎評定　（清）劉組曾　（清）王藻校訂**附錄一卷**　（清）朱彝尊等撰　清乾隆十七年(1752)刻本　六冊

350000－2042－0003103　812.8/262.2

梅村詩集箋注十八卷　（清）吳偉業　（清）吳翌鳳撰　（清）嚴榮校定　**吳梅村先生行狀一卷**　（清）顧湄撰　**吳梅村先生墓表一卷**(清)陳廷敬撰　清光緒九年(1883)四川善成堂刻本　十一冊

350000－2042－0003104　812.8/262.201

梅村詩集箋注十八卷　（清）吳偉業撰　（清）吳翌鳳箋注　清嘉慶十九年(1814)嚴氏滄浪吟榭刻本　十冊

350000－2042－0003105　812.8/262.4

陳檢討四八箋注二十卷　（清）陳維崧撰(清)程師恭注　清末至民國初上海鴻章書局石印本　八冊

350000－2042－0003106　812.8/262.5

梅村家藏稿五十八卷補一卷附梅邨先生樂府三種四卷　（清）吳偉業撰　**梅村先生世系一卷**　（清）顧師軾纂　（清）顧思義訂　**梅村先生年譜四卷**　（清）顧師軾撰　清宣統三年(1911)武進董康誦芬室刻本　八冊

350000－2042－0003107　812.8/262.51

林蕙堂文集十二卷續刻六卷亭皋詩鈔四卷(清)吳綺撰　（清）吳琥繡重校　清刻本　十冊

350000－2042－0003108　812.8/262.6

東谷全集四種　（清）白胤謙撰　（清）李世洽校　清順治至康熙刻本　二十冊

350000－2042－0003109　812.8/262.8

缶廬詩四卷別存一卷　吳俊卿撰　清光緒十九年(1893)刻本　一冊

350000－2042－0003110　812.8/262.9

香痕奩影集四卷閨秀一卷　（清）吳仲輯錄（清）童閏　（清）裴祖椿校　清宣統元年(1909)鉛印本　四冊

350000－2042－0003111　812.8/262.91

海豐吳氏硃卷不分卷　吳重熹輯錄　清光緒七年(1881)陳州府署刻本　四冊

350000－2042－0003112　812.8/263.2

秋笳集八卷　（清）吳兆騫撰　清雍正四年(1726)刻本　一冊

350000－2042－0003113　812.8/263.21

秋笳集八卷　（清）吳兆騫撰　清抄本　四冊

350000－2042－0003114　812.8/263.3

紫石泉山房文集十二卷詩鈔三卷　（清）吳定撰　**吳殿麟傳一卷**　（清）姚鼐撰　**保舉孝廉方正吳君墓誌銘一卷**　（清）王灼撰　**附錄一卷**　（清）鮑桂星撰　清光緒十三年(1887)刻本　五冊　存十五卷(紫石泉山房文集十二卷、詩鈔三卷)

350000－2042－0003115　812.8/263.3－1

紫石泉山房文集十二卷詩鈔三卷　（清）吳定撰　**吳殿麟傳一卷**　（清）姚鼐撰　**保舉孝廉方正吳君墓誌銘一卷**　（清）王灼撰　**附錄一卷**　（清）鮑桂星撰　清光緒十三年(1887)刻本　五冊　存十五卷(紫石泉山房文集十二卷、詩鈔三卷)

350000－2042－0003116　812.8/263.3－2

紫石泉山房文集十二卷詩鈔三卷　（清）吳定撰　**吳殿麟傳一卷**　（清）姚鼐撰　**保舉孝廉方正吳君墓誌銘一卷**　（清）王灼撰　**附錄一卷**　（清）鮑桂星撰　清光緒十三年(1887)刻本　五冊　存十五卷(紫石泉山房文集十二卷、詩鈔三卷)

350000－2042－0003117　812.8/263.4

黃葉邨莊詩集八卷續集一卷後集一卷　（清）吳之振撰　清康熙五十一年(1712)刻本　四冊

350000－2042－0003118　812.8/263.5

古微堂內集二卷外集八卷　（清）魏源撰　清

宣統二年(1910)上海國學扶輪社鉛印本　六冊

350000 – 2042 – 0003119　812.8/263.6
徐烈婦詩鈔二卷附報素聞書并回文一卷
(清)吳宗愛撰　吳絳雪[宗愛]年譜一卷
(清)俞樾撰　題詞一卷　(清)楊晉藩等撰
同心梔子圖續編一卷　(清)應瑩撰　清光緒
元年(1875)刻本　三冊

350000 – 2042 – 0003120　812.8/263.71
桐城吳先生全書五種　(清)吳汝綸撰　清光
緒三十年(1904)王恩綬刻本　十二冊　存二
種十二卷(桐城吳先生文集四卷、詩集一卷,
桐城吳先生尺牘五卷、補遺一卷、諭兒書一
卷)

350000 – 2042 – 0003121　812.8/263.71 – 1
桐城吳先生詩集一卷　(清)吳汝綸撰　(清)
吳北江編　清光緒三十年(1904)刻桐城吳先
生全書本　一冊

350000 – 2042 – 0003122　812.8/264.1
三恥齋初稿六卷　(清)吳坤修撰　清同治四
年(1865)鳩江戟幄刻本　二冊

350000 – 2042 – 0003123　812.8/264.2
今有堂詩集七卷茗柯詞一卷　(清)程夢星撰
　清乾隆刻本　四冊

350000 – 2042 – 0003124　812.8/264.3
小酉腴山館文鈔九卷詩鈔二卷詩補錄一卷詩
續編二卷詩三編二卷詩四編二卷集外文四卷
　(清)吳大廷撰　清同治三年(1864)刻本
四冊　存九卷(小酉腴山館文鈔九卷)

350000 – 2042 – 0003125　812.8/264.5
陋軒詩十二卷續二卷　(清)吳嘉紀撰　清道
光二十年(1840)刻本　六冊

350000 – 2042 – 0003126　812.8/264.6
吳學士文集四卷詩集五卷　(清)吳蕭撰　清
光緒八年(1882)江寧藩署刻本　六冊

350000 – 2042 – 0003127　812.8/264.7
河中吟稿一卷　(清)吳壽宸撰　清乾隆刻本

一冊

350000 – 2042 – 0003128　812.8/267
寧都三魏全集三種五十九卷集首一卷附三種
二十四卷　(清)林時益輯　清道光二十五年
(1845)寧都謝庭綏紱園書塾刻本　五十冊

350000 – 2042 – 0003129　812.8/267.02
寧都三魏全集三種五十九卷集首一卷附三種
二十四卷　(清)林時益輯　清易堂刻本　四
十冊

350000 – 2042 – 0003130　812.8/267.1
吳氏傳家集九卷末一卷　(清)吳我燨編
(清)吳我烜參訂　清乾隆三十四年(1769)清
穆草堂刻本　四冊

350000 – 2042 – 0003131　812.8/267.2
墨井集五卷　(清)吳歷撰　清宣統元年
(1909)上海徐家滙印書館鉛印本　一冊

350000 – 2042 – 0003132　812.8/267 – 1
魏伯子文集十卷魏氏三子集首一卷　(清)魏
際瑞撰　清道光二十五年(1845)寧都謝庭綏
紱園書塾刻寧都三魏全集本　六冊

350000 – 2042 – 0003133　812.8/268
有正味齋駢文箋註十六卷附補注一卷　(清)
吳錫麒撰　(清)葉聯芬箋註　清道光二十年
(1840)刻本　六冊

350000 – 2042 – 0003134　812.8/268.01
有正味齋駢體文箋二十四卷　(清)吳錫麒撰
　(清)王廣業箋　清咸豐九年(1859)青箱塾
刻本　六冊

350000 – 2042 – 0003135　812.8/268.1
柈湖文錄八卷首一卷詩錄六卷釣者風一卷
(清)吳敏樹撰　清同治八年(1869)刻本　四
冊　存九卷(柈湖文錄八卷、首一卷)

350000 – 2042 – 0003136　812.8/268.101
柈湖文錄十二卷　(清)吳敏樹撰　清光緒十
九年(1893)思賢講舍刻本　四冊

350000 – 2042 – 0003137　812.8/268.2
松花庵全集十種　(清)吳鎮撰　清宣統二年

(1910)刻本　十二冊

350000－2042－0003138　812.8/268.4

吳澗蓀詩選六卷　(清)吳曾貫撰　(清)法良校刊　清道光刻本　一冊　存四卷(一至四)

350000－2042－0003139　812.8/269

十國宮詞一百首　(清)吳省蘭撰　清同治十二年(1873)淮南書局刻本　一冊

350000－2042－0003140　812.8/269.1

白華前稿六十卷後稿四十卷　(清)吳省欽撰
　年譜一卷　(清)吳敬樞述　墓誌銘一卷
(清)王昶撰　清乾隆四十八年至嘉慶十五年
(1783－1810)刻本　十六冊

350000－2042－0003141　812.8/269.12

白華詩鈔不分卷　(清)吳省欽撰　清刻本
二冊

350000－2042－0003142　812.8/269.2

望三益齋制義一卷塾課一卷試帖一卷謝恩摺
子一卷褾體文四卷　(清)吳棠撰　清同治刻
本　六冊

350000－2042－0003143　812.8/270

壯悔堂文集十卷首一卷遺稿一卷四憶堂詩集
六卷遺稿一卷　(清)侯方域撰　清宣統元年
(1909)中國圖書公司鉛印本　四冊

350000－2042－0003144　812.8/270.01

壯悔堂文集十卷遺稿一卷四憶堂詩集六卷遺
稿一卷　(清)侯方域撰　清宣統元年(1909)
上海掃葉山房石印本　六冊

350000－2042－0003145　812.8/270.11

壯悔堂文集十卷　(清)侯方域撰　(清)賈開
宗　(清)徐作肅　(清)徐鄰唐　(清)宋犖
評點　清嘉慶十九年(1814)刻本　四冊

350000－2042－0003146　812.8/270.12

壯悔堂文集十卷遺稿一卷四憶堂詩集六卷遺
稿一卷　(清)侯方域撰　(清)賈開宗
(清)徐作肅　(清)徐鄰唐　(清)宋犖評點
(清)侯必昌校訂　清光緒四年(1878)刻本
八冊

350000－2042－0003147　812.8/270.2

觀古閣叢刻八種　(清)鮑康撰　清同治至光
緒歙縣鮑氏觀古閣刻本　三冊

350000－2042－0003148　812.8/270.3

拙尊園叢稿六卷　(清)黎庶昌撰　清光緒十
九年(1893)上海醉六堂石印本　二冊

350000－2042－0003149　812.8/270.31

拙尊園叢稿六卷　(清)黎庶昌撰　清光緒李
光明莊刻本　四冊

350000－2042－0003150　812.8/270.4

邱園隨筆一卷　(清)邱諧桐撰　清光緒二十
年(1894)刻本　一冊

350000－2042－0003151　812.8/271

通甫類藁文四卷續編二卷　(清)魯一同撰
清咸豐九年(1859)刻魯氏遺著本　三冊

350000－2042－0003152　812.8/271.01

魯氏遺著四種附二種　(清)魯一同撰　清咸
豐山陽魯氏刻本　五冊　存二種十卷(通甫
類藁文四卷、續編二卷,通甫詩存四卷)

350000－2042－0003153　812.8/271.011

魯氏遺著四種附二種　(清)魯一同撰　清咸
豐山陽魯氏刻本　七冊　存三種十二卷(通
甫類藁文四卷、續編二卷,通甫詩存四卷,右
軍年譜一卷、叢談一卷)

350000－2042－0003154　812.8/272

留春草堂詩鈔七卷　(清)伊秉綬撰　清嘉慶
十九年(1814)廣州秋水園刻本　二冊

350000－2042－0003155　812.8/272.1

歸宮詹集四卷　(清)歸允肅撰　清光緒十三
年(1887)刻本　四冊

350000－2042－0003156　812.8/272.2

邱邦士文集十八卷　(明)邱維屏撰　(清)邱
成和編次　清抄本　八冊

350000－2042－0003157　812.8/272－1

留春草堂詩鈔七卷　(清)伊秉綬撰　清嘉慶
十九年(1814)廣州秋水園刻本　二冊

350000－2042－0003158　812.8/273.1

邱氏家集一卷文獻私記一卷 （清）邱憲輯
清光緒二十二年(1896)刻本 一冊

350000－2042－0003159 812.8/274

託素齋文集六卷詩集四卷 （清）黎士弘撰
清康熙二十八年(1689)刻本 七冊 存七卷
(託素齋文集一至四,詩集一、三至四)

350000－2042－0003160 812.8/274.2

藝風堂文集七卷外篇一卷續集八卷 繆荃孫
撰 清光緒二十六年至宣統二年(1900－
1910)刻本 八冊

350000－2042－0003161 812.8/274.2－1

藝風堂文集七卷外篇一卷續集八卷 繆荃孫
撰 清光緒二十六年至宣統二年(1900－
1910)刻本 八冊

350000－2042－0003162 812.8/276

紀文達公遺集文十六卷詩十六卷 （清）紀昀
撰 （清）紀樹馨編 清嘉慶十七年(1812)刻
本 十二冊

350000－2042－0003163 812.8/276.01

紀文達公遺集文十六卷詩十六卷 （清）紀昀
撰 （清）紀樹馨編 清道光三十年(1850)刻
本 十六冊

350000－2042－0003164 812.8/276.02

紀文達公遺集文十六卷詩十六卷 （清）紀昀
撰 （清）紀樹馨編 清刻本 二十冊

350000－2042－0003165 812.8/276.1

沈氏四聲攷一卷 （清）紀昀撰 清乾隆嵩山
書院刻鏡烟堂十種本 一冊

350000－2042－0003166 812.8/276.1－1

鏡烟堂十種 （清）紀昀撰 清乾隆嵩山書院
刻本 九冊 存五種十二卷(沈氏四聲攷一
卷、館課存稿四卷、庚辰集五卷、張爲主客圖
一卷、唐人試律説一卷)

350000－2042－0003167 812.8/276.12

我法集二卷 （清）紀昀撰 清乾隆六十年
(1795)刻本 二冊

350000－2042－0003168 812.8/276－1

紀文達公遺集文十六卷詩十六卷 （清）紀昀
撰 （清）紀樹馨編 清嘉慶十七年(1812)刻
本 六冊

350000－2042－0003169 812.8/277

邵子湘全集三種 （清）邵長蘅纂 清康熙三
十二年（1693）青門草堂刻光緒二十二年
(1896)重印本 十二冊

350000－2042－0003170 812.8/277－1

青門簏稾十六卷 （清）邵長蘅纂 清康熙三
十二年（1693）青門草堂刻光緒二十二年
(1896)重印邵子湘全集本 四冊

350000－2042－0003171 812.8/278

五百四峯堂詩鈔二十五卷 （清）黎簡撰 清
嘉慶元年(1796)衆香亭刻本 八冊

350000－2042－0003172 812.8/280

不慊齋漫存六卷不自慊齋漫存一卷 （清）徐
賡陛撰 清光緒八年(1882)南海官署刻本
六冊

350000－2042－0003173 812.8/280.1

日損齋文稿一卷詩稿一卷 （清）徐敦仁撰
清光緒十五年(1889)刻本 一冊

350000－2042－0003174 812.8/281

[徐琪詩集]一卷 （清）徐琪撰 清光緒刻本
一冊

350000－2042－0003175 812.8/282

雅歌堂全集五種 （清）徐經撰 （清）朱石君
鑒定 （清）陳春淑參訂 清光緒二年(1876)
潭陽徐氏刻本 十五冊

350000－2042－0003176 812.8/283

斯未信齋全集二種 （清）徐宗幹撰 清咸豐
五年至九年(1855－1859)刻本 十一冊

350000－2042－0003177 812.8/283.2

寒碧樓詩集一卷詩餘一卷 （清）徐韶熙撰
清光緒三十二年(1906)鉛印本 一冊

350000－2042－0003178 812.8/284

重訂昭陽扶雅集六卷重錄樵川二家詩二卷
（清）徐榦輯 清光緒八年(1882)邵武徐氏刻

民國三年（1914）補修本　　六冊

350000－2042－0003179　812.8/284.1
未灰齋文集八卷外集一卷　（清）徐鼒撰　清
咸豐十一年（1861）刻本　　三冊　存八卷（未
灰齋文集八卷）

350000－2042－0003180　812.8/284.1－1
未灰齋文集八卷外集一卷　（清）徐鼒撰　清
咸豐十一年（1861）刻本　　四冊

350000－2042－0003181　812.8/284.1－2
未灰齋文集八卷外集一卷　（清）徐鼒撰　清
咸豐十一年（1861）刻本　　四冊

350000－2042－0003182　812.8/284.2
徐石渠文鈔四卷　（清）徐校撰　清道光十二
年（1832）刻本　　二冊

350000－2042－0003183　812.8/284.3
憺園文集三十六卷　（清）徐乾學撰　清康熙
三十六年（1697）徐氏冠山堂刻本　　一十四冊

350000－2042－0003184　812.8/284.31
憺園全集三十六卷　（清）徐乾學撰　清光緒
九年（1883）嘉興金吳瀾刻本　　十二冊

350000－2042－0003185　812.8/284.31－1
憺園全集三十六卷　（清）徐乾學撰　清光緒
九年（1883）嘉興金吳瀾刻本　　十二冊

350000－2042－0003186　812.8/285
教經堂詩集十二卷文集六卷　（清）徐書受撰
清乾隆刻本　　六冊

350000－2042－0003187　812.8/292
請息齋未定稿一卷　（清）馬榮臣撰　清光緒
刻本　　一冊

350000－2042－0003188　812.8/292.2
白石山館詩一卷　（清）陳沆撰　**清夜齋詩稿
一卷**　（清）魏源撰　清宣統三年（1911）石印
本　　一冊

350000－2042－0003189　812.8/300.1/N
劍懷堂詩草內編一卷外編一卷　（清）宋謙撰
清宣統二年（1910）侯官宋氏鉛印本　　二冊

350000－2042－0003190　812.8/300/N
燈昏鏡曉詞四卷　（清）宋謙撰　清宣統侯官
宋氏鉛印本　　二冊

350000－2042－0003191　812.8/301
**安靜子集五種十三卷附綺樹閣賦稿一卷詩稿
一卷**　（清）安致遠撰　清康熙四十一年
（1702）刻本　　六冊

350000－2042－0003192　812.8/301.1
安雅堂詩一卷　（清）宋琬撰　清順治十七年
（1660）刻安雅堂全集本　　一冊

350000－2042－0003193　812.8/302
**躬恥齋文鈔二十卷首一卷後編六卷詩鈔十四
卷首一卷後編七卷附四書體味錄殘槀一卷**
（清）宗稷辰撰　清光緒十四年（1888）刻本
八冊　存二十三卷（詩鈔十四卷、首一卷，後
編七卷，四書體味錄殘槀一卷）

350000－2042－0003194　812.8/302.01
**躬恥齋文鈔二十卷後編六卷詩鈔十四卷首一
卷後編七卷**　（清）宗稷辰撰　清咸豐元年至
九年（1851－1859）越峴山館刻本　　十二冊
存二十六卷（躬恥齋文鈔二十卷、後編六卷）

350000－2042－0003195　812.8/302.01－1
**躬恥齋文鈔二十卷後編六卷詩鈔十四卷首一
卷後編七卷**　（清）宗稷辰撰　清咸豐元年至
九年（1851－1859）越峴山館刻本　　五冊　存
十四卷（躬恥齋文鈔一至十四）

350000－2042－0003196　812.8/302.1/N
官石谿文集初刻三卷　（清）官獻瑤撰　（清）
左德慧校訂　（清）林克家　（清）王源邃校刊
清道光二十年（1840）刻本　　一冊

350000－2042－0003197　812.8/302.5
志齋居士文鈔不分卷　（清）官崇撰　（清）謝
金鑾編次　清抄本　　一冊

350000－2042－0003198　812.8/303
嚼梅吟二卷　（清）釋敬安撰　（清）呂桂校
題（清）白雲禪窟道人評　清光緒七年（1881）
刻本　　一冊

350000 – 2042 – 0003199　812.8/303.1

潛虛先生文集十四卷　（清）戴名世撰　**年譜一卷**（清）尤雲鶚撰　清抄本　十册

350000 – 2042 – 0003200　812.8/304

安溪四種書註　（清）宋懿修纂述　清道光十九年（1839）歸安宋氏刻本　二册

350000 – 2042 – 0003201　812.8/309

綿津山人詩集二十七卷　（清）宋犖撰　清康熙刻本　四册

350000 – 2042 – 0003202　812.8/309.1

省吾齋詩賦集十二卷　（清）竇光鼐撰　清嘉慶六年（1801）刻本　二册

350000 – 2042 – 0003203　812.8/309 – 1

綿津山人詩集二十七卷　（清）宋犖撰　清康熙刻本　四册

350000 – 2042 – 0003204　812.8/311.2

鈍唫全集二十三卷　（清）馮班撰　（清）錢謙益編　清康熙刻本　三册

350000 – 2042 – 0003205　812.8/311.3

鈍翁文錄十六卷　（清）汪琬撰　清光緒十三年（1887）鋤月種梅室木活字印本　六册

350000 – 2042 – 0003206　812.8/311.4

隨山館全集七種　（清）汪瑔撰　清光緒刻本　十三册

350000 – 2042 – 0003207　812.8/312

蕙襀集十二卷　（清）馮秀瑩撰　清宣統三年（1911）刻本　二册

350000 – 2042 – 0003208　812.8/312.1

秋影樓詩集九卷　（清）汪繹撰　清光緒二十三年（1897）瞿氏刻鐵琴銅劍樓叢書本　一册

350000 – 2042 – 0003209　812.8/312.2

樂餘靜廉齋文集□□種　（清）顧復初撰　清同治至光緒刻本　五册　存五種五卷（蜀桐絃詞一卷、海風簫詞一卷、絳河笙詞稿一卷、樂餘靜廉齋文稿一卷、詩稿續集二一卷）

350000 – 2042 – 0003210　812.8/312.3

心知堂詩稿十八卷　（清）汪仲洋撰　清道光

七年（1827）刻本　四册

350000 – 2042 – 0003211　812.8/313

伏敔堂詩錄十五卷續錄四卷首一卷　（清）江湜撰　清抄本　四册

350000 – 2042 – 0003212　812.8/313.1

介亭全集九種　（清）江濬源撰　清同治十三年（1874）刻本　八册

350000 – 2042 – 0003213　812.8/313.5

白圭堂詩鈔六卷續鈔六卷　（清）江之紀撰　清光緒十九年（1893）刻本　四册

350000 – 2042 – 0003214　812.8/314

浮谿館吟橐三卷裘杅樓詩橐六卷粵行吟橐一卷粵歸雜咏一卷粵行外橐一卷豫行吟橐一卷月河詞一卷桐扣詞二卷　（清）汪森撰　清刻本　一册　存三卷（粵行吟橐一卷、粵行外橐一卷、豫行吟橐一卷）

350000 – 2042 – 0003215　812.8/314.2

汪梅村先生集十二卷文外集一卷　（清）汪士鐸撰　清光緒七年（1881）刻本　四册　存十二卷（汪梅村先生集十二卷）

350000 – 2042 – 0003216　812.8/314.2 – 1

汪梅村先生集十二卷文外集一卷　（清）汪士鐸撰　清光緒七年（1881）刻本　四册　存十二卷（汪梅村先生集十二卷）

350000 – 2042 – 0003217　812.8/314.3

顯志堂稿十二卷　（清）馮桂芬撰　清光緒二年（1876）吳縣馮氏校邠廬刻本　七册

350000 – 2042 – 0003218　812.8/314.31

夢奈詩稿一卷　（清）馮桂芬撰　清光緒二年（1876）吳縣馮氏刻本　一册

350000 – 2042 – 0003219　812.8/314.3 – 1

顯志堂稿十二卷　（清）馮桂芬撰　清光緒二年（1876）吳縣馮氏校邠廬刻本　四册

350000 – 2042 – 0003220　812.8/315

江忠烈公遺集二卷　（清）江忠源撰　**墓表一卷**（清）黃彭年撰　清同治三年（1864）四川藩署刻本　一册

350000－2042－0003221　812.8/315.1

江忠烈公遺集首一卷文録一卷補遺一卷詩録一卷補遺一卷附録一卷　（清）江忠源撰（清）席威　（清）朱記榮重輯校刊　清光緒十二年(1886)吳縣槐廬刻本　六冊

350000－2042－0003222　812.8/315.4

述學內篇三卷補遺一卷外篇一卷別録一卷（清）汪中撰　清嘉慶汪喜孫刻本　二冊

350000－2042－0003223　812.8/316.1

且飲樓詩選四卷續集一卷　（清）顧晴元撰　清光緒六年(1880)刻本　一冊

350000－2042－0003224　812.8/316.2

白茅堂集四十六卷　（清）顧景星撰　（清）顧昌輯　清康熙四十三年(1704)蘄州顧氏刻乾隆二十年(1755)增修五十四年(1789)印本　十四冊

350000－2042－0003225　812.8/319

金石文字記六卷　（清）顧炎武撰　清刻本　一冊　存二卷(一至二)

350000－2042－0003226　812.8/320

潘少白先生文集八卷詩集五卷常語二卷（清）潘諮著　清道光二十四年(1844)瞻園刻本　六冊

350000－2042－0003227　812.8/321

榕陰草堂文賸二卷　（清）潘乃光撰　清光緒十九年(1893)刻本　一冊

350000－2042－0003228　812.8/322

養一齋集二十六卷首一卷　（清）潘德輿撰　清道光二十九年(1849)刻本　十八冊

350000－2042－0003229　812.8/324

遂初堂集詩集十五卷文集二十卷別集四卷補遺一卷　（清）潘耒撰　清雍正三年(1725)刻本　十冊

350000－2042－0003230　812.8/324－1

遂初堂集詩集十五卷文集二十卷別集四卷補遺一卷　（清）潘耒撰　清雍正三年(1725)刻本　十冊

350000－2042－0003231　812.8/325

遂初堂集文集十五卷詩集十二卷　（清）潘耒撰　清刻本　八冊　存二十六卷(遂初堂集文集十五卷,詩集一至五、七至十二)

350000－2042－0003232　812.8/325.1

不櫛吟續刻三卷　（清）潘素心撰　清道光刻本　一冊

350000－2042－0003233　812.8/328

香禪精舍集八種附三種另附四種　（清）潘鍾瑞撰　清光緒長洲潘氏香禪精舍刻本　十六冊

350000－2042－0003234　812.8/328.1

功甫小集十一卷　（清）潘曾沂撰　清嘉慶刻本　四冊　存八卷(一至八)

350000－2042－0003235　812.8/328.21

陔蘭書屋詞集六種　（清）潘曾綏撰　清同治七年(1868)刻本　一冊

350000－2042－0003236　812.8/330

退庵詩存二十五卷　（清）梁章鉅撰　清道光刻本　八冊

350000－2042－0003237　812.8/330－1

退庵詩存二十五卷　（清）梁章鉅撰　清道光刻本　七冊

350000－2042－0003238　812.8/341

庚辛遺稿一卷　（清）洪承熙輯　清光緒二十五年(1899)研華館刻本　一冊

350000－2042－0003239　812.8/342

沈歸愚詩文全集十四種　（清）沈德潛撰　清乾隆教忠堂刻本　十七冊　存九種九十卷(歸愚詩鈔二十卷、餘集十卷,竹嘯軒詩鈔十八卷,歸愚文鈔十二卷、餘集八卷,歸愚文續十二卷,矢音集四卷,歸田集三卷,八秩壽詩一卷,九秩壽序壽詩一卷,沈德潛自訂年譜一卷)

350000－2042－0003240　812.8/342.101

歸愚詩鈔十二卷　（清）沈德潛撰　清刻本　四冊

169

350000 – 2042 – 0003241　812.8/342.11

竹嘯軒詩鈔十八卷　（清）沈德潛撰　清刻本　二冊

350000 – 2042 – 0003242　812.8/342.11 – 1

竹嘯軒詩鈔十八卷　（清）沈德潛撰　清刻本　一冊

350000 – 2042 – 0003243　812.8/342.21

沈歸愚詩文全集十四種　（清）沈德潛撰　清乾隆教忠堂刻本　十冊　存三種三十九卷（歸愚詩鈔餘集十卷，歸愚文鈔二十卷、餘集八卷，沈德潛自訂年譜一卷）

350000 – 2042 – 0003244　812.8/342.4

頤綵堂集六種　（清）沈叔埏撰　清光緒九年（1883）刻本　十冊

350000 – 2042 – 0003245　812.8/342.5

補讀書齋遺稿十卷　（清）沈維鐈撰　清光緒元年（1875）廣州寓舍刻本　四冊

350000 – 2042 – 0003246　812.8/342 – 1

沈歸愚詩文全集十四種　（清）沈德潛撰　清乾隆教忠堂刻本　九冊　存二種四十卷（歸愚詩鈔二十卷、歸愚文鈔二十卷）

350000 – 2042 – 0003247　812.8/344.1

槐廳載筆二十卷　（清）法式善編　清嘉慶四年（1799）刻本　六冊

350000 – 2042 – 0003248　812.8/344.1 – 1

槐廳載筆二十卷　（清）法式善編　清嘉慶四年（1799）刻本　六冊

350000 – 2042 – 0003249　812.8/344.2

玉笙樓詩錄十二卷續錄一卷　（清）沈壽榕撰　清光緒九年至十年（1883 – 1884）刻本　七冊

350000 – 2042 – 0003250　812.8/346

稗畦集一卷　（清）洪昇撰　清抄本　二冊

350000 – 2042 – 0003251　812.8/349

祥止室詩鈔十四卷　（清）沈炳垣撰　清道光刻本　二冊

350000 – 2042 – 0003252　812.8/360

潛菴先生遺稿五卷　（清）湯斌撰　清康熙刻湯文正公家書本　四冊

350000 – 2042 – 0003253　812.8/360.01

湯文正公家書五種　（清）湯斌撰　（清）閻興邦評　清咸豐刻本　十一冊

350000 – 2042 – 0003254　812.8/360.2

湯文正公全集四種　（清）湯斌撰　清同治九年（1870）蘇廷魁等刻本　二十四冊　缺十卷（湯子遺書續編二卷、潛菴先生擬明史稿十三至二十）

350000 – 2042 – 0003255　812.8/362.1

槃薖文集甲三卷乙二卷別錄一卷　（清）湯紀尚撰　清光緒刻本　二冊　存五卷（槃薖文集甲三卷、乙二卷）

350000 – 2042 – 0003256　812.8/367

浮邱子十二卷　（清）湯鵬撰　清同治四年（1865）刻本　四冊

350000 – 2042 – 0003257　812.8/370

制義叢話二十四卷題名一卷　（清）梁章鉅撰　清咸豐九年（1859）刻本　八冊

350000 – 2042 – 0003258　812.8/370.1

藤花吟館詩鈔十卷　（清）梁章鉅撰　清道光刻本　二冊

350000 – 2042 – 0003259　812.8/370.3

浪跡叢談十一卷續談八卷　（清）梁章鉅撰　清刻本　四冊　存十一卷（浪跡叢談十一卷）

350000 – 2042 – 0003260　812.8/370 – 1

制義叢話二十四卷題名一卷　（清）梁章鉅撰　清咸豐九年（1859）刻本　八冊

350000 – 2042 – 0003261　812.8/370 – 2

制義叢話二十四卷題名一卷　（清）梁章鉅撰　清咸豐九年（1859）刻本　八冊

350000 – 2042 – 0003262　812.8/371

清白士集六種附一種　（清）梁玉繩撰　清嘉慶刻本　四冊　存四種二十卷（人表攷九卷、呂子校補二卷、元號畧一至二、庭立紀聞七卷）

350000－2042－0003263　812.8/371.01

謇記七卷　（清）梁玉繩撰　清抄清白士集本
四冊

350000－2042－0003264　812.8/373.1

䅉龡亭集三十二卷後集十二卷　（清）祁寯藻
撰　清咸豐七年(1857)刻本　六冊

350000－2042－0003265　812.8/373.1－1

䅉龡亭集三十二卷後集十二卷　（清）祁寯藻
撰　清咸豐七年(1857)刻本　八冊

350000－2042－0003266　812.8/373.1－2

䅉龡亭集三十二卷後集十二卷　（清）祁寯藻
撰　清咸豐七年(1857)刻本　六冊　存三十
二卷(䅉龡亭集三十二卷)

350000－2042－0003267　812.8/377

遍行堂集十六卷　（清）釋澹歸撰　清宣統三
年(1911)上海國學扶輪社鉛印本　八冊

350000－2042－0003268　812.8/377.1

頻羅庵遺集七種　（清）梁同書撰　清嘉慶二
十二年(1817)仁和陸貞一刻本　六冊

350000－2042－0003269　812.8/384

秋江先生江泠閣詩集十二卷首一卷末一卷續
編十二卷首一卷末一卷文集四卷續編二卷附
錄一卷　（清）冷士嵋撰　（清）冷鶴　（清）
冷鵬重鐫　清道光二十八年(1848)刻本　八
冊

350000－2042－0003270　812.8/400.1

榕園全集六種　（清）李彥章撰　清道光刻本
十六冊

350000－2042－0003271　812.8/400.2

李文清公遺書八卷首一卷志節編二卷　（清）
李棠階撰　清光緒八年(1882)河北分守道署
刻本　四冊

350000－2042－0003272　812.8/400.3

傳經堂詩鈔十二卷　（清）韋謙恒撰　清乾隆
刻本　二冊

350000－2042－0003273　812.8/401

天岳山館文鈔四十卷　（清）李元度撰　清光

緒六年(1880)爽谿精舍刻本　二十冊

350000－2042－0003274　812.8/401.1

桐閣先生文鈔十二卷首一卷　（清）李元春撰
（清）賀瑞麟編輯　清光緒十年(1884)朝邑
同義文會刻本　十一冊

350000－2042－0003275　812.8/401－1

天岳山館文鈔四十卷　（清）李元度撰　清光
緒六年(1880)爽谿精舍刻本　八冊

350000－2042－0003276　812.8/402

經遺堂全集二十六卷　（清）韋佩金撰　清道
光二十一年(1841)江都丁光煦刻本　四冊

350000－2042－0003277　812.8/402.1

穆堂初藁五十卷　（清）李紱撰　清乾隆五年
(1740)無怒軒刻本　三十二冊

350000－2042－0003278　812.8/402.11

穆堂別藁五十卷　（清）李紱撰　清乾隆十二
年(1747)奉國堂刻本　十二冊

350000－2042－0003279　812.8/402.2

李忠武公遺書四卷　（清）李續賓撰　（清）李
光久輯　清光緒十七年(1891)甌江巡署刻本
三冊

350000－2042－0003280　812.8/402.2－1

李忠武公遺書四卷　（清）李續賓撰　（清）李
光久輯　清光緒十七年(1891)甌江巡署刻本
三冊

350000－2042－0003281　812.8/402.3

棣懷堂隨筆十一卷　（清）李象鵾撰　清道光
二十五年(1845)刻本　七冊

350000－2042－0003282　812.8/402.3－1

棣懷堂隨筆十一卷　（清）李象鵾撰　清道光
二十五年(1845)刻本　四冊　存六卷(一至
六)

350000－2042－0003283　812.8/403

笠翁一家言全集十六卷　（清）李漁撰　清雍
正八年(1730)芥子園刻本　十六冊

350000－2042－0003284　812.8/403.4

聞妙香室試帖選註三卷　（清）李宗昉撰

(清)徐寶善選評　(清)沈兆霖　(清)徐文
藻等註釋　聞妙香室律賦二卷　(清)李宗昉
撰　清道光刻本　四冊

350000－2042－0003285　812.8/403.41
杉湖酬唱詩畧二卷　(清)李宗瀚撰　清道光
二年(1822)刻本　一冊

350000－2042－0003286　812.8/403.5
天弢閣詩鈔四卷　(清)李寶翰撰　清光緒十
四年(1888)武進李氏木活字印本　二冊

350000－2042－0003287　812.8/403.6
恪靖侯盾鼻餘瀋一卷　(清)左宗棠撰　(清)
易策謙　(清)柳葆元錄刊　(清)石本清校
清光緒八年(1882)刻本　一冊

350000－2042－0003288　812.8/403.61
恪靖侯盾鼻餘瀋一卷　(清)左宗棠撰　(清)
易策謙　(清)柳葆元錄刊　(清)石本清校
清光緒七年(1881)刻本　一冊

350000－2042－0003289　812.8/403.7
漸西村舍彙刊(漸西村舍叢刻)四十四種
(清)袁昶輯　清光緒桐廬袁氏刻本　十九冊
　存十六種九十八卷(漸西村人初集十三卷,
于湖小集六卷,金陵雜事詩一卷,漚簃擬墨一
卷,安般簃集十卷,春闈雜詠一卷、附錄一卷,
經籍舉要一卷、附錄一卷、附家塾課程一卷,
尊經閣募捐藏書章程一卷,祀典錄一卷,中江
尊經閣藏書目一卷,中江講院建立經誼治事
兩齋章程一卷,袁氏藝文志一卷、文錄一卷、
詩錄一卷、金石錄一卷、附錄一卷,蠻書十卷,
黑龍江外記八卷,衛藏通志十六卷、首一卷,
吉林外記十卷,農桑輯要七卷,鹽事要略一
卷)

350000－2042－0003290　812.8/403.7－1
漸西村舍彙刊(漸西村舍叢刻)四十四種
(清)袁昶輯　清光緒桐廬袁氏刻本　十八冊
　存六種六十卷(漸西村人初集十三卷,安般
簃集十卷,春闈雜詠一卷、附錄一卷,黑龍江
外記八卷,衛藏通志十六卷、首一卷,吉林外
記十卷)

350000－2042－0003291　812.8/403.7－2
漸西村舍彙刊(漸西村舍叢刻)四十四種
(清)袁昶輯　清光緒桐廬袁氏刻本　十冊
存二種二十七卷(衛藏通志十六卷、首一卷,
吉林外記十卷)

350000－2042－0003292　812.8/403.8
養一齋文集二十卷　(清)李兆洛撰　清光緒
四年(1878)刻本　八冊

350000－2042－0003293　812.8/403.81
李氏家集四種　(清)李菊房編　清康熙三十
五年(1696)刻乾隆二十四年(1759)續修本
十冊　存三種三十七卷(秋錦山房集二十二
卷、外集三卷,尋壑外言五卷,香草居集七卷)

350000－2042－0003294　812.8/403.9
龍泉園集八種　(清)李江撰　清光緒二十年
(1894)刻民國七年(1918)印龍泉師友遺稿合
編本　四冊

350000－2042－0003295　812.8/403.91
于湖小集五卷　(清)袁昶撰　清光緒刻本
二冊

350000－2042－0003296　812.8/404.1
隨園隨筆二十八卷　(清)袁枚撰　清末至民
國初石印本　二冊　存十八卷(十至十三、十
五至二十八)

350000－2042－0003297　812.8/404.2
西雲詩鈔四卷文鈔二卷劄記四卷　(清)李枝
青撰　清光緒刻本　二冊　存四卷(劄記四
卷)

350000－2042－0003298　812.8/404.5
西雲詩鈔四卷文鈔二卷劄記四卷　(清)李枝
青撰　清咸豐刻本　三冊　存六卷(西雲詩
鈔四卷、文鈔二卷)

350000－2042－0003299　812.8/404.6
邃懷堂文集四卷詩集前編六卷後編六卷小清
容山館詞鈔二卷哀忠集初編一卷二編一卷三
編一卷　(清)袁翼撰　邃懷堂駢文箋注十六
卷附補箋一卷　(清)袁翼撰　(清)朱齡注
清光緒十三年至十四年(1887－1888)刻本

十冊

350000－2042－0003300　812.8/404.7

晩蘭齋文集四卷　（清）李槙撰　清光緒十八年(1892)長沙王先謙刻本　二冊

350000－2042－0003301　812.8/404.75

越中名勝賦一卷　（清）李壽朋撰　清乾隆刻本　二冊

350000－2042－0003302　812.8/404.8

二水樓文集二十卷首一卷詩集十八卷　（清）李茹旻撰　清光緒十七年(1891)味憩廬刻本　十冊

350000－2042－0003303　812.8/404.85

雙蔭軒詩鈔六卷　（清）李華國撰　清乾隆三十年(1765)刻本　一冊

350000－2042－0003304　812.8/404.9

寒支初集十卷二集四卷　（清）李世熊撰　清道光八年(1828)木活字印本　十四冊

350000－2042－0003305　812.8/404.901

寒支初集十卷首一卷二集四卷　（清）李世熊撰　（清）李向旻編次　清同治十三年(1874)刻本　十四冊

350000－2042－0003306　812.8/404.901－1

寒支初集十卷首一卷二集四卷　（清）李世熊撰　（清）李向旻編次　清同治十三年(1874)刻本　十四冊

350000－2042－0003307　812.8/404.901－2

寒支初集十卷首一卷二集四卷　（清）李世熊撰　（清）李向旻編次　清同治十三年(1874)刻本　九冊　存九卷(寒支初集三至五、七、九至十,二集二至四)

350000－2042－0003308　812.8/404.901－3

寒支初集十卷首一卷二集四卷　（清）李世熊撰　（清）李向旻編次　清同治十三年(1874)刻本　十四冊

350000－2042－0003309　812.8/404.9－1

寒支初集十卷二集四卷　（清）李世熊撰　清道光八年(1828)木活字印本　十冊　存十卷

（寒支初集十卷）

350000－2042－0003310　812.8/404.92

越縵堂駢體文四卷散體文一卷　（清）李慈銘撰　（清）曾之撰編次　清光緒二十三年(1897)刻虛霩居叢書本　四冊

350000－2042－0003311　812.8/404.93

白華絳柎閣詩十卷　（清）李慈銘撰　清光緒十六年(1890)刻本　六冊

350000－2042－0003312　812.8/405.1

念宛齋詩集八集九卷　（清）左輔撰　清嘉慶至道光刻本　二冊

350000－2042－0003313　812.8/406

受祺堂文集四卷續刻四卷　（清）李因篤撰　清道光七年(1827)刻十年(1830)續刻本　八冊

350000－2042－0003314　812.8/406.3

項城袁氏家集六種　（清）丁振鐸編輯　清宣統三年(1911)清芬閣鉛印本　五十六冊

350000－2042－0003315　812.8/406.3－1

項城袁氏家集六種　（清）丁振鐸編輯　清宣統三年(1911)清芬閣鉛印本　五十六冊

350000－2042－0003316　812.8/406.3－2

項城袁氏家集六種　（清）丁振鐸編輯　清宣統三年(1911)清芬閣鉛印本　五十六冊

350000－2042－0003317　812.8/406.3－3

項城袁氏家集六種　（清）丁振鐸編輯　清宣統三年(1911)清芬閣鉛印本　五十六冊

350000－2042－0003318　812.8/406.4

二曲全集二十六卷　（清）李顒撰　清光緒湖南荷花池刻本　八冊

350000－2042－0003319　812.8/406.5

鶴峯詩鈔二卷　（清）李因培撰　（清）李浩輯　清道光刻李氏詩存合刻本　一冊

350000－2042－0003320　812.8/407

紫亭詩鈔四卷　（清）李辰垣撰　清道光十六年(1836)河間李氏開封郡署刻本　二冊

350000－2042－0003321　812.8/407.1

邃懷堂文集箋註十六卷　（清）袁翼撰　（清）
朱齡箋註　清咸豐八年(1858)古唐朱氏古歡
齋刻本　六冊

350000－2042－0003322　812.8/407.2

適園叢稾五卷　（清）袁學瀾撰　清同治刻本
四冊

350000－2042－0003323　812.8/407.5

咄咄吟二卷　（清）貝青喬撰　清光緒元年
(1875)刻本　一冊

350000－2042－0003324　812.8/407.6

李忠毅公遺詩一卷　（清）李長庚撰　（清）李
廷鈺編輯　清道光抄本　一冊

350000－2042－0003325　812.8/409

宛湄書屋文鈔十一卷　（清）李光廷撰　清光
緒四年(1878)端溪書院刻本　四冊

350000－2042－0003326　812.8/409.01

宛湄書屋文鈔十一卷　（清）李光廷撰　清光
緒四年(1878)端溪書院刻本　四冊

350000－2042－0003327　812.8/409.1

皋軒文編十卷　（清）李光坡撰　清雍正五年
(1727)李鍾份刻本　二冊

350000－2042－0003328　812.8/409.22

榕村語錄續集二十卷附河洛奏對一卷　（清）
李光地撰　清光緒二十年(1894)石印本　十
一冊

350000－2042－0003329　812.8/409.3

敬業堂詩續集六卷　（清）查慎行撰　清刻本
一冊

350000－2042－0003330　812.8/409.4

西漚全集十卷外集八卷　（清）李惺撰　（清）
童槐　（清）宋寶槭編輯　（清）劉鴻典
(清)李荔蘩校刊　清同治七年(1868)眉州劉
鴻典等刻本　十六冊

350000－2042－0003331　812.8/409.5

樂志書屋遺集四卷　（清）李瑩撰　清同治十
二年(1873)刻本　二冊

350000－2042－0003332　812.8/409.6

安溪李文貞公解(安溪先生解義)三種　（清）
李光地注　清康熙六十一年(1722)李馥居業
堂刻本　一冊

350000－2042－0003333　812.8/410

景詹閣遺文一卷　（清）姚諶撰　清宣統三年
(1911)歸安陸氏刻本　一冊

350000－2042－0003334　812.8/421.1

惜抱軒遺書三種　（清）姚鼐撰　清光緒五年
(1879)桐城徐氏刻本　四冊

350000－2042－0003335　812.8/421.2

彭羨門全集三種　（清）彭孫遹撰　清宣統三
年(1911)掃葉山房石印本　二冊

350000－2042－0003336　812.8/421.3

六硯草堂詩集四卷　（清）延君壽撰　清道光
六年(1826)刻本　六冊

350000－2042－0003337　812.8/421.4

賜龍堂詩稿八卷　（清）彭瑞毓撰　清同治十
年(1871)戎州刻本　二冊

350000－2042－0003338　812.8/422.1

長洲彭氏家集九種　（清）彭祖賢輯　清同治
至光緒刻本　二十二冊　存三種七十三卷
(測海集六卷，二林居集二十四卷，詒穀老人
手訂年譜一卷、松風閣詩鈔二十六卷、歸樸龕
叢稿十二卷、續編四卷)

350000－2042－0003339　812.8/422.1－1

長洲彭氏家集九種　（清）彭祖賢輯　清同治
至光緒刻本　十五冊　存四種四十九卷(二
林居集二十四卷、詒穀老人手訂年譜一卷、松
風閣詩鈔一至十二，歸樸龕叢稿十二卷)

350000－2042－0003340　812.8/423

**小謨觴館詩集八卷續集二卷詩餘附錄二卷文
集四卷續集二卷**　（清）彭兆蓀撰　清刻本
六冊

350000－2042－0003341　812.8/423.01

**小謨觴館詩集八卷續集二卷詩餘附錄二卷文
集四卷續集二卷**　（清）彭兆蓀撰　清刻本

六冊

350000 – 2042 – 0003342　812.8/423.02

小謨觴館文注四卷續注二卷　（清）彭兆蓀撰
（清）孫元培　（清）孫長熙注　清光緒二十
年(1894)刻小謨觴館全集本　三冊

350000 – 2042 – 0003343　812.8/423.2

補籬遺稿八卷　（清）姚福均撰　（清）王伊編
清光緒三十一年(1905)木活字印本　四冊

350000 – 2042 – 0003344　812.8/423.3

漱六山房遺集八卷　（清）彭潤芳撰　（清）彭
鑫　（清）彭森編次　清光緒二十四年(1898)
新津彭氏刻本　六冊

350000 – 2042 – 0003345　812.8/423.4

慎宜軒文五卷　姚永概撰　清光緒三十四年
(1908)靈護室鉛印本　一冊

350000 – 2042 – 0003346　812.8/427

仙心閣詩鈔八卷文鈔二卷紀時略一卷省身雜
錄一卷　（清）彭慰高撰　清光緒刻本　四冊

350000 – 2042 – 0003347　812.8/429.2

吳詩集覽二十卷談藪二卷拾遺一卷補注二十
卷　（清）吳偉業撰　（清）靳榮藩輯　清刻本
十六冊　存二十卷(吳詩集覽二十卷)

350000 – 2042 – 0003348　812.8/429.21

吳詩集覽二十卷談藪二卷拾遺一卷補注二十
卷　（清）吳偉業撰　（清）靳榮藩輯　清乾隆
刻本　二十冊　存二十二卷(吳詩集覽二十
卷、談藪二卷)

350000 – 2042 – 0003349　812.8/429.31

中復堂全集九種附一種　（清）姚瑩撰　清同
治六年(1867)姚濬昌安福縣署刻本　二十七
冊

350000 – 2042 – 0003350　812.8/429.32

中復堂全集九種附一種　（清）姚瑩撰　清道
光刻本　十五冊　存四種四十三卷(東溟文
集六卷、外集四卷、文後集十四卷、文外集二
卷,東溟奏稿四卷,東槎紀略五卷,後湘詩集
七至九卷、後湘二集五卷)

350000 – 2042 – 0003351　812.8/429.32 – 1

東溟文集六卷外集四卷文後集十四卷文外集
二卷　（清）姚瑩撰　清道光刻中復堂全集本
一冊　存二卷(文外集二卷)

350000 – 2042 – 0003352　812.8/430

甌江竹枝詞一卷　（清）戴文俊撰　清光緒六
年(1880)刻本　一冊

350000 – 2042 – 0003353　812.8/431.01

戴東原集十二卷　（清）戴震撰　清宣統二年
(1910)渭南嚴氏孝義家塾刻本　六冊

350000 – 2042 – 0003354　812.8/431.02

東原文集十卷　（清）戴震撰　清乾隆四十三
年(1778)曲阜孔氏刻微波榭叢書本　六冊

350000 – 2042 – 0003355　812.8/432

西堂全集四種附一種　（清）尤侗撰　清文富
堂刻本　十三冊

350000 – 2042 – 0003356　812.8/432.01

西堂全集四種附一種　（清）尤侗撰　清文理
堂刻本　十六冊

350000 – 2042 – 0003357　812.8/432.02

艮齋倦稿詩集十一卷文集十五卷　（清）尤侗
撰　清刻西堂全集本　十六冊

350000 – 2042 – 0003358　812.8/432.04

西堂全集四種附一種　（清）尤侗撰　清刻本
十六冊

350000 – 2042 – 0003359　812.8/432.05

西堂全集四種附一種　（清）尤侗撰　清康熙
刻本　三十冊　存三種六十卷(西堂文集二
十四卷、西堂詩集三十卷、湘中草六卷)

350000 – 2042 – 0003360　812.8/434

道古堂文集四十八卷詩集二十六卷集外文一
卷集外詩一卷軼事一卷　（清）杭世駿撰　清
光緒十四年(1888)泉唐汪氏振綺堂刻本　五
冊

350000 – 2042 – 0003361　812.8/434.1

道古堂文集四十六卷詩集二十六卷　（清）杭
世駿撰　清乾隆五十五年至五十七年(1790 –

1792）長沙府攸縣黃甲書院刻本　八冊

350000－2042－0003362　812.8/434.2

補餘堂文集二十四卷　（清）戴大昌撰　清嘉慶二十二年(1817)刻本　六冊

350000－2042－0003363　812.8/434－1

道古堂文集四十八卷詩集二十六卷集外文一卷集外詩一卷軼事一卷　（清）杭世駿撰　清光緒十四年(1888)泉唐汪氏振綺堂刻本　十六冊

350000－2042－0003364　812.8/436

裘文達公詩集十二卷文集六卷　（清）裘曰修撰　清同治十一年(1872)新建裘氏刻本　六冊

350000－2042－0003365　812.8/439

瑞芝山房詩鈔八卷　（清）戴燮元輯　清光緒元年(1875)廣陵刻本　四冊

350000－2042－0003366　812.8/440.1

謙受益齋文集一卷　（清）蔣慶篯撰　**友竹草堂文六卷友竹草堂詩二卷友竹草堂隨筆二卷友竹草堂楹聯一卷**　（清）蔣慶第撰　**趨庭錄一卷**　（清）蔣志達撰　**先府君行述一卷**　（清）蔣式瑆撰　清光緒至宣統刻民國六年(1917)補修本　四冊

350000－2042－0003367　812.8/440.1－1

謙受益齋文集一卷　（清）蔣慶篯撰　**友竹草堂文六卷友竹草堂詩二卷友竹草堂隨筆二卷友竹草堂楹聯一卷**　（清）蔣慶第撰　**趨庭錄一卷**　（清）蔣志達撰　**先府君行述一卷**　(清)蔣式瑆撰　清光緒至宣統刻民國六年(1917)補修本　一冊　存四卷(友竹草堂隨筆二卷、友竹草堂楹聯一卷,趨庭錄一卷)

350000－2042－0003368　812.8/440.3

豫齋集二卷　（清）萬方煦撰　清光緒七年(1881)刻本　一冊

350000－2042－0003369　812.8/441

林希五古文初集二卷外編一卷時古詩初集三卷時文初集一卷　（清）林雨化撰　清道光十年(1830)刻本　四冊　存六卷(林希五古文初集二卷、外編一卷、時古詩初集三卷)

350000－2042－0003370　812.8/441.2

范忠貞公全集五卷首一卷　（清）范承謨撰　清光緒二十一年(1895)湖北書局刻本　四冊

350000－2042－0003371　812.8/441.2/N

范忠貞公全集五卷首一卷　（清）范承謨撰　清光緒二十一年(1895)湖北書局刻本　二冊

350000－2042－0003372　812.8/441.3

後知堂文集四十六卷　（清）蕭正模撰　清康熙五十六年(1717)刻本　十冊

350000－2042－0003373　812.8/441.4

亦佳室文鈔四卷　（清）蘇廷玉著　清咸豐六年(1856)刻本　三冊

350000－2042－0003374　812.8/441.5

挹奎樓選稿十二卷　（清）林雲銘撰　（清）仇兆鰲選　（清）陳一夔訂　（清）林沅　（清）林秉柱校　清康熙三十五年(1696)陳一夔刻本　四冊

350000－2042－0003375　812.8/441.5/N

亦佳室詩鈔四卷　（清）蘇廷玉著　清咸豐六年(1856)刻本　一冊　存二卷(一至二)

350000－2042－0003376　812.8/441.5－1/N

挹奎樓選稿十二卷　（清）林雲銘撰　（清）仇兆鰲選　（清）陳一夔訂　（清）林沅　（清）林秉柱校　清康熙三十五年(1696)陳一夔刻本　四冊

350000－2042－0003377　812.8/441.6

文溪頌言十一卷首一卷廣頌二卷　（清）葉元堦輯　清道光二十五年(1845)刻本　二冊

350000－2042－0003378　812.8/441.9

南浦秋波錄三卷翠眉亭稿摘錄一卷附碧雲遺稿選錄一卷　（清）張際亮撰　清光緒刻本　一冊　存一卷(翠眉亭稿摘錄一卷)

350000－2042－0003379　812.8/442

鹿洲全集八種附一種　（清）藍鼎元撰　清雍正十年(1732)刻光緒五年(1879)藍謙修補本　二十二冊

350000－2042－0003380　812.8/442.01

鹿洲全集八種　（清）藍鼎元撰　清光緒六年(1880)藍佐補刻本　二十三冊

350000－2042－0003381　812.8/442.01－1

鹿洲全集八種　（清）藍鼎元撰　清光緒六年(1880)藍佐補刻本　二十四冊

350000－2042－0003382　812.8/442.01－2

鹿洲全集八種　（清）藍鼎元撰　清光緒六年(1880)藍佐補刻本　二十四冊

350000－2042－0003383　812.8/442.01－3

鹿洲全集八種　（清）藍鼎元撰　清光緒六年(1880)藍佐補刻本　二十六冊

350000－2042－0003384　812.8/442.03/N

平臺紀畧一卷　（清）藍鼎元撰　（清）王者輔評　清雍正十年(1732)刻本　一冊

350000－2042－0003385　812.8/442.04/N

東征集六卷　（清）藍鼎元稿　（清）王者輔評　清雍正十年(1732)刻本　二冊

350000－2042－0003386　812.8/442.05/N

鹿洲全集八種附一種　（清）藍鼎元撰　清同治四年(1865)廣州緯文堂刻本　十三冊　存二種二十六卷(鹿洲初集二十卷、女學六卷)

350000－2042－0003387　812.8/442.12

秋江集注六卷　（清）黃任撰　（清）王元麟注　清道光二十三年(1843)刻本　五冊

350000－2042－0003388　812.8/442.2

述菴詩零一卷　（清）林崶祁撰　清宣統元年(1909)鉛印本　一冊

350000－2042－0003389　812.8/442.21/N

香草齋詩註六卷　（清）黃任撰　（清）陳應魁註　清嘉慶十九年(1814)刻本　三冊

350000－2042－0003390　812.8/442.3

敬孚類稿十六卷　（清）蕭穆撰　清光緒三十二年至三十三年(1906－1907)刻本　四冊

350000－2042－0003391　812.8/442.3－1

敬孚類稿十六卷　（清）蕭穆撰　清光緒三十二年至三十三年(1906－1907)刻本　四冊

350000－2042－0003392　812.8/442.4

怡善堂賸稿二卷　（清）黃維煊撰　**附錄一卷**　（清）黃家鼎輯　清光緒十九年(1893)補不足齋刻黃氏家集三編本　一冊

350000－2042－0003393　812.8/442.6

儆季雜著五種附二種　（清）黃以周撰　清光緒刻本　六冊　存五種二十一卷(禮說六卷、羣經說四卷、史說畧四卷、子敍一卷、儆季文鈔六卷)

350000－2042－0003394　812.8/442.5

樸學齋詩藁十卷文藁一卷　（清）林佶撰　清乾隆九年(1744)刻本　五冊

350000－2042－0003395　812.8/442.7

蟲鳥吟十卷　（清）蕭德宣撰　清同治五年(1866)刻本　四冊

350000－2042－0003396　812.8/442.8

楓南山館遺集七卷末一卷　（清）莊受祺撰　清光緒元年(1875)刻本　二冊

350000－2042－0003397　812.8/442.81

晚學集八卷　（清）桂馥撰　清道光二十一年(1841)刻本　四冊

350000－2042－0003398　812.8/442.9

通齋全集十種　（清）蔣超伯撰　清同治三年(1864)高涼郡齋刻民國二十二年(1933)陳恒和書林重印本　十二冊

350000－2042－0003399　812.8/443.1

馬巷集一卷　（清）黃家鼎撰　清光緒二十一年(1895)福州刻本　一冊

350000－2042－0003400　812.8/443.3

詞曲閒評一卷　（清）黃啓太撰　清光緒三十四年(1908)刻逸翰樓叢書本　一冊

350000－2042－0003401　812.8/443.31

松風閣書畫跋二卷　（清）黃啓太撰　清光緒二十八年(1902)刻逸翰樓叢書本　二冊

350000－2042－0003402　812.8/443.41

寒村詩文選三十六卷　（清）鄭梁撰　（清）高斗魁　（清）董允璘選訂　清康熙二老閣刻本

十六册

350000－2042－0003403　812.8/443.6

庸盦全集七種　（清）薛福成撰　清光緒無錫
薛氏刻本　四十二册

350000－2042－0003404　812.8/443.61

庸盦全集十種　（清）薛福成撰　清光緒刻本
四十四册

350000－2042－0003405　812.8/443.8

變雅堂文集四卷　（清）杜濬撰　清咸豐十年
（1860）彭崧毓刻本　四册

350000－2042－0003406　812.8/443.81

變雅堂文集五卷詩集四卷　（清）杜濬撰　清
刻本　八册

350000－2042－0003407　812.8/443.85

日本雜事詩二卷　（清）黃遵憲撰　清光緒五
年（1879）鉛印本　二册

350000－2042－0003408　812.8/443.9

妙香館文鈔四卷詩鈔四卷附詠物全韻一卷
（清）銘岳撰　清道光二十九年（1849）刻本
二册　存四卷（妙香館文鈔四卷）

350000－2042－0003409　812.8/443.95

**鐵禪散體文賸三卷四書說賸一卷詩賸一卷呂
城雜詠竹枝一卷古今題詠鈔一卷**　（清）黃之
晉撰　清同治元年（1862）虔州黃德揚刻本
六册

350000－2042－0003410　812.8/443.96

節抄慕江蔡先生集一卷　（清）蔡鴻捷撰　清
光緒二十年（1894）抄本　一册

350000－2042－0003411　812.8/444

晉江黃尚書公全集三十七卷　（清）黃宗漢撰
（清）黃貽楫輯　（清）黃貽杼校　清光緒稿
本　二十二册

350000－2042－0003412　812.8/444.1

寫經齋全集八種　（清）葉大莊撰　清光緒刻
本　四册　存四種九卷（寫經齋初稿四卷、續
稿二卷、文稿二卷、小玲瓏閣詞一卷）

350000－2042－0003413　812.8/444.11/N

雪巖詩鈔二卷　（清）林夢斗撰　（清）鄭開禧
輯　清道光十三年（1833）刻本　一册

350000－2042－0003414　812.8/444.12

悼鵬吟四卷　（清）黃喬陰等撰　（清）黃宗漢
輯　清刻本　四册

350000－2042－0003415　812.8/444.15

雲寥山人文鈔八卷詩鈔四卷　（清）蔣衡撰
清咸豐元年（1851）刻本　五册　存十卷（雲
寥山人文鈔三至八、詩鈔四卷）

350000－2042－0003416　812.8/444.2

**理堂文集十卷外集一卷附錄一卷詩集四卷日
記八卷**　（清）韓夢周撰　清道光三年至四年
（1823－1824）刻本　九册

350000－2042－0003417　812.8/444.2－1

**理堂文集十卷外集一卷附錄一卷詩集四卷日
記八卷**　（清）韓夢周撰　清道光三年至四年
（1823－1824）刻本　九册

350000－2042－0003418　812.8/444.4

二希堂文集十一卷首一卷　（清）蔡世遠撰
清乾隆刻本　四册

350000－2042－0003419　812.8/444.5/N

歔雲文鈔十四卷詩鈔八卷　（清）林樹梅著
清道光二十四年（1844）刻本　三册

350000－2042－0003420　812.8/444.6

說劍軒餘事一卷附小傳　（清）林樹梅撰
（清）郭柏蒼校錄　清道光至光緒抄本　一册

350000－2042－0003421　812.8/444.7

蔣氏四種　（清）蔣士銓撰　清同治十年
（1871）刻本　二十八册

350000－2042－0003422　812.8/444.7－1

蔣氏四種　（清）蔣士銓撰　清同治十年
（1871）刻本　十四册

350000－2042－0003423　812.8/444.72

**忠雅堂文集十二卷詩集二十七卷補遺二卷詞
集二卷**　（清）蔣士銓撰　清嘉慶二十一年
（1816）刻本　六册　存十二卷（忠雅堂文集
十二卷）

350000 - 2042 - 0003424　812.8/444.73

有懷堂文稿二十二卷　(清)韓菼撰　清康熙四十二年(1703)刻本　六冊

350000 - 2042 - 0003425　812.8/444.73 - 1

有懷堂文稿二十二卷　(清)韓菼撰　清康熙四十二年(1703)刻本　四冊

350000 - 2042 - 0003426　812.8/444.81

味雪堂遺集一卷　(清)林賀峒撰　(清)林玉銘訂正　清宣統元年(1909)古閩林氏刻本　一冊

350000 - 2042 - 0003427　812.8/444.82

黃鵠山人詩初鈔十八卷　(清)林壽圖撰　清光緒八年(1882)刻本　六冊

350000 - 2042 - 0003428　812.8/444.91

茅鹿門集八卷　(明)茅坤撰　(清)張汝瑚選　清康熙二十一年(1682)郢雪書林刻明十一家集本　四冊

350000 - 2042 - 0003429　812.8/444.93

平園雜著內編十四卷　(清)林有席撰　(清)林大儀輯　(清)林大佐編次　清道光六年(1826)刻本　六冊

350000 - 2042 - 0003430　812.8/444.95

師竹堂文集十四卷補遺一卷　(清)莫樹椿撰　清刻本　四冊　存十三卷(師竹堂文集三至十四、補遺一卷)

350000 - 2042 - 0003431　812.8/446

海天琴思錄八卷　(清)林昌彝撰　清同治三年(1864)刻本　四冊

350000 - 2042 - 0003432　812.8/446.1

兩當軒詩鈔十四卷悔存詞鈔二卷　(清)黃景仁撰　(清)趙希璜校　清嘉慶二十二年(1817)長寧趙希璜刻本　四冊

350000 - 2042 - 0003433　812.8/446.11

兩當軒詩鈔十四卷竹眠詞鈔二卷　(清)黃景仁撰　清道光十三年(1833)廣州刻本　四冊

350000 - 2042 - 0003434　812.8/446.1 - 1

兩當軒詩鈔十四卷悔存詞鈔二卷　(清)黃景仁撰　(清)趙希璜校　清嘉慶二十二年(1817)長寧趙希璜刻本　四冊

350000 - 2042 - 0003435　812.8/446.12

兩當軒集二十二卷附錄四卷考異二卷　(清)黃景仁撰　(清)黃志述撰　清光緒二年(1876)武進黃氏刻本　八冊

350000 - 2042 - 0003436　812.8/446.3

雲左山房詩鈔八卷附一卷　(清)林則徐撰　清光緒十二年(1886)福州林氏刻本　四冊

350000 - 2042 - 0003437　812.8/446.7

津門徵獻詩八卷　(清)華鼎元輯　清光緒十二年(1886)刻本　四冊

350000 - 2042 - 0003438　812.8/446.8

葉忠節公遺稿十二卷　(清)葉映榴撰　(清)葉芳輯錄　**鼓瑟樓詩偶存一卷**　(清)葉魚魚撰　清嘉慶刻本　四冊

350000 - 2042 - 0003439　812.8/447

六半樓詩鈔四卷　(清)蔡鵬飛撰　清光緒十年(1884)刻本　一冊

350000 - 2042 - 0003440　812.8/447.1

藿田集十三卷首一卷末一卷　(清)范駧撰　(清)張金誥校錄　清道光十二年(1832)刻本　四冊

350000 - 2042 - 0003441　812.8/447.2

證諦山人文稿十二卷　(清)葉騰驤編　清抄本　四冊

350000 - 2042 - 0003442　812.8/447.4

堵文忠公集十卷　(明)堵允錫撰　**年譜一卷附錄一卷**　(清)潘士超編　清光緒十三年(1887)刻本　六冊

350000 - 2042 - 0003443　812.8/447.5

霜猿集二卷　題(明)華陽道隱撰　清抄本　一冊

350000 - 2042 - 0003444　812.8/448

讀白華草堂詩初集九卷二集十二卷首蒨集八卷　(清)黃釗撰　清道光刻本　八冊

350000 - 2042 - 0003445　812.8/448.1

日本紀遊詩二卷　（清）莊介禕撰　清光緒九年(1883)刻本　二冊

350000－2042－0003446　812.8/448.2

滑疑集八卷　（清）韓錫胙撰　（清）端木百祿校訂　清同治十三年(1874)浙江處州府署刻本　四冊

350000－2042－0003447　812.8/457

淳菴詩文集十九卷首一卷　（清）柯輅撰　清嘉慶二十四年至道光九年(1819－1829)稿本　十冊

350000－2042－0003448　812.8/457.01

讀永定孔氏譜系考一卷　（清）柯輅撰　清嘉慶至道光抄本　一冊

350000－2042－0003449　812.8/457/N

淳菴詩文集十二卷　（清）柯輅撰　清嘉慶十四年(1809)樵川學舍木活字印本　二冊

350000－2042－0003450　812.8/460

如亭詩稿二卷　（清）如亭撰　清道光八年(1828)刻本　一冊

350000－2042－0003451　812.8/461

清麓文集二十三卷日記五卷　（清）賀瑞麟撰　（清）劉嗣會校刊　清光緒二十五年(1899)三原劉氏傳經堂刻西京清麓叢書本　二十二冊

350000－2042－0003452　812.8/461.1

九柏山房同懷詩集二卷　（清）楊廷贊撰　(清)楊道隆重校　清光緒十三年(1887)遂初堂刻本　一冊

350000－2042－0003453　812.8/461.2

守志彌敦齋詩鈔一卷　（清）楊瑜良撰　清光緒十九年(1893)刻本　一冊

350000－2042－0003454　812.8/462.01

遲鴻軒詩棄四卷文棄二卷　（清）楊峴撰　清光緒十一年至十三年(1885－1887)刻本　二冊

350000－2042－0003455　812.8/463

冠悔堂全集七種　（清）楊浚撰　清光緒十三

年至二十年(1887－1894)刻本　二十一冊存四種二十二卷(冠悔堂詩鈔八卷,冠悔堂賦鈔四卷,冠悔堂駢體文鈔六卷,冠悔堂楹語三卷、附錄一卷)

350000－2042－0003456　812.8/463.1

有不爲齋詩鈔四卷　（清）楊道生撰　清咸豐五年(1855)刻本　一冊

350000－2042－0003457　812.8/463.1/N

鷺江感舊詩一卷　（清）楊浚撰　清光緒十一年(1885)刻本　一冊

350000－2042－0003458　812.8/463.4/N

東霞山館詩鈔六卷　（清）楊兆璜撰　清道光二十三年(1843)刻本　一冊

350000－2042－0003459　812.8/463－1

冠悔堂全集七種　（清）楊浚撰　清光緒十三年至二十年(1887－1894)刻本　十二冊　存三種十三卷(冠悔堂詩鈔一、五至六,冠悔堂駢體文鈔六卷,冠悔堂楹語三卷,附錄一卷)

350000－2042－0003460　812.8/464

榕陰日課十卷　（清）楊希閔撰　清光緒二年(1876)福州刻本　四冊

350000－2042－0003461　812.8/464.2

吟香室詩草二卷續刻一卷附刻一卷　（清）楊蘊輝撰　清光緒二十三年(1897)南海縣署刻本　一冊

350000－2042－0003462　812.8/464.4

戊辰酬唱草一卷　（清）楊希閔撰　清同治十三年(1874)臺陽刻本　一冊

350000－2042－0003463　812.8/466

水田居全集七種附一種　（清）賀貽孫撰輯　清道光二十六年至同治九年(1846－1870)刻本　二十二冊

350000－2042－0003464　812.8/470

繡篋吟草一卷　（清）胡文柔撰　清道光刻本　一冊

350000－2042－0003465　812.8/471

石笥山房集二十三卷　（清）胡天游撰　清咸

豐二年（1852）刻本　六冊

350000－2042－0003466　812.8/471.01

石笥山房文集五卷補遺一卷　（清）胡天游撰　清宣統元年（1909）國學扶輪社鉛印本　四冊

350000－2042－0003467　812.8/471.02

石笥山房全集十八卷　（清）胡天游撰　清道光二十六年（1846）刻本　八冊

350000－2042－0003468　812.8/472

食古齋詩錄四卷詩餘一卷文錄一卷　（清）柳以蕃撰　清光緒刻本　四冊

350000－2042－0003469　812.8/473

絳雪山房詩鈔二十卷續鈔六卷試帖三卷（清）楊慶琛撰　**筠青閣吟稿一卷**　（清）楊秀珠撰　清道光二十八年至同治三年（1848－1864）刻本　十冊

350000－2042－0003470　812.8/473.01

絳雪山房詩鈔二十卷續鈔六卷試帖三卷（清）楊慶琛撰　**筠青閣吟稿一卷**　（清）楊秀珠撰　清道光二十八年至同治三年（1848－1864）刻本　六冊　存二十卷（絳雪山房詩鈔二十卷）

350000－2042－0003471　812.8/473.1

中山集（中山郝中丞全集）四種　（清）郝浴撰　清刻本　八冊

350000－2042－0003472　812.8/473.2

嵩南詩鈔十二卷雜錄一卷　（清）胡禮篈撰　清道光紫雲山房刻本　四冊

350000－2042－0003473　812.8/474

郝氏遺書三十三種　（清）郝懿行撰輯　清嘉慶至光緒東路廳署刻本　十一冊　存十種十六卷（曬書堂筆錄六卷、試帖一卷、詩餘一卷、和鳴集一卷、祭財神詩一卷、時文一卷、詩鈔二卷、蜂衙小記一卷、燕子春秋一卷、記海錯一卷）

350000－2042－0003474　812.8/477

退補齋文存十二卷首一卷末一卷　（清）胡鳳丹撰　清同治十二年（1873）鄂州寓廬刻本　四冊

350000－2042－0003475　812.8/478

壺盦類稿五種　（清）胡念修撰　清光緒杭州刻鵠齋刻本　四冊　存二種十四卷（靈芝仙館詩鈔十二卷、捲秋亭詞鈔二卷）

350000－2042－0003476　812.8/478.1

椽筆樓初集二卷　（清）胡鉉撰　清光緒三十三年（1907）上海國粹學報社鉛印本　一冊　存一卷（上）

350000－2042－0003477　812.8/478.101

椽筆樓初集二卷　（清）胡鉉撰　清宣統三年（1911）國光書局鉛印本　二冊

350000－2042－0003478　812.8/488

柏梘山房集三十一卷　（清）梅曾亮撰　清咸豐六年（1856）刻本　六冊

350000－2042－0003479　812.8/491.1

甌北全集七種　（清）趙翼撰　清乾隆五十五年至嘉慶十七年（1790－1812）湛貽堂刻本　四十冊

350000－2042－0003480　812.8/491.101

甌北詩鈔二十卷　（清）趙翼撰　清刻本　一冊　存二卷（絕句一至二）

350000－2042－0003481　812.8/491.11

陔餘叢考四十三卷　（清）趙翼撰　清乾隆五十五年（1790）刻甌北全集本　十二冊

350000－2042－0003482　812.8/494

飴山詩集二十卷　（清）趙執信撰　清乾隆刻飴山全集本　四冊

350000－2042－0003483　812.8/494.1

飴山全集五種　（清）趙執信撰　清乾隆趙氏因園遞刻本　九冊　存三種三十五卷（飴山詩集二十卷、飴山文集十二卷、附錄一卷，禮俗權衡二卷）

350000－2042－0003484　812.8/494.2

角山樓詩鈔十六卷　（清）趙克宜撰　清道光二十六年（1846）刻本　二冊

350000－2042－0003485　812.8/494.3

郁鄔山房集五種　（清）趙樹吉撰　清光緒七年至十一年(1881－1885)汗青簃刻本　四冊　存三種十二卷（郁鄔山房疏草二卷、郁鄔山房文略二卷、郁鄔山房詩存八卷）

350000－2042－0003486　812.8/495

綺雲樓遺詩二卷　（清）趙貴瑤撰　**粵遊小草一卷**　（清）席昶撰　道光八年(1828)常熟垗紅仙館刻本　一冊

350000－2042－0003487　812.8/496

趙忠節公遺墨一卷　（清）趙景賢撰　**溫次言先生詩錄一卷**　（清）溫汝超撰　清光緒八年(1882)歸安趙氏刻本　一冊

350000－2042－0003488　812.8/496.1

青草堂三集十六卷　（清）趙國華撰　清光緒十八年(1892)濟南刻本　四冊

350000－2042－0003489　812.8/503

小峴山人詩集二十八卷文集六卷續二卷補編一卷　（清）秦瀛撰　清嘉慶二十二年(1817)城西草堂刻本　十六冊

350000－2042－0003490　812.8/508.1

俞俞齋文稿初集四卷詩稿初集二卷　（清）史念祖撰　清光緒十八年(1892)滇南刻本　四冊　存四卷（俞俞齋文稿初集四卷）

350000－2042－0003491　812.8/552

留雲山館偶存二卷　（清）費伯雄　（清）費應蘭編次　（清）費榮祖等校字　清同治二年(1863)刻本　一冊

350000－2042－0003492　812.8/552.1

復盦類稿八卷續稿四卷外稿二卷鸞字齋詩畧四卷詩續一卷公牘四卷　曹允源撰　清光緒二十二年至民國十一年(1896－1922)青州刻本　六冊

350000－2042－0003493　812.8/554

璞山存稿十二卷　（清）曹藍田撰　清光緒二十二年(1896)刻本　四冊

350000－2042－0003494　812.8/600

如皋冒氏叢書三十四種附二種　冒廣生輯　清光緒至民國如皋冒氏刻本　二十一冊　存二十七種九十八卷（香儷園偶存一卷,寒碧孤吟一卷,泛雪小草一卷,集美人名詩一卷,宣爐歌注一卷,岕茶彙鈔一卷,蘭言一卷,影梅庵憶語一卷、附二卷,樸巢詩選一卷、文選四卷,巢民詩集六卷、文集七卷,鑄錯軒詩茸一卷,寒碧堂詩茸一卷、附錄一卷,枕煙亭詩茸一卷、附錄一卷,婦人集注一卷,婦人集補一卷,甚原詩説四卷,前後元夕譙集詩二卷,枕干錄一卷、附一卷,永嘉高僧碑傳集八卷、附錄一卷、補一卷,疢齋小品一至三、八,謝康樂集拾遺一卷、附校勘記一卷,和謝康樂詩一卷,如皋冒氏詩略十四卷、詞略一卷,冒巢民徵君年譜一卷,小三吾亭文甲集一卷、詩八卷、詞三卷、附一卷,冠柳詞一卷,五周先生集七卷,外家紀聞一卷）

350000－2042－0003495　812.8/601

鍾台先生文集十二卷附錄一卷　（明）田一儁撰　清康熙四十四年(1705)刻本　六冊

350000－2042－0003496　812.8/601.1

古歡堂集五種　（清）田雯撰　**補年譜一卷**　（清）田肇麗撰　**有懷堂詩集一卷文集一卷**　（清）田肇麗撰　清乾隆刻本　二十四冊

350000－2042－0003497　812.8/601.101

古歡堂集五種　（清）田雯撰　**補年譜一卷**　（清）田肇麗撰　**有懷堂詩集一卷文集一卷**　（清）田肇麗撰　清刻本　十二冊　缺二卷（有懷堂詩集一卷、文集一卷）

350000－2042－0003498　812.8/601.2

眠琴閣詩鈔十二卷首一卷續編三卷首一卷末一卷　（清）呂廷輝撰　（清）陳堃等校字　清同治二年(1863)黔中刻本　六冊

350000－2042－0003499　812.8/604.6

墨壽閣詩鈔三卷　（清）汪承慶撰　清咸豐至同治抄本　二冊

350000－2042－0003500　812.8/607

思賢書局刊書二十二種　（清）思賢書局編　清光緒至宣統思賢書局刻本　十一冊　存十

八種五十五卷(古詩源十四卷,宋元名家詞十五種十七卷,水雲樓詞二卷,詞續一卷,韓非子集解二十卷、首一卷)

350000－2042－0003501　812.8/608

有正味齋駢體文二十四卷續集八卷詞集八卷
續集二卷詩集十六卷外集五卷續二卷 （清）吳錫麒撰　清嘉慶十三年(1808)刻本　十二冊　存五十三卷(有正味齋駢體文二十四卷、詞集八卷、詩集十六卷、外集五卷)

350000－2042－0003502　812.8/608.1

廬山詩錄一卷　易順鼎撰　(清)張之洞評閱　清光緒三十四年(1908)影印本　一冊

350000－2042－0003503　812.8/608.2

嶺南集七卷　(清)程含章撰　清末刻本　四冊

350000－2042－0003504　812.8/661.01

鐵橋漫稿八卷　(清)嚴可均撰　清光緒十一年(1885)長洲蔣氏刻本　二冊

350000－2042－0003505　812.8/661.01－1

鐵橋漫稿八卷　(清)嚴可均撰　清光緒十一年(1885)長洲蔣氏刻本　四冊

350000－2042－0003506　812.8/661.01－2

鐵橋漫稿八卷　(清)嚴可均撰　清光緒十一年(1885)長洲蔣氏刻本　四冊

350000－2042－0003507　812.8/661.2

悔菴學文八卷補遺一卷　(清)嚴元照撰　清光緒五年(1879)刻本　二冊

350000－2042－0003508　812.8/662.2/N

野航詩鈔二卷　(清)嚴仙藜撰　(清)鄭開禧輯　清道光十三年(1833)粵東雙門底芸香堂刻本　一冊

350000－2042－0003509　812.8/663

嚴侯官文集七章國聞報論四章　嚴復撰　徐錫麟校　清光緒二十九年(1903)特別印書局鉛印本　一冊

350000－2042－0003510　812.8/664

嚴太僕先生集十二卷　(清)嚴虞惇撰　清光

緒十年(1884)刻本　二冊

350000－2042－0003511　812.8/664－1

嚴太僕先生集十二卷　(清)嚴虞惇撰　清光緒十年(1884)刻本　二冊

350000－2042－0003512　812.8/664－2

嚴太僕先生集十二卷　(清)嚴虞惇撰　清光緒十年(1884)刻本　二冊

350000－2042－0003513　812.8/668

香雪齋詩鈔四卷　(清)嚴鈖撰　清光緒十九年(1893)桐谿嚴氏刻本　二冊

350000－2042－0003514　812.8/672

樨華館全集十二卷　(清)路德撰　(清)閻敬銘輯　清光緒七年(1881)解梁刻本　十冊

350000－2042－0003515　812.8/680

春草園詩存一卷瞻雲望月行窩吟二卷　(清)喻文鑾撰　清同治十年(1871)刻本　二冊

350000　2042－0003516　812.8/680.1

紅蕉山館詩鈔十卷續鈔二卷　(清)喻文鏊撰　清道光三年(1823)刻本　四冊

350000－2042－0003517　812.8/687

一勺亭詩鈔六卷文鈔一卷　(清)喻同模撰
素業堂雜著一卷　(清)喻化鵠撰　清同治十二年(1873)刻本　四冊

350000－2042－0003518　812.8/687.1

惺諟齋存稿十卷　喻長霖撰　清宣統鉛印崧岱山館叢鈔本　四冊　存六卷(一至六)

350000－2042－0003519　812.8/706

樊樹山房全集四十二卷　(清)厲鶚撰　**振綺堂詩存一卷**　(清)汪憲撰　**松聲池館詩存四卷**　(清)汪璐撰　清光緒汪氏振綺堂刻本　十冊

350000－2042－0003520　812.8/706.01

樊樹山房文集八卷樊樹山房集十卷續集十卷　(清)厲鶚撰　清刻本　六冊

350000－2042－0003521　812.8/711.01

文選樓叢書三十二種　(清)阮亨輯　清嘉慶、道光儀徵阮氏刻本　二十九冊　存三種七十三卷(揅經室集一集十四卷、二集八卷、三集五卷、四集二卷、詩十一卷、續集九卷、再續集六卷、外集五卷,八甎吟館刻燭集三卷,廣陵詩事十卷)

350000－2042－0003522　812.8/711.01－1

揅經室集一集十四卷二集八卷三集五卷四集二卷詩十一卷續集十一卷再續集六卷外集五卷　(清)阮元撰　清道光三年(1823)刻文選樓叢書本　二十二冊

350000－2042－0003523　812.8/714

集虛草堂叢書甲集九種　李國松輯　清光緒合肥李氏刻本　九冊　存五種二十二卷(周易費氏學八卷,敍錄一卷,中庸篇義一卷,左忠毅公年譜定本二卷,莊子故八卷,屈賦微二卷)

350000－2042－0003524　812.8/714.1

馬太史匡庵詩前集六卷詩集六卷　(清)馬世俊撰　(清)馬敬培重校　清光緒二十一年(1895)活字印本　四冊

350000－2042－0003525　812.8/719

力本文集十三卷時文二卷　(清)馬榮祖撰　清乾隆十七年(1752)江都馬氏石蓮堂刻本　二冊　存十三卷(力本文集十三卷)

350000－2042－0003526　812.8/720.1

青溪舊屋文集十卷詩集一卷　(清)劉文淇撰　清光緒九年(1883)刻本　二冊

350000－2042－0003527　812.8/720.1－1

青溪舊屋文集十卷詩集一卷　(清)劉文淇撰　清光緒九年(1883)刻本　二冊

350000－2042－0003528　812.8/721

玉通詩選二卷拾遺一卷　(清)劉心寶撰　(清)史久鑫錄　清光緒二十七年(1901)木活字印本　一冊

350000－2042－0003529　812.8/721.1

亦政堂詩集十二卷　(清)劉珊撰　清嘉慶二十三年(1818)石梁官舍刻本　四冊

350000－2042－0003530　812.8/722.2

食舊惪齋雜箸二卷　劉嶽雲撰　王樹之等校　清光緒二十二年(1896)蜀刻本　二冊

350000－2042－0003531　812.8/723

綠野齋前後合集六卷太湖詩草一卷制藝一卷　(清)劉鴻翱撰　(清)劉曦校字　(清)劉長慶等編次　清道光二十四年(1844)閩省宋鐘鳴刻本　八冊

350000－2042－0003532　812.8/723.01

綠野齋文集四卷　(清)劉鴻翱撰　清道光七年(1827)蘇州張鱸香刻本　四冊

350000－2042－0003533　812.8/723.1

芭川先生合集四種　(清)劉家謀撰　清道光東洋學署刻本　四冊　存二種十三卷(外丁卯橋居士初稿八卷,東洋小艸四卷、附斫劍詞一卷)

350000－2042－0003534　812.8/723.3

劉禮部集十二卷　(清)劉逢祿撰　清光緒十八年(1892)延暉承慶堂刻本　六冊

350000－2042－0003535　812.8/723.3－1

劉禮部集十二卷　(清)劉逢祿撰　清光緒十八年(1892)延暉承慶堂刻本　六冊

350000－2042－0003536　812.8/723.5

三十二蘭亭室詩存八卷續刻二卷再續刻二卷附約因詞四卷　(清)劉湘年撰　清光緒元年至十七年(1875－1891)羊城刻本　二冊　存八卷(三十二蘭亭室詩存八卷)

350000－2042－0003537　812.8/723.6

寄春吟一卷　(清)劉汝暮撰　清光緒三年(1877)刻本　一冊

350000－2042－0003538　812.8/723－1

綠野齋前後合集六卷太湖詩草一卷制藝一卷　(清)劉鴻翱撰　(清)劉曦校字　(清)劉長慶等編次　清道光二十四年(1844)閩省宋鐘鳴刻本　八冊

350000－2042－0003539　812.8/724

屺雲樓文鈔十二卷　(清)劉存仁撰　(清)劉孝祐等校字　清光緒四年(1878)福州刻本

六冊

350000－2042－0003540　812.8/724.1

養晦堂文集十卷詩集二卷　（清）劉蓉撰　清光緒十五年(1889)思賢講舍刻本　六冊

350000－2042－0003541　812.8/724.1－1

養晦堂文集十卷詩集二卷　（清）劉蓉撰　清光緒十五年(1889)思賢講舍刻本　六冊

350000－2042－0003542　812.8/724.1－2

養晦堂文集十卷詩集二卷　（清）劉蓉撰　清光緒十五年(1889)思賢講舍刻本　五冊　存十卷(養晦堂文集十卷)

350000－2042－0003543　812.8/724.2

片刻餘閑集二卷　（清）劉墫撰　清抄本　二冊

350000－2042－0003544　812.8/724.4

海峰文集八卷詩集十一卷　（清）劉大櫆撰（清）歐陽霖等校　清同治十三年(1874)刻本　八冊

350000－2042－0003545　812.8/727

劉孟塗集四十四卷　（清）劉開撰　清道光六年(1826)姚氏檗山草堂刻本　六冊

350000－2042－0003546　812.8/727.01

孟塗文集十卷駢體文二卷　（清）劉開撰　清光緒十二年(1886)刻本　四冊

350000－2042－0003547　812.8/727.1

存悔齋集二十八卷外集四卷　（清）劉鳳誥撰　清道光十年(1830)刻本　八冊

350000－2042－0003548　812.8/742

崇百藥齋文集二十卷續集四卷三集十二卷（清）陸繼輅撰　**五真閣吟稿一卷**　（清）錢惠尊撰　清嘉慶至道光遞刻彙印本　八冊

350000－2042－0003549　812.8/743.1

懷白軒詩鈔十卷詞鈔二卷南北曲一卷文鈔二卷駢體一卷賦鈔一卷　（清）陸初望撰　清同治五年(1866)皖城刻本　四冊

350000－2042－0003550　812.8/743.2/N

陸雲士雜著九種　（清）陸次雲撰　清康熙刻

本　二冊

350000－2042－0003551　812.8/744

陸桴亭先生遺書二十種附一種首一卷　（清）陸世儀撰　清光緒二十五年(1899)太倉唐受祺京師刻本　二十四冊

350000－2042－0003552　812.8/744.2

庸閑老人自敘一卷　（清）陳其元撰　清光緒刻本　一冊

350000－2042－0003553　812.8/747

三魚堂文集十二卷外集六卷全集附錄一卷魏總憲參劾疏一卷靈壽縣遺愛碑記一卷文集附錄一卷　（清）陸隴其撰　（清）席永恂（清）王前席校　（清）陸辰徵　（清）陸禮徵（清）陸寬徵輯　（清）侯銓編　清康熙四十年(1701)嘉會堂刻本　六冊

350000－2042－0003554　812.8/747.01

三魚堂文集十二卷外集六卷全集附錄一卷文集附錄一卷　（清）陸隴其撰　（清）席永恂等校　**賸言十二卷**　（清）陳濟編校　清同治七年(1868)武林薇署刻本　六冊

350000－2042－0003555　812.8/747.01－1

三魚堂文集十二卷外集六卷全集附錄一卷文集附錄一卷　（清）陸隴其撰　（清）席永恂等校　**賸言十二卷**　（清）陳濟編校　清同治七年(1868)武林薇署刻本　六冊

350000－2042－0003556　812.8/747－1

三魚堂文集十二卷外集六卷全集附錄一卷魏總憲參劾疏一卷靈壽縣遺愛碑記一卷文集附錄一卷　（清）陸隴其撰　（清）席永恂（清）王前席校　（清）陸辰徵　（清）陸禮徵（清）陸寬徵輯　（清）侯銓編　清康熙四十年(1701)嘉會堂刻本　十冊

350000－2042－0003557　812.8/748

寶奎堂集十二卷篁村集十二卷　（清）陸錫熊撰　（清）陸慶循輯　清道光二十九年(1849)上海陸成沅刻本　八冊

350000－2042－0003558　812.8/749

切問齋集十二卷首一卷　（清）陸燿撰　清光

緒十八年(1892)江蘇書局刻本　四冊

350000－2042－0003559　812.8/750

惕園初稿十六卷外稿一卷　（清）陳庚煥撰
清道光元年(1821)木活字印本　八冊

350000－2042－0003560　812.8/750.01

惕園全集十一種　（清）陳庚煥撰　清咸豐元
年(1851)有有齋刻本　八冊　缺三卷(惕園
初稿十四至十六)

350000－2042－0003561　812.8/750.1

頤道堂文鈔十三卷　（清）陳文述撰　清道光
八年(1828)刻本　四冊　存九卷(一至九)

350000－2042－0003562　812.8/750.2

籀書十三卷　（清）曹金籀纂　清同治刻本
六冊

350000－2042－0003563　812.8/750.21

[籀經堂集]不分卷　（清）陳慶鏞撰　清道光
至咸豐稿本　一冊

350000－2042－0003564　812.8/751.1

待隱堂遺稿四卷　（清）陳翼撰　（清）陳秉中
校刊　清光緒十九年(1893)陳秉中刻本　四
冊

350000－2042－0003565　812.8/751.3

紫峰陳先生文集十三卷首一卷　（明）陳琛撰
　（明）張岳選稿　（清）陳敦履　（清）陳敦
豫編　清乾隆五十四年(1789)刻本　六冊

350000－2042－0003566　812.8/751.4

小信天巢詩鈔十六卷　（清）陳石麟撰　清嘉
慶十一年(1806)刻本　六冊

350000－2042－0003567　812.8/751.6

尺岡草堂遺詩八卷遺文四卷　（清）陳璞撰
清光緒十五年(1889)刻本　六冊

350000－2042－0003568　812.8/751.7

午亭文編五十卷　（清）陳廷敬撰　（清）林佶
輯錄　清康熙四十七年(1708)林佶寫刻本
十六冊

350000－2042－0003569　812.8/751.8

陳清端文集十卷　（清）陳璸撰　清同治六年

（1867)粵東省城富文齋刻本　四冊

350000－2042－0003570　812.8/752.2

石遺室詩集十卷補遺一卷朱絲詞二卷　陳衍
撰　清光緒三十一年(1905)至民國刻本　四
冊　存十一卷(石遺室詩集十卷、補遺一卷)

350000－2042－0003571　812.8/752.2－1

石遺室詩集十卷補遺一卷朱絲詞二卷　陳衍
撰　清光緒三十一年(1905)至民國刻本　四
冊

350000－2042－0003572　812.8/752.3

陳檢討集二十卷　（清）陳維崧撰　（清）程師
恭注　清刻本　四冊

350000－2042－0003573　812.8/752.31

陳檢討四六二十卷　（清）陳維崧撰　（清）程
師恭注　清末至民國初年上海文瑞樓石印本
五冊　存十三卷(一至二、五至十五)

350000－2042－0003574　812.8/752.4

陳學士文集十八卷　（清）陳儀撰　（清）陳鳳
友　（清）陳玉友　（清）陳雯　（清）陳霈校
清乾隆十八年(1753)蘭雪齋刻本　十冊

350000－2042－0003575　812.8/753.11/N

藤華吟館詩錄六卷　（清）陳棨仁撰　清末鉛
印本　一冊

350000－2042－0003576　812.8/753.2

小迦陵館文集一卷　（清）陳寶撰　清宣統二
年(1910)浙江官報兼印刷局鉛印本　一冊

350000－2042－0003577　812.8/753.21/N

全閩道學總纂三十八卷　（清）陳祚康編　清
同治十二年(1873)刻本　三冊

350000－2042－0003578　812.8/753.3

寶綸堂集十卷拾遺一卷　（明）陳洪綬撰
(清)陳字購輯　清光緒十四年(1888)會稽董
氏取斯堂木活字印本　八冊

350000－2042－0003579　812.8/753.4

蘭汀詩鈔一卷　（清）陳兆賢撰　清刻本　一
冊

350000－2042－0003580　812.8/753.5

東甌先正文錄十五卷補遺一卷　(清)陳遇春編輯　(清)金璋參訂　(清)陳六經校正　清道光十四年(1834)刻本　十六冊

350000－2042－0003581　812.8/753.7

東塾集六卷申范一卷　(清)陳澧撰　清光緒十八年(1892)羊城富文齋刻本　三冊

350000－2042－0003582　812.8/753.75

簡學齋詩存四卷詩刪四卷館課賦存一卷試律存一卷試律續鈔一卷課賦續鈔一卷　(清)陳沆撰　清咸豐二年(1852)刻本　一冊　存四卷(簡學齋詩存四卷)

350000－2042－0003583　812.8/753.8

懶雪窩詩草內集四卷　(清)陳濬荃撰　(清)葉際禧注　清宣統三年(1911)泉州聖教佩文齋石印本　一冊

350000－2042－0003584　812.8/753.81

懶雪窩詩草外集二卷　(清)陳濬荃撰　(清)某乂煥注釋　清宣統三年(1911)泉州聖教佩文齋石印本　一冊

350000－2042－0003585　812.8/754

獨漉堂詩集十六卷文集十五卷續編一卷　(清)陳恭尹撰　(清)陳穎編次　(清)陳世和校字　清道光五年(1825)刻本(詩集卷十六原缺)　八冊

350000－2042－0003586　812.8/754.1

左海全集十種　(清)陳壽祺撰　清嘉慶至道光刻陳紹塘補刻本　二十冊

350000－2042－0003587　812.8/754.1－1

左海全集十種　(清)陳壽祺撰　清嘉慶至道光刻陳紹塘補刻本　二十一冊

350000－2042－0003588　812.8/754.1－2

左海全集十種　(清)陳壽祺撰　清嘉慶至道光刻陳紹塘補刻本　四冊　存二種六卷(左海文集一至三、五經異義疏證三卷)

350000－2042－0003589　812.8/754.5

希綠窩詩文不分卷　(清)陳桂洲撰　清末抄本　一冊

350000－2042－0003590　812.8/754.6/N

陳桂洲遺稿一卷　(清)陳桂洲撰　清稿本一冊

350000－2042－0003591　812.8/756

愛蓮集一卷　(清)陳鳴謙撰　清抄本　一冊

350000－2042－0003592　812.8/757

太乙舟文集八卷　(清)陳用光撰　清道光甘泉黃氏刻清頌堂叢書本　四冊　存六卷(一至六)

350000－2042－0003593　812.8/759

松蘿山人遺稿一卷　(清)陳瑩撰　(清)陳景韶校刊　清宣統元年(1909)陳景韶刻本　一冊

350000－2042－0003594　812.8/771

水流雲在館詩鈔十四卷詞鈔八卷試帖二卷　(清)周天麟撰　月樓琴語一卷　(清)蕭恆貞撰　清光緒二十一年(1895)刻本　八冊

350000－2042－0003595　812.8/772

內自訟齋文集十卷附芸皋先生自纂年譜一卷　(清)周凱撰　清道光二十年(1840)泉州施唐培刻本　八冊

350000－2042－0003596　812.8/772.1

玉溪生詩意八卷　(清)屈復撰　(清)高士鑰閱　(清)張坦參閱　清乾隆四年(1739)刻本四冊

350000－2042－0003597　812.8/772.4

寶德堂詩鈔十卷附存二卷　(清)周衡撰　清光緒二年(1876)刻本　三冊

350000－2042－0003598　812.8/772.7

西澗草堂全集四種附一種　(清)閻循觀撰　清乾隆三十八年(1773)樹滋堂刻本　四冊存四種十四卷(西澗草堂集四卷、詩集四卷,困勉齋私記四卷,尚書讀記一卷,春秋一得一卷)

350000－2042－0003599　812.8/772－1/N

內自訟齋文集十卷附芸皋先生自纂年譜一卷　(清)周凱撰　清道光二十年(1840)泉州施

唐培刻本　三冊

350000 – 2042 – 0003600　812.8/773
陶文毅公全集六十四卷首一卷末一卷　（清）
陶澍撰　清道光二十年(1840)淮北士民公刻
本　八冊

350000 – 2042 – 0003601　812.8/773.1
期不負齋全集二種　（清）周家楣撰　清光緒
二十一年(1895)刻本　八冊

350000 – 2042 – 0003602　812.8/773.2
齊莊中正堂制義十二卷律賦六卷試帖八卷
(清)殷兆鏞撰　清光緒二年(1876)吳江殷氏
刻本　八冊

350000 – 2042 – 0003603　812.8/773.3
撫吳艸四卷　（清)陶澍撰　清道光刻本　一
冊

350000 – 2042 – 0003604　812.8/773 – 1
陶文毅公全集六十四卷首一卷末一卷　（清）
陶澍撰　清道光二十年(1840)淮北士民公刻
本　二十三冊

350000 – 2042 – 0003605　812.8/774.1
道援堂詩集十二卷詞一卷　（清）屈大均撰
清道光刻本　八冊

350000 – 2042 – 0003606　812.8/774.2
思益堂集五種　（清)周壽昌撰　清光緒十四
年(1888)刻本　六冊

350000 – 2042 – 0003607　812.8/774.2 – 1
思益堂集五種　（清)周壽昌撰　清光緒十四
年(1888)刻本　六冊

350000 – 2042 – 0003608　812.8/774.2 – 2
思益堂集五種　（清)周壽昌撰　清光緒十四
年(1888)刻本　六冊

350000 – 2042 – 0003609　812.8/774.3
東山草堂邇言六卷　（清)邱嘉穗撰　清刻本
四冊

350000 – 2042 – 0003610　812.8/774.5
還讀廬詩鈔八卷　（清)周孝壎撰　清道光二
十一年(1841)刻本　四冊

350000 – 2042 – 0003611　812.8/774.6
壯學齋文集十二卷　（清)周樹槐撰　清同治
十二年(1873)刻本　四冊

350000 – 2042 – 0003612　812.8/774.8
輟畊錄二編　（明)陶宗儀撰　（清)陳鳳藻校
訂　清光緒三十三年(1907)鉛印本　一冊
存一編(下)

350000 – 2042 – 0003613　812.8/774/N
溫陵傅錦泉先生文集四卷　（清)周茂源
（清)張若羲　（清)董俞評選　（清)傅增藻
（清)傅廷珙校輯　清嘉慶十一年(1806)溫
陵傅氏刻本　三冊

350000 – 2042 – 0003614　812.8/775
閩中新樂府一卷　林紓撰　清光緒二十三年
(1897)鉛印本　一冊

350000 – 2042 – 0003615　812.8/776
十六國宮詞二卷　（清)周昇撰并注　清道光
十四年(1834)刻本　一冊

350000 – 2042 – 0003616　812.8/776.2/N
周忠愍先生文集二卷　（清)周天佐撰　清嘉
慶二十年(1815)周學曾校刻本　一冊

350000 – 2042 – 0003617　812.8/777
硯東詩鈔十卷　（清)歐陽輅撰　清道光六年
(1826)刻本　二冊

350000 – 2042 – 0003618　812.8/777.01
硯東詩鈔二卷　（清)歐陽輅撰　清光緒十五
年(1889)長沙王氏刻本　一冊

350000 – 2042 – 0003619　812.8/777.1
望雲書屋文集二卷有方遊草二卷來諗堂詩草
二卷粵東遊草一卷　（清)歐陽厚均撰　（清)
歐陽世洵等校字　清刻本　六冊

350000 – 2042 – 0003620　812.8/777.2
昆陵周氏三種　（清)周騰虎撰　清光緒三十
一年(1905)長沙刻本　二冊

350000 – 2042 – 0003621　812.8/777.3
餐苹華館詩集八卷附詞一卷　（清)周騰虎撰
（清)陸承緒等校字　清光緒十九年(1893)

木活字印本　二冊

350000－2042－0003622　812.8/778

犢山類稿五種　（清）周鎬撰　清光緒十年(1884)榮汝楫木活字印本　八冊

350000－2042－0003623　812.8/800.02

復初齋文集三十五卷　（清）翁方綱撰　（清）李彥章校刊　清道光十六年(1836)刻本　十二冊

350000－2042－0003624　812.8/800.03

復初齋詩集七十卷　（清）翁方綱撰　清嘉慶刻本　十四冊

350000－2042－0003625　812.8/800.1

冷吟仙館詩稿八卷詩餘一卷文存一卷附錄一卷　（清）左錫嘉撰　**吟雲仙館詩稿一卷**（清）曾詠撰　**曾氏家訓一卷**　（清）左錫嘉輯　清光緒十七年(1891)定襄官署刻本　八冊

350000－2042－0003626　812.8/800.2

小石帆亭著錄六卷　（清）翁方綱撰　（清）孫雲鴻校刊　清道光二十年(1840)孫雲鴻味古書室刻本　二冊

350000－2042－0003627　812.8/801.1

習是堂文集二卷　（清）曾倬撰　（清）曾之撰校　清光緒二十年(1894)常熟曾氏義莊木活字印本　一冊

350000－2042－0003628　812.8/803

句餘土音三卷全謝山先生遺詩一卷　（清）全祖望撰　清宣統三年(1911)國學扶輪社鉛印本　一冊

350000－2042－0003629　812.8/803.1

鮚埼亭集三十八卷首一卷外編五十卷全謝山先生經史問答十卷　（清）全祖望撰　（清）史夢蛟校　清嘉慶九年(1804)姚江借樹山房刻同治印本　二十四冊

350000－2042－0003630　812.8/804

晚香堂詩鈔二卷續鈔二卷　（清）俞蘭臺撰　清嘉慶十六年(1811)刻本　二冊

350000－2042－0003631　812.8/804.1

春在堂全書□□種　（清）俞樾撰　清同治十年(1871)刻本　四冊　存六種十三卷(春在堂詞錄二卷、春在堂隨筆二卷、春在堂尺牘三卷、楹聯錄存二卷、太上感應篇纘義二卷、袖中書二卷)

350000－2042－0003632　812.8/805

冬心先生集四卷　（清）金農撰　清宣統二年(1910)石印本　四冊

350000－2042－0003633　812.8/806.11

曾文正公全集十六種　（清）曾國藩撰　清同治至光緒傳忠書局刻本　四冊　存二種四卷(批牘二至四、文集三)

350000－2042－0003634　812.8/830

投筆集箋註二卷　（清）錢謙益撰　（清）錢曾箋註　清宣統二年(1910)順德鄧氏風雨樓鉛印本　一冊

350000－2042－0003635　812.8/830.01

牧齋初學集詩註二十卷有學集詩註十四卷　（清）錢謙益撰　（清）錢曾箋註　清刻本　十冊

350000－2042－0003636　812.8/830.02

錢牧齋文鈔不分卷　（清）錢謙益撰　清宣統元年(1909)上海國學扶輪社鉛印本　四冊

350000－2042－0003637　812.8/830.2

頻羅庵遺集七種　（清）梁同書撰　清嘉慶二十二年(1817)仁和陸貞一刻本　六冊

350000－2042－0003638　812.8/830.3

偶山遺稿一卷　（清）錢唐撰　清光緒二十五年(1899)刻本　一冊

350000－2042－0003639　812.8/832

欽定熙朝雅頌集一百六卷首集二十六卷餘集二卷　（清）鐵保等纂輯　清嘉慶九年(1804)阮元刻本　二十四冊

350000－2042－0003640　812.8/833

錢南園先生遺集五卷　（清）錢灃撰　清同治十一年(1872)湖南書局刻本　三冊

350000－2042－0003641　812.8/833.1

述古堂文集十二卷　（清）錢兆鵬撰　清光緒
七年(1881)刻本　四冊

350000－2042－0003642　812.8/833.2
存素堂詩稿十三卷文稿四卷補遺一卷　（清）
錢寶琛撰　清同治七年(1868)刻本　三冊

350000－2042－0003643　812.8/834
綠天書舍存草六卷　（清）錢楷撰　清嘉慶二
十三年(1818)儀徵阮氏刻本　四冊

350000－2042－0003644　812.8/834.1
潛研堂詩集十卷續集十卷　（清）錢大昕撰
(清)黃鐘校字　清刻本　八冊

350000－2042－0003645　812.8/835
甘泉鄉人稿二十四卷餘稿二卷　（清）錢泰吉
撰　年譜一卷　（清）錢應溥撰　四水子遺著
一卷附詩一卷　（清）錢友泗撰　邠農偶吟稿
一卷　（清）錢炳森撰　清同治七年至十一年
(1868－1872)刻本　六冊　缺一卷(邠農偶
吟稿一卷)

350000－2042－0003646　812.8/835－1
甘泉鄉人稿二十四卷餘稿二卷　（清）錢泰吉
撰　年譜一卷　（清）錢應溥撰　四水子遺著
一卷　（清）錢友泗撰　邠農偶吟稿一卷
(清)錢炳森撰　清同治七年至十一年(1868－
1872)刻本　七冊

350000－2042－0003647　812.8/835－2
甘泉鄉人稿二十四卷餘稿二卷　（清）錢泰吉
撰　年譜一卷　（清）錢應溥撰　四水子遺著
一卷　（清）錢友泗撰　邠農偶吟稿一卷
(清)錢炳森撰　清同治七年至十一年(1868－
1872)刻本　七冊

350000－2042－0003648　812.8/837
香樹齋詩集十八卷續集三十六卷文集二十八
卷續鈔五卷　（清）錢陳群撰　清乾隆刻本
十冊　存三十三卷(文集二十八卷、續鈔五
卷)

350000－2042－0003649　812.8/837－1
香樹齋詩集十八卷續集三十六卷文集二十八
卷續鈔五卷　（清）錢陳群撰　清乾隆刻本

十四冊　存五十一卷(香樹齋詩集十八卷、文
集二十八卷、續鈔五卷)

350000－2042－0003650　812.8/870.1
蔗尾文集二卷　（清）鄭方坤稿　（清）何應舉
等校　清刻本　一冊

350000－2042－0003651　812.8/870.11
蔗尾詩集十五卷　（清）鄭方坤撰　清刻本
二冊

350000－2042－0003652　812.8/871
巢經巢詩鈔九卷後集四卷　（清）鄭珍撰　清
末刻本　四冊

350000－2042－0003653　812.8/871.2
臨野堂文集十卷詩集十三卷詩餘二卷尺牘四
卷附觚賸八卷續編四卷　（清）鈕琇撰　清康
熙刻本　六冊

350000－2042－0003654　812.8/871.2－1
臨野堂文集十卷詩集十三卷詩餘二卷尺牘四
卷　（清）鈕琇撰　清康熙刻本　十冊　存二
十三卷(臨野堂文集十卷、詩集十三卷)

350000－2042－0003655　812.8/871.3
蔓草集四卷　（清）鄭天爵撰　清同治四年
(1865)刻本　二冊

350000－2042－0003656　812.8/871－1
巢經巢詩鈔九卷後集四卷　（清）鄭珍撰　清
末刻本　四冊

350000－2042－0003657　812.8/872
補學軒文集外編四卷　（清）鄭獻甫撰　清光
緒八年(1882)黔南節署刻鄭小谷先生全集本
四冊

350000－2042－0003658　812.8/872.1
缾水齋詩集十七卷別集二卷詩話一卷附錄一
卷　（清）舒位撰　清光緒十二年(1886)刻本
六冊　缺一卷(詩話一卷)

350000－2042－0003659　812.8/872.101
缾水齋詩集十七卷別集二卷詩話一卷附錄一
卷　（清）舒位撰　清光緒十二年(1886)刻本
八冊

190

350000 - 2042 - 0003660　812.8/872.101 - 1

缾水齋詩集十七卷別集二卷詩話一卷附錄一卷　(清)舒位撰　清光緒十二年(1886)刻本　八冊

350000 - 2042 - 0003661　812.8/874.1

注韓居遺書五種　(清)鄭杰輯　清光緒十八年(1892)林氏續墨緣書屋刻本　六冊

350000 - 2042 - 0003662　812.8/874.2

青墅詩鈔十卷讀史雜感十三卷　(清)鄭大謨撰　清刻本　八冊　存十卷(讀史雜感一至十)

350000 - 2042 - 0003663　812.8/874.3

莆風清籟集六十卷　(清)鄭王臣輯選　清乾隆三十七年(1772)刻光緒至民國遞修本　二十冊

350000 - 2042 - 0003664　812.8/877/N

知守齋詩初集六卷二集四卷別集一卷　(清)鄭開禧撰　清道光十二年(1832)刻本　一冊

350000 - 2042 - 0003665　812.8/879

西霞文鈔二卷　(清)鄭光策撰　清嘉慶十年(1805)陳名世刻本　二冊

350000 - 2042 - 0003666　812.8/881

聽香禪室詩集八卷　(清)釋芳圃撰　清光緒刻本　二冊

350000 - 2042 - 0003667　812.8/884.1

韞山堂文集八卷　(清)管世銘撰　清光緒十九年(1893)大鄶山館童氏刻本　四冊

350000 - 2042 - 0003668　812.8/884.2

竹枝詞一卷　(□)□□撰　清抄本　一冊

350000 - 2042 - 0003669　812.8/887

因寄軒文初集十卷二集六卷補遺一卷　(清)管同撰　清光緒五年(1879)刻本　四冊

350000 - 2042 - 0003670　812.8/887 - 1

因寄軒文初集十卷二集六卷補遺一卷　(清)管同撰　清光緒五年(1879)刻本　四冊

350000 - 2042 - 0003671　812.8/974

大雲山房文藁初集四卷二集四卷　(清)惲敬撰　清光緒十四年(1888)湖北官書處刻本　八冊

350000 - 2042 - 0003672　812.9/024

新增時調唱句集一卷　(清)□□撰　清抄本　一冊

350000 - 2042 - 0003673　812.9/102

王益吾所刻書十一種　王先謙輯　清光緒九年至十年(1883 - 1884)長沙王氏刻本　二冊　存四種五卷(壽梅山房詩存一卷、磨綺室詩存一卷、西垣詩鈔二卷、西垣黔苗竹枝詞一卷)

350000 - 2042 - 0003674　812.9/102.1

王葵園四種　王先謙撰　清光緒至民國長沙王氏刻本　十七冊

350000 - 2042 - 0003675　812.9/102.11

虛受堂詩存十七卷　王先謙撰　清光緒二十八年(1902)平江蘇氏刻本　四冊

350000 - 2042 - 0003676　812.9/102.1 - 1

王葵園四種　王先謙撰　清光緒至民國長沙王氏刻本　十四冊　存三種三十六卷(虛受堂書札二卷、虛受堂詩存十八卷、虛受堂文集十六卷)

350000 - 2042 - 0003677　812.9/102.12

虛受堂書札二卷　王先謙撰　清光緒三十三年(1907)刻王葵園四種本　二冊

350000 - 2042 - 0003678　812.9/113.4

自由結婚二編　張肇桐撰　清光緒二十九年(1903)鉛印本　一冊　存一編(二)

350000 - 2042 - 0003679　812.9/268.1

甯鄉程氏全書(十發盫類稿)七種　程頌萬撰　清光緒至民國甯鄉程氏刻本　二十冊

350000 - 2042 - 0003680　812.9/333.1

飲冰室文集類編二編　梁啓超撰　清光緒三十年(1904)日本東京鉛印本　二冊

350000 - 2042 - 0003681　812.9/401

蛾術齋詩鈔三卷　李雲路撰　清抄本　一冊

350000 - 2042 - 0003682　812.9/442.7

畏廬文集一卷　林紓撰　清宣統二年（1910）
上海商務印書館鉛印本　一冊

350000－2042－0003683　812.9/442.7.01

畏廬文集一卷　林紓撰　清宣統二年（1910）
上海商務印書館鉛印本　一冊

350000－2042－0003684　812.9/442.7.01－1

畏廬文集一卷　林紓撰　清宣統二年（1910）
上海商務印書館鉛印本　一冊

350000－2042－0003685　812.9/446.01/N

逸翰樓詩集二卷二集一卷　（清）黄啓太撰
清光緒三十四年至宣統元年（1908－1909）泉
州刻逸翰樓叢書本　三冊

350000－2042－0003686　812.9/605.1

面城精舍褉文甲編一卷乙編一卷　羅振玉撰
　清光緒刻本　一冊

350000－2042－0003687　812.9/753./N

南遊草一卷　陳寳琛撰　清光緒滄趣樓鉛印
本　一冊

350000－2042－0003688　812/264

八指頭陀詩集十卷補遺一卷褉文一卷集述一
卷詞附存一卷　（清）釋敬安撰　清光緒二十
四年（1898）刻本　一冊　存六卷（八指頭陀
詩集一至六）

350000－2042－0003689　812/870

本朝名家詩鈔小傳四卷　（清）鄭方坤撰　清
乾隆杞菊軒刻本　二冊　存二卷（一至二）

350000－2042－0003690　813.1/102

聽秋聲館詞話二十卷　（清）丁紹儀撰　清同
治八年（1869）三山吳玉田刻本　十冊

350000－2042－0003691　813.1/102－1

聽秋聲館詞話二十卷　（清）丁紹儀撰　清同
治八年（1869）三山吳玉田刻本　四冊

350000－2042－0003692　813.1/113.1

皇朝詞林典故六十四卷　（清）朱珪等撰　清
刻本　九冊　存十六卷（一至十六）

350000－2042－0003693　813.1/751.01

白雨齋詞話八卷詞存一卷詩鈔一卷　（清）陳

廷焯撰　清光緒二十年（1894）刻本　四冊

350000－2042－0003694　813.2/266

嘯餘譜十一卷　（明）程明善輯　清康熙刻本
　十二冊

350000－2042－0003695　813.2/444.1

詞律二十卷　（清）萬樹論次　清康熙二十六
年（1687）萬氏堆絮園刻保滋堂印本　十二冊

350000－2042－0003696　813.2/444.11

詞律二十卷　（清）萬樹論次　清康熙二十六
年（1687）萬氏堆絮園刻保滋堂印本　八冊

350000－2042－0003697　813.2/444.13

詞律二十卷　（清）萬樹論次　（清）杜文瀾等
校刊　拾遺六卷補注二卷補遺一卷　（清）徐
本立纂　清光緒二年（1876）石印本　十二冊

350000－2042－0003698　813.2/444.13－1

詞律二十卷　（清）萬樹論次　（清）杜文瀾等
校刊　拾遺六卷補注二卷補遺一卷　（清）徐
本立纂　清光緒二年（1876）石印本　十二冊

350000－2042－0003699　813.4/312

彈指詞二卷　（清）顧貞觀撰　清乾隆十八年
（1753）海寧陳氏木活字印本　二冊

350000－2042－0003700　813.5/497

陽春白雪八卷外集一卷　（宋）趙聞禮選　清
道光九年（1829）刻本　一冊

350000－2042－0003701　813.5/534

宋七家詞選七卷　（清）戈載輯　玉田先生樂
府指迷一卷　（宋）張炎撰　清光緒十一年
（1885）刻蒙香室叢書本　四冊

350000－2042－0003702　813.5/771

西泠詞萃六種　（清）丁丙輯　清光緒錢塘丁
氏刻本　四冊

350000－2042－0003703　813.5/773.01

絕妙好詞箋七卷　（宋）周密輯　（清）查爲仁
　（清）厲鶚箋　續鈔原續一卷　（清）余集鈔
撮　（清）姚煌注　（清）王金鎔等校勘　續鈔
又續一卷　（清）徐楙補錄　（清）王金鎔等校
勘　清道光八年（1828）杭州愛日軒刻本　二

冊

350000 - 2042 - 0003704　813.5/773.03

絕妙好詞箋七卷　(宋)周密輯　(清)查為仁
(清)厲鶚箋　續鈔原續一卷　(清)余集鈔
撮　(清)姚煌注　(清)王金鎔等校勘　續鈔
又續一卷　(清)徐楙補錄　(清)王金鎔等校
勘　清同治十一年(1872)會稽章氏刻本　二
冊

350000 - 2042 - 0003705　813.7/082

秋水庵花影集五卷　(明)施紹莘撰　清乾隆
十七年(1752)刻本　四冊

350000 - 2042 - 0003706　813.7/114

六如亭二卷　(清)張九鉞填詞　題(清)雲門
山樵評點　(清)譚光祜正譜　清末刻本　一
冊

350000 - 2042 - 0003707　813.7/881

芝龕記六卷　(清)董榕填　清乾隆十六年
(1751)刻本　十六冊

350000 - 2042 - 0003708　813.8/041

養默山房詩餘三卷　(清)謝元淮撰　清道光
二十八年(1848)刻朱墨套印本　一冊

350000 - 2042 - 0003709　813.8/087

還山臥月軒詞一卷　(清)許巨楫撰　清光緒
鉛印本　一冊

350000 - 2042 - 0003710　813.8/103

詞綜三十八卷　(清)朱彝尊抄撮　(清)汪森
增定　(清)柯崇樸編次　(清)周篔辨譌　**明
詞綜十二卷國朝詞綜四十八卷國朝詞綜二集
八卷**　(清)王昶纂　清嘉慶刻本　十二冊
存六十八卷(明詞綜十二卷、國朝詞綜四十八
卷、國朝詞綜二集八卷)

350000 - 2042 - 0003711　813.8/103 - 1

詞綜三十卷補遺八卷　(清)朱彝尊抄撮　**明
詞綜十二卷國朝詞綜四十八卷國朝詞綜二集
八卷**　(清)王昶纂輯　清嘉慶七年至八年
(1802 - 1803)刻本　十冊　存五十六卷(國
朝詞綜四十八卷、國朝詞綜二集八卷)

350000 - 2042 - 0003712　813.8/111.1

冰甌館詞鈔一卷　(清)張丙炎撰　清光緒十
一年(1885)刻本　一冊

350000 - 2042 - 0003713　813.8/174.01

空一切盦詞一卷　(清)鄧嘉純撰　清光緒十
一年(1885)杭州刻本　一冊

350000 - 2042 - 0003714　813.8/211

鞊芬室詞甲稿一卷　何震彝撰　**櫻雲閣詞一
卷**　李家璘撰　清光緒三十二年(1906)鉛印
本　一冊

350000 - 2042 - 0003715　813.8/213

心盦詞存四卷　(清)何兆瀛撰　清同治十二
年(1873)武林刻本　一冊

350000 - 2042 - 0003716　813.8/252

紫雲詞一卷　(清)丁煒填　(清)朱彝尊選
(清)吳綺　(清)徐釚評　清咸豐四年
(1854)刻本　一冊

350000 - 2042 - 0003717　813.8/252.1

知止堂詞錄三卷　(清)朱綬撰　清光緒二十
年(1894)湖南思賢書局刻本　一冊

350000 - 2042 - 0003718　813.8/253

彊邨詞二卷前集一卷別集一卷　朱祖謀撰
清光緒三十一年(1905)刻本　二冊

350000 - 2042 - 0003719　813.8/255

湖州詞徵二十四卷　朱祖謀輯校　清宣統三
年(1911)刻本　四冊

350000 - 2042 - 0003720　813.8/268

吳儲合稿二卷　(清)吳會　(清)儲夢熊撰
清道光五年(1825)刻本　一冊

350000 - 2042 - 0003721　813.8/274

國朝常州詞錄三十一卷　繆荃孫輯　清光緒
二十二年(1896)雲自在龕刻本　十冊

350000 - 2042 - 0003722　813.8/344

井華詞二卷　(清)沈景脩撰　清光緒二十五
年(1899)刻本　一冊

350000 - 2042 - 0003723　813.8/344.2

粵東三家詞鈔　(清)葉衍蘭輯　清光緒二十

一年(1895)刻本 一冊

350000－2042－0003724 813.8/403.1

捧月樓詞八卷 （清）袁通撰 清光緒十一年
(1885)袁定宇刻本 一冊

350000－2042－0003725 813.8/440

太素齋詞鈔二卷 （清）勒方錡撰 清光緒十
年(1884)刻本 一冊

350000－2042－0003726 813.8/444

小蘇潭詞六卷 （清）謝學崇撰 清道光刻本
二冊

350000－2042－0003727 813.8/446

藤香館詩刪存四卷詞刪存二卷 （清）薛時雨
撰 清光緒五年(1879)刻本 四冊 存五卷
(藤香館詩刪存二至四、詞刪存二卷)

350000－2042－0003728 813.8/446.1

藤香館詞一卷 （清）薛時雨撰 （清）李宗庚
等校字 清同治五年(1866)刻本 一冊

350000－2042－0003729 813.8/449

國朝詞綜續編二十四卷 （清）黃燮清編纂
（清）潘介繁襄校 （清）徐慶銓編次 （清）
張炳堃增訂 （清）諸可寶校勘 清同治十二
年(1873)刻本 八冊

350000－2042－0003730 813.8/449－1

國朝詞綜續編二十四卷 （清）黃燮清編纂
（清）潘介繁襄校 （清）徐慶銓編次 （清）
張炳堃增訂 （清）諸可寶校勘 清同治十二
年(1873)刻本 八冊

350000－2042－0003731 813.8/464

聽雨小樓詞稿二卷 （清）楊英燦撰 清光緒
十七年(1891)西溪草堂木活字印本 一冊

350000－2042－0003732 813.8/506

享帚詞四卷 （清）秦恩復撰 清道光二十五
年(1845)刻本 一冊

350000－2042－0003733 813.8/534

翠薇花館詞二十七卷 （清）戈載撰 清嘉慶
刻本 六冊

350000－2042－0003734 813.8/607

琴志樓叢書四十三種 易順鼎撰 清光緒刻
本 六冊 存十三種二十五卷(讀老札記二
卷、補遺一卷,淮南許註鉤沈一卷,楚頌亭詞
第四集一卷,出都詩錄一卷,吳篷詩錄一卷,
樊山沌水詩錄一卷,蜀船詩錄一卷,巴山詩錄
一卷,琹臺夢語一卷,摩圍閣詩二卷、詞二卷,
玉虛齋唱和詩一卷,吳社集四卷,鬖天影事譜
五卷)

350000－2042－0003735 813.8/741

陸仲子遺稿一卷 （清）陸震撰 清宣統楊世
沅抄本 一冊

350000－2042－0003736 813/113

詞壇妙品十卷 （清）張淵懿選定 （清）田茂
遇評 （清）錢芳標參閱 清宣統三年(1911)
小安樂書屋石印本 五冊

350000－2042－0003737 813/115

詞選二卷 （清）張惠言錄 續詞選二卷
(清)董毅續錄 附錄一卷 （清）鄭善長輯
清同治十一年(1872)會稽章氏刻本 一冊
存三卷(詞選二卷、附錄一卷)

350000－2042－0003738 813/252.01

詞綜三十八卷 （清）朱彝尊抄撰 （清）汪森
增定 （清）柯崇樸編次 （清）周篔辨譌 明
詞綜十二卷國朝詞綜四十八卷國朝詞綜二集
八卷 （清）王昶纂 清嘉慶刻本 十三冊
存九十八卷(詞綜三十八卷,明詞綜十二卷,
國朝詞綜一至三十二、四十一至四十八,國朝
詞綜二集八卷)

350000－2042－0003739 813/252.02

詞綜三十八卷 （清）朱彝尊抄撰 （清）汪森
增定 （清）柯崇樸編次 （清）周篔辨譌 清
刻本 四冊 存十五卷(七至二十一)

350000－2042－0003740 813/252.03

詞綜三十八卷 （清）朱彝尊抄撰 明詞綜十
二卷國朝詞綜四十八卷國朝詞綜二集八卷
(清)王昶纂 清光緒二十八年(1902)金匱浦
氏刻本 十六冊 存七十一卷(詞綜四至七、
十六至三十八,明詞綜十二卷,國朝詞綜一至
十九、三十至三十四、四十五至四十八,國朝

詞綜二集一至四）

350000 - 2042 - 0003741　813/281.01

小檀欒室彙刻閨秀詞十集一百種　徐乃昌輯
閨秀詞鈔十六卷補遺一卷　徐乃昌撰錄
清光緒二十一年至二十二年（1895 - 1896）南
陵徐氏刻本　十六冊　缺十七卷（閨秀詞鈔
十六卷、補遺一卷）

350000 - 2042 - 0003742　813/281.01 - 1

小檀欒室彙刻閨秀詞十集一百種　徐乃昌輯
閨秀詞鈔十六卷補遺一卷　徐乃昌撰錄
清光緒二十一年至二十二年（1895 - 1896）南
陵徐氏刻本　二十四冊　缺十七卷（閨秀詞
鈔十六卷、補遺一卷）

350000 - 2042 - 0003743　813/308

景刊宋金元明本詞四十種　吳昌綬輯　陶湘
續輯　清宣統三年至民國六年（1911 - 1917）
仁和吳氏雙照樓刻本　四十冊

350000 - 2042 - 0003744　813/308 - 1

景刊宋金元明本詞四十種　吳昌綬輯　陶湘
續輯　清宣統三年至民國六年（1911 - 1917）
仁和吳氏雙照樓刻本　三十二冊

350000 - 2042 - 0003745　813/308 - 2

景刊宋金元明本詞四十種　吳昌綬輯　陶湘
續輯　清宣統三年至民國六年（1911 - 1917）
仁和吳氏雙照樓刻民國六年至十二年（1917 -
1923）武進陶氏涉園續修本　七冊　存十種三
十卷（醉翁琴趣外篇六卷,晁氏琴趣外篇六
卷,酒邊集一卷,重校鶴山先生大全文集長短
句三卷,可齋雜藁詞四卷、續藁詞三卷,石屏
長短句一卷,梅屋詩餘一卷,知常先生雲山集
殘一卷,中州樂府一卷,精選名儒草堂詩餘三
卷）

350000 - 2042 - 0003746　813/311

紅雪詞甲集二卷乙集二卷詞餘一卷　（清）馮
雲鵬撰　清嘉慶十二年（1807）掃紅亭刻本
四冊

350000 - 2042 - 0003747　813/323

精選古今詩餘醉十五卷　（明）潘游龍選

（明）胡正言校　**精選國朝詩餘一卷**　（清）陳
淏選　清乾隆二十七年（1762）玉田齋刻本
六冊

350000 - 2042 - 0003748　813/342

廣緝詞隱先生增定南九宮詞譜二十六卷
（明）沈璟編　（明）沈自晉重定　（明）沈自
繼　（明）沈自友閱　清刻本　四冊

350000 - 2042 - 0003749　813/342 - 1

廣緝詞隱先生增定南九宮詞譜二十六卷
（明）沈璟編　（明）沈自晉重定　（明）沈自
繼　（明）沈自友閱　清刻本　四冊

350000 - 2042 - 0003750　813/441.1

五湖漁莊圖題詞四卷　（清）葉承桂輯　清咸
豐三年（1853）姑蘇吳青霞齋刻本　二冊

350000 - 2042 - 0003751　813/441.5

歷代詞腴二卷　（清）黃承勳輯　（清）李棨衡
校　**眠鷗集遺詞一卷**　（清）黃承勳撰　（清）
朱綬選　（清）戈載選校　清光緒十一年
（1885）刻本　一冊

350000 - 2042 - 0003752　813/444.4

詞苑英華七種　（明）毛晉輯　明海虞毛氏汲
古閣刻清乾隆十七年（1752）曲溪洪振珂重印
本　十二冊

350000 - 2042 - 0003753　813/444.4 - 1

詞苑英華七種　（明）毛晉編　明海虞毛氏汲
古閣刻清乾隆十七年（1752）曲溪洪振珂重印
本　四冊　存三種十卷（草堂詩餘四卷、詞林
萬選四卷、尊前集二卷）

350000 - 2042 - 0003754　813/607

四印齋所刻詞二十種附彙刻宋元三十一家詞
　（清）王鵬運輯　清光緒十四年（1888）臨桂
王氏家塾刻本　七冊　存十種三十二卷（詞
林正韻三卷、發凡一卷,陽春集一卷、補遺一
卷,東山寓聲樂府一卷,東山寓聲樂府補鈔一
卷,天籟集二卷,蟻術詞選四卷,花間集十卷,
精選名賢詞話草堂詩餘二卷,清真集二卷、集
外詞一卷,蕭閑老人明秀集注一至三）

350000 - 2042 - 0003755　813/757

新鐫古今大雅南宮詞紀六卷北宮詞紀六卷
(明)陳所聞粹選 (明)陳邦泰輯次 明萬曆
刻本 十二冊

350000－2042－0003756 813/757－1

新鐫古今大雅南宮詞紀六卷北宮詞紀六卷
(明)陳所聞粹選 (明)陳邦泰輯次 明萬曆
刻本 六冊 存六卷(新鐫古今大雅南宮詞
紀六卷)

350000－2042－0003757 814.2/109

霓裳文藝全譜四卷 (清)王慶華校 清光緒
二十二年(1896)石印本 四冊

350000－2042－0003758 814.2/202

雙忽雷本事一卷 劉世珩輯 清宣統三年
(1911)貴池劉氏石印本 一冊

350000－2042－0003759 814.2/245

納書楹玉茗堂四夢曲譜八卷正集四卷外集二
卷續集四卷補遺四卷 (清)葉堂訂譜 (清)
王文治參訂 清乾隆五十七年至五十九年
(1792－1794)葉氏納書楹刻本 二十二冊

350000－2042－0003760 814.2/343

度曲須知二卷 (明)沈寵綏撰 明崇禎十二
年(1639)沈寵綏刻清順治六年(1649)沈標重
修本 二冊

350000－2042－0003761 814.2/361

遏雲閣曲譜初集不分卷 (清)王錫純輯 清
光緒十九年(1893)鉛印本 十二冊

350000－2042－0003762 814.2/372

新刻陰陽寶扇八集八十卷 (清)梁紹仁訂
清末廣東以文堂刻本 八冊

350000－2042－0003763 814.2/803

庶幾堂今樂初集十六種二集十二種 (清)余
治撰 清光緒六年(1880)刻本 十六冊

350000－2042－0003764 814.2/832

繪圖綴白裘十二集四十八卷 題(清)玩花主
人輯 (清)錢德蒼增輯 清光緒三十四年
(1908)萃香社石印本 十二冊

350000－2042－0003765 814.26/006

鏡香園毛聲山評第七才子書十二卷首一卷
(元)高明撰 (清)毛宗崗評 清金陵聚錦堂
刻本 六冊

350000－2042－0003766 814.26/103

增像第六才子書六卷 (元)王德信撰 (清)
金人瑞評 清光緒二十七年(1901)上海書局
石印本 一冊

350000－2042－0003767 814.26/103.01

增像第六才子書五卷首一卷 (元)王德信撰
清末石印本 一冊

350000－2042－0003768 814.27/114

白雪齋選訂樂府吳騷合編四卷衡曲麈譚一卷
(明)張楚叔選輯 (明)張旭初刪訂 曲律
一卷 (明)魏良輔撰 明末刻本 四冊

350000－2042－0003769 814.27/128

東郭記二卷四十四齣 (明)孫鍾齡編 清初
致和堂刻本 二冊

350000－2042－0003770 814.28/129.12

桃花扇傳奇四卷四十齣 (清)孔尚任撰 清
乾隆西園刻本 六冊

350000－2042－0003771 814.28/397

異方便淨土傳燈歸元鏡三祖實錄二卷 (清)
釋智達拈頌 (清)釋德日閱錄 清乾隆刻本
四冊

350000－2042－0003772 814.28/401

一笠菴新編一捧雪傳奇二卷三十齣 (清)李
玉筆 清乾隆刻本 一冊

350000－2042－0003773 814.28/440

倚晴樓七種曲(韻珊外集) (清)黃燮清填詞
清道光至同治刻本 六冊

350000－2042－0003774 814.28/440－1

倚晴樓七種曲(韻珊外集) (清)黃燮清填詞
清道光至同治刻本 一冊 存二種二卷
(鴛鴦鏡一卷、凌波影一卷)

350000－2042－0003775 814.28/444.1

紅雪樓九種曲(清容外集) (清)蔣士銓填詞
清乾隆紅雪樓刻本 八冊

350000－2042－0003776　814.28/444.2

紅雪樓九種曲（清容外集）　（清）蔣士銓填詞
清乾隆紅雪樓刻本　二十冊

350000－2042－0003777　814.28/444.2－1

紅雪樓九種曲（清容外集）　（清）蔣士銓填詞
清乾隆紅雪樓刻本　三冊　存二種四卷
（空谷香傳奇二卷、桂林霜二卷）

350000－2042－0003778　814.28/449

**納書楹玉茗堂四夢曲譜八卷正集四卷外集二
卷續集四卷補遺四卷**　（清）葉堂訂譜　（清）
王文治參訂　清乾隆五十七年至五十九年
（1792－1794）葉氏納書楹刻本　二十二冊

350000－2042－0003779　814.28/723

小蓬萊傳奇十種　（清）劉清韻撰　（清）錢梅
坡校訂　清光緒二十六年（1900）上海藻文堂
石印本　六冊

350000－2042－0003780　814.28/759

玉獅堂傳奇十種　（清）陳烺撰　清光緒十七
年（1891）徐光瑩刻本　十冊

350000－2042－0003781　814.4/004

忘機子新編天水遺聞八卷　（□）□□撰　清
抄本　十六冊

350000－2042－0003782　814.4/154

新刻陳世美三官堂琵琶記全本四卷　（□）
□□撰　清末德文堂刻本　一冊

350000－2042－0003783　814.4/608

新刻四美同心金鈿記十二卷　（清）□□撰
清末刻本　四冊

350000－2042－0003784　814.7/116

玉茗堂四種傳奇八卷　（明）湯顯祖撰　清刻
本　十冊

350000－2042－0003785　814.7/283

四聲猿四卷　（明）徐渭撰　題（明）澂道人評
明末刻本　一冊

350000－2042－0003786　814.8/102

滄桑艷二卷　丁傳靖填詞　清光緒三十四年
（1908）刻本　一冊

350000－2042－0003787　814.8/346.2

桃花扇四卷四十齣　（清）孔尚任撰　清光緒
蘭雪堂刻本　四冊

350000－2042－0003788　814.8/444

紅雪樓九種曲（清容外集）　（清）蔣士銓填詞
清乾隆紅雪樓刻本　六冊

350000－2042－0003789　814.8/445

石榴記傳奇四卷　（清）黃振填詞　清乾隆三
十七年（1772）柴灣村舍刻本　一冊

350000－2042－0003790　814/007

繡像說唱麒麟豹傳十卷六十回　（清）陸士珍
編撰　題（清）廢閑主人重編　清道光二年
（1822）刻本　九冊　存九卷（一至八、十）

350000－2042－0003791　814/100.93

董解元西廂記四卷　（金）董□□撰　清末暖
紅室刻本　二冊

350000－2042－0003792　814/100.9301

董解元西廂記四卷　（金）董□□撰　清末暖
紅室刻本　一冊　存二卷（一至二）

350000－2042－0003793　814/100.93－1

董解元西廂記四卷　（金）董□□撰　清末暖
紅室刻本　二冊

350000－2042－0003794　814/100.95

貫華堂第六才子書西廂記八卷　（元）王德信
撰　（清）金人瑞評　清刻本　六冊

350000－2042－0003795　814/100.965

拯西廂二十四齣　（清）周坦改定　清抄本
二冊

350000－2042－0003796　814/102

此宜閣增訂金批西廂四卷首一卷末一卷
（元）王德信撰　（清）金人瑞評　清光緒二年
（1876）如是山房刻朱墨套印本　五冊　存五
卷（二至四、首一卷、末一卷）

350000－2042－0003797　814/223

倭袍傳十二卷一百回　（清）海芝濤撰　清抄
本　十九冊　存九十五回（一至九十五）

350000－2042－0003798　814/300

審音鑒古錄不分卷 （清）□□編 清道光十四年(1834)王繼善刻本 八冊

350000 – 2042 – 0003799 814/403

笠翁十種曲 （清）李漁編次 清康熙世德堂刻本 二十冊

350000 – 2042 – 0003800 814/403 – 1

笠翁十種曲 （清）李漁編次 清康熙世德堂刻本 二十冊

350000 – 2042 – 0003801 814/440.1

倚晴樓七種曲(韻珊外集) （清）黃燮清填詞 清道光刻本 五冊 存四種六卷(茂陵絃二卷、帝女花二卷、鴛鴦鏡一卷、淩波影一卷)

350000 – 2042 – 0003802 814/440.1(1)

帝女花二卷 （清）黃燮清填詞 （清）查仲誥正譜 清道光十三年(1833)刻倚晴樓七種曲本 二冊

350000 – 2042 – 0003803 814/448.2

勸善金科二十卷首一卷 （清）張照等撰 清乾隆內府刻五色套印本 三十六冊

350000 – 2042 – 0003804 814/664.1

鶴歸來傳奇二卷 （清）瞿頡撰 （清）周昂評點 清末刻本 四冊

350000 – 2042 – 0003805 814/678.1

繡像落金扇全傳八卷五十回 題(清)吹竽先生撰 清同治十二年(1873)刻本 八冊

350000 – 2042 – 0003806 814/753.1

繡像芙蓉洞全傳十卷四十回 （清）陳遇乾撰 （清）陳士奇評論 （清）俞秀山校閱 清道光十六年(1836)刻本 十冊

350000 – 2042 – 0003807 814/753.1 – 1

繡像芙蓉洞全傳十卷四十回 （清）陳遇乾撰 （清）陳士奇評論 （清）俞秀山校閱 清道光十六年(1836)刻本 十冊

350000 – 2042 – 0003808 814/753.1 – 2

繡像芙蓉洞全傳十卷四十回 （清）陳遇乾撰 （清）陳士奇評論 （清）俞秀山校閱 清道光十六年(1836)刻本 十冊

350000 – 2042 – 0003809 814/777.1

繡像鳳凰圖六卷三十六回 （□）□□撰 清同治三年(1864)味蘭軒刻本 六冊

350000 – 2042 – 0003810 815.07/317

顧氏明朝四十家小說 （明）顧元慶輯 明嘉靖十八年至二十年(1539 – 1541)顧氏大石山房刻本 二十冊

350000 – 2042 – 0003811 815.08/408

古今說部叢書十集二百六十六種 （清）國學扶輪社輯 清宣統至民國國學扶輪社鉛印本 五十九冊

350000 – 2042 – 0003812 815.08/408.01

古今說部叢書十集二百六十六種 （清）國學扶輪社輯 清宣統至民國國學扶輪社鉛印本 六十冊

350000 – 2042 – 0003813 815.08/744

古今說海一百三十五種 （明）陸楫輯 清道光元年(1821)苕溪邵氏酉山堂刻本 二十四冊

350000 – 2042 – 0003814 815.08/754

唐人說薈二十卷 （清）陳世熙輯 清乾隆五十七年(1792)挹秀軒刻本 二十冊

350000 – 2042 – 0003815 815.1/473.1 – 3

禹貢錐指二十卷圖一卷略例一卷 （清）胡渭撰 清康熙四十四年(1705)漱六軒刻本 十二冊

350000 – 2042 – 0003816 815.2/081.211

評論出像水滸傳二十卷七十回 （元）施耐庵撰 清刻本 二十冊

350000 – 2042 – 0003817 815.2/081.23

第五才子書十二卷一百二十四回 （元）施耐庵撰 （清）金人瑞批評 清貫華堂刻本 六冊

350000 – 2042 – 0003818 815.2/201

新刻繡像花月夢八卷五十八回 題(清)香雪山樵撰 清光緒三十年(1904)奇書小說報館石印本 三冊 存六卷(三至八)

350000－2042－0003819　815.2/274

義俠好逑傳四卷十八回　題(清)名教中人編次　題(清)游方外客批評　清刻本　四冊

350000－2042－0003820　815.2/442

新刻天花藏批評平山冷燕四卷二十回　題(清)荻岸散人編　清丹桂堂刻本　三冊　存三卷(一、三至四)

350000－2042－0003821　815.2/442－1

新刻天花藏批評平山冷燕四卷二十回　題(清)荻岸散人編　清丹桂堂刻本　一冊　存一卷(三)

350000－2042－0003822　815.2/470

五美緣全傳八卷八十回　題(清)觀奕道人編輯　清光緒八年(1882)六合堂刻本　七冊　存七卷(一至七)

350000－2042－0003823　815.2/832

增訂精忠演義說本全傳二十卷八十回　(清)錢彩編次　(清)金豐增訂　清光緒二十八年(1902)郁文堂刻本　二冊　存十卷(一至十)

350000－2042－0003824　815.3/101

紅樓夢評贊不分卷附刻四種　(清)王希廉輯　清光緒二年(1876)刻本　四冊

350000－2042－0003825　815.3/728.001

世說新語補二十卷　(南朝宋)劉義慶撰　(南朝梁)劉孝標注　(南朝宋)劉應登評　(明)何良俊增　(清)黃汝琳補訂　清乾隆二十七年(1762)黃汝琳茂清書屋刻本　十冊

350000－2042－0003826　815.3/728.012

世說新語六卷附一卷　(南朝宋)劉義慶撰　(南朝梁)劉孝標注　清光緒十七年(1891)思賢講舍刻本　四冊

350000－2042－0003827　815.3/801.02

增評加批金玉緣圖說十二卷一百二十回首一卷　(清)曹霑撰　(清)高鶚續撰　題(清)蝶薌仙史評訂　清光緒三十二年(1906)石印本　十六冊

350000－2042－0003828　815.3/801.03

350000－2042－0003828　815.3/801.03

增評補像全圖金玉緣一百二十回　(清)曹霑撰　(清)高鶚續　清光緒三十四年(1908)求不負齋石印本　十六冊

350000－2042－0003829　815.3/801.04

增評加批金玉緣圖說十二卷一百二十回首一卷　(清)曹霑撰　(清)高鶚續撰　題(清)蝶薌仙史評訂　清末石印本　三冊　存十二卷(一至十一、首一卷)

350000－2042－0003830　815.8/105

通天樂十二種　(清)石成金撰　清刻本　二冊

350000－2042－0003831　815.8/275

爭春園全傳四十八回　(清)□□撰　清刻本　七冊　存四十三回(六至四十八)

350000－2042－0003832　815.8/403

皋鶴堂批評第一奇書金瓶梅一百回　題(明)蘭陵笑笑生撰　(清)張竹坡批評　清康熙三十四年(1695)刻本　十三冊　存四十三回(十六至十九、三十四至五十二、五十五至五十七、六十一至七十七)

350000－2042－0003833　815/076.1

繡像永慶昇平二十四卷九十七回　(清)姜振名　哈輔源演說　(清)郭廣瑞編訂　清光緒鉛印本　六冊

350000－2042－0003834　815/076.101

繡像永慶昇平後傳六卷一百回　題(清)貪夢道人撰　清光緒二十年(1894)上海書局石印本　六冊

350000－2042－0003835　815/076.102

繡像永慶昇平二十四卷九十七回　(清)姜振名　哈輔源演說　(清)郭廣瑞編訂　清光緒二十一年(1895)石印本　六冊

350000－2042－0003836　815/076.103

新刊繡像全圖永慶昇平前傳二十四卷九十七回後傳二十五卷一百回　題(清)貪夢道人撰　清光緒二十九年(1903)上海簡青書局石印本　六冊　存二十五卷(後傳二十五卷)

350000－2042－0003837　815/088.7

繪圖施公案十集四十二卷五百四十回 （□）
□□撰　清光緒二十九年(1903)上海書局石
印本　二十二冊

350000－2042－0003838　815/097

葛仙翁全傳四卷十六回　題（清）諸粵山人撰
清道光元年(1821)集古居刻本　四冊

350000－2042－0003839　815/101.251

皐鶴堂批評第一奇書金瓶梅一百回　題（明）
蘭陵笑笑生撰　（清）張竹坡批評　清康熙三
十四年(1695)刻本　三十六冊

350000－2042－0003840　815/102.94

瑤華傳十一卷四十二回　（清）丁秉仁撰
（清）真閬仙評　清道光十八年(1838)刻本
六冊　存五卷(一至五)

350000－2042－0003841　815/102.96

**新鐫異說五虎平西珍珠旗演義狄青前傳十四
卷一百二十回新鐫後續繡像五虎平南狄青演
傳六卷四十二回**　（清）□□撰　清道光十六
年(1836)刻本　十四冊　存十四卷(新鐫異
說五虎平西珍珠旗演義狄青前傳十四卷)

350000－2042－0003842　815/103.83

第六才子書八卷　（元）王德信撰　（清）金人
瑞評　清刻本　三冊　存三卷(四至六)

350000－2042－0003843　815/103.84

槐蔭堂第六才子書八卷附才子西廂文一卷
（元）王德信撰　（清）金人瑞評點　清刻本
六冊

350000－2042－0003844　815/104.1

**快心編初集五卷十回二集五卷十回三集六卷
十二回**　題（清）天花才子編輯　題（清）四橋
居士評點　清課花書屋刻本　十一冊

350000－2042－0003845　815/104.2

繪圖度世金繩四卷二十回　題（清）天花藏犖
編　（清）劉修元翻刻校訂　清刻本　四冊

350000－2042－0003846　815/104.201

續金瓶梅十二卷六十四回　（清）丁耀亢撰

清刻本　八冊　存八卷(一至四、九至十二)

350000－2042－0003847　815/104.202

野叟曝言二十卷一百五十四回　（清）夏敬渠
撰　清光緒八年(1882)鉛印本　二十冊

350000－2042－0003848　815/105

雨花香四十種　（清）石成金撰　清刻本　三
冊

350000－2042－0003849　815/106.2

繡像漢宋奇書六十卷　（清）金人瑞撰　清刻
本　二十冊

350000－2042－0003850　815/107

新刻平閩全傳六卷五十二回　（清）□□撰
清光緒十一年(1885)泉州郁文堂刻本　六冊

350000－2042－0003851　815/107.2

三國因一卷　題（清）醉月山人編　清末刻本
一冊

350000－2042－0003852　815/107.5

醒世姻緣傳一百回　題（清）西周生輯撰　題
（清）然藜子校定　清初刻本　十二冊

350000－2042－0003853　815/111.9

**新鐫玉茗堂批評按鑑參補南宋志傳十卷五十
回**　題（明）研石山樵訂正　清刻本　十冊

350000－2042－0003854　815/111.91

**新鐫玉茗堂批評按鑑參補繡像南宋志小飛龍
傳十卷五十回**　題（明）研石山樵訂正　題
（明）織里畸人校閱　清末刻本　六冊

350000－2042－0003855　815/112.6

新刻天花藏批評玉嬌梨四卷二十回　題（清）
荻岸散人編次　清右文堂刻本　四冊

350000－2042－0003856　815/121

**繡像海上繁華夢新書初集六卷三十回二集六
卷三十回**　（清）孫家振撰　清光緒二十九年
(1903)笑林報館鉛印本　十二冊

350000－2042－0003857　815/126.3

玉如意全傳六卷十六回　（清）嚴振先編　清
孫曉莊刻本　八冊

350000－2042－0003858　815/204.1

再造天十六卷十六回　（清）侯香葉撰　清同治八年(1869)香葉閣刻本　八冊

350000－2042－0003859　815/204.1－1

再造天十六卷十六回　（清）侯香葉撰　清同治八年(1869)香葉閣刻本　八冊

350000－2042－0003860　815/211

繪圖說岳全傳八卷八十回　（清）錢彩撰　清光緒三十二年(1906)上海商務印書館鉛印本　二冊

350000－2042－0003861　815/214

繡像批點紅樓夢一百二十回　（清）曹霑撰　清刻本　二十冊

350000－2042－0003862　815/214.06

後紅樓夢三十二卷首一卷　（清）□□撰　清刻本　八冊

350000－2042－0003863　815/214.07

後紅樓夢三十二卷首一卷　（清）□□撰　清刻本　十二冊

350000－2042－0003864　815/222.1

後紅樓夢三十回又二卷附世系表一卷前書事畧一卷　（清）□□撰　清刻本　十二冊

350000－2042－0003865　815/222.2

繪圖仙卜奇緣全傳八卷四十回　（□）□□撰　清宏文局石印本　四冊

350000－2042－0003866　815/261.41

西遊真詮一百回　（明）吳承恩撰　（清）陳士斌詮解　清乾隆四十五年(1780)刻本　二十冊

350000－2042－0003867　815/261.42

新說西遊記一百回　（明）吳承恩撰　（清）張書紳注　清光緒十四年(1888)邗江味潛齋石印本　八冊

350000－2042－0003868　815/272

繡像綠牡丹全傳六卷六十四回　（□）□□撰　清道光二十七年(1847)經綸堂刻本　六冊

350000－2042－0003869　815/283.1

繡像京本雲合奇蹤玉茗英烈全傳十卷八十回　（明）徐渭編　清經國堂刻本　六冊

350000－2042－0003870　815/302.2

安邦誌二十卷　題（清）學海主人撰　清刻本　三十二冊

350000－2042－0003871　815/302.21

安邦誌二十卷定國誌二十卷　題（清）學海主人撰　清刻本　六十四冊

350000－2042－0003872　815/302.2－1

安邦誌二十卷　題（清）學海主人撰　清刻本　二十冊

350000－2042－0003873　815/302.21－1

安邦誌二十卷定國誌二十卷　題（清）學海主人撰　清刻本　三十二冊　存二十卷(安邦誌二十卷)

350000－2042－0003874　815/305

新刻鍾無豔娘娘全集六集六十四卷　題（清）守拙主人訂　清五經樓刻本　十二冊

350000－2042－0003875　815/313.01

坐花誌果八卷　（清）汪道鼎撰　清光緒三年(1877)刻本　四冊

350000－2042－0003876　815/313.011

音釋坐花誌果八卷　（清）汪道鼎撰　題（清）鶯峰樵者音釋　清光緒十四年(1888)廣百宋齋刻本　二冊

350000－2042－0003877　815/313.0111

音釋坐花誌果八卷　（清）汪道鼎撰　題（清）鶯峰樵者音釋　清光緒四年(1878)刻本　四冊

350000－2042－0003878　815/314.1

警世通言四十卷　（明）馮夢龍編　題（明）可一居士評　明天啓四年(1624)三桂堂刻本　一冊　存三卷(一至三)

350000－2042－0003879　815/314.12

東周列國全志二十三卷一百八回　（明）余邵魚撰　（清）蔡奡評　清光緒十九年(1893)澹雅書局刻本　二十四冊

350000 - 2042 - 0003880　815/314.13

東周列國全志二十三卷一百八回　（明）余邵
魚撰　（清）蔡奡評　清刻本　二十四冊

350000 - 2042 - 0003881　815/314.131

東周列國全志二十三卷一百八回　（明）余邵
魚撰　（清）蔡奡評　清刻本　十二冊

350000 - 2042 - 0003882　815/314.3

情史類略二十四卷　題（明）詹詹外史評輯
清嘉慶十四年（1809）刻本　十二冊

350000 - 2042 - 0003883　815/401.101

太平廣記五百卷目錄十卷　（宋）李昉等編
清道光二十六年（1846）刻本　六十冊

350000 - 2042 - 0003884　815/401.5

夢中緣四卷十五回　（清）李修行撰　清光緒
崇德堂刻本　四冊

350000 - 2042 - 0003885　815/402.05

官場現形記五編六十卷　（清）李伯元著
（清）歐陽淦增注　清宣統元年（1909）崇本堂
石印本　十七冊

350000 - 2042 - 0003886　815/403.03

圖像鏡花緣二十卷一百回首一卷　（清）李汝
珍撰　清光緒二十一年（1895）文盛書局鉛印
本　六冊

350000 - 2042 - 0003887　815/403.031

圖像鏡花緣二十卷一百回首一卷　（清）李汝
珍撰　清光緒十七年（1891）上海廣百宋齋鉛
印本　六冊

350000 - 2042 - 0003888　815/403.032

圖像鏡花緣二十卷一百回首一卷　（清）李汝
珍撰　清光緒十六年（1890）上海廣百宋齋鉛
印本　六冊

350000 - 2042 - 0003889　815/403.5

**新鐫玉茗堂批評按鑑參補南宋志傳十卷五十
回**　題（明）研石山樵訂正　題（明）織里畸人
校閱　清武林鴻文堂刻本　五冊

350000 - 2042 - 0003890　815/404

新評龍圖神斷公案十卷　（□）□□撰　（明）

李贄評　清乾隆四十年（1775）書業堂刻本
四冊

350000 - 2042 - 0003891　815/405.41

原本海公大紅袍傳六十卷六十回　（明）李春
芳編次　清道光二年（1822）書業堂刻本　六
冊

350000 - 2042 - 0003892　815/406

金鐘傳八卷六十四回　題（清）正一子　（清）
克明子撰　題（清）天香居士注解　清光緒二
十二年（1896）樂善堂刻本　八冊

350000 - 2042 - 0003893　815/441.94

**新刻真本唱口雙珠球全傳（增像繪圖雙珠球）
十二卷四十九回**　（清）黃子貞撰　清光緒三
年（1877）鉛印本　六冊

350000 - 2042 - 0003894　815/441.941

**新刻真本唱口雙珠球全傳（增像繪圖雙珠球）
十二卷四十九回**　（清）黃子貞撰　清末至民
國鉛印本　三冊　存五卷（六至十）

350000 - 2042 - 0003895　815/442

南史演義三十二卷　（清）杜綱編次　（清）許
寶善批評　（清）譚載華校訂　清刻本　四冊
存十六卷（十七至三十二）

350000 - 2042 - 0003896　815/443.9

嶺南逸史二十八回　（清）黃巖編次　題（清）
醉園狂客評　清刻本　八冊

350000 - 2042 - 0003897　815/449

兒女英雄傳評話八卷四十回　（清）文康撰
（清）董恂評　清末至民國初年石印本　一冊
存一卷（二）

350000 - 2042 - 0003898　815/463.2

說唐前傳十卷六十八回　題（清）如蓮居士編
次　題（清）巖野山人校正　清乾隆元年
（1736）文林堂刻本　六冊

350000 - 2042 - 0003899　815/464.1

說唐小英雄二卷十六回　（清）如蓮居士編
次　清刻本　一冊

350000 - 2042 - 0003900　815/464.3

忠孝節義二度梅全傳(新刻二度梅奇説全集)
六卷四十回　題(清)惜蔭堂主人編　清光緒
十七年(1891)文成堂刻本　六冊

350000－2042－0003901　815/469

新編意中情後集想當然全傳二十卷　(清)姚
袁昭撰　清末浙杭大順堂刻本　四冊

350000－2042－0003902　815/481

英雲夢傳八卷　題(清)九容樓主人松雲氏撰
　題(清)掃花頭陀剩齋氏評　清道光元年
(1821)綠蔭堂刻本　八冊

350000－2042－0003903　815/484.2

梅花韻全傳十卷四十二回　(清)□□撰　清
刻本　十冊

350000－2042－0003904　815/551.032

紅樓夢圖詠不分卷　(清)改琦繪　(清)李筠
香輯　題(清)淮浦居士重編　清光緒五年
(1879)刻本　四冊

350000－2042－0003905　815/551.0321

紅樓夢圖詠不分卷　(清)改琦繪　(清)李筠
香輯　題(清)淮浦居士重編　清光緒五年
(1879)刻本　四冊

350000－2042－0003906　815/551.032－1

紅樓夢圖詠不分卷　(清)改琦繪　(清)李筠
香輯　題(清)淮浦居士重編　清光緒五年
(1879)刻本　四冊

350000－2042－0003907　815/551.081

紅樓夢一百二十卷　(清)曹霑撰　(清)高鶚
續撰　(清)王希廉評　清道光十二年(1832)
刻本　二十四冊

350000－2042－0003908　815/551.082

紅樓夢一百二十卷　(清)曹霑撰　(清)高鶚
續撰　(清)王希廉評　清光緒三年(1877)刻
本　二十四冊

350000－2042－0003909　815/551.082－1

紅樓夢一百二十卷　(清)曹霑撰　(清)高鶚
續撰　(清)王希廉評　清光緒三年(1877)刻
本　二十四冊

350000－2042－0003910　815/602.4

中國新女豪十六回　題(清)思綺齋撰　清光
緒三十三年(1907)上海集成圖書公司鉛印本
　一冊

350000－2042－0003911　815/604.01

新刻全像三寶太監西洋記通俗演義二十卷一
百回　(明)羅懋登編次　明萬曆二十五年
(1597)三山道人刻清初步月樓重修本　二十
冊

350000－2042－0003912　815/604.011/N

新刻三寶太監西洋記通俗演義二十卷一百回
　(明)羅懋登編次　清光緒七年(1881)上海
申報館鉛印本　十冊

350000－2042－0003913　815/605

精訂綱鑑廿四史通俗衍義二十六卷四十四回
　(清)呂撫輯　清光緒十五年(1889)上海廣
百宋齋鉛印本　六冊

350000－2042－0003914　815/607.2

映旭齋增訂北宋三遂平妖全傳十八卷四十回
　(明)羅貫中撰　(明)馮夢龍增定　清刻本
六冊

350000－2042－0003915　815/607.201

映旭齋增訂北宋三遂平妖全傳十八卷四十回
　(明)羅貫中撰　(明)馮夢龍增定　清刻本
二冊　存十二卷(七至十八)

350000－2042－0003916　815/607.5

繡像漢宋奇書六十卷　(清)金人瑞撰　清興
賢堂刻本　二十四冊

350000－2042－0003917　815/607.6

四大奇書第一種六十卷一百二十回　(明)羅
貫中撰　(清)毛宗崗評　清順治元年(1644)
刻本　二十四冊

350000－2042－0003918　815/718.1

新鐫古本批評繡像三世報隔簾花影四十八回
　題(清)四橋居士撰　清刻本　十六冊

350000－2042－0003919　815/742.1

林蘭香八卷六十四回　題(清)隨緣下士編輯

题(清)寄旅散人評點　清末刻本　八册

350000－2042－0003920　815/753

雪月梅傳十卷五十回　(清)陳朗編輯　(清)董孟汾評釋　(清)邵松年校定　清乾隆四十年(1775)刻本　十册

350000－2042－0003921　815/754.1

品花寶鑑六十回　(清)陳森撰　清刻本　二十册

350000－2042－0003922　815/777.6

鳳凰山七十二卷　(清)□□撰　清兩儀堂刻本　三十六册

350000－2042－0003923　815/804.2

今古奇觀四十卷　題(明)抱甕老人輯　清光緒十四年(1888)上海珍藝書局鉛印本　八册

350000－2042－0003924　815/804.21

今古奇觀八卷四十回　題(明)抱甕老人輯　清刻本　四册

350000－2042－0003925　815/883

新刻粉妝樓傳記八卷八十回　題(清)竹溪山人撰　清大文堂刻本　六册

350000－2042－0003926　815/883.01

新刻粉妝樓傳記八卷八十回　題(清)竹溪山人撰　清光緒十九年(1893)泰山堂刻本　八册

350000－2042－0003927　816.7/101

明人尺牘選四卷　(清)王元勳　(清)程化淥輯　清康熙四十四年(1705)碧雲樓刻本　二册

350000－2042－0003928　816.8/264

國朝名人書札二卷　吳增祺編　清宣統元年(1909)上海商務印書館鉛印本　一册　存一卷(一下)

350000－2042－0003929　816.8/723

滋園粵游尺牘四卷　(清)劉家柱撰　清同治九年(1870)刻本　二册

350000－2042－0003930　816.8/770

賴古堂尺牘新鈔二選藏弆集十六卷三選結鄰集十六卷　(清)周亮工輯　(清)周在梁(清)周在浚　(清)周在延鈔　清道光十九年(1839)刻本　十册

350000－2042－0003931　816.8/806

曾文正公書札三十三卷　(清)曾國藩撰　清末刻本　十六册

350000－2042－0003932　816.8/806.01

曾文正公書札三十三卷　(清)曾國藩撰　清末藍印本　十六册

350000－2042－0003933　816.8/806.2

曾文正公家書十卷　(清)曾國藩撰　清末至民國初年鉛印本　十册

350000－2042－0003934　816.8/806.201

曾文正公家書十卷　(清)曾國藩撰　清末至民國初年鉛印本　二册　存四卷(三至四、七至八)

350000－2042－0003935　816.8/806.211

曾文正公家訓二卷　(清)曾國藩撰　清末至民國初年鉛印本　二册

350000－2042－0003936　816.8/806.3

精印原本八賢手札不分卷　(清)郭慶藩輯　清光緒三十四年(1908)上洋海左書局石印本　四册

350000－2042－0003937　816.8/807

翁松禪手札不分卷　(清)翁同龢書　清光緒三十四年(1908)石印本　十册

350000－2042－0003938　816.9/302

宦鄉要則不分卷　(清)張鑒瀛輯　清光緒八年(1882)春竹軒刻本　二册

350000－2042－0003939　816/271

歸錢尺牘五卷　(清)顧械編　清康熙三十八年(1699)江蘇常熟顧械如月樓刻本　四册

350000－2042－0003940　816/447

翼教叢編七卷　(清)蘇輿輯　清光緒二十五年(1899)上海書局石印本　四册

350000－2042－0003941　816/774

賴古堂名賢尺牘新鈔十二卷　(清)高阜

(清)羅耀選　(清)周在浚　(清)周在梁鈔
　清宣統元年(1909)上海賴古堂鉛印子才新
　舊叢刻本　七冊

350000－2042－0003942　817.05/107

困學紀聞注二十卷　(宋)王應麟撰　(清)閻
若璩　(清)何焯等注　(清)屠繼序校補
(清)翁元圻輯　清道光五年(1825)刻本　十
二冊

350000－2042－0003943　817.08/104

野客叢書三十卷附野老紀聞一卷　(宋)王楙
撰　明刻本(卷十四至十七補配抄本)　八冊

350000－2042－0003944　817.08/104－1

野客叢書三十卷附野老紀聞一卷　(宋)王楙
撰　明刻本　六冊

350000－2042－0003945　817.08/261

說鈴抄八卷　題(清)曉樓主人刪訂　清刻本
八冊

350000－2042－0003946　817.08/774

快書五十卷　(明)閔景賢纂　(明)何偉然訂
明天啓六年(1626)刻本　十六冊

350000－2042－0003947　817.8/100

後村雜著三卷　(清)王文治撰　清康熙四十
七年(1708)刻本　三冊

350000－2042－0003948　817/000.4

唐詩紀事纂八卷　(□)□□撰　清抄本　二
冊

350000－2042－0003949　817/003

稗海十函七十種　(明)商濬輯　明萬曆商氏
半埜堂刻清康熙振鷺堂補刻本　八十冊　缺
三種十卷(宣室志二卷,補遺一卷,癸辛雜識
前集一卷、後集一卷、續集二卷、別集二卷,山
房隨筆一卷)

350000－2042－0003950　817/003.3

蕉軒隨錄十二卷續錄二卷　(清)方濬師撰
清同治十一年(1872)退一步齋刻本　十四冊

350000－2042－0003951　817/003.31

退一步齋文集四卷詩集十六卷蕉軒續錄二卷

(清)方濬師撰　呂景端編校　清光緒十八
年(1892)武進徐崇葉鉛印本　六冊　存六卷
(退一步齋文集四卷、蕉軒續錄二卷)

350000－2042－0003952　817/012

雙研齋筆記五卷　(清)鄧廷楨撰　清光緒二
十二年(1896)刻本　八冊

350000－2042－0003953　817/013

耕餘瑣聞八集　(清)龔泩撰　清同治十一年
(1872)刻本　八冊

350000－2042－0003954　817/014.1

中吳紀聞六卷　(宋)龔明之紀　(明)毛晉校
刊　(明)毛扆再校　明末虞山毛氏汲古閣刻
本　四冊

350000－2042－0003955　817/043.3

五雜俎十六卷　(明)謝肇淛撰　明刻本　八
冊

350000－2042－0003956　817/043/N

長溪瑣語一卷　(明)謝肇淛輯　清抄本　一
冊

350000－2042－0003957　817/045

讀史隨筆不分卷　(清)□□撰　清初抄本
三冊

350000－2042－0003958　817/072

蘇米譚史廣六卷　(明)郭化輯　(明)徐日昌
閱　(明)胡正言校　明刻煙雨山房叢刊本
四冊

350000－2042－0003959　817/084.2

珊瑚舌雕談初筆八卷　(清)許起撰　清光緒
十一年(1885)蝦園王氏木活字印本　四冊

350000－2042－0003960　817/085

里乘十卷　(清)許奉恩撰　清光緒五年
(1879)常熟抱芳閣刻本　十冊

350000－2042－0003961　817/085－1

里乘十卷　(清)許奉恩撰　清光緒五年
(1879)常熟抱芳閣刻本　六冊

350000－2042－0003962　817/088

續省身鑑二卷　(清)施鍾德輯　清光緒十七

年(1891)勸戒堂刻本　一冊

350000－2042－0003963　817/088.2
古今說海一百三十五種　（明）陸楫輯　明嘉
靖二十三年(1544)雲間陸氏儼山書院刻本
四冊　存二十種二十二卷(漢武故事一卷、艮
嶽記一卷、青溪寇軌一卷、煬帝海山記一卷、
煬帝迷樓記一卷、煬帝開河記一卷、江行雜錄
一卷、行營雜錄一卷、避暑漫抄一卷、養痾漫
筆一卷、虛谷閒抄一卷、蓼花洲閒錄一卷、教
坊記一卷、孫內翰北里誌一卷、青樓集一卷、
雜纂三卷、損齋備忘錄一卷、復辟錄一卷、靖
難功臣錄一卷、備遺錄一卷)

350000－2042－0003964　817/100.11
校訂困學紀聞集證二十卷　（宋）王應麟撰
（清）何焯等箋釋　清咸豐二年(1852)金閶小
酉山房刻本　八冊

350000－2042－0003965　817/100.3
困學紀聞二十卷　（宋）王應麟撰　清同治九
年(1870)揚州書局刻本　六冊

350000－2042－0003966　817/100.3－1
困學紀聞二十卷　（宋）王應麟撰　清同治九
年(1870)揚州書局刻本　八冊

350000－2042－0003967　817/103.8
椒生隨筆八卷　（清）王之春撰　清光緒七年
(1881)上洋文藝齋刻本　四冊

350000－2042－0003968　817/104.21
香祖筆記十二卷　（清）王士禛撰　清康熙四
十四年(1705)刻本　四冊

350000－2042－0003969　817/104.33
分甘餘話四卷　（清）王士禛撰　清康熙刻本
二冊

350000－2042－0003970　817/104.7
居易錄三十四卷　（清）王士禛撰　清康熙刻
本　八冊

350000－2042－0003971　817/104.701
池北偶談二十六卷　（清）王士禛撰　清康熙
三十九年(1700)臨汀郡署刻本　八冊

350000－2042－0003972　817/104.71
古懽錄八卷　（清）王士禛撰　（清）朱從延校
清抄本　二冊

350000－2042－0003973　817/104.97
在野邇言八卷　（清）王嘉楨撰　清光緒二十
年(1894)刻本　四冊

350000－2042－0003974　817/105.5
震澤長語二卷　（明）王鏊撰　震澤紀聞二卷
（明）王鏊輯　續一卷　（明）王禹聲撰　郢
事紀略一卷　（明）王禹聲編　附錄一卷
（明）萬振孫輯　清乾隆四十九年(1784)刻本
二冊

350000－2042－0003975　817/108.5
聞見偶錄四卷　（清）雷鋐撰　清嘉慶十六年
(1811)刻本　一冊

350000－2042－0003976　817/109.1
穀山筆麈十八卷　（明）于慎行撰　（明）郭應
龍編次　明萬曆四十一年(1613)東阿于緯刻
本　六冊

350000－2042－0003977　817/109.3
出刦紀略一卷　（清）丁耀亢撰　清抄本　一
冊

350000－2042－0003978　817/110
覆瓿集十三種　（清）張文虎撰　清同治至光
緒刻本　十二冊

350000－2042－0003979　817/110－1
覆瓿集十三種　（清）張文虎撰　清同治至光
緒刻本　十二冊

350000－2042－0003980　817/113
虞初新志二十卷　（清）張潮輯　清康熙三十
九年(1700)刻本　五冊

350000－2042－0003981　817/113.1
輶軒語六卷　（清）張之洞撰　清光緒二年
(1876)永康胡氏退補齋刻本　一冊

350000－2042－0003982　817/113.11
輶軒語七卷　（清）張之洞撰　清光緒四年
(1878)泉唐汪氏振綺堂刻本　一冊

350000－2042－0003983　817/114.101/N

士禮居黃氏叢書十八種附二種　（清）黃丕烈
輯　清嘉慶至道光吳縣黃氏刻本　五冊　存
三種三十三卷(博物志十卷,國語二十一卷、
校刊明道本韋氏解國語札記一卷,百宋一廛
賦一卷)

350000－2042－0003984　817/124

讀書脞錄七卷續編四卷　（清）孫志祖撰　清
嘉慶四年(1799)孫志祖刻本　四冊　存七卷
(讀書脞錄七卷)

350000－2042－0003985　817/210

何燕泉先生餘冬序錄六十五卷　（明）何孟春
撰　清乾隆二十三年(1758)何達廷等刻本
十冊

350000－2042－0003986　817/213.2

浦城遺書十四種　（清）祝昌泰等編　清嘉慶
浦城祝氏留香室刻本　十冊　存三種二十六
卷(春渚紀聞十卷、西山文鈔八卷、楊仲宏集
八卷)

350000－2042－0003987　817/214.2

島居隨錄二卷　（清）盧若騰撰　清道光十二
年(1832)林樹梅刻本　二冊

350000－2042－0003988　817/227

紫陽書院小課不分卷課藝不分卷　（清）□□
輯　清刻本　一冊

350000－2042－0003989　817/250.2

雨窗消意錄甲部四卷　（清）牛應之編　清刻
本　二冊

350000－2042－0003990　817/256

湧幢小品三十二卷　（明）朱國禎輯　明末刻
本　十冊

350000－2042－0003991　817/261.4

說鈴前集三十七種後集十六種　（清）吳震方
輯　清嘉慶五年(1800)刻本　二十四冊

350000－2042－0003992　817/264

客窗閒話八卷續八卷　（清）吳熾昌撰　清光
緒元年(1875)刻本　四冊　存八卷(客窗閒

話八卷)

350000－2042－0003993　817/264.3

重校拜經樓叢書七種　（清）吳騫輯　清刻本
二冊　存二種七卷(桃溪客語五卷、陽羨名
陶錄二卷)

350000－2042－0003994　817/265

養吉齋叢錄二十六卷餘錄十卷　（清）吳振棫
撰　清光緒刻本　八冊

350000－2042－0003995　817/268

稗史四卷續編四卷　（清）吳翔鳳輯　清刻本
一冊　存二卷(續編三至四)

350000－2042－0003996　817/274.1

託素齋文集六卷詩集四卷仁恕堂筆記一卷
（清）黎士弘撰　清光緒二十五年(1899)閩汀
東壁軒活印書局木活字印本　一冊　存一卷
(仁恕堂筆記一卷)

350000－2042－0003997　817/276.3

閱微草堂筆記五種　（清）紀昀撰　清道光十
五年(1835)廣州財政司刻本　十二冊

350000－2042－0003998　817/276.4

談異八卷　題（清）伊園主人撰　清光緒十九
年(1893)刻本　四冊

350000－2042－0003999　817/280

玉芝堂談薈三十六卷首一卷　（明）徐應秋輯
清光緒元年(1875)刻本　三十二冊

350000－2042－0004000　817/283.4

斯未信齋雜錄六卷　（清）徐宗幹撰　清咸豐
九年(1859)刻斯未信齋全集本　一冊

350000－2042－0004001　817/284

續廣博物志十六卷　徐壽基編輯　清光緒十
二年(1886)刻志學齋集本　四冊

350000－2042－0004002　817/286.2

菜堂節錄二十卷　（清）徐時作輯　清乾隆三
十六年(1771)刻本　四冊

350000－2042－0004003　817/304.21

寶存四卷　（清）胡式鈺撰　清道光二十一年
(1841)刻本　二冊

350000－2042－0004004　817/304.21－1

寶存四卷　（清）胡式鈺撰　清道光二十一年（1841）刻本　四冊

350000－2042－0004005　817/307

困學蒙證六卷　（清）宋炳垣撰　清刻本　六冊

350000－2042－0004006　817/314.2

智囊補二十八卷　（明）馮夢龍重輯　明末刻本　十六冊

350000－2042－0004007　817/314.21

智囊補二十八卷　（明）馮夢龍重輯　清道光二十五年（1845）聚芸堂刻本　八冊

350000－2042－0004008　817/314.2－1

智囊補二十八卷　（明）馮夢龍重輯　明末刻本　十二冊

350000－2042－0004009　817/316

宋端明殿學士蔡忠惠公文集三十六卷首一卷　（宋）蔡襄撰　宋蔡忠惠公別紀補遺二卷（明）徐𤊭編（明）宋珏增補　清雍正至乾隆蔡仕舢、蔡廷魁遜敏齋刻本　二冊　存二卷（宋蔡忠惠公別紀補遺二卷）

350000－2042－0004010　817/319.01

日知錄三十二卷　（清）顧炎武撰　清康熙三十四年（1695）吳江潘氏遂初堂刻雍正印本　八冊

350000－2042－0004011　817/319.02

日知錄三十二卷　（清）顧炎武撰　清道光刻本　十二冊

350000－2042－0004012　817/319.03

日知錄集釋三十二卷　（清）顧炎武撰　（清）黃汝成集釋　栞誤二卷續栞誤二卷　（清）黃汝成撰　清同治八年（1869）廣州述古堂刻本　十六冊

350000－2042－0004013　817/319.04

日知錄集釋三十二卷　（清）顧炎武撰　（清）黃汝成集釋　栞誤二卷續栞誤二卷　（清）黃汝成撰　清同治十一年（1872）湖北崇文書局

刻本　十六冊

350000－2042－0004014　817/319.04－1

日知錄集釋三十二卷　（清）顧炎武撰　（清）黃汝成集釋　栞誤二卷續栞誤二卷　（清）黃汝成撰　清同治十一年（1872）湖北崇文書局刻本　十六冊

350000－2042－0004015　817/319.06

日知錄三十二卷之餘四卷　（清）顧炎武撰　清道光長白鄂山刻本　一冊　存四卷（之餘四卷）

350000－2042－0004016　817/319.22

日知錄集釋三十二卷　（清）顧炎武撰　（清）黃汝成集釋　栞誤二卷續栞誤二卷　（清）黃汝成撰　清光緒十三年（1887）同文書局石印本　四冊

350000－2042－0004017　817/319.3

龍莊遺書四種　（清）汪輝祖撰　清光緒江蘇書局刻本　五冊

350000－2042－0004018　817/323

宋稗類鈔三十六卷　（清）潘永因編　清宣統三年（1911）藜光社石印本　四冊

350000－2042－0004019　817/323－1

宋稗類鈔三十六卷　（清）潘永因編　清宣統三年（1911）藜光社石印本　十二冊

350000－2042－0004020　817/330

退菴隨筆二十二卷　（清）梁章鉅編　清同治十一年（1872）梁恭辰補刻本　八冊

350000－2042－0004021　817/330.2

浪跡三談六卷　（清）梁章鉅撰　清咸豐七年（1857）福州梁氏刻本　六冊

350000－2042－0004022　817/330.2－1

浪跡三談六卷　（清）梁章鉅撰　清咸豐七年（1857）福州梁氏刻本　六冊

350000－2042－0004023　817/342

野獲編三十卷首一卷補遺四卷　（明）沈德符撰　（清）錢枋輯　清道光七年（1827）錢塘姚氏扶荔山房刻同治八年（1869）姚德恒補刻本

二十四冊

350000－2042－0004024　817/343.2

銅熨斗齋隨筆八卷　（清）沈濤撰　清咸豐七年(1857)檇李沈氏刻銅熨斗齋叢書本　四冊

350000－2042－0004025　817/343.3

容齋隨筆十六卷續筆十六卷三筆十六卷四筆十六卷五筆十卷　（宋）洪邁撰　明崇禎三年(1630)馬元調刻本　十四冊

350000－2042－0004026　817/348

侯鯖新錄十二卷　（清）沈飽山輯　清光緒二年(1876)鉛印本　五冊　存五卷(一至五)

350000－2042－0004027　817/362

炙硯瑣談三卷　（清）湯大奎撰　清乾隆五十七年(1792)武進趙懷玉亦有生齋刻本　四冊

350000－2042－0004028　817/364.1

翼駉稗編八卷　（清）湯用中撰　（清）徐廷華評　清道光二十九年(1849)刻本　八冊

350000－2042－0004029　817/364.11

翼駉稗編八卷　（清）湯用中撰　（清）徐廷華評　清同治八年(1869)刻本　八冊

350000－2042－0004030　817/371.01

浪跡叢談十一卷續談八卷　（清）梁章鉅撰　清道光二十七年至二十八年(1847－1848)亦東園刻本　四冊　存十一卷(浪跡叢談十一卷)

350000－2042－0004031　817/371.1

七修類藁五十一卷續藁七卷　（明）郎瑛撰　清刻本　十二冊　存五十一卷(七修類藁五十一卷)

350000－2042－0004032　817/374

北東園筆錄初編六卷續編六卷三編六卷四編六卷　（清）梁恭辰撰　清同治五年(1866)刻本　八冊

350000－2042－0004033　817/374.1

勸戒續錄六卷　（清）梁恭辰撰　清咸豐元年(1851)刻本　二冊

350000－2042－0004034　817/397.1

竹窗隨筆一卷二筆一卷三筆一卷直道錄一卷　（明）釋袾宏撰　清刻本　四冊

350000－2042－0004035　817/400.9

媿生叢錄二卷附先妻趙孺人事述一卷　李詳撰　清宣統元年(1909)江寧刻本　一冊

350000－2042－0004036　817/402.3

見聞雜紀九卷續二卷　（明）李樂撰　（明）朱國禎校正　明萬曆刻本　十二冊

350000－2042－0004037　817/402.31

見聞雜紀九卷續二卷　（明）李樂撰　（明）朱國禎校正　明萬曆刻本(卷一、九至十補配抄本)　十冊

350000－2042－0004038　817/402.3－1

見聞雜紀九卷續二卷　（明）李樂撰　（明）朱國禎校正　明萬曆刻本　十二冊

350000－2042－0004039　817/403

隨園瑣記一卷　（清）袁祖志輯　清光緒三年(1877)鉛印本　一冊

350000－2042－0004040　817/405.3

朝市叢載八卷　（清）楊靜亭編　（清）李虹若重編　清光緒十二年(1886)刻本　八冊

350000－2042－0004041　817/408.3

古今志異六卷　（清）□□撰　清光緒十八年(1892)問柳書屋刻本　六冊

350000－2042－0004042　817/421

竹葉亭雜記八卷　（清）姚元之撰　清光緒十九年(1893)刻本　二冊

350000－2042－0004043　817/422.5

求是齋雜存六種　（清）彭崧毓撰　清同治刻本　四冊　存三種五卷(漁舟記談二卷、續談一卷,雲南風土紀事詩一卷,山中懷往詩一卷)

350000－2042－0004044　817/423

蜀碧四卷附記一卷　（清）彭遵泗編　清刻本　四冊

350000－2042－0004045　817/428

援鶉堂筆記二十五種　（清）姚範撰　栞誤一

卷補遺一卷　（清）方東樹撰　清道光十五年
（1835）刻本　十二冊

350000－2042－0004046　817/434

藤陰雜記十二卷　（清）戴璐撰　清刻本　四
冊

350000－2042－0004047　817/434.01

藤陰雜記十二卷　（清）戴璐撰　清光緒三年
（1877）浙江長興沈鋐刻本　二冊

350000－2042－0004048　817/441.16

廣虞初新志四十卷　（清）黃承增輯　清嘉慶
八年（1803）寄鷗閒舫刻本　十六冊

350000－2042－0004049　817/441.161

掌記六卷　（明）茅元儀撰　清抄本　一冊

350000－2042－0004050　817/442.1

容膝居雜錄六卷　（清）葛芝撰　清末至民國
初鉛印本　一冊

350000－2042－0004051　817/442.15

札樸十卷　（清）桂馥撰　清嘉慶十八年
（1813）山陰小李山房刻本　六冊

350000－2042－0004052　817/442.47

消夏錄二卷　（清）黃任輯　清乾隆四十年
（1775）刻本　一冊

350000－2042－0004053　817/443.2

天祿閣外史八卷　（漢）黃憲撰　（宋）韓洎贊
明末武林何允中刻廣漢魏叢書本　一冊

350000－2042－0004054　817/443.21

天祿閣外史八卷　（漢）黃憲撰　（明）鍾惺評
明刻鍾伯敬評秘書九種本　八冊

350000－2042－0004055　817/443.21－1

天祿閣外史八卷　（漢）黃憲撰　（明）鍾惺評
明刻鍾伯敬評秘書九種本　三冊

350000－2042－0004056　817/444.011

聊齋志異新評十六卷　（清）蒲松齡撰　（清）
王士禛評　（清）但明倫新評　清光緒九年
（1883）掃葉山房刻朱墨套印本　十六冊

350000－2042－0004057　817/444.015

詳註聊齋志異圖詠十六卷首一卷　（清）蒲松
齡撰　（清）呂湛恩註　清光緒十二年（1886）
上海同文書局石印本　八冊

350000－2042－0004058　817/444.015－1

詳註聊齋志異圖詠十六卷首一卷　（清）蒲松
齡撰　（清）呂湛恩註　清光緒十二年（1886）
上海同文書局石印本　八冊

350000－2042－0004059　817/444.015－2

詳註聊齋志異圖詠十六卷首一卷　（清）蒲松
齡撰　（清）呂湛恩註　清光緒十二年（1886）
上海同文書局石印本　八冊

350000－2042－0004060　817/444.03

聊齋志異新評十六卷　（清）蒲松齡撰　（清）
王士禛評　（清）但明倫新評　清道光二十二
年（1842）廣順但氏刻朱墨套印本　十六冊

350000－2042－0004061　817/444.03－1

聊齋志異新評十六卷　（清）蒲松齡撰　（清）
王士禛評　（清）但明倫新評　清道光二十二
年（1842）廣順但氏刻朱墨套印本　十六冊

350000－2042－0004062　817/444.04

詳註聊齋志異圖詠十六卷　（清）蒲松齡撰
（清）呂湛恩注　清末上海同文書局石印本
八冊

350000－2042－0004063　817/444.041

詳註聊齋志異圖詠十六卷　（清）蒲松齡撰
（清）呂湛恩註　清末上海錦章圖書局石印本
七冊　存十四卷（三至十六）

350000－2042－0004064　817/444.043

聊齋志異新評十六卷　（清）蒲松齡撰　（清）
但明倫　（清）王士禛評　（清）呂湛恩註　清
末上海三槐書屋石印本　八冊

350000－2042－0004065　817/444.96

明文才調集不分卷國朝文才調集不分卷
（清）許振褘輯　清光緒二十年（1894）鴻文書
局石印本　二冊

350000－2042－0004066　817/445.1

閑居雜錄二卷　（清）林春溥撰　清咸豐四年

(1854)閩縣林氏竹柏山房刻本　一册

350000－2042－0004067　817/446

恕齋隨筆三卷　(清)黃啓太撰　清宣統元年(1909)刻逸翰樓叢書本　二册　存二卷(二至三)

350000－2042－0004068　817/446.61

寄蝸殘贅十六卷　(清)汪堃纂　清同治十一年(1872)刻本　六册　存十二卷(一至六、九至十二、十五至十六)

350000－2042－0004069　817/447.6

白下瑣言十卷　(清)甘熙撰　清光緒十六年(1890)江甯傅氏築野堂刻本　四册

350000－2042－0004070　817/447.8

天爵堂文集筆餘三卷　(明)薛岡撰　清抄本　一册

350000－2042－0004071　817/448.8

三岡識略十卷續識略　卷附尊鄉贅客自述一卷　(清)董含撰　清抄本　五册　存十卷(三岡識略一至五、八至十,續識略一卷,附尊鄉贅客自述一卷)

350000－2042－0004072　817/449.95

煮藥漫抄二卷　(清)葉煒撰　清光緒十七年(1891)金陵刻本　一册

350000－2042－0004073　817/463.1

島居隨錄十卷續錄十卷三錄十卷　(清)楊浚輯　清光緒刻本　六册

350000－2042－0004074　817/463.12/N

島居隨錄十卷續錄十卷三錄十卷　(清)楊浚輯　清光緒十三年(1887)寶崔姜室刻本　一册　存十卷(續錄十卷)

350000－2042－0004075　817/480

增訂日記太倉故事不分卷　(清)□□撰　清抄本　一册

350000－2042－0004076　817/490

雲麓漫抄二十二卷　(宋)趙彥衛撰　清抄本　三十册

350000－2042－0004077　817/491.01

陔餘叢考四十三卷　(清)趙翼撰　清乾隆五十六年(1791)刻本　十册

350000－2042－0004078　817/501.2

欠愁集一卷　(清)史震林撰　清光緒二十六年(1900)番禺沈氏刻拜鴛樓校刻四種本　一册

350000－2042－0004079　817/552.1

復盦類稿八卷公牘四卷鬻字齋詩畧四卷　曹允源撰　清宣統二年(1910)刻本　三册　存十二卷(復盦類稿八卷、公牘四卷)

350000－2042－0004080　817/605

眼學偶得一卷　羅振玉撰　清光緒十七年(1891)刻本　一册

350000－2042－0004081　817/605－1

眼學偶得一卷　羅振玉撰　清光緒十七年(1891)刻本　一册

350000－2042－0004082　817/607.1

天咫偶聞十卷　震鈞撰　清光緒三十三年(1907)甘棠轉舍刻本　八册

350000－2042－0004083　817/661

薫櫋雜記一卷　(清)嚴元照撰　清光緒十一年(1885)刻新陽趙氏叢刊本　一册

350000－2042－0004084　817/714.2

雲仙散錄一卷　(唐)馮贄纂　明刻本　一册

350000－2042－0004085　817/721.1

錢塘遺事十卷　(元)劉一清撰　(清)席世臣訂　清嘉慶四年(1799)席氏掃葉山房刻本　二册

350000－2042－0004086　817/721.2

常談四卷　(清)劉玉書撰　(清)劉亨慶編　清光緒二十五年(1899)遼陽劉達斌刻本　四册

350000－2042－0004087　817/740

巡城瑣記一卷　(清)陸毅撰　清光緒三十一年(1905)刻本　一册

350000－2042－0004088　817/740.1

嗇庵隨筆六卷末一卷　(清)陸文衡撰　(清)

陸同壽校刊　清光緒二十三年(1897)吳江陸同壽刻本　二冊

350000－2042－0004089　817/741
老學庵筆記十卷　(宋)陸游撰　清刻本　一冊

350000－2042－0004090　817/743.1
冷廬雜識八卷　(清)陸以湉撰　清咸豐六年(1856)刻本　八冊

350000－2042－0004091　817/750.1
蛾述集十六卷　(清)陳庭學纂輯　清嘉慶二十年(1815)刻本　四冊

350000－2042－0004092　817/750.1－1
蛾述集十六卷　(清)陳庭學纂輯　清嘉慶二十年(1815)刻本　十冊

350000－2042－0004093　817/750.2
郎潛紀聞十四卷　(清)陳康祺撰　清光緒六年(1880)刻本　六冊

350000－2042－0004094　817/753
東塾讀書記二十五卷　(清)陳澧撰　清光緒刻本(卷十三至十四、十七至二十、二十二至二十五原缺)　四冊

350000－2042－0004095　817/753.01
東塾讀書記二十五卷　(清)陳澧撰　清光緒二十七年(1901)邵州勸學書舍刻本(卷十三至十四、十七至二十、二十二至二十五原缺)　四冊

350000－2042－0004096　817/753.3
退思軒隨筆不分卷　(清)陳肇波撰　清道光十六年(1836)粵西博文堂刻本　四冊

350000－2042－0004097　817/753－1
東塾讀書記二十五卷　(清)陳澧撰　清光緒刻本(卷十三至十四、十七至二十、二十二至二十五原缺)　四冊

350000－2042－0004098　817/754.5
陳太僕批選八家文抄八卷　(清)陳兆崙輯　清光緒二十六年(1900)天津文美齋石印本　二冊　存五卷(王文選一卷、曾文選一卷、老蘇文選一卷、大蘇文選一卷、小蘇文選一卷)

350000－2042－0004099　817/770.54
影梅庵憶語一卷　(清)冒襄撰　清光緒二十六年(1900)番禺沈氏刻拜鴛樓校刻四種本　一冊

350000－2042－0004100　817/773.03
說郛一百二十弓　(明)陶宗儀輯　續四十六弓　(明)陶珽輯　(清)李際期重定　清順治三年(1646)兩浙督學周南李際期宛委山堂刻本　一百二十冊　存一百二十弓(說郛一百二十弓)

350000－2042－0004101　817/773.03(1)
雅琴名錄一卷　(南朝宋)謝莊撰　清順治三年(1646)李際期宛委山堂刻說郛本　一冊

350000－2042－0004102　817/773.04
說郛一百二十弓　(明)陶宗儀輯　續四十六弓　(明)陶珽輯　(清)李際期重定　清順治三年(1646)兩浙督學周南李際期宛委山堂刻本　四十六冊　存四十六弓(續四十六弓)

350000－2042－0004103　817/801.5
癸巳存稿十五卷　(清)俞正燮撰　清光緒十年(1884)刻本　六冊

350000－2042－0004104　817/801.8
醉翁談錄八卷　(宋)金盈之撰　清抄本　一冊

350000－2042－0004105　817/805.3
夢厂雜著七種　(清)俞蛟撰　清道光八年(1828)刻本　十冊

350000－2042－0004106　817/805.5
硯雲甲編八種乙編八種　(清)金忠淳編　清道光二十年(1840)蔡氏紫梨花館刻本　十九冊　存十五種四十九卷(都公譚纂二卷、明良記一卷、北窗瑣語一卷、顧曲雜言一卷、耳新八卷、屏居十二課一卷、夢憶一卷、汴京勾記八卷、小隱書全帖一卷、嶠南瑣記二卷、揮麈詩話一卷、敝帚齋餘談一卷、長物志十二卷、槎上老舌一卷、冷賞八卷)

350000－2042－0004107　817/806

求闕齋日記類鈔十卷　（清）曾國藩隨筆（清）王啓原校編　清光緒十三年(1887)上海申報館鉛印本　二冊

350000－2042－0004108　817/806.1

硯雲甲編八種乙編八種　（清）金忠淳編　清乾隆四十年(1775)金氏硯雲書屋刻本　十四冊

350000－2042－0004109　817/808.1

熙朝新語十六卷　（清）余金輯　清道光二年(1822)刻本　四冊

350000－2042－0004110　817/832

衎石齋記事稿十卷續稿十卷　（清）錢儀吉撰　清道光刻本　四冊　存十卷(衎石齋記事稿十卷)

350000－2042－0004111　817/832.2

麟洲雜著四卷　（清）錢贊黃撰　清光緒二十四年(1898)木活字印本　四冊

350000－2042－0004112　817/834

十駕齋養新錄二十卷餘錄三卷　（清）錢大昕撰　清光緒二年(1876)浙江書局刻本　四冊　存十一卷(一至十一)

350000－2042－0004113　817/834.2

獪園十六卷　（明）錢希言撰　（明）馬之駿校鋟　清抄本　八冊

350000－2042－0004114　817/871.4

觚賸八卷續編四卷　（清）鈕琇撰　清康熙刻本　五冊　存十卷(觚賸八卷、續編一至二)

350000－2042－0004115　817/879

一斑錄五卷附編三卷雜述八卷　（清）鄭光祖撰　清道光二十三年(1843)鄭光祖青玉山房刻咸豐五年(1855)補修本　六冊

350000－2042－0004116　817/881

丹霞書院課藝一卷　（清）林嚴寬等撰　清刻本　一冊　存四十二葉(九十九至一百四十)

350000－2042－0004117　817/882

蝲蛄雜記十二卷　題(清)竹勿山石道人撰　清刻本　二冊　存四卷(一至四)

350000－2042－0004118　818.1/803

豔異新編五卷　（清）俞宗駿輯　清光緒九年(1883)刻本　四冊

350000－2042－0004119　818.2/262

吳詩集覽二十卷談藪二卷　（清）吳偉業撰（清）顧湄　（清）許旭原編　（清）靳榮藩集覽　（清）同學諸子校訂　清刻本　十五冊

350000－2042－0004120　818.2/440

曼陀羅華閣叢書十六種　（清）杜文瀾輯　清咸豐至同治秀水杜氏刻光緒十八年(1892)上海掃葉山房修補印本　十八冊　存二種八十七卷(古謠諺一至八十五、詞律校勘記二卷)

350000－2042－0004121　818.2/440－1

古謠諺一百卷　（清）杜文瀾輯　清咸豐十一年(1861)秀水杜氏曼陀羅華閣刻本　十六冊

350000－2042－0004122　818.3/370

楹聯叢話十二卷續話四卷巧對錄八卷　（清）梁章鉅輯　清道光福州梁氏刻本　一冊　存八卷(巧對錄八卷)

350000－2042－0004123　818.3/501

百衲琴二卷　（清）秦雲撰　（清）秦敏樹（清）徐維城點定　（清）江澄校閱　（清）管斯駿刊校　清光緒十二年(1886)吳縣管斯駿管可壽齋刻本　一冊

350000－2042－0004124　818.4/447

三山林氏祭夫謝廷詔文一卷　（清）林氏撰董其怒御狀一卷　（清）董其怒撰　清抄本　一冊

350000－2042－0004125　818.5/348

廿四家隱語二卷　（清）劉玉才等撰輯　清宣統三年(1911)鉛印本　二冊

350000－2042－0004126　818.6/020

新刻雅調唱口平陽傳金臺全傳十二卷　（清）□□撰　清光緒刻本　七冊

350000－2042－0004127　818.6/077

郭巨埋兒天賜黃金孝子卷一卷　（□）□□撰

清光緒十八年（1892）張耀炳抄本　一冊

350000－2042－0004128　818.6/102

雙楳景闇叢書十六種附一種　葉德輝輯　清光緒至宣統長沙葉氏郎園刻本　一冊　存四種五卷（木皮散人鼓詞一卷，萬古愁曲一卷，乾嘉詩壇點將錄一卷，東林點將錄一卷、附考一卷）

350000－2042－0004129　818.6/102.2

玉皇寶卷一卷　（□）□□撰　清光緒三年（1877）金嘯橋抄本　一冊

350000－2042－0004130　818.6/104

三茅應化真君寶卷二卷　（□）□□撰　清同治十三年（1874）刻本　一冊

350000－2042－0004131　818.6/104.2

新刻濟顛大師醉菩提全傳四卷二十回　題（清）天花藏舉人編次　清末兩儀堂刻本　四冊

350000－2042－0004132　818.6/104.3

三茅真君宣化度世寶卷二卷　（□）□□撰　清道光二十五年（1845）江陰邵錦華局刻本　一冊

350000－2042－0004133　818.6/108

王公寶卷一卷懷胎寶卷一卷　（□）□□撰　清光緒九年（1883）沈榮業抄本　一冊

350000－2042－0004134　818.6/108.1

新刻玉釧緣全傳三十二卷　（清）□□撰　清道光二十二年（1842）文會堂刻本　六十二冊

350000－2042－0004135　818.6/111

琵琶寶卷一卷　（□）□□撰　清光緒三十一年（1905）抄本　一冊

350000－2042－0004136　818.6/173

繡像八美圖五卷二十二回　題（清）了空主人編　清末刻本　三冊　存三卷（一至三）

350000－2042－0004137　818.6/200.1

重刻辟邪歸正消災延壽立願寶卷十二願　（□）□□撰　清同治十二年（1873）刻本　一冊

350000－2042－0004138　818.6/201

繡像雙珠鳳全傳十二卷八十回　（清）□□撰　清淨雅書屋刻本　十二冊

350000－2042－0004139　818.6/204

秀英寶卷一卷　（□）□□撰　清光緒十五年（1889）刻本　一冊

350000－2042－0004140　818.6/207

繡像雙帥印十四卷十四回　（□）□□撰　清刻本　三冊

350000－2042－0004141　818.6/213

紅袍寶卷二卷　（□）□□撰　清光緒三十一年（1905）華振鄉抄本　一冊

350000－2042－0004142　818.6/218

貞節寶卷一卷　（□）□□撰　清光緒二十六年（1900）陸德孚抄本　一冊

350000－2042－0004143　818.6/219.1

新刻紅燈記四卷　（□）□□撰　清光緒十四年（1888）刻本　四冊

350000－2042－0004144　818.6/222

絲縧寶卷一卷　（□）□□撰　清光緒十七年（1891）曹錦芳抄本　一冊

350000－2042－0004145　818.6/261.1

桃溪雪二卷　（清）吳廷康采輯　（清）黃燮清校勘　（清）瞿傳鼎正譜　（清）李光溥評　清光緒元年（1875）雲鶴仙館刻本　三冊

350000－2042－0004146　818.6/277.1

儒酸福傳奇二卷十四齣　（清）魏熙元填詞　（清）汪繩武正譜　（清）倪星垣評文　清光緒十年（1884）玉玲瓏館刻本　二冊

350000－2042－0004147　818.6/304

竇娥寶卷一卷　（□）□□撰　清光緒三十三年（1907）姚國楨抄本　一冊

350000－2042－0004148　818.6/306

定國志安邦中集二十卷　（清）□□撰　清末刻本　二十冊

350000－2042－0004149　818.6/307

惺夢集一卷　題（清）洛陽居士輯　清光緒三

十四年(1908)刻本　一冊

350000－2042－0004150　818.6/323
潘公免災救難寶卷三卷　（清）□□撰　清光
緒二年(1876)刻本　一冊

350000－2042－0004151　818.6/323.01
潘公免災救難寶卷三卷　（清）□□撰　清光
緒元年(1875)刻本　一冊

350000－2042－0004152　818.6/323.2
浙江溫州府平陽縣白梅村七世修行玉英寶卷
一卷　（□）□□撰　清光緒三年(1877)越郡
剡北刻本　一冊

350000－2042－0004153　818.6/323－1
潘公免災救難寶卷三卷　（清）□□撰　清光
緒二年(1876)刻本　一冊

350000－2042－0004154　818.6/384
果報錄十二卷　（清）□□撰　清木活字印本
六冊　存六卷(七至十二)

350000－2042－0004155　818.6/388
繡像說唱海公奇案玉夔龍全傳七卷白梅亭七
卷一頂巾全傳七卷金蘭會全傳七卷美人坊全
傳七卷忠孝緣全傳七卷滿堂榮七卷桃花疊全
傳八卷　（□）□□撰　清光緒十八年(1892)
刻本　十冊

350000－2042－0004156　818.6/388－1
繡像說唱海公奇案玉夔龍全傳七卷白梅亭七
卷一頂巾全傳七卷金蘭會全傳七卷美人坊全
傳七卷忠孝緣全傳七卷滿堂榮七卷桃花疊全
傳八卷　（□）□□撰　清光緒十八年(1892)
刻本　十冊

350000－2042－0004157　818.6/400
綉像九龍陣十六卷十六回　（□）□□撰　清
刻本　四冊

350000－2042－0004158　818.6/402
大絲縧寶卷二卷　（□）□□撰　清光緒二十
二年(1896)朱萬芳抄本　一冊　存一卷(下)

350000－2042－0004159　818.6/402.1
七真寶卷十回　（清）□□撰　清光緒三十三

年(1907)刻本　一冊

350000－2042－0004160　818.6/403
奇冤寶卷一卷　（□）□□撰　清光緒三十年
(1904)華氏抄本　一冊

350000－2042－0004161　818.6/403.2
廿一史彈詞二卷　（明）楊慎撰　（清）李清
（清）宮偉鏐正誤　清乾隆二十三年(1758)刻
本　二冊

350000－2042－0004162　818.6/404
張氏三娘賣花寶卷全集一卷　（□）□□撰
清光緒三十年(1904)祥興齋刻本　一冊

350000－2042－0004163　818.6/404.2
希奇寶卷一卷　（清）□□撰　清同治五年
(1866)刻本　一冊

350000－2042－0004164　818.6/441
孝子寶卷一卷　（□）□□撰　清光緒二年
(1876)楊竹亭抄本　　冊

350000－2042－0004165　818.6/442
英台寶卷一卷　（□）□□撰　清光緒三十一
年(1905)徐運標抄本　一冊

350000－2042－0004166　818.6/469
廿一史彈詞註十一卷　（明）楊慎編撰　（清）
張三異增定　（清）張仲璜註　清乾隆五十一
年(1786)漢陽張任佐視履堂刻本　八冊

350000－2042－0004167　818.6/473
娛萱草彈詞三十二卷　題(清)橘道人撰　清
光緒二十年(1894)木活字印本　六冊

350000－2042－0004168　818.6/473－1
娛萱草彈詞三十二卷　題(清)橘道人撰　清
光緒二十年(1894)木活字印本　五冊　存二
十七卷(一至二十七)

350000－2042－0004169　818.6/475
來生福彈詞三十六回　題(清)橘中逸叟編
清同治九年(1870)資善堂刻本　二十冊

350000－2042－0004170　818.6/475.01
來生福彈詞三十六回　題(清)橘中逸叟編
清同治九年(1870)資善堂刻本　三十二冊

350000 – 2042 – 0004171　818.6/475.02

來生福彈詞三十六回　題（清）橘中逸叟編
清刻本　二十四冊

350000 – 2042 – 0004172　818.6/494

妙英寶卷一卷　（□）□□撰　清光緒二十五年（1899）刻本　一冊

350000 – 2042 – 0004173　818.6/555

繡像九美圖全傳十二卷七十五回　（清）曹春江編　清道光四友軒刻本　十二冊

350000 – 2042 – 0004174　818.6/555.01

新刻繡像換空箱全傳二十一卷　（清）□□撰　清光緒十三年（1887）刻本　六冊

350000 – 2042 – 0004175　818.6/555.012

新刻繡像換空箱全傳二十一卷　（清）□□撰　清咸豐唵香書屋刻本　六冊

350000 – 2042 – 0004176　818.6/572

詞鏡平仄圖譜三卷　（清）賴以邠撰　（清）查繼超輯　清乾隆四十八年（1783）古閩林氏刻朱墨套印本　一冊

350000 – 2042 – 0004177　818.6/603.2

呂祖師度何仙姑因果卷二卷　（□）□□撰　清光緒十九年（1893）嚴銘抄本　二冊

350000 – 2042 – 0004178　818.6/674

明朝唐寅三笑九美圖一卷　（□）□□撰　清光緒二十九年（1903）徐運標抄本　一冊

350000 – 2042 – 0004179　818.6/711

繡像珍珠塔全傳四十二卷　（□）□□撰　（明）馮夢龍校　清光緒十八年（1892）上海書局石印本　八冊

350000 – 2042 – 0004180　818.6/712

驢變寶卷一卷　（□）□□撰　清道光二十九年（1849）四知堂楊緣抄本　一冊

350000 – 2042 – 0004181　818.6/776

閻羅寶卷一卷　（□）□□撰　清光緒十五年（1889）鎮江寶善堂刻本　一冊

350000 – 2042 – 0004182　818.6/806

觀世音菩薩本行經二卷　（宋）釋普明編集
清刻本　二冊

350000 – 2042 – 0004183　818.7/444

璇璣碎錦二卷　（清）萬樹撰　清光緒十四年（1888）似靜齋刻本　二冊

350000 – 2042 – 0004184　818.7/800

酒令叢鈔四卷　（清）俞敦培輯　清光緒四年（1878）藝雲軒刻本　二冊

350000 – 2042 – 0004185　818.7/800 – 1

酒令叢鈔四卷　（清）俞敦培輯　清光緒四年（1878）藝雲軒刻本　二冊

350000 – 2042 – 0004186　818.7/804

觀劇絕句三卷　（清）金德瑛撰　清光緒刻本　一冊

350000 – 2042 – 0004187　818.9/016

燕都投贈錄一卷羊垣贈詩一卷　（清）戴鴻慈等撰　清光緒鉛印本　一冊

350000 – 2042 – 0004188　818/202

匡林二卷　（清）毛先舒撰　（清）陳玉瑾批　清康熙刻本　二冊

350000 – 2042 – 0004189　818/204

蘿藦亭札記八卷　（清）喬松年輯　清同治十二年（1873）刻本　四冊

350000 – 2042 – 0004190　818/224

豈有此理四卷更豈有此理四卷　（清）□□撰　清嘉慶刻本　八冊

350000 – 2042 – 0004191　818/309

天花亂墜八卷二集八卷　寅半生選輯　清光緒二十九年（1903）刻本　四冊　存八卷（天花亂墜八卷）

350000 – 2042 – 0004192　818/461

小演雅一卷續錄一卷別錄一卷附錄一卷　（清）楊浚編次　清光緒木活字印本　一冊

350000 – 2042 – 0004193　818/774

回文類聚四卷首一卷　（宋）桑世昌輯　**續編十卷首一卷**　（清）朱象賢集　**織錦回文圖一卷**　題（清）玉山仙史摹集　清刻本　四冊

350000－2042－0004194　823/244

蠻陬奮跡記十九章　（英國）特來生撰　上海商務印書館編譯所譯　清光緒三十二年（1906）上海商務印書館鉛印說部叢書本　一冊

350000－2042－0004195　842.8/274.1

覺生詩鈔十卷續鈔四卷　（清）鮑桂星撰　清同治四年（1865）退一步齋刻本　四冊　存四卷（續鈔四卷）

350000－2042－0004196　902/247

西洋史年表一卷　（清）科學書局編輯所編輯　清光緒三十二年（1906）上海科學書局鉛印表解叢書本　一冊

350000－2042－0004197　902/314

春秋大事表五十卷偶筆一卷綱領一卷輿圖一卷附錄一卷　（清）顧棟高輯　清乾隆錫山顧氏萬卷樓刻本　二十四冊

350000－2042－0004198　902/314－1

春秋大事表五十卷偶筆一卷綱領一卷輿圖一卷附錄一卷　（清）顧棟高輯　清乾隆錫山顧氏萬卷樓刻本　十九冊

350000－2042－0004199　902/442

四裔編年表四卷　（美國）林樂知　嚴良勳譯　（清）李鳳苞彙編　清光緒二十三年（1897）石印本　四冊

350000－2042－0004200　902/442/N

四裔編年表四卷　（美國）林樂知　嚴良勳譯　（清）李鳳苞彙編　清同治江南製造總局刻本　二冊

350000－2042－0004201　902/712

歷代年考一卷　（□）□□撰　清抄本　一冊

350000－2042－0004202　909/208

萬國歷史三卷　（清）作新社編譯　清光緒二十九年（1903）上海作新社印刷局鉛印本　一冊

350000－2042－0004203　909/902

西洋史要四期　（日本）小川銀次郎撰　樊炳清　薩端譯　清光緒二十七年（1901）金粟齋譯書處鉛印本　二冊

350000－2042－0004204　910.3/001

上海地名表一卷　商務印書館編譯所編　清宣統二年（1910）上海商務印書館鉛印本　一冊

350000－2042－0004205　910.4/002/N

乘槎筆記一卷　題（清）豪伯氏撰　清刻本　一冊

350000－2042－0004206　910.4/034

乘槎筆記一卷　（清）斌椿纂　清刻本　一冊

350000－2042－0004207　910.4/113

四述奇十六卷　張德彝撰　清光緒九年（1883）同文館鉛印本　十六冊

350000－2042－0004208　910.4/404

環遊地球新錄四卷　（清）李圭撰　清光緒三年（1877）刻本　四冊

350000－2042－0004209　910.4/435

英軺日記十二卷　載振撰　清光緒二十九年（1903）上海文明編譯書局鉛印本　四冊

350000－2042－0004210　910.4/435－1

英軺日記十二卷　載振撰　清光緒二十九年（1903）上海文明編譯書局鉛印本　四冊

350000－2042－0004211　910.4/879/N

舟車所至不分卷　（清）鄭光祖編撰　清道光二十三年至二十五年（1843－1845）琴川鄭光祖青玉山房刻本　四冊

350000－2042－0004212　910.7/119/N

東西洋考十二卷　（明）張燮撰次　明萬曆四十六年（1618）金陵王起宗刻本　二冊

350000－2042－0004213　910.8/444

得一齋雜著四種　（清）黃楙材撰　清光緒十二年（1886）新陽趙元益夢花軒刻本　六冊

350000－2042－0004214　910.8/444.02

印度劄記二卷　（清）黃楙材撰　清光緒刻得一齋雜著本　一冊

350000－2042－0004215　910.8/444.02/N

得一齋雜著四種　（清）黃楙材撰　清光緒二十二年(1896)刻本　四冊

350000－2042－0004216　910.8/444－1

得一齋雜著四種　（清）黃楙材撰　清光緒十二年(1886)刻新陽趙氏叢刊本　一冊　存二種六卷(西輶日記四卷、印度劄記二卷)

350000－2042－0004217　910/012/N

五洲圖考四卷　（清）龔柴撰　清光緒二十八年(1902)上海徐家滙印書館鉛印本　四冊

350000－2042－0004218　910/053

瀛寰全志七編附中西地名表　謝洪賚編輯　清光緒三十二年(1906)上海商務印書館鉛印本　一冊

350000－2042－0004219　910/071

山海經箋疏十八卷圖贊一卷訂譌一卷敘錄一卷　（晉）郭璞傳　（清）郝懿行箋疏　清嘉慶十四年(1809)揚州阮氏琅嬛仙館刻本　四冊

350000－2042－0004220　910/084

鄨鄭學廬地理叢刊四種　（清）施世杰輯　清光緒二十三年(1897)會稽施氏刻本　二冊

350000－2042－0004221　910/100

蓬萊軒輿地學叢書十一種　（清）丁謙撰　清光緒二十八年(1902)石印本　四冊

350000－2042－0004222　910/100－1

蓬萊軒輿地學叢書十一種　（清）丁謙撰　清光緒二十八年(1902)石印本　四冊

350000－2042－0004223　910/108

小方壺齋輿地叢鈔十二帙補編十二帙再補編十二帙　王錫祺輯　清光緒十七年至二十三年(1891－1897)上海著易堂鉛印本　八十四冊

350000－2042－0004224　910/108.01/N

[小方壺齋輿地叢鈔三補編]十三種　（清）□□輯　清抄本　十二冊

350000－2042－0004225　910/108.02/N

小方壺齋輿地叢鈔十二帙補編十二帙再補編十二帙　王錫祺輯　清光緒十七年至二十三年(1891－1897)上海著易堂鉛印本　三十五冊

350000－2042－0004226　910/108－1

小方壺齋輿地叢鈔十二帙補編十二帙再補編十二帙　王錫祺輯　清光緒十七年至二十三年(1891－1897)上海著易堂鉛印本　七十三冊

350000－2042－0004227　910/114.1

地球韻言四卷　（清）張士瀛撰　清光緒二十四年(1898)鄂垣務急書館刻本　二冊

350000－2042－0004228　910/114.1－1

地球韻言四卷　（清）張士瀛撰　清光緒二十四年(1898)鄂垣務急書館刻本　二冊

350000－2042－0004229　910/262

山海經廣注十八卷讀山海經語一卷雜述一卷圖五卷　（晉）郭璞注　（清）吳任臣釋　清乾隆五十一年(1786)刻本　六冊

350000－2042－0004230　910/262.01

山海經廣注十八卷圖五卷　（清）吳任臣注　清康熙六年(1667)刻本　八冊

350000－2042－0004231　910/263.01

海國圖志一百卷首一卷　（清）魏源撰　清光緒二年(1876)邵陽魏氏擁遺經閣刻本　二十四冊

350000－2042－0004232　910/263.02/N

海國圖志一百卷首一卷　（清）魏源撰　清光緒十三年(1887)巴蜀善成堂刻本　十冊

350000－2042－0004233　910/264

皇朝藩屬輿地叢書六集二十八種　（清）浦□輯　清光緒二十九年(1903)金匱浦氏靜寄東軒石印本　四十八冊

350000－2042－0004234　910/264－1

皇朝藩屬輿地叢書六集二十八種　（清）浦□輯　清光緒二十九年(1903)金匱浦氏靜寄東軒石印本　二十八冊　存二十一種六十三卷(西藏圖攷八卷、首一卷,西招圖略一卷,越史略三卷,吉林外記四至六、十,黑龍江外記一至四,塞北紀行一卷,西北域記一卷,甯古塔紀略一卷,西遊記金山以東釋一卷,帕米爾圖說一卷,帕米爾輯略一卷,澳大利亞洲志譯本一卷,蒙古游牧記十六卷,長春真人西遊記二卷,漢西域圖攷一至五,西域水道記一至二、四,漢書西域傳補注二卷,東三省輿地圖說一卷附錄一卷,滇緬劃界圖說一卷,元朝征緬錄一卷,元史譯文證補一上、二十四、二十六)

350000－2042－0004235　910/264－2

皇朝藩屬輿地叢書六集二十八種　　(清)浦□輯　清光緒二十九年(1903)金匱浦氏靜寄東軒石印本　十一冊　存九種三十二卷(西域圖攷八,西招圖略一卷,越史略三卷,吉林外記四至六、十,長春真人西遊記二卷,漢西域圖攷三至五,西域水道記一至二、四,元史譯文證補二十七、二十九至三十,元祕史山川地名攷十二卷)

350000－2042－0004236　910/264－3/N

皇朝藩屬輿地叢書六集二十八種　　(清)浦□輯　清光緒二十九年(1903)金匱浦氏靜寄東軒石印本　三十六冊　存二十三種九十七卷(西藏圖攷一至七;吉林外紀一至三、七至九;黑龍江外紀八卷;塞北紀行一卷;西北域記一卷;甯古塔紀畧一卷;西游記金山以東釋一卷;帕米爾圖說一卷;帕米爾輯略一卷;澳大利亞洲志一卷;新疆要略四卷;蒙古游牧記十六卷;漢西域圖攷一至二、六至七,首一卷;西域水道記三、五;新疆賦一卷;漢書西域傳補注二卷;東北邊防輯要二卷;東三省輿地圖說一卷、附錄一卷;平定羅刹方略一卷;元朝征緬錄一卷;元朝秘史注一至三、八至十五;元史譯文證補一至六、九至十二、十四至十五、十八、二十二至二十四、二十六;職方外紀五卷)

350000－2042－0004237　910/282

瀛環志略十卷　　(清)徐繼畬撰　清道光三十年(1850)刻本　四冊

350000－2042－0004238　910/282.01

瀛環志略十卷　　(清)徐繼畬撰　清同治十二

年(1873)揅雲樓刻本　六冊

350000－2042－0004239　910/282.01－1

瀛環志略十卷　　(清)徐繼畬撰　清同治十二年(1873)揅雲樓刻本　四冊　存八卷(三至十)

350000－2042－0004240　910/282.01－2/N

瀛環志略十卷　　(清)徐繼畬撰　清同治十二年(1873)揅雲樓刻本　六冊

350000－2042－0004241　910/282.11

瀛環志略十卷　　(清)徐繼畬撰　清同治五年(1866)刻本　六冊

350000－2042－0004242　910/314/N

紅毛番英吉利考略一卷　　(清)汪文臺撰　清光緒三十年(1904)程鴻詔抄本　一冊

350000－2042－0004243　910/405/N

泰西新史攬要二十四卷　　(英國)馬懇西著　(英國)李提摩太譯　蔡爾康述稿　清光緒二十七年(1901)美華書館鉛印本　一冊

350000－2042－0004244　910/442.4

全地五大洲女俗通考十集二十一卷首一卷　　(美國)林樂知輯譯　(清)任保羅譯　清光緒三十年(1904)上海廣學會鉛印本　十六冊　存八集十六卷(三集二卷、四集二卷、五集二卷、六集三卷、七集二卷、八集一卷、九集二卷、十集二卷)

350000－2042－0004245　910/442.5

泰西風土事物考四卷　　題(清)藜床臥讀生撰　清光緒二十八年(1902)鉛印本　二冊

350000－2042－0004246　910/752/N

海國聞見錄二卷　　(清)陳倫炯撰　**英咭唎紀畧一卷**　　(清)陳逢衡撰　清刻本　二冊

350000－2042－0004247　910/770.11

中外地輿圖說集成一百三十卷首三卷　　題(清)同康廬主人編輯　清光緒二十年(1894)上海順成書局石印本　二十四冊

350000－2042－0004248　910/770.1101/N

中外地輿圖說集成一百三十卷首三卷　　題

（清）同康廬主人編輯　清光緒二十年（1894）上海積山書局石印本　四冊

350000－2042－0004249　910/779/N

澳門記畧二卷首一卷末一卷　（清）印光任（清）張汝霖纂　清乾隆刻本　一冊

350000－2042－0004250　911.51/720

楚漢諸侯疆域志三卷　（清）劉文淇撰　清光緒二年（1876）金陵刻本　一冊

350000－2042－0004251　911/372

欽定軍衛道里表十八卷　（清）鄂爾泰等撰　清乾隆八年（1743）刻本　六冊

350000－2042－0004252　912.38/463

歷代輿地沿革險要圖說不分卷　楊守敬　饒敦秩撰　王尚德繪　清光緒二十四年（1898）上海文賢閣石印本　一冊

350000－2042－0004253　912.38/463.01

歷代輿地沿革險要圖不分卷　楊守敬　饒敦秩撰　清光緒五年（1879）東湖饒氏刻朱墨套印本　一冊

350000－2042－0004254　912.38/463.01－1

歷代輿地沿革險要圖不分卷　楊守敬　饒敦秩撰　清光緒五年（1879）東湖饒氏刻朱墨套印本　一冊

350000－2042－0004255　912.51/264

皇朝直省地輿全圖一卷　（清）申報館編　清光緒二十一年（1895）申報館石印本　一冊

350000－2042－0004256　912.51/311.1

福建沿海圖說一卷海島表一卷　（清）朱正元撰　清光緒二十八年（1902）上海鉛印江浙閩三省沿海圖說本　一冊

350000－2042－0004257　914.7/273

俄游彙編十二卷　（清）繆祐孫纂　清光緒十五年（1889）上海秀文書局石印本　四冊

350000－2042－0004258　914/004(2)

歐洲十一國游記二編首一編　康有為撰　清光緒三十三年（1907）上海廣智書局鉛印本　一冊　存一編（法蘭西游記）

350000－2042－0004259　914/103

使俄草八卷附條陳摺稿一卷輿地圖一卷圖說一卷　（清）王之春紀　清光緒二十一年（1895）上海石印本　四冊

350000－2042－0004260　915.1/001.1

水道提綱二十八卷　（清）齊召南編録　清乾隆四十一年（1776）刻本　六冊

350000－2042－0004261　915.1/001.1－1

水道提綱二十八卷　（清）齊召南編録　清乾隆四十一年（1776）刻本　四冊　存十二卷（一至十二）

350000－2042－0004262　915.1/083

方輿考證總部六卷　（清）許鴻磐纂　清嘉慶二十三年（1818）刻本　六冊

350000－2042－0004263　915.1/102.2

輿地紀勝二百卷　（宋）王象之編　補闕十卷　（清）岑建功輯　校勘記五十二卷　（清）劉文淇　（清）劉毓崧撰　清道光二十九年（1849）懼盈齋刻本　五十冊

350000－2042－0004264　915.1/103.1

四書地理考十五卷　（清）王瑬撰　清光緒十七年（1891）習靜齋刻本　六冊

350000－2042－0004265　915.1/103.2

禹貢譜二卷　（清）王澍撰　清康熙四十六年（1707）刻本　一冊

350000－2042－0004266　915.1/104

元豐九域志十卷　（宋）王存等撰　清光緒八年（1882）金陵書局刻本　一冊

350000－2042－0004267　915.1/104.01

元豐九域志十卷　（宋）王存等撰　清乾隆五十三年（1788）德聚堂刻本　五冊

350000－2042－0004268　915.1/124.1

南遊記一卷　（清）孫嘉淦撰　清嘉慶十年（1805）刻朱墨套印本　一冊

350000－2042－0004269　915.1/124.2

南遊記一卷　（清）孫嘉淦撰　清道光二十四年（1844）刻朱墨套印本　一冊

350000－2042－0004270　915.1/124.2－1

南遊記一卷　（清）孫嘉淦撰　清道光二十四年(1844)刻朱墨套印本　一冊

350000－2042－0004271　915.1/173

水經注四十卷首一卷　（北魏）酈道元注（清）戴震校　清刻本　十二冊　存四十卷（水經注四十卷）

350000－2042－0004272　915.1/173.2

水經注四十卷附錄二卷　（北魏）酈道元撰　王先謙校　清光緒十八年(1892)長沙王氏思賢講舍刻本　十八冊

350000－2042－0004273　915.1/206

禹貢指南四卷　（宋）毛晃撰　清刻武英殿聚珍版書本　四冊

350000－2042－0004274　915.1/206.01/N

禹貢指南四卷　（宋）毛晃撰　清刻本　一冊

350000－2042－0004275　915.1/206.1

支那疆域沿革略說一卷　（日本）重野安繹（日本）河田羆撰　清末輿地學會刻本　一冊

350000－2042－0004276　915.1/212

朔方備乘六十八卷首十二卷凡例一卷　（清）何秋濤撰　清光緒石印本　五冊　存三十八卷（十七至五十三、六十八）

350000－2042－0004277　915.1/212－1

朔方備乘六十八卷首十二卷凡例一卷　（清）何秋濤撰　清光緒石印本　八冊

350000－2042－0004278　915.1/212－2

朔方備乘六十八卷首十二卷凡例一卷　（清）何秋濤撰　清光緒石印本　八冊

350000－2042－0004279　915.1/213

經心書院課程輿地學不分卷附戊戌遊記一卷　姚炳奎撰　清光緒二十九年(1903)經心書院刻本　八冊

350000－2042－0004280　915.1/225

太平寰宇記二百卷　（宋）樂史撰　清光緒八年(1882)金陵書局刻本　三十六冊

350000－2042－0004281　915.1/225.01/N

太平寰宇記二百卷　（宋）樂史撰　清乾隆刻嘉慶補修本　十三冊　存一百七十四卷（九至九十六、一百四至一百六、一百十至一百六十六、一百六十八至一百七十七、一百八十五至二百）

350000－2042－0004282　915.1/234

海道圖說十五卷　（英國）金約翰輯　（英國）傅蘭雅口譯　（清）王德均筆述　**附長江圖說一卷**　（英國）金約翰輯　（美國）金楷理口譯　（清）王德均筆述　清光緒江南機器製造總局刻本　十冊

350000－2042－0004283　915.1/234－1

海道圖說十五卷　（英國）金約翰輯　（英國）傅蘭雅口譯　（清）王德均筆述　**附長江圖說一卷**　（英國）金約翰輯　（美國）金楷理口譯　（清）王德均筆述　清光緒江南機器製造總局刻本　二冊

350000－2042－0004284　915.1/234－2

海道圖說十五卷　（英國）金約翰輯　（英國）傅蘭雅口譯　（清）王德均筆述　**附長江圖說一卷**　（英國）金約翰輯　（美國）金楷理口譯　（清）王德均筆述　清光緒江南機器製造總局刻本　十冊

350000－2042－0004285　915.1/243

羊城古鈔八卷首一卷　（清）仇池石輯　清嘉慶十一年(1806)刻本　四冊

350000－2042－0004286　915.1/264

大清一統志五百卷　（清）蔣廷錫等修　（清）王安國等纂　清光緒二十八年(1902)上海寶善齋石印本　六十冊

350000－2042－0004287　915.1/264.01/N

欽定大清一統志四百二十四卷目錄二卷（清）和珅纂修　清抄本　一百六十二冊　缺二十九卷（五至六、四十五、七十一、九十八、一百二十三至一百二十四、一百二十八、一百四十、一百四十八、一百五十五、一百六十二、一百六十九至一百七十、一百九十二、一百九十五至一百九十七、二百二、二百六、二百十四、二百二十四、二百二十七、二百二十九、二

百三十二、二百五十五、三百五十三、三百七十二至三百七十三)

350000 - 2042 - 0004288 915.1/264 - 1

大清一統志五百卷　(清)蔣廷錫等修　(清)王安國等纂　清光緒二十八年(1902)上海寶善齋石印本　十四冊　存四百七十三卷(一至三百十、三百三十八至五百)

350000 - 2042 - 0004289 915.1/282

崇川咫聞錄十二卷　(清)徐縉　(清)楊廷輯　清道光十年(1830)徐氏芸暉閣刻本　十二冊

350000 - 2042 - 0004290 915.1/283

徐霞客遊記十卷　(明)徐宏祖撰　(明)季夢良編　**補編一卷**　(清)葉廷甲輯　清嘉慶十三年(1808)水心齋葉氏校補刻本　十冊

350000 - 2042 - 0004291 915.1/283.01

遊名山記不分卷　(明)徐宏祖撰　清道光抄本　八冊

350000 - 2042 - 0004292 915.1/313

讀史方輿紀要一百三十卷輿圖要覽四卷　(清)顧祖禹撰　清光緒二十六年(1900)廣雅書局刻本　六十冊

350000 - 2042 - 0004293 915.1/313.001

讀史方輿紀要一百三十卷輿圖要覽四卷　(清)顧祖禹輯　清道光十年(1830)敷文閣木活字印本　二十八冊

350000 - 2042 - 0004294 915.1/313.002/N

讀史方輿紀要一百三十卷方輿全圖總說五卷　(清)顧祖禹撰　清光緒二十五年(1899)上海圖書集成局石印本　二十六冊　存一百三十卷(讀史方輿紀要一百三十卷)

350000 - 2042 - 0004295 915.1/313.01

讀史方輿紀要一百三十卷輿圖要覽四卷　(清)顧祖禹撰　清光緒二十五年(1899)慎記書莊石印本　三十二冊

350000 - 2042 - 0004296 915.1/313.03/N

讀史方輿紀要一百三十卷方輿全圖總說五卷　(清)顧祖禹撰　(清)浦錫齡校訂　清光緒二十五年(1899)二林齋石印本　四冊　存五卷(方輿全圖總說五卷)

350000 - 2042 - 0004297 915.1/313.1

漢書地理志校本二卷　(清)汪遠孫撰　清道光二十八年(1848)錢塘汪氏振綺堂刻本　二冊

350000 - 2042 - 0004298 915.1/319

天下郡國利病書一百二十卷　(清)顧炎武輯　清道光十一年(1831)敷文閣木活字印本　六十冊

350000 - 2042 - 0004299 915.1/319.01

天下郡國利病書一百二十卷　(清)顧炎武輯　清光緒二十五年(1899)上海二林齋石印本　二十八冊

350000 - 2042 - 0004300 915.1/319.011

天下郡國利病書一百二十卷　(清)顧炎武撰　清光緒二十六年(1900)廣雅書局刻本　六十冊

350000 - 2042 - 0004301 915.1/319.013/N

天下郡國利病書一百二十卷　(清)顧炎武輯　(清)龍萬育訂　清光緒二十七年(1901)上海圖書集成局鉛印本　三十冊

350000 - 2042 - 0004302 915.1/319.02

天下郡國利病書一百二十卷　(清)顧炎武輯　清道光十年(1830)慎記書莊石印本　二十八冊

350000 - 2042 - 0004303 915.1/328

方輿紀要簡覽三十四卷　(清)顧祖禹原本　(清)潘鐸輯錄　清咸豐八年(1858)紅杏書屋刻本　十六冊

350000 - 2042 - 0004304 915.1/328 - 1

方輿紀要簡覽三十四卷　(清)顧祖禹原本　(清)潘鐸輯錄　清咸豐八年(1858)紅杏書屋刻本　十六冊

350000 - 2042 - 0004305 915.1/340.01

乾隆府廳州縣圖志五十卷　(清)洪亮吉撰

清光緒二十三年(1897)新化三味書室刻本
二十冊

350000－2042－0004306　915.1/340－1

乾隆府廳州縣圖志五十卷　（清）洪亮吉撰
清光緒五年(1879)授經堂刻本　十五冊　存
三十四卷(一至七、十四至十六、二十一至三
十四、三十九至四十八)

350000－2042－0004307　915.1/340－2

乾隆府廳州縣圖志五十卷　（清）洪亮吉撰
清光緒五年(1879)授經堂刻洪北江全集本
二十冊

350000－2042－0004308　915.1/400.1

萬山綱目二十一卷　（清）李誠纂　清光緒二
十六年(1900)長沙刻本　十冊

350000－2042－0004309　915.1/401.1

海疆要畧必究一卷　（清）李廷鈺校刊　（清）
吳青華　（清）黃挺秀　（清）顏青雲　（清）
趙鴻慶校訂　清咸豐六年(1856)李氏刻本
一冊

350000－2042－0004310　915.1/403

李氏五種合刊　（清）李兆洛輯　清光緒十四
年(1888)上海掃葉山房刻本　十一冊

350000－2042－0004311　915.1/403.11

李氏五種合刊　（清）李兆洛輯　清道光十七
年(1837)蕫學齋木活字印本　二十冊　存二
種二十二卷(歷代地理志韻編今釋二十卷、皇
朝輿地韻編二卷)

350000－2042－0004312　915.1/403.12

李氏五種合刊　（清）李兆洛輯　清同治九年
至十一年(1870－1872)合肥李鴻章刻本　九
冊　存三種二十六卷(歷代地理志韻編今釋
二十卷,皇朝輿地韻編二卷,紀元編三卷、末
一卷)

350000－2042－0004313　915.1/403.13

李氏五種合刊　（清）李兆洛輯　清光緒十八
年(1892)長沙竹素書局刻本　十二冊

350000－2042－0004314　915.1/403.14

歷代地理志韻編今釋二十卷　（清）李兆洛輯
（清）六嚴等編集　清同治九年至十一年
(1870－1872)合肥李鴻章刻李氏五種合刊本
七冊

350000－2042－0004315　915.1/403－1

李氏五種合刊　（清）李兆洛輯　清光緒十四
年(1888)上海掃葉山房刻本　十冊

350000－2042－0004316　915.1/403－2

李氏五種合刊　（清）李兆洛輯　清光緒十四
年(1888)上海掃葉山房刻本　九冊　存四種
二十六卷(歷代地理志韻編今釋二十卷、校勘
記一卷,皇朝輿地韻編二卷、校勘記一卷,地
志韻編唐志補闕正誤考異一卷,歷代地理沿
革圖一卷)

350000－2042－0004317　915.1/403－3

李氏五種合刊　（清）李兆洛輯　清光緒十四
年(1888)上海掃葉山房刻本　十一冊

350000－2042－0004318　915.1/404

元和郡縣圖志四十卷　（唐）李吉甫撰　**補志
九卷**　（清）嚴觀補輯　**闕卷逸文一卷**　（清）
孫星衍輯　清光緒六年至八年(1880－1882)
金陵書局刻本　八冊

350000－2042－0004319　915.1/404.01

元和郡縣志四十卷　（唐）李吉甫撰　清乾隆
福建刻道光遞修本　十六冊

350000－2042－0004320　915.1/404.01－1

元和郡縣志四十卷　（唐）李吉甫撰　清乾隆
福建刻道光遞修本　十六冊

350000－2042－0004321　915.1/404.03

元和郡縣志四十卷　（唐）李吉甫撰　清光緒
二十五年(1899)廣雅書局刻武英殿聚珍版書
本　十二冊

350000－2042－0004322　915.1/407

天下一統志九十卷　（明）李賢等修　（明）萬
安等纂　明萬曆萬壽堂刻本　三十二冊

350000－2042－0004323　915.1/421

靖海志四卷　（清）彭孫貽撰　清抄本　四冊

350000 – 2042 – 0004324　915.1/440

廣輿記二十四卷　（明）陸應陽輯　（清）蔡方炳增輯　清康熙二十五年（1686）大文堂刻本　十五冊

350000 – 2042 – 0004325　915.1/461

輿地沿革表四十卷首一卷　（清）楊丕復撰　清光緒十四年（1888）武陵楊琪光刻楊愚齋先生全集本　二十四冊

350000 – 2042 – 0004326　915.1/463.6 – 2

隋書地理志攷證九卷補遺一卷　楊守敬撰　清光緒二十七年（1901）刻鄰蘇老人地理叢書本　六冊

350000 – 2042 – 0004327　915.1/473.1

禹貢錐指二十卷圖一卷略例一卷　（清）胡渭撰　清康熙四十四年（1705）漱六軒刻本　十二冊

350000 – 2042 – 0004328　915.1/473.1 – 1

禹貢錐指二十卷圖一卷略例一卷　（清）胡渭撰　清康熙四十四年（1705）漱六軒刻本　十二冊

350000 – 2042 – 0004329　915.1/473.1 – 2

禹貢錐指二十卷圖一卷略例一卷　（清）胡渭撰　清康熙四十四年（1705）漱六軒刻本　十二冊

350000 – 2042 – 0004330　915.1/490

歷代地理指掌圖一卷　（宋）蘇軾撰　明刻本　四冊

350000 – 2042 – 0004331　915.1/712

歷代地理沿革圖一卷　（清）六嚴繪　（清）馬徵麟增輯　清同治十年（1871）金陵刻朱墨套印本　一冊

350000 – 2042 – 0004332　915.1/740

廣輿記二十四卷　（明）陸應陽輯　明萬曆二十八年（1600）刻本　八冊

350000 – 2042 – 0004333　915.1/754

中國江海險要圖誌二十二卷首一卷補編五卷圖五卷　（英國）海軍海圖官局原本　陳壽彭譯　清光緒二十七年（1901）經世文社石印本　五冊　存五卷（中國江海險要圖誌一至五）

350000 – 2042 – 0004334　915.1/754.01

中國江海險要圖志二十二卷首一卷補編五卷圖五卷　（英國）海軍海圖官局原本　陳壽彭譯　清光緒三十三年（1907）廣雅書局石印本　十四冊

350000 – 2042 – 0004335　915.1/772

辛卯侍行記六卷　（清）陶保廉撰　清光緒二十三年（1897）養樹山房刻本　六冊

350000 – 2042 – 0004336　915.1/776

問影樓輿地叢書第一集十五種　胡思敬輯　清光緒三十四年（1908）新昌胡思敬鉛印本　十冊

350000 – 2042 – 0004337　915.1/777.01

輿地廣記三十八卷　（宋）歐陽忞撰　**校勘記二卷**　（清）孫星華撰　清光緒二十一年（1895）刻本　七冊

350000 – 2042 – 0004338　915.1/802

海道圖說十五卷　（英國）金約翰輯　（英國）傅蘭雅口譯　（清）王德均筆述　**附長江圖說一卷**　（英國）金約翰輯　（美國）金楷理口譯　（清）王德均筆述　清光緒二十二年（1896）上海書局石印本　八冊

350000 – 2042 – 0004339　915.1/834

新斠注地里志十六卷　（清）錢坫撰　（清）徐松集釋　清同治十三年（1874）會稽章氏刻本　六冊

350000 – 2042 – 0004340　915.104/116

河海崑崙錄四卷　裴景福撰　清宣統元年（1909）上海文明書局鉛印本　四冊

350000 – 2042 – 0004341　915.104/116 – 1

河海崑崙錄四卷　裴景福撰　清宣統元年（1909）上海文明書局鉛印本　四冊

350000 – 2042 – 0004342　915.104/289

名山勝概記四十六卷首一卷　（明）何鏜輯（明）慎蒙續輯　（清）張繡彥等補輯　明刻本

三十三册

350000－2042－0004343　915.104/289－1
名山勝概記四十六卷首一卷　（明)何鏜輯
（明)慎蒙續輯　（清)張紹彥等補輯　明刻本
八册　存十卷(七至十六)

350000－2042－0004344　915.1074/202
廬山志十五卷　（清)毛德琦重訂　清康熙五
十九年(1720)順德堂刻乾隆至同治遞修宣統
二年(1910)重修本　十六册

350000－2042－0004345　915.1074/218
[同治]上饒縣志二十六卷首一卷　（清)王恩
溥等修　（清)李樹藩等纂　清同治十二年
(1873)刻本　二十册

350000－2042－0004346　915.1101/086
西北邊界圖地名譯漢考證二卷光緒勘定西北
邊界俄文譯漢圖例言一卷　（清)許景澄撰
清光緒二十二年(1896)刻本　二册

350000－2042－0004347　915.1104/104.2
苗防備覽二十二卷　（清)嚴如熤撰　清道光
二十三年(1843)紹義堂刻本　八册

350000－2042－0004348　915.1106/102.353
清涼山志十卷　（明)釋秋崖纂　（明)釋鎮澄
修　（清)釋阿王老藏重修　清乾隆二十年
(1755)釋聚用刻光緒十三年(1887)比邱大文
等增刻本　四册

350000－2042－0004349　915.1106/102.3531
清涼山志輯要二卷　（清)汪本直輯　清乾隆
刻本　二册

350000－2042－0004350　915.1106/102.353－1
清涼山志十卷　（明)釋秋崖纂　（明)釋鎮澄
修　（清)釋阿王老藏重修　清乾隆二十年
(1755)釋聚用刻光緒十三年(1887)比邱大文
等增刻本　四册

350000－2042－0004351　915.1106/102.353－2
清涼山志十卷　（明)釋秋崖纂　（明)釋鎮澄
修　（清)釋阿王老藏重修　清乾隆二十年
(1755)刻本　四册

350000－2042－0004352　915.1106/106
[雍正]山西通志二百三十卷　（清)覺羅石麟
修　（清)儲大文纂　清雍正十二年(1734)刻
本　一百三册

350000－2042－0004353　915.1106/106.01
[光緒]山西通志一百八十四卷首一卷　（清)
曾國荃　（清)張煦等修　（清)楊篤　（清)
王軒纂　清光緒十八年(1892)刻本　四册
存五卷(一至五)

350000－2042－0004354　915.1106/174
[光緒]翼城縣志二十八卷　（清)王耀章
（清)龔履坦纂修　清光緒七年(1881)刻本
八册

350000－2042－0004355　915.1106/373.912
恒山志五卷圖一卷續志一卷　（清)桂敬順纂
清光緒刻本　六册

350000－2042－0004356　915.1106/387
[康熙]汾陽縣志八卷首一卷　（清)周超纂修
清康熙六十年(1721)刻本　八册

350000－2042－0004357　915.1106/401
[道光]太平縣志十六卷首一卷　（清)李炳彥
纂修　（清)梁棲鸞編輯　清道光五年(1825)
刻本　十六册

350000－2042－0004358　915.1106/483
[同治]榆次縣志十六卷首一卷末一卷　（清)
俞世銓　（清)陶良駿修　（清)王平格
（清)王序賓纂　清同治二年(1863)鳳鳴書院
刻本　八册

350000－2042－0004359　915.1106/774
[乾隆]聞喜縣志十二卷首一卷　（清)李遵唐
纂修　清乾隆三十一年(1766)刻本　六册

350000－2042－0004360　915.1106/802
[乾隆]介休縣志十四卷　（清)王謀文纂修
清乾隆三十五年(1770)刻本　八册

350000－2042－0004361　915.1106/802.01
[嘉慶]介休縣志十四卷　（清)徐品山
（清)陸元鏸纂修　清嘉慶二十四年(1819)刻

本 八冊

350000－2042－0004362 915.1106/802.01－1
[嘉慶]介休縣志十四卷 （清）徐品山
（清）陸元鏸纂修 清嘉慶二十四年(1819)刻
本 八冊

350000－2042－0004363 915.1110/405
朝市叢載八卷 （清）楊靜亭原編 （清）李虹
若重編 清光緒十二年(1886)京都松竹齋刻
本 八冊

350000－2042－0004364 915.1110/405.1
朝市叢載八卷 （清）楊靜亭原編 （清）李虹
若重編 清光緒十七年(1891)京都廣興堂刻
本 五冊 存五卷(一至四、八)

350000－2042－0004365 915.1111/021
西陲要略四卷 （清）祁韻士輯 清光緒四年
(1878)同文館鉛印本 二冊

350000－2042－0004366 915.1111/029.1
新疆國界圖志五卷 王樹枬纂 清抄本 一
冊

350000－2042－0004367 915.1111/111.2
新疆大記六卷首一卷 （清）闞鳳樓纂修 清
光緒三十三年(1907)闞鐸鉛印本 一冊

350000－2042－0004368 915.1111/111.82
漢西域圖考七卷首一卷 （清）李光廷撰 清
同治九年(1870)刻本 四冊

350000－2042－0004369 915.1118/004
[同治]欒城縣志十四卷首一卷末一卷 （清）
陳詠修 （清）張惇德纂 清同治十一年
(1872)刻本 六冊

350000－2042－0004370 915.1118/104
[康熙]靈壽縣志十卷末一卷 （清）陸隴其修
（清）傅維檉纂 清康熙二十五年(1686)刻
本 四冊

350000－2042－0004371 915.1118/108
欽定日下舊聞考一百六十卷譯語總目一卷
（清）朱彝尊輯 （清）于敏中等修 （清）竇
光鼐等纂 清乾隆刻本 四十冊

350000－2042－0004372 915.1118/110.1
帝京景物略八卷 （明）劉侗 （明）于奕正修
清乾隆金陵崇德堂刻本 四冊

350000－2042－0004373 915.1118/110.314
潭柘山岫雲寺志二卷 （清）神穆德撰 清乾
隆刻本 二冊

350000－2042－0004374 915.1118/110.774
永寧衹謁筆記一卷 （清）董恂撰 清同治十
一年(1872)刻本 一冊

350000－2042－0004375 915.1118/110.7741
鳳臺衹謁筆記一卷 （清）董恂撰 清同治九
年(1870)刻本 一冊

350000－2042－0004376 915.1118/110.8
日下舊聞四十二卷附補遺 （清）朱彝尊會粹
（清）朱昆田補遺 清康熙六峰閣刻本 二
十四冊

350000－2042－0004377 915.1118/110.9
宸垣識略十六卷 （清）吳長元輯 清乾隆五
十三年(1788)池北草堂刻本 八冊

350000－2042－0004378 915.1118/110.91
宸垣識略十六卷 （清）吳長元輯 清同治二
年(1863)文英堂刻本 八冊

350000－2042－0004379 915.1118/110.991
故宮遺錄一卷 （明）蕭洵編 明抄本 一冊

350000－2042－0004380 915.1118/118
[同治]畿輔通志三百卷首一卷 （清）李鴻章
等修 （清）黃彭年等纂 清光緒十年(1884)
刻本 二百四十冊

350000－2042－0004381 915.1118/172
[道光]承德府志六十卷首二十六卷 （清）海
忠纂修 （清）廷杰 （清）李世寅重訂 清道
光十一年(1831)刻光緒十三年(1887)印本
二十六冊

350000－2042－0004382 915.1118/308
[光緒]永年縣志四十卷首一卷 （清）夏詒鈺
纂 清光緒三年(1877)刻本 八冊

350000－2042－0004383 915.1118/308－1

[光緒]永年縣志四十卷首一卷 （清）夏詒鈺纂 清光緒三年(1877)刻本 八冊

350000－2042－0004384 915.1118/311.2

畿輔見聞錄一卷 （清）黃可潤撰 清乾隆十九年(1754)璞園刻本 一冊

350000－2042－0004385 915.1118/373.1

[同治]深州風土記二十二卷附表五卷 （清）吳汝綸纂修 清光緒二十六年(1900)文瑞書院刻本 八冊

350000－2042－0004386 915.1118/373.1－1

[同治]深州風土記二十二卷附表五卷 （清）吳汝綸纂修 清光緒二十六年(1900)文瑞書院刻本 八冊

350000－2042－0004387 915.1118/403.11

[道光]南宮縣志十六卷 （清）周栻修 （清）陳柱纂 清道光十一年(1831)刻本 八冊

350000－2042－0004388 915.1118/443

[光緒]蔚州志二十卷首一卷 （清）慶之金修 （清）楊篤纂 清光緒三年(1877)蘿川公廨刻本 八冊

350000－2042－0004389 915.1118/448

[乾隆]萬全縣志十卷首一卷 （清）左承業纂修 清乾隆十年(1745)刻本 四冊

350000－2042－0004390 915.1118/501

[嘉慶]棗強縣志二十卷 （清）任銜蕙修 （清）楊元錫纂 清嘉慶八年(1803)刻本 六冊

350000－2042－0004391 915.1172/006

[光緒]鹿邑縣志十六卷首一卷 （清）于滄瀾 （清）馬家彥修 （清）蔣師轍纂 清光緒二十二年(1896)刻本 六冊

350000－2042－0004392 915.1172/022

[乾隆]新鄉縣志三十四卷首一卷 （清）趙開元修 （清）暢俊纂 清乾隆十二年(1747)刻本 六冊

350000－2042－0004393 915.1172/103

[光緒]重修靈寶縣志八卷 （清）周淦 （清）方祚勳修 （清）高錦榮 （清）李鏡江纂 清光緒二年(1876)刻本 八冊

350000－2042－0004394 915.1172/124.220

說嵩三十二卷例目一卷 （清）景日昣撰 清康熙嶽生堂刻本 十冊

350000－2042－0004395 915.1172/137

[道光]武陟縣志三十六卷 （清）王榮陛修 （清）方履籛纂 清道光九年(1829)刻本 八冊

350000－2042－0004396 915.1172/172

[雍正]河南通志八十卷 （清）田文鏡等總裁 （清）孫灝等纂修 清雍正十三年(1735)刻道光至光緒遞修民國三年(1914)河南教育司補修本 四十冊

350000－2042－0004397 915.1172/172.01

[乾隆]續河南通志八十卷首四卷 （清）阿思哈 （清）嵩貴纂修 清乾隆三十二年(1767)刻道光至光緒遞修民國三年(1914)河南教育司補修本 二十四冊

350000－2042－0004398 915.1172/172.1

[康熙]河南通志五十卷 （清）李輝祖 （清）顧沔修 （清）張沐等纂 清康熙三十四年(1695)刻本 十六冊

350000－2042－0004399 915.1172/317.501

忠武祠墓志七卷首一卷末一卷 （清）李復心撰 清道光三年(1823)刻本 四冊

350000－2042－0004400 915.1172/367.9551

湯陰精忠廟志十卷 （明）張應登等輯 （清）楊世達續輯 清刻本 六冊

350000－2042－0004401 915.1172/370

[乾隆]通許縣誌十卷 （清）阮龍光修 （清）邵自祐纂 清乾隆三十六年(1771)刻本 六冊

350000－2042－0004402 915.1172/372

[乾隆]汲縣志十四卷首一卷末一卷 （清）徐汝瓚纂修 （清）杜崐纂 清乾隆二十年

(1755)刻本　六冊

350000－2042－0004403　915.1172/377.2/N
洛陽伽藍記五卷　(北魏)楊衒之撰　**洛陽伽藍記集證一卷**　(清)吳若準撰　清道光十四年(1834)刻本　一冊

350000－2042－0004404　915.1172/389
[乾隆]祥符縣志二十二卷　(清)張淑載修　(清)魯曾煜纂　清乾隆四年(1739)刻本　十冊

350000－2042－0004405　915.1172/404
[光緒]內黃縣志十九卷首一卷　(清)董慶恩等修　(清)陳熙春纂　清光緒十八年(1892)刻本　六冊

350000－2042－0004406　915.1172/444
[乾隆]獲嘉縣志十六卷首一卷　(清)吳喬齡纂修　清乾隆二十一年(1756)刻本　六冊

350000－2042－0004407　915.1172/447
[順治]封邱縣志九卷首一卷　(清)余縉修　(清)李嵩陽纂　清順治十六年(1659)刻本　五冊

350000－2042－0004408　915.1172/447.01
[康熙]封邱縣續志一卷　(清)王賜魁修　(清)李會生纂　清康熙十九年(1680)刻本　一冊

350000－2042－0004409　915.1172/447.011
[康熙]封邱縣續志五卷　(清)孟鏐　(清)耿紘祚等修　(清)李承綬纂　清康熙三十六年(1697)刻本　二冊

350000－2042－0004410　915.1172/747
[道光]尉氏縣志二十卷首一卷　(清)沈湘修　(清)王觀潮纂　清道光十一年(1831)刻本　八冊

350000－2042－0004411　915.1172/774.01
宋東京考二十卷　(清)周城輯　清乾隆刻本　六冊

350000－2042－0004412　915.1172/774.1
[康熙]開封府志四十卷　(清)管竭忠纂修

(清)張沐編訂　清康熙三十四年(1695)刻同治二年(1863)重修刻本　十冊

350000－2042－0004413　915.1172/976
[道光]輝縣志二十卷首一卷末一卷　(清)周際華修　(清)戴銘等纂　清道光十五年(1835)百泉書院刻本　八冊

350000－2042－0004414　915.1220/028
[同治]新繁縣志十六卷首一卷　(清)張文珍　(清)李應觀修　(清)楊益豫等纂　清同治十二年(1873)刻本　九冊

350000－2042－0004415　915.1220/202
[光緒]秀山縣志十四卷首一卷　(清)王壽松修　(清)李稽勳等纂　清光緒十七年(1891)刻本　四冊

350000－2042－0004416　915.1220/203.1
[光緒]雙流縣志四卷首一卷　(清)彭琬等纂修　清光緒三年(1877)刻本　八冊

350000－2042－0004417　915.1220/220.5
蜀輶日記四卷　(清)陶澍撰　清道光七年(1827)刻本　二冊

350000－2042－0004418　915.1220/221
[道光]樂至縣志十六卷首一卷　(清)裴顯忠修　(清)劉碩輔纂　清道光二十年(1840)刻本　四冊

350000－2042－0004419　915.1220/237.237
峨眉紀游不分卷　(清)樓黎然撰　清宣統元年(1909)成都昌福公司鉛印本　一冊

350000－2042－0004420　915.1220/302.2
[光緒]新修潼川府志三十卷　(清)阿麟修　(清)王龍勳等纂　清光緒二十三年(1897)刻本　十六冊

350000－2042－0004421　915.1220/307
[道光]安岳縣志十六卷首一卷　(清)濮瑗修　(清)周國頤纂　清道光十六年(1836)刻本　八冊

350000－2042－0004422　915.1220/307.01
[光緒]續修安岳縣志四卷　(清)陳其寬修

（清）鄒宗垣等纂　清光緒二十三年（1897）刻本　四冊

350000－2042－0004423　915.1220/307－1

[道光]安岳縣志十六卷首一卷　（清）濮瑗修
（清）周國頤纂　清道光十六年（1836）刻本
八冊

350000－2042－0004424　915.1220/347

[嘉慶]洪雅縣志二十五卷首一卷　（清）王好
音纂修　（清）張柱等編輯　清嘉慶十九年
（1814）刻本　六冊

350000－2042－0004425　915.1220/347.11

[光緒]洪雅縣志十二卷首一卷　（清）郭世棻
纂修　（清）鄧敏修等編輯　清光緒十年
（1884）刻本　五冊

350000－2042－0004426　915.1220/347.11－1

[光緒]洪雅縣志十二卷首一卷　（清）郭世棻
纂修　（清）鄧敏修等編輯　清光緒十年
（1884）刻本　五冊

350000－2042－0004427　915.1220/347－1

[嘉慶]洪雅縣志二十五卷首一卷　（清）王好
音纂修　（清）張柱等編輯　清嘉慶十九年
（1814）刻本　七冊

350000－2042－0004428　915.1220/403.1

[咸豐]重修梓潼縣志六卷　（清）張香海修
（清）楊曦等編輯　清咸豐八年（1858）刻本
六冊

350000－2042－0004429　915.1220/403.3

[嘉慶]夾江縣志十二卷首一卷　（清）王佐纂
修　（清）涂崧等編輯　清嘉慶十八年（1813）
刻光緒十四年（1888）補修本　四冊

350000－2042－0004430　915.1220/426

[光緒]重修彭縣志十三卷首一卷末一卷附補
遺一卷　（清）張龍甲修　（清）呂調陽等纂
清光緒六年（1880）刻本　十冊

350000－2042－0004431　915.1220/442.01

蜀中名勝記三十卷　（明）曹學佺撰　清道光
元年（1821）刻粵雅堂叢書本　十冊

350000－2042－0004432　915.1220/447.1

華陽國志十二卷　（晉）常璩撰　補華陽國志
三州郡縣目錄一卷　（清）廖寅撰　清嘉慶十
九年（1814）刻本　四冊

350000－2042－0004433　915.1220/601

蜀水攷四卷　（清）陳登龍述　（清）朱錫穀補
注　（清）陳一津分疏　清道光五年（1825）刻
本　二冊

350000－2042－0004434　915.1220/601.1

蜀水攷四卷　（清）陳登龍述　（清）朱錫穀補
注　（清）陳一津分疏　清光緒二十二年
（1896）成都書局刻本　四冊

350000－2042－0004435　915.1220/602

三省邊防備覽十四卷　（清）嚴如熤輯　清道
光二年（1822）刻本　六冊

350000－2042－0004436　915.1220/602.2

四川新設爐霍屯志略不分卷　（清）李之珂纂
修　清光緒三十二年（1906）鉛印本　一冊

350000－2042－0004437　915.1220/602.5

[嘉慶]四川通志二百四卷首二十二卷　（清）
常明修　（清）楊芳燦　（清）譚光祜纂　清嘉
慶二十一年（1816）刻本　一百六十冊

350000－2042－0004438　915.1220/603

[嘉慶]羅江縣志三十六卷　（清）李桂林修
（清）鄧林　（清）董湻昌纂　清同治四年
（1865）刻本　四冊

350000－2042－0004439　915.1220/603.1

[同治]續修羅江縣志二十四卷　（清）馬傳業
修　（清）劉正慧等纂　清同治四年（1865）刻
本　二冊

350000－2042－0004440　915.1220/772.103

[光緒]雷波廳志三十六卷首一卷　（清）秦雲
龍修　（清）萬科進纂　清光緒十九年（1893）
刻本　五冊　存二十八卷（一至六、十六至三
十六,首一卷）

350000－2042－0004441　915.1220/772.103－1

[光緒]雷波廳志三十六卷首一卷　（清）秦雲

龍修 （清）萬科進纂 清光緒十九年(1893)
刻本 一冊 存三卷(二十六至二十八)

350000－2042－0004442 915.1236/233.2
臺陽筆記不分卷 （清）翟灝撰 清嘉慶抄本
一冊

350000－2042－0004443 915.1236/236
臺灣外記三十卷 （清）江日昇識 清求無不
獲齋木活字印本 八冊

350000－2042－0004444 915.1236/236.002
臺灣雜記一卷 （清）黃逢昶輯 清末抄本
一冊

350000－2042－0004445 915.1236/236.01
[乾隆]續修臺灣府志二十六卷首一卷 （清）
余文儀修 （清）黃佾纂 清乾隆三十九年
(1774)刻同治十一年(1872)楊承藩、魏肇基
補修本 二十四冊

350000－2042－0004446 915.1236/236.01－1
[乾隆]續修臺灣府志二十六卷首一卷 （清）
余文儀修 （清）黃佾纂 清乾隆三十九年
(1774)刻同治十一年(1872)楊承藩、魏肇基
補修本 七冊 存十六卷(一至六、十一至十
七、二十三至二十四,首一卷)

350000－2042－0004447 915.1236/236.012/N
[乾隆]續修臺灣府志二十六卷首一卷 （清）
余文儀修 （清）黃佾纂 清乾隆三十九年
(1774)刻同治十一年(1872)楊承藩、魏肇基
補修光緒十四年(1888)李鴻銘增修本 六冊

350000－2042－0004448 915.1236/236.57
臺灣戰紀二卷 （清）洪棄父纂 清光緒三十
二年(1906)鉛印本 二冊

350000－2042－0004449 915.1236/316
臺灣外記三十卷 （清）江日昇識 清求無不
獲齋木活字印本 六冊

350000－2042－0004450 915.1236/403
[康熙]臺灣府紀略一卷 （清）林謙光撰 附
一卷 （清）□□輯 清抄本 一冊

350000－2042－0004451 915.1245/003

閩嶠輶軒錄二卷 （清）卞寶第撰 清刻本
一冊

350000－2042－0004452 915.1262/003.12
[光緒]廣州府志一百六十三卷 （清）戴肇辰
等修 （清）史澄 （清）李光廷纂 清光緒五
年(1879)粵秀書院刻本 六十冊

350000－2042－0004453 915.1262/101
[嘉慶]三水縣志十六卷首一卷 （清）李友榕
等修 （清）鄧雲龍等纂 清嘉慶二十四年
(1819)省城心簡齋刻本 八冊

350000－2042－0004454 915.1262/172.01/N
[道光]瓊州府志四十四卷首一卷 （清）明誼
修 （清）張岳崧纂 清道光二十一年(1841)
刻本 八冊

350000－2042－0004455 915.1262/206
[同治]番禺縣志五十四卷首一卷 （清）李福
泰修 （清）史澄 （清）何若瑤纂 清同治十
年(1871)光霽堂刻本 十六冊

350000－2042－0004456 915.1262/206.603
羅浮山志會編二十二卷首一卷 （清）宋廣業
輯 清康熙刻本 十冊 存二十二卷(羅浮
山志會編二十二卷)

350000－2042－0004457 915.1262/212
[咸豐]順德縣志三十二卷 （清）郭汝誠修
（清）馮奉初纂 清咸豐三年(1853)刻本 十
四冊

350000－2042－0004458 915.1262/262
[道光]廣東通志三百三十四卷首一卷 （清）
阮元等修 （清）陳昌齊等纂 清同治三年
(1864)刻本 一百二十冊

350000－2042－0004459 915.1262/262.01
[雍正]廣東通志六十四卷 （清）郝玉麟修
（清）魯曾煜等纂 清雍正九年(1731)刻本
二冊 存八卷(五十一至五十八)

350000－2042－0004460 915.1262/262.02
廣東圖說九十二卷首一卷 （清）毛鴻賓等修
（清）桂文燦等纂 清同治刻本 十八冊

350000－2042－0004461　915.1262/262.3

廣東考古輯要四十六卷　（清）周廣等輯　清光緒十九年(1893)刻本　十冊

350000－2042－0004462　915.1262/262.4

嶺南叢述六十卷　（清）鄧淳編輯　清道光十年(1830)刻本　八冊

350000－2042－0004463　915.1262/323.1

[嘉慶]澄海縣志二十六卷首一卷　（清）李書吉等纂修　清抄本　四冊

350000－2042－0004464　915.1262/327

澳門記畧二卷首一卷末一卷　（清）印光任　（清）張汝霖纂　清嘉慶五年(1800)刻本　二冊

350000－2042－0004465　915.1262/352

連陽八排風土記八卷　（清）李來章撰　清抄本　二冊

350000－2042－0004466　915.1262/373

[光緒]海陽縣志四十六卷首一卷　（清）盧蔚猷修　（清）吳道鎔等纂　清光緒二十六年(1900)潮城謝存文館刻本　十二冊

350000－2042－0004467　915.1262/436.1

[光緒]嘉應州志三十二卷首一卷　（清）吳宗焯等修　（清）溫仲和纂　清光緒二十四年至二十七年(1898－1901)刻本　十四冊

350000－2042－0004468　915.1262/436.322

浮山志五卷　（清）陳銘珪輯　清光緒七年(1881)荔莊刻本　五冊

350000－2042－0004469　915.1262/442

[道光]高州府志十六卷　（清）黃安濤等修　（清）潘眉纂　清道光七年(1827)刻本　十七冊

350000－2042－0004470　915.1262/443

厓山志五卷　（明）黃淳纂修　（明）李之世校正　（明）陳儼　（明）黃雲登校　明萬曆三十九年(1611)刻本　二冊　存二卷(三至四)

350000－2042－0004471　915.1262/553.1

[同治]韶州府志四十卷　（清）額哲克等修

（清）單興詩纂　清光緒二年(1876)刻本　二十五冊

350000－2042－0004472　915.1262/553.2

[光緒]曲江縣志十六卷　（清）張希京修　（清）歐樾華等纂　清光緒元年(1875)粵東省城酌雅齋刻本　八冊

350000－2042－0004473　915.1262/711

[道光]廣東通志三百三十四卷首一卷　（清）阮元等修　（清）陳昌齊等纂　清同治三年(1864)刻本　一百二十冊

350000－2042－0004474　915.1262/771

[乾隆]潮州府志四十二卷首一卷　（清）周碩勳纂修　（清）上官惠繪圖　**附抄存舊志一卷**　（清）康基田輯　清乾隆二十七年(1762)刻四十年(1775)增修本　二十五冊

350000－2042－0004475　915.1262/771.01/N

[乾隆]潮州府志四十二卷首一卷　（清）周碩勳修　清光緒十九年(1893)保安總局刻本　八冊

350000－2042－0004476　915.1262/874

[宣統]南海縣志二十六卷末一卷　（清）張鳳喈等修　（清）桂坫等纂　清宣統三年(1911)刻本　十五冊

350000－2042－0004477　915.1264/002

[光緒]再續高郵州志八卷首一卷　（清）龔定瀛修　（清）夏子鍚纂　清光緒九年(1883)刻本　八冊

350000－2042－0004478　915.1264/002.01

[嘉慶]高郵州志十二卷首一卷　（清）楊宜崙修　（清）夏之蓉　（清）沈之本纂　（清）馮馨增修　清道光二十五年(1845)刻本　十八冊

350000－2042－0004479　915.1264/002－1

[光緒]再續高郵州志八卷首一卷　（清）龔定瀛修　（清）夏子鍚纂　清光緒九年(1883)刻本　八冊

350000－2042－0004480　915.1264/006.577

231

招隱山志十二卷首一卷　繆荃撰　清宣統三年(1911)刻本　四冊

350000－2042－0004481　915.1264/008
[光緒]六合縣志八卷圖說一卷附錄一卷
(清)謝延庚等修　(清)賀廷壽等纂　清光緒九年(1883)刻本　十冊

350000－2042－0004482　915.1264/074
[光緒]贛榆縣志十八卷　(清)王豫熙
(清)陳廷璐修　張謇纂　(清)張雲搏
(清)宋幹繪圖　清光緒十四年(1888)刻本
四冊

350000－2042－0004483　915.1264/102.774
[光緒]周莊鎮志六卷首一卷附貞豐里庚申聞見錄二卷　(清)陶煦輯　清光緒六年至八年(1880－1882)元和陶煦儀一堂刻本　六冊

350000－2042－0004484　915.1264/102.774－1
[光緒]周莊鎮志六卷首一卷附貞豐里庚申聞見錄二卷　(清)陶煦輯　清光緒六年至八年(1880－1882)元和陶煦儀一堂刻本　五冊
存七卷(周莊鎮志六卷、首一卷)

350000－2042－0004485　915.1264/103
[乾隆]震澤縣志三十八卷首一卷　(清)陳和志修　(清)倪師孟　(清)沈彤纂　清光緒十九年(1893)刻本　九冊

350000－2042－0004486　915.1264/103－1
[乾隆]震澤縣志三十八卷首一卷　(清)陳和志修　(清)倪師孟　(清)沈彤纂　清光緒十九年(1893)刻本　八冊

350000－2042－0004487　915.1264/112
琴川志注草十二卷續志草十卷　(清)陳揆編
清抄本　四冊

350000－2042－0004488　915.1264/133
[康熙]常州府志三十八卷首一卷校勘記一卷
(清)于琨修　(清)陳玉璂纂　清光緒十二年(1886)木活字印本　三十六冊

350000－2042－0004489　915.1264/133.1
[光緒]武進陽湖縣志三十卷首一卷　(清)王

其淦　(清)吳康壽修　(清)湯成烈纂　清光緒五年(1879)刻本　二十冊

350000－2042－0004490　915.1264/176.01
[咸豐]邳州志二十卷首一卷　(清)董用威
(清)馬軼群修　(清)魯一同纂　清咸豐元年(1851)刻本　四冊

350000－2042－0004491　915.1264/211.2
虞西水利本末二卷　(清)□□撰　清刻本
一冊　存一卷(下)

350000－2042－0004492　915.1264/211
[同治]上江兩縣志二十九卷首一卷　(清)莫祥芝　(清)甘紹盤修　(清)汪士鐸等纂　清同治十三年(1874)刻本　十二冊

350000－2042－0004493　915.1264/211.108
靈谷禪林志十五卷首一卷　(□)□□輯
(清)謝元福增輯　清光緒十二年(1886)刻民國二十二年(1933)重印本　四冊

350000－2042－0004494　915.1264/211－1
[同治]上江兩縣志二十九卷首一卷　(清)莫祥芝　(清)甘紹盤修　(清)汪士鐸等纂　清同治十三年(1874)刻本　十二冊

350000－2042－0004495　915.1264/211－2
[同治]上江兩縣志二十九卷首一卷　(清)莫祥芝　(清)甘紹盤修　(清)汪士鐸等纂　清同治十三年(1874)刻本　十二冊

350000－2042－0004496　915.1264/211－3
[同治]上江兩縣志二十九卷首一卷　(清)莫祥芝　(清)甘紹盤修　(清)汪士鐸等纂　清同治十三年(1874)刻本　十二冊

350000－2042－0004497　915.1264/213.1
[同治]上海縣志三十二卷首一卷末一卷附補遺一卷敍錄一卷　(清)應寶時等修　(清)俞樾　(清)方宗誠纂　清同治十一年(1872)刻光緒八年(1882)補刻本　五冊

350000－2042－0004498　915.1264/213.1－1
[同治]上海縣志三十二卷首一卷末一卷附補遺一卷敍錄一卷　(清)應寶時等修　(清)俞

槭 （清）方宗誠纂 清同治十一年（1872）刻
光緒八年（1882）補刻本 十六冊

350000 – 2042 – 0004499 915.1264/213.12
[嘉慶]上海縣志二十卷首一卷 （清）王大同
修 （清）李林松纂 清嘉慶十九年（1814）刻
本 十四冊

350000 – 2042 – 0004500 915.1264/213.1 – 2
[同治]上海縣志三十二卷首一卷末一卷附補
遺一卷敘錄一卷 （清）應寶時等修 （清）俞
樾 （清）方宗誠纂 清同治十一年（1872）刻
光緒八年（1882）補刻本 十六冊

350000 – 2042 – 0004501 915.1264/213.17
滬遊雜記四卷 （清）葛元煦撰 清光緒二年
（1876）武林葛氏嘯園刻本 四冊

350000 – 2042 – 0004502 915.1264/222
[光緒]崑新兩縣續修合志五十二卷首一卷末
一卷 （清）金吳瀾 （清）李福沂修 （清）
汪堃 （清）朱成熙纂 清光緒六年（1880）敦
善堂刻本 二十四冊

350000 – 2042 – 0004503 915.1264/223
[光緒]川沙廳志十四卷首一卷補遺一卷
（清）陳方瀛修 （清）俞樾纂 清光緒五年
（1879）刻 六冊

350000 – 2042 – 0004504 915.1264/226
[光緒]豐縣志十六卷首一卷 （清）姚鴻杰輯
清光緒二十年（1894）刻本 八冊

350000 – 2042 – 0004505 915.1264/226.1
[光緒]崇明縣志十八卷 （清）林達泉等修
（清）李聯琇等纂 清光緒七年（1881）刻本
十二冊

350000 – 2042 – 0004506 915.1264/257
[元豐]吳郡圖經續記三卷 （宋）朱長文撰
清同治十二年（1873）江蘇書局刻本 一冊

350000 – 2042 – 0004507 915.1264/263.01
吳江水考增輯五卷附編二卷 （清）沈啓撰
（清）黃象曦增輯 清光緒二十年（1894）刻本
四冊

350000 – 2042 – 0004508 915.1264/263.276
黎里志十六卷首一卷 （清）徐達源纂修 清
嘉慶十年（1805）禊湖書院刻本 四冊

350000 – 2042 – 0004509 915.1264/263.2761
[光緒]黎里續志十六卷首一卷 （清）蔡丙圻
纂修 清光緒二十四年至二十五年（1898 –
1899）禊湖書院刻本 六冊

350000 – 2042 – 0004510 915.1264/264.5
海角遺編一卷 題（清）無悶道人撰 題（清）
七峰樵老人校 清抄本 一冊

350000 – 2042 – 0004511 915.1264/264.6
蘇垣安徽會館志二卷 （清）□□撰 清光緒
刻本 二冊

350000 – 2042 – 0004512 915.1264/266.100
望炊樓叢書五種附二種 （清）謝家福輯 清
光緒吳縣謝氏刻民國十三年（1924）蘇州文學
山房印本 四冊 存三種五卷（五畝園小志
一卷、志餘一卷、題詠一卷,桃塢百詠一卷,五
畝園懷古一卷）

350000 – 2042 – 0004513 915.1264/267
[同治]蘇州府志一百五十卷首三卷 （清）李
銘皖修 （清）馮桂芬纂 清光緒九年（1883）
江蘇書局刻本 八十冊

350000 – 2042 – 0004514 915.1264/267.1
滸墅關志十八卷 （清）凌壽祺纂修 清抄本
十冊

350000 – 2042 – 0004515 915.1264/267.403
太湖全圖不分卷 （□）□□輯 清刻朱墨套
印本 一冊

350000 – 2042 – 0004516 915.1264/267.4031
太湖備考十六卷首一卷 （清）金友理纂
（清）金友琯校 湖程紀略一卷 （清）吳曾撰
清乾隆十五年（1750）藝蘭圃刻本 八冊

350000 – 2042 – 0004517 915.1264/267.4031 – 1
太湖備考十六卷首一卷 （清）金友理纂
（清）金友琯校 湖程紀略一卷 （清）吳曾撰
清乾隆十五年（1750）藝蘭圃刻本 八冊

350000－2042－0004518　915.1264/267.4032

太湖備考十六卷首一卷 （清）金友理纂述
湖程紀略一卷 （清）吳曾纂　**太湖備考續編
四卷** （清）鄭言紹輯　清光緒二十九年
（1903）刻本　四冊　存四卷（太湖備考續編
四卷）

350000－2042－0004519　915.1264/267.6

[康熙]吳郡甫里志十二卷首一卷 （清）陳惟
中編輯　清康熙四十一年（1702）刻本　七冊
存十一卷（一至三、六至十二,首一卷）

350000－2042－0004520　915.1264/267－1

[同治]蘇州府志一百五十卷首三卷 （清）李
銘皖修 （清）馮桂芬纂　清光緒九年（1883）
江蘇書局刻本　八十冊

350000－2042－0004521　915.1264/273

[光緒]阜甯縣志二十四卷首一卷 （清）阮本
焱修 （清）陳肇礽 （清）殷自芳纂　清光緒
十二年（1886）刻本　十冊

350000－2042－0004522　915.1264/283

[同治]徐州府志二十五卷 （清）吳世熊
（清）朱忻修 （清）劉庠 （清）方駿謨纂
清同治十三年（1874）刻本　十六冊

350000－2042－0004523　915.1264/300.1

[道光]重修寶應縣志二十八卷首一卷 （清）
孟毓蘭修 （清）喬載繇等纂　清道光二十年
（1840）寶應湯世勳沐華堂刻本　十冊

350000－2042－0004524　915.1264/300.1－1

[道光]重修寶應縣志二十八卷首一卷 （清）
孟毓蘭修 （清）喬載繇等纂　清道光二十年
（1840）寶應湯世勳沐華堂刻本　十冊

350000－2042－0004525　915.1264/303

[光緒]淮安府志四十卷首一卷 （清）孫雲錦
修 （清）吳昆田 （清）高延第纂　清光緒十
年（1884）刻本　十六冊

350000－2042－0004526　915.1264/307

[光緒]宜興荊谿縣新志十卷首一卷末一卷
（清）施惠 （清）錢志澄修 （清）吳景牆纂
清光緒八年（1882）刻本　八冊

350000－2042－0004527　915.1264/314

[光緒]增修甘泉縣志二十四卷首一卷圖一卷
（清）徐成敭等修 （清）陳浩恩等纂　清光
緒十一年（1885）刻本　二十

350000－2042－0004528　915.1264/314.1

[嘉慶]重修揚州府志七十二卷首一卷 （清）
阿克當阿修 （清）姚文田纂　清嘉慶十五年
（1810）刻本　四十八冊

350000－2042－0004529　915.1264/314.11

[同治]續纂揚州府志二十四卷 （清）方濬頤
修 （清）晏端書等纂　清同治十三年（1874）
刻本　八冊

350000－2042－0004530　915.1264/314.1－1

[嘉慶]重修揚州府志七十二卷首一卷 （清）
阿克當阿修 （清）姚文田纂　清嘉慶十五年
（1810）刻本　四十八冊

350000－2042－0004531　915.1264/314.11－1

[同治]續纂揚州府志二十四卷 （清）方濬頤
修 （清）晏端書等纂　清同治十三年（1874）
刻本　八冊

350000－2042－0004532　915.1264/314.113

北湖小志六卷首一卷 （清）焦循撰　清嘉慶
十三年（1808）刻本　二冊

350000－2042－0004533　915.1264/314.2

揚州水道記四卷 （清）劉文淇撰　清道光二
十五年（1845）江西撫署刻本　二冊

350000－2042－0004534　915.1264/314.3

[嘉慶]江都縣續志十二卷首一卷 （清）王逢
源修 （清）李保泰纂　清嘉慶二十四年
（1819）刻本　四冊

350000－2042－0004535　915.1264/314.4

江南名勝圖詠不分卷 （清）郭袠恒輯　清乾
隆二十八年（1763）刻本　六冊

350000－2042－0004536　915.1264/374

[光緒]寶山縣志十四卷首一卷 （清）梁蒲貴
（清）吳康壽修 （清）朱延射 （清）潘履
祥纂　清光緒八年（1882）學海書院刻本　八

冊

350000－2042－0004537　915.1264/376

[咸豐]重修興化縣志十卷　(清)梁園棣修
(清)鄭之僑　(清)趙彥俞纂　清咸豐二年
(1852)刻本　七冊　存七卷(一至二、六至
十)

350000－2042－0004538　915.1264/384

江蘇海塘新志八卷首一卷　(清)李慶雲
(清)蔣師轍纂　清光緒十六年(1890)刻本
四冊

350000－2042－0004539　915.1264/387

[光緒]海門廳圖志二十卷首一卷　(清)俞麟
年　(清)劉文澂等修　(清)孫壽祺　(清)
周家祿等纂　清光緒二十六年(1900)刻本
四冊

350000－2042－0004540　915.1264/387－1

[光緒]海門廳圖志二十卷首　卷　(清)俞麟
年　(清)劉文澂等修　(清)孫壽祺　(清)
周家祿等纂　清光緒二十六年(1900)刻本
四冊

350000－2042－0004541　915.1264/400.02

金陵瑣志五種　陳作霖撰　清光緒江寧陳氏
可園刻本　四冊　存四種七卷(運瀆橋道小
志一卷、鳳麓小志四卷、東城志略一卷、金陵
物產風土志一卷)

350000－2042－0004542　915.1264/400.423

莫愁湖志六卷首一卷　(清)馬士圖輯　清光
緒八年(1882)刻本　二冊

350000－2042－0004543　915.1264/400.423－1

莫愁湖志六卷首一卷　(清)馬士圖輯　清光
緒八年(1882)刻本　二冊

350000－2042－0004544　915.1264/400.423－2

莫愁湖志六卷首一卷　(清)馬士圖輯　清光
緒八年(1882)刻本　二冊

350000－2042－0004545　915.1264/400.5

秣陵集六卷　(清)陳文述撰　圖考一卷
(清)□□撰　金陵歷代紀年事表一卷　(清)

□□撰　清道光三年(1823)刻本　四冊

350000－2042－0004546　915.1264/400.7

京口掌故叢編七種　(清)陶駿保輯　清末抄
本　六冊

350000－2042－0004547　915.1264/403.1

[光緒]嘉定縣志三十二卷首一卷　(清)程其
珏修　(清)楊震福纂　清光緒七年(1881)刻
本　十六冊

350000－2042－0004548　915.1264/403.102

南通州五山全志二十卷　(清)劉名芳纂修
清乾隆刻本　五冊

350000－2042－0004549　915.1264/403.105

州乘資四卷　(明)邵潛纂修　清抄本　八冊

350000－2042－0004550　915.1264/403.1－1

[光緒]嘉定縣志三十二卷首一卷　(清)程其
珏修　(清)楊震福纂　清光緒七年(1881)刻
本　　八冊

350000－2042－0004551　915.1264/403.2

[光緒]南滙縣志二十二卷首一卷末一卷
(清)金福曾　(清)顧思賢修　(清)張文虎
等纂　清光緒五年(1879)刻民國十八年
(1929)重印本　十二冊

350000－2042－0004552　915.1264/403.21

[光緒]南滙縣志二十二卷首一卷末一卷
(清)金福曾修　(清)張文虎纂　清光緒五年
(1879)刻本　十二冊

350000－2042－0004553　915.1264/403.603

圓津禪院小志六卷續一卷　(清)釋覺銘纂
清嘉慶七年(1802)刻光緒二十二年(1896)補
修本　二冊

350000－2042－0004554　915.1264/403.603－1

圓津禪院小志六卷續一卷　(清)釋覺銘纂
清嘉慶七年(1802)刻光緒二十二年(1896)補
修本　二冊

350000－2042－0004555　915.1264/403.7

太湖備考十六卷首一卷　(清)金友理纂
(清)金友珛校　湖程紀略一卷　(清)吳曾撰

清乾隆十五年(1750)藝蘭圃刻本　八冊

350000－2042－0004556　915.1264/403.7－1
太湖備考十六卷首一卷　(清)金友理纂
(清)金友瑄校　**湖程紀略一卷**　(清)吳曾撰
清乾隆十五年(1750)藝蘭圃刻本　八冊
存十七卷(太湖備考十六卷、首一卷)

350000－2042－0004557　915.1264/406
[嘉慶]溧陽縣志十六卷　(清)李景嶧
(清)陳鴻壽修　(清)史炳　(清)史津纂
清嘉慶十八年(1813)刻本　十二冊

350000－2042－0004558　915.1264/408
[咸豐]壬癸志稿二十八卷　(清)錢寶琛纂輯
清光緒六年(1880)太倉錢溯耆武昌刻本
四冊

350000－2042－0004559　915.1264/408.1
彙刻太倉舊志五種　繆朝荃輯　清宣統元年
(1909)太倉繆氏刻本　八冊

350000－2042－0004560　915.1264/408.1－1
彙刻太倉舊志五種　繆朝荃輯　清宣統元年
(1909)太倉繆氏刻本　八冊

350000－2042－0004561　915.1264/440.2
[乾隆]華亭縣志十六卷　(清)馮鼎高
(清)李廷敬修　(清)王顯曾等纂修　清乾隆
五十六年(1791)刻本　八冊

350000－2042－0004562　915.1264/440.21
[光緒]重修華亭縣志二十四卷首一卷末一卷
(清)楊開第修　(清)姚光發等纂　清光緒
四年至五年(1878－1879)刻本　十冊

350000－2042－0004563　915.1264/443.102
至德志十卷　(清)吳鼎科編　清光緒二年
(1876)刻本　六冊

350000－2042－0004564　915.1264/446
震澤編八卷　(明)蔡昇輯　(明)王鏊修　明
王氏三槐堂刻本　四冊

350000－2042－0004565　915.1264/483.03
[嘉慶]松江府志八十四卷首二卷圖一卷
(清)宋如林修　(清)孫星衍等纂　清嘉慶二

十四年(1819)刻本　四十冊

350000－2042－0004566　915.1264/483.04
[光緒]松江府續志四十卷首一卷　(清)博潤
修　(清)姚光發等纂　清光緒十年(1884)刻
本　二十四冊

350000－2042－0004567　915.1264/503
[光緒]青浦縣志三十卷首二卷末一卷　(清)
汪祖綬等修　(清)熊其英　(清)邱式金纂
清光緒五年(1879)尊經閣刻本　十二冊

350000－2042－0004568　915.1264/503.01
[光緒]青浦縣志三十卷首二卷末一卷　(清)
陳其元等修　(清)沈誠燾總輯　(清)熊其英
(清)邱式金纂　清光緒五年(1879)刻民國
三十四年(1945)重印本　十二冊

350000－2042－0004569　915.1264/503.31
泰州新志刊謬二卷首一卷　(清)任鈺等纂輯
清道光十年(1830)刻本　二冊

350000－2042－0004570　915.1264/503.3
[道光]泰州志三十六卷首一卷　(清)王有慶
等纂修　(清)陳世鎔等輯　清道光七年
(1827)刻本　十冊

350000－2042－0004571　915.1264/503－1
[光緒]青浦縣志三十卷首二卷末一卷　(清)
汪祖綬等修　(清)熊其英　(清)邱式金纂
清光緒五年(1879)尊經閣刻本　十二冊

350000－2042－0004572　915.1264/503－2
[光緒]青浦縣志三十卷首二卷末一卷　(清)
汪祖綬等修　(清)熊其英　(清)邱式金纂
清光緒五年(1879)尊經閣刻本　十二冊

350000－2042－0004573　915.1264/504
[嘉慶]東臺縣志四十卷　(清)周右修
(清)蔡復午等纂　清嘉慶二十二年(1817)刻
本　十冊

350000－2042－0004574　915.1264/504.01
[嘉慶]東臺縣志四十卷　(清)周右修
(清)蔡復午等纂　清嘉慶二十二年(1817)刻
道光十年(1830)增刻本　十冊

350000 – 2042 – 0004575　915.1264/506

[乾隆]婁縣志三十卷首二卷　（清）謝庭薰修　（清）陸錫熊纂　清乾隆五十三年(1788)刻本　六冊

350000 – 2042 – 0004576　915.1264/507

[光緒]重修奉賢縣志二十卷首一卷末一卷（清）韓佩金修　（清）張文虎纂　清光緒四年(1878)志書局刻本　六冊

350000 – 2042 – 0004577　915.1264/507.1

[光緒]泰興縣志二十六卷首一卷末一卷（清）楊激雲修　（清）顧曾烜纂　清光緒十二年(1886)刻本　十冊

350000 – 2042 – 0004578　915.1264/507 – 1

[光緒]重修奉賢縣志二十卷首一卷末一卷（清）韓佩金修　（清）張文虎纂　清光緒四年(1878)志書局刻本　六冊

350000 – 2042 – 0004579　915.1264/563.102

平山堂圖志十卷首一卷　（清）趙之璧編纂　清乾隆刻本　八冊

350000 – 2042 – 0004580　915.1264/563.1021

平山堂圖志十卷首一卷　（清）趙之璧編纂　清乾隆刻本　四冊

350000 – 2042 – 0004581　915.1264/603

[光緒]睢寧縣志稿十八卷　（清）侯紹瀛修（清）丁顯纂　清光緒十二年(1886)刻　六冊

350000 – 2042 – 0004582　915.1264/616

[光緒]盱眙縣志稾十七卷　（清）王錫元修（清）高延第纂　清光緒十七年(1891)刻二十九年(1903)增修本　八冊

350000 – 2042 – 0004583　915.1264/740

吳地記一卷後集一卷　（唐）陸廣微撰　清同治十二年(1873)江蘇書局刻本　一冊

350000 – 2042 – 0004584　915.1264/752

上元江甯鄉土合志六卷　陳作霖編　清宣統二年(1910)江楚編譯書局刻本　一冊

350000 – 2042 – 0004585　915.1264/772

[嘉慶]丹徒縣志四十七卷首四卷　（清）貴中孚　（清）萬承紀修　（清）蔣宗海等纂　清嘉慶十年(1805)刻本　十六冊

350000 – 2042 – 0004586　915.1264/772.006

京口山水志十八卷首一卷末一卷　（清）楊棨撰　清宣統三年(1911)鉛印本　四冊

350000 – 2042 – 0004587　915.1264/772.0061

京口山水志十八卷首一卷末一卷　（清）楊棨撰　清道光二十四年(1844)刻本　六冊

350000 – 2042 – 0004588　915.1264/772.202

焦山志二十六卷首一卷　（清）吳雲輯　清同治十三年(1874)刻京口三山志本　八冊

350000 – 2042 – 0004589　915.1264/772.2021

焦山續志八卷　（清）陳任暘輯　清光緒三十一年(1905)刻京口三山志本　二冊

350000 – 2042 – 0004590　915.1264/772.202 – 1

焦山志二十六卷首一卷　（清）吳雲輯　清同治十三年(1874)刻京口三山志本　八冊

350000 – 2042 – 0004591　915.1264/772.2021 – 1

焦山續志八卷　（清）陳任暘輯　清光緒三十一年(1905)刻京口三山志本　二冊

350000 – 2042 – 0004592　915.1264/772.202 – 2

焦山志二十六卷首一卷　（清）吳雲輯　清同治十三年(1874)刻京口三山志本　八冊

350000 – 2042 – 0004593　915.1264/773

開沙志二卷　（清）王錫極纂　（清）丁時需增修　（清）王之瑚刪訂　清宣統三年(1911)鉛印本　二冊

350000 – 2042 – 0004594　915.1264/773 – 1

開沙志二卷　（清）王錫極纂　（清）丁時需增修　（清）王之瑚刪訂　清宣統三年(1911)鉛印本　二冊

350000 – 2042 – 0004595　915.1264/777.101

西石城風俗志不分卷　陳慶年撰　清光緒三十四年(1908)鉛印本　一冊

350000 – 2042 – 0004596　915.1264/784

[光緒]鹽城縣志十七卷首一卷　（清）劉崇照

修　（清）陳玉樹　（清）龍繼棟纂　清光緒二
十一年(1895)刻本　八冊

350000－2042－0004597　915.1264/802.1
[光緒]金山縣志三十卷　（清）龔寶琦
（清）崔廷鏞修　（清）黃厚本等纂　清光緒四
年(1878)刻本　八冊

350000－2042－0004598　915.1264/802.104
干巷志六卷首一卷　（清）朱棟撰　清嘉慶六
年(1801)刻民國二十二年(1933)重印本　二
冊

350000－2042－0004599　915.1264/802.1－1
[光緒]金山縣志三十卷　（清）龔寶琦
（清）崔廷鏞修　（清）黃厚本等纂　清光緒四
年(1878)刻本　八冊

350000－2042－0004600　915.1264/807.1
金陵四十景圖不分卷　（清）高岑編繪　清刻
本　一冊

350000－2042－0004601　915.1264/808
東林書院志二十二卷　（清）高廷珍修　清光
緒七年(1881)刻本　八冊

350000－2042－0004602　915.1264/808.11
錫金識小錄十二卷　（清）黃印輯　清光緒二
十二年(1896)太湖王念祖木活字印本　六冊

350000－2042－0004603　915.1264/808.2
[光緒]無錫金匱縣志四十卷首一卷附殉難紳
民表二卷列女姓氏錄四卷　（清）裴大中
（清）倪咸生修　（清）秦緗業纂　清光緒七年
(1881)刻二十九年(1903)印本　二十冊

350000－2042－0004604　915.1264/808.2－1
[光緒]無錫金匱縣志四十卷首一卷附殉難紳
民表二卷列女姓氏錄四卷　（清）裴大中
（清）倪咸生修　（清）秦緗業纂　清光緒七年
(1881)刻二十九年(1903)印本　十八冊

350000－2042－0004605　915.1264/808.552
慧山記四卷　（明）釋圓顯輯　（明）邵寶手定
　續編三卷首一卷　（清）邵涵初輯　清同治
七年(1868)二泉書院刻本　二冊　存四卷
（慧山記四卷）

（慧山記四卷）

350000－2042－0004606　915.1264/808.5521
慧山記四卷　（明）釋圓顯輯　（明）邵寶手定
　續編三卷首一卷　（清）邵涵初輯　（清）邵
文燾編輯　清同治七年(1868)二泉書院刻本
　四冊　存四卷(續編三卷、首一卷)

350000－2042－0004607　915.1264/808.552－1
慧山記四卷　（明）釋圓顯輯　（明）邵寶手定
　續編三卷首一卷　（清）邵涵初輯　清同治
七年(1868)二泉書院刻本　二冊　存四卷
(慧山記四卷)

350000－2042－0004608　915.1264/808.5521－1
慧山記四卷　（明）釋圓顯輯　（明）邵寶手定
　續編三卷首一卷　（清）邵涵初輯　（清）邵
文燾編輯　清同治七年(1868)二泉書院刻本
　四冊　存四卷(續編三卷、首一卷)

350000－2042－0004609　915.1264/808.862
錫山景物畧十卷　（清）王永積輯　清光緒二
十四年(1898)刻本　五冊

350000－2042－0004610　915.1264/843.802
金山志十卷　（清）盧見曾撰　**續二卷**　（清）
釋秋崖續纂　清光緒二十七年(1901)刻本
六冊

350000－2042－0004611　915.1264/843.8021
金山志十卷　（清）盧見曾纂　清乾隆二十七
年(1762)雅雨堂刻本　四冊

350000－2042－0004612　915.1264/843.80211
金山志十卷　（清）盧見曾纂　清刻本　四冊

350000－2042－0004613　915.1264/900
[康熙]常熟縣志二十六卷首一卷末一卷
（清）高士鶤　（清）楊振藻纂修　（清）錢陸
燦編輯　清康熙二十六年(1687)刻本　十冊
　存二十七卷(常熟縣志二十六卷、末一卷)

350000－2042－0004614　915.1264/900.1
[光緒]常昭合志稿四十八卷首一卷末一卷
（清）鄭鍾祥　（清）張瀛修　（清）龐鴻文纂
清光緒三十年(1904)木活字印本　十六冊

350000－2042－0004615　915.1264/900.11

[乾隆]常昭合志十二卷首一卷　（清）王錦
（清）楊繼熊修　（清）言如泗纂　清光緒二十
四年(1898)木活字印本　十四冊

350000－2042－0004616　915.1264/900.1－1

[光緒]常昭合志稿四十八卷首一卷末一卷
（清）鄭鍾祥　（清）張瀛修　（清）龐鴻文纂
　清光緒三十年(1904)木活字印本　十六冊

350000－2042－0004617　915.1264/900.2

琴川三志補記十卷續八卷　（清）黃廷鑑編輯
清光緒二十四年(1898)木活字印本　四冊

350000－2042－0004618　915.1264/901

常郡八邑藝文志十二卷　（清）盧文弨纂
（清）莊翊昆等校補　清光緒十六年(1890)刻
本　十六冊

350000－2042－0004619　915.1264/903.1

[道光]武進陽湖縣合志三十八卷首　卷
（清）孫琬　（清）王德茂修　（清）李兆洛
（清）周儀暐纂　清道光二十三年(1843)刻本
　三十二冊

350000－2042－0004620　915.1276/003

齊河縣鄉土志一卷　（清）□□纂修　清光緒
石印本　一冊

350000－2042－0004621　915.1276/276.9

山東考古錄一卷　（清）顧炎武著　續山東考
古錄三十二卷首一卷　（清）葉圭綬述　清光
緒八年(1882)山東書局刻本　一冊　存一卷
（山東考古錄一卷）

350000－2042－0004622　915.1276/302

[萬曆]汶上縣志八卷　（明）栗可仕　（明）
王命新纂修　明萬曆三十六年(1608)刻本
二冊

350000－2042－0004623　915.1276/307

[乾隆]濟陽縣志十四卷首一卷　（清）胡德琳
修　（清）何明禮纂　清乾隆三十七年(1772)
刻本　八冊

350000－2042－0004624　915.1276/307.1

[乾隆]濰縣志六卷首一卷末一卷　（清）張耀
璧修　（清）王誦芬纂　清乾隆二十五年
(1760)刻本　六冊

350000－2042－0004625　915.1276/307.1－1

[乾隆]濰縣志六卷首一卷末一卷　（清）張耀
璧修　（清）王誦芬纂　清乾隆二十五年
(1760)刻本　六冊

350000－2042－0004626　915.1276/503

[道光]泰安縣志十二卷首一卷末一卷　（清）
徐宗幹修　（清）蔣大慶等纂　清道光八年
(1828)刻同治六年(1867)修補本　十四冊

350000－2042－0004627　915.1276/503.5022

泰山紀勝一卷　（清）孔貞瑄纂　清康熙十二
年(1673)刻本　一冊

350000－2042－0004628　915.1276/503.5023

泰山志二十卷　（清）金棨撰　清嘉慶十五年
(1810)刻本　六冊

350000－2042－0004629　915.1276/503－1

[道光]泰安縣志十二卷首一卷末一卷　（清）
徐宗幹修　（清）蔣大慶等纂　清道光八年
(1828)刻同治六年(1867)修補本　十四冊

350000－2042－0004630　915.1276/552

[乾隆]曲阜縣志五十二卷　（清）潘相纂　清
乾隆三十九年(1774)刻本　八冊

350000－2042－0004631　915.1276/552.776

闕里誌二十四卷　（明）陳鎬撰　（明）孔胤植
重纂　明崇禎刻清雍正增修本　十二冊

350000－2042－0004632　915.1276/606

[乾隆]昌邑縣志八卷　（清）周來邰修
（清）于始瞻纂　清乾隆七年(1742)刻本　四
冊

350000－2042－0004633　915.1276/606.1

[光緒]日照縣志十二卷首一卷　（清）陳懋修
　（清）張庭詩　（清）李塏纂　清光緒十二年
(1886)刻本　四冊

350000－2042－0004634　915.1276/776

[同治]即墨縣志十二卷首一卷　（清）林溥修

（清)周翕鑌　（清)黄念昀纂　清同治十二年(1873)刻本　八冊

350000－2042－0004635　915.1276/787

[光緒]臨朐縣志十六卷首一卷　（清)姚延福修　（清)鄧嘉緝　（清)蔣師轍纂　清光緒十年(1884)刻本　六冊

350000－2042－0004636　915.1276/787.11

[光緒]臨朐縣志十六卷首一卷　（清)姚延福修　（清)鄧嘉緝　（清)蔣師轍纂　光緒貳拾貳年分賦役全書　（清)□□輯　清光緒刻本　七冊

350000－2042－0004637　915.1276/804

[康熙]益都縣志十四卷首一卷　（清)陳食花修　（清)鍾諤纂　清康熙十一年(1672)刻本　六冊

350000－2042－0004638　915.1276/804.01

[光緒]益都縣圖志五十四卷首一卷　（清)張承燮修　（清)法偉堂等纂　清光緒三十三年(1907)益都官舍刻本　十六冊

350000－2042－0004639　915.1282/282

[光緒]重修安徽通志三百五十卷補遺十卷(清)吳坤修等修　（清)何紹基等纂　清光緒四年(1878)刻本　一百二十冊

350000－2042－0004640　915.1282/282.02

[道光]安徽通志二百六十卷首六卷　（清)陶澍等修　（清)李振庸等纂　清道光十年(1830)刻本　七十九冊

350000－2042－0004641　915.1282/282.4

皖江武備考略七卷圖一卷　（清)袁青綬撰　清同治十三年(1874)刻本　一冊

350000－2042－0004642　915.1282/377.1

[道光]祁門縣志三十六卷首一卷　（清)王讓修　（清)桂超萬纂　清道光七年(1827)刻本　八冊

350000－2042－0004643　915.1282/403

[同治]太湖縣志四十六卷首一卷末一卷(清)符兆鵬修　（清)趙繼元纂　清同治十一年(1872)熙湖書院刻本　十二冊

350000－2042－0004644　915.1282/503

貴池縣沿革表一卷　劉世珩撰　清光緒二十八年(1902)刻本　一冊

350000－2042－0004645　915.1282/503.002

齊山巖洞志二十六卷首一卷　（清)陳蔚纂　清光緒二十七年(1901)唐石簃刻本　八冊

350000－2042－0004646　915.1282/507.404

九華山志十二卷　（清)喻成龍　（清)李燦重輯　清乾隆刻本　四冊

350000－2042－0004647　915.1282/676

[嘉慶]黟縣志十六卷首一卷　（清)吳甸華修　（清)程汝翼纂　清嘉慶十七年(1812)刻本　九冊　存十二卷(二至四、八至十六)

350000－2042－0004648　915.1282/676.01

[同治]黟縣三志十六卷首一卷末一卷　（清)謝永泰修　（清)程鴻詔纂　清同治十年(1871)刻本　十二冊

350000－2042－0004649　915.1282/676.02

[道光]黟縣續志一卷　（清)呂子珏　（清)詹錫齡修　清道光五年(1825)刻本　一冊

350000－2042－0004650　915.1282/770

黃山志定本七卷首一卷　（清)閔麟嗣纂(清)釋弘濟閱定　清乾隆三十二年(1767)閔道隆刻本　一冊　存二卷(一、首一卷)

350000－2042－0004651　915.1282/876

[康熙]徽州府志十八卷　（清)丁廷楗修(清)趙吉士纂　清康熙三十八年(1699)萬青閣刻本　十冊

350000－2042－0004652　915.1282/876.023

[淳熙]新安志十卷　（宋)羅願撰　清光緒十四年(1888)黟邑李氏刻本　四冊

350000－2042－0004653　915.1282/876.0231

[淳熙]新安志十卷附一卷　（宋)羅願撰[嘉靖]新安志補八卷　（明)方信撰　清光緒抄本　五冊

350000－2042－0004654　915.1282/886

[道光]繁昌縣志十八卷首一卷 （清）曹德贊修 （清）張星煥纂 清抄本 三冊 存七卷（五至六、十四至十八）

350000 - 2042 - 0004655 915.1311/004

重刊麻姑山志十二卷首一卷 （清）黃家駒編 清同治五年(1866)漢皋督銷局刻本 六冊

350000 - 2042 - 0004656 915.1311/005

[同治]廣豐縣志十卷首一卷 （清）雙全等修 （清）顧蘭生等纂 清同治十一年至光緒元年(1872 - 1875)刻本 十冊

350000 - 2042 - 0004657 915.1311/076

[同治]贛縣志五十四卷首一卷 （清）黃德溥 （清）崔國榜修 （清）褚景昕纂 清同治十一年(1872)刻本 十八冊

350000 - 2042 - 0004658 915.1311/311.1

江西全省輿圖十四卷 （清）劉坤一等編繪 （清）朱兆麟校 清光緒二十二年(1896)石印本 十四冊

350000 - 2042 - 0004659 915.1311/322

[光緒]處州府志三十卷首一卷末一卷 （清）潘紹詒脩 （清）周榮椿纂 清光緒三年(1877)刻本 二十八冊 存三十一卷(處州府志三十卷、首一卷)

350000 - 2042 - 0004660 915.1311/353

[同治]清江縣志十卷首一卷 （清）潘懿 （清）胡湛修 （清）朱孫詒纂 清同治九年(1870)刻本 十冊

350000 - 2042 - 0004661 915.1311/376.108

石鐘山志十六卷首一卷 （清）李成謀 （清）丁義方輯 （清）方宗誠 （清）胡傳釗校訂 清光緒九年(1883)聽濤眺雨軒刻本 八冊

350000 - 2042 - 0004662 915.1311/601.002

廬山小志二十四卷首一卷 （清）蔡瀛纂 清道光四年(1824)嫏嬛別館刻本 六冊

350000 - 2042 - 0004663 915.1311/601.002 - 1

廬山小志二十四卷首一卷 （清）蔡瀛纂 清道光四年(1824)嫏嬛別館刻本 六冊

350000 - 2042 - 0004664 915.1311/601.260

白鹿書院志十九卷 （清）毛德琦纂修 清康熙五十九年(1720)刻本 八冊

350000 - 2042 - 0004665 915.1321/013

[康熙]龍游縣志十二卷首一卷 （清）盧燦重修 （清）余恂纂輯 （清）余勉校閱 清康熙二十年(1681)刻本 五冊

350000 - 2042 - 0004666 915.1321/013.01

[康熙]龍游縣志十二卷首一卷 （清）盧燦修 （清）余恂纂 清光緒八年(1882)龍游余氏刻本 六冊

350000 - 2042 - 0004667 915.1321/047

[光緒]諸暨縣志六十一卷 （清）陳通聲修 （清）蔣鴻藻纂 清宣統三年(1911)刻本 十八冊

350000 - 2042 - 0004668 915.1321/047.01

[乾隆]諸暨縣志四十四卷首一卷末一卷 （清）沈椿齡修 （清）樓卜瀍纂 清乾隆三十八年(1773)刻本 十冊

350000 - 2042 - 0004669 915.1321/047 - 1

[光緒]諸暨縣志六十一卷 （清）陳通聲修 （清）蔣鴻藻纂 清宣統三年(1911)刻本 十八冊

350000 - 2042 - 0004670 915.1321/047 - 2

[光緒]諸暨縣志六十一卷 （清）陳通聲修 （清）蔣鴻藻纂 清宣統三年(1911)刻本 十八冊

350000 - 2042 - 0004671 915.1321/083

[嘉慶]於潛縣志十六卷首一卷末一卷 （清）蔣光弼等修 （清）張燮 （清）李江纂 清嘉慶十七年(1812)木活字印本 八冊

350000 - 2042 - 0004672 915.1321/101

[光緒]玉環廳志十六卷首一卷 （清）杜冠英修 （清）呂鴻燾纂 清光緒六年(1880)刻十四年(1888)保靖胡鍾駿增修本 八冊

350000 - 2042 - 0004673 915.1321/101 - 1

[光緒]玉環廳志十六卷首一卷 （清）杜冠英

修 （清）呂鴻燾纂 清光緒六年(1880)刻十四年(1888)保靖胡鍾駿增修本 六冊

350000－2042－0004674 915.1321/103
[光緒]平湖縣志二十五卷首一卷末一卷 （清）彭潤章修 （清）葉廉鍔纂 平湖殉難錄一卷 （清）彭潤章輯 清光緒十二年(1886)刻本 十三冊

350000－2042－0004675 915.1321/103.1
[雍正]西湖志四十八卷 （清）李衛等修 （清）傅王露等纂 清雍正刻本 二十冊

350000－2042－0004676 915.1321/103－1
[光緒]平湖縣志二十五卷首一卷末一卷 （清）彭潤章修 （清）葉廉鍔纂 平湖殉難錄一卷 （清）彭潤章輯 清光緒十二年(1886)刻本 十三冊

350000－2042－0004677 915.1321/107
[光緒]石門縣志十一卷首一卷 （清）余麗元輯 清光緒五年(1879)刻本 十四冊

350000－2042－0004678 915.1321/114
[同治]鄞縣志七十五卷 （清）戴枚修 （清）董沛纂 清光緒三年(1877)刻本 三十四冊

350000－2042－0004679 915.1321/123
甌乘拾遺二卷 （清）洪守一輯 （清）洪瀾編 清道光三十年(1850)愛吾堂刻本 一冊

350000－2042－0004680 915.1321/212
[光緒]上虞縣志校續五十卷首一卷末一卷 （清）儲家藻修 （清）徐致靖纂 清光緒二十五年(1899)刻本 二十冊

350000－2042－0004681 915.1321/212.001
[光緒]上虞縣志四十八卷首一卷末一卷 （清）唐煦春修 （清）朱士黻纂 清光緒十六年至十七年(1890－1891)刻本 二十冊

350000－2042－0004682 915.1321/212.004
唐棲志二十卷 （清）王同輯 清光緒十六年(1890)刻本 八冊

350000－2042－0004683 915.1321/212－1

[光緒]上虞縣志校續五十卷首一卷末一卷 （清）儲家藻修 （清）徐致靖纂 清光緒二十五年(1899)刻本 二十冊

350000－2042－0004684 915.1321/216
[康熙]衢州府志四十卷首一卷 （清）楊廷望纂修 清光緒八年(1882)安陸劉國光刻本 十二冊

350000－2042－0004685 915.1321/223.714
廣雁蕩山誌二十八卷首一卷末一卷 （清）曾唯纂 清乾隆五十五年(1790)刻嘉慶十三年(1808)增修同治八年(1869)補刻本 八冊

350000－2042－0004686 915.1321/223.714－1
廣雁蕩山誌二十八卷首一卷末一卷 （清）曾唯纂 清乾隆五十五年(1790)刻嘉慶十三年(1808)增修同治八年(1869)補刻本 八冊

350000－2042－0004687 915.1321/223.714－2
廣雁蕩山誌二十八卷首一卷末一卷 （清）曾唯纂 清乾隆五十五年(1790)刻嘉慶十三年(1808)增修同治八年(1869)補刻本 十冊

350000－2042－0004688 915.1321/227
[嘉慶]山陰縣志三十卷首一卷 （清）徐元梅修 （清）朱文翰纂 清嘉慶八年(1803)刻本 八冊

350000－2042－0004689 915.1321/2271
[光緒]僊居志二十四卷首一卷僊居集二十四卷 （清）王壽頤修 （清）王棻纂 （清）劉志言 （清）王鏡元繪 清光緒二十年(1894)木活字印本 十八冊

350000－2042－0004690 915.1321/267
[同治]湖州府志九十六卷首一卷 （清）宗源瀚等修 （清）陸心源等纂 清同治十三年(1874)愛山書院刻本 四十冊

350000－2042－0004691 915.1321/267－1
[同治]湖州府志九十六卷首一卷 （清）宗源瀚等修 （清）陸心源等纂 清同治十三年(1874)愛山書院刻本 四十三冊

350000－2042－0004692 915.1321/272

[光緒]烏程縣志三十六卷　（清）潘玉璿修　（清）周學濬等纂　清光緒七年(1881)刻本　十七冊

350000－2042－0004693　915.1321/272.1
[光緒]烏程縣志三十六卷　（清）潘玉璿修　（清）周學濬等纂　清光緒七年(1881)刻本　十六冊

350000－2042－0004694　915.1321/272.804
金蓋山志四卷首一卷　（清）李宗蓮編輯　（清）潘錫春參訂　（清）凌鶚　（清）周文桂校　閔小艮先生金蓋志畧一卷　（清）閔苕敷述　清光緒二十二年(1896)古書隱樓刻本　二冊

350000－2042－0004695　915.1321/273
菱湖鎮志四十四卷首一卷　（清）孫志熊撰　清光緒十九年(1893)歸安孫志熊刻本　六冊

350000　2042－0004696　915.1321/301
[光緒]宣平縣志二十卷首一卷　（清）皮樹棠修　（清）皮錫瑞纂　清光緒四年(1878)刻本　八冊

350000－2042－0004697　915.1321/301－1
[光緒]宣平縣志二十卷首一卷　（清）皮樹棠修　（清）皮錫瑞纂　清光緒四年(1878)刻本　八冊

350000－2042－0004698　915.1321/303.1
[雍正]寧波府志三十六卷首一卷　（清）曹秉仁纂修　清道光二十六年(1846)刻本　十七冊

350000－2042－0004699　915.1321/303.807
重修南海普陀山志二十卷首一卷　（清）秦耀曾編輯　清道光十二年(1832)刻民國四年(1915)佛經流通處補修本　四冊　存二十卷（重修南海普陀山志二十卷）

350000－2042－0004700　915.1321/303.807－1
重修南海普陀山志二十卷首一卷　（清）秦耀曾編輯　清道光十二年(1832)刻民國四年(1915)佛經流通處補修本　四冊　存二十卷（重修南海普陀山志二十卷）

350000－2042－0004701　915.1321/303.807－2
重修南海普陀山志二十卷首一卷　（清）秦耀曾編輯　清道光十二年(1832)刻民國四年(1915)佛經流通處補修本　四冊　存二十卷（重修南海普陀山志二十卷）

350000－2042－0004702　915.1321/304
[光緒]永嘉縣志三十八卷首一卷　（清）張寶琳修　（清）王棻　（清）孫詒讓纂　清光緒八年(1882)刻本　三十冊

350000－2042－0004703　915.1321/304.01
[乾隆]溫州府志三十卷首一卷　（清）李琬修　（清）齊召南　（清）汪沆纂　清同治五年(1866)刻本　二十冊

350000－2042－0004704　915.1321/304.1
[同治]泰順分疆錄十二卷首一卷　（清）林鶚纂輯　（清）林用霖續纂　（清）董憲曾參校　清光緒四年(1878)羅陽林氏望山堂刻本　六冊

350000－2042－0004705　915.1321/304.1－1
[同治]泰順分疆錄十二卷首一卷　（清）林鶚纂輯　（清）林用霖續纂　（清）董憲曾參校　清光緒四年(1878)羅陽林氏望山堂刻本　六冊

350000－2042－0004706　915.1321/304－1
[光緒]永嘉縣志三十八卷首一卷　（清）張寶琳修　（清）王棻　（清）孫詒讓纂　清光緒八年(1882)刻本　二十八冊

350000－2042－0004707　915.1321/307
[光緒]富陽縣志二十四卷首一卷　汪文炳等修　蔣敬時等纂　清光緒二十八年(1902)刻本　十六冊

350000－2042－0004708　915.1321/310/N
咸淳臨安志一百卷　（宋）潛說友纂　校栞咸淳臨安志札記三卷　（清）黃士珣撰　清道光十年(1830)錢塘汪氏振綺堂刻本　二十四冊　存九十九卷（咸淳臨安志一至八十九、九十一至九十七,校栞咸淳臨安志札記三卷）

350000－2042－0004709　915.1321/312

[同治]江山縣志十二卷首一卷末一卷 （清）
王彬修 （清）朱寶慈纂 清同治十二年
(1873)文溪書院刻本 八冊

350000－2042－0004710 915.1321/312－1
[同治]江山縣志十二卷首一卷末一卷 （清）
王彬修 （清）朱寶慈纂 清同治十二年
(1873)文溪書院刻本 八冊

350000－2042－0004711 915.1321/316
南潯鎮志四十卷首一卷 （清）汪曰楨撰 清
同治二年(1863)刻本 十冊

350000－2042－0004712 915.1321/321.02
[雍正]浙江通志二百八十卷首三卷 （清）李
衛 （清）嵇曾筠修 （清）沈翼機 （清）傅
王露等纂 清光緒二十五年(1899)浙江書局
刻本 八十四冊 存二百四十六卷（三十五
至二百八十）

350000－2042－0004713 915.1321/321.021
[雍正]浙江通志二百八十卷首三卷 （清）李
衛 （清）嵇曾筠修 （清）沈翼機 （清）傅
王露等纂 清光緒二十五年(1899)浙江書局
刻本 一百二十冊

350000－2042－0004714 915.1321/321.03
[光緒]浙志便覽十卷 （清）李應珏撰 清光
緒十七年(1891)刻二十二年(1896)增修本
四冊

350000－2042－0004715 915.1321/321.031
[光緒]浙志便覽七卷 （清）李應珏撰 清光
緒十七年(1891)刻本 四冊

350000－2042－0004716 915.1321/321.04
浙東籌防錄四卷 （清）薛福成纂 清光緒十
四年(1888)刻本 一冊

350000－2042－0004717 915.1321/321.041
浙西水利備考不分卷 （清）王鳳生纂 清光
緒四年(1878)浙江書局刻朱墨套印本 四冊

350000－2042－0004718 915.1321/321.4
游喚一卷 （明）王思任撰 明清暉閣刻王季
重九種集本 一冊

350000－2042－0004719 915.1321/323
談浙四卷 （清）許瑤光纂輯 清光緒十四年
(1888)刻本 二冊

350000－2042－0004720 915.1321/363.1221
孤嶼志八卷首一卷 （清）陳舜咨修 清嘉慶
十四年(1809)刻本 五冊

350000－2042－0004721 915.1321/373
石柱記五卷 （唐）顏真卿撰 （清）朱彝尊補
（清）鄭元慶箋釋 （清）章廷宏審定 清康
熙四十一年(1702)魚計亭刻本 一冊

350000－2042－0004722 915.1321/403.0151
龍井見聞錄十卷附宋僧元淨外傳二卷 （清）
汪孟鋗纂 清乾隆刻本 四冊

350000－2042－0004723 915.1321/403.103
[雍正]西湖志四十八卷 （清）李衛等修
（清）傅王露等纂 清光緒四年(1878)浙江書
局刻本 二十冊

350000－2042－0004724 915.1321/403.103－1
[雍正]西湖志四十八卷 （清）李衛等修
（清）傅王露等纂 清光緒四年(1878)浙江書
局刻本 二十冊

350000－2042－0004725 915.1321/403.10331
西湖遊覽志十二卷 （明）王豫輯 清康熙五
十年(1711)松溪樵抄本 六冊

350000－2042－0004726 915.1321/403.1038
西湖志纂十二卷首一卷末一卷 （清）沈德潛
（清）梁詩正修 （清）傅王露校訂 清乾隆
二十年(1755)賜經堂刻本 五冊

350000－2042－0004727 915.1321/403.104
增修雲林寺志八卷 （清）厲鶚輯 清乾隆九
年(1744)刻本 六冊

350000－2042－0004728 915.1321/403.104－1
增修雲林寺志八卷 （清）厲鶚輯 清乾隆九
年(1744)刻本 二冊

350000－2042－0004729 915.1321/403.107
武林靈隱寺誌八卷 （清）孫治初輯 （清）徐
增重修 （清）釋戒顯校訂 清康熙十一年

（1672）靈隱寺刻本　十冊

350000－2042－0004730　915.1321/403.211
杭州上天竺講寺誌十五卷首一卷　（明）釋廣賓纂　清順治三年（1646）刻本　四冊

350000－2042－0004731　915.1321/403.311
汪王廟志畧一卷　汪文炳輯　孫峻參訂　清光緒三十一年（1905）刻本　一冊

350000－2042－0004732　915.1321/403.372
湖山便覽十二卷圖一卷　（清）翟灝　（清）翟瀚輯　清光緒元年（1875）杭州王維翰槐蔭堂刻本　六冊

350000－2042－0004733　915.1321/403.720
岳廟志略十卷首一卷　（清）馮培編輯　清嘉慶八年（1803）刻本　四冊

350000－2042－0004734　915.1321/403.7201
岳廟志略十卷首一卷　（清）馮培編輯　清光緒五年（1879）浙江書局刻本　四冊

350000－2042－0004735　915.1321/403.8
杭俗遺風一卷　（清）范祖述撰　清同治六年（1867）刻本　二冊

350000－2042－0004736　915.1321/407
嘉府典故纂要八卷　（清）王惟梅輯　清乾隆五十四年（1789）刻本　二冊

350000－2042－0004737　915.1321/407.001
［光緒］嘉興府志八十八卷首二卷　（清）許瑤光修　（清）吳仰賢纂　清光緒三年至四年（1877－1878）鴛湖書院刻本　四十八冊

350000－2042－0004738　915.1321/407.001－1
［光緒］嘉興府志八十八卷首二卷　（清）許瑤光修　（清）吳仰賢纂　清光緒三年至四年（1877－1878）鴛湖書院刻五年（1879）重印本　五十五冊

350000－2042－0004739　915.1321/407.01
［光緒］嘉興縣志三十七卷首二卷末一卷　（清）趙惟崶修　（清）石中玉纂　清光緒三十四年（1908）刻本　二十四冊

350000－2042－0004740　915.1321/407.011

嘉府典故纂要續編八卷　（清）王惟梅輯　清嘉慶四年（1799）環翠書屋刻本　二冊

350000－2042－0004741　915.1321/408
［光緒］重修嘉善縣志三十六卷首一卷　（清）江峯青修　（清）顧福仁纂　清光緒二十年（1894）刻本　十六冊

350000－2042－0004742　915.1321/408.1
［光緒］重修嘉善縣志三十六卷首一卷　（清）江峯青修　（清）顧福仁纂　校勘劄記一卷　孫傳樞　唐步雲纂　清光緒二十年（1894）刻民國七年（1918）重印八年（1919）彙印本　十七冊

350000－2042－0004743　915.1321/408－1
［光緒］重修嘉善縣志三十六卷首一卷　（清）江峯青修　（清）顧福仁纂　清光緒二十年（1894）刻本　十六冊

350000－2042－0004744　915.1321/441
［光緒］慈谿縣志五十六卷附編一卷　（清）楊泰亨修　（清）馮可鏞纂　（清）劉一桂校補　清光緒二十五年（1899）德潤書院刻民國三年（1914）慈谿縣公署重印本　二十四冊

350000－2042－0004745　915.1321/442
［光緒］黃巖縣志四十卷首一卷　（清）陳寶善　（清）孫憙等修　（清）王棻等纂　清光緒三年（1877）刻五年（1879）增修本　十六冊

350000－2042－0004746　915.1321/476.100
天童寺志十卷首一卷　（清）聞性道纂　清刻本　四冊

350000－2042－0004747　915.1321/476.100－1
天童寺志十卷首一卷　（清）聞性道纂　清刻本　四冊

350000－2042－0004748　915.1321/477
［咸豐］鄞縣志三十二卷首一卷　（清）張銑修　（清）周道遵纂　清咸豐六年（1856）刻本　十六冊

350000－2042－0004749　915.1321/477.1
［乾隆］鄞縣志三十卷首一卷　（清）錢維喬修

（清）錢大昕纂　清道光二十六年(1846)刻本　十六冊

350000－2042－0004750　915.1321/502

[雍正]泰順縣志十卷首一卷　（清）朱國源修
（清）朱廷琦纂　清雍正七年(1729)刻本
四冊

350000－2042－0004751　915.1321/502.1

[光緒]奉化縣志四十卷首一卷　（清）李前泮
修　（清）張美翊纂　清光緒三十四年(1908)
刻本　十二冊

350000－2042－0004752　915.1321/508

[光緒]蘭谿縣志八卷首一卷附補遺一卷
（清）秦簧修　（清）唐壬森纂　清光緒十三年
至十五年(1887－1889)刻本　十冊

350000－2042－0004753　915.1321/509

重修南海普陀山志二十卷首一卷　（清）秦耀
曾編輯　（清）釋能嵩　（清）釋鴻崑校訂
（清）王鼎勳參定　清道光十二年(1832)刻本
四冊

350000－2042－0004754　915.1321/603

[同治]景甯縣志十四卷首一卷末一卷　（清）
周杰纂修　（清）嚴用光等纂輯　清同治十一
年至十二年(1872－1873)刻本　八冊

350000－2042－0004755　915.1321/717

[同治]長興縣志三十二卷　（清）趙定邦等修
（清）周學濬　（清）丁寶書纂　清同治十三
年至光緒元年(1874－1875)刻十八年(1892)
邵同珩、孫德祖增補本　十六冊

350000－2042－0004756　915.1321/717－1

[同治]長興縣志三十二卷　（清）趙定邦等修
（清）周學濬　（清）丁寶書纂　長興志拾遺
二卷首一卷　（清）朱鎮撰　清同治十三年至
光緒元年(1874－1875)刻十八年(1892)邵同
珩、孫德祖增補本(長興志拾遺爲清光緒二十
三年刻本)　十六冊

350000－2042－0004757　915.1321/717－2

[同治]長興縣志三十二卷　（清）趙定邦等修
（清）周學濬　（清）丁寶書纂　清同治十三

年至光緒元年(1874－1875)刻十八年(1892)
邵同珩、孫德祖增補本　十六冊

350000－2042－0004758　915.1321/802

會稽三賦四卷　（宋）王十朋撰　（明）南逢吉
注　（明）尹壇補注　（明）胡大臣訂正　明萬
曆刻本　二冊

350000－2042－0004759　915.1321/808.486

梅里志四卷　（清）吳存禮編　清同治八年
(1869)刻本　四冊

350000－2042－0004760　915.1321/808.486－1

梅里志四卷　（清）吳存禮編　清同治八年
(1869)刻本　四冊

350000－2042－0004761　915.1321/808.486－2

梅里志四卷首一卷　（清）吳存禮編　清同治
八年(1869)刻民國二年(1913)重印本　四冊

350000－2042－0004762　915.1321/823

[乾隆]鎮海縣志八卷首一卷　（清）王夢弼纂
修　（清）邵向榮訂正　清乾隆十七年(1752)
刻本　八冊

350000－2042－0004763　915.1321/834.262

吳山城隍廟志八卷首一卷　（清）盧崧修
（清）朱元祺纂　清光緒四年(1878)錢塘丁氏
刻本　四冊

350000－2042－0004764　915.1321/843

[光緒]鎮海縣志四十卷　（清）于萬川修
（清）俞樾纂　清光緒五年(1879)鯤池書院刻
本　十六冊

350000－2042－0004765　915.1321/884.1

[光緒]餘姚縣志二十七卷首一卷末一卷
（清）周炳麟修　（清）邵友濂纂　清光緒二十
五年(1899)刻本　十六冊

350000－2042－0004766　915.1321/884.1－1

[光緒]餘姚縣志二十七卷首一卷末一卷
（清）周炳麟修　（清）邵友濂纂　清光緒二十
五年(1899)刻本　十六冊

350000－2042－0004767　915.1321/884.371

洞霄宮志六卷　（清）聞人儒纂輯　清抄本

四冊　存四卷(三至六)

350000－2042－0004768　915.1321/926

[嘉定]剡錄十卷　(宋)史安之修　(宋)高似孫纂　清道光八年(1828)刻本　四冊

350000－2042－0004769　915.1341/272

盤山志十卷首一卷補遺四卷　(清)釋智樸纂輯　(清)王士禎　(清)朱彝尊校訂　清康熙三十年(1691)刻本　四冊

350000－2042－0004770　915.1341/341

[康熙]盛京通志三十二卷　(清)董秉忠修　(清)孫成纂　清康熙刻本　一冊　存六卷(十七至二十二)

350000－2042－0004771　915.1343/104.1

全滇紀要不分卷　(清)雲南課吏館編輯　清光緒三十二年(1906)鉛印本　十冊

350000－2042－0004772　915.1343/104.1－1

全滇紀要不分卷　(清)雲南課史館編輯　清光緒三十二年(1906)鉛印本　十冊

350000－2042－0004773　915.1343/104.15

滇考二卷　(清)馮甦編　清抄本　一冊　存一卷(下)

350000－2042－0004774　915.1343/104.2

鈍齋文選四卷　(清)方孝標撰　清抄本　一冊

350000－2042－0004775　915.1343/313

[光緒]浪穹縣志略十三卷　(清)周沆纂輯　清光緒二十九年(1903)刻本　六冊

350000－2042－0004776　915.1343/343

[道光]雲南通志稿二百十六卷首三卷　(清)阮元等修　(清)王崧等纂　清道光十五年(1835)刻本　一百十二冊

350000－2042－0004777　915.1343/343.01

[光緒]續雲南通志稿一百九十四卷首六卷　(清)王文韶修　(清)唐炯纂　清光緒二十七年(1901)四川岳池刻本　一百冊

350000－2042－0004778　915.1343/343.01－1

[光緒]續雲南通志稿一百九十四卷首六卷

(清)王文韶修　(清)唐炯纂　清光緒二十七年(1901)四川岳池刻本　一百冊

350000－2042－0004779　915.1343/469

增訂南詔野史二卷　(明)楊慎撰　(清)胡蔚訂正　清光緒六年(1880)雲南書局刻本　二冊

350000－2042－0004780　915.1361/022

[同治]新化縣志三十五卷首二卷　(清)關培鈞等修　(清)劉洪澤等纂　清同治十年至十一年(1871－1872)刻本　十五冊

350000－2042－0004781　915.1361/053

靖州鄉土志四卷首一卷　金蓉鏡輯　清光緒三十四年(1908)刻本　二冊　存四卷(靖州鄉土志四卷)

350000－2042－0004782　915.1361/207

岳陽風土記一卷　(宋)范致明輯　清光緒七年(1881)刻本　一冊

350000－2042－0004783　915.1361/212.402

南嶽志八卷　(清)高自位重編　(清)曠敏本輯　(清)黃宮　(清)黃有福校訂　清乾隆十八年(1753)刻本　六冊

350000－2042－0004784　915.1361/212.4021

南嶽總勝集三卷　(宋)陳田夫撰　清嘉慶刻本　一冊

350000－2042－0004785　915.1361/361

[光緒]湖南通志二百八十八卷首八卷末十九卷　(清)李瀚章修　(清)曾國荃等纂　清光緒十一年(1885)刻本　一百六十冊

350000－2042－0004786　915.1361/361.01

[嘉慶]湖南通志二百十九卷首三卷末六卷　(清)巴哈布等修　(清)王煦等纂　清嘉慶二十五年(1820)刻本　十八冊　存一百二十三卷(四十至八十一、一百三十四至一百四十三、一百四十八至一百七十七、一百八十二至二百十六,末六卷)

350000－2042－0004787　915.1361/361.6

湖南疆域驛傳總纂十卷輿圖一卷　(清)慳碰

山館編輯　清光緒十四年(1888)刻本　十一冊

350000－2042－0004788　915.1361/363

[光緒]湘潭縣志十二卷　(清)陳嘉榆等修　王闓運等纂　清光緒十五年(1889)刻本　十冊

350000－2042－0004789　915.1361/363－1

[光緒]湘潭縣志十二卷　(清)陳嘉榆等修　王闓運等纂　清光緒十五年(1889)刻本　十冊

350000－2042－0004790　915.1361/367

[光緒]湘陰縣圖志三十四卷首一卷末一卷　(清)郭嵩燾纂修　清光緒六年(1880)湘陰縣志局刻本　十四冊

350000－2042－0004791　915.1361/377

[同治]祁陽縣志二十四卷首一卷　(清)陳玉祥修　(清)劉希龥等纂　清同治九年(1870)刻本　十六冊

350000－2042－0004792　915.1361/377.313

浯溪考二卷　(清)王士禎撰　清刻本　一冊

350000－2042－0004793　915.1361/447

[光緒桂陽州志新編]不分卷　(清)□□撰　清末抄本　一冊

350000－2042－0004794　915.1361/447.1

[同治]桂陽直隸州志二十七卷首一卷　(清)汪敦灝　(清)吳嗣仲修　王闓運纂　清同治七年(1868)刻本　十三冊

350000－2042－0004795　915.1361/713.013

龍潭山志七卷首一卷末一卷　(清)康阜等輯　清光緒五年(1879)刻本　八冊

350000－2042－0004796　915.1404/404.9

蒙古游牧記十六卷　(清)張穆撰　清同治六年(1867)壽陽祁寯藻刻本　四冊

350000－2042－0004797　915.1404/404.9－1

蒙古游牧記十六卷　(清)張穆撰　清同治六年(1867)壽陽祁寯藻刻本　四冊

350000－2042－0004798　915.1404/404.9－2

蒙古游牧記十六卷　(清)張穆撰　清同治六年(1867)壽陽祁寯藻刻本　四冊

350000－2042－0004799　915.1406/404

[光緒]吉林通志一百二十二卷圖一卷　(清)長順等修　(清)李桂林等纂　清光緒十七年(1891)刻本　一冊　存一卷(五十五)

350000－2042－0004800　915.1406/404.5

吉林國界志不分卷　(清)□□纂　清末抄本　一冊

350000－2042－0004801　915.1406/406.1

吉林輿地略二卷　(清)楊同桂　(清)秦世銓等纂　清光緒二十四年(1898)石印本　二冊

350000－2042－0004802　915.1406/502

[光緒]奉化縣志十四卷補遺一卷志餘一卷　(清)錢開震修　(清)陳文焯纂　清光緒十一年(1885)刻本　四冊

350000－2042－0004803　915.1442/104.2

[光緒]西藏圖考八卷首一卷　(清)黃沛翹輯　清光緒二十年(1894)刻本　四冊

350000－2042－0004804　915.1442/442.01

衛藏圖識五卷　(清)馬揭修　(清)盛繩祖纂　清乾隆五十七年(1792)刻本　四冊

350000－2042－0004805　915.1442/442.3

藏語不分卷　(清)何藻翔撰　清宣統二年(1910)上海廣智書局鉛印本　一冊

350000－2042－0004806　915.1442/442.6

西藏賦一卷　(清)和寧撰　清嘉慶二年(1797)刻本　一冊

350000－2042－0004807　915.1447/089

[道光]敦煌縣志七卷首一卷　(清)蘇履吉等修　(清)曾誠纂　清道光十一年(1831)刻本　四冊

350000－2042－0004808　915.1447/351

[乾隆]清水縣志十六卷　(清)朱超纂修　清乾隆六十年(1795)刻本　四冊

350000－2042－0004809　915.1447/447.01

[乾隆]甘肅通志五十卷首一卷　(清)許容等

修　（清)李迪等纂　清乾隆元年(1736)刻本
　二冊　存八卷(十二、十五至二十一)

350000－2042－0004810　915.1449/442

[光緒]永安州志四卷首一卷　（清)李常霖
（清)鄧文淵修　（清)吳纘周等纂　清光緒二
十年(1894)刻二十四年(1898)增修本　四冊

350000－2042－0004811　915.1449/444

桂林八景圖說一卷　（清)朱樹德撰　清光緒
二年(1876)刻本　一冊

350000－2042－0004812　915.1501/501

八旗通志初集二百五十卷目錄二卷首一卷
（清)鄂爾泰等纂修　清乾隆四年(1739)刻本
　一百十一冊　存二百五十二卷(八旗通志
初集二百五十卷、目錄二卷)

350000－2042－0004813　915.1501/501.13

欽定滿洲源流考二十卷　（清)阿桂　（清)于
敏中修　（清)麟喜　（清)呈麟纂　清光緒十
九年(1893)杭州便益書局石印本　四冊

350000－2042－0004814　915.1508/388

[道光]遵義府志四十八卷首一卷　（清)平翰
等修　（清)鄭珍等纂　清道光二十一年
(1841)刻本　二十冊

350000－2042－0004815　915.1508/436

黔記四卷　（清)李宗昉撰　清道光十四年
(1834)刻本　一冊

350000－2042－0004816　915.1508/508.5

泛葉寄廬一卷　（□)□□撰　清抄本　一冊

350000－2042－0004817　915.1672/007

[光緒]襄陽府志二十六卷志餘一卷國朝襄陽
忠義錄一卷　（清)恩聯等修　（清)王萬芳纂
　清光緒十一年至十二年(1885－1886)刻本
　十六冊

350000－2042－0004818　915.1672/136.442

黃鵠山志十二卷首一卷　（清)胡鳳丹編纂
清同治十三年(1874)永康胡鳳丹退補齋刻本
　六冊

350000－2042－0004819　915.1672/136.442－1

黃鵠山志十二卷首一卷　（清)胡鳳丹編纂
清同治十三年(1874)永康胡鳳丹退補齋刻本
　六冊

350000－2042－0004820　915.1672/306

[同治]宜昌府志十六卷首一卷　（清)聶光鑾
等修　（清)王柏心　（清)雷春沼編纂
(清)譚開鏡繪圖　清同治五年(1866)刻本
十六冊

350000－2042－0004821　915.1672/390.444

荊州萬城隄志十卷首一卷末一卷　（清)倪文
蔚纂　清光緒二十一年(1895)補刻本　六冊

350000－2042－0004822　915.1672/390.4441

荊州萬城堤續志十卷首一卷末一卷　（清)舒
惠撰　清光緒二十年(1894)刻本　四冊

350000－2042－0004823　915.1672/407

[同治]來鳳縣志三十二卷首一卷末一卷
(清)李勷修　（清)何遠鑒　（清)張鈞纂
清同治五年(1866)刻本　八冊

350000－2042－0004824　915.1672/533.2

荊州記三卷　（南朝宋)盛宏之撰　清光緒十
九年(1893)刻本　一冊

350000－2042－0004825　915.1672/672.1

楚寶四十卷　（明)周聖楷輯纂　清道光九年
(1829)刻本　二十六冊

350000－2042－0004826　915.1672/672.1－1

楚寶四十卷　（明)周聖楷輯纂　清道光九年
(1829)刻本　二十六冊

350000－2042－0004827　915.1742/107

[光緒]三原縣新志八卷　（清)焦雲龍修
(清)賀瑞麟纂　清光緒六年(1880)刻本　四
冊

350000－2042－0004828　915.1742/131

[正德]武功縣志三卷首一卷　（明)康海纂修
　（清)孫景烈評注　清同治十二年(1873)湖
北崇文書局刻本　一冊

350000－2042－0004829　915.1742/131.1

[正德]武功縣志三卷首一卷　（明)康海纂修

（清）孫景烈評注　清乾隆二十六年(1761)
刻光緒十三年(1887)張世英補修本　一冊

350000－2042－0004830　915.1742/131－1
[正德]武功縣志三卷首一卷　（明）康海纂修
（清）孫景烈評注　清同治十二年(1873)湖
北崇文書局刻本　一冊

350000－2042－0004831　915.1742/131－2
[正德]武功縣志三卷首一卷　（明）康海纂修
（清）孫景烈評注　清同治十二年(1873)湖
北崇文書局刻本　一冊

350000－2042－0004832　915.1742/131－3
[正德]武功縣志三卷首一卷　（明）康海纂修
（清）孫景烈評注　清同治十二年(1873)湖
北崇文書局刻本　一冊

350000－2042－0004833　915.1742/308
[光緒]寧羌州志五卷　（清）馬毓華修
（清）鄭書香　（清）曹良模纂　清光緒十四年
(1888)刻本　五冊

350000－2042－0004834　915.1742/436
[康熙]城固縣志十卷　（清）王穆纂修　清光
緒四年(1878)江左徐德懷刻本　四冊

350000－2042－0004835　915.1742/444
[光緒]蒲城縣新志十三卷首一卷　（清）李體
仁修　（清）王學禮纂　清光緒三十一年
(1905)刻本　四冊

350000－2042－0004836　915.1742/447.4421
華嶽志八卷首一卷　（清）李榕纂輯　清道光
十一年(1831)清白別墅刻本　四冊

350000－2042－0004837　915.1742/447.4421－1
華嶽志八卷首一卷　（清）李榕纂輯　清道光
十一年(1831)清白別墅刻本　四冊

350000－2042－0004838　915.1742/476
[正德]朝邑縣志二卷　（明）王道修　（明）
韓邦靖纂　清同義文會刻本　一冊

350000－2042－0004839　915.1742/476.1
[正德]朝邑縣志二卷　（明）王道修　（明）
韓邦靖纂　[正德]朝邑縣志注二卷　（明）張

我華注　清抄本　四冊

350000－2042－0004840　915.1742/713.01
[熙寧]長安志二十卷　（宋）宋敏求撰　圖三
卷　（元）李好文編類圖說　（清）畢沅校正
清光緒十七年(1891)思賢講舍刻本　四冊

350000－2042－0004841　915.1742/713.01－1
[熙寧]長安志二十卷　（宋）宋敏求撰　圖三
卷　（元）李好文編類圖說　（清）畢沅校正
清光緒十七年(1891)思賢講舍刻本　四冊

350000－2042－0004842　915.1742/741
雍錄十卷　（宋）程大昌撰　（明）吳琯校　明
新安吳琯刻古今逸史本　二冊

350000－2042－0004843　915.1742/742
[雍正]陝西通志一百卷首一卷　（清）劉於義
等修　（清）沈青崖等纂　清雍正十三年
(1735)刻本　六十冊

350000－2042－0004844　915.1742/742－1
[雍正]陝西通志一百卷首一卷　（清）劉於義
等修　（清）沈青崖等纂　清雍正十三年
(1735)刻本　二十三冊　存二十四卷(一至
二十三、首一卷)

350000－2042－0004845　915.1742/771.712
馬嵬志十六卷首一卷　（清）胡鳳丹編輯　清
光緒三年(1877)永康胡鳳丹退補齋刻本　六
冊

350000－2042－0004846　915.1742/877
[乾隆]郃陽縣全志四卷　（清）席奉乾修
（清）孫景烈纂　清乾隆三十四年(1769)刻本
二冊

350000－2042－0004847　915.1771/007
[道光]廈門志十六卷　（清）周凱等纂修　清
道光十九年(1839)刻民國二十年(1931)廈門
玉紫財產管理委員會重印本　十二冊

350000－2042－0004848　915.1771/007.01
[道光]廈門志十六卷　（清）周凱纂修　清道
光十九年(1839)刻本　十二冊

350000－2042－0004849　915.1771/007.01－1

[道光]廈門志十六卷　(清)周凱纂修　清道光十九年(1839)刻本　九冊

350000－2042－0004850　915.1771/007.01－2
[道光]廈門志十六卷　(清)周凱纂修　清道光十九年(1839)刻本　十二冊

350000－2042－0004851　915.1771/007.01－3/N
[道光]廈門志十六卷　(清)周凱纂修　清道光十九年(1839)刻本　十二冊

350000－2042－0004852　915.1771/007－1
[道光]廈門志十六卷　(清)周凱等纂修　清道光十九年(1839)刻民國二十年(1931)廈門玉紫財產管理委員會重印本　十二冊

350000－2042－0004853　915.1771/007－2
[道光]廈門志十六卷　(清)周凱等纂修　清道光十九年(1839)刻民國二十年(1931)廈門玉紫財產管理委員會重印本　十二冊

350000－2042－0004854　915.1771/007－3
[道光]廈門志十六卷　(清)周凱等纂修　清道光十九年(1839)刻民國二十年(1931)廈門玉紫財產管理委員會重印本　十二冊

350000－2042－0004855　915.1771/007－4
[道光]廈門志十六卷　(清)周凱等纂修　清道光十九年(1839)刻民國二十年(1931)廈門玉紫財產管理委員會重印本　十二冊

350000－2042－0004856　915.1771/007－5
[道光]廈門志十六卷　(清)周凱等纂修　清道光十九年(1839)刻民國二十年(1931)廈門玉紫財產管理委員會重印本　十二冊

350000－2042－0004857　915.1771/007－6
[道光]廈門志十六卷　(清)周凱等纂修　清道光十九年(1839)刻民國二十年(1931)廈門玉紫財產管理委員會重印本　十二冊

350000－2042－0004858　915.1771/007－8
[道光]廈門志十六卷　(清)周凱等纂修　清道光十九年(1839)刻民國二十年(1931)廈門玉紫財產管理委員會重印本　一冊　存三卷(十四至十六)

350000－2042－0004859　915.1771/013
[乾隆]龍溪縣志二十四卷首一卷輿圖一卷　(清)吳宜燮修　(清)黃惠　(清)李疇纂　新增補一卷　(清)吳聯薰續纂修　清光緒五年(1879)刻本　十二冊

350000－2042－0004860　915.1771/013.02
[光緒]漳州府志五十卷首一卷　(清)沈定均修　(清)吳聯薰纂　清光緒三年(1877)芝山書院刻本　三十二冊　存五十卷(漳州府志五十卷)

350000－2042－0004861　915.1771/013.02－1
[光緒]漳州府志五十卷首一卷　(清)沈定均修　(清)吳聯薰纂　清光緒三年(1877)芝山書院刻本　二冊　存五卷(四十六至五十)

350000－2042－0004862　915.1771/013.03/N
[康熙]漳州府志三十四卷首一卷　(清)魏荔彤修　(清)蔡世遠纂　清康熙五十四年(1715)刻本　十八冊　存三十一卷(二至三十一、首一卷)

350000－2042－0004863　915.1771/074
閩產錄異六卷　(清)郭柏蒼輯　清光緒十二年(1886)刻郭氏叢刻本　三冊

350000－2042－0004864　915.1771/103.01
[乾隆]泉州府志七十六卷首一卷　(清)懷蔭布修　(清)黃任　(清)郭賡武纂　清同治九年(1870)金華章倬標刻本　二十六冊　存三十八卷(三十九至七十六)

350000－2042－0004865　915.1771/103.011
泉州鄉土地理志不分卷　(清)□□編　清宣統二年(1910)刻本　一冊

350000－2042－0004866　915.1771/103.01－1
[乾隆]泉州府志七十六卷首一卷　(清)懷蔭布修　(清)黃任　(清)郭賡武纂　清同治九年(1870)金華章倬標刻本　四十八冊

350000－2042－0004867　915.1771/1031.61
溫陵開元寺志四卷　(明)釋元賢纂修　明崇禎刻本　一冊

350000－2042－0004868　915.1771/104/N

[康熙]平和縣志十二卷首一卷　（清）王相修
（清）昌天錦　（清）藍三祝　（清）寶嶷纂
清光緒十五年(1889)刻本　六冊

350000－2042－0004869　915.1771/116

[光緒]福安縣志三十八卷首一卷　（清）張景
祁修　（清）黃錦燦等纂　清光緒十年(1884)
刻本　六冊

350000－2042－0004870　915.1771/122

瑞巖山志四卷　（明）歐應昌撰　清刻本　一
冊　存二卷(三至四)

350000－2042－0004871　915.1771/157.02

[康熙]建陽縣誌八卷首一卷　（清）柳正芳修
（清）王維文等纂　清康熙四十二年(1703)
刻本　三冊　存四卷(一至二、六,首一卷)

350000－2042－0004872　915.1771/171.1

[光緒]重纂邵武府志三十卷首一卷　（清）王
琛　（清）徐兆豐修　（清）張元奇等纂　清光
緒二十四年(1898)刻本　十八冊

350000－2042－0004873　915.1771/182.01

[道光]政和縣志十一卷首一卷末一卷　（清）
程鵬里　（清）譚高捷　（清）梁承綸修
(清)魏敬中纂　清道光十二年(1832)刻本
一冊　存一卷(首一卷)

350000－2042－0004874　915.1771/212/N

閩書一百五十四卷　（明）何喬遠纂修　明崇
禎二年(1629)刻本　三十一冊　存一百八卷
(一至四十七、五十至五十一、五十四至六十、
六十五至六十六、七十二至八十一、八十四至
八十五、八十八至八十九、九十四至九十五、
九十八至一百十七、一百二十至一百二十一、
一百三十五至一百三十六、一百四十一、一百
四十五至一百五十三)

350000－2042－0004875　915.1771/213.1

[乾隆]僊遊縣誌五十三卷首一卷　（清）胡啓
植　（清）王椿修　（清）葉和侃等纂　清乾隆
三十六年(1771)刻本　十七冊　存五十二卷
(一至二十六、二十九至五十三,首一卷)

350000－2042－0004876　915.1771/213.1－1

[乾隆]僊遊縣誌五十三卷首一卷　（清）胡啓
植　（清）王椿修　（清）葉和侃等纂　清乾隆
三十六年(1771)刻本　四冊　存十六卷(六
至二十一)

350000－2042－0004877　915.1771/214.01

[乾隆]上杭縣誌十二卷首一卷末一卷　（清）
顧人驥修　（清）沈成國纂　清乾隆二十五年
(1760)刻同治三年(1864)增修本　七冊

350000－2042－0004878　915.1771/214.02/N

[乾隆]上杭縣誌十二卷首一卷末一卷　（清）
顧人驥修　（清）沈成國纂　清乾隆二十五年
(1760)刻同治三年(1864)增修本　十二冊

350000－2042－0004879　915.1771/222

[乾隆]將樂縣志十六卷首一卷　（清）李永錫
等修　（清）徐觀海纂　清抄本　十冊

350000－2042－0004880　915.1771/223.135

武夷志畧不分卷　（明）徐表然纂輯　（明）陳
鳴華編定　明萬曆四十七年(1619)孫世昌刻
本　四冊

350000－2042－0004881　915.1771/223.1350

武夷山志二十四卷首一卷　（清）董天工編
(清)羅才育　（清）羅才韜　（清）羅才綸校
刊　清道光二十六年(1846)羅良嵩五夫尺木
軒刻本　八冊

350000－2042－0004882　915.1771/223.1350－1

武夷山志二十四卷首一卷　（清）董天工編
(清)羅才育　（清）羅才韜　（清）羅才綸校
刊　清道光二十六年(1846)羅良嵩五夫尺木
軒刻本　八冊

350000－2042－0004883　915.1771/223.1350－2

武夷山志二十四卷首一卷　（清）董天工編
(清)羅才育　（清）羅才韜　（清）羅才綸校
刊　清道光二十六年(1846)羅良嵩五夫尺木
軒刻本　八冊

350000－2042－0004884　915.1771/223.1350－3

武夷山志二十四卷首一卷　（清）董天工編
(清)羅才育　（清）羅才韜　（清）羅才綸校

刊　清道光二十六年(1846)羅良嵩五夫尺木軒刻本　八冊

350000 − 2042 − 0004885　915.1771/223.1350 − 7/N

武夷山志二十四卷首一卷　(清)董天工編　(清)羅才育　(清)羅才韜　(清)羅才綸校刊　清道光二十六年(1846)羅良嵩五夫尺木軒刻本　八冊

350000 − 2042 − 0004886　915.1771/223.1351

武夷山志二十四卷首一卷　(清)董天工編　(清)羅才育　(清)羅才韜　(清)羅才綸校刊　清道光二十六年(1846)羅良嵩五夫尺木軒刻同治十一年(1872)丁承禧重修本　八冊

350000 − 2042 − 0004887　915.1771/223.1351 − 1

武夷山志二十四卷首一卷　(清)董天工編　(清)羅才育　(清)羅才韜　(清)羅才綸校刊　清道光二十六年(1846)羅良嵩五夫尺木軒刻同治十一年(1872)丁承禧重修本　八冊

350000 − 2042 − 0004888　915.1771/223.1351 − 2

武夷山志二十四卷首一卷　(清)董天工編　(清)羅才育　(清)羅才韜　(清)羅才綸校刊　清道光二十六年(1846)羅良嵩五夫尺木軒刻同治十一年(1872)丁承禧重修本　八冊

350000 − 2042 − 0004889　915.1771/223.1352

武夷山志二十四卷首一卷　(清)董天工編　清乾隆十九年(1754)刻本　二十冊

350000 − 2042 − 0004890　915.1771/264/N

泉俗激刺篇一卷　吳增撰　清光緒三十四年(1908)泉州嘯雲山館刻本　一冊

350000 − 2042 − 0004891　915.1771/301

[康熙]漳平縣誌九卷首一卷　(清)查繼純修　(清)蔣振芳等纂　清康熙二十四年(1685)刻本　三冊　存六卷(一至二、七至九,首一卷)

350000 − 2042 − 0004892　915.1771/302.4

[康熙]甯化縣志七卷　(清)祝文郁修　(清)李世熊纂　清同治八年(1869)湘南蔣澤沅刻本　八冊

350000 − 2042 − 0004893　915.1771/302.405

支提寺志六卷　(明)謝肇淛等修　(清)崔嶷纂　(清)釋照微增補　清康熙三十三年(1694)刻本　二冊

350000 − 2042 − 0004894　915.1771/302.4 − 1

[康熙]甯化縣志七卷　(清)祝文郁修　(清)李世熊纂　清同治八年(1869)湘南蔣澤沅刻本　八冊

350000 − 2042 − 0004895　915.1771/302.4 − 2

[康熙]甯化縣志七卷　(清)祝文郁修　(清)李世熊纂　清同治八年(1869)湘南蔣澤沅刻本　八冊

350000 − 2042 − 0004896　915.1771/302.4 − 3

[康熙]甯化縣志七卷　(清)祝文郁修　(清)李世熊纂　清同治八年(1869)湘南蔣澤沅刻本　八冊

350000　2042 − 0004897　915.1771/302.4 − 4

[康熙]甯化縣志七卷　(清)祝文郁修　(清)李世熊纂　清同治八年(1869)湘南蔣澤沅刻本　七冊

350000 − 2042 − 0004898　915.1771/302.4 − 5

[康熙]甯化縣志七卷　(清)祝文郁修　(清)李世熊纂　清同治八年(1869)湘南蔣澤沅刻本　八冊

350000 − 2042 − 0004899　915.1771/302.4 − 6

[康熙]甯化縣志七卷　(清)祝文郁修　(清)李世熊纂　清同治八年(1869)湘南蔣澤沅刻本　七冊

350000 − 2042 − 0004900　915.1771/302.4 − 6/N

[康熙]甯化縣志七卷　(清)祝文郁修　(清)李世熊纂　清同治八年(1869)湘南蔣澤沅刻本　八冊

350000 − 2042 − 0004901　915.1771/302.4 − 7

[康熙]甯化縣志七卷　(清)祝文郁修　(清)李世熊纂　清同治八年(1869)湘南蔣澤沅刻本　八冊

350000 − 2042 − 0004902　915.1771/302.4 − 8

[康熙]寧化縣志七卷　（清）祝文郁修
（清）李世熊纂　清同治八年(1869)湘南蔣澤
沅刻本　八冊

350000－2042－0004903　915.1771/303
安海志不分卷　（□）□□撰　清抄本　一冊

350000－2042－0004904　915.1771/303.351
清水巖志略四卷首一卷附呪一卷安溪清水祖
師籤譜一卷　（清）楊浚輯　清光緒十四年
(1888)刻四神志略本　一冊

350000－2042－0004905　915.1771/305.000
方廣巖志四卷　（明）謝肇淛纂輯　（明）徐𤊹
校訂　清光緒十一年(1885)刻本　一冊

350000－2042－0004906　915.1771/305.02/N
[乾隆]永春州志十六卷首一卷　（清）鄭一崧
修　（清）顏璹等纂　清乾隆五十一年(1786)
刻本　十二冊

350000－2042－0004907　915.1771/311
閩中沿革表五卷　（清）王捷南撰　清道光十
九年(1839)刻本　五冊

350000－2042－0004908　915.1771/313.01
閩都記三十三卷　（明）王應山纂輯　清道光
十一年(1831)求放心齋刻本　十冊

350000－2042－0004909　915.1771/313.01－1
閩都記三十三卷　（明）王應山纂輯　清道光
十一年(1831)求放心齋刻本　六冊

350000－2042－0004910　915.1771/313.01－2
閩都記三十三卷　（明）王應山纂輯　清道光
十一年(1831)求放心齋刻本　六冊

350000－2042－0004911　915.1771/313.01－3
閩都記三十三卷　（明）王應山纂輯　清道光
十一年(1831)求放心齋刻本　六冊

350000－2042－0004912　915.1771/313.101
三元溝始末二卷沙合新港開塞合編一卷
（清）郭柏蒼撰　清同治十一年(1872)刻閩會
水利四種本　一冊

350000－2042－0004913　915.1771/313.102
雪峰志十卷　（明）徐𤊹纂輯　（清）賴亨侯

（清）鄭天綵　（清）吳興漢重訂　清乾隆十九
年(1754)刻本　二冊

350000－2042－0004914　915.1771/313.102－1
雪峰志十卷　（明）徐𤊹纂輯　（清）賴亨侯
（清）鄭天綵　（清）吳興漢重訂　清乾隆十九
年(1754)刻本　二冊

350000－2042－0004915　915.1771/313.109
靈光北禪事蹟合刻一卷　（明）釋元賢輯
（清）釋道霈續編　清康熙十二年(1673)刻本
一冊

350000－2042－0004916　915.1771/313.11
[淳熙]三山志四十二卷　（宋）梁克家纂修
清末抄本　十冊

350000－2042－0004917　915.1771/313.402
九峰志四卷　（清）陳祚康鑒定　（清）魏杰參
訂　清同治七年(1868)刻本　二冊

350000－2042－0004918　915.1771/313.442
鼓山志十二卷　（明）釋元賢纂修　清初刻本
二冊

350000－2042－0004919　915.1771/313.582
鼇峰書院志十六卷首一卷　（清）游光繹等纂
修　清嘉慶十二年(1807)正誼堂刻本　六冊

350000－2042－0004920　915.1771/313.771
閩會水利故一卷福州歷代潴湖事略一卷
（清）郭柏蒼校輯　清光緒十年(1884)刻本
一冊

350000－2042－0004921　915.1771/313.773
鳳池書院紀略一卷　（清）吳榮光輯　清道光
十八年(1838)刻本　一冊

350000－2042－0004922　915.1771/3135.310
福廬靈巖志三卷　（明）□□編　福廬靈巖記
一卷　（明）葉向高撰　清刻本　三冊

350000－2042－0004923　915.1771/3135.310－1
福廬靈巖志三卷　（明）□□編　福廬靈巖記
一卷　（明）葉向高撰　清刻本　一冊

350000－2042－0004924　915.1771/334.01
[光緒]續修浦城縣志四十二卷首一卷　（清）

翁天祐　（清）吕渭英修　（清）翁昭泰纂　清光緒二十六年(1900)南浦書院刻本　二十冊

350000－2042－0004925　915.1771/334.02

[嘉慶]新修浦城縣志四十卷首一卷　（清）黃恬主修　（清）祖之望纂修　（清）梁章鉅協裁　（清）朱秉鑑總修　清嘉慶刻本　十六冊

350000－2042－0004926　915.1771/334.02－1

[嘉慶]新修浦城縣志四十卷首一卷　（清）黃恬主修　（清）祖之望纂修　（清）梁章鉅協裁　（清）朱秉鑑總修　清嘉慶刻本　十二冊　存二十九卷(六至十三、十七至十八、二十一至三十一、三十三至四十)

350000－2042－0004927　915.1771/334.404

太姥山志三卷　（明）謝肇淛纂輯　清康熙二十三年(1684)刻本　一冊

350000－2042－0004928　915.1771/353

[康熙]清流縣志十卷首一卷　（清）王士俊修　（清）王霖纂　清抄本　四冊

350000－2042－0004929　915.1771/353.1/N

[道光]清流縣志十卷首一卷　（清）喬有豫修　（清）雷可升纂　清抄本　一冊

350000－2042－0004930　915.1771/373.2711

烏石山志九卷首一卷　（清）郭柏蒼　（清）劉永松纂　清道光二十二年(1842)于麓古天開圖畫樓刻光緒九年(1883)增修本　四冊

350000－2042－0004931　915.1771/373.2711－1

烏石山志九卷首一卷　（清）郭柏蒼　（清）劉永松纂　清道光二十二年(1842)于麓古天開圖畫樓刻光緒九年(1883)增修本　七冊

350000－2042－0004932　915.1771/373.2711－2/N

烏石山志九卷首一卷　（清）郭柏蒼　（清）劉永松纂輯　清道光二十二年(1842)于麓古天開圖畫樓刻本　六冊

350000－2042－0004933　915.1771/383

[乾隆]海澄縣誌二十四卷首一卷　（清）陳鍈等修　（清）葉廷推等纂　清乾隆二十七年(1762)刻本　八冊

350000－2042－0004934　915.1771/401.2

劍津紀游一卷　（清）李澍卿撰　清末抄本　一冊

350000－2042－0004935　915.1771/406

古田縣鄉土志略不分卷　（清）曾光禧纂　清光緒三十二年(1906)鉛印本　一冊

350000－2042－0004936　915.1771/433.4031

南溪書院志四卷首一卷　（清）楊毓健纂修　（清）劉鴻略編輯　清康熙五十六年(1717)刻本　四冊

350000－2042－0004937　915.1771/433.4032

重修南溪書院志四卷首一卷　（清）楊毓健纂修　清康熙五十六年(1717)刻同治九年(1870)重修本　二冊

350000－2042－0004938　915.1771/433.4032－1

重修南溪書院志四卷首一卷　（清）楊毓健纂修　清康熙五十六年(1717)刻同治九年(1870)重修本　四冊

350000－2042－0004939　915.1771/433.4032－2/N

重修南溪書院志四卷首一卷　（清）楊毓健纂修　清康熙五十六年(1717)刻同治九年(1870)重修本　一冊　存四卷(重修南溪書院志四卷)

350000－2042－0004940　915.1771/434

榕城九山紀要九卷　（清）□□撰　清抄本　一冊

350000－2042－0004941　915.1771/440/N

從先維俗四卷　（清）黃謀烈編輯　清宣統二年(1910)泉郡益文齋石印本　一冊

350000－2042－0004942　915.1771/441/N

溫陵盛事一卷　（清）蘇廷玉纂　清道光二十七年(1847)刻本　一冊

350000－2042－0004943　915.1771/442

八閩通誌八十七卷　（明）陳道修　（明）黃仲昭纂　清抄本　八十七冊

350000－2042－0004944　915.1771/442.1

鼓山志十四卷首一卷　（清）黃任脩輯　（清）

張伯譿糸訂　(清)李拔鑒定　清乾隆刻光緒二年(1876)補修本　六冊

350000－2042－0004945　915.1771/442.1/N

鼓山志十四卷首一卷　(清)黃任脩輯　(清)張伯譿糸訂　(清)李拔鑒定　清乾隆刻光緒二年(1876)補修本　五冊

350000－2042－0004946　915.1771/446.01

[乾隆]興化府莆田縣志三十六卷首一卷　(清)宮兆麟　(清)汪大經等修　(清)廖必琦　(清)林黌等纂　清乾隆二十三年(1758)刻光緒五年(1879)潘文鳳補修民國十五年(1926)遞修本　二十冊

350000－2042－0004947　915.1771/446.011

[乾隆]興化府莆田縣志三十六卷首一卷　(清)宮兆麟　(清)汪大經等修　(清)廖必琦　(清)林黌等纂　清乾隆二十三年(1758)刻本　二十冊

350000－2042－0004948　915.1771/446.01－1

[乾隆]興化府莆田縣志三十六卷首一卷　(清)宮兆麟　(清)汪大經等修　(清)廖必琦　(清)林黌等纂　清乾隆二十三年(1758)刻光緒五年(1879)潘文鳳補修民國十五年(1926)遞修本　二十冊

350000－2042－0004949　915.1771/446.03

[弘治]重刊興化府志五十四卷　(明)陳效修　(明)周瑛　(明)黃仲昭纂　清同治十年(1871)刻本(卷三十七至三十八補配抄本)　二十四冊

350000－2042－0004950　915.1771/448.1/N

福寧府眾母堂彙編不分卷　(清)□□編　清同治五年(1866)刻本　一冊

350000－2042－0004951　915.1771/462

漳郡會館錄四卷首一卷末一卷　(清)楊熊飛編　清光緒刻本　一冊　存一卷(首一卷)

350000－2042－0004952　915.1771/491

[康熙]壽寧縣誌八卷　(清)趙廷璣　(清)王錫卣修　(清)柳上芝　(清)范大廷纂　清康熙二十五年(1686)刻本　二冊

350000－2042－0004953　915.1771/603

[道光]新修羅源縣志三十卷首一卷　(清)盧鳳芩修　(清)林春溥纂　清道光十一年(1831)刻本　十冊

350000－2042－0004954　915.1771/673

[康熙]歸化縣志十卷　(清)湯傳榘等纂修　清抄本　四冊

350000－2042－0004955　915.1771/712.1

長樂梅花志五卷　(清)□□纂　清抄本　一冊

350000－2042－0004956　915.1771/713.01

[乾隆]汀州府志四十五卷首一卷　(清)曾曰瑛修　(清)李紱　(清)熊為霖纂　清同治六年(1867)刻本　二十冊

350000－2042－0004957　915.1771/713.01－1

[乾隆]汀州府志四十五卷首一卷　(清)曾曰瑛修　(清)李紱　(清)熊為霖纂　清同治六年(1867)刻本　二十冊

350000－2042－0004958　915.1771/713.01－2

[乾隆]汀州府志四十五卷首一卷　(清)曾曰瑛修　(清)李紱　(清)熊為霖纂　清同治六年(1867)刻本　二十冊

350000－2042－0004959　915.1771/713.02

臨汀彙考四卷　(清)楊瀾編　清光緒四年(1878)刻本(卷四補配抄本)　四冊

350000－2042－0004960　915.1771/714/N

[乾隆]馬巷廳志十八卷首一卷　(清)萬友正纂修　清光緒九年(1883)豐順丁惠深刻本　八冊

350000－2042－0004961　915.1771/751/N

閩中摭聞十二卷　(清)陳雲程輯　清乾隆刻本　一冊

350000－2042－0004962　915.1771/752/N

清源文獻偶錄一卷　(清)陳一榮輯　清雍正二年(1724)稿本　一冊

350000－2042－0004963　915.1771/753

莆田水利志八卷　(清)陳池養編　清光緒元

年(1875)刻本　八冊

350000－2042－0004964　915.1771/753－1
莆田水利志八卷　（清）陳池養編　清光緒元年(1875)刻本　八冊

350000－2042－0004965　915.1771/771.3
榕郡名勝輯要三卷　（清）王紫華編輯　清道光七年(1827)槐蔭堂刻本　三冊

350000－2042－0004966　915.1771/771.3－1
榕郡名勝輯要三卷　（清）王紫華編輯　清道光七年(1827)槐蔭堂刻本　三冊

350000－2042－0004967　915.1771/774
[乾隆]屏南縣志八卷首一卷　（清）沈鍾編輯　清抄本　四冊

350000－2042－0004968　915.1771/807
[同治]金門志十六卷　（清）周凱修　（清）林焜熿等纂　（清）劉松亭等續修　（清）林豪續纂　清末抄本　六冊

350000－2042－0004969　915.1771/903
光澤縣鄉土志略一卷　（清）邱豫鼎編　清光緒三十二年(1906)鉛印本　二冊

350000－2042－0004970　915.1771/944.3
[乾隆]泉州府志七十六卷首一卷　（清）懷蔭布修　（清）黃任　（清）郭賡武纂　清同治九年(1870)金華章倬標刻民國十七年(1928)泉州泉山書社重印本　四十八冊

350000－2042－0004971　915.1771/944.4/N
[乾隆]泉州府志七十六卷首一卷　（清）懷蔭布修　（清）黃任　（清）郭賡武纂　清同治九年(1870)金華章倬標刻民國十六年(1927)補修本　十四冊

350000－2042－0004972　915.19/444
東藩紀要十二卷補錄一卷　（清）薛培榕編輯　清光緒八年(1882)鉛印申報館叢書本　四冊

350000－2042－0004973　915.2/274.1
日遊彙編四種　繆荃孫輯　清光緒二十九年(1903)刻本　一冊

350000－2042－0004974　915.2/443
日本國志四十卷首一卷　（清）黃遵憲編纂　清光緒二十四年(1898)浙江書局刻本　十冊

350000－2042－0004975　915.2/443.01
日本國志四十卷首一卷　（清）黃遵憲編纂　清光緒刻本　十四冊

350000－2042－0004976　915.2/443.02
日本國志四十卷首一卷　（清）黃遵憲編纂　清光緒二十八年(1902)蔚華書局刻本　十二冊

350000－2042－0004977　915.2/443.03
日本國志四十卷首一卷　（清）黃遵憲編纂　清光緒二十四年(1898)上海圖書集成印書局鉛印本　十冊

350000－2042－0004978　915.2/443－1
日本國志四十卷首一卷　（清）黃遵憲編纂　清光緒二十四年(1898)浙江書局刻本　十冊

350000－2042－0004979　915.2/803
日本政治地理七編　（日本）矢津昌永撰　陶鎔譯　清光緒二十八年(1902)商務印書館鉛印本　一冊

350000－2042－0004980　915.281/101
琉球國志略十六卷首一卷　（清）周煌輯　清道光刻本　六冊

350000－2042－0004981　915.281/101.001
琉球國志略十六卷首一卷　（清）周煌輯　清光緒十九年(1893)刻本　六冊

350000－2042－0004982　915.281/101.001－1
琉球國志略十六卷首一卷　（清）周煌輯　清光緒十九年(1893)刻本　六冊

350000－2042－0004983　915.281/101.01
續琉球國志略二卷首一卷　（清）趙新輯　清光緒八年(1882)刻還硯齋全集本　一冊

350000－2042－0004984　915.281/101.1
小琉球漫誌十卷　（清）朱仕玠撰　清乾隆三十一年(1766)刻筠園全集本　二冊

350000－2042－0004985　915.281/101.2

琉球地理小志一卷補遺一卷琉球説畧一卷
（日本）中根淑撰　姚文棟譯　清光緒九年
（1883）刻本　一冊

350000－2042－0004986　915.281/101.2－1
琉球地理小志一卷補遺一卷琉球説畧一卷
（日本）中根淑撰　姚文棟譯　清光緒九年
（1883）刻本　一冊

350000－2042－0004987　915.32/252
三輔黃圖六卷補遺一卷　（漢）□□撰　清光
緒十七年（1891）思賢講舍刻本　一冊

350000－2042－0004988　915.4/752/N
察勘紀行一卷　陳德彝撰　清末鉛印本　一
冊

350000－2042－0004989　915.44/264
［道光］重纂福建通志二百七十八卷首六卷補
採福建全省列女附志一卷　（清）孫爾準等修
　（清）陳壽祺纂　（清）程祖洛等續修　（清）
魏敬中續纂　清同治七年至十年（1868－1871）
刻本　一百四十八冊　缺一卷（補採福建全
省列女附志一卷）

350000－2042－0004990　915.44/264－1
［道光］重纂福建通志二百七十八卷首六卷補
採福建全省列女附志一卷　（清）孫爾準等修
　（清）陳壽祺纂　（清）程祖洛等續修　（清）
魏敬中續纂　清同治七年至十年（1868－1871）
刻本　一百四十八冊　缺一卷（補採福建全省
列女附志一卷）

350000－2042－0004991　915.51/774
廣東新語二十八卷　（清）屈大均撰　清康熙
三十九年（1700）刻本　十二冊

350000－2042－0004992　915.582/104
蒙古地誌一卷　（日本）參謀本部編纂　王宗
炎譯　清光緒二十九年（1903）啓新書局鉛印
本　一冊

350000－2042－0004993　915.6/003
湖北通志凡例一卷　（清）章學誠編　清光緒
八年（1882）武昌官書處木活字印本　一冊

350000－2042－0004994　915.8/444.1
啓東錄六卷　（清）林壽圖撰　清光緒五年
（1879）黃鵠山人歐齋刻本　一冊

350000－2042－0004995　915.8/444.1－1
啓東錄六卷　（清）林壽圖撰　清光緒五年
（1879）黃鵠山人歐齋刻本　二冊

350000－2042－0004996　915.9/119
海國公餘輯錄六卷雜著三卷　（清）張煜南輯
　清光緒二十四年（1898）刻本　六冊　存六
卷（海國公餘輯錄六卷）

350000－2042－0004997　915.92/113
癸卯東游日記一卷　張謇撰　清光緒二十九
年（1903）江蘇南通州翰墨林書局鉛印本　一
冊

350000－2042－0004998　915.98/272
安南志略二十卷首一卷　（越南）黎崱撰　清
光緒十年（1884）上海樂善堂鉛印本　四冊

350000－2042－0004999　915.98/272－1/N
安南志略二十卷首一卷　（越南）黎崱撰　清
光緒十年（1884）上海樂善堂鉛印本　一冊

350000－2042－0005000　915/314.02/N
知服齋叢書五集二十五種　（清）龍鳳鑣輯
清光緒順德龍氏刻本　一冊　存二種二卷
（島夷誌略一卷、寧古塔紀略一卷）

350000－2042－0005001　915/720
東陲紀行一卷　（清）劉文鳳撰　清光緒刻陸
庵叢書本　一冊

350000－2042－0005002　915/722
亞東各國屬地志略□□卷　（清）劉維賢譯
清光緒二十九年（1903）湖北洋務譯書局刻本
　一冊　存一卷（上）

350000－2042－0005003　915/770
萬國志□種　（清）學部編譯圖書局編纂　清
光緒至宣統學部編譯圖書局鉛印本　二冊
存六種六卷（俾路芝志一卷、馬留土股志一
卷、紐吉尼亞島志一卷、西里伯島志一卷、西
里伯島新志一卷、印度國志一卷）

350000 - 2042 - 0005004　915/803

中俄界記二編　（清）鄒代鈞撰　曾寅校訂補
圖　清宣統三年（1911）湖北武昌亞新地學社
鉛印本　一冊

350000 - 2042 - 0005005　920.1/007

尚友錄二十二卷　（明）廖用賢編纂　清刻本
四冊

350000 - 2042 - 0005006　920.1/007.01

校正尚友錄二十二卷　（明）廖用賢編纂
（清）張伯琮補輯　清光緒十九年（1893）上海
蜚英館石印本　二冊

350000 - 2042 - 0005007　920.1/007.02

校正尚友錄續集二十二卷　題（清）退思主人
編纂　清光緒二十年（1894）上海書局石印本
二冊

350000 - 2042 - 0005008　920.1/007 - 1

尚友錄二十二卷　（明）廖用賢編纂　清刻本
二十二冊

350000 - 2042 - 0005009　920.1/007 - 2

尚友錄二十二卷　（明）廖用賢編纂　清刻本
二十二冊

350000 - 2042 - 0005010　920.1/254.1

歷代名臣言行錄二十四卷　（清）朱桓編輯
清光緒二十八年（1902）上海寶善書局石印本
四冊

350000 - 2042 - 0005011　920.1/254.11

歷代名臣言行錄二十四卷　（清）朱桓編輯
清光緒二十四年（1898）掃葉山房石印本　四
冊

350000 - 2042 - 0005012　920.1/319

史姓韻編六十四卷　（清）汪輝祖撰　清同治
九年（1870）金陵書局木活字印本　二十四冊

350000 - 2042 - 0005013　920.1/319.01

史姓韻編六十四卷　（清）汪輝祖輯　（清）馮
祖憲重校　清光緒十年（1884）耕餘樓書局鉛
印本　十六冊

350000 - 2042 - 0005014　920.1/319.01 - 1

史姓韻編六十四卷　（清）汪輝祖輯　（清）馮
祖憲重校　清光緒十年（1884）耕餘樓書局鉛
印本　十六冊

350000 - 2042 - 0005015　920.1/319.02

史姓韻編六十四卷　（清）汪輝祖輯　（清）馮
祖憲重校　清末上海中西書局石印本　四冊

350000 - 2042 - 0005016　920.1/443

元和姓纂十卷　（唐）林寶撰　（清）孫星衍
（清）洪瑩校　清光緒六年（1880）金陵書局刻
本　四冊

350000 - 2042 - 0005017　920.3/005

廣東全省洋名冊一卷　（清）□□編　清末刻
本　一冊

350000 - 2042 - 0005018　920.8/102

豔史叢鈔十二種　（清）王韜輯　清光緒四年
（1878）弢園鉛印本　八冊

350000 - 2042 - 0005019　920.8/112

國朝詩人徵略六十卷　（清）張維屏輯　清道
光十年至二十二年（1830 - 1842）粵東省城西
湖街富文齋刻本　十冊

350000 - 2042 - 0005020　920.8/112 - 1

國朝詩人徵略六十卷　（清）張維屏輯　清道
光十年至二十二年（1830 - 1842）粵東省城西
湖街富文齋刻本　十冊

350000 - 2042 - 0005021　920.8/254

文廟通考六卷首一卷　（清）牛樹梅撰　清同
治十一年（1872）浙江書局刻本　一冊

350000 - 2042 - 0005022　920/001

涵芬樓古今文鈔小傳四卷首一卷附錄一卷
商務印書館編譯所編　清宣統三年（1911）商
務印書館鉛印本　一冊

350000 - 2042 - 0005023　920/001 - 1

涵芬樓古今文鈔小傳四卷首一卷附錄一卷
商務印書館編譯所編　清宣統三年（1911）商
務印書館鉛印本　一冊

350000 - 2042 - 0005024　920/007.01

尚友錄二十二卷　（明）廖用賢編纂　明天啓

元年(1621)刻本　十二冊

350000－2042－0005025　920/007.01－1
尚友錄二十二卷　（明）廖用賢編纂　明天啓
元年(1621)刻本　十二冊

350000－2042－0005026　920/072
玉池老人自敍一卷　（清）郭嵩燾撰　清光緒
十九年(1893)養知書屋刻本　一冊

350000－2042－0005027　920/081
白門新柳記一卷補記一卷衰柳附記一卷
（清）許豫編　（清）楊亨校　秦淮燈舫曲一卷
（清）托盫孋雲譜　清同治十一年(1872)刻
本　一冊

350000－2042－0005028　920/102.3
金華徵獻畧二十卷　（清）王崇炳撰錄　（清）
黃廷元校訂　（清）金律編梓　清雍正十年
(1732)刻本　八冊

350000－2042－0005029　920/104.5
國朝謚法考一卷　（清）王士禛編輯　清康熙
三十四年(1695)刻本　一冊

350000－2042－0005030　920/108
歷代都江堰功小傳二卷　（清）錢茂編　清宣
統三年(1911)刻本　二冊

350000－2042－0005031　920/121
合刻延平四先生年譜　（清）毛念恃訂　（清）
毛雲礽　（清）毛章采　（清）毛章業校　清乾
隆十年(1745)張坦刻本　四冊

350000－2042－0005032　920/122
闕里文獻考一百卷首一卷末一卷　（清）孔繼
汾撰　清乾隆二十七年(1762)刻本　八冊
存一百一卷(闕里文獻考一百卷、末一卷)

350000－2042－0005033　920/163
宋名臣言行錄約編六卷補二卷　（清）強望泰
撰　（清）林振榮選刻　補編八卷　（清）蔡紹
江纂輯　清道光刻本　一冊

350000－2042－0005034　920/173
襄陽耆舊傳一卷　（晉）習鑿齒撰　習鑿齒漢
晉春秋一卷　（清）黃奭學　清抄本　一冊

350000－2042－0005035　920/175/N
閩省賢書七卷　（明）邵捷春輯　續一卷
（清）邵明偉輯　清刻本　二冊　存五卷(一
至五)

350000－2042－0005036　920/255
歷代名儒傳八卷　（清）李清植纂　（清）朱軾
（清）蔡世遠訂　清雍正七年(1729)刻本
四冊

350000－2042－0005037　920/256
皇明開國臣傳十三卷　（明）朱國禎輯　明崇
禎刻本　十二冊

350000－2042－0005038　920/261
四王合傳不分卷　（清）□□撰　清道光古槐
山房木活字印本　二冊

350000－2042－0005039　920/262
人壽金鑑二十二卷　（清）程得齡輯　清嘉慶
二十五年(1820)刻本　六冊

350000－2042－0005040　920/262.1
安危注四卷　（明）吳甡輯　清康熙刻本　六
冊

350000－2042－0005041　920/263.1
泉州名宦鄉賢彙姓錄一卷　（清）□□纂　清
刻本　一冊

350000－2042－0005042　920/263.1－1
泉州名宦鄉賢彙姓錄一卷　（清）□□纂　清
刻本　一冊

350000－2042－0005043　920/263.2
婺書八卷　（明）吳之器撰　清光緒二十六年
(1900)刻本　四冊

350000－2042－0005044　920/269
歷代名人年譜十卷附存疑及生卒年月無攷一
卷　（清）吳榮光撰　清光緒北京晉華書局刻
本　十冊

350000－2042－0005045　920/269.01
歷代名人年譜十卷附存疑及生卒年月無攷一
卷　（清）吳榮光撰　清光緒元年(1875)南海
張蔭桓刻本　十冊

350000－2042－0005046　920/314

國朝漢學師承記八卷經師經義目錄一卷宋學
淵源記二卷附記一卷　（清）江藩纂　清光緒
二十二年(1896)刻本　二冊

350000－2042－0005047　920/314.1

史外八卷　（清）汪有典撰　清光緒三年
(1877)刻本　三冊

350000－2042－0005048　920/340

列仙傳四卷　（明）洪應明輯　清刻本　一冊
存一卷(四)

350000－2042－0005049　920/343

滿洲名臣傳四十八卷漢名臣傳三十二卷
（清）國史館編　清刻本　四冊　存十一卷
(滿洲名臣傳十五至十六、十九、二十六、三十
六至三十七、四十一、四十三、四十六,漢名臣
傳二十四、二十九)

350000－2042－0005050　920/371.1

湖北省江蘇同官錄一卷　（清）□□纂　清光
緒七年(1881)刻本　一冊

350000－2042－0005051　920/401

國朝先正事略六十卷　（清）李元度纂　清同
治五年(1866)循陔草堂刻本　二十六冊

350000－2042－0005052　920/401.4

國朝先正事略六十卷　（清）李元度纂　續編
四卷　朱孔彰編　清光緒二十八年(1902)石
印本　十冊

350000－2042－0005053　920/401－1

國朝先正事略六十卷　（清）李元度纂　清同
治五年(1866)循陔草堂刻本　二十四冊

350000－2042－0005054　920/401－2

國朝先正事略六十卷　（清）李元度纂　清同
治五年(1866)循陔草堂刻本　六冊　存十三
卷(二十三至三十五)

350000－2042－0005055　920/402.2

鶴徵錄八卷首一卷　（清）李集輯　（清）李富
孫　（清）李遇孫續輯　後錄十二卷首一卷
（清）李富孫輯　清嘉慶漾葭老屋刻同治十一

年(1872)補修本　六冊

350000－2042－0005056　920/404.2

藏書六十八卷續藏書二十七卷　（明）李贄輯
撰　（明）沈汝楫　（明）金嘉謨重訂　（明）
沈繼震校閱　明末刻本　二十四冊　存六十
八卷(藏書六十八卷)

350000－2042－0005057　920/404.21

續藏書二十七卷　（明）李贄撰　（明）江紹前
校　明萬曆三十九年(1611)王惟儼刻本　十
六冊

350000－2042－0005058　920/404.22/N

藏書六十八卷續藏書二十七卷　（明）李贄輯
撰　（明）陳仁錫評正　明天啓元年至三年
(1621－1623)刻本　三冊　存二十七卷(續
藏書二十七卷)

350000－2042－0005059　920/404.23

藏書六十八卷續藏書二十七卷　（明）李贄輯
撰　（明）汪修能校刻　明萬曆汪修能刻本
四冊　存二十七卷(續藏書二十七卷)

350000－2042－0005060　920/409

國朝耆獻類徵初編四百八十四卷首二百四卷
總目二十卷通檢十卷述意一卷滿漢同姓名錄
一卷　（清）李桓輯　清光緒十年至十六年
(1884－1890)湘陰李氏刻本　二百九十四冊

350000－2042－0005061　920/429

金山衛佚史一卷　姚光撰　清宣統三年
(1911)鉛印本　一冊

350000－2042－0005062　920/431

吳興科第表不分卷　（清）戴璐撰　清同治十
一年(1872)清遠堂刻本　二冊

350000－2042－0005063　920/434

世寶錄十卷　（清）戴大受輯　清康熙四十二
年(1703)刻本　八冊

350000－2042－0005064　920/442.3

碧血錄五卷　（清）莊仲方著論　（清）夏鸞翔
繪圖　清光緒八年(1882)上海同文書局石印
本　五冊

350000 – 2042 – 0005065　920/466

浙江忠義錄十卷　（清）浙江采訪忠義總局編
　清同治六年（1867）浙江采訪忠義總局刻本
　四冊

350000 – 2042 – 0005066　920/477

三忠合編　（清）胡長新輯　清光緒八年
　（1882）刻本　二冊　存二種三卷（忠烈編一
　至二、表忠錄一卷）

350000 – 2042 – 0005067　920/508

閩縣忠義傳二卷孝義傳二卷　（清）劉存仁編
　（清）林佳書續編　清咸豐元年（1851）刻宣
　統三年（1911）增補本　二冊

350000 – 2042 – 0005068　920/574

賴古堂名賢尺牘新鈔十二卷二選藏弆集十六
　卷三選結鄰集十六卷　（清）周亮工輯　（清）
　周在梁　（清）周在浚　（清）周在延鈔　清康
　熙刻本　二冊　存目錄

350000 – 2042 – 0005069　920/605

貳臣傳十二卷逆臣傳四卷　（清）國史館編
　清都城琉璃廠半松居士木活字印本　八冊

350000 – 2042 – 0005070　920/605.3

國史儒林傳二卷文苑傳二卷賢良祠王大臣小
　傳二卷循吏傳一卷　（清）阮元撰　清末刻本
　二冊

350000 – 2042 – 0005071　920/605 – 1

貳臣傳十二卷逆臣傳四卷　（清）國史館編
　清都城琉璃廠半松居士木活字印本　三冊
　存十二卷（貳臣傳十二卷）

350000 – 2042 – 0005072　920/605 – 2

貳臣傳十二卷逆臣傳四卷　（清）國史館編
　清都城琉璃廠半松居士活字印本　八冊

350000 – 2042 – 0005073　920/605 – 4

貳臣傳十二卷逆臣傳四卷　（清）國史館編
　清都城琉璃廠半松居士木活字印本　十冊

350000 – 2042 – 0005074　920/721

人物志三卷　（三國魏）劉劭撰　（北魏）劉昞
　注　明萬曆刻兩京遺編本　一冊

350000 – 2042 – 0005075　920/722.1

列女傳八卷　（漢）劉向撰　（清）梁端校注
　清同治十三年（1874）上海會文堂粹記石印本
　一冊

350000 – 2042 – 0005076　920/724.1

桑梓潛德錄五卷　（清）劉芳等纂修　續錄二
　卷　（清）畢應箕等纂修　三集六卷　（清）湯
　成烈等纂修　清光緒六年（1880）木活字印本
　六冊

350000 – 2042 – 0005077　920/752/N

當代閩賢書一卷　（清）陳步蟾輯　（清）陳國
　仕補輯　清光緒稿本　一冊

350000 – 2042 – 0005078　920/753

東越文苑六卷　（明）陳鳴鶴輯撰　（清）郭柏
　蔚增訂　清同治十二年（1873）刻本　二冊

350000 – 2042 – 0005079　920/774.3

熙朝宰輔錄不分卷　（清）潘世恩編　清道光
　二十八年（1848）刻本　一冊

350000 – 2042 – 0005080　920/806

樓船日記二卷　（清）余思詒撰　清光緒三十
　年（1904）鉛印本　一冊　存一卷（下）

350000 – 2042 – 0005081　920/832

碑傳集一百六十卷首二卷末二卷　（清）錢儀
　吉纂錄　清光緒十九年（1893）江蘇書局刻本
　七十冊

350000 – 2042 – 0005082　920/832.2

續碑傳集八十六卷首二卷　繆荃孫纂　清宣
　統二年（1910）江楚編譯書局刻本　八冊

350000 – 2042 – 0005083　920/832.2 – 1

續碑傳集八十六卷首二卷　繆荃孫纂　清宣
　統二年（1910）江楚編譯書局刻本　二十六冊

350000 – 2042 – 0005084　920/832 – 1

碑傳集一百六十卷首二卷末二卷　（清）錢儀
　吉纂錄　清光緒十九年（1893）江蘇書局刻本
　十五冊

350000 – 2042 – 0005085　920/834

疑年錄四卷　（清）錢大昕編　續疑年錄四卷

（清）吳修編　補疑年錄四卷　（清）錢椒編
疑年賡錄二卷　（清）張鳴珂編　三續疑年
錄十卷　（清）陸心源編　清光緒刻本　六冊

350000－2042－0005086　920/877
古今人物論三十六卷　（明）鄭賢輯　清光緒
二十八年(1902)掃葉山房石印本　八冊

350000－2042－0005087　921.03/771/N
邱武烈公忠蓋錄一卷　（□）□□撰　清抄本
一冊

350000－2042－0005088　921/016
自訂年譜一卷　（清）龔易圖訂　（清）龔晉義
等誌　清光緒福州龔氏刻本　一冊

350000－2042－0005089　921/090
凝香室鴻雪因緣圖記三集　（清）麟慶撰　清
光緒十二年(1886)上海同文書局石印本　六
冊

350000－2042－0005090　921/090.01
凝香室鴻雪因緣圖記三集　（清）麟慶撰　清
光緒六年(1880)上海點石齋鉛印本　六冊

350000－2042－0005091　921/090.01－1
凝香室鴻雪因緣圖記三集　（清）麟慶撰　清
光緒六年(1880)上海點石齋鉛印本　六冊

350000－2042－0005092　921/103
曾文正公大事記四卷　（清）王定安撰　清光
緒三十一年(1905)上海商務印書館鉛印本
一冊

350000－2042－0005093　921/106
百將圖傳二卷　（清）丁日昌編　清同治八年
(1869)江蘇書局刻本　二冊

350000－2042－0005094　921/111.1
澄懷主人自訂年譜六卷　（清）張廷玉編　清
光緒六年(1880)桐城張紹文刻本　二冊

350000－2042－0005095　921/111.2
張文貞公[玉書]年譜一卷　丁傳靖編　清光
緒三十一年(1905)刻本　一冊

350000－2042－0005096　921/112.2
一西自記年譜一卷　（清）張師誠撰　（清）張

應昌增補　清抄本　一冊

350000－2042－0005097　921/121.2
孔子年譜綱目一卷或問一卷孔門弟子傳略二
卷　（明）夏洪基編輯　（清）夏之芳重校　清
道光九年(1829)向日園刻本　四冊

350000－2042－0005098　921/124.5
徵君孫先生[奇逢]年譜二卷　（清）湯斌
（清）趙御眾　（清）魏一鰲編次　（清）方苞
訂正　清乾隆元年(1736)刻孫夏峯全集本
一冊

350000－2042－0005099　921/258/N
簡齋朱公[鑑]年譜一卷　（明）朱鑑撰
（明）朱璠補　行實錄一卷　（明）鄧梅亭撰
明萬曆刻本　二冊

350000－2042－0005100　921/265.1
香蘇山館全集十五種　（清）吳嵩梁撰　清道
光二十三年(1843)刻本　一冊　存三種三卷
（表忠錄一卷、東鄉風土記一卷、粵遊日記一
卷）

350000－2042－0005101　921/281
敝帚齋主人[徐鼐]年譜一卷補一卷　（清）徐
鼐編　（清）徐承禧等補注　清同治十三年
(1874)福州邸舍刻本　一冊

350000－2042－0005102　921/284.1
敝帚齋主人[徐鼐]年譜一卷補一卷　（清）徐
鼐編　（清）徐承禧等補注　清同治十三年
(1874)福州邸舍刻本　一冊

350000－2042－0005103　921/286
繪圖歷代神仙傳二十四卷　（清）□□撰　清
宣統元年(1909)掃葉山房石印本　四冊

350000－2042－0005104　921/319.02
顧亭林先生[炎武]年譜一卷　（清）吳映奎輯
清光緒嘉興金吳瀾刻本　一冊

350000－2042－0005105　921/330
述庵先生[王昶]年譜二卷　（清）嚴榮編　清
末刻春融堂集本　一冊

350000－2042－0005106　921/332

劉華東故事九章　梁紀佩編　清末刻本　一冊

350000－2042－0005107　921/343.5
沈端恪公[近思]年譜二卷　(清)沈曰富纂　清同治十二年(1873)浙江書局刻沈端恪公遺書本　一冊

350000－2042－0005108　921/402.85
葵南文集不分卷　(清)李嶧嶸撰　清五鳳樓、青藜書屋抄本　一冊

350000－2042－0005109　921/403.41
左文襄公[宗棠]年譜十卷　(清)羅正鈞纂　清光緒二十三年(1897)湘陰左氏刻左文襄公全集本　十冊

350000－2042－0005110　921/403/N
榕村譜錄合考二卷　(清)李清馥纂輯　(清)官獻瑤等參訂　清道光五年(1825)安溪李維迪校刻本　一冊

350000－2042－0005111　921/405.5
明李文正公[東陽]年譜七卷　(清)法式善纂輯　(清)唐仲冕增補　清嘉慶九年(1804)刻本　二冊

350000－2042－0005112　921/422
居士傳五十六卷　(清)彭紹升撰　清乾隆四十年(1775)養空居士王廷言刻本　二冊　存二十五卷(一至十三、四十五至五十六)

350000－2042－0005113　921/440
室人林夫人[普晴]事略一卷　(清)沈葆楨撰　清福州吳玉田刻本　一冊

350000－2042－0005114　921/441
曾文正公[國藩]榮哀錄一卷　(清)黃翼升等撰　清光緒三十一年(1905)商務印書館鉛印本　一冊

350000－2042－0005115　921/441.1
敦孝先生[薩琅]事實一卷　(清)薩嘉曦撰　清宣統元年(1909)福州敦孝堂刻本　一冊

350000－2042－0005116　921/442
蘧編二十卷　(明)葉向高記　清抄本　五冊

350000－2042－0005117　921/448
丞相魏公譚訓十卷　(宋)蘇象先編　清道光二十三年(1843)刻本　一冊

350000－2042－0005118　921/449.1
還讀我書室老人手訂年譜二卷　(清)董恂編　清光緒十八年(1892)甘泉董氏刻本　二冊

350000－2042－0005119　921/464.1/N
李忠定公[綱]年譜一卷附錄一卷　(清)楊希閔編　清光緒三年(1877)福州刻本　一冊

350000－2042－0005120　921/466
宋儒楊龜山先生通紀五卷續通紀三卷　(清)楊起佐編　(清)楊浚補　清光緒十四年(1888)福州道南祠刻本　四冊　存六卷(宋儒楊龜山先生通紀五卷、續通紀一)

350000－2042－0005121　921/532.2
戚少保年譜耆編十二卷首一卷　(明)戚祚國彙纂　(明)戚昌國集錄　(明)戚報國詳訂　(明)戚興國參校　清道光二十七年(1847)刻光緒四年(1878)補刻本　十二冊

350000－2042－0005122　921/532.2－1
戚少保年譜耆編十二卷首一卷　(明)戚祚國彙纂　(明)戚昌國集錄　(明)戚報國詳訂　(明)戚興國參校　清道光二十七年(1847)刻光緒四年(1878)補刻本　十二冊

350000－2042－0005123　921/553
崇禎五十宰相傳一卷　(清)曹溶重訂　清宣統三年(1911)上海國學扶輪社鉛印張氏適園叢書本　一冊

350000－2042－0005124　921/603.2
表忠錄二卷首一卷末一卷　(清)羅遵殿撰　清光緒元年(1875)宿松羅氏刻本　一冊

350000－2042－0005125　921/603.3
弇山畢公[沅]年譜一卷　(清)史善長撰　清同治十一年(1872)鎮洋畢長慶刻本　一冊

350000－2042－0005126　921/605
遺愛錄一卷　(清)國史館等撰　清刻本　一冊

350000－2042－0005127　921/702

病榻述舊錄一卷　（清）陳湜撰　清光緒十一年(1885)願聞吾過之軒刻本　一冊

350000－2042－0005128　921/711.3

雷塘庵主弟子記八卷　（清）張鑑等編　清咸豐娜嬛仙館刻本　二冊

350000－2042－0005129　921/721.1

鄂國金佗粹編二十八卷續編三十卷　（宋）岳珂輯　清光緒九年(1883)浙江書局刻本　十二冊

350000－2042－0005130　921/7212.1－1

鄂國金佗粹編二十八卷續編三十卷　（宋）岳珂輯　清光緒九年(1883)浙江書局刻本　八冊

350000－2042－0005131　921/744.1

四朝先賢六家年譜　（清）楊希閔編　清光緒四年(1878)刻木　五冊　存五種六卷(唐陸宣公[贄]年譜一卷、唐李鄴侯[泌]年譜一卷、明王文成公[守仁]年譜節鈔二卷、宋韓忠獻公[琦]年譜一卷、漢諸葛忠武侯[亮]年譜一卷)

350000－2042－0005132　921/747

陸清獻公[隴其]年譜一卷　（清）吳光西編（清）陸宸徵　（清）李鉉輯　清同治七年(1868)武林薇署刻本　一冊

350000－2042－0005133　921/750

陳望坡[若霖]年譜一卷　（清）陳景亮等編　清道光十三年(1833)刻本　一冊

350000－2042－0005134　921/750.2

陳慶鏞崇祀鄉賢事實一卷　（清）陳祚康撰　清末抄本　一冊

350000－2042－0005135　921/754/N

筍湄公[陳大玠]年譜一卷　（清）陳大玠撰　清咸豐五年(1855)刻本　一冊

350000－2042－0005136　921/772.4

前任四川總督籲門宮保駱公[秉章]年譜二卷　（清）駱秉章編　清刻本　二冊

350000－2042－0005137　921/774.6

周漁潢先生年譜一卷　陳田編　清光緒貴陽陳田聽詩齋刻本　一冊

350000－2042－0005138　921/7749

歸顧朱三先生年譜合刻附觀復堂稿畧一卷　（清）金吳瀾輯　清光緒六年(1880)嘉興金吳瀾刻本　四冊　存三種八卷(歸震川先生年譜一卷,顧亭林先生年譜一卷,附一卷,朱柏廬先生編年毋欺錄三卷,補遺一卷、附一卷)

350000－2042－0005139　921/801.2

曾文定公[鞏]年譜一卷　（清）楊希閔編　清光緒四年(1878)福州刻本　一冊

350000－2042－0005140　921/832.8

錢氏考古錄十二卷補遺一卷　（清）錢保塘編　清末刻清風室叢書本　四冊

350000－2042－0005141　921/833

頤壽老人年譜二卷　（清）錢寶琛自訂　（清）錢鼎銘　（清）錢鼐銘注　清同治八年(1869)太倉錢氏刻本　一冊

350000－2042－0005142　921/834

文獻徵存錄十卷　（清）錢林輯　清咸豐八年(1858)有嘉樹軒刻本　十冊

350000－2042－0005143　923.41/806.1

曾文正公手書日記(清道光二十一年正月初一日至同治十一年二月初三日)　（清）曾國藩撰　清宣統元年(1909)中國圖書公司石印本　四十冊

350000－2042－0005144　923.41/806.1－1

曾文正公手書日記(清道光二十一年正月初一日至同治十一年二月初三日)　（清）曾國藩撰　清宣統元年(1909)中國圖書公司石印本　四十冊

350000－2042－0005145　923.41/806.12

求闕齋弟子記三十二卷　（清）王定安撰　清光緒二年(1876)刻本　十六冊

350000－2042－0005146　923.41/806.12－1

求闕齋弟子記三十二卷　（清）王定安撰　清

光緒二年(1876)刻本　十六冊

350000－2042－0005147　923/121

皇清誥授榮祿大夫太子少保兵部尚書都察院右都御史閩浙總督賞戴花翎晉贈太子太師諭賜祭葬予諡文靖顯考平叔府君[孫爾準]年譜一卷　(清)孫慧惇　(清)孫慧翼編　清道光刻本　一冊

350000－2042－0005148　923/256

聖安皇帝本紀二卷　(清)顧炎武撰　清刻本　一冊

350000－2042－0005149　923/716

昇勤直公[寅]年譜二卷　(清)寶琳　(清)寶珣編　清道光刻本　二冊

350000－2042－0005150　923/875.1

鄭成功傳一卷　(清)鄭亦鄒撰　清抄本　一冊

350000－2042－0005151　929.2/004

[浙江金華]孝川方氏宗譜九卷　(清)方世昌等纂修　清康熙五十一年(1712)木活字印本　十三冊

350000－2042－0005152　929.2/105

[河北]正定王氏家傳六卷敘錄一卷後記一卷　(清)王耕心撰　清光緒十九年(1893)刻本　一冊

350000－2042－0005153　929.2/105－1

[河北]正定王氏家傳六卷敘錄一卷後記一卷　(清)王耕心撰　清光緒十九年(1893)刻本　二冊

350000－2042－0005154　929.2/404

[四川廣漢]李氏宗譜二卷　(清)李式先輯　清同治八年(1869)刻本　二冊

350000－2042－0005155　929.2/421

[江西吉安]嚴溪彭氏三房二修支譜十卷　(清)彭飛熊纂修　清光緒二十二年(1896)叙倫堂木活字印本　六冊

350000－2042－0005156　929.2/444

純德彙編七卷首一卷　(清)董華鈞重訂　續

刻一卷　(清)董景沛輯　清嘉慶七年(1802)會稽董景沛刻本　四冊

350000－2042－0005157　929.2/444.1

薩氏歷科題名錄一卷　(清)薩大滋編　(清)薩承鈺續編　清光緒三十二年(1906)石印本　一冊

350000－2042－0005158　929.2/445

留耕堂集三卷　(明)葛錫璠等撰　清宣統元年(1909)鉛印本　三冊

350000－2042－0005159　929.2/757

[福建晉江]陳江陳氏家譜不分卷　(清)陳長齡撰　清同治抄本　一冊

350000－2042－0005160　929.2/757.2

陳氏大成譜不分卷附漳南事蹟不分卷　(明)陳元復撰　清抄本　一冊

350000－2042－0005161　929.2/807

[福建漳州]曾氏族譜不分卷　(清)曾學洙重修　清末至民國抄本　一冊

350000－2042－0005162　929.2/877

[福建泉州鄭氏]石井本宗族譜不分卷　(明)鄭芝龍撰　清抄本　一冊

350000－2042－0005163　930/404

興國史談四卷　(日本)內村鑑三撰　清末至民國泰東書局鉛印本　二冊

350000－2042－0005164　930/406

萬國通史前編十卷附人地諸名表一卷　(英國)李思倫白約翰輯譯　蔡爾康筆述　清光緒二十九年(1903)上海廣學會鉛印本　十冊

350000－2042－0005165　930/408/N

新嘉坡風土記一卷　(清)李鍾珏撰　清光緒刻本　一冊

350000－2042－0005166　930/772

西史綱目二十卷　(清)周維翰撰　清光緒二十七年(1901)經世文社石印本　十冊

350000－2042－0005167　935/770/N

波斯志一卷　(清)學部編譯圖書局編纂　清光緒三十三年(1907)學部編譯圖書局鉛印本

一冊

350000 - 2042 - 0005168　940.4/107

日俄戰爭記不分卷　王闓憲　李儻編譯　清
光緒三十年(1904)上海東大陸圖書譯印局鉛
印本　一冊

350000 - 2042 - 0005169　940/404

西洋史教科書六十六章附名詞表　(日本)有
賀長雄撰　黃炳言　戚運機譯　清光緒三十
二年(1906)政治經濟社鉛印本　一冊

350000 - 2042 - 0005170　940/502

高等西洋歷史教科書十四章　(日本)本多淺
治郎撰　熊鍾麟等譯　清宣統二年(1910)導
文社鉛印本　一冊

350000 - 2042 - 0005171　940/882

歐羅巴通史四部　(日本)箕作元八　(日本)
峰岸米造纂　徐有成　胡景伊　唐人杰譯
清光緒二十六年(1900)上海東亞譯書會鉛印
本　四冊

350000 - 2042 - 0005172　942/481

英國史十章　(日本)松平康國撰　戴麒譯補
　清光緒三十年(1904)北京文明書局鉛印本
　一冊

350000 - 2042 - 0005173　944/104

重訂法國志略二十四卷　(清)王韜撰　清光
緒十六年(1890)長洲王氏淞隱廬鉛印本　十
冊

350000 - 2042 - 0005174　947/236

新出俄日戰事記十二章　(清)□□撰　清光
緒三十年(1904)世界新社石印本　一冊

350000 - 2042 - 0005175　950.7/276

史通削繁四卷　(清)紀昀削繁　(清)浦起龍
注　清光緒元年(1875)湖北崇文書局刻本
四冊

350000 - 2042 - 0005176　950/177

東洋史要二卷　(日本)桑原騭藏撰　樊炳清
譯　清光緒二十五年(1899)東文學社鉛印本
　四冊

350000 - 2042 - 0005177　950/278

近世亡國史四編　殷鑑社編輯　清宣統三年
(1911)殷鑑社鉛印本　一冊

350000 - 2042 - 0005178　951.001/104

史論正鵠二集四卷　(清)王樹敏評點　清光
緒二十四年(1898)石印本　一冊

350000 - 2042 - 0005179　951.001/113

歷代史論十二卷宋史論三卷元史論一卷
(明)張溥論正　明史論四卷　(清)谷應泰論
正　左傳史論二卷　(清)高士奇論正　清光
緒五年(1879)西江裴氏刻本　八冊

350000 - 2042 - 0005180　951.002/001

中外紀年通表六卷　(清)齊召南輯　清光緒
二十三年(1897)上海著易堂石印本　八冊

350000 - 2042 - 0005181　951.002/608

鑑撮四卷　(清)曠敏本編　讀史論略一卷
(清)杜詔撰　清道光刻本　十四冊

350000 - 2042 - 0005182　951.002/756

中日年表二卷附日本傳位世次一卷　(清)陳
國仕輯　清光緒二十四年(1898)溫陵南安陳
氏天白閣稿本　一冊

350000 - 2042 - 0005183　951.008/507

史學叢書四十三種　(清)□□輯　清光緒二
十八年(1902)上海文瀾書局石印本　三十一
冊

350000 - 2042 - 0005184　951.008/507.01

史學叢書四十三種　(清)□□輯　清光緒十
九年(1893)武林有三長齋石印本　二十四冊

350000 - 2042 - 0005185　951.01/007

文史通義八卷　(清)章學誠撰　清道光十三
年(1833)刻章氏遺書本　四冊

350000 - 2042 - 0005186　951.01/007 - 1

文史通義八卷　(清)章學誠撰　清道光十三
年(1833)刻章氏遺書本　四冊

350000 - 2042 - 0005187　951.011/177.5

史記論文一百三十卷　(漢)司馬遷撰　(清)
吳見思評點　(清)吳興祚參訂　清康熙二十

六年(1687)尺木堂刻本　二十四冊

350000－2042－0005188　951.011/408

尚史七十二卷　(清)李鍇纂　清乾隆三十八年(1773)刻本　六十冊

350000－2042－0005189　951.011/424

史記菁華錄六卷　(清)姚祖恩撰　清道光四年(1824)吳興姚氏扶荔山房刻朱墨套印本　一冊

350000－2042－0005190　951.011/603

路史四十七卷　(宋)羅泌纂　(宋)羅苹注　(明)喬可傳校　清光緒二年(1876)紅杏山房刻本　三冊

350000－2042－0005191　951.011/603.01

重訂路史全本四十七卷　(宋)羅泌輯　(宋)羅苹注　(明)吳培昌閱　(明)金堡叅(明)吳弘基訂　清嘉慶六年(1801)刻本　十四冊

350000－2042－0005192　951.011/603－1

路史四十七卷　(宋)羅泌纂　(宋)羅苹注　(明)喬可傳校　清光緒二年(1876)紅杏山房刻本　十六冊

350000－2042－0005193　951.0114/407

國語二十一卷　(三國吳)韋昭解　(宋)宋庠補音　清初刻本　六冊

350000－2042－0005194　951.01141/406

國語二十一卷　(三國吳)韋昭解　**校刊明道本韋氏解國語札記一卷**　(清)黃丕烈撰　**國語明道本攷異四卷**　(清)汪遠孫撰　清同治八年(1869)湖北崇文書局刻本　四冊

350000－2042－0005195　951.01141/406.011

國語二十一卷　(三國吳)韋昭解　**校刊明道本韋氏解國語札記一卷**　(清)黃丕烈撰　清光緒二十二年(1896)上海鴻寶齋石印本　一冊

350000－2042－0005196　951.011421/313

國語明道本攷異四卷　(清)汪遠孫撰　清道光二十六年(1846)錢塘汪氏刻國語校注本三

種本　一冊

350000－2042－0005197　951.011421/400

越絕書十五卷越絕外傳本事一卷　(漢)袁康撰　明刻本　四冊

350000－2042－0005198　951.011421/832

吳越備史四卷首一卷　(宋)錢儼撰　(清)席世臣訂　清道光九年(1829)掃葉山房刻本　四冊

350000－2042－0005199　951.0116/262

兩漢刊誤補遺十卷　(宋)吳仁傑撰　清同治七年(1868)金陵書局木活字印本　二冊

350000－2042－0005200　951.0116/266

班馬異同三十五卷　(宋)倪思編　(宋)劉辰翁評　明刻本　三冊

350000－2042－0005201　951.0116/300

國語二十一卷　(三國吳)韋昭解　(宋)宋庠補音　(明)穆文熙編纂　(明)葛鼐重訂　明末葛氏永懷堂刻本　四冊

350000－2042－0005202　951.0116/313

國語校注本三種　(清)汪遠孫撰　清道光二十六年(1846)錢塘汪氏振綺堂刻本　六冊

350000－2042－0005203　951.0116/721

東觀漢紀二十四卷　(漢)劉珍等撰　清乾隆六十年(1795)掃葉山房刻本　二冊

350000－2042－0005204　951.01161/116

前漢書一百二十卷　(漢)班固撰　(唐)顏師古注　清光緒二十六年(1900)煥文書局石印本　十冊

350000－2042－0005205　951.01161/116.1

前漢書一百卷　(漢)班固撰　(唐)顏師古注　王先謙補注　清末石印本　三冊　存五十卷(五十一至一百)

350000－2042－0005206　951.0117/370

三國志旁證三十卷　(清)梁章鉅撰　清光緒二十八年(1902)上海文瀾書局石印史學叢書本　一冊　存十二卷(一至十二)

350000－2042－0005207　951.0117/449

續後漢書四十二卷音義四卷義例一卷 （宋）
蕭常撰 清同治八年(1869)刻本 十二冊

350000 – 2042 – 0005208 951.0117/754

三國志六十五卷 （晉）陳壽撰 （南朝宋）裴
松之注 明崇禎十七年(1644)毛氏汲古閣刻
十七史本 八冊

350000 – 2042 – 0005209 951.0117/754.2

二十四史 （清）□□編 清光緒二十六年
(1900)煥文書局石印本 十冊 存二種一百
八十五卷(後漢書一百二十卷、三國志六十五
卷)

350000 – 2042 – 0005210 951.0117/754 – 1

三國志六十五卷 （晉）陳壽撰 （南朝宋）裴
松之注 明崇禎十七年(1644)毛氏汲古閣刻
十七史本 十二冊

350000 – 2042 – 0005211 951.0118/404

晉書一百三十卷 （唐）房玄齡等撰 音義三
卷 （唐）何超纂 清乾隆四年(1739)刻本
十三冊 存一百三十卷(晉書一百三十卷)

350000 – 2042 – 0005212 951.0118/404.2

晉書一百三十卷 （唐）房玄齡等撰 音義三
卷 （唐）何超纂 明刻本 一冊 存三卷
(音義三卷)

350000 – 2042 – 0005213 951.012/110

六朝事迹編類十四卷 （宋）張敦頤撰 清光
緒十三年(1887)寶章閣刻本 四冊

350000 – 2042 – 0005214 951.012/314

南北史補志十四卷 （清）汪士鐸撰 清光緒
四年(1878)淮南書局刻本 六冊

350000 – 2042 – 0005215 951.012/314 – 1

南北史補志十四卷 （清）汪士鐸撰 清光緒
四年(1878)淮南書局刻本 六冊

350000 – 2042 – 0005216 951.012/342

南史識小錄十四卷北史識小錄十四卷 （清）
沈名蓀 （清）朱昆田輯 （清）張應昌補正
清同治十年(1871)武林吳氏清來堂刻本 十
二冊

350000 – 2042 – 0005217 951.012/342 – 1

南史識小錄十四卷北史識小錄十四卷 （清）
沈名蓀 （清）朱昆田輯 （清）張應昌補正
清同治十年(1871)武林吳氏清來堂刻本 十
二冊

350000 – 2042 – 0005218 951.012/342 – 2

南史識小錄十四卷北史識小錄十四卷 （清）
沈名蓀 （清）朱昆田輯 （清）張應昌補正
清同治十年(1871)武林吳氏清來堂刻本 十
二冊

350000 – 2042 – 0005219 951.012/774.1

南北史捃華八卷 （清）周嘉猷輯 清光緒二
年(1876)永康胡氏退補齋刻本 四冊

350000 – 2042 – 0005220 951.0132/043

西魏書二十四卷敘錄一卷 （清）謝啓昆撰
清乾隆六十年(1795)謝啓昆樹經堂刻本 六
冊

350000 – 2042 – 0005221 951.0132/262

魏書一百十四卷 （北齊）魏收撰 明萬曆二
十四年(1596)南京國子監刻本 三十二冊

350000 – 2042 – 0005222 951.0144/441

南齊書五十九卷 （南朝梁）蕭子顯撰 清乾
隆四年(1739)刻本 八冊

350000 – 2042 – 0005223 951.016/110

東觀奏記三卷 （唐）裴庭裕撰 （明）商濬校
明萬曆會稽商氏半埜堂刻清康熙三十五年
(1696)振鷺堂補修稗海本 一冊

350000 – 2042 – 0005224 951.016/345

新舊唐書合鈔二百六十卷首一卷宰相世系表
訂譌十二卷 （清）沈炳震撰 唐書合鈔補正
六卷 （清）丁子復撰 清同治十年(1871)武
林吳氏清來堂補刻本 十七冊

350000 – 2042 – 0005225 951.017/777

五代史記七十四卷 （宋）歐陽修撰 （宋）徐
無黨原注 （清）彭元瑞注 清道光八年
(1828)刻本 九冊

350000 – 2042 – 0005226 951.018/264

269

南漢紀五卷　（清）吳蘭修編　清道光十四年
(1834)鄭氏淳一堂刻本　三冊

350000－2042－0005227　951.018/371

南漢書十八卷考異十八卷　（清）梁廷枏撰
南漢文字略四卷南漢叢錄二卷　（清）梁廷枏
輯　清道光九年(1829)刻本　八冊

350000－2042－0005228　951.022/284

三朝北盟會編二百五十卷首一卷　（宋）徐夢
莘編集　校勘記二卷校勘補遺一卷　（清）袁
祖安等撰　清光緒四年(1878)鉛印本　十冊

350000－2042－0005229　951.022/407

中興戰功錄一卷　（宋）李壁撰　清光緒三十
一年(1905)江陰繆氏刻藕香零拾本　一冊

350000－2042－0005230　951.0222/261

北宋經撫年表二卷　吳廷燮撰　清宣統三年
(1911)鉛印本　一冊

350000－2042－0005231　951.023/118

西夏紀事本末三十六卷首二卷　（清）張鑑撰
清光緒十一年(1885)金陵刻本　一冊

350000－2042－0005232　951.023/118.01

西夏紀事本末三十六卷年表一卷　（清）張鑑
撰　清光緒十年(1884)江蘇書局刻本　四冊

350000－2042－0005233　951.023/404

遼史紀事本末四十卷首一卷末一卷金史紀事
本末五十二卷首一卷末一卷　（清）李有棠編
纂　清光緒二十九年(1903)李栘鄂樓刻本
四冊

350000－2042－0005234　951.024/084

金史詳校十卷首一卷末一卷　（清）施國祁撰
清光緒六年(1880)會稽章氏刻本　十冊

350000－2042－0005235　951.024/084－1

金史詳校十卷首一卷末一卷　（清）施國祁撰
清光緒六年(1880)會稽章氏刻本　十冊

350000－2042－0005236　951.024/300

大金國志四十卷　（宋）宇文懋昭撰　清掃葉
山房刻本　四冊

350000－2042－0005237　951.024/363

金源紀事詩八卷　（清）湯運泰撰　（清）湯顯
業　（清）湯顯榦注　清同治十二年(1873)淮
南書局刻本　四冊

350000－2042－0005238　951.025/003

元秘史李注補正十五卷　（清）高寶銓撰　清
光緒二十八年(1902)刻本　一冊

350000－2042－0005239　951.025/104

元朝秘史十卷續集二卷　（元）□□撰　清光
緒三十四年(1908)長沙葉氏觀古堂刻本　六
冊

350000－2042－0005240　951.025/104－1

元朝秘史十卷續集二卷　（元）□□撰　清光
緒三十四年(1908)長沙葉氏觀古堂刻本　七
冊

350000－2042－0005241　951.025/104－2

元朝秘史十卷續集二卷　（元）□□撰　清光
緒三十四年(1908)長沙葉氏觀古堂刻本　二
冊

350000－2042－0005242　951.025/109

閱史約書五卷　（明）王光魯編次　（明）王熊
維　（明）王熊偉校　清刻本　一冊

350000－2042－0005243　951.025/157

滿夷猾夏始末記八編外編二編首一卷　楊敦
頤編　清宣統三年(1911)鉛印本　十二冊

350000－2042－0005244　951.025/212.01

校正元親征錄一卷　（清）何秋濤撰　附刊誤
一卷　沈曾植等撰　清光緒二十年(1894)桐
盧袁氏小漚巢刻本　一冊

350000－2042－0005245　951.025/212.02

校正元親征錄一卷　（清）何秋濤撰　附刊誤
一卷　沈曾植等撰　清光緒二十年(1894)桐
盧袁氏小漚巢刻本　一冊　存一卷(校正元
親征錄一卷)

350000－2042－0005246　951.025/263

元史新編九十五卷　（清）魏源撰　清光緒三
十一年(1905)邵陽魏氏慎微堂刻本　八冊

350000－2042－0005247　951.025/319

元史本證五十卷末一卷　（清）汪輝祖撰
（清）汪繼培補　清光緒十七年（1891）會稽徐
氏鑄學齋刻紹興先正遺書本　二冊

350000－2042－0005248　951.025/348.1

元史譯文證補三十卷　（清）洪鈞撰　清光緒
二十三年（1897）刻本　四冊　存二十卷（一
至六、九至十二、十四至十五、十八、二十二至
二十四、二十六至二十七、二十九至三十）

350000－2042－0005249　951.025/722

北巡私記一卷　（元）劉佶撰　清光緒三十四
年（1908）鉛印本　一冊

350000－2042－0005250　951.025/752

元史紀事本末二十七卷　（明）陳邦瞻原編
（明）臧懋循補輯　（明）張溥論正　明刻本
四冊

350000－2042－0005251　951.025/800

元書一百二卷首一卷　曾廉撰　清宣統三年
（1911）刻本　二十冊

350000－2042－0005252　951.025/902

欽定蒙古源流八卷　（清）小徹辰薩囊撰　清
刻本　四冊

350000－2042－0005253　951.025/902－1

欽定蒙古源流八卷　（清）小徹辰薩囊撰　清
刻本　二冊

350000－2042－0005254　951.026/002

烈皇小識八卷　（明）文秉撰　清刻本　四冊

350000－2042－0005255　951.026/002.1

烈皇小識八卷　（明）文秉撰　清都城琉璃廠
留雲居士木活字印本　四冊　存四卷（一至
四）

350000－2042－0005256　951.026/040

明季北略二十四卷南略十八卷　（清）計六奇
編輯　清光緒十三年（1887）上海圖書集成印
書局鉛印本　十冊

350000－2042－0005257　951.026/040.01

明季北略二十四卷南略十八卷　（清）計六奇
編輯　清都城琉璃廠半松居士木活字印本

二十八冊

350000－2042－0005258　951.026/104

新刻明朝通紀會纂七卷　（明）鍾惺定　（明）
王世貞纂　（明）王政敏訂正　（明）王汝南補
定　（明）陳繼儒批點　清順治陳長卿刻本
八冊

350000－2042－0005259　951.026/104.1

弇州史料前集三十卷後集七十卷　（明）王世
貞纂　（明）董復表彙次　明萬曆四十二年
（1614）刻本　二十冊　存四十五卷（後集二
十六至七十）

350000－2042－0005260　951.026/123

二申野錄八卷　（清）孫之騄輯　清同治六年
（1867）吟香館刻本　六冊

350000－2042－0005261　951.026/123－1

二申野錄八卷　（清）孫之騄輯　清同治六年
（1867）吟香館刻本　四冊

350000－2042－0005262　951.026/212

名山藏一百六卷　（明）何喬遠輯　明崇禎刻
本　六十冊

350000－2042－0005263　951.026/212－1

名山藏一百六卷　（明）何喬遠輯　明崇禎刻
本　五冊　存十七卷（成祖文皇帝三卷、仁宗
昭皇帝一卷、馬政記一卷、茶馬記一卷、鹽法
記一卷、臣林記四卷、高道記一卷、本士記一
卷、本行記二卷、王享記二卷）

350000－2042－0005264　951.026/284

小腆紀年附攷二十卷　（清）徐鼒撰　清咸豐
刻本　十冊

350000－2042－0005265　951.026/362.01

南疆繹史勘本紀略六卷列傳二十四卷首二卷
（清）溫睿臨撰　（清）李瑤勘定　繹史摭遺
十八卷囝謚攷八卷　（清）李瑤撰　清末刻本
三冊

350000－2042－0005266　951.026/362.01－1

南疆繹史勘本紀略六卷列傳二十四卷首二卷
（清）溫睿臨撰　（清）李瑤勘定　繹史摭遺

十八卷卹諡攷八卷　（清）李瑤撰　清末刻本
　三十六冊

350000－2042－0005267　951.026/362.03
南疆逸史二十卷　（清）溫睿臨撰　清光緒二
　十四年（1898）陳國仕抄本　四冊

350000－2042－0005268　951.026/402.1
海角遺編二卷　（清）□□撰　清抄本　二冊

350000－2042－0005269　951.026/421.01
山中聞見錄十三卷　（清）彭孫貽撰　清抄本
　二冊　存二卷（一至二）

350000－2042－0005270　951.026/467
三藩紀事本末四卷　（清）楊陸榮編　清康熙
　五十六年（1717）刻本　二冊

350000－2042－0005271　951.026/496.01/N
昭代典則二十八卷　（明）黃光昇編輯　（明）
　陸翀之校閱　清抄本　十六冊

350000－2042－0005272　951.026/721
蜀龜鑑七卷首一卷　（清）劉景伯撰　清宣統
　三年（1911）裴氏刻本　四冊

350000－2042－0005273　951.026/724
明宮史八卷　（明）劉若愚編　清宣統三年
　（1911）國學扶輪社鉛印本　二冊

350000－2042－0005274　951.026/724.1
酌中志餘二卷　（明）劉若愚輯　清光緒七年
　（1881）刻本　二冊

350000－2042－0005275　951.026/751
皇明從信錄四十卷　（明）陳建輯　（明）沈國
　元訂　明刻本　三十六冊

350000－2042－0005276　951.026/754.02
明紀六十卷　（清）陳鶴纂　（清）陳克家參訂
　　清同治十年（1871）江蘇書局刻本　二十冊

350000－2042－0005277　951.026/771
明季稗史彙編十六種　題（清）留雲居士輯
　清光緒十三年（1887）上海圖書集成局鉛印本
　六冊

350000－2042－0005278　951.026/771－1

明季稗史彙編十六種　題（清）留雲居士輯
　清光緒二十二年（1896）上海圖書集成局鉛印
　本　六冊

350000－2042－0005279　951.0263/106
瀕江紀事本末一卷　（明）周廷英撰　清抄本
　一冊

350000－2042－0005280　951.0263/221
痛史二十種　題樂天居士編　清宣統三年至
　民國元年（1911－1912）上海商務印書館鉛印
　本　二十冊

350000－2042－0005281　951.0263/221（6）
思文大紀八卷　（清）□□撰　清宣統三年
　（1911）上海商務印書館鉛印痛史本　四冊

350000－2042－0005282　951.0263/221－1
痛史二十種　題樂天居士編　清宣統三年至
　民國元年（1911－1912）上海商務印書館鉛印
　本　二十一冊

350000－2042－0005283　951.0263/274
續明紀事本末十八卷首一卷　（清）倪在田輯
　　清光緒二十九年（1903）育英學社鉛印本
　五冊　存十六卷（一至七、十一至十八，首一
　卷）

350000－2042－0005284　951.0263/274－1
續明紀事本末十八卷首一卷　（清）倪在田輯
　　清光緒二十九年（1903）育英學社鉛印本
　六冊

350000－2042－0005285　951.0263/444
江陰城守紀二卷　（清）韓葵編　江陰城守記
　一卷　（清）許重熙編　清愛日精廬木活字印
　本　二冊

350000－2042－0005286　951.0263/777
蜀亂一卷　（清）歐陽直記　清末鉛印本　一
　冊

350000－2042－0005287　951.03/081
靖海紀事二卷　（清）施琅撰　（清）施葆修輯
　　清光緒元年（1875）刻本　一冊

350000－2042－0005288　951.03/100

熙朝紀政六卷　（清）王慶雲撰　清光緒二十
八年(1902)江右嘉惠書莊石印本　四冊

350000－2042－0005289　951.03/100.01
熙朝紀政六卷　（清）王慶雲撰　清光緒二十
七年(1901)上海天章書局石印本　三冊

350000－2042－0005290　951.03/100.01－1
熙朝紀政六卷　（清）王慶雲撰　清光緒二十
七年(1901)上海天章書局石印本　三冊

350000－2042－0005291　951.03/102
東華錄天命朝四卷天聰朝十一卷崇德朝八卷
順治朝三十六卷康熙朝一百十卷雍正朝二十
六卷東華續錄乾隆朝一百二十卷嘉慶朝五十
卷道光朝六十卷咸豐朝六十九卷　王先謙編
　清光緒十三年(1887)上海圖書集成印書局
鉛印本　二十二冊

350000－2042－0005292　951.03/102.1
東華錄三十二卷　（清）蔣良騏編　清刻本
十二冊

350000－2042－0005293　951.03/102.1－1
東華錄三十二卷　（清）蔣良騏編　清刻本
二冊

350000－2042－0005294　951.03/102.2
東華錄天命朝四卷天聰朝十一卷崇德朝八卷
順治朝三十六卷康熙朝一百十卷雍正朝二十
六卷東華續錄乾隆朝一百二十卷嘉慶朝五十
卷道光朝六十卷咸豐朝六十九卷同治朝一百
卷　王先謙編　清光緒十三年(1887)廣百宋
齋鉛印本　一百十七冊　缺六卷(雍正朝二
十四至二十六、同治朝一至三)

350000－2042－0005295　951.03/102.4/N
東華錄天命朝四卷天聰朝十一卷崇德朝八卷
順治朝三十六卷康熙朝一百十卷雍正朝二十
六卷東華續錄乾隆朝一百二十卷嘉慶朝五十
卷道光朝六十卷咸豐朝六十九卷　王先謙編
　清光緒七年(1881)上海廣百宋齋鉛印本
七十六冊

350000－2042－0005296　951.03/102.5/N
東華續錄咸豐朝六十九卷　（清）潘頤福編

（清）盧秉政校　清光緒十八年(1892)圖書集
成印書局石印本　十六冊

350000－2042－0005297　951.03/102.5－1/N
東華續錄咸豐朝六十九卷　（清）潘頤福編
（清）盧秉政校　清光緒十八年(1892)圖書集
成印書局石印本　十六冊　存四十二卷(二
十八至六十九)

350000－2042－0005298　951.03/102.6/N
東華續錄同治朝一百卷　王先謙編　清光緒
二十四年(1898)文瀾書局石印本　二十四冊

350000－2042－0005299　951.03/102.6－1
東華續錄同治朝一百卷　王先謙編　清光緒
二十四年(1898)文瀾書局石印本　五冊

350000－2042－0005300　951.03/102－1
東華錄天命朝四卷天聰朝十一卷崇德朝八卷
順治朝三十六卷康熙朝一百十卷雍正朝二十
六卷東華續錄乾隆朝一百二十卷嘉慶朝五十
卷道光朝六十卷咸豐朝六十九卷　王先謙編
　清光緒十三年(1887)上海圖書集成印書局
鉛印本　十九冊　缺六十九卷(咸豐朝六十
九卷)

350000－2042－0005301　951.03/102－3
東華錄天命朝四卷天聰朝十一卷崇德朝八卷
順治朝三十六卷康熙朝一百十卷雍正朝二十
六卷東華續錄乾隆朝一百二十卷嘉慶朝五十
卷道光朝六十卷咸豐朝六十九卷　王先謙編
　清光緒十三年(1887)上海圖書集成印書局
鉛印本　八十冊

350000－2042－0005302　951.03/103
平定粵匪紀略十八卷附記四卷　（清）杜文瀾
撰　清同治八年(1869)群玉齋木活字印本
六冊

350000－2042－0005303　951.03/103.1
平定粵匪紀略十八卷附記四卷　（清）杜文瀾
撰　清同治十年(1871)京都聚珍齋刻本　十
冊

350000－2042－0005304　951.03/107
平匪紀略摘鈔六卷　（清）□□撰　清刻本

二冊

350000－2042－0005305　951.03/134
武塘野史　（清）□□撰　清抄本　二冊

350000－2042－0005306　951.03/201
平叛記二卷　（清）毛霦編　清康熙五十五年（1716）東萊毛氏刻本　二冊

350000－2042－0005307　951.03/213
十一朝東華錄分類輯要二十四卷　（清）何良棟輯　清光緒二十九年（1903）鴻寶書局石印本　五冊　存二十卷（一至四、九至二十四）

350000－2042－0005308　951.03/263
聖武記十四卷　（清）魏源撰　清道光二十六年（1846）刻本　十二冊

350000－2042－0005309　951.03/263.01
聖武記十四卷　（清）魏源撰　清道光二十四年（1844）刻本　八冊

350000－2042－0005310　951.03/263.02/N
聖武記十四卷　（清）魏源譔　清光緒二十八年（1902）上海書局石印本　二冊

350000－2042－0005311　951.03/263.03
聖武記十四卷　（清）魏源撰　清道光二十二年（1842）刻本　十二冊

350000－2042－0005312　951.03/263.03－1
聖武記十四卷　（清）魏源撰　清道光二十二年（1842）刻本　十二冊

350000－2042－0005313　951.03/263.1
聖武記十四卷　（清）魏源撰　清末和記書莊鉛印本　五冊

350000－2042－0005314　951.03/263－1
聖武記十四卷　（清）魏源撰　清道光二十六年（1846）刻本　十二冊

350000－2042－0005315　951.03/263－2
聖武記十四卷　（清）魏源撰　清道光二十六年（1846）刻本　六冊　存六卷（一至六）

350000－2042－0005316　951.03/554
吳興大事記二卷　（清）費恭庵等撰　清抄本

一冊

350000－2042－0005317　951.03/603.2
庚子海外紀事四卷　呂海寰編　清光緒二十七年（1901）上海辦理商約行轅鉛印本　四冊

350000－2042－0005318　951.03/714
欽定滿洲源流考二十卷首一卷　（清）阿桂（清）于敏中修　（清）麟喜　（清）呈麟纂　清光緒三十年（1904）中西書局石印本　一冊

350000－2042－0005319　951.03/714－1
欽定滿洲源流考二十卷首一卷　（清）阿桂（清）于敏中修　（清）麟喜　（清）呈麟纂　清光緒三十年（1904）中西書局石印本　四冊

350000－2042－0005320　951.03/754
館閣絲綸五卷　（清）陳萬策撰　清同治至光緒梅石山房刻本　五冊

350000－2042－0005321　951.031/714
皇清開國方略三十二卷首一卷　（清）阿桂等纂　清光緒十三年（1887）廣百宋齋鉛印本　六冊

350000－2042－0005322　951.036/106
中西紀事二十四卷首一卷　（清）夏燮撰　清光緒刻本　六冊

350000－2042－0005323　951.036/106.01
中西紀事二十四卷首一卷　（清）夏燮撰　清同治七年（1868）刻本　六冊

350000－2042－0005324　951.036/106.11
中西紀事二十四卷首一卷　（清）夏燮撰　清光緒十三年（1887）鉛印本　二冊

350000－2042－0005325　951.037/269
蕩平髮逆圖記二十二卷首一卷　（清）杜文瀾撰　清同治四年（1865）群英閣主人鉛印本　四冊

350000－2042－0005326　951.037/310
逆黨禍蜀記一卷　（清）汪堃輯　清同治五年（1866）刻本　一冊

350000－2042－0005327　951.037/404
金陵兵事彙畧四卷　（清）李圭撰　清光緒十

三年(1887)江寧李氏刻本　二冊

350000－2042－0005328　951.037/404－1

金陵兵事彙畧四卷　(清)李圭撰　清光緒十三年(1887)江寧李氏刻本　一冊

350000－2042－0005329　951.037/446.1

彝軍紀畧二卷附錄一卷　(清)彭洵纂輯　清末至民國抄本　二冊

350000－2042－0005330　951.037/508

弢園紀事二卷　(清)史念祖撰　清末至民國抄本　二冊

350000－2042－0005331　951.037/508－1

弢園紀事二卷　(清)史念祖撰　清末至民國抄本　二冊

350000－2042－0005332　951.037/724

李忠武公遺書奏疏一卷書牘二卷　(清)李續賓撰　附褒節錄一卷　(清)□□編　清光緒十七年(1891)刻本　一冊　存一卷(附褒節錄一卷)

350000－2042－0005333　951.037/803

蜀燹述略六卷　(清)余鴻觀編輯　清光緒二十七年(1901)成都昌福公司鉛印本　四冊

350000－2042－0005334　951.038/303

淮軍平捻記十二卷　(清)周世澄撰　清刻本　一冊

350000－2042－0005335　951.038/447

翼教叢編六卷坿一卷　(清)蘇輿輯　清光緒二十四年(1898)刻本　三冊

350000－2042－0005336　951.038/470

杞齋隨筆不分卷　(清)□□撰　清末抄本　一冊

350000－2042－0005337　951.039/224

庚子京津拳匪紀略八卷前編二卷後編二卷　題(清)僑析生　(清)繒雲氏輯　清光緒二十七年(1901)香港書局石印本　四冊　存八卷(庚子京津拳匪紀略八卷)

350000－2042－0005338　951.039/224.01

庚子京津拳匪紀略八卷前編二卷後編二卷　題(清)僑析生　(清)繒雲氏輯　清光緒二十九年(1903)上洋書局石印本　六冊

350000－2042－0005339　951.039/247

拳匪紀事六卷　(日本)佐原篤介　題(清)浙西漚隱輯　清光緒二十七年(1901)鉛印本　三冊

350000－2042－0005340　951.039/333.01

戊戌政變記九卷　梁啓超撰　清末鉛印本　一冊

350000－2042－0005341　951.039/333.01－1

戊戌政變記九卷　梁啓超撰　清末鉛印本　三冊

350000－2042－0005342　951.039/340

臺灣戰紀二卷　(清)洪棄父纂　清光緒三十二年(1906)鉛印本　二冊

350000－2042－0005343　951.039/441

中東戰紀本末八卷首一卷末一卷續編四卷首一卷末一卷文學興國策二卷　(美國)林樂知譯　蔡爾康纂輯　清光緒二十三年(1897)上海圖書集成局鉛印本　十二冊　存十六卷(中東戰紀本末八卷、首一卷、末一卷,續編四卷、首一卷、末一卷)

350000－2042－0005344　951.039/441.01

中東戰紀本末八卷首一卷末一卷續編四卷首一卷末一卷文學興國策二卷　(美國)林樂知譯　蔡爾康纂輯　清光緒二十六年(1900)上海圖書集成局鉛印本　十六冊

350000－2042－0005345　951.039/441－1

中東戰紀本末八卷首一卷末一卷續編四卷首一卷末一卷文學興國策二卷　(美國)林樂知譯　蔡爾康纂輯　清光緒二十三年(1897)上海圖書集成局鉛印本　十三冊

350000－2042－0005346　951.039/441－2

中東戰紀本末八卷首一卷末一卷續編四卷首一卷末一卷文學興國策二卷　(美國)林樂知譯　蔡爾康纂輯　清光緒二十三年(1897)上海圖書集成局鉛印本　十四冊

350000－2042－0005347　951.039/991.1

拳教析疑說一卷　勞乃宣撰　清光緒刻本
一冊

350000－2042－0005348　951.04/714

歷朝捷錄不分卷　(明)顧充撰　清抄本　一
冊

350000－2042－0005349　951.09/000

欽定剿平粵匪方略四百二十卷首二卷　(清)
奕訢等撰　清同治十一年(1872)鉛印本　一
百二十冊

350000－2042－0005350　951.09/000.1

欽定剿平捻匪方略三百二十卷首一卷　(清)
奕訢等撰　清同治十一年(1872)鉛印本　九
十六冊

350000－2042－0005351　951.09/000.1－1

欽定剿平捻匪方略三百二十卷首一卷　(清)
奕訢等撰　清同治十一年(1872)鉛印本　七
冊　存三十一卷(七十一至八十、八十六至九
十、一百六十三、一百七十一至一百七十五、
二百一至二百五、二百三十六至二百四十)

350000－2042－0005352　951.09/000.2

欽定平定雲南回匪方略五十卷欽定平定貴州
苗匪紀略四十卷　(清)奕訢等纂　清光緒二
十二年(1896)鉛印本　三十冊

350000－2042－0005353　951.09/000－1

欽定剿平粵匪方略四百二十卷首二卷　(清)
奕訢等撰　清同治十一年(1872)鉛印本　九
冊　存四十卷(三十六至四十、一百十一至一
百十五、一百八十一至一百八十五、二百六至
二百十、二百六十一至二百六十五、三百二十
一至三百三十、三百八十一至三百八十五)

350000－2042－0005354　951.09/104

平桂紀略四卷　(清)蘇鳳文撰　清光緒十五
年(1889)刻本　一冊

350000－2042－0005355　951.09/402

灔澦囊五卷　(清)李馥榮編輯　歐陽氏遺書
一卷　(清)歐陽直撰　清光緒六年(1880)刻
本　五冊

350000－2042－0005356　951.09/466

平定關隴紀略十三卷　(清)楊昌濬撰　清光
緒十三年(1887)刻本　十冊

350000－2042－0005357　951.09/466－1

平定關隴紀略十三卷　(清)楊昌濬撰　清光
緒十三年(1887)刻本　十二冊　存十二卷
(二至十三)

350000－2042－0005358　951.09/502

平浙紀略十六卷　(清)秦緗業　(清)陳鍾英
撰　清同治十二年(1873)浙江書局刻本　四
冊

350000－2042－0005359　951.09/834

三史拾遺五卷諸史拾遺五卷　(清)錢大昕撰
清嘉慶十二年(1807)稻香吟館刻本　四冊

350000－2042－0005360　951.1/103

文章練要十卷　(清)王源評訂　(清)甯世簪
(清)戴名世閱　(清)程城參正　清雍正刻
本　五冊

350000－2042－0005361　951.1/121

古香齋鑒賞袖珍春明夢餘錄七十卷　(清)孫
承澤撰　清光緒九年(1883)廣州惜分陰館刻
本　十六冊

350000－2042－0005362　951.1/177.01

史記一百三十卷　(漢)司馬遷撰　(南朝宋)
裴駰集解　(唐)司馬貞索隱　(唐)張守節正
義　清同治五年至九年(1866－1870)金陵書
局刻本　二十二冊

350000－2042－0005363　951.1/177.02

史記一百三十卷　(漢)司馬遷撰　(南朝宋)
裴駰集解　(唐)司馬貞索隱　(唐)張守節正
義　明刻本　一冊　存二卷(四十四至四十
五)

350000－2042－0005364　951.1/177.32

史記一百三十卷　(漢)司馬遷撰　(南朝宋)
裴駰集解　清光緒八年(1882)上海點石齋石
印本　四冊

350000－2042－0005365　951.1/342

史記評林一百三十卷 （明）凌稚隆輯校 清光緒十年(1884)佩蘭堂刻本 二十八冊

350000－2042－0005366 951.1/717

繹史一百六十卷世系圖一卷年表一卷 （清）馬驌撰 清蘇州綠蔭堂刻光緒十四年(1888)補修本 四十八冊

350000－2042－0005367 951.15/120

周書斠補四卷 （清）孫詒讓撰 清光緒二十二年(1896)浙江瑞安孫氏家刻本 二冊

350000－2042－0005368 951.15/254

逸周書集訓校釋十卷周書逸文一卷 （清）朱右曾集訓校釋 清光緒三年(1877)湖北官書局刻本 二冊

350000－2042－0005369 951.2/342

漢書評林一百卷 （漢）班固撰 （唐）顏師古注 （明）凌稚隆輯校 字例一卷漢書姓氏一卷 （明）凌稚隆編 清末刻本 三十九冊

350000－2042－0005370 951.21/012

前漢書一百卷 （漢）班固撰 （唐）顏師古注 清光緒十三年(1887)金陵書局刻本 十七冊

350000－2042－0005371 951.21/102.2

前漢書補注一百卷 （漢）班固撰 （唐）顏師古注 王先謙補注 清光緒二十六年(1900)長沙王氏虛受堂刻本 十三冊 存二十九卷（十六至二十、二十七下之下至五十）

350000－2042－0005372 951.21/116.01

前漢書一百卷 （漢）班固撰 （唐）顏師古注 清光緒十四年(1888)上海鴻文書局石印本 一冊 存十九卷（一至十九）

350000－2042－0005373 951.21/348

漢書疏證三十六卷後漢書疏證三十卷 （清）沈欽韓撰 清光緒二十六年(1900)浙江官書局刻本 四十冊

350000－2042－0005374 951.22/446.1

後漢書一百二十卷 （南朝宋）范曄撰 （唐）李賢注 （南朝梁）劉昭注補 清光緒十三年(1887)金陵書局刻本 十六冊

350000－2042－0005375 951.44/262

十國春秋一百十六卷 （清）吳任臣撰 （清）周昂重校刊 清乾隆五十八年(1793)昭文周氏刻本 十六冊

350000－2042－0005376 951.44/262－1

十國春秋一百十四卷 （清）吳任臣撰 （清）周昂重校刊 拾遺一卷備考一卷 （清）周昂輯 清乾隆五十八年(1793)昭文周氏刻本 二十冊

350000－2042－0005377 951.5/102

東都事略一百三十卷 （宋）王稱撰 清影宋刻本 十六冊

350000－2042－0005378 951.5/603

路史四十七卷 （宋）羅泌纂 （宋）羅苹注 （明）喬可傳校 明萬曆三十九年(1611)喬可傳刻本 十八冊

350000－2042－0005379 951.6/404

元寇紀略二卷元寇年表一卷 （日本）大橋順撰 黑韃事略一卷 （宋）彭大雅撰 （宋）徐霆疏證 清光緒二十九年(1903)江蘇通州翰墨林編譯印書局鉛印本 一冊

350000－2042－0005380 951.7/103

明史稿三百十卷目錄三卷 （清）王鴻緒撰 清雍正敬慎堂刻本 一百二十四冊

350000－2042－0005381 951.7/111

明史三百三十二卷目錄四卷 （清）張廷玉撰 清乾隆四年(1739)武英殿刻本 一百十二冊

350000－2042－0005382 951.7/370

皇朝藩部要略十八卷世系表四卷 （清）祁韻士纂 （清）毛嶽生編 清光緒十年(1884)浙江書局刻本 八冊

350000－2042－0005383 951.7/370－1

皇朝藩部要略十八卷世系表四卷 （清）祁韻士纂 （清）毛嶽生編 清光緒十年(1884)浙江書局刻本 六冊

350000 – 2042 – 0005384　951.7/370 – 2

皇朝藩部要略十八卷世系表四卷　（清）祁韻士纂　（清）毛嶽生編　清光緒十年（1884）浙江書局刻本　八冊

350000 – 2042 – 0005385　951.7/750

蒙古史二卷　（日本）河野元三撰　歐陽瑞驊譯　清宣統三年（1911）江南圖書館鉛印本　二冊

350000 – 2042 – 0005386　951.7/750 – 1

蒙古史二卷　（日本）河野元三撰　歐陽瑞驊譯　清宣統三年（1911）江南圖書館鉛印本　二冊

350000 – 2042 – 0005387　951.7/750 – 2

蒙古史二卷　（日本）河野元三撰　歐陽瑞驊譯　清宣統三年（1911）江南圖書館鉛印本　二冊

350000 – 2042 – 0005388　951.8/426

[光緒]蒙古志三卷　姚明煇纂修　清光緒三十三年（1907）中國圖書公司鉛印本　一冊

350000 – 2042 – 0005389　951.824/758

古今戰事圖說平定粵匪之部六卷　陳曾壽纂　清光緒二十五年（1899）上海商務印書館鉛印本　二冊

350000 – 2042 – 0005390　951.874/107

湘軍志十六卷　王闓運撰　清光緒十二年（1886）成都墨香書屋刻本　四冊

350000 – 2042 – 0005391　951.874/107 – 1

湘軍志十六卷　王闓運撰　清光緒十二年（1886）成都墨香書屋刻本　四冊

350000 – 2042 – 0005392　951.9/402

我我錄三卷　（朝鮮）南紀濟撰　清末至民國鉛印本　一冊

350000 – 2042 – 0005393　951.9/506.2

東國史略六卷　（朝鮮）□□撰　清光緒十九年（1893）景蘇園刻本　二冊

350000 – 2042 – 0005394　951/001.2

歷代帝王年表不分卷　（清）齊召南編　（清）

阮福續編　清道光四年（1824）儀徵阮氏小琅嬛仙館刻本　一冊

350000 – 2042 – 0005395　951/004

支那史要六卷　（日本）市村瓚次郎撰　（清）陳毅譯　清光緒上海廣智書局鉛印本　一冊

350000 – 2042 – 0005396　951/040

新刻陳眉公重訂通鑑集要二十八卷　（明）諸燮纂輯　（明）陳繼儒訂正　明天啓二年（1622）蘭玉堂刻本　十冊

350000 – 2042 – 0005397　951/101.3

如諫果室叢刻四種　（清）王延釗撰　清宣統二年（1910）京師益森書館鉛印本　一冊　存三種三卷（春秋列女圖考一卷、漢元后本紀補一卷、晉八王易知略一卷）

350000 – 2042 – 0005398　951/102

資治通鑑補正二百九十四卷首一卷　（宋）司馬光編集　（元）胡三省音注　（明）嚴衍補正　清光緒二十八年（1902）上海益智書局石印本　四十八冊

350000 – 2042 – 0005399　951/104.01

二十四史　（清）□□編　清光緒十年（1884）上海同文書局石印本　十九冊　存三種一百十一卷（舊唐書十八至三十四、北齊書一至五十、新五代史一至四十四）

350000 – 2042 – 0005400　951/104.02

二十四史　（清）□□編　清光緒影印本　九十五冊　存七種五百二十八卷（史記四十至八十一，南齊書五十九卷，梁書五十六卷，舊唐書一至十七、三十五至二百，舊五代史一百五十卷，五代史四十四至七十三，明史二百三十五至二百三十九、二百四十四至二百四十六）

350000 – 2042 – 0005401　951/104.03

二十四史　（清）□□編　清光緒三十一年（1905）上海久敬齋石印本　三十二冊　存四種四百十五卷（史記一百三十卷、前漢書一百卷、後漢書一百二十卷、三國志六十五卷）

350000 – 2042 – 0005402　951/104.03 – 1

二十四史　　（清）□□編　　清光緒三十一年（1905）上海久敬齋石印本　　九冊　　存二種一百三十二卷（史記一至十二、後漢書一百二十卷）

350000－2042－0005403　　951/104.04

二十四史　　（清）□□編　　清光緒二十八年（1902）竢實齋石印本　　十五冊　　存三種三百十五卷（史記一百三十卷、後漢書一百二十卷、三國志六十五卷）

350000－2042－0005404　　951/104.11

二十四史　　（清）□□編　　清同治至光緒五省官書局刻本　　六百四十四冊

350000－2042－0005405　　951/104.111

二十四史附考證　　（清）□□編　　清光緒三十四年（1908）上海集成圖書公司鉛印本　　四百冊

350000－2042－0005406　　951/104.11－1

二十四史　　（清）□□編　　清同治至光緒五省官書局刻本　　五百四十二冊

350000－2042－0005407　　951/104.11－2

二十四史　　（清）□□編　　清同治至光緒五省官書局刻本　　五百二十冊

350000－2042－0005408　　951/104.11－3

二十四史　　（清）□□編　　清同治至光緒五省官書局刻光緒五年（1879）湖北書局彙印本　　二十七冊　　存三種二百六十九卷（史記一百三十卷、三國志六十五卷、五代史七十四卷）

350000－2042－0005409　　951/104.13

武英殿本二十四史附攷證　　（清）□□編　　清同治八年（1869）嶺南菉古堂刻本　　八百五十冊

350000－2042－0005410　　951/104.131

二十四史　　（清）□□編　　清光緒二十九年（1903）五洲同文局石印本　　七百十一冊

350000－2042－0005411　　951/104.131－1

二十四史　　（清）□□編　　清光緒二十九年（1903）五洲同文局石印本　　六冊　　存四種二

十九卷（前漢書三十一至四十，晉書二十五至二十七、三十一至三十六，三國志一至三，魏書八十至八十六）

350000－2042－0005412　　951/104.133

二十四史　　（清）□□編　　清光緒十年（1884）上海同文書局石印本　　七百十一冊

350000－2042－0005413　　951/104.133－1(21)

遼史一百十六卷　　（元）脫脫等修　　清光緒十年（1884）上海同文書局石印二十四史本　　八冊

350000－2042－0005414　　951/104.134

二十四史緯三百九十八卷　　（清）陳允錫刪修　　（清）羅大春刊補　　清光緒二十九年（1903）上海英商順成書局石印本　　五十二冊

350000－2042－0005415　　951/110.3

通鑑綱目釋地補註六卷　　（清）張庚撰　　清乾隆秀水張氏強恕齋刻本　　三冊

350000－2042－0005416　　951/110.4

史記一百三十卷　　（漢）司馬遷撰　　（南朝宋）裴駰集解　　（唐）司馬貞索隱　　（唐）張守節正義　　清同治五年至九年（1866－1870）金陵書局刻本　　二十冊

350000－2042－0005417　　951/110.4－1

史記一百三十卷　　（漢）司馬遷撰　　（南朝宋）裴駰集解　　（唐）司馬貞索隱　　（唐）張守節正義　　清同治五年至九年（1866－1870）金陵書局刻本　　十四冊　　存八十七卷（十三至五十二、七十四至八十三、九十四至一百三十）

350000－2042－0005418　　951/172

弘簡錄二百五十四卷　　（明）邵經邦撰　　（清）邵遠平校閱　　清康熙二十七年（1688）刻本　　五十八冊

350000－2042－0005419　　951/172.1

續弘簡錄元史類編四十二卷　　（清）邵遠平輯　　清康熙三十八年（1699）刻四十五年（1706）重印本　　二十二冊

350000－2042－0005420　　951/177

司馬溫公稽古錄二十卷 （宋）司馬光撰 附校勘記一卷 （□）□□撰 清光緒五年(1879)江蘇書局刻本 四冊

350000－2042－0005421 951/177.211

資治通鑑目錄三十卷 （宋）司馬光編 清同治八年(1869)江蘇書局刻本 十冊

350000－2042－0005422 951/177.22

資治通鑑補二百九十四卷 （宋）司馬光編集 （元）胡三省音注 （明）嚴衍補 （明）談允厚參 清光緒二年(1876)武進盛氏思補樓木活字印本 八十冊

350000－2042－0005423 951/239

御批歷代通鑑輯覽一百二十卷 （清）傅恒等纂 清光緒二十年(1894)湖南澹雅書局刻本 十四冊

350000－2042－0005424 951/239.1

御批歷代通鑑輯覽一百二十卷 （清）傅恒等纂 清光緒十三年(1887)同文書局石印本 二十四冊

350000－2042－0005425 951/239.2

御批歷代通鑑輯覽一百二十卷 （清）傅恒等纂 清光緒三十一年(1905)商務印書館鉛印本 四十冊

350000－2042－0005426 951/250

新編二十四史菁華錄十二卷 （清）朱堃撰 清光緒二十九年(1903)廣益書局石印本 四冊 存九卷(一至九)

350000－2042－0005427 951/251

御撰資治通鑑綱目三編四十卷 （清）舒赫德 （清）朱珪等纂修 清同治十一年(1872)江西書局刻本 十二冊

350000－2042－0005428 951/275

史鑑節要便讀六卷 （清）鮑東里輯 清光緒十一年(1885)藝芸山館刻本 一冊

350000－2042－0005429 951/284

寰宇分合志八卷 （明）徐樞編輯 增輯一卷 （清）鄭元慶撰 （清）楊超治編 清光緒二

十八年(1902)湘潭楊氏家塾刻本 八冊

350000－2042－0005430 951/318.1

綱鑑正史約三十六卷附記一卷歷代建都考一卷 （明）顧錫疇原編 （清）陳弘謀增訂 甲子紀元一卷 （清）陳弘謀輯 清同治八年(1869)浙江書局刻本 二十冊

350000－2042－0005431 951/340

四史發伏十卷 （清）洪亮吉撰 清光緒八年(1882)刻本 二冊

350000－2042－0005432 951/354

史通通釋二十卷 （清）浦起龍釋 （清）方懋福等參釋 清光緒十九年(1893)上海文瑞樓石印本 八冊

350000－2042－0005433 951/354－1

史通通釋二十卷 （清）浦起龍釋 （清）方懋福等參釋 清光緒十九年(1893)上海文瑞樓石印本 八冊

350000－2042－0005434 951/391

讀史大略六十卷首一卷 （清）沙張白撰 小沙子史略一卷 （清）沙晉撰 清光緒二十六年(1900)刻本 三冊

350000－2042－0005435 951/401.1

鼎鍥趙田了凡袁先生編纂古本歷史大方綱鑑補三十九卷首一卷 （宋）劉恕外紀 （宋）金履祥前編 （明）袁黃編纂 明萬曆余象斗刻本 三十冊 存三十五卷(一至三十四、首一卷)

350000－2042－0005436 951/403.31

新刊憲臺攷正少微通鑑全編二十卷外紀二卷首一卷新刊憲臺攷正宋元通鑑全編二十一卷 （宋）江贄撰 （明）吉澄校正 明萬曆三年(1575)建邑書林宗文堂鄭望雲刻本 二十冊

350000－2042－0005437 951/404.1

紀事本末彙刻八種 （清）廣雅書局輯 清光緒廣雅書局刻本 一百二十五冊

350000－2042－0005438 951/404.3

紀事本末五種 （清）□□輯 清同治十二年

至十三年(1873－1874)江西書局刻本 一百二十冊 存三種四百二十八卷(通鑑紀事本末二百三十九卷、宋史紀事本末一百九卷、明史紀事本末八十卷)

350000－2042－0005439 951/404.301

紀事本末五種 (清)□□輯 清光緒二十四年(1898)湖南思賢書局刻本 一百七十七冊

350000－2042－0005440 951/404.301－1

通鑑紀事本末二百三十九卷 (宋)袁樞編輯 (明)張溥論正 清光緒二十四年(1898)湖南思賢書局刻紀事本末五種本 六十三冊

350000－2042－0005441 951/424

通鑑輯要前編二卷正編十九卷續編八卷 (清)姚培謙 (清)張景星錄 清乾隆二十六年(1761)飛鴻堂刻本 十五冊 缺十卷(正編四至五、十至十七)

350000－2042－0005442 951/441

古今紀要二十卷 (宋)黃震輯著 清末耕餘樓刻本 一冊

350000－2042－0005443 951/471

資治通鑑二百九十四卷 (宋)司馬光編集 (元)胡三省音註 通鑑釋文辯誤十二卷 (元)胡三省撰 明刻本 六冊 存十二卷(通鑑釋文辯誤十二卷)

350000－2042－0005444 951/479

廿一史彈詞註十卷 (明)楊慎編撰 (清)張三異增定 (清)張仲璜註 明紀彈詞註二卷 (清)張三異撰 (清)張仲璜註 類聚數考一卷 (清)張仲璜編 清道光十二年(1832)楊浚刻本 十二冊

350000－2042－0005445 951/479.1

廿一史彈詞註十一卷 (明)楊慎編撰 (清)張三異增定 (清)張仲璜註 清乾隆五十一年(1786)漢陽張任佐視履堂刻本 七冊

350000－2042－0005446 951/487

御批歷代通鑑輯覽一百二十卷 (清)傅恒等纂 清光緒二十七年(1901)慎記書莊刻本 十冊

350000－2042－0005447 951/491.02

廿二史劄記三十六卷 (清)趙翼撰 清光緒二十七年(1901)上海文盛書局石印本 七冊 存三十一卷(一至十四、二十至三十六)

350000－2042－0005448 951/494

趙忠毅公僑鶴先生史韻四卷 (明)趙南星撰 (清)陳鍾祥補註 清同治江甯史相燿刻本 二冊

350000－2042－0005449 951/504.5

全史宮詞二十卷 (清)史夢蘭撰 清光緒十九年(1893)刻本 六冊

350000－2042－0005450 951/506.92

中國四千年開化史九章附歷代大事年表 (清)中國少年編譯 清光緒三十二年(1906)成都局刻本 二冊

350000－2042－0005451 951/600

廿四史論新編二十三卷 題日新會社主人編次 清光緒二十八年(1902)上海書局石印本 五冊 存二十卷(一至七、十一至二十三)

350000－2042－0005452 951/603

續資治通鑑二百二十卷 (清)畢沅編集 清嘉慶六年(1801)桐鄉馮集梧刻本 三十二冊

350000－2042－0005453 951/603.01

續資治通鑑長編五百二十卷目錄二卷 (宋)李燾撰 清光緒七年(1881)浙江書局刻本 一百二十冊

350000－2042－0005454 951/603.4

十七史詳節十種 (宋)呂祖謙輯 清光緒二十八年(1902)崇新書局石印本 十四冊

350000－2042－0005455 951/603－1

續資治通鑑二百二十卷 (清)畢沅編集 清嘉慶六年(1801)桐鄉馮集梧刻本 六十四冊

350000－2042－0005456 951/639

[古文摘錄]一卷 (清)晼榮選 清抄本 一冊

350000－2042－0005457 951/712

增兩朝御批正續通鑑類纂二十卷 (清)松椿

纂　清末和記書莊石印本　十一冊　存十八卷(三至二十)

350000－2042－0005458　951/724
資治通鑑外紀十卷目錄五卷　(宋)劉恕編集
清嘉慶十六年(1811)刻本　六冊

350000－2042－0005459　951/750.2
通鑑綱目冠編外史一編正史三編　(明)陳應
中修　明末刻本　十冊

350000－2042－0005460　951/752
史緯三百三十卷首一卷　(清)陳允錫輯　清
光緒二十九年(1903)文來書局石印本　六十
冊

350000－2042－0005461　951/753
荊駝逸史五十四種　題(清)陳湖逸士編　清
末上海錦章書局石印本　十六冊　缺五種九
卷(聖安本紀四至六、江陰城守紀二卷、江陰
城守記一卷、荊溪盧司馬殉忠實錄一卷附戎
車日記一卷、盧公遺事一卷)

350000－2042－0005462　951/753.01
荊駝逸史五十四種　題(清)陳湖逸士編　清
宣統三年(1911)中國圖書館石印本　十六冊
缺一種一卷(盧公遺事一卷)

350000－2042－0005463　951/754/N
歷朝紀事本末九種六百五十八卷　(清)陳如
升　(清)朱記榮輯　清光緒二十五年(1899)
慎記書莊石印本　五十六冊

350000－2042－0005464　951/758
分類歷代通鑑輯覽六十四卷　(清)陳善恭次
(清)曹錦春校　清光緒二十九年(1903)點
石齋書局石印本　二十三冊

350000－2042－0005465　951/777
二十四史三表　(清)段長基撰　(清)段揖書
編次　(清)段鼎鎔　(清)段鼎鈞校刊　清嘉
慶二十二年(1817)小酉山房刻本　二十六冊

350000－2042－0005466　951/807
通鑑前編十八卷舉要二卷　(宋)金履祥編集
(明)路進校輯　增定資治通鑑前編首一卷

(元)陳桱續編　(明)路進校輯　歷代輿地
圖一卷　(明)鍾惺校定　(明)路進校輯　歷
代帝王曆數圖一卷　(明)鍾惺編次　古今官
制沿革圖一卷　(明)鍾惺鑒定　(明)路進校
輯　明崇禎宜興路氏刻本　十冊

350000－2042－0005467　951/876
吾學編十四種　(明)鄭曉撰　明嘉靖至萬曆
刻本　二冊　存四種十七卷(建文遜國臣記
一至四、皇明三禮述二卷、皇明北虜考一卷、
皇明大政記十卷)

350000－2042－0005468　952/002
日本維新三十年史十二編附錄三十年國勢進
步表一卷　(日本)東京博文館編輯　(清)廣
智書局譯　清光緒二十八年(1902)上海廣智
書局鉛印本　六冊

350000－2042－0005469　952/443.1
日本國志四十卷首一卷　(清)黃遵憲編纂
清光緒二十七年(1901)上海書局石印本　五
冊

350000－2042－0005470　952/443.11
日本國志四十卷首一卷　(清)黃遵憲編纂
清光緒二十四年(1898)上海圖書集成印書局
鉛印本　八冊

350000－2042－0005471　952/443.11－1
日本國志四十卷首一卷　(清)黃遵憲編纂
清光緒二十四年(1898)上海圖書集成印書局
鉛印本　十冊

350000－2042－0005472　954/485
印度褷事不分卷　(日本)松本文三郎撰　毛
乃庸譯　朱壽朋校訂　清宣統元年(1909)中
國圖書公司鉛印本　一冊

350000－2042－0005473　954/485－1
印度褷事不分卷　(日本)松本文三郎撰　毛
乃庸譯　朱壽朋校訂　清宣統元年(1909)中
國圖書公司鉛印本　一冊

350000－2042－0005474　959.28/504
臺灣外記三十卷　(清)江日昇識　清求無不
獲齋木活字印本　七冊　存二十卷(四至十

七、二十五至三十)

350000－2042－0005475　959.512/408/N

檳榔嶼志略十卷　（清）力鈞撰　清光緒十七
年(1891)雙鏡廬木活字印本　四冊

350000－2042－0005476　959.8/008

越南亡國史一卷　（越南）巢南子(潘佩珠)述
　　（清）廣智編輯部纂　**越南小志一卷**　（清）
新民叢報社社員編　清光緒三十一年(1905)
上海廣智書局鉛印通俗時局鑑本　一冊

350000－2042－0005477　959.8/409

漢西域圖考七卷首一卷　（清）李光廷撰　清
同治九年(1870)刻本　四冊

350000－2042－0005478　962/301

埃及變政史略三卷　（英國）密理納撰　（清）
任保羅譯　清光緒三十三年(1907)上海商務
印書館鉛印本　一冊

350000－2042－0005479　973/442.1

大美國史略八卷　（美國）蔚利高撰並譯　清
光緒二十五年(1899)福州美華書局鉛印本
二冊

書名筆畫字頭索引

十畫

293

十三畫

十四畫

十六畫

十七畫

十八畫

書名筆畫索引

301

三畫

303

四畫

308

五畫

六畫

317

七畫

九畫

十一畫

345

346

十二畫

360

十四畫

十五畫

十六畫

十八畫

376

二十一畫

二十二畫

二十五畫

二十六畫

二十八畫

三十畫

三十一畫